AtV

MAX GALLO, geboren 1932, von Haus aus Historiker, war Verlagslektor, Redaktionsmitglied der Zeitung *L'Express*, Abgeordneter, Staatssekretär und Gründer der Bürgerbewegung *Le mouvement des citoyens*. Vor allem aber ist er Autor zahlreicher Romane mit historischem Hintergrund, Romanfolgen und Essays sowie einiger vielbeachteter Biographien, etwa von Robespierre, Garibaldi, Rosa Luxemburg, Victor Hugo und de Gaulle.

Am 15. Mai 1779 kommt der schmächtige korsische Junge mit dem olivfarbenen Teint auf die Militärschule von Brienne. Er ist noch keine zehn Jahre alt, und er spricht kaum Französisch. Zwanzig Jahre später ist aus dem Kind der gefeierte General Bonaparte geworden, Herr über dasselbe Land, das er einst als Fremder betrat. Wieviel eiserner Wille und Mut, welch unerschöpfliche Energie, welch ein Gespür für Situationen und welche Genialität, aber auch Vermessenheit waren nötig, um den Zweitgeborenen aus niederem korsischen Adel zum Helden einer Nation zu machen! Aber Napoleon weiß, daß das Volk seine Helden ebenso schnell wieder in den Staub wirft, wie es sie auf den Sockel gehoben hat. Und so strebt er weiter auf seinem Weg nach oben, getrieben von der Gewißheit, daß er allein Frankreich Frieden, Stabilität und Wohlstand bringen kann. Ungeachtet der Intrigen und Attentate von seiten der Royalisten, Jakobiner und Generäle sowie des Widerstands der europäischen Großmächte wird er mit Dreißig Erster Konsul der Republik und krönt sich mit Fünfunddreißig selbst zum Kaiser Frankreichs.

Max Gallo, Historiker in den Fakten und Romancier in der Sinnlichkeit ihrer Darstellung, folgt Napoleon Schritt für Schritt und zeigt jede Facette dieses getriebenen, sich selbst stets das Äußerste abverlangenden Menschen. Vielseitig, faszinierend, brutal und verführerisch, erscheint Napoleon nicht mehr wie eine Statue, sondern wie der junge Mann, der da in vorderster Reihe auf seinem Pferd vorprescht, um zu siegen oder zu sterben.

Max Gallo

NAPOLEON

Roman

ERSTES BUCH
Der Aufbruch

ZWEITES BUCH
Die Sonne von Austerlitz

Aus dem Französischen
von Manfred Flügge

Aufbau Taschenbuch Verlag

Titel der Originalausgabe

Napoléon

1 Le chant du départ
2 Le soleil d'Austerlitz

Mit 20 Szenenfotos aus dem gleichnamigen Film
von Yves Simoneau

Gallo, Napoleon (2 Bände)

ISBN 3-7466-1888-6

2. Auflage 2002

Der gleichnamige Film wurde produziert von GMT und KirchMedia für
France 2, RAI, ZDF, ORF, Telecinco und A&E in Zusammenarbeit mit
Kekchi Films Productions, Spice-Factory, MA Films und ASP
Umschlaggestaltung Preuße & Hülpüsch Grafik Design
unter Verwendung von Filmbildern dieser Produktion
Druck und Binden Clausen & Bosse, Leck
Printed in Germany

www.aufbau-taschenbuch.de

Napoleon

Ein Film von Yves Simoneau

Nach dem Roman von
Max Gallo

Personen und ihre Darsteller

Napoleon Bonaparte	Christian Clavier
Joséphine de Beauharnais	Isabella Rossellini
Joseph Fouché, Polizeiminister	Gérard Depardieu
Charles Talleyrand, Außenminister	John Malkovich
Marquis de Caulaincourt	Heino Ferch
Marschall Jean Lannes	Sebastian Koch
Gräfin Maria Walewska	Alexandra Maria Lara
Caroline Bonaparte	Marie Bäumer
Marie-Louise von Österreich	Mavie Hörbiger
Laetitia Bonaparte	Anouk Aimée
Marschall Joachim Murat	Claudio Amendola

Stab

Regie	Yves Simoneau
Drehbuch	Didier Decoin
Kamera	Guy Dufaux
Ausstattung	Richard Cunin
Kostüme	Pierre-Jean Larroque
Schnitt	Yves Langlois
Ton	Christian Wangler
Musik	Richard Gregoire

Eine Koproduktion von GMT und KirchMedia

Erstes Buch
Der Aufbruch

Für Stendhal und André Malraux
und für meinen Sohn

Kann man mir etwas vorwerfen, was nicht von einem Historiker gerechtfertigt werden könnte?

Napoleon auf Sankt Helena

Mag sein, daß er Frankreich kleiner hinterlassen hat, als er es vorfand. Aber so definiert sich eine Nation nicht. Um Frankreichs willen mußte es ihn geben. Feilschen wir doch nicht um Größe.

De Gaulle, zitiert von André Malraux

Vorspiel
»Diese Ebene wäre ein schönes Schlachtfeld.«

Es war am 4. April 1805, kurz nach Sonnenaufgang. Napoleon Bonaparte, Kaiser der Franzosen, richtete sich in den Steigbügeln seines Araberhengstes auf und zog am Zügel, um ihn ruhig zu halten. Caulaincourt, Oberstallmeister und Adjutant, sowie die Offiziere des kaiserlichen Gefolges hielten sich abseits. Die Pferde scharrten mit den Hufen, stießen gegeneinander und brachten die Säbel zum Klirren.

Der Kaiser verharrte allein an der Spitze. Er schaute die verfallenen Gebäude an, die aus dem Nebel auftauchten. Er erkannte die Lindenallee und ganz hinten das Kloster. Mehr war nicht übrig von der Militärschule in Brienne, in der er fünf Jahre verbracht hatte, als er noch ein Junge war, über den man sich lustig machte, weil er einen seltsam fremden Namen trug, Napoleone Buonaparte, was so lächerlich klang, daß man darauf Spottverse sang.

Erst 20 Jahre waren seither vergangen. Und am 2. Dezember 1804 hatte er in Notre-Dame aus den Händen von Papst Pius VII. die Kaiserkrone empfangen, die er sich dann selbst aufgesetzt hatte. Er war Napoleon Bonaparte, Kaiser der Franzosen. Und er war erst 36 Jahre alt.

Am Abend zuvor war er aus Paris gekommen, weil er diesen Ort wiedersehen wollte, jene Militärschule, von der er nicht wußte, daß sie nur noch eine Ruine war, ein Zeugnis der chaotischen letzten 20 Jahre. 1793 war sie aufgelöst und als Nationalbesitz veräußert worden. Man hatte sie in eine Kartonfabrik verwandelt und nach der Verlegung der Werkstätten billig verkauft und 1799 abgerissen, als Steinbruch für Baumaterialien genutzt. Eben dort hatte er fünf Jahre lang gelebt, die härtesten Jahre seines Lebens, ganz allein in einem Land, in dem er tatsächlich ein Fremder war. Aber er war Napoleon Bonaparte, Kaiser der Franzosen geworden, und es waren erst 20 Jahre vergangen.

In Paris hatte ihn am 30. März 1805 Papst Pius VII. aufgesucht, um sich vor seiner Rückkehr nach Italien zu verabschieden. Und Napoleon hatte ihm mitgeteilt, daß er selbst Paris verlassen und sich nach Mailand begeben wolle, um sich dort in der Kathedrale von Kardinal Caprara zum König von Italien krönen zu lassen. Und erneut hatte Pius VII. das Haupt vor dem Kaiser und baldigen König gebeugt. Am 31. März hatte Napoleon Paris in Richtung Troyes verlassen. Wie ein Pilger wollte er eine Nacht im hoch über dem Dorf gelegenen Schloß von Brienne verbringen, an der Stätte seiner einsamen Kinder- und Studienjahre in der Militärschule.

Die ganze Strecke war ein Spalier aus jubelnden Menschen gewesen. Er hatte sich aus der Türe seiner Kutsche gebeugt. Bevor er eine Stadt oder ein Dorf durchquerte, hatte er sich auf den Rücken seines Araberpferdes gesetzt und war aufrecht sitzend und nach allen Seiten grüßend vorbeigeritten.

Als er am späten Vormittag des 3. April 1805 Brienne erreichte, hatte er sein Pferd angehalten. Eine dichte Menge von Bauern aus der Umgebung füllte die Straßen. Napoleon hatte die Steigung wiedererkannt, die zur Esplanade hinaufführte, auf der sich inmitten großzügiger Gärten das Schloß erhob. Madame de Brienne stand auf dem Treppenabsatz und grüßte ihn ehrerbietig, führte ihn sodann in die für ihn vorbereiteten Gemächer, in denen einst der Herzog von Orleans genächtigt hatte, wie sie ihm zuflüsterte.

Napoleon hatte das Fenster geöffnet und in die Landschaft der Champagne geschaut, die ihm einst so feindselig, so ganz anders vorgekommen war, als er mit zehn Jahren ganz allein dort hingekommen war. Wie oft hatte er in den fünf Jahren seines Aufenthalts in der Militärschule von den Jagden und Festen erzählen hören, die von den Schloßbesitzern veranstaltet wurden. Manchmal konnte man die Musik oder das Pferdegetrappel bis in den Schulhof hören. Ins Schloß waren Bonaparte und seine Kameraden nur ein einziges Mal geladen worden.

Das war am 25. August 1783 geschehen. Madame de Brienne hatte den schmalen Schüler mit dem olivfarbenen Teint bemerkt, der den sonderbaren Namen Napoleone Buonaparte trug, aber sie hatte ihn nur sehr kurz beachtet. Er verlor sich in der Masse der vielen hundert Schüler, einer namenlosen Menge von Jungen mit blauen Jacken, gefütterten weißen Westen, roten Krägen zu roten Revers, dazu weiße Knöpfe mit dem Wappen der Militärschule.

In den Schloßgärten war Napoleon durch die Alleen gegangen, auf denen sich die ganze Bevölkerung der Gegend drängte, die man zum Königsfest geladen hatte. Bühnen für Akrobaten, Sänger und Tänzer waren errichtet worden. Man sah Seiltänzer, Verkäufer von Kokosnüssen, Lebkuchen und anderen Süßigkeiten. Bonaparte war stumm an allem vorbeigegangen, die Hände auf dem Rücken verschränkt. Das geschah vor 22 Jahren. Nun war er Kaiser der Franzosen, und Madame de Brienne bat ihn zu Tisch und später in den Salon.

Die Gäste stellten sich dem Kaiser vor. Ein Pfarrer aus einem Nachbarort kam in einem braunen Gehrock herbei, verbeugte sich und behauptete, ein Lehrer von Bonaparte in der Militärschule gewesen zu sein, die damals vom Orden der Minimen geleitet wurde.

»Wer sind Sie?« fragte der Kaiser, als hätte er ihn nicht verstanden. Der Pfarrer sagte es noch einmal.

»Der Priesterrock dient dazu, daß man einen Pfarrer gleich von weitem erkennt«, sagte Napoleon. »Einen Pfarrer im Gehrock erkenne ich nicht. Gehen Sie sich umziehen.«

Der Pfarrer verschwand und kam verwirrt und demütig zurück.

»Nun erkenne ich Sie«, sagte Napoleon, »und ich bin sehr erfreut, Sie zu sehen.« Er war Kaiser der Franzosen.

Beim Essen wurde er ungeduldig. Die Gäste schwiegen. Ein erschrockener Kellner kippte eine Sauciere direkt vor dem Kaiser um. Napoleon lachte, und so entspannte sich die Atmosphäre. Unter allgemeinem Gespräch stand man vom Tisch auf, und der Kaiser entfernte sich bald.

Er schlief nur wenig, und schon bei Morgengrauen war er im Hof, bestieg seinen Araberhengst, verließ das Schloß, um die Militärschule wiederzusehen, deren Ruinen er erst entdeckte, als sich der Morgennebel lichtete.

Ein Wiederaufbau kam nicht in Frage. Das hätte Millionen gekostet. Die Vergangenheit würde nicht wieder erstehen. Plötzlich gab er seinem Pferd die Sporen, durchquerte Brienne und begab sich dann auf die Straße nach Bar-sur-Aube. Wenige Minuten später war er verschwunden. Das Rennpferd, das nun nicht mehr zurückgehalten wurde, lief im dreifachen Galopp, sprang über Gräben, drang in Wälder ein, trommelte mit den Hufen auf gepflasterte Wege. Immer wieder änderte der Kaiser die Richtung, erkannte hier eine Landschaft, dort ein Dorf. Allein, ganz allein jagte der Kaiser seinen Erinnerungen nach und konnte sich dabei gut vorstellen, wie verzweifelt Caulaincourt und die Offiziere versuchten, ihn wieder einzuholen.

Ein Pistolenschuß zerriß die nebelfeuchte Stille. Es war ein Signal von Caulaincourt, daß es Zeit war zum Aufbruch. Der Kaiser kehrte um, die Augen auf die Türme des Schlosses von Brienne geheftet. Der Ausritt hatte über drei Stunden gedauert. Er wisse nicht, wo er gewesen sei, sagte er den erstaunten Offizieren. Sein Pferd war erschöpft und schweißbedeckt, an den Nüstern sah man Blut.

An diesem 4. April 1805 brach der Kaiser von Brienne nach Mailand auf, wo ihn die Krone eines Königs von Italien erwartete. Man sah noch das Schloß, Sonnenlicht floß um die Türme und ließ Uniformen, Litzen und Säbel glänzen. Napoleon beugte sich aus der Kutsche, ließ sie anhalten und sagte: »Diese Ebene dort wäre ein prächtiges Schlachtfeld.«

Erster Teil

»Außen Granit, aber drinnen kocht ein Vulkan.«

15. August 1769 – Oktober 1785

1

Der Junge war noch keine zehn Jahre alt, als er am 15. Mai 1779 in das Sprechzimmer der Königlichen Militärschule in Brienne eintrat, da er am 15. August 1769 in Ajaccio als Kind von Charles Marie Bonaparte und Laetitia Ramolino geboren wurde.

Da stand er nun in strammer Haltung, die Hände auf dem Rücken, mit magerem Gesicht, vorspringendem Kinn, dürrem Körper, sehr kurz geschnittenem hellbraunem Haar und grauen Augen, ganz steif und in dunkelblaue Kleider gezwängt. Der große kalte Raum, in dem er stand, schien ihm gleichgültig zu sein. Er wartete darauf, daß ihn der Schulleiter empfing, Pater Lelue, der zum Orden der Minimen gehörte, welchem die Schule unterstellt war. Und doch wußte der Junge, daß er von nun an mehrere Jahre in dieser Schule verbringen würde, ohne sie auch nur für einen Tag verlassen zu können, und daß er also ganz allein in diesem Land leben würde, dessen Sprache er vor kurzem erst in ihren Grundzügen gelernt hatte.

Er war am 1. Januar 1779 in Autun angekommen, gemeinsam mit seinem Vater Charles, einem großen schönen Mann mit harmonischem Gesicht, der wie ein Aristokrat aussah und sich gepflegt, ja mit Sorgfalt kleidete. Korsika, die Gassen von Ajaccio, der Geruch des Meeres, der Duft der Pinien, Lentisken, Erdbeerbäume und Myrten, all das, was die Welt des Kindes ausgemacht hatte, war tief in ihm verschlossen wie ein persönliches Geheimnis. Und als der Vater fortging und seine beiden Söhne im Kolleg von Autun zurückließ, hieß es die Zähne zusammenbeißen und das Gesicht wahren. Seinen ältesten Sohn Joseph, geboren am 7. Januar 1768, hatte er für die Kirchenlaufbahn bestimmt, den zweiten aber, Napoleone, für das Militär.

In Autun mußten sie in den drei Monaten vom 1. Januar bis zum

21. April zunächst Französisch lernen, die fremde Sprache, welche die siegreichen Soldaten in den Straßen von Ajaccio brüllten. Der Vater beherrschte sie, aber nicht die Mutter. Die Söhne der Bonapartes hatten nur Italienisch gelernt.

Lernen, lernen: das neunjährige Kind hatte die Fäuste geballt. Es empfand nichts als Traurigkeit und Heimweh, ja sogar Angst, ein Gefühl des Verlassenseins in diesem Land mit Regen, Schnee, Kälte und Schieferdächern, in dem die Erde nach Humus und Schlamm roch, in dem man niemals den schweren Duft üppiger Pflanzen einatmete.

Er will die neue Sprache beherrschen, weil sie die Sprache derjenigen ist, welche die Seinen besiegt und die Insel besetzt haben. Er strengt sich an. Er übt. Er wiederholt, bis sich die Wörter fügen. Er braucht diese Sprache, um eines Tages jene hochmütigen Franzosen zu bekämpfen, die sich über seinen Namen lustig machen und mit denen er nichts zu tun haben will.

In sich gekehrt und mit finsterem Blick geht er im Hof der Schule von Autun allein spazieren. Sein Bruder Joseph hingegen ist umgänglich, sanft und etwas schüchtern. Napoleone aber irritiert durch sein Verhalten, eine Mischung aus dem Stolz des gedemütigten Kindes und der Bitterkeit des Besiegten. Also wird er geärgert und muß Streiche erdulden. Zuerst sagt er gar nichts, als man ihm aber vorhält, daß die Korsen Feiglinge seien, weil sie sich unterwerfen ließen, entgegnet er voller Wut und heftig gestikulierend: »Wenn die Franzosen nur vier gegen einen gewesen wären, hätten sie Korsika niemals gekriegt. Aber sie waren ja zehn gegen einen.«

Dann kommt die Rede auf Pascal Paoli, den Anführer des Widerstandes gegen die Franzosen, der am 9. Mai 1769 in der Schlacht von Ponte Novo besiegt wurde. Da hält er sich wieder zurück. Er erinnert sich.

Er weiß, daß seine Eltern zu den Protegés von Pascal Paoli gehört haben. Als sein Vater 18 und seine Mutter 14 war, lebten sie im Umfeld von Paoli in Corte. Das war in den wenigen Jahren der korsischen Unabhängigkeit, zwischen der Herrschaft der Genueser und der französischen Intervention im Jahre 1767. 1764 war es Pascal Paoli selbst, der auf die Familie von Laetitia Ramolino einwirkte, damit sie ihrer Tochter die Heirat mit Charles Marie Buonaparte erlaube. Das Wort des *babbo* – des Vaters, wie Pascal Paoli genannt wurde – hatte Gewicht. Die Hochzeit fand statt. Zwei Kinder wurden geboren, starben aber bald. Und kaum hatte Laetitia Joseph zur Welt gebracht, war sie schon wieder schwanger, genau zu dem Zeitpunkt, als die königlichen Truppen von Ludwig XV. die korsischen Patrioten besiegten. Nun hieß es über die Wege im Buschdickicht flüchten und Flüsse an Furten durchwaten.

Aber das kann der neunjährige Junge im Kolleg von Autun dem Abbé Chardon nicht erzählen, der ihn mit wohlwollender Ironie fragt: »Warum habt ihr denn damals verloren? Ihr hattet Paoli, und Paoli galt doch als guter General?«

Der Junge kann sich nicht länger beherrschen: »Das stimmt, Monsieur, und ich möchte genauso werden wie er.«

Er ist eben ein Korse. Er haßt dieses Land, dieses Klima, diese Franzosen. Er murmelt: »Ich werde den Franzosen schon alles heimzahlen.« Er betrachtet sich als eine Art freiwilligen Gefangenen, Sohn einer unterworfenen Geisel. Er kann sich niemandem anvertrauen und auch nicht weinen.

Er erinnert sich an die Abende im väterlichen Haus in der Rue Saint-Charles, an die Fülle der Düfte, an die süßen Stimmen. Seine Mutter konnte recht hart sein, sie teilte Ohrfeigen aus und schlug mit der Peitsche zu. Aber sie war schön und fürsorglich. Gern setzte sie sich zu ihren Kindern. Sie war wieder einmal schwanger, friedlich und unbeugsam.

Sie erzählte vom Krieg und von der Flucht nach der Niederlage bei Ponte Novo. Die Großmutter, Maria Saveria Buonaparte, der Halbbruder Joseph Fesch, da sich die Mutter von Laetitia wiederverheiratet hatte, Gertrude Paravicini, eine Tante mütterlicherseits, Camilla Ilari, die Amme von Napoleon und die einzige Hausgehilfin, hörten alle zu. Und sehr oft bekreuzigte sich die Großmutter dabei. Sie war eine fromme Frau und ging an manchen Tagen neun Mal zur Messe.

Napoleon erinnert sich an die kleinsten Einzelheiten der Beschreibung der reißenden Liamone. Laetitia Bonaparte hatte den

Fluß an einer Furt überqueren wollen, aber das Pferd war in ein Loch getreten und von der Strömung mitgerissen worden. Charles Bonaparte hatte sich in den Fluß geworfen, um seiner schwangeren Frau und seinem Sohn Joseph zu helfen, aber Laetitia hatte die Zügel wieder in den Griff bekommen und das Pferd ans andere Ufer gelenkt.

Was konnten die Franzosen, der Abbé Chardon und die Schüler des Kollegs in Autun schon von jenen Korsen wissen und von Korsika, da sie nicht einmal das Geräusch des Meeres kannten, auch nicht die engen Gassen am Hafen oder die gelbliche Farbe der Festung von Ajaccio über der Bucht? Napoleon dachte an die Wettläufe und Kämpfe mit anderen Kindern, die wie er aus dem Süden stammten und wie er jene ausdrucksvolle und warmherzige Sprache sprachen und sich manchmal über ihn lustig machten, vor allem über seine nachlässige Kleidung:

Napoleone mit den zerschlissenen Socken
läßt sich von Giacominetta zur Liebe verlocken.

Dann stürzte er sich auf sie, und er zog das Mädchen an der Hand mit sich, eine Klassenkameradin in der kleinen Schule, in der sie bei den Nonnen Italienisch lernten.

Später, als er schon acht war, spazierte er mit ihr über die Hafenkais. Aber er interessierte sich kaum noch für sie. Er lernte Arithmetik und zog sich gern in eine Hütte zurück, die er aus Brettern hinter dem Elternhaus gebaut hatte. Dort verbrachte er den ganzen Tag allein mit seinen Rechnungen und kam erst abends wieder hervor, abgerissen, gleichgültig und verträumt.

Von all dem kein Wort sagen. Es für sich behalten. Und Französisch lernen.

Sie defilierten, sie paradierten in den Straßen von Ajaccio, die Soldaten des siegreichen Königs, in jener Stadt, die noch von den jüngsten Kämpfen gezeichnet war, den Auseinandersetzungen zwischen den verschiedenen Clans, zwischen denen, die sich für Pascal Paoli entschieden hatten, der sich nach England geflüchtet hatte, und jenen, die sich den Franzosen angeschlossen hatten. Der Junge wußte genau, daß sein Vater Charles Bonaparte zu letzteren gehörte.

Monsieur de Marbeuf, der Gouverneur von Korsika, war ein willkommener Gast im Haus in der Rue Saint-Charles. Vielleicht war der alte Verführer auch von der Schönheit Laetitias angezogen. Charles Bonaparte, der vier adlige Vorfahren hatte, wie Genealogen aus der Toskana bestätigen konnten, woher seine Familie stammte, hatte den Gouverneur für sich eingenommen, der seinerseits Unterstützung unter den Notabeln suchte, die bereit waren, es mit Frankreich zu halten. Charles hatte diese Karte gespielt, was auch nötig war, um Posten und Einkünfte zu erlangen.

Schon am 8. Juni 1777 war er zum Abgeordneten des korsischen Adels gewählt und als Vertreter zu den korsischen Generalständen in Versailles gesandt worden. Als er nach Ajaccio zurückkam, war er tief beeindruckt von der Macht des französischen Königreichs, von seinen Städten und Palästen, von seiner Verwaltung und dem neuen gutmütigen König Ludwig XVI. Er war ein Bittsteller gewesen, der für seine Söhne Stipendien erlangen wollte.

Im elterlichen Haus hatte der achtjährige Junge zugehört. Er war den Soldaten bei ihrem Defilee in den Straßen von Ajaccio gefolgt. Das schneidige Auftreten der Offiziere in ihren weißblauen Uniformen hatte ihn fasziniert. Er zeichnete Soldaten und stellte Zinnfiguren in Schlachtreihen auf. Er spielte Krieg. Er war ein Straßenjunge aus dem Süden, der bis zur Zitadelle hochkletterte, sich auf der Erde rollte, eine Bande von Lausbuben anführte und sich dem Regen aussetzte, weil ein künftiger Soldat abgehärtet sein muß. Er tauschte sein Weißbrot gegen den Zwieback eines Infanteristen ein, weil er sich an die übliche Nahrung eines Regiments gewöhnen mußte.

Als er erfuhr, daß sein Vater ein Stipendium für ihn und für Joseph erwirkt hatte und daß sie beide ans Kolleg von Autun sollten, zitterte er vor Begeisterung und war doch zugleich traurig beim Gedanken an die Trennung von seiner Mutter, seiner Familie, seinem Haus, seiner Stadt.

Es war aber unvermeidlich. Andere Kinder waren geboren worden: Lucien 1775, Marianna Élisa 1777. Danach kamen noch Louis (1778), und später Pauline (1780), Marie Annonciade Caroline (1782), Jérôme (1784). Gewiß, die Bonapartes und die Ramolinos waren nicht arm. Sie besaßen drei Häuser, Weinberge, das Gut von Milelli und die Ländereien von La Pépinière, eine Mühle, Liegenschaften in Ucciani, Bocognago und Bastelica. Sie hatten Einfluß. Ihre Familien bildete einen echten Clan. Aber man mußte an die Laufbahn der Kinder denken und seinen Rang im Adel dieses Königreichs wahren, zu dem Korsika nun gehörte.

Joseph würde Priester sein und Napoleon Soldat. Monsieur de Marbeuf versprach Joseph kirchliche Zuwendungen, über die sein Neffe Yves Alexandre de Marbeuf, Bischof von Autun, verfügen konnte. Und er bestätigte das Stipendium für Napoleon.

Am 15. Dezember 1778 küßte der Junge, er war nun neuneinhalb Jahre alt, seine Mutter und seine Angehörigen. Er stand zwischen seinem stolzen und eleganten Vater, der sich einmal mehr nach Versailles begab, um die Wünsche des korsischen Adels vorzutragen, und seinem Bruder Joseph. Mit ihnen reisten der Schwager Joseph Fesch, der seine Studien im Seminar von Aix fortsetzen wollte, sowie der Vetter Aurèle Varèse, den man zum Erzdiakon des Bischofs von Autun ernannt hatte. Der Junge vergoß keine Tränen. Er ging an Bord und sah vom Schiff aus, das in Richtung Marseille segelte, die korsische Küste verschwinden. Noch lange danach hatte er die Düfte seines Landes, seiner Heimat in der Nase.

An seine Heimat dachte er auch, wenn er mit starrem Blick und offenem Mund im Klassenraum der Schule von Autun saß, während Abbé Chardon die Französischlektion rekapitulierte. Wenn ihn der Lehrer wegen seiner Unaufmerksamkeit tadelte, antwortete er in seinem hochfahrenden Ton, in dem der Singsang seiner Muttersprache anklang: »Das weiß ich alles schon, Monsieur.«

Und in der Tat hatte dieses einzelgängerische Kind sehr schnell gelernt in diesem Kolleg, in dem es sich manchmal auch mit seinem Bruder Joseph an die einstigen Spiele erinnern konnte. Erinnerte sich Joseph noch an ihre Prügeleien, bei denen er vom jüngeren und kämpferischen Bruder manches Mal zu Boden geworfen wurde? Dachte er noch an den Abbé Recco, bei dem sie beide Arithmetik gelernt hatten? Schon damals brillierte Napoleon in dieser Disziplin und begeisterte sich für das Rechnen.

Hatte Joseph noch den Tag im Gedächtnis, an dem Abbé Recco die Schüler seiner Klasse eingeteilt hatte in Römer und Karthager, wobei Joseph zu den Römern und Napoleon zu den Karthagern gehörte, also zu den Verlierern? Und wie Napoleon gewütet hatte, bis er endlich erreichte, daß beide Brüder das Lager tauschten, damit er sich auf seiten der Sieger befände? Dachte er noch an das Fest vom 5. Mai 1777, vor kaum zwei Jahren, als der Pächter der Bonapartes nach Ajaccio gekommen war mit zwei jungen, wilden Pferden? Und wie Napoleon, als der Pächter gegangen war, eines der Tiere bestiegen hatte und losgaloppiert war? Damals war er erst acht Jahre alt gewesen. Er war bis zum Bauernhof geritten und hatte den Bauern in Erstaunen versetzt, als er berechnete, wieviel Weizen pro Tag die Mühle mahlen müsse.

Ein Dickkopf war dieser Junge, aber ein kluger Kopf und von unbeugsamem Willen. Schon nach kurzer Zeit in Autun beherrschte er das Französische, die Sprache Monsieur de Marbeufs und der Soldaten des Königs, die Pascal Paoli besiegt hatten.

»Ich habe ihn nur drei Monate unterrichtet«, bestätigte Abbé Chardon. »In diesen drei Monaten hat er Französisch gelernt und kann nun freie Konversation führen und auch kleinere Übersetzungen in beide Richtungen machen.«

Da die Bemühungen seines Vaters zum Nachweis von vier adligen Vorfahren Erfolg hatten, konnte Napoleon auf die Königliche Militärschule nach Brienne wechseln. In die Register des Kollegs von Autun trug der Direktor ein: »Monsieur Neapoleone de Buonaparte, für drei Monate und 20 Tage, 111 Francs, 12 Groschen, 8 Heller.« Denn so nennt man das Kind aus der Fremde!

Er ballt die Fäuste. Er macht den Körper steif, um nicht schlaff zu werden, um sich nicht den Gefühlen hinzugeben, als er im Hof des Kollegs von Autun steht, in dem die Kutsche wartet, die ihn nach Brienne bringen soll. Sein Bruder Joseph, der im Kolleg klassische Sprachen lernen wird, um Priester werden zu können, läßt sich gehen und umarmt Napoleon. Der jüngere weiß, daß auf diese Weise das letzte Band mit seiner Familie zerschnitten wird, daß er von nun an mehrere Jahre allein unter Franzosen leben wird, daß er noch tiefer in diese kalten und regnerischen Gegenden der

Champagne eintauchen wird, die so weit vom Meer entfernt liegen. Aber er bleibt steif.

Der Junge wird Monsieur de Champeaux anvertraut, der ihn zunächst auf sein Schloß Thoisy-le-Désert bringt. Dort entdeckt Napoleon die ihm unbekannte Welt der französischen Adelsfamilien, deren Gebräuche er nicht kennt.

Er schweigt. Er beobachtet. Er verhärtet sich noch mehr. Er macht lange Spaziergänge auf dem Lande, dessen sanfte Hügel ihn verwundern. Er denkt an die schroffen und sonnigen Landschaften Korsikas, an die Feigenbäume, auf die er kletterte, um sich an dem roten Fruchtfleisch zu laben, und daran, wie manchmal seine Mutter auftauchte und ihm Ohrfeigen gab, weil er ihr Verbot, Feigen zu pflücken, übertreten hatte. Glückliche Zeit der mütterlichen Strafe und des weißen Saftes, der an den Fingern klebte. Aber von solchen Gedanken darf man sich nichts anmerken lassen, man muß zuhören, sich die Redewendungen merken und den Sinn unbekannter Wörter erraten.

Nach drei Wochen kommt Abbé Hemey d'Auberive, der Obervikar des Bischofs de Marbeuf, den der kranke Herr de Champeaux herbeigerufen hatte, und holt Napoleon im Schloß von Thoisy-le-Désert ab, um ihn nach Brienne zu begleiten. Und so langt Napoleon Bonaparte, der Junge mit den grauen Augen, an diesem 15. Mai 1779 in der Militärschule von Brienne an, in der er mehr als fünf Jahre verbringen soll.

2

Der Junge ist allein. Er hat sich zwingen müssen, sich nicht umzudrehen, als der Abbé Hemey d'Auberive fortging und ihn allein vor dem Direktor der Königlichen Militärschule Brienne stehenließ. Pater Lelue bemüht sich, den seltsamen Namen auszusprechen: »Napoleone de Buonaparte, stimmt das?«

Der Junge schweigt. Er spürt den prüfenden Blick. Er weiß, daß er klein ist, aber breite Schultern hat. Er zieht seine Lippen ein, so daß man sie gar nicht mehr sieht und sein Gesicht, in dem man zuerst die hohe Stirn und die lebhaften Augen bemerkt, nichts mehr ausdrückt. Aber er weiß auch, daß man sich hier in diesem sonnenarmen Land, in dem man ihn zurückgelassen hat, über seinen olivfarbenen Teint wundert.

Schon in Autun hatte man sich über seine gelbliche Haut lustig gemacht. Er hat die Fragen nicht ganz verstanden, aber Ironie und Sarkasmus darin gespürt. Womit hat man ihn denn ernährt, daß er so gelb ist? Mit Ziegenmilch und Öl? Er ballte die Faust.

Nun folgt er dem Direktor durch die langen, kalten Gänge mit den engen Türen. Im Gehen erklärt Pater Lelue dem Jungen, daß er wegen des Adelsstandes seiner Familie ausgewählt wurde, der von Monsieur Hozier de Sérigny bestätigt wurde, dem Standesrichter des französischen Adels, dem »Ihr Vater«, Monsieur Charles de Bonaparte, mit Genauigkeit und Eifer geantwortet habe. Monsieur de Hozier habe Charles de Bonaparte gefragt: »Wie muß man den Vornamen Ihres Sohnes übersetzen?« Charles de Bonaparte habe geantwortet: »Napoleone ist ein italienischer Name.«

Pater Lelue dreht sich um. Der Junge senkt die Augen nicht. Der Pater nennt die wichtigsten Punkte der Schulordnung: »Den Charakter beugen, den Hochmut ersticken«. Sechs Jahre Schulzeit ohne Ferien. »Man muß sich selbst einkleiden, seine Sachen in Ordnung halten, ohne jede Hilfe durch Dienerschaft. Bis zum zwölften Lebensjahr ganz kurzer Haarschnitt. Danach die Haare wachsen lassen und zu einem Schwänzchen zusammenbinden. Sie nur an Sonn- und Feiertagen pudern.« Der Junge ist erst zehn Jahre alt. Also kurzer Schnitt.

Pater Lelue öffnet eine der Türen. Er tritt beiseite und läßt den Jungen ins Zimmer treten. Er geht zwei Schritte hinein. Er denkt an das große Zimmer, das seine Mutter Laetitia ausräumen ließ, damit die Kinder dort spielen konnten. Er denkt an das Bretterhäuschen, das er sich gebaut hatte, damit er dort in Ruhe rechnen konnte. Er denkt an die Straßen, die sich zum weiten Horizont öffneten und zum Meer hin.

Die Zelle, in der er schlafen wird, mißt nicht einmal zwei Quadratmeter. Darin befinden sich nur ein Gurtbett, ein Wasserkrug und eine Schüssel. Pater Lelue, der noch an der Schwelle steht, erklärt, daß laut Schulordnung auch in der kältesten Jahreszeit der Schüler nur auf eine Decke Anspruch habe, außer wenn er von besonders zarter Konstitution sei. Napoleon hält dem Blick des Direktors stand.

Pater Lelue zeigt die Klingel neben dem Bett. Die Zellen werden von außen verriegelt. Im Notfall muß der Schüler den Domestiken herbeirufen, der im Flur wacht. Der Junge hört zu und unterdrückt den Wunsch, zu schreien und davonzulaufen. Zu Hause nannte man ihn *rabulione*, einen, der sich in alles einmischt, der überall eingreifen muß.

Hier ketten ihn Schulordnung und Disziplin an. Nach dem Aufstehen müssen die Schüler ihre Zellen verlassen, in die sie erst zum Schlafen zurückkehren. Er verbringt seine Tage im Klassenzimmer oder bei der Körperertüchtigung. Die Schüler sollen »durchaus Spiele betreiben, insbesondere solche, die geeignet sind, Kraft und Geschicklichkeit zu entwickeln«.

Im Flur hört der Junge Schritte. Andere Schüler treffen ein. Er sieht sie und ahnt an ihrer Kleidung, daß sie aus wohlhabenden Familien kommen. Er hört ihre Stimmen. Alles Franzosen von hohem Adel. Er fühlt sich noch einsamer.

»Zweimal pro Woche wechseln die Schüler ihre Wäsche«, fügt der Direktor hinzu. Der Junge folgt ihm auf den Flur und betritt nach ihm das Refektorium. Dort versammeln sich die etwa hundert Schüler der Schule an großen Tischen unter dem düsteren Gewölbe in Gegenwart ihrer Lehrer. Mittags und abends gibt es Graubrot, Wasser und Obst. Fleisch zu beiden Mahlzeiten.

Der Junge nimmt zwischen den anderen Platz. Man schaut ihn an. Es wird geflüstert. Wie heißt er? »Napoloné?« Jemand lacht laut auf. »Stroh-in-der-Nas?« Das haben sie verstanden. *Ich hasse sie.*

Er ist der Fremde. Sagen nicht sogar seine Erdkundelehrer, daß Korsika trotz seiner Eroberung durch die Franzosen ein Anhängsel von Italien ist, ein fremdes Land also? Napoleon akzeptiert das, besteht sogar darauf. Er verachtet sie und sondert sich ab. Und wenn man seine Deckung durchbricht oder ihn überrascht, dann fängt er eine Prügelei an.

Man versucht immer wieder, ihm Streiche zu spielen. Man bringt ihn mit einem neuen Schüler zusammen, der im Juni 1782 in der Schule eintrifft. Man hat jenen Balathier de Bragelonne, den Sohn des Kommandanten von Bastia, dazu gedrängt, sich Napoleon als Genueser vorzustellen. Napoleon spricht ihn auf Italienisch an: »Sei di questa maledetta nazione?« (Gehörst du zu jener verfluchten Nation?) Der andere bejaht. Sogleich stürzt sich Napoleon auf Balathier und packt ihn bei den Haaren. Man muß die beiden Kämpfer trennen.

Napoleon entfernt sich, ein zwölfjähriger korsischer Patriot, dessen französische Rechtschreibung so schlecht ist, daß er unleserlich schreibt, um seine Fehler zu vertuschen, auch wenn schon ein gewisser Stil erkennbar wird und seine Sätze sich im Rhythmus eines Denkens entwickeln, das sich selbstbewußt entfaltet.

Denn der einsame Junge will sich über die anderen erheben und seine Lage als Besiegter vergessen machen. Ein Fremder? Vielleicht. Ein Unterworfener? Niemals!

Zu Bourrienne, einem der wenigen Schüler, mit denen er spricht, sagt er im Vertrauen: »Ich hoffe, daß ich Korsika eines Tages die Freiheit zurückgeben kann! Was weiß man schon? Das Schicksal eines Reiches hängt oft von einem einzigen Mann ab.«

Was er liest, begeistert ihn. Immer wieder liest er Plutarch. Geschichte wird sein Lieblingsfach, neben Mathematik, wo er brillant ist, wie sein Lehrer Pater Patrault meint, der leise sagt, während er ihn Aufgaben in Algebra, Trigonometrie oder Geometrie lösen hört: »Dieser Junge wird nur zur Geometrie taugen.«

Der Junge läßt ihn reden. Er mag sowohl die abstrakten Geistesspiele, die ihn aus den Demütigungen und Zwängen der Gegenwart herausheben, als auch die *Lebensbeschreibungen* von Plutarch, die ihn in eine andere Realität entweichen lassen, keine imaginäre, da sie ja existiert hat, da sie ja geschichtlich ist und also wieder erstehen kann. Durch ihn. Er identifiziert sich mit den Helden, deren Schicksal er nachvollzieht. Er ist der Spartaner. Er ist Cato, Brutus und Leonidas.

Mit seinem Plutarch in der Hand spaziert er über den Hof. Man neckt ihn nicht mehr. Aber im Laufe der Monate, nachdem er gemerkt hat, daß zutrifft, was er in einer Regung spontanen Stolzes schon früh empfunden hatte, daß er den meisten, ja vielleicht allen überlegen ist, antwortet er auch, wenn man ihn anspricht. Er ist bissig und schneidend geworden. Er befiehlt eher, statt zu folgen. Er richtet. Er verurteilt.

Manchmal hört er auf den Fluren das Rascheln von Schritten, die sich zu einzelnen Zellen begeben. Das sind die »Nymphen«, Schüler mit zweideutigen Allüren und Sitten, die für ein paar nächtliche Augenblicke einen Gefährten suchen. Napoleon ist davon angewidert, obwohl man auch ihm den Hof macht. Er hat diese Feinheit der Züge und diese Unverschämtheit, die anziehend macht. Wütend weist er die Verführer zurück. Er schlägt sie. Er prügelt sich. Er verjagt sie. Er beschimpft sie. Auch bei einigen Lehrern ahnt er diese »klösterlichen Unsitten und Laster«. Gegen sie führt er Krieg, er tritt an die Spitze eines Aufstandes gegen die »Regenten«, die dem neuen Direktor beistehen, Pater Berton. Man ergreift ihn. Man bestraft ihn. Er beißt die Zähne zusammen und weint nicht. Er hält dem Lehrer stand, der ihn abkanzelt. Das macht jenen zornig.

»Wer sind Sie denn, Monsieur, um mir derart zu antworten?«

»Ein Mann«, entgegnet Napoleon mit fester Stimme.

Er ist dieses unbeugsame Kind, dessen Empfindlichkeit unter dem Willenspanzer so stark ist, daß sie manchmal wie ein Lavastrom ausbricht, der alles mitreißt.

Eines Abends bestraft ihn der Quartiermeister, der ihn beim Lesen erwischt hat. Er muß auf den Knien vor der Tür des Refektoriums essen und dabei Sträflingskleidung tragen, eine Hose aus grobem Stoff und ausgetretene Schnürstiefel. Da er sich schon für einen Mann hält, nimmt er alles ruhig hin, bis dann plötzlich doch das Kind durchbricht, das er noch ist, und sich schreiend am Boden wälzt und das Essen wieder erbricht. Der Mathematiklehrer Pater Patrault eilt herbei und ist empört über die Mißhandlung seines besten Schülers. Der Direktor stimmt ihm zu, daß die Strafe überzogen war und annulliert sie. Das Mann-Kind steht auf, wilder und stolzer und entschlossener denn je, sich niemals unterkriegen zu lassen.

Von den anderen getrennt ist er, wie auf seiner eigenen Insel, und wollte es auch sein. Eines Tages ruft der Direktor die Schüler zusammen und teilt ihnen mit, daß er ihnen ein größeres Gelände nahe bei der Schule überläßt, das sie unter sich aufteilen und über das sie frei verfügen können. Sie können es ganz nach ihrem Willen pflügen und bearbeiten, vor allem während jener Wochen im September, in denen es weniger Unterricht gibt, um den Kindern, die kein Recht auf Ferien haben, etwas Freizeit zu lassen.

Bonaparte hat dem Direktor mit angespanntem Gesicht und starrem Blick zugehört. Sobald Pater Berton sich entfernt hat, geht er zu seinen Mitschülern und spricht und verhandelt mit ihnen. Er, der sich sonst immer abseits hält, bemüht sich mehrere Tage lang um die anderen. Und dann läßt er es wieder sein, denn er hat erreicht, was er wollte. Zwei von ihnen treten ihr Grundstück an ihn ab.

Die nächsten Wochen bringt er damit zu, bei jeder Gelegenheit sein Gelände einzurichten und es in eine Zitadelle zu verwandeln. Er pflanzt Pfähle auf, errichtet eine Palisade, gräbt die Erde um und setzt kleine Bäume. So schafft er sich eine Einfriedung, seine »Insel«, die bald zu einer wirklichen Einsiedelei wird, wie es die anderen nennen, wo er allein sein und lesen und wohin er sich in schöpferischen Momenten zurückziehen und meditieren kann. Im Sommer kann er sich dort, im Schatten seiner Laube, seinem Heimweh hingeben. Selbst in der schönen Jahreszeit ist die Champagne trist und monoton, der Himmel verhangen, und niemals sieht man das intensive unbefleckte Blau des Südens. Dann erinnert er sich an die Bretterhütte hinter dem elterlichen Haus. Eines Tages äußert er sogar: »Wenn man ohne sein Geburtszimmer, ohne den Garten, in dem man als Kind umhergelaufen ist, und ohne sein Vaterhaus lebt, dann hat man gar keine Heimat.«

Geständnis in einem Augenblick der Schwäche. Die Schüler, die sich seiner »Insel«, seinem Rückzugsort, nähern, werden mit Fausthieben und Tritten verjagt, ganz gleich, wie zahlreich sie sind. Die Wut und die Entschlossenheit von Bonaparte sind so stark, daß sie zurückweichen und hinnehmen, daß er sich sein eigenes »Königreich« geschaffen hat. »Meine Klassenkameraden mochten mich nicht«, wird er später sagen. Sie haßten ihn sogar, weil er stolz und streitsüchtig, hochfahrend und verschlossen war, eben anders. Man zahlte es ihm heim.

Der Aufseher hat die Schüler in ein Bataillon aus mehreren Kompanien eingeteilt. Es werden Übungen abgehalten. Man stellt sich in Reih und Glied auf und defiliert. Jede Kompanie hat als Anführer einen Schüler, der auf Grund seiner schulischen Leistungen ausgewählt wurde. Napoleon gehört dazu.

Aber der Generalstab der Schüler ruft ihn zu sich. Er kommt herbei und schaut verächtlich auf diese dreizehnjährigen Kinder, die einen Kriegsrat bilden wollen. Er hört das Urteil an, das nach dem Reglement verkündet wird. Napoleone Buonaparte ist unwürdig zu befehligen, wird ihm verkündet, weil er sich immer abseits hält und sich weigert, mit anderen Schülern freundschaftliche Verbindungen einzugehen. Er soll degradiert werden, seine Rangabzeichen verlieren und in das letzte Glied des Bataillons zurücktreten.

Er hört es sich an. Er antwortet gar nicht auf die Kränkung, als ob ihn dies nichts anginge. Er nimmt den zugewiesenen Platz ein. Man schaut ihm nach. Man flüstert. Man bewundert seine Standhaftigkeit. In den folgenden Tagen erweist man ihm sogar Zeichen der Anerkennung. Er weiß standzuhalten. Man anerkennt seinen Mut.

Er nimmt diese Respektsbezeugungen hin, nimmt sogar an einigen Spielen teil, leitet sie auch, wie zum Beispiel im Winter 1783, als im Schulhof eine kleine Festung errichtet werden soll und er eine Schneeballschlacht befehligt. Aber er bleibt wie ein unzugänglicher Fels, dem niemand etwas anhaben kann, und je mehr Jahre vergehen, desto stärker empfindet er seine Andersartigkeit. An den Vergnügungen der Franzosen kann er nicht teilhaben. Auch wenn er, wie alle Schüler, eifrig zur sonntäglichen Messe geht, weil es Pflicht ist, und seine Gebete aufsagt, so lehnt er es doch ab, mit den anderen zu »paktieren«, obwohl er nun schon seit Jahren mit ihnen zusammenlebt. Sie befehligen, vielleicht, einer von ihnen sein – niemals!

1782 ist er 13 Jahre alt. Er ist ein dürrer junger Mann mit so borstigem und wildem Haar, daß es in Abweichung von der Schulordnung ein Perückenmacher frisiert.

Der stellvertretende Generalinspektor der Militärschulen, der Chevalier und Feldmarschall de Keralio, kommt im September jenes Jahres im Rahmen seiner Inspektionsreise nach Brienne. Er ruft die Schüler einzeln zu sich, schaut ihre Dossiers an, prüft ihre Zeugnisse und befragt diese Jungen, die vor ihm antreten wie alte Soldaten. Napoleon träumt vom Meer und von Schiffen. Andere korsische Adlige hatten auf den Schiffen des Königs gedient. Warum nicht auch er? So könnte er den Himmel des Mittelmeers wiedersehen und an den provenzalischen und korsischen Küsten entlangsegeln.

Monsieur de Keralio ist mit der Unterredung zufrieden. Der junge Mann ist beachtlich, glänzend in Mathematik, »von guter Verfassung und ausgezeichneter Gesundheit, Körpergröße vier Fuß, zehn Daumen und zehn Finger«*. Allerdings ist er schwach in den künstlerischen Fächern und in Latein.

Monsieur de Keralio entscheidet, Napoleon Bonaparte so bald wie möglich auf die Militärschule in Paris zu schicken, in eine Kompanie adliger Kadetten, die sich aus den besten Stipendiaten der anderen Militärschulen zusammensetzen. Später könne er nach Toulon geschickt werden.

Bonaparte hört es und jubelt innerlich, ohne daß seine Züge ein Gefühl verraten. Er muß nur noch wenige Monate in Brienne bleiben. Mit großen Schritten geht er zu seiner Einsiedelei. Dort beruhigt er sich. Die Zukunft liegt offen vor ihm wie das Meer.

Aber einige Monate genügen, um seine Hoffnung zunichte zu machen, und der Junge wird wieder verschlossen. Keralio wird im Juni 1783 durch einen anderen Inspektor ersetzt, Reynaud des Monts, der Bonaparte für zu jung für die Pariser Militärschule hält. Zudem lehnt er die Entscheidung für die Marine ab und bestimmt ihn für die Artillerie, die intelligente Waffengattung, die für jene Schüler bestimmt ist, die wie Bonaparte in Mathematik glänzen. Auf jeden Fall ist es noch zu früh, um Brienne zu verlassen, meint der neue Inspektor, denn dieser Napoleone Buonaparte ist doch erst seit vier Jahren und vier Monaten auf der Schule. Er soll sich gedulden!

* Etwa 1,58 m

Wut und neue Bitterkeit. Bonaparte zieht sich in sein Refugium zurück. In der Schule von Brienne kann er nichts mehr lernen. Er nimmt ohnedies nur noch am Mathematikunterricht teil. Für Latein interessiert er sich nicht mehr. Alles andere hat er schon gelernt. Er liest, schluckt seinen Ärger hinunter und weigert sich, am Schulleben teilzunehmen.

Als die Schüler am 25. August 1784, dem Tag des heiligen Ludwig, »unseren Vater Ludwig den XVI.« feiern, bleibt er ihren Umzügen fern. Auf den Korridoren wird gesungen. Wie es die Tradition will, gibt es ein Feuerwerk. Plötzlich ereignet sich eine besonders heftige Explosion. Die Funken aus dem Feuerwerk, das ein Nachbar der Schule gezündet hat, sind auf eine Kiste Schießpulver übergesprungen. In Panik laufen die Schüler davon. Dabei reißen sie die Palisade von Bonapartes Einfriedung ein, zerknicken seine Bäume und zerstören sein Refugium. Er wirft sich ihnen entgegen, mit einer Hacke bewaffnet, um sie aufzuhalten und sein Territorium zu verteidigen, völlig gleichgültig angesichts ihrer Angst und möglichen Gefährdung.

Man beschimpft ihn. Er droht mit seiner Hacke. Man beschuldigt ihn des Egoismus und der Hartherzigkeit. Man hält ihm vor, daß die Freudenfeiern zu Ehren des französischen Königs vielleicht diesen Ausländer, »Stroh-in-der-Nas«, geärgert haben, der vielleicht sogar ein Republikaner ist, weil die Anhänger der korsischen Unabhängigkeit von solch einem Regime träumen.

Napoleon antwortet ihnen nicht einmal, auch wenn ihn der Gedanke wütend macht, daß er noch wer weiß wie lange in dieser Schule bleiben muß. Um darüber hinwegzukommen, muß er sich noch mehr zusammenreißen, denn nun, mit 15 Jahren, ist er ein Mann, der für das Schicksal seiner Familie verantwortlich ist. Denn im August 1784 ist er nicht mehr allein in Brienne. Seit dem Monat Juni besucht auch sein Bruder Lucien diese Schule. Das war ein großer Augenblick. Am 21. wurde Napoleone Buonaparte ins Besucherzimmer gerufen. Er ging dorthin. Und dort, in dem großen Zimmer, wartete sein Vater Charles Bonaparte in Begleitung eines seiner Söhne, seines jüngeren Bruders, Bonaparte Lucien. Napoleon stürzte ihnen nicht entgegen. Er machte sich im

Gegenteil ganz steif, um nicht von seinen Gefühlen überwältigt zu werden. Seit mehr als fünf Jahren hatte er kein Mitglied seiner Familie gesehen.

Er schaut seinen Vater unverwandt an. Er findet diesen großen hageren Mann wieder, der eine hufeisenförmige Perücke trägt, mit doppelten schwarzen Seidenbändern und einem Spitzenjabot versehen. Es kommt ihm vor, als habe er ihn niemals verlassen. Charles Bonaparte ist elegant gekleidet wie immer, er hat einen Seidenanzug mit Schnurbesatz an und trägt sein Schwert an der Seite. Und doch wirken seine Züge müde und seine Haut gelblich. Charles Bonaparte, der seine Tochter Marianna Élisa sowie zwei Kusinen ins königliche Mädchenpensionat Saint-Cyr gebracht hat, klagt über seine Gesundheit. Seinem Sohn berichtet er, daß er alles Essen wieder erbricht und daß seine Magenschmerzen immer heftiger werden.

Napoleon hört zu. Sein Bruder Lucien beobachtet ihn und wundert sich, daß er gar keine Zärtlichkeit oder Gefühle äußert. Als aber Napoleon hört, daß sein älterer Bruder Joseph beschlossen hat, das Kolleg von Autun zu verlassen und auch die Militärkarriere zu wählen, argumentiert er mit der Autorität eines selbstsicheren Familienoberhaupts, als ob die Krankheit seines Vaters ihn sogleich zur Übernahme dieser Rolle gedrängt hätte.

Das Gespräch dauert nicht lange. Lucien bleibt in Brienne. Napoleon wird ihn überwachen und anleiten. Charles Bonaparte begibt sich nach Paris und kündigt an, daß er auf dem Rückweg nach Korsika noch einmal in Brienne vorbeischauen will. Napoleon bringt ihn zu seiner Kutsche. Als sich die Pferde in Bewegung setzen, wendet er sich brüsk Lucien zu und spricht mit ihm im Tonfall eines Erziehers.

Er ist 15 Jahre alt und hat schon eine andere Rolle. Am 25. Juni greift er zur Feder. Seine Handschrift ist stark geneigt, und er macht zahlreiche Fehler, aber er drückt sich klar aus und weiß, was er will. Dieser Fünzehnjährige, der an seinen Onkel Fesch schreibt, äußert sich wie ein Erwachsener. Er denkt selbständig und hat sich über alle Leute schon seine Meinung gebildet, auch über seine Brüder Lucien und Joseph. In jedem Satz zeigt sich ein Mann, der seine

Gefühle dem Verstand unterordnet, ein Mann von kaum 15 Jahren. Der Junge mußte sich verteidigen und sich abschließen, um nicht vor Heimweh oder Traurigkeit umzukommen, und statt sich den anderen anzupassen, hat er eine eigenständige Persönlichkeit entwickelt, die analysieren, urteilen, folgern kann.

15 Jahre! Er schreibt: »Mein lieber Onkel, ich schreibe Ihnen, um Sie vom Besuch meines lieben Vaters in Brienne zu unterrichten. Er hat Lucciano hiergelassen, der neun Jahre alt ist, und drei Fuß, elf Daumen und sechs Finger groß.* Er ist in der ersten Klasse für Latein und wird auch all die anderen Dinge lernen. Er ist sehr aufgeschlossen und zeigt guten Willen. Man kann hoffen, daß er ein gutes Subjekt sein wird. Es geht ihm gut. Er ist kräftig, lebhaft und gewandt, und für den Anfang ist man zufrieden mit ihm. Er spricht gut Französisch und hat das Italienische völlig vergessen.

Ich bin überzeugt, daß mein Bruder Joseph Ihnen nicht geschrieben hat. Wie hätte er es auch tun können? Selbst meinem lieben Vater hat er nur zwei Zeilen geschickt, nach seiner Gewohnheit. Er hat sich wirklich vollkommen geändert. Wie Sie wissen, hatte er sich ja ursprunglich für die Kirchenlaufbahn entschieden. Bis jetzt war er bei dieser Entscheidung geblieben, will nun aber dem König dienen, worin er aber in mehrfacher Hinsicht unrecht hat. Er ist nicht kühn genug, um eine gefährliche Unternehmung zu wagen. Seine schwache Gesundheit erlaubt ihm nicht, die Strapazen eines Feldzuges auszuhalten. Mein Bruder sieht den Militärstatus nur aus der Perspektive der Garnisonen. In einer Gesellschaft wird er immer gute Figur machen, aber in einem Kampf?«

In seiner raschen Handschrift fährt Napoleon mit seinem Gutachten fort. Da Joseph nichts von Mathematik verstehe, könne er weder bei der Marine noch bei der Artillerie Offizier werden. Also Infanterie? »Gut, ich verstehe schon, er will den ganzen Tag nichts tun und nur das Pflaster treten. Was ist denn schon ein mickriger Infanterieoffizier? In den meisten Fällen nur ein übles Subjekt, und das wollen weder mein lieber Vater noch Sie, noch meine Mut-

* Etwa 1,10 m

ter, noch mein lieber Onkel, der Erzdiakon, denn er hat schon Anzeichen von Leichtsinn und Verschwendung gezeigt.«

So redet der Jüngere über seinen älteren Bruder! Ein beinahe Erwachsener, der sich für seine ganze Familie verantwortlich fühlt, als ob er deren Oberhaupt wäre. Einige Tage später greift Napoleon wieder zur Feder. Er hat eine neue Enttäuschung erlitten. Sein Vater wird nicht noch einmal nach Brienne kommen. Er wird von Paris direkt nach Korsika zurückkehren.

»Mein lieber Vater, wie Sie sich denken können, hat mir Ihr Brief keine große Freude bereitet, aber die Vernunft und die Anteilnahme an Ihrer Gesundheit und dem Wohl der Familie lassen mich Ihre schnelle Rückkehr nach Korsika gutheißen und haben mich völlig getröstet. Und wie sollte ich nicht froh und zufrieden sein, wo ich doch gewiß bin, daß Sie mir weiterhin gewogen und geneigt sind und immer darum bemüht, mir hier herauszuhelfen und mich zu unterstützen bei allem, was ich anstrebe? Im übrigen bitte ich Sie darum, mir mitzuteilen, welche Wirkung die Kur auf Ihre Gesundheit gehabt hat, und versichere Ihnen meine respektvolle Anhänglichkeit und meine ewige Dankbarkeit.«

Dieser liebende und ehrfürchtige Sohn, der an seine Familie denkt, dieser dankbare Sohn, der die Bemühungen seines Vaters anerkennt, ihn aus Brienne herauszuholen, setzt seinen Brief dennoch fort mit Ratschlägen an den Vater bezüglich Josephs Ausbildung. Er wünscht, daß er seinen älteren Bruder eher nach Brienne als nach Metz schickt, »weil das ein Trost wäre für Joseph, Lucien und mich«. Er wünscht auch, daß sein Vater ihm Bücher über Korsika schickt. »Sie müssen nichts befürchten, ich werde sie pfleglich behandeln und nach Korsika zurückbringen, wenn ich einmal wiederkehre, und sei es in sechs Jahren. Adieu, mein lieber Vater. Lucien umarmt Euch von ganzem Herzen. Er arbeitet sehr fleißig. Beim öffentlichen Exerzieren war er sehr gut.« Dann sagt er seine Grüße an alle Mitglieder der Familie, an die *zie*, die Tanten, und er unterschreibt: »Ihr sehr ergebener und sehr gehorsamer Sohn Buonaparte, der zweitälteste.«

Ein unscheinbarer Satz aus dem Brief an seinen Vater zeigt die gespannte Erwartung von Napoleon: »Spätestens am 15. oder am

16. diesen Monats wird der Herr Inspektor kommen, das heißt also in drei Tagen. Sobald er wieder fort ist, werde ich Sie wissen lassen, was er mir gesagt hat.«

In der Tat muß er noch einmal vor Reynaud de Monts erscheinen, der von dem Minister die Erlaubnis bekommen hat, an die Pariser Militärschule »jene Stipendiaten der kleinen Schulen zu berufen, die sich nicht nur durch Talent, Kenntnisse und Betragen auszeichnen, sondern auch durch ihre Eignung zur Mathematik«. Als er im September 1784 nach Brienne kommt, wählt der Inspektor fünf Schüler der Minimen aus, die auf diese Weise Adelskadetten werden und für Paris bestimmt sind. Als erster Name wird Montarby de Dampierre aufgerufen, der für die Kavallerie optiert hat. Der zweite, Castres de Vaux, will zu den Pionieren. Die drei anderen sind Kandidaten für die Artillerie. Außer Laugier de Bellecourt und de Cominges auch Napoleone Buonaparte. Als der junge Mann seinen Namen hört, begnügt er sich damit, den Kopf leicht zu heben. Einzig sein glänzender Blick verrät seine Emotionen.

Er weiß, was dieser Aufbruch bedeutet. Zunächst entgeht er der Routine von Brienne, dem allzu bekannten Ort, der allzu grauen Landschaft. Es schmerzt ihn, daß er Lucien zurücklassen muß. Aber er kann innerhalb eines Jahres Offizier werden, und dann wird sein Bruder Joseph ein Stipendium erhalten und seinerseits nach Brienne kommen, um dort Mathematik bei Pater Patrault zu lernen. Bonaparte zeigt seine Freude nicht. Aber er geht viel schneller und schreitet auf dem Hof hin und her, die Arme auf dem Rücken gekreuzt. Er hat ein Hindernis überwunden. Er kommt voran. Alles ist möglich.

Noch heißt es warten. Die Tage vergehen nur langsam, und erst am 22. Oktober 1784 erteilt Ludwig der XVI. »Napoleone de Buonaparte, geboren am 15. August 1769, eine Stelle als Adelskadett in der Kompanie der Adelskadetten der Militärschule« und bittet Generalinspektor Monsieur de Timbrune-Valence, »ihn zu empfangen und an besagtem Ort anerkennen zu lassen«.

Am 30. Oktober verläßt Napoleon Bonaparte Brienne in Begleitung seiner vier Kameraden und eines Minimen, der sie beaufsichtigt. Mit der Kutsche fahren sie bis Nogent, und von dort geht es weiter mit einem Kahn nach Paris. Der Himmel ist bewölkt. Von Zeit zu Zeit regnet es. Aber kann ein fünfzehnjähriger Adelskadett sich der Melancholie ergeben, wenn er in die Hauptstadt des französischen Königreichs fährt, wo ihn der König als Stipendiat seiner angesehensten Militärschule aufnimmt? Das hat ein Fremder errungen, der Bürger einer besiegten Heimat, ein Korse, wenn er nur den Willen dazu hat. »Ich will«, flüstert Bonaparte.

3

Bonaparte geht durch Paris. Er ist »ein dunkelhäutiger junger Mann, trägt Kniehosen mit roten Stulpen und wirkt traurig, finster, ernst«. Aber seine gierigen Augen verschlingen die Stadt. Er bleibt oft stehen und wartet, bis sich der Minime, der ihn und seine vier Mitschüler aus Brienne begleitet, etwas entfernt hat. Bonaparte will allein das Spektakel empfinden und genießen, das ihn berauscht, ohne daß sein Gesicht deshalb zittert. Aber sein Inneres vibriert wie eine gespannte Saite.

Er ist erst 15 Jahre und zwei Monate alt, aber er versteht diese Stadt intuitiv, er empfindet sie als riesiges Theater, als offenen Horizont. Er überquert den Pont-Neuf, der von Wagen und Karren verstopft ist. An den Kais haben Schuten festgemacht. Lastenträger bahnen sich einen Weg durch die bunte Menge, in der sich die verschiedenartigsten Kleidungen vermischen, neben dem sorgfältig herausgeputzten jungen Aristokraten sieht man eine zerlumpte Frau mit mächtigem Busen und nackten Armen.

Er wird gestoßen, ohne daß man ihn beachtet. Er aber schaut genau hin. Er entdeckt die Eckgebäude am Dauphine-Platz, die steif dastehen wie Wachsoldaten in ihren rotweiß verzierten Uniformen. Auf der anderen Seite der Brücke reihen sich Stadtvillen aneinander, vor denen Karossen vorbeifahren. Er entdeckt Kirchtürme und Kuppeln. Bald sieht er auch Plätze, den Champ de Mars, das Gold der Kuppeln oberhalb der grauen Schieferdächer. Er ist begeistert. Er atmet diese Luft, in der sich die Gerüche von Abfällen, Pferdedreck und Schweiß vermischen. Er hört das Geräusch der Räder auf dem Pflaster, das Scharren unzähliger Schritte in den engen Straßen und diese Stimmen, französische Stimmen, die er zum ersten Mal nicht als feindlich und fremd empfindet.

Er denkt an Korsika, seinen Himmel und seine Landschaften, an die Schönheit der Buchten, an seine Sprache und seine Angehörigen, aber Paris ist auch so weit, so vielfältig, so quirlend wie das Meer. Nun hat er die trockene Champagne und den engen Horizont von Brienne endlich hinter sich gelassen. In dieser Stadt, in der sich alles zu bewegen scheint, in der sich königliche Größe bei jedem Schritt zeigt, zwischen den riesigen und erhabenen Bauten fühlt sich der junge Mann weniger fremd als im engumgrenzten Gefilde der Provinzschule. Hier pfeift der Wind wie an einem Ufer, und der entwurzelte Jüngling aus dem Süden findet in der Hauptstadt eine Größe wieder, an die ihn das Meer und der weite Himmel gewöhnt haben.

Als Laugier de Bellecourt, einer seiner Mitschüler, auf ihn wartet und ihm einen kleinen Stups mit dem Ellenbogen gibt, um die Freude zu teilen, endlich in dieser Stadt zu sein, die vor Leben überquillt und deren Freizügigkeit aus jedem Körper und aus den kühnen Blicken spricht, geht Bonaparte beiseite. Laugier de Bellecourt ist ein Jahr jünger als er und war in Brienne einige Monate einer seiner wenigen Vertrauten. Aber bald hatte Napoleon diese zweideutige Freundschaft zurückgewiesen. Mit seiner mädchenhaften Sanftheit gehörte de Bellecourt gewiß zu den »Nymphen« der Schule. Das vergißt Bonaparte nicht. Er wendet sich ab. Er will diese Stadt allein betreten und hinter der freien Fläche von Grenelle, unweit des Invalidendoms, die Militärschule entdecken.

Je näher sie dem Gebäude kommen, desto mehr beeindruckt ihn die Schönheit des Palastes, der von einer eckigen Kuppel beherrscht wird, doch läßt er sich von seiner Bewunderung nichts anmerken. Er tritt als letzter ein und bestaunt die acht korinthischen Säulen, den Giebel, der von Statuen überragt wird, und die mit Girlanden verzierte Turmuhr.

Er geht durch eines der drei vergitterten Tore. Er betritt den

Hof, der von zwölf hohen Laternen erleuchtet wird. Die Kadetten werden im rechten Flügel untergebracht. Er durchquert Säle, in denen die Schüler Tricktrack, Schach oder Dame spielen, wenn sie der Regen aus dem Hof vertreibt. Das Besucherzimmer ist nicht so karg und kalt wie jenes in Brienne. Ein großes Gemälde stellt Ludwig XV. dar. Die Vorhänge sind aus weißer Baumwolle, die Wände mit rotem Damast aus Abbeville bespannt. Bänke und Sitze sind mit einem rosengeschmückten Teppich bedeckt.

Bonaparte betritt die Klassenzimmer, deren Wände bläuliche Tapeten haben, auf denen Lilien und die königliche Ziffer XV golden glänzen. Glastüren und Fenster werden von Vorhängen umrahmt. Der Jüngling ist frappiert von Luxus, Pracht und Reichtum. Seine erste Mahlzeit nimmt er im Refektorium an einem Zehnertisch ein. Das Essen ist reichhaltig, es gibt Fleisch, Nachtisch und Obst. Domestiken bedienen die Schüler mit feierlichem Gehabe.

Unter den Adelskadetten bemerkt er außer den Stipendiaten junge Leute, die aus dem hohen Adel stammen und die 2000 Francs im Jahr zahlen, um Schüler der Pariser Militärschule sein zu dürfen. Ohne ihren Dünkel und ihre besonders schlechten schulischen Leistungen, denn sie sitzen zwar im Unterricht, lernen aber nichts, würden sie in der Masse der 126 Kadetten kaum auffallen. Aber Napoleon spürt vom ersten Tag an, daß ein Herzog von Fleury, ein Laval-Montmorency, ein Puységur, ein Prinz von Rohan Guéménée, ein Vetter des Königs, verächtlich auf ihn herabschauen oder den Kopf abwenden, um zu demonstrieren, daß sie einer anderen Spezies angehören als dieser Stipendiat aus niederem korsischem Adel, der nur deshalb Franzose ist, weil seine Insel vor kurzem von der Armee des Königs erobert wurde.

Diese Blicke trüben von Anfang an die Begeisterung von Bonaparte. Wofür halten sich jene eigentlich? Er hat sich nicht unterworfen, als er ein neunjähriger Junge war, glauben sie etwa, daß er klein beigeben wird, wo ihm doch diese Stadt, dieses Gebäude, diese Säle, ja alles beweist, daß er ein Sieger ist?

Diese Gewißheit macht ihn weniger bitter, auch wenn er unnachgiebig und gleichgültig bleibt. Die Schönheit des Ortes, die Aufmerksamkeit, mit der man die Adelskadetten behandelt, die

Anwesenheit von Abkömmlingen der bedeutendsten Familien des Königreichs unter ihnen, all das bestätigt ihm, daß er zur kleinen Zahl derjenigen gehört, die zum Herrschen bestimmt sind. Das stachelt seinen Hochmut noch an, und seine Reizbarkeit wird dadurch zugleich besänftigt und gesteigert. »Man« hat ihn anerkannt, gewiß, aber man soll ihn nicht herausfordern: er würde nur noch entschlossener seine Herkunft und seine Auffassungen verteidigen.

Solange man ihn respektiert, gibt er sich wohlwollend, weil er nicht mehr der dünnhäutige Bursche ist, der er einmal war. Sein erster Erfolg hat einige Wunden geheilt. Und so wird er während seiner Zeit in der Militärschule sein Zimmer mit einem Schüler teilen, der älter ist als er und ihm als Ausbilder bei der Infanterie dienen soll.

Jener Alexandre Des Mazis zeigt sich aufmerksam, freundlich und sogar hilfsbereit. Bonaparte nimmt sein Entgegenkommen gut auf und akzeptiert diese Kameradschaft.

Ihr Zimmer ist klein und hat zwei Liegen mit Eisenrahmen, zwei Stühle, einen niedrigen Schrank unter dem Fenster. Dort stehen die drei vorgeschriebenen Paar Schuhe. Das Zimmer öffnet sich auf einen großen Raum mit Holzwänden, der von einer Lampe erleuchtet und von mehreren Fayenceöfen geheizt wird: den Schlafsaal. In dieser Militärschule herrscht also keine Kargheit, und als Bonaparte den Waffensaal besichtigt und die 60 Pferde der Reitbahn sieht – edle spanische Turnierpferde, von denen einige 800 oder 1000 Francs kosten –, kommt er zur der Überzeugung, daß man ihn wie den Sohn eines hohen Aristokraten behandelt.

Und doch sperrt er sich auch hier. Man darf sich durch diesen Luxus nicht korrumpieren lassen, von dem er genau weiß, daß er vorübergehend ist. Er kennt die finanziellen Möglichkeiten seiner Familie. Sein Status als Stipendiat hat ihn einen unverhofften Status erreichen lassen. Nun heißt es, mehr zu erlangen durch Arbeit und Talent, denn all dieser Luxus wird wieder verschwinden, sobald er die Schule verlassen hat. Das hat Bonaparte verstanden. Er hält sich von solchen Mitschülern fern, die ein lasches Leben führen.

»Monsieur«, sagt er zu Laugier de Bellecourt, »Sie haben Beziehungen, die ich nicht gutheißen kann. Ihre neuen Freunde werden Sie verderben. Entscheiden Sie sich zwischen denen und mir. Da gibt es nur ein entweder oder. Nehmen Sie meine Worte als erste Warnung.« Aber Laugier de Bellecourt widersteht den Versuchungen nicht, sein Verhalten bestätigt den Verdacht, den Napoleon Bonaparte schon in Brienne hatte. »Monsieur«, sagt er streng, »Sie haben meine Warnung mißachtet. Das heißt, Sie haben auf meine Freundschaft verzichtet, richten Sie nie mehr das Wort an mich.«

Er arbeitet mit wilder Entschlossenheit. Manche machen sich über ihn lustig, vor allem die Zöglinge aus gutem Hause. Sie finden diesen kleinen, dunkelhäutigen Jüngling »ziemlich starrköpfig und großmäulig«. Napoleon Bonaparte nimmt solche Bemerkungen nicht hin. Auf dem Schulhof stürzt er sich mit den Fäusten auf die Spötter. Er versetzt diesen Herrenjünglingen kräftige Knüffe. Er ist, wie er selbst sagt, nur ein kleiner Adliger, aber aus den Rangeleien geht er als Sieger hervor.

Manchmal schlägt die Antipathie in Haß um. Ein Adliger aus der Vendée, Le Picard de Phélippeaux, provoziert Napoleon mit jedem Wort und jedem Blick. Er ist nur zwei Jahre älter als er. Er ist seit 1781 auf der Militärschule. Aber ihre Rivalität hat nicht nur schulische Gründe. Sie hassen einander instinktiv, als ob der eine im Stipendiaten die Verkörperung jener aufrührerischen Menschen sähe, die die stabile monarchische Welt erschüttern werden, und der andere im Mann aus der Vendée einen entschiedenen Gegner des Fortschritts, einen Adligen, der entschlossen ist, jede Veränderung zu unterdrücken und zu verhindern.

Sie fordern einander heraus. Sie prügeln sich. Ihr Hauptfeldwebel Picot de Peccaduc stellt sich beim Unterricht zwischen sie, damit sie sich nicht schlagen können, aber sie versetzen sich Fußtritte unter dem Tisch, so daß der Hauptfeldwebel am Bein verletzt wird.

Im Waffensaal geht Bonaparte oft zwischen zwei Fechtlektionen mit auf dem Rücken gekreuzten Armen umher und bleibt plötzlich stehen. Aus einer Gruppe wird ein böses Wort gerufen oder eine Beleidigung. Man macht sich über Korsika lustig, man provoziert ihn. Er stürzt herbei, zieht sein Florett und greift die feixende Gruppe an. Es ist ihm bitter ernst.

Er wird böse, wenn einige Kadetten behaupten, daß nur wenige Franzosen zur Eroberung der Insel genügt haben. Das sind Verleumdungen, wie er sie schon in Autun und in Brienne anhören mußte und gegen die er sich wehrt. »Ihr wart nicht 600, wie ihr behauptet«, antwortet er ihnen, »sondern 6 000 gegen einige elende Bauern.« Warum mußte ein großes Volk Krieg gegen eine kleine Nation führen? Das zeige seine Unterlegenheit! »Komm«, sagt er zu seinem Freund Des Mazis, »scheren wir uns nicht um diese Feiglinge.«

Aber er kann nicht lange schweigen. Denn in jedem Augenblick kann ein Detail oder ein Satz ihn an seine Herkunft erinnern. Als er niederkniet, um aus den Händen von Hochwürden de Juigné die Kommunion zu empfangen, wundert sich dieser über seinen Vornamen Napoleone, der keinem Heiligen des Kalenders entspricht. Der Jüngling hebt stolz den Kopf, schaut den Geistlichen geradewegs an und sagt dann mit Nachdruck, daß es eine Menge Heilige gebe und der Kalender nur 365 Tage habe. Niemand kann ihm Einhalt gebieten. Selbst im Beichtstuhl antwortet er, wenn man ihn reizt.

Als er im Januar 1785 den Priester anhört, bei dem er, wie jeder Kadett einmal im Monat, die Beichte ablegt, kann er seine Wut kaum zügeln. Der Priester ermahnt ihn, spricht von Korsika und der Notwendigkeit, dem König zu gehorchen, dessen Stipendiat und dankbarer Untertan er sei. Im übrigen seien die Korsen, fährt der Priester fort, meist nur Banditen mit viel zu stolzem Charakter. »Ich komme nicht her, um über Korsika zu sprechen«, ereifert sich Bonaparte, »und es ist nicht die Aufgabe eines Priesters, mich darüber zu belehren!« Dann zertrümmert er mit einem Fausthieb das Gitter, das ihn vom Beichtvater trennt, und die beiden Männer prügeln sich.

Die Unerschrockenheit bei der Verteidigung seiner Heimat, ja diese Wut, mit der er die Heldentaten von Pascal Paoli rühmt, zeigen, daß er keiner von den Übervorsichtigen ist, die jede ihrer Handlungen genau berechnen. Dieser Jüngling ist vor allem ein Energiebündel, das unter der Gewalt der Emotionen explodiert.

Sein Französischlehrer Domairon staunt über seine sonderbaren Darlegungen. »Außen Granit, aber drinnen kocht ein Vulkan«, findet er. Und der Geschichtslehrer De Lesguille fügt hinzu, daß dieser junge Kadett von Charakter und Nationalität her Korse sei und es weit bringen werde, wenn ihm die Umstände günstig seien. Aber der Studienleiter Valfort ist beunruhigt. Man berichtet ihm, daß dieser Kadett und Stipendiat des Königs selbstverfaßte Verse deklamiert, in denen er beschreibt, wie seine Heimat in einem Traum zu ihm kommt, ihm einen Dolch überreicht und vorhersagt: »Du wirst mein Rächer sein.«

Karikaturen laufen um, in denen ihn seine Kameraden als kräftigen Kadetten gezeichnet haben, der hochmütig losmarschiert, während ein älterer Lehrer ihn vergeblich zurückzuhalten sucht und an seiner Perücke zieht. Der Text dazu lautet: »Bonaparte, lauf, flieg Pascal Paoli zu Hilfe und entreiße ihn den Händen seiner Feinde!« Sonderbare Situation: dieser Adelskadett und künftige Offizier der Armee des Königs will zugleich der Rächer von Paoli sein, den die Truppen des Königs besiegt haben! Und er verbirgt weder seine Ansichten noch seine Entschlossenheit.

Monsieur Valfort und die Verwalter der Militärschule bestellen ihn zu sich. Dieser korsische Patriot ist noch recht jung! Sein unvorsichtiger Enthusiasmus ist in gewisser Weise eine Garantie für die Reinheit seines Charakters. Patriotismus ist für diese Offiziere im übrigen eine Tugend. Doch sind sie der Meinung, daß die Liebe zu Korsika nicht stärker sein darf als die Dankbarkeit für die Güte des Königs. Bonaparte steht in Habachtstellung und hört sie an. Er trägt den blauen Anzug mit rotem Kragen, weißem Futter und roten Tressen. In der Hand hält er seinen silberbestickten Hut. Bei Valfort und den anderen Offizieren spürt er keinerlei Feindseligkeit, er hat vielmehr das Gefühl, verstanden zu werden.

»Monsieur«, sagt man zu ihm, »Sie sind ein Schüler des Königs. Daran sollten Sie denken und Ihre Liebe zu Korsika etwas dämpfen, das ja schließlich zu Frankreich gehört.« Er akzeptiert die Ermahnung, aber an seinem Verhalten ändert er nichts.

Er ist unerschütterlich, vor allem weil er seiner selbst so gewiß ist. Und es ist nicht die Pracht der Schule, die ihm diese Gewißheit verleiht. Einem Vertrauten sagt er: »Wir werden großartig ernährt und bedient, werden behandelt wie Offiziere, die über ein großes Vermögen verfügen, ein größeres, als die meisten unserer Familien und die meisten von uns je besitzen werden.« Er ist wie ein Fels, weil er weiß, was er will, und weil er überzeugt ist, daß er die notwendigen Fähigkeiten zur Verwirklichung seiner Ziele hat.

In ihrem Zimmer erklärt er Des Mazis, daß er Etappen überspringen will, daß er schon nach einem Jahr den Offiziersrang erreichen und Sekondeleutnant in einem Regiment werden will. Bonaparte beugt sich weit zu seinem Kameraden hinüber und spricht mit angespanntem Gesicht. »Dafür muß man den Aufnahmewettbewerb schaffen, der einem Adelskadetten den Besuch einer Artillerieschule erlaubt, und zugleich jenen, der das Recht auf einen Offiziersrang verleiht. Dann muß man nicht als Schüler an eine Artillerieschule, sondern wird direkt vom Adelskadetten zum Sekondeleutnant befördert.« Eine gewaltige Aufgabe! »Und ich will es so«, sagt Napoleon.

Das bedeutet, daß Bonaparte den gesamten Inhalt der vier Bände der *Mathematischen Abhandlungen* von Professor Bezout kennt, von den Kadetten gewöhnlich *Der Bezout* genannt, und daß er alle Fragen des Prüfers Laplace beantworten kann, eines angesehenen Mitglieds der Akademie der Wissenschaften. Bonaparte richtet sich wieder auf. Er wird sich dieser Herausforderung stellen und seinen *Bezout* auswendig lernen, um zugleich Schüler und Offizier der Artillerie zu werden. Lernen, mit Feuereifer lernen.

Als Des Mazis einige Tage auf der Krankenstation verbringt, schließt sich Bonaparte im Zimmer ein und hebt seine Augen nicht mehr vom Mathematikbuch auf. Was gehen ihn die anderen Fächer an, die Rechtschreibfehler, Latein, Grammatik, Deutsch. Der Deutschlehrer Baur urteilt über Bonaparte nur nach den Resultaten in diesem Fach. Als er im September 1785 merkt, daß Bonaparte bei den Prüfungen fehlt, befragt er dessen Kameraden. Man antwortet ihm, daß Bonaparte an der Auswahlprüfung für den Rang eines Unteroffiziers der Artillerie teilnimmt.

»Er kann also was?« wundert sich Baur.

»Aber sicher«, entgegnet man ihm. »Er ist einer der besten Mathematiker der Schule.«

»Nun ja«, sagt der Deutsche, »ich habe schon immer gedacht, daß Mathematik nur was für Holzköpfe ist.«

Bonaparte vernachlässigt auch die Tanzstunden. Für die gute Erziehung und die feinen Manieren, die auch an der Pariser Militärschule unterrichtet werden, weil man den Vorrang und das Prestige des Adels erhalten will, interessiert er sich nicht. Bonaparte, der eilige Jüngling, der nur mit sich selbst befaßt und auf das Ziel fixiert ist, das er sich gesetzt hat, hat keine Zeit, Dinge zu lernen, die ihm nicht unmittelbar nützlich sind. Alles muß dem Ziel untergeordnet werden, in einem Jahr beide Prüfungen zu schaffen.

Da zählt es wenig, daß er in diesem Jahr keinen der Ränge erhält, die manchen Schülern zuerkannt werden, wenn sie zu Feldwebeln, Divisionskommandanten oder Kompanieführern ernannt werden. Mit seinem Sinn für Effizienz und Nützlichkeit mokiert er sich über die drei silbernen Winkel, die einige voller Stolz tragen. Er wird auch nicht mit dem Ordenskreuz von Notre-Dame-du-Mont-Carmel ausgezeichnet wie Picot de Peccaduc oder Phélippaux. Dafür müßte er drei Jahre in der Militärschule zubringen. Drei Jahre! Schon der Gedanke daran bringt ihn um.

Er benötigt zehn Monate, um Gleichung um Gleichung, Lehrsatz um Beweis, Figur um Figur, die ganze Abhandlung von Bezout auswendig zu lernen. Durch nichts läßt er sich ablenken, er ist hartnäckig und entschlossen. Die Schuldisziplin erlaubt sowieso keinerlei Ausgang und sieht auch keine Ferien vor. Und nur einmal empfängt er einen Besucher im großen Sprechzimmer der Schule, nämlich seinen Vetter Arrighi di Casanova.

Zwischen den Stunden und den Studien schreitet er oft ein großes Gelände ab, »die Promenade« genannt, das mit acht Bänken aus Eichenholz versehen ist. Auf seiner ganzen Länge ist es von einem Zaun aus weißen Brettern umgeben. Zu Beginn des Jahres 1785 hatte man dort zwei Schuppen errichtet und dazu eine Art Redoute, um den Kadetten eine genaue Vorstellung von einer befestigten Stadt zu geben.

Mit raschen Schritten geht Bonaparte diese Promenade entlang, mit einem Buch in der Hand. Er lernt. Er liest laut. Manchmal schreibt er sogar Gedichte. Er ist schon im Januar sicher, bis Mai mit dem Studium der *Mathematischen Abhandlungen* fertig zu sein, also mehr als vier Monate vor der Prüfung, die im September stattfinden soll.

Er teilt seine Arbeit ganz methodisch ein, sieht Zeiten für die Wiederholungen vor, denn die Prüfung ist hart und der Zugang zur Artillerie, dieser intelligenten Waffengattung, ist schwierig. Ein Adliger ohne Vermögen kann in dieser Waffengattung, wenn er Talent hat, sicher sein, alle Ränge zu erreichen, da die Auswahl durch Überprüfung der Qualitäten des Kandidaten erfolgt.

Im Jahr 1785 zählt man 25 Adelskadetten, die zur Artillerie wollen. Aber der Direktor, Monsieur de Timbrune-Valence, läßt nur 18 Schüler zum Wettbewerb zu. Der erste ist Bonapartes Freund Des Mazis, der 1784 gescheitert war, danach kommt Picot de Peccaduc. Bonaparte folgt gleich auf seinen Feind Phélippaux, den Mann aus der Vendée. Weiter unten auf der Liste steht Laugier de Bellecourt, den man trotz seiner mangelnden Disziplin für geeignet hält. Als Bonaparte diese Liste sieht, befällt ihn nur kurz ein Gefühl der Überlegenheit. Er fürchtet seine Konkurrenten nicht. Er weiß, daß er einer der besten Mathematiker der Schule ist.

Es kommen aber auch noch die Kandidaten aus den Provinzschulen hinzu, vor allem aus jener in Metz, der angesehensten Artillerieschule. Außerdem will er sich nicht mit dem Erfolg in dieser ersten Auswahlprüfung zufriedengeben. Er vergißt die Offiziersprüfung nicht. Und so strengt er sich noch mehr an.

Im Februar 1785 beginnt er mit dem dritten Band des *Bezout*. Nichts darf ihn von seinem Weg abbringen. Und doch erreicht Napoleon Bonaparte gegen Ende jenes Monats eine Mitteilung, die ihn wie ein Blitz trifft. Sein Vater Charles Bonaparte ist am 24. Februar 1785 in Montpellier gestorben. Er war 39 Jahre alt.

Auf dem eingefallenen Gesicht des Jünglings liest man heftigen Schmerz. Er empfindet eine große Leere um sich, in die er zu stürzen droht.

Der Studienleiter Valfort, der ihm die Mitteilung überbracht hat, lädt ihn ein, wie es der Brauch ist, sich in die Krankenstation zurückzuziehen, um dort zu weinen und zu beten und sich dem Schmerz hinzugeben, den das Schicksal ihm auferlegt. Bonaparte bleibt einen Augenblick schweigsam, dann antwortet er mit gedämpfter Stimme, daß ein Mann Leid ertragen können müsse. Nur Frauen weinen. Er bittet darum, an seinen Platz zurückkehren zu dürfen, als ob nichts geschehen wäre. Kummer sei eine persönliche Angelegenheit. »Ich habe bis zum heutigen Tag schon öfter über den Tod nachgedacht«, sagt er. »Ich gewöhne meine Seele an ihn wie an das Leben.«

Und doch ist sein Schmerz extrem. Er erfährt, daß sein Vater in den letzten Monaten unter den Attacken der grausamen Krankheit immer häufiger zu leiden hatte. Er mußte sich übergeben, hatte unerträgliche Magenschmerzen, konnte nicht mehr richtig essen. In Begleitung seines ältesten Sohnes Joseph hatte Charles Bonaparte nach Paris reisen wollen, um sich dort noch einmal von Doktor Lasonne untersuchen zu lassen, dem Arzt der Königin. Aber nachdem das Schiff im November 1784 durch einen Sturm nach Calvi zurückgetrieben wurde, wo er eine Zwischenstation eingelegt hatte, kam er erst nach neuerlichen Stürmen an die provenzalische Küste.

In Aix hatte Charles Bonaparte seinen Schwager aufgesucht, den Seminaristen Fesch. Seine Schmerzen waren so groß, daß ihm ein Arzt riet, sich nach Montpellier zu begeben, wo es namhafte Ärzte gäbe. Aber es war zu spät. In Montpellier wurde Charles Bonaparte von Stunde zu Stunde schwächer. Er wurde umsorgt von seinem Sohn Joseph, seinem Schwager Fesch sowie einer Madame Pernom und ihrer Tochter Laure.

Der Freigeist Charles, der Feind der Jesuiten, der Voltairianer, ließ einen Priester rufen, um zu beichten und zu beten. Seine Stimme war nur in Augenblicken zu vernehmen und in den Stunden vor seinem Tod rief er nach Napoleon, dem einzigen Sohn, der ihn retten und dem Drachen des Todes entreißen könne. In seinen Fieberanfällen schrie er, daß Napoleons Schwert die Könige erzittern lassen, daß sein Sohn das Antlitz der Welt verändern werde. »Wenn er hier wäre, würde er mich gegen meine Feinde verteidigen«, rief er. Er versuchte sich aufzurichten, rief mehrmals

»Napoleon, Napoleon!« und sank in sich zusammen. Charles Bonaparte wurde in einer Gruft der Franziskanerkirche beerdigt.

In den Tagen nach der Todesmeldung stürzt sich Napoleon noch entschlossener in die Arbeit. So ertränkt er seinen Schmerz. Alexandre Des Mazis, der ihn trösten will, heißt er schweigen. Er sagt nur, daß der Erfolg nun noch nötiger sei als zuvor. Im September muß er Offizier sein. Er hat keine Zeit mehr, Schüler zu sein. Gleich Sekondeleutnant, das ist seine Pflicht.

Er weiß, daß seine Mutter in Ajaccio nunmehr ihre vier jüngsten Kinder mit einem Einkommen von 1500 Francs durchbringen muß. Die vier ältesten werden in Schulen untergebracht und können auf diese Weise für sich selbst sorgen. Und wenn er, Napoleon, ab Oktober 1785 als Offizier in einem Regiment Sold erhält, dann kann er in der Tat das Familienoberhaupt sein, als das er sich schon seit Monaten fühlt.

In einem Brief bittet er einen Onkel seines Vaters, Lucien, Erzdiakon von Ajaccio, von dem es in der Familie Bonaparte heißt, er horte sein Geld in einem Beutel unter dem Kopfkissen, sein Vormund zu werden. Diese Wahl ist nicht schlecht. Der Erzdiakon ist vermögend und angesehen. Er wird diese Rolle, um die ihn der noch nicht Sechzehnjährige bittet, mit Ernst, Einfühlung und Vernunft wahrnehmen. Napoleon schreibt auch an seine Mutter, um sie zu trösten. Und dann heißt es für ihn, auch wenn die Wunde noch schmerzt, wieder an die Arbeit gehen. Da gibt es kein Zögern: »Mein Schmerz befiehlt es mir.«

Als zu Beginn des Monats September 1785 das Akademiemitglied Laplace den Saal der Militärschule betritt, in dem die Prüfung der Adelskadetten, die zur Artillerie wollen, stattfinden soll, ist Napoleon bereit. Auch er betritt den Saal. Ganz in Schwarz gekleidet, sitzt Laplace da, die Augen halb verborgen von einem Lorgnon. Er wirkt sehr streng, seine Gesten sind feierlich, aber seine Stimme klingt sanft und sein Tonfall wohlwollend. Die Kandidaten, die von Angst gelähmt vortreten, weil ihre ganze Karriere von ihren Antworten abhängt, behandelt er mit äußerster Höflichkeit.

Napoleon läßt sich nicht verunsichern. Er schaut die Estrade an, auf der man zwei Schiefertafeln für die geometrischen Figuren und Beweise aufgestellt hat. Vorhänge aus englischen Stoffen sind an den Fenstern angebracht. Man hat Tische aufgereiht, auf denen Zeichnungen liegen können. Auf damastbedeckten Tribünenreihen haben Artillerieoffiziere Platz genommen, die sich gerade in Paris aufhalten, außerdem zwei Vertreter des Hauptinspektors der Militärschulen, Oberst d'Angenoust, und sein Büroleiter, der Kriegskommissar Roland de Bellebrune. Denn die Prüfung findet öffentlich statt.

Napoleon tritt vor. Mit hastigen Bewegungen zeichnet er Figuren auf. Trocken und knapp antwortet er auf die Fragen. Er schreibt Gleichungen an die Tafel. Er weiß alle Einzelheiten aus den vier Bänden der mathematischen Abhandlungen von Bezout. Er begeht nur kleinere Irrtümer.

Am 28. September 1785 erscheint sein Name als 42. auf der Liste der 58 jungen Männer, die als Sekondeleutnants in die Heeresabteilung der Artillerie aufgenommen werden. Unter ihnen befinden sich vier Adelskadetten der Pariser Militärschule. Vor ihm stehen Picot de Peccaduc als 39. und Phélippeaux als 41. Sein Freund Des Mazis ist nur 56.

Er jubelt. Mit großen Schritten geht er auf dem Pausenhof umher, später dann auf der Promenade. Er hat sein Ziel erreicht. In zehn Monaten Arbeit hat er seinen ersten Rang in der Armee errungen, ohne daß er gezwungen war, Schüler in einer Artillerieschule zu werden. Die Adelskadetten, die wie er zu Sekondeleutnants werden, sind alle älter als er, Picot de Peccaduc und Phélippeaux um zwei Jahre, Des Mazis um ein Jahr. Seine Brust schwillt an. Er richtet sich auf. Vielleicht ist das ja das Glück. Und doch verdüstert er sich einen Augenblick. Er denkt an seinen Vater, dann bald überdeckt der Stolz seinen Schmerz. Alle, die besser als er abgeschnitten haben, haben die Prüfung jahrelang vorbereitet. Er ist der erste Korse, der die Militärschule erfolgreich absolviert. Und in der ganzen Artillerie gibt es nur einen anderen Offizier von der Insel, Monsieur de Massoni. Er ist etwas Besonderes.

Seine Ernennung zum Sekondeleutnant wird auf den 1. September 1785 vordatiert. Er ist 16 Jahre und zwei Wochen alt. Aber er läßt sich nicht von seinem Erfolg berauschen. Er bittet darum, dem La-Fère-Regiment zugeteilt zu werden, dessen Garnison in Valence ist. Sein Freund Des Mazis soll auch dorthinkommen, weil sein älterer Bruder Hauptmann in diesem Regiment ist.

Aber für Bonaparte hat nicht Freundschaft diese Entscheidung bestimmt, sondern der Wunsch, näher bei seiner Familie und dichter an Korsika zu sein. Denn aus dem La-Fère-Regiment stammen die beiden Artilleriekompanien, die auf der Insel stationiert sind. Und Bonaparte träumt von einer Versetzung dorthin. Schon seit mehr als sechs Jahren hat er Ajaccio nicht wiedergesehen. In diesen Herbsttagen des Jahres 1785 ist Napoleon vielleicht zum ersten Mal glücklich seit jenem 15. Dezember 1778, an dem er Korsika verließ.

Er füllt seinen Koffer mit den »Effekten und Putzsachen«, welche die Militärschule ihren Sekondeleutnants stellt: zwölf Hemden, zwölf Krägen, zwölf Paar feste Socken, zwölf Taschentücher, zwei Baumwollmützen, vier Paar Strümpfe, ein Paar Schnürsenkel und ein Paar Sockenhalter. Lange hält er das Schwert in der Hand, dazu das Koppelschloß und die silberne Kragenschleife, die einzig die Adelskadetten der Pariser Militärschule erhalten.

Dann geht er hinaus, begleitet von einem »Türhauptmann«, dessen Aufgabe es ist, über die jungen Offiziere zu wachen und ihre Ausgaben zu begleichen. Paris, von dem er kaum etwas gesehen hat, bietet sich ihm dar an diesem 28. Oktober 1785. Bonaparte geht langsam, wie auf einem Triumphmarsch.

Er stattet dem Erzbischof von Autun einen Besuch ab, Hochwürden de Marbeuf, der im Erdgeschoß der Abtei von Saint-Germain-des-Prés residiert. Man beglückwünscht ihn. Er ist nicht mehr der Fremde. Er hat in dieser Welt, in die man ihn als Kind brutal hineingestoßen hat, Bürgerrecht erworben. Er ist nicht untergegangen. Er hat das angenommen, was ihm nützlich war, ohne das aufzugeben, woran ihm lag.

Er trägt die Uniform, aber er hat weder seine Haut noch seine Seele gewechselt. Er hat sich abgehärtet. Er hat sich durchgeboxt. Er hat nie resigniert. Er hat den Nacken steif gehalten. Er hat die Sprache jener gelernt, die Korsika besiegt haben, aber mit diesen neuen Wörtern hat er seinen ganz eigenen Stil entwickelt. Er hat die französischen Sätze dem unruhigen Rhythmus seines Charakters angepaßt. Er hat sich geholt, was er benötigte, ohne sich verschlucken zu lassen.

Am 29. Oktober 1785 übergibt der Hausmeister der Militärschule den Adelskadetten Bonaparte, Des Mazis und Delmas, letzterer als Schüler der Artillerie aufgenommen, 157 Francs und 16 Sous, mit den sie die Kosten für ihre Reise nach Valence bestreiten sollen. Am nächsten Tag, dem 30. Oktober, besteigt Napoleone di Buonaparte in Begleitung seiner beiden Kameraden die Kutsche, die sie in den Süden bringen wird.

Zweiter Teil

»Immer allein, auch unter Menschen.«

November 1785 – September 1789

4

Bonaparte wird ungeduldig. Vor kaum ein paar Stunden hat man Paris verlassen, und schon hält die Postkutsche in Fontainebleau zur Mittagspause. Man läßt sich Zeit. Er geht im Hof der Herberge umher, die als Umspannstelle dient. Diesen Abend wird man in Sens schlafen. Des Mazis versichert ihm, daß diese Kutsche in ganz Frankreich hochberühmt ist wegen ihrer Zuverlässigkeit und ihrer Pünktlichkeit auf den Zwischenstationen.

Bonaparte entfernt sich. Wann wird endlich die Zeit kommen, in der er ganz allein galoppieren kann, wie er es als Kind in Korsika manchmal getan hat, um nach seinem Willen voranzukommen, durch nichts behindert? Dieser Süden, in den er sich nun begibt, scheint ihm noch so weit entfernt, wie eine Fata Morgana, die sich entzieht. Er hat so sehr auf diesen Augenblick gewartet: sich Korsika und den Seinen zu nähern, die er bei seinem ersten Urlaub nach einem Jahr Dienst wiedersehen wird.

Am nächsten Morgen in Sens steht er als erster auf. Er umkreist die Kutscher. Der Gedanke an die Etappen, die noch bevorstehen, macht ihn verrückt: Joigny, Auxerre, Vermanton, Saulieu, Autun. Er erinnert sich an den 1. Januar 1779, als ihn sein Vater zusammen mit Joseph im Kolleg von Autun zurückließ. Er beruhigt sich wieder. Die Straße, der er folgt, führt ans Meer.

In Chalon-sur-Saône steigen die Passagiere auf das Postschiff um und fahren die friedliche Saône flußabwärts bis nach Lyon. Dann folgt die Rhone. Bonaparte steht am Bug. Sein Haar flattert im Wind, der neue Düfte mit sich bringt. Der Himmel ist ganz anders, klar, tief, die Landschaften abwechslungsreicher. Der Strom sprudelt an behauenen weißen Felsen vorbei. Die Schiffer sind rüde. Gewisse Töne in ihrer Sprache erinnern Bonaparte an den Akzent der Bauern, die aus dem Hinterland nach Ajaccio herunterkamen. Und auf einmal entdeckt er diese Vegetation mit Büschen, knotigen Bäumen und Olivenhainen wie auf den Besitzungen der Bonapartes in Milelli.

Endlich taucht Valence auf, die Stadt mit den roten Ziegeldächern. Es ist noch nicht die Heimat, aber Bonaparte ist auf der Schwelle dorthin und ganz gerührt über dieses Wiedersehen mit dem Süden nach mehr als sechs Jahren.

Die drei Kameraden begeben sich zur Kaserne des La-Fère-Regiments, die an der Straße von Lyon in die Provence liegt. Der Wind pfeift. Auf der anderen Straßenseite liegt der Schießplatz. Trotz des einsetzenden Regens exerzieren dort Soldaten.

Der Oberleutnant stellt ihnen das La-Fère-Regiment vor, dessen Männer kräftige Körper, flinke Beine und Haltung haben, wie er sagt. Die Unteroffiziere müssen zunächst drei Monate lang als normale Soldaten und untergeordnete Offiziere dienen, um den Alltag der Truppe kennenzulernen, die sie einst kommandieren sollen. Der Oberleutnant fügt hinzu, die Artillerie des La-Fère-Regiments sei arbeitsfreudig und unermüdlich. Man fängt früh an. Es gibt Manöver und Schießübungen. An Markttagen, also dreimal pro Woche, werden alle Männer zum theoretischen Unterricht zusammengerufen, damit die Kanonen die Bauern und Bürger nicht belästigen.

»Guter Mathematiker?« fragt er, an Bonaparte gewandt. Er liest noch einmal den Namen dieses kleinen bartlosen Leutnants nach, der ganz blaß und extrem dürr ist. Er sieht nicht besonders auffallend aus, dieser Kadett, der gleich beim ersten Mal die Prüfung zum Sekondeleutnant schaffte. Seine Wangen sind eingefallen, die Lippen verkniffen. Und doch ist der Oberleutnant beeindruckt von Bonaparte. Dieses Gesicht drückt Festigkeit und Entschlossenheit aus. Er ist widerborstig und unfreundlich, aber er hat Charakter.

Der Oberleutnant hat Mühe, seinen Namen auszusprechen, der in den Regimentspapieren Napolionne de Buonaparte geschrieben wurde. Bonaparte scheint sein Zögern nicht zu bemerken. Einmal mehr ist seine Identität unsicher, ungewiß für diese Franzosen, die ihn trotz allem bei sich aufgenommen, sogar ausgezeichnet und befördert haben. Er wird noch mürrischer. Er weiß genau, wer er ist: ein Korse und ein Offizier der Armee des Königs von Frankreich, der davon träumt, wieder in seine Heimat zu kommen.

Wenige Monate später wird Bonaparte in seinem Zimmer im Hause Bou, wo er einquartiert ist, in sein großes Heft mit seiner Feder schreiben, die rasch über das Papier fliegt und zuweilen daran hängenbleibt, weil seine Gedanken schneller gehen als seine Hand: »Die Korsen haben es vermocht, nach allen Gesetzen der Gerechtigkeit, das Joch Genuas abzuschütteln; mit dem französischen Joch können sie dasselbe tun. Amen!«

Am Abend seiner Ankunft klopft Bonaparte am Haus der Familie Bou an. Eine Frau von etwa 50 Jahren öffnet ihm die Tür. Es ist Marie-Claude Bou, die Tochter von »Vater Bou«. Sie ist lebhaft und hilfsbereit. Das Zimmer, das sie Bonaparte zeigt, ist mönchisch schlicht, aber viel größer als die Zellen, die er in Autun, Brienne und Paris bewohnt hat. Es gibt einen Tisch. Darauf legt er Bücher und sein großes Heft.

Im Haus auf der anderen Straßenseite, dem sogenannten Kopfhaus, führt Monsieur Aurel eine Buchhandlung. Marie-Claude Bou erklärt dem Leutnant Bonaparte, daß er dort ein Leseabonnement vereinbaren könne. In ihrem Haus werde seine Wäsche gewaschen und gebügelt.

Erste Nächte. Der Wind pfeift durch die engen Straßen. Nach der Anspannung der letzten zehn Monate, die er in der Militärschule unter extremem Erfolgsdruck zugebracht hat, steht der Jüngling Bonaparte, der noch keine 17 ist, unvermittelt am Anfang eines ganz neuen Lebens, mit der Notwendigkeit, Verantwortung zu übernehmen und Menschen zu kommandieren, anstatt ihnen, wie bisher, zu gehorchen. Die Zeit verläuft nun in einem ganz anderen Rhythmus, trotz der Wachen, der Schießübungen und der Offiziersessen.

Jeden Morgen betritt Bonaparte den Laden von Vater Couriol, der an einer Straßenkreuzung liegt. Aus einem Fach oberhalb des Ofens entnimmt er eigenhändig zwei warme Gebäckstücke. Dazu trinkt er ein Glas Wasser und wirft dem Bäcker zwei Sous hin. Am Abend speist er zusammen mit den anderen Leutnants in der

Herberge *Zu den drei Tauben*. Man kommentiert die Militärübungen des Tages. Bonaparte spricht mit Autorität: seit dem Monat Januar 1786 ist er regulärer Leutnant, nachdem er seine Probezeit unter den Mannschaften absolviert hat.

An einem Tag Mitte Januar hat er seine Leutnantsuniform angezogen: eine Kniehose aus blauer Wirkware, eine Weste aus blauem Tuch mit offenen Taschen, eine königsblaue Jacke mit blauem Kragen, blauen Reversstücken, roten Ärmelaufschlägen, rotgeränderten Taschenklappen und gelben Knöpfen sowie der Nummer 64, da er dem 64. Regiment angehört, und schließlich mit Schulterstücken, deren Ränder mit goldenen Seidenfäden verziert sind.

In dem Augenblick, als Bonaparte sich selbst erstmals im Spiegel sieht, die Hüfte und die Schultern in dieser Uniform steckend, die seinen Erfolg ausdrückt, ist er von seinen Gefühlen so sehr überwältigt, daß er den Kopf senkt. Wird er jemals wieder so große Freude empfinden? Wird er jemals wieder eine so schöne Uniform tragen?

Er geht zur Kaserne. Er steht als Wachoffizier am Kontrollposten am Clerc-Platz im Herzen der Stadt. Er nimmt mit seiner Kompanie an Manövern teil. Er beobachtet die Errichtung von Geschützbatterien. Er hört die Vorlesungen von Professor Dupuy de Bordes, der die Kenntnisse der Offiziere in Geometrie, Differential- und Integralrechnung sowie in Trigonometrie erweitert. An manchen Tagen erhält er Unterricht im Zeichnen, um zu lernen, wie man Pläne, Landschaftsprofile und Karten anlegt. Und im Vortragssaal vermitteln Offiziere ihre Erfahrungen über die Art und Weise, wie man Kanonen lädt und ausrichtet, Batterien anlegt und Minen plaziert.

Er ist sehr aufmerksam und lernbegierig. Er liest die Abhandlungen von Guibert und Gribeauval, den Theoretikern des »modernen« Krieges. Wenn man ihn über diese Themen befragt, antwortet er mit einer Genauigkeit, die bei einem jungen Leutnant von kaum 17 Jahren erstaunt. Seine Stimme klingt hohl, der Tonfall ist gedämpft, seine Sprechweise knapp und trocken. Man ahnt seine Leidenschaft. Er liebt den Soldatenberuf. Er lernt mit derselben Besessenheit, wie er zuvor die *Mathematischen Abhandlungen* von Bezout auswendig lernte. Unter den Offizieren hier fühlt er sich wohl, da sie sich genau wie er für die intelligente Waffengattung begeistern, die sie gewählt haben, die Artillerie. Das hohe Spezialwissen, das sie erwerben müssen, schafft unter ihnen eine warmherzige Kameradschaft, die Napoleon Bonaparte zu schätzen weiß. Obwohl sein korsischer Patriotismus eher noch zunimmt, fühlt er sich unter seinen Kameraden gut aufgehoben.

Aber wenn das Leben von Bonaparte in Valence so angenehm ist wie noch nie, seit er als Kind nach Frankreich kam, so deshalb, weil er sich in einer Stadt aufhält, die schon zum Süden gehört, und weil die Menschen dieser Gegend schon gutherzige Mittelmeeranrainer sind. Wenn man ihn fragt, ob er Korse sei, zuckt er zusammen und antwortet mit bloßem Kopfnicken. Man beglückwünscht ihn zu seiner Herkunft, man findet sogar, daß seine italienisch gefärbte Sprechweise die Konversation reizvoller macht. Er wird in die feine Gesellschaft der Stadt eingeführt.

Er gibt sich Mühe, gefälliger zu sein, nimmt Tanz- und Benimmunterricht, bleibt aber immer etwas linkisch. Und doch schaut er sich diese französischen Aristokraten an, denen Eleganz und Nonchalence, brillante Manieren und Konversation angeboren zu sein scheinen. Seine Uniform ist oft zerknittert, um seinen Hals hat er ein verdrehtes Tuch geschlungen. Seine Schläfen verschwinden unter langen flachen Haaren, die bis zu den Schultern reichen. Er hat immer noch etwas Sperriges und Kantiges an sich. Keinerlei Geschmeidigkeit und Anmut, und die Art, in der er spricht und sich bewegt, behält immer etwas Scheues, Ungehobeltes, Schroffes.

Und doch empfängt man ihn, auf Empfehlung des Bischofs von Autun, Hochwürden de Marbeuf, im Haus von Jacques Tardivon, einem ehemaligen Prior und Abt des Ordens von Saint-Ruf. Bonaparte wurde ihm als junger Offizier mit großer Zukunft und als einer der Schutzbefohlenen des Bischofs vorgestellt.

Monsieur de Tardivon lädt ihn in seinen Salon im *Hôtel de Saint-Ruf*, wo sich der Adel von Valence zu versammeln pflegt. Trotz seines Auftretens macht Bonaparte in seiner Uniform einen guten Eindruck. Sein Schweigen macht ihn interessant. Sein Blick macht ihn anziehend. Als ihn Monsieur de Josselin befragt, ein Schwager von Tardivon und ehemaliger Oberleutnant aus dem Artesischen Infanterieregiment, antwortet Bonaparte kurz angebunden, aber seine knappe Ausdrucksweise läßt die anderen aufhorchen.

Dieser junge Leutnant ist außergewöhnlich. Man empfiehlt ihn den Damen von Valence, Madame Lauberie de Saint-Germain, Madame de Laurencin und Madame Grégoire du Colombier, von denen jede ihren Salon führt. Bonaparte besucht diese Häuser, in denen neue Ideen umlaufen. Er ist schüchtern, was reizend wirkt, und zugleich keck, ja sogar provozierend in seiner Offenheit, was bei den fünfzigjährigen Damen Wohlwollen erzeugt. Er ist noch so jung!

So gewöhnt er sich allmählich an das gesellschaftliche Leben und begibt sich hin und wieder in das Landhaus von Madame du Colombier in Basseaux, drei Meilen von Valence entfernt. Mit beschwingtem Schritt geht er durch diese Landschaft, die schon zur Provence gehört und die ihn an die Düfte und die Vegetation von Korsika erinnert.

In dieser Zeit liest er immer wieder die Werke von Rousseau, aus denen er ganze Passagen auswendig kennt. Er sympathisiert sehr mit diesem Philosophen, den er Jean-Jacques nennt. Und seine Gastgeberin Madame du Colombier könnte für ihn die Rolle als Anregerin spielen, wie Madame de Warens für Rousseau. Bonaparte, der die Liebe noch nicht kennt, ist sehr empfänglich für die Gesellschaft dieser gebildeten, geistreichen, vornehmen Frau, die sich bemüht, ihm zu gefallen.

Als er einmal neben ihr sitzt, vertraut er ihr an, daß er daran denkt, eine *Geschichte Korsikas* zu schreiben. Sie ist begeistert. Hat er die Werke des Abbé Raynal gelesen? Monsieur de Tardivon kennt den derzeitigen Erfolgsautor persönlich. Auf dem Weg von Paris nach Marseille macht der Abbé stets halt im *Hôtel de Saint-Ruf*. Madame de Tardivon rät Bonaparte, an den Abbé zu schreiben und auch seine Bücher bei dem Genfer Buchhändler Paul Borde zu bestellen.

Und sogleich greift Bonaparte zur Feder und bestellt beim Buchhändler Werke, »die an die *Bekenntnisse* von Jean-Jacques Rousseau anknüpfen«, aber auch die *Geschichte Korsikas* des Abbé

Germanes sowie weitere Bücher über die Geschichte der Insel. Wie es ihm Marie-Claude Bou geraten hat, wird er Abonnent im Lesekabinett des Buchhändlers Aurel, und schon bald stapeln sich die Bände auf dem kleinen Tisch seines Zimmers im Hause Bou.

Er liest. Er lebt in den Büchern. Jean-Jacques ist sein Double, das alles ausdrückt, was der junge Mann empfindet, der seine Zukunft noch nicht ahnt. Fühlte sich nicht auch Bonaparte als etwas Besonderes? War er nicht genauso unverstanden, wurde er nicht genauso bespöttelt wie Rousseau? Und wenn sich Bonaparte nach Basseaux begibt, ist er dann nicht der Bruder jenes einsamen Spaziergängers? Und wenn Bonaparte in Begleitung eines Regimentskameraden den Berg von Roche-Colombe erklimmt und von der schönen Natur in diesem Juni 1786 begeistert ist, ist er dann nicht Rousseaus Ebenbild?

Nachdenklich und bewegt geht Bonaparte umher. Er entdeckt ein weites Panorama. Angesichts dieser Weite fühlt er sich erhaben. Er empfindet wie Rousseau: »Ich liebe es, über den Horizont hinauszublicken.« Als es dunkel wird, steigt er wieder hinab. Er geht in sich. Was wird er einmal sein? Ein Schriftsteller? Ein Philosoph? Ein Gesetzgeber, wie Rousseau es sein wollte? Ein Autor, der wie er einen Gesellschaftsvertrag schreiben wird?

Bonapartes Zustand wechselt rasch zwischen Begeisterung und Entmutigung. Er ist noch keine 17. Was hält das Leben für ihn bereit? Wenige Worte, die er mit Mademoiselle de Lauberie de Saint-Germain wechselt, genügen schon, um ihn zu verwirren. Er bewundert ihre Schönheit, ihre »Tugend«. Aber darüber geht er nicht hinaus. Er kennt die Liebe noch nicht.

Als ihm Madame du Colombier ihre Tochter Caroline vorstellt, verliebt er sich gleich in sie, kann sich aber nur platonische Beziehungen vorstellen. Caroline wird rot. Er wird bleich. Seinem Regimentskameraden Des Mazis, der leidenschaftlich in eine junge Frau aus Valence verliebt ist, vertraut er an, daß er »zu häufige Besuche vermeiden will, die ein böswilliges Publikum nur zum Klatschen bringen und eine besorgte Mutter beunruhigen könnten«.

Es genügt aber, daß er eines Vormittags mit Caroline im Garten des Hauses in Basseaux Kirschen pflückt, um ihn für längere Zeit in Verwirrung zu stürzen. Als er abends wieder auf seinem Zimmer ist, liest er in den *Bekenntnissen* die Stelle nach, an der Jean-Jacques erzählt, wie er in einem Obstgarten zwei Mädchen Kirschen zugeworfen hat, die ihm lachend die Kerne zurückwarfen.

Er kann nicht einschlafen. Er hat noch die Szene vor Augen. Er identifiziert sich mit dem Schriftsteller. Er ist nur ein junger Mann, der sich an einer Realität stößt, die er noch nicht kennt. Er setzt sich an seinen Tisch. Das Lesen und das Schreiben hilft ihm, zu verstehen, was er ist und was er empfindet.

Immer wieder liest er die Briefe, die ihm sein Bruder Joseph aus Korsika schickt. Dann wird die Sehnsucht nach seiner Familie und seiner Insel, nach dem Duft von Myrten und Orangenbäumen besonders stark. Er denkt schon an den Urlaub, auf den er Anspruch hat und den er möglicherweise am 1. September antreten kann.

Am 3. Mai 1786 schreibt er: »Seit sechs oder sieben Jahren bin ich nicht mehr in meiner Heimat gewesen. Welch große Freude wird es für mich sein, wenn ich in vier Monaten meine Landsleute und meine Verwandten wiedersehen kann!« Korsika bleibt ein Fixpunkt und eine Gewißheit, ja fast eine Obsession von Bonaparte. Diese Insel hat das ungerechte Schicksal einer Besatzung erlitten. Rousseau hat ihre Tugend gelobt. An diesem Riff hat er alle Sehnsüchte der Kindheit und der Familie festgemacht, die er in sich trägt.

Als er im Juni erfährt, daß ein korsischer Landsmann, ein Maler namens Pontornini, in Tournon wohnt, vier Meilen von Valence entfernt, begibt sich Bonaparte sogleich dorthin, um mit ihm über die vermißte Heimat zu sprechen und den Klang ihrer Sprache zu hören. Der Maler empfängt ihn mit Begeisterung. Sie reden bis spät in die Nacht, und während ihres Gesprächs skizziert Pontornini ein Porträt von Bonaparte, das erste, das je von ihm gemacht wurde.

Bonaparte entdeckt sein regelmäßiges Profil, die leichte Hakennase, den feinen Mund, die langen Haare, die die Stirn halb bedecken und in geraden Strähnen bis auf die Schultern fallen. Der Gesichtsausdruck ist der eines ernsten jungen Mannes mit nachdenklichem Blick. Rechts hat der Maler auf das Blatt geschrieben: »Meinem lieben Freund Bonaparte, Pontornini 1785, Tournon.«

Bonaparte geht aus. Er durchstreift die Straßen von Valence, geht in die Herberge *Zu den drei Tauben*, wo er mit seinen Offizierskameraden speist, bleibt düster, kehrt dann ins Haus Bou zurück und greift zur Feder. »Auch unter Menschen fühle ich mich immer einsam, also komme ich nach Hause, um mich meinen Träumen und meiner sehr lebhaften Melancholie hinzugeben. Was gibt sie mir heute ein? Gedanken an den Tod. Was treibt mich dazu, meine Vernichtung zu wollen? Vielleicht weil ich nicht weiß, was ich in dieser Welt tun soll? Da ich ja doch sterben muß, ist es nicht besser, mich zu töten?«

Nur ein schwacher Augenblick? Selbstgefälliges Zwischenspiel eines jungen Mannes? Bonaparte ist hin und her gerissen, weil er die Spannungen, die er in sich spürt, noch nicht beherrschen kann. Er strebt nach dem Absoluten, nach einer Sache, die ihn mitreißt und ihn zwingt, Herausforderungen zu bestehen. In all den vergangenen Jahren hatte er nur dieses eine Ziel: Offizier werden. Das hat er erreicht. Aber wohin soll er nun, da er auf der Schwelle zum Leben steht?

Nach Korsika! Und sich zur Aufgabe machen, seiner Heimat die Freiheit wiederzugeben, ihr Rächer zu werden. Im Grunde seines Herzens zweifelt er schon. Er hat jetzt genauso lange in Frankreich gelebt wie auf seiner Insel. Hier hat er seine Kindheit überwunden und sein Denken ausgebildet. Hier übt er den geliebten Soldatenberuf aus.

In der Kaserne von Valence werden die Soldaten des La-Fère-Regiments zusammengerufen. In Lyon ist unter den Seidenarbeitern eine Revolte ausgebrochen. Dort soll die Ordnung wieder hergestellt werden. Das zweite Bataillon, zu dem auch Bonapartes Kompanie gehört, setzt sich in Marsch und bezieht Stellung im Lyoner Vorort Vaise, nahe dem Arbeiterviertel Bourgneuf. Die Soldaten jagen die Aufrührer auseinander, die eine Lohnerhöhung von zwei Sous forderten. Drei von ihnen werden gehenkt.

Bonaparte hat seinen Platz gut ausgefüllt. Er brannte auf die Wiederherstellung der Ordnung. Denn sein Heimaturlaub auf Korsika war für den 1. September 1786 bestätigt worden. Es wird keine Verzögerung geben. Er kann von Valence aus aufbrechen, wohin das Bataillon rechtzeitig zurückgekehrt ist.

Bonaparte fährt die Rhone abwärts. Mit jedem Stück, das er dem Meer näher kommt, entflammt sich seine Phantasie immer lebhafter. Die römischen Monumente, die er am Ufer sieht, die Natur, die unter der Herbstsonne glänzt, entzücken ihn. Und endlich das Meer, der Hafen und das Schiff, das ihn zur Insel seiner Kindheit bringen wird.

5

Als erstes erkennt Bonaparte, der am Bug des Schiffes steht, die Düfte der Insel wieder. An diesem 15. September 1786 ist der Endpunkt seiner Reise erreicht, die mehr als zwei Wochen zuvor in Valence begonnen hat. Aber von dieser Rückkehr träumte er schon seit sieben Jahren und neun Monaten, wie er berechnet, während sich im Abendlicht die lila Gipfel der Inselberge abzeichnen und schon die Mauern der Festung von Ajaccio sichtbar werden. Er ist 17 Jahre und einen Monat alt.

In tiefen Zügen atmet er die wohlriechende und fast laue Brise ein, voll der Düfte von Myrten und Orangenbäumen, die sein Bruder Joseph in seinen Briefen beschrieben hat. Und als die Matrosen die Leinen festmachen, ist der erste Mensch, den Bonaparte erkennt, eben sein älterer Bruder, der zum Landesteg läuft.

Er muß seine Tränen unterdrücken. Napoleon geht langsam hinunter, schaut nacheinander seine Mutter und seine Großmütter an, *minanna* Saveria und *minanna* Francesca, dann die Tanten, *zia* Gertrude, und die Amme Camilla Ilari, die laut schluchzt. Sie drängen sich um ihren *rabulione* und treten dann wieder etwas zurück, um seine blaue Uniform mit ihren roten Verzierungen zu bewundern. Rabulione ist Offizier?

Laetitia Bonaparte nimmt ihren Sohn beim Arm, Joseph geht auf der anderen Seite. Die jüngeren Geschwister Louis, Pauline, Caroline gehen hinterdrein, und der allerjüngste, der erst zweijährige Jérôme, hält sich an der Amme fest. Sie sind alle gekommen. Man lädt den großen Koffer auf, der so schwer ist, daß ihn zwei Männer heben müssen. Joseph fragt, was drin ist, braucht aber nicht die Antwort seines Bruders abzuwarten, um zu erraten, daß sich darin Bücher stapeln. Sie sind der wertvollste Besitz Napoleons, der seine Gefühle unterdrückt und schon fragt, wie es der Familie geht.

Wie geht es dem Erzdiakon Lucien, dem reichen Großonkel, der nach dem Tod von Charles Bonaparte die Angelegenheiten des Clans in die Hand genommen hat? Er ist bettlägerig, klagt man, krank, mit schwerem Kopf; Knie und Knöchel sind von der Gicht geschwollen, er kann sich kaum noch bewegen, hat aber guten Appetit, redet noch viel und sehr klar, rechnet noch immer genau, aber leidet tausend Schmerzen, sobald er einen Fuß auf den Boden setzen will.

Und schon teilt Laetitia ihrem Sohn ihre Geldsorgen mit. Sie weiß nicht, wie sie ihre vier jüngsten Kinder durchbringen soll, macht sich aber auch Sorgen um Lucien, der immer noch Schüler im kleinen Priesterseminar von Aix ist. Dann beugt sie sich vor und spricht leiser. Was soll nur aus Joseph werden, dem Ältesten? Er will in Pisa Jura studieren, damit er später, wenn er Doktor der Rechte ist, den Platz seines Vaters in der korsischen Ständevertretung einnehmen kann.

Schon nach den ersten Schritten auf dem Heimatboden weiß Bonaparte, daß er das Familienoberhaupt ist, derjenige, der eine »Position« hat, den man bewundert, den man um Rat, Hilfe und Schutz bittet. Aber bereits am fünften Tag seiner Heimkehr trifft im Hause Bonaparte die Nachricht ein, daß Hochwürden de Marbeuf am 20. September in Bastia gestorben ist.

Laetitias Blick ist von Trauer verhangen. Wer kann ihnen nun helfen, sie bei ihren Unternehmungen unterstützen, wenn es um Zuschüsse für ihre Maulbeerbaumpflanzungen oder um Stipendien für die Kinder geht? Napoleon beruhigt seine Mutter, man solle ihm nur Zeit lassen. Er habe ja sechs Monate lang Urlaub. Er werde die Führung des Hauses in die Hand nehmen und die Familieninteressen vertreten. Die Mutter drückt ihn an sich. Zu diesem Sohn hat sie Vertrauen. Sie verläßt sich auf ihn. Und der junge Mann von 17 Jahren richtet sich stolz unter dieser Verantwortung auf. Er wird sich auch dieser Herausforderung stellen. Es ist seine Pflicht.

Jeden Morgen bricht er in aller Frühe auf, zu Fuß oder mit dem Pferd. Er begibt sich zum Landgut in Milelli, wo er als Kind gespielt hat. Jeder Flecken Erde ist hier mit Erinnerungen behaftet. Er geht zwischen den Bäumen des dichten Olivenhains umher. Er betritt die Grotte, deren Wölbung von zwei riesigen Granitblöcken gestützt wird. Er liest unter einer großen, grünen Eiche, die ihm als Kind zur Orientierung diente, wenn er durch den Olivenhain streifte. Er nimmt jedes Mal einen Band aus seinem Koffer mit. An einem Tag liest er Plutarch wieder, an einem anderen Cicero oder Titus-Livius, Tacitus oder Montaigne, Montesquieu oder den Abbé Raynal. Manchmal deklamiert er zusammen mit Joseph Verse aus Stücken von Corneille oder Voltaire oder Abschnitte aus den Büchern von Rousseau. Aber die jetzigen Lektüren sind keine Ausflüchte mehr wie damals, als er allein auf dem Kontinent lebte.

Korsika hält alle seine Versprechungen. Auf Pfaden geht er bis ans Meer hinab. Er wartet, bis sich die Sonne »in den Schoß des Unendlichen stürzt«. Er ist ergriffen von der Melancholie des Abendrots, und einmal überrascht ihn Joseph, als er allein auf einem Felsen steht, einen Ellenbogen auf ein gebeugtes Knie gestützt, nachdenklich, mit ernstem Gesicht, während sich allmählich der Himmel verdunkelt.

Er schreckt hoch. Zu Joseph sagt er, daß er »von der Elektrizität der Natur berührt« sei. Abends am Familientisch rühmt er die Insel, die mit allen Gaben geschmückt sei. Aber da unterbricht ihn Laetitia: »Hier spielt sich nichts, wirklich nichts mehr ab.« Er weiß es ja. Was wäre aus ihm geworden ohne seine Schulung in Brienne und in Paris? Er ist Offizier der französischen Armee geworden. Karriere machen kann man nur im Königreich.

Respektvoll hört Bonaparte zu. Dann geht er auf sein Zimmer und schreibt. Er hat noch nicht darauf verzichtet, eine *Geschichte Korsikas* zu schreiben, mußte aber in den ersten Tagen überrascht und entsetzt feststellen, daß er die korsische Sprache teilweise verlernt hat. Wenn ihn Bauern oder Hirten ansprechen, versteht er sie manchmal nicht und verständigt sich nur mühsam mit ihnen. Ist er wider Willen zum Franzosen geworden? Französisch ist die

Sprache der Bücher, die er mit Rührung und Begeisterung liest. Und auf französisch schreibt auch er.

Aber wenn er sich in den korsischen Gegenden verirrt hat und ein Hirte ihm ein Schafsfell anbietet, damit es ihm nachts nicht kalt wird, dazu etwas Käse und Schinken, dann ist er stolz, diesem gastfreundlichen Volk anzugehören. Er beobachtet diese rauhen und kräftigen, aber großherzigen Männer, die ihn vertrauensvoll aufnehmen und nicht erst fragen, wer er ist. Ihre Gesichter und ihre Stimmen lassen seine Kindheitseindrücke wieder aufleben.

Nach einigen Tagen kommt die Sprache wieder. Er bemüht sich sogar, wieder Italienisch zu sprechen, was er ganz verlernt hatte. An der Feuerstelle in der Hütte bringt er die Hirten zum Erzählen. Ihre Erzählkunst, eine geschickte Mischung aus Worten und Schweigen, und ihre Anekdoten, die zu Symbolen werden, begeistern ihn. Wenn er später seine Lektüre fortsetzt, »vom Friedensbaum und vom Orangenbaum beschützt«, ist er entschlossener denn je, sein Schicksal an das der Insel zu binden, diesem »Schauplatz seiner ersten Spiele«.

Seine Mutter kommt zu ihm. Er steht auf. Dann setzen sie sich nebeneinander. Sie hält ihren Rücken sehr gerade. Sie ist eine schöne Frau von kaum 37 Jahren, deren Körper durch zwölf Schwangerschaften gezeichnet ist. Aber ihr Gesicht bleibt würdevoll, von einigen Leidensfalten durchzogen, aus Trauer um ihre totgeborenen Kinder und ihren toten Mann. Blick und Haltung drücken Energie aus.

»Du bist die Seele des Hauses«, sagt sie zu Napoleon. Er soll handeln. Dem Erzdiakon geht es schlecht. Bisher traf er alle Entscheidungen. Was soll man für die Maulbeerpflanzung unternehmen?

Im Jahre 1782 hatte Charles Bonaparte vom königlichen Gouverneur eine Konzession erhalten. Man hatte ihm 8 500 Francs Zuschuß versprochen, fünf Jahre später, also 1787, sollte es seine Aufgabe sein, die Maulbeerbäume aufzuteilen. Er hatte aber nur 5 800 Francs erhalten, und im Mai 1786 war der Vertrag annulliert worden, da die Verwaltung dieses Projekt aufgegeben hatte. Aber Laetitia Bonaparte hatte die Zucht schon begonnen.

Mit ernstem Gesicht hört Napoleon zu und rechnet. Der Staat

schuldet seiner Familie 3050 Francs. Er beruhigt seine Mutter. Er wird sich dafür einsetzen, auch wenn er seinen Urlaub verlängern müßte, um die nötigen Schritte in Korsika zu unternehmen. Er muß sich aber auch um die Gesundheit des Erzdiakons kümmern und mit ihm über das Gut Milelli sprechen. Und so geht er von träumerischer Melancholie über zu genauer Organisation, vom Projekt einer *Geschichte Korsikas* zu einer handfesten Auseinandersetzung mit dem Erzdiakon.

An der Art, wie jener umsorgt wird, erkennt er seinen großen Einfluß. Ein Erzdiakon auf Korsika ist soviel wie ein Bischof in Frankreich, denkt er. Der Erzdiakon liegt im Bett. Er klagt und stöhnt. Er kritisiert die Projekte Napoleons, der das Gut Milelli bebauen will, aber dort nur Geld verlieren kann, wie er meint. Der junge Mann und der achtundsechzigjährige Diakon streiten auch darüber, was aus den Ziegen auf der Insel werden soll.

»Man muß sie verjagen, weil sie die Bäume verbeißen«, sagt Napoleon. Der Diakon, der große Schafherden besitzt, erregt sich: »Na, das sind mir aber sehr philosophische Vorstellungen – die Ziegen aus Korsika verjagen!« Aber das Gespräch muß unterbrochen werden. Der Erzdiakon schreit vor Schmerz. Er zeigt seine Knie und Knöchel.

Am 1. April 1787 schreibt Napoleon nach einer weiteren Begegnung dieser Art an den berühmten Doktor Tissot, Mitglied der Königlichen Gesellschaft London, der Medizinisch-Physikalischen Akademie Basel und der Ökonomischen Gesellschaft Bern, und erbittet Ratschläge für seinen kranken Onkel. In Korsika besitzt Tissot besonders hohes Ansehen, da er einmal gesagt hatte, Pascal Paoli sei Cäsar und Mohammed ebenbürtig.

Einige Zeit später, am 31. April 1787, schickt er seinem Oberst das Attest eines Oberarztes aus Ajaccio und erbittet einen weiteren Urlaub von fünfeinhalb Monaten ab dem 16. Mai 1787. »Angesichts meines geringen Vermögens und einer teuren medizinischen Behandlung ersuche ich darum, daß mir der Urlaub mit Vergütung erteilt wird.«

Der Minister stimmt seinem Antrag zu. Sein Urlaub wird bis zum 1. November 1787 verlängert. Bonaparte weiß, daß er sich in die Hauptstadt begeben muß, wenn er in den Pariser Büros die 3050 Francs erhalten will, die seiner Familie zustehen, wie er meint. Seine Mutter unterstützt ihn darin und freut sich, als er seinen Urlaub erhält.

Und doch zögert Napoleon seine Abreise einige Wochen hinaus, Wochen, in denen er wenig spricht, als ob er seine ganze Energie auf die Beantwortung der Fragen konzentriert, die er sich stellt, um das Dilemma zu lösen, das ihn quält: Frankreich *oder* Korsika, Frankreich *und* Korsika. Wie kann er beide gegenüberstellen, wo er vom einen abhängt und am anderen hängt?

Seine Mutter befragt ihn. Sein Fieber beunruhigt sie. Aber der kleine Anfall von Sumpffieber ist längst wieder vorbei. »Wirst du nach Paris gehen?« fragt sie ihn.

Er weicht aus, verliert sich in den Büschen, verbringt seine Nächte bei den Hirten, betrachtet den Himmel, meditiert mit träumerischem Blick und wird wieder schwermütig. Dann aber, Anfang September 1787, kündigt er seiner Mutter an, daß er nach Paris fährt. Am 16. des Monats schifft er sich nach Toulon ein. Es weht ein kräftiger Wind, ziemlich rauh und nicht mehr so vom Duft der Insel erfüllt. Er ist 18 Jahre und einen Monat alt.

6

Bonaparte schaut den Frauen nach. Seit er in Paris angekommen ist, sieht er nur noch sie. Sie scheinen ihn zu berühren in der engen Rue du Four-Saint-Honoré, dieser Passage im Viertel der Markthändler zwischen der Rue Coquillière und der Rue du Faubourg-Saint-Honoré, wo er ein Zimmer genommen hat. Er wohnt im *Hôtel de Cherbourg*. Er schaut die Frauen so eindringlich an, daß sie sich abwenden, aber einige provozieren ihn auch, und schon manches Mal war er versucht, sie anzusprechen. Er hat sich aber immer wieder gefaßt.

Dann setzt er sich an seinen Tisch und beginnt mit Leidenschaft zu schreiben, ja beinahe mit Wut. Er schreibt ein detailliertes Memorandum für die Finanzverwaltung, stellt die ganze Angelegenheit mit den Maulbeerbäumen dar und argumentiert. Er versichert, daß sein Vater die Pflanzung aus Patriotismus angelegt hat, aus Sorge um das öffentliche Wohl.

Aber seine Gedanken schweifen immer wieder ab. In ihm pocht etwas, das ihn nach draußen zwingt. Dort liegt die Stadt, die sich seiner jungen Freiheit anbietet. Er geht über die Boulevards, streift am Palais-Royal umher, wo sich im Dunkel der Arkaden schamlos verlockende Frauen drängen. Mit seiner zerknitterten Uniform, seinem widerborstigen Haar, seinem gierigen und schüchternen Blick und seiner Jugend wissen diese Spaziergängerinnen schon, was er sucht. Wird er kommen?

Er zögert. Er entfernt sich. Dann spricht er eine von ihnen mit kühlen Worten an. Er will wissen, warum Frauen wie sie diesen Beruf gewählt haben. Mit derben Worten schicken sie ihn zum Teufel. Was will denn dieser mickrige Leutnant? Reden? Sie glucksen. Und er denkt: sie sind nur Puten. Einfach dumm.

Er kehrt heim. Aber sein Blut kocht. Zum ersten Mal in seinem Leben ist er frei, kann er sich von Neugier und Lust leiten lassen. Er ist hier nicht mehr wie in Valence der junge Leutnant, den die Mütter belauern und der nicht mehr in den Salons empfangen worden wäre, hätte er sich nur eine kühne Geste gegenüber ihren Töchtern erlaubt. Er ist auch nicht mehr der respektvolle Sohn, den eine Mutter, Tanten, eine Amme, Großmütter, eine ganze korsische Gesellschaft aus verbündeten Familien zum genauen Einhalten von Sitte und Anstand zwingen. Er ist allein in einer Stadt, in der die Frauen, alle Frauen, bereitwillig oder käuflich scheinen. Und er, der noch nie sexuelle Lust erlebt hat, ist von ihrer freizügigen Erscheinung verwirrt. Und doch muß er sich beherrschen, seine Begierde niederhalten, so gut er kann.

Gleich nach seiner Ankunft in Paris hat er eine der Hofkutschen genommen, die für einen bescheidenen Preis bis nach Versailles fahren, wo die Büros der Finanzverwaltung untergebracht sind. Das Gefährt ist bequem, aber langsam. Es braucht mehr als fünf Stunden für die Strecke von Paris bis zur Regierungs- und Verwaltungszentrale.

Bonaparte muß lange antichambrieren, wird schließlich empfangen, redet auf die Finanzbeamten ein, läßt sich Dossiers zeigen, stellt fest, daß es keinerlei Schriftstücke über die Pflanzung gibt, wundert sich, läßt aber nicht locker. Warum sind diese Unterlagen verschwunden? Schließlich steht das Schicksal einer Familie auf dem Spiel.

Nachdem er lange genug insistiert hat, erhält er schließlich eine Audienz beim Premierminister, Hochwürden de Brienne, Erzbischof von Sens. Er redet mit Nachdruck und erstaunt den Minister durch seine Hartnäckigkeit, die man trotz des respektvollen Tons spürt.

Während er auf eine Antwort wartet, geht er in Paris spazieren, geht ins Theater, berauscht sich am Licht, am Duft einer freizügigen Stadt, in der er sich anonym fühlt und allein von seiner Moral gehalten wird, vom Pflichtgefühl, das er besitzt, von dem hohem Auftrag, den er wiederfindet, wenn er allein in seinem Zimmer ist, zur Feder greift und ihr freien Lauf auf dem Papier läßt.

Er schreibt lange Abhandlungen, vergleicht Sparta und Rom, die Liebe zum Ruhm, die typisch für Monarchien sei, im Gegensatz zur Heimatliebe, der Tugend der Republiken. Er lobt auch die Engländer, weil sie nicht nur Pascal Paoli bei sich aufgenommen haben, sondern auch Baron Neuhof, dem es 1753 gelungen war, Korsika von der genuesischen Besatzung zu befreien.

Nachdem er lange Zeit geschrieben hat, steht er wieder auf, noch berauscht von den eigenen Sätzen. Er geht im Zimmer umher, weil er trotz der fortgeschrittenen Stunde keinen Schlaf findet. Er hat um einen erneuten Urlaub von sechs Monaten gebeten. Er wolle den Beratungen der korsischen Generalstände beiwohnen, hat er geschrieben, um in seiner Heimat über wesentliche Ansprüche seines bescheidenen Vermögens zu diskutieren. Dafür müsse er die Kosten der Rückreise bestreiten, was er ohne absolute Notwendigkeit gewiß nicht tun würde.

Diese Verlängerung vom 1. Dezember 1787 bis zum 1. Juni 1788 hat er erhalten. Er wird also Paris verlassen und nach Korsika zu seiner Familie zurückkehren. Es ist seine Pflicht. Seine Mutter ist allein mit ihren jüngsten Kindern. Der ältere Bruder Joseph ist in Pisa, wo er seine Jurastudien begonnen hat. Laetitia Bonaparte braucht Napoleon. Er muß an Ort und Stelle die Demarchen zu Ende bringen, die er in Paris begonnen hat. Er muß also die Stadt verlassen, in der er Frauen anschauen und ansprechen kann. Und er spürt, wie dieses Verlangen in seinem achtzehnjährigen männlichen Körper wächst.

Er geht aus. Am Donnerstag, dem 22. November, geht er ins Italienische Theater. Nach dem Schauspiel spaziert er noch mit großen Schritten durch die Alleen am Palais-Royal, später dann, weil es sehr kalt ist, unter den Arkaden. Eine dichte Menschenmenge drängt sich dort, einsame Männer auf der Suche nach einer Frau, Frauen auf der Suche nach einem Freier.

Vor dem Gitter bleibt Napoleon stehen. Er bemerkt eine junge Frau mit blassem Teint. Er zweifelt nicht daran, daß sie zu jenen Frauen gehört, mit denen er schon zu reden versucht hat unter dem Vorwand, ihren »abscheulichen Beruf«, wie er es nennt, verstehen zu wollen. Aber sie haben ihn immer hochmütig abgewiesen. Diese hier scheint anders zu sein. Ihre Schüchternheit ermutigt Napoleon. Sie reden ein wenig miteinander.

»Ihnen muß doch sehr kalt sein. Warum halten Sie sich denn in diesen Alleen auf?«

»Man muß seinen Abend rumbringen, man muß leben«, antwortet sie. Sie stammt aus Nantes.

Mit brüskem Ton sagt er: »Fräulein, Sie müssen mir erzählen, wie Sie Ihre Unschuld verloren haben.«

»Ein Offizier hat sie mir geraubt«, antwortet sie mit sanfter Stimme. Sie haßt ihn jetzt. Sie ist vor ihrer erbosten Familie geflohen. Dann kamen ein zweiter Mann und ein dritter.

Plötzlich faßt sie Napoleon beim Arm. »Gehen wir zu Ihnen«, sagt sie.

»Aber was machen wir dort?«

»Kommen Sie, wir werden uns aufwärmen, und Sie können Ihr Verlangen befriedigen.« Das will er ja.

Später in der Nacht, als er wieder allein ist, geht er in seinem Hotelzimmer lange auf und ab. Um sich zu beruhigen, beginnt er zu schreiben: »Ich kam aus dem Theater und ging mit großen Schritten in den Alleen des Palais-Royal spazieren …« Er schreibt sein Erlebnis auf. »Ich habe sie geärgert, damit sie nicht floh, ich habe eine Ehrsamkeit vorgetäuscht, deren Nichtbesitz ich ihr beweisen wollte.«

Viele Wörter, um vor sich selbst zuzugeben, daß er nicht gewagt hat, ihr zu gestehen, daß er noch nie eine Frau gehabt hatte! Aber er hat bekommen, was er wollte. Jetzt ist er ein Mann. Er kann nach Ajaccio zurückkehren.

7

Es ist der 1. Januar 1788. Napoleon sitzt seiner Mutter gegenüber im großen Wohnzimmer im Erdgeschoß des Familienhauses. Kaum zwei Stunden zuvor ist er in Ajaccio angekommen, und während des ganzen Weges zwischen Hafen und Haus hat seine Mutter in ernstem, aber klaglosem Ton gesprochen, fast mit ein wenig Zorn, einer untergründigen Empörung. Jetzt, nachdem die jüngeren Geschwister Napoleons wieder fort sind, Louis, Pauline, Caroline, Jérôme, deren ältester, Louis, kaum zehn Jahre alt ist und deren jüngster bald vier wird, spricht sie weiter. Sie schildert ihm ihr Leben, seit er nach Paris ging.

Mit ernstem Gesicht hört Napoleon zu. Er spürt den Unterschied zu seiner ersten Rückkehr nach Korsika, aber man sieht es ihm nicht an. Dieses Mal gab es kein Entzücken über seine Offiziersuniform, sondern nur besorgte Fragen. Was hat man Ihnen in den Büros der Finanzverwaltung versprochen, mein Sohn?

Er erläutert es. Er hofft, daß sich das Problem der Maulbeerbäume regeln läßt. Er muß aber zugeben, daß er auf sein ausführliches Memorandum keine Antwort erhalten hat. Er wird also dem hiesigen Gouverneur des Königreichs, Monsieur de la Guillaumye, der in Bastia residiert, einen Besuch abstatten.

Seine Mutter erzählt von ihren Nöten, wobei sie im Zimmer umhergeht. Sie hat gerade an Joseph geschrieben, der in Pisa studiert. »Wir haben nämlich keine Hausgehilfin«, erläutert sie. Deshalb hat sie Joseph darum gebeten, eine zu finden und mit ihr nach Korsika zurückzukehren. »Sie muß für uns kochen, nähen und bügeln können und zuverlässig sein.« Sie hebt ihre Hand und zeigt sie Napoleon. »Seit mein Finger krank war, kann ich keinen Stich mehr nähen.«

Napoleon schweigt und hört zu. Zwischen dem, was man möchte, und dem, was ist, besteht ein so großer Unterschied. Ist so das Leben?

Er erinnert sich an diese Frau aus Nantes, die er im Hotelzimmer für die wenigen Minuten einer viel zu kurzen Umarmung besessen hat. Hinterher war er unbefriedigt, bitter, beschämt und wütend über sich selbst. Immer hat er sich »durch einen einzigen Blick jener Frauen beschmutzt« gefühlt, deren Beruf er abscheulich findet. Und nun hat er jene Frau gegen seinen Körper gepreßt und mit ihr die sexuelle Lust entdeckt.

Lust? Liebe? So ist das also? Immer liegt eine ganze Welt zwischen dem, was man erträumt, und dem, was man erreicht? Und die Lage seiner Familie ist nur so, wie seine Mutter sie beschrieben hat?

Er hört zu, als sie ihre Ausgaben auflistet. Die Kinder sind noch klein. Pauline ist erst acht, Caroline sechs. Die Pension für Lucien im Seminar in Aix muß aufgebracht werden. Man muß die Unkosten von Joseph begleichen, dessen Aufenthalt und Studium in Pisa teuer kommen. Und noch immer besteht eine Schuld von 25 Louis, die Charles Bonaparte gegenüber dem Generalleutnant du Rosel de Beaumanoir eingegangen ist.

»Ihre Reise nach Paris ...«, beginnt die Mutter, hält aber gleich inne und sagt nur: »Sie wissen nun, wie es um die Familie steht.« Sie habe Joseph darum gebeten, so wenig wie möglich auszugeben. So sieht die Realität aus.

Paris, die Stadt der Vergnügungen, wie er selbst sie genannt hat, liegt sehr weit weg. Aber das denkt er nur, während seine Mutter ihm sagt, was er bei Monsieur de la Guillaumye unternehmen soll, dem Gouverneur. Er soll für Louis um einen Platz als königlicher Stipendiat in einer Militärschule bitten. Er muß um die Bezahlung der 4000 Maulbeerbäume bitten, die Laetitia Bonaparte gemäß der Anweisungen des Gouverneurs geliefert hat. Er soll, er soll ... Das ist das Leben? Auch wenn es das ist, kann man sich ihm nicht entziehen.

Napoleon schreibt an den königlichen Gouverneur. Mehr als einmal sucht er ihn in seiner Residenz in Bastia auf. Diese Reisen in den Norden der Insel, diese langen Ritte sind die glücklichsten Momente seines Aufenthalts.

Wenn er in Bastia ist, sucht er auch jedesmal die Artillerieoffiziere in der Garnison dieser Stadt auf. Durchreisende Offiziere einzuladen gehört dort zur Tradition. Er speist mit einigen von ihnen. Sie sind älter als er, doch wenn auf seine Anregung die Rede auf ältere oder neuere Regierungsformen kommt, merkt er, daß diese Leutnants und Hauptmänner völlig ahnungslos sind. Wenn er seinen Eifer nicht bezähmen kann und lange weiter redet, stehen einige gelangweilt auf. Sie sagen dann leise, aber er hört es wohl, daß er spitzfindig, belehrend, arrogant, pedantisch, schulmeisterlich sei. Bonaparte läßt sich dazu hinreißen, das Völkerrecht zu verteidigen. Man läßt das nicht gelten. Was ist Korsika? Eine Nation, antwortet er. Man ist verwundert. Wie kann ein Offizier so reden?

»Unterschätzen Sie die Korsen nicht!« ruft Napoleon aus. Er kritisiert den Gouverneur, der angeblich die korsischen Generalstände verhindern will. Die Offiziere zeigen sich bestürzt angesichts dieser ungenierten Reden, dieses korsischen Patriotismus.

»Würden Sie Ihre Waffe gegen den Vertreter des Königs einsetzen?« fragt ihn jemand. Bonaparte wird blaß und schweigt.

Noch am Abend kehrt er nach Ajaccio zurück und schindet dabei sein Pferd, verirrt sich, so nervös, ja wütend ist er. Ist so das Leben? Muß man seine Gedanken, seine Wünsche, seinen Ehrgeiz immerzu der schäbigen Wirklichkeit unterordnen? Muß man sich knebeln, um nicht herauszuschreien, was man empfindet? Muß man sich Fesseln anlegen, um nicht vom Weg abzuweichen? Er gibt seinem Pferd die Sporen, damit es sich wieder in Trab setzt. Auch wenn der Abgrund nahe ist: vorwärts!

Am 1. Juni 1788, nachdem er seinen Bruder Joseph wiedergesehen hat, der aus Pisa heimgekehrt ist, pünktlich zum Ende seines Urlaubs, begibt sich Bonaparte zum La-Fère-Regiment, das seit Dezember 1787 in Auxonne stationiert ist. Er wird bald 19.

8

Als Napoleon am 15. Juni 1788 in Auxonne ankommt, bemerkt er zuerst den Nebel über der Saône. Die Wälle und die Stadt erheben sich auf dem linken Ufer einer großen Flußschleife. Im Nordosten sieht man in der Ferne, jenseits des Nebels, bewaldete Höhen. Der Kutscher erklärt Napoleon, daß es sich um den Gebirgszug La Seurre handelt. Mit dem Arm zeigt er noch weiter nach Osten und fügt hinzu, daß man bei schönem Wetter hinter Dole die Berge des Jura erkennen kann, und im Winter weiter südlich sogar die Alpengipfel. Aber wenn das Land unter Hitze und Regen liegt, dann steigen aus der Saône und den Teichen eklige Dämpfe, die unangenehm auf der Haut kleben. Dann verbreitet sich das Fieber, sagt der Mann, als er den Wagen vor der Kaserne des La-Fère-Regiments zum Halten bringt.

Napoleon hat ihm aber kaum zugehört. Seit 21 Monaten hat er sein Regiment nicht mehr gesehen. Niemand wird ihm dies zum Vorwurf machen. Im königlichen Artilleriekorps ist es durchaus üblich, den Offizieren ganze Semester Urlaub zuzuerkennen, dazu noch allerlei Sonderferien. Napoleon ist ungeduldig, den Kontakt mit seinen Kameraden aus Valence wieder aufzunehmen, und als er Alexandre Des Mazis erblickt, stürzt er auf ihn zu.

Das Wiedersehen ist herzlich. Unter dem Regimentskommandeur, Baron Jean-Pierre Du Teil, der auch die Artillerieschule von Auxonne leitet, herrscht eine gute Atmosphäre. Du Teil ist ein integrer und kompetenter Mann, der seine Waffengattung liebt, welcher seine Familie schon seit mehreren Generationen verbunden ist.

Des Mazis führt Napoleon zum Schießplatz auf einer nahegelegenen Wiese, auf der die Artilleristen ihre Kanonen und Haubitzen ausprobieren, dann führt er ihn zum großen Gebäude gleich neben den Kasernen, in dem die Stadt Auxonne die Offiziere des La-Fère-Regiments kostenlos unterbringt.

Napoleons Zimmer trägt die Nummer 16. Es liegt nach Süden hin und ist sehr lang, verfügt über einen Sessel, einen Tisch, sechs Korbstühle und einen Holzstuhl. Die Luft ist schon warm und feucht. Vor ein paar Jahren, erklärt Des Mazis, hat Du Teil eine

Fieberepidemie bekämpfen müssen, von der die meisten Schüler der Artillerieschule befallen waren.

Napoleon öffnet seinen Koffer und breitet auf dem Tisch seine Hefte und seine historischen und philosophischen Bücher aus. Des Mazis schüttelt den Kopf. Bonaparte ist doch wirklich ein ganz spezieller Mensch. »Wozu soll diese ganze unverdauliche Wissenschaft denn gut sein?« fragt er. »Was soll ich mit dem anfangen, was vor 6000 Jahren geschehen ist? Was gehen mich die Einzelheiten der kindischen Diskussionen der Philosophen an?« Er tritt etwas beiseite und redet dann von der Liebe und den Frauen. »Fühlen Sie denn nicht die Leere in Ihrem Herzen, wenn Sie so in Ihrem Kabinett sitzen?«

Napoleon zuckt mit den Schultern. »Auch wenn ich nichts zu tun habe, will ich keine Zeit verlieren.«

»Napoleon Bonaparte, Sie sind unverbesserlich«, sagt Des Mazis nur noch.

Und doch nimmt er ihn in den nächsten Tagen mit bei allerlei Streichen. Sie sind noch keine 20. Bonaparte macht mit bei den Eulenspiegeleien und dem Schabernack der jungen Leutnants. Aber manchmal ist auch er deren Zielscheibe. Er weiß sich jedoch Respekt zu verschaffen. Man weiß, daß er nicht wie andere ist. Er geht allein über die Felder, mit einem Buch in der Hand. Er bleibt stehen, um einige Worte zu notieren. Mit seiner Schuhspitze oder der Scheide seines Schwertes zeichnet er geometrische Figuren in den Sand. Jeden Abend kommt er zu spät zur Pension Dumont, in der er mit den andern Offizieren seine Mahlzeiten einnimmt.

Man macht sich auf freundliche Weise über seine ungepflegte Kleidung lustig. Er rechtfertigt sich, er sei eben nicht reich. Und genau wie andere Leutnants protestiert er gegen Erlasse, die häufige Veränderungen der Uniform vorschreiben. Die blaue Kniehose wird durch eine schwarze ersetzt. Man fordert einen Gehrock im englischen Stil anstelle des Mantels. Und wer soll das bezahlen? Die Offiziere! Er behält sein Geld lieber, um Bücher zu kaufen. Sie stapeln sich in seinem Zimmer.

Denn er arbeitet wie besessen und mit erstaunlicher Entschlossenheit, ja sogar einer Art eifriger Ungeduld und der Gewißheit, daß ihm noch nützen werde, was er hier jeden Tag betreibt. Er muß zuerst den Beruf des Artilleristen erlernen. In Valence hat er damit begonnen, aber er merkt bald, daß er noch zu wenig davon weiß, wie man Batterien aufstellt, schießt, belagert.

Er geht auch zu Theoriekursen. Er wird einer der eifrigsten Schüler und fast ein Freund des Mathematiklehrers Lombard, der seit mehr als 40 Jahren in der Artillerieschule von Auxonne unterrichtet. Lombard hat zwei englische Standardwerke über die Artillerie übersetzt. Napoleon studiert und resümiert diese Bücher. Er will alle notwendigen Kenntnisse erwerben.

Sein Lerneifer ist so groß, daß ihn Du Teil sogar zu sich bestellt und ihm rät, sich zu zerstreuen und zu erholen, denn am Ende des Jahres 1788 ist Napoleon krank. Er hat immer wieder Fieber, gewiß durch die Dämpfe, die aus dem Wasser der Sümpfe aufsteigen und aus den Gräben rings um die Stadtmauern. Er magert ab und wird sehr blaß. Er ißt nur wenig, verordnet sich selbst sogar eine Diät auf der Basis von Milchprodukten.

Du Teil beruft ihn in eine Kommission, die das Schießen mit Sprengsätzen bei Belagerungen untersuchen soll. Napoleon leitet alle Übungen, verfaßt Berichte und schlägt weitere methodische und präzise Versuche vor. Du Teil liest die Berichte, beglückwünscht Bonaparte und sagt ihm voraus, daß er einer der brillantesten Offiziere der Königlichen Artillerie werden wird.

Und doch erfaßt ihn manchmal mitten in dieser strengen Arbeit und trotz der Befriedigung, die er daraus zieht, der Wunsch nach etwas anderem. Er denkt an Paris, dieses »Zentrum der Vergnügungen«. Er träumt von einem Aufenthalt in der Hauptstadt. An Vorwänden dafür fehlt es nicht. Er könnte noch einmal nach Versailles fahren, um Druck auf die Finanzaufsicht auszuüben, denn die Sache mit den Maulbeerbäumen ist in Ajaccio noch immer nicht geregelt. Es fehlt ihm aber das Geld für diese Reise. Brieflich bittet er seinen Onkel, den Erzdiakon, um 100 Francs.

In dem fiebrigen Zustand, in dem er sich befindet, projiziert er sich in die Zukunft, denn seine Gegenwart, auch wenn sie angenehm ist, kann ihm nicht die Lust und die großen Gefühle bescheren, die er sich wünscht. Diesen Überschuß an Leben, den er braucht, findet er einstweilen beim Lesen und Schreiben. Er arbeitet, als würde er sich auf eine Prüfung vorbereiten, als höherer Offizier oder als Universalhistoriker.

Er eignet sich die neuen Ideen an, die französische Theoretiker der Kriegskunst nach den Niederlagen des Königreichs im Siebenjährigen Krieg, besonders in der Schlacht von Roßbach (1757), erarbeitet haben. Aber vor allem liest Napoleon, mit der Feder in der Hand, geschichtliche Abhandlungen über die Araber, über Venedig, England und Frankreich, und füllt ganze Hefte mit seinen Aufzeichnungen.

Wieder wundert sich Des Mazis. Wozu soll das alles nützen? Napoleon antwortet nicht mehr. Vielleicht sagt er sich, wenn Pascal Paoli ein solcher Held werden konnte, obwohl er nur schlichter Leutnant der korsischen Garde im Dienste des Königs von Neapel war, dann wird auch er selbst eines Tages eine Rolle für Korsika spielen können. Er weiß, daß er der einzige Korse ist, der eine solche Offiziersausbildung in einer königlich französischen Militärschule erhalten hat. Er will aber noch mehr von der Waffentechnik wissen. Er denkt, daß Korsika einen Mann braucht, der das Räderwerk der Geschichte kennt, der Gesetzgeber und Politiker ist.

Eines Tages wird er mit 24 Stunden Arrest bestraft. Man schließt ihn in eine staubige Kammer ein, in der nur ein altes Bett, ein Tisch und ein Schrank stehen. Auf dem Tisch entdeckt Napoleon einen gelblichen Folianten, den man dort vergessen hat. Es ist eine Ausgabe der *Institutiones* des Kaisers Justinian, die alle Erlasse und Beschlüsse der römischen Gesetzgeber enthalten. Napoleon setzt sich hin. Er hat weder Papier noch Bleistift, aber er beginnt zu lesen und lernt diese strengen Texte auswendig. Die ganze Nacht über verschlingt er den abgenutzten Band im Lichtschein einer einzigen Kerze.

Als am Morgen der Wachsoldat kommt, schreckt er hoch. Er hat nicht gemerkt, wie die Zeit verging. Aber nun kennt er das Römische Recht. Ist das nützlich? Er ist davon überzeugt, auch wenn er noch nicht weiß, wann und unter welchen Umständen er dieses Wissen anwenden kann.

Die Leutnants im La-Fère-Regiment kennen seine Qualitäten. Und als es darum geht, das Reglement der Vereinigung zu verfassen, die sie gebildet haben, wendet man sich an ihn. Mit geradezu kindlicher Ernsthaftigkeit stürzt er sich auf diese Arbeit, als ginge es darum, die Verfassung eines Staates auszuarbeiten.

Mit Des Mazis redet Napoleon im Vertrauen, aber er hat noch nicht den Streit mit den Offizieren der Garnison in Bastia vergessen. Indem er die korsische Nation so gelobt hat, hat er sich eine Blöße gegeben. Deshalb redet er auch jetzt, wenn er vom Feldmarschall, vom Kriegskommissar oder vom Mathematiklehrer Lombard eingeladen wird, nicht mehr über die gewagten Gedanken, die in ihm keimen, sondern nur über *Cinna*, sein Lieblingsstück von Corneille.

Manchmal wundert er sich selbst über das, was aus seiner Feder fließt. Er erschrickt dann über den Weg, den er zurückgelegt hat. Er geht nicht mehr zur Kirche. Er bekreuzigt sich noch reflexartig, aber er glaubt nicht mehr. In den Texten, die er schreibt, stellt er sich auf die Seite des Staates und der Macht, nicht auf die Seite der Kirche.

Er ist wie ein Kanonenrohr, das man mit Pulver vollstopft. Seine Ladung sind die Bücher, die er liest, die Aufzeichnungen, die er macht, die Erzählungen, die er schreibt, die Reflexionen über die Monarchie, die er wie im Fieber redigiert. Er weiß noch nicht, wann man die Lunte anlegen wird. Aber in einer tagtäglichen Anstrengung, als ob die Zeit knapper würde, als ob die Schlacht kurz bevorstünde, stopft er das Kanonenrohr, seinen Kopf, in einer unglaublichen Anstrengung voll mit Kenntnissen und Gedanken.

Eines Abends liest er noch einmal den Essay über Taktik von Guibert. Er findet den Satz wieder, der ihm schon in Valence aufgefallen war und den er von Zeit zu Zeit auswendig hersagt: »Dann wird ein Mann erscheinen, der bis dahin vielleicht in der Menge und der Anonymität verborgen war, ein Mann, der sich noch keinen Namen gemacht hat, weder durch Worte noch durch Schriften, ein Mann, der in der Stille nachgedacht hat. Dieser Mann wird sich der Meinung, der Umstände, des Schicksals bemächtigen.«

Napoleon ist genauso verwirrt wie damals, als er sich am Gitter des Palais-Royal jener Frau genähert hat. Er spürt denselben Wunsch, der stärker ist als alle Schüchternheit. Dieselbe Kraft drängt ihn auch jetzt vorwärts. Aber wie viele Abende mußte er dort umherstreifen, ehe er jene Frau traf? Wie lange muß er noch warten, bis ein Ereignis kommt, das wie ein Funken seine Energie freisetzt?

Plötzlich, am 1. April 1789, ertönt die Trommel. Napoleon Bonaparte läuft zur Kaserne, noch nicht ganz wach nach einer mit Schreiben verbrachten Nacht. Die Artilleristen des Regiments sind schon bewaffnet angetreten. Kommandant Du Teil geht aufgeregt im Hof hin und her. Er hat vom Oberkommandierenden der Bourgogne, dem Marquis de Gouvernet, den Befehl erhalten, sofort drei Kompanien nach Seurre, einige Meilen von Auxonne entfernt, ins Gebirge zu schicken. Die Dorfbewohner von Seurre haben nämlich zwei Getreidehändler umgebracht, die beschuldigt wurden, Ware gehortet zu haben. Du Teil flucht. Wo stecken die Hauptmänner, die Oberleutnants? Sie haben Urlaub. Er muß das Kommando also den jungen Leutnants überlassen, die noch keine 20 Jahre alt sind und sich noch niemals in einer solchen Situation befunden haben. Aber der Marquis hat drei Kompanien angefordert. Nun gut, also Kompanien. Bonaparte soll eine von ihnen befehligen.

Als die Soldaten das Dorf erreichen, ist es heller Tag. Die Lage scheint sich wieder beruhigt zu haben, obwohl an manchen Ecken noch einige Bauern beisammenstehen. Man bezieht Quartier. Bonaparte richtet sich in der Rue Dulac ein. Notabeln laufen herbei, behandeln die Offiziere besonders zuvorkommend. Die Frauen sind noch außer sich. »Wie wilde Tiere!« schreien sie und zeigen auf die Bauern. Die Frau des Salzspeicherverwalters ist besonders verwirrt. Sie erklärt Bonaparte ausführlich, daß der Salzspeicher angegriffen wurde. Bonaparte gibt sich wohlwollend, durchaus empfänglich für ihre etwas zu deklamatorische Schilderung der Notlage, in der ein Hauch von Verführung mitschwingt. Er teilt seine Männer auf, stellt Wachen bereit und Patrouillen.

Die Lage ist so angespannt, daß die Truppe sich für einige Zeit in Seurre einrichtet. Bonaparte packt seine Bücher und Hefte aus. Die Zeit vergeht, Woche um Woche. Schon seit mehr als einem Monat ist die Abordnung in Seurre. Bonaparte wird von den Notablen empfangen. Er tanzt und gefällt. Er nimmt an den Gesprächen teil.

Es ist die Rede davon, daß der König in Versailles am 5. Mai die Generalstände einberuft. Manche von Bonapartes Gastgebern gehören zu den Delegierten des Dritten Standes. Es wird über die finanzielle Lage des Königreichs gesprochen, über die Steuerprivilegien des Adels, die man abschaffen müßte. Bonaparte hört zu und äußert sich nur wenig. Er beobachtet die Lage, als ginge sie ihn nur teilweise etwas an. Es ist, als ob er die Seiten eines Buches umblättert und sich Notizen macht. Andere haben das geschrieben, denn er fühlt sich nicht zu diesem Land gehörig. Er ist hier zwar Offizier, doch seine Heimat ist woanders.

Wenn er die jeweiligen Argumente anhört, wenn er sieht, mit wieviel Leidenschaft die Notabeln diskutieren, dann spürt er seine Gleichgültigkeit. Er ist nur Zuschauer. Ihn geht nur sein eigenes Schicksal etwas an, und das ist an Korsika gebunden. Aber er denkt auch, daß das, was hier geschieht, in diesem Königreich, dem er dient, für die Zukunft seiner Inselheimat Bedeutung hat.

Ende April kommt es in den Straßen von Seurre wieder zu Ansammlungen von Dorfbewohnern und Bauern. Sie schwenken Mistgabeln, sie brüllen, sie drohen. Bonaparte läßt die Soldaten seiner Kompanie aufmarschieren. Gut hörbar befiehlt er den Soldaten, ihre Gewehre zu laden, dann geht er der feindlichen Ansammlung entgegen. »Einwohner von Seurre!« ruft er. »Die anständigen Leute sollen sich zurückziehen und nach Hause gehen. Mein Befehl lautet, nur auf den Pöbel zu schießen.« Die Menge zögert. Bonaparte zieht sein Schwert und wiederholt: »Die anständigen Leute sollen nach Hause gehen!«

Seine Stimme zittert nicht. Die Demonstranten zerstreuen sich. Bonaparte steckt sein Schwert wieder in die Scheide. Als sich Bonaparte am Abend zum Ball begibt, den einer der Notabeln zu Ehren der Offiziere veranstaltet, umringt und beglückwünscht man ihn. Er hat seine Pflicht erfüllt, sagt man, er hat nicht gezögert. Er fühlt keinerlei Gemeinsamkeit mit dem zerlumpten Pöbel, diesen Bauern, diesen Armen, diesem Volk. Er ist Korse, gehört einem anderen Volk an, fast einer anderen Rasse also. Einem Volk von Hirten und Bergbauern, das eine andere Sprache spricht. Einem ganz anderen Volk als jenem, das sich in den Gassen versammelt und zwei Getreidehändler umgebracht hat.

Er ist Korse, aber er ist auch ein Adliger. Er hat den Stolz desjenigen, der einer Linie angehört, die sich seit Generationen von der gemeinen Menge abgesondert und Autorität errungen hat. Er ist ein Anhänger der Gleichheit aller Adligen, auch aller Menschen, vorausgesetzt, sie haben durch ihre Taten bewiesen, daß sie dessen würdig sind.

Er ist Korse und Adliger, aber auch Offizier. Seit seiner Kindheit hat er gelernt, was militärische Ordnung und eine strikte Hierarchie ist. Er ist stolz, dieser Kaste anzugehören, die Uniform eines Offiziers zu tragen, auch wenn es die einer fremden Armee ist. Er hat wirklich nichts gemein mit diesem Pöbel.

Wenn er sich Fragen gestellt hat über die Rolle der Könige, so nur deshalb, weil er die meisten von ihnen für unwürdig hält, zu regieren. Aber es muß eine Hierarchie geben. Disziplin ist notwendig. Auch wenn innerhalb dieser Kaste die Gleichheit zwischen den Menschen, die es verdienen, bestehen kann. Wenn man seine Entschlossenheit und seinen Mut lobt, sagt er nur: »Ich bin Offizier.«

Im Juni sind alle drei Kompanien nach Auxonne zurückgekehrt. Aber nun fällt es ihm sehr schwer, sich in sein Zimmer einzuschließen und zu lesen und zu schreiben. Er durchstreift das Land. Zu Des Mazis, der seine Nervosität spürt, sagt er, daß Ereignisse wie Naturvorkommnisse sind. Sie gehen aus Sachverhalten und Umständen hervor. Es liegt an den Menschen, ob sie die große Unruhe wahrnehmen, die die Gesellschaft erschüttert.

Oft begibt er sich zum Buchhändler von Auxonne, dessen Laden am Kirchplatz liegt. Dort liest er die Journale. Es rührt sich was im Königreich. In Versailles haben sich die Generalstände versammelt. In den Straßen von Paris ist es zu Plünderungen gekommen. Mit Korn beladene Wagen sind überfallen worden. Soldaten haben das Feuer eröffnet. Bonaparte begreift, daß etwas in Gang gekommen ist.

Er kehrt in sein Zimmer zurück. Er hat mit der Abfassung von *Briefen über Korsika* begonnen. Er will seine Studie an Loménie de Brienne schicken, aber der Erzbischof ist als Premierminister durch Necker abgelöst worden. Er wird sie also Necker schicken. Zuvor aber schickt er seinen Text an Pater Dupuy, einen seiner ehemaligen Lehrer aus der Schule in Brienne, damit dieser eventuelle Fehler verbessert und einige Passagen durchsieht. Er wolle nichts von Necker erbitten, schreibt er an Dupuy. Er erwarte nichts von ihm. Er wolle nur demjenigen, der unter der Autorität des Königs die Geschicke des Königreichs lenke, die Gedanken eines korsischen Patrioten mitteilen.

In Bonapartes Augen zählt allein Pascal Paoli. Er spürt, daß der Boden unter seinen Füßen zu beben beginnt und daß er schnell handeln muß. Und so schreibt er am 12. Juni 1789 in einem Zug einen Brief an seinen Helden.

Was er über Paolis Taten, über das Schicksal der Korsen und über seine Absichten schreibt, trägt er seit Jahren in sich. Er ist wie ein Springer, der nach langer Vorbereitung endlich den Sprung wagt. Er bietet Pascal Paoli offen seine Dienste an und steht zu seinem Gedanken über Korsika.

Als er einige Tage später einen Brief von Pater Dupuy erhält, in dem sein ehemaliger Lehrer erklärt, daß er seine Ausdrucksweise in den *Briefen über Korsika* mäßigen solle, um den Minister Necker nicht zu brüskieren, regt sich Bonaparte auf. Seine *Briefe* sind keine Bittschrift, sondern eine Aktion im Kampf. Man soll nur klar wissen, was die korsischen Patrioten denken, und er will ihr Bannerträger sein.

Kein Zögern, in der Tat. Er ist Korse, und das mit so kräftiger Überzeugung, daß seine Feder beim Schreiben zittert. Oft muß er sich unterbrechen, so groß ist seine Ungeduld und so sehr ist er im Einklang mit den Ereignissen. Er öffnet das Fenster und hört den Tambour schlagen. Vom Ufer her ertönen Schreie. Die Sturmglocke läutet. Bald sieht man hier und da Rauch aufsteigen. Bonaparte begibt sich ins Zentrum von Auxonne.

Es ist der 19. Juli 1789. Schiffer und Lastträger haben sich zusammengerottet und greifen den Stadtkämmerer an, besetzen das Büro des Steuereinnehmers, verbrennen Möbel und Verzeichnisse, verwüsten die Räume der Zollbehörde und die Wechselstube. Es herrscht Aufruhr.

Bonaparte sucht die Kaserne auf. Offiziere und Soldaten verbreiten die große Neuigkeit: am 14. Juli ist die Bastille, das große befestigte Gefängnis des Königs, von Aufständischen gestürmt und ihr Gouverneur geköpft worden. Französische Gardesoldaten haben sich der Menge angeschlossen und mit Kanonen auf die Bastille geschossen. Bonaparte zögert nicht weiter. Er stellt sich an die Spitze seiner Kompanie. Drei Banden durchstreifen die Stadt, zerstreuen sich aber beim Anblick der Soldaten. Die Nacht über gehen Patrouillen umher. Man fürchtet das Eintreffen von »Räubern«, wie die Notabeln sie nennen.

Am Morgen des 20. Juli sind sie da. Es sind Bauern aus der gesamten Umgebung. Alle Zollbüros werden niedergebrannt. Der Salzspeicher wird geplündert. Die Bauern laufen erst auseinander, als Offiziere den Befehl geben, die Gewehre zu laden. Es kehrt wieder Ruhe ein. Die Kompanien kehren in die Kaserne zurück. Bonaparte geht auf sein Zimmer. Er greift sogleich zur Feder, um seine Erlebnisse bei der Konfrontation brühwarm an seinen Bruder Joseph zu schreiben. Auch wenn Bonaparte die Privilegien verurteilt, so meint er doch, daß Ordnung herrschen müsse. Er reagiert wie ein Offizier, der »das gemeine Volk« verabscheut. Er denkt vor allem an Korsika. Von dem, was dort geschieht, hängt sein persönliches Schicksal ab.

Am 9. August bittet er offiziell um einen neuen Urlaub, um nach Korsika reisen zu können. Er muß aber abwarten und geht in seinem Zimmer umher oder spaziert über die Felder, als ob er sich in diesem Land eingeschlossen fühle. Selbst Schreiben beruhigt ihn nicht. Es ist aber die einzige Tätigkeit, bei der er das Gefühl hat zu handeln.

Er schreibt an Monsieur Giubega, den Protokollführer der korsischen Generalstände und zugleich sein Patenonkel. Am 4. August wurden in einem Elan der Großherzigkeit die Privilegien des Adels abgeschafft. »Dieses Jahr hält für wohlgesinnte Leute viele neue Möglichkeiten bereit. Nach Jahrhunderten feudaler Barbarei und politischer Versklavung ist man doch überrascht, das Wort ›Freiheit‹ Herzen entflammen zu sehen, die der Luxus, das Wohlleben und die Künste verdorben zu haben schienen.«

Und es stimmt, daß ihn Frankreich überrascht. Und an diesem gewittrigen Augusttag denkt er an Paris, an das Zentrum der Vergnügungen, das ein Vulkan geworden zu sein scheint. Aber dieser historische Augenblick hat für Bonaparte nur Bedeutung, wenn Korsika davon Nutzen hat. Er ist so nervös bei dem Gedanken, nicht auf der Insel anwesend zu sein, daß er noch einmal den Kommandanten Du Teil aufsucht, der ihm mitteilt, daß sein Urlaubsgesuch auf dem besten Weg sei. Er müsse sich aber noch gedulden.

Am 16. August meutert das La-Fère-Regiment. In dichten Reihen begeben sich die Soldaten zum Haus des Obersten und fordern, daß man ihnen die »schwarzen Beträge« herausgibt, die sich in der Regimentskasse befinden. Angesichts ihrer Entschlossenheit und ihrer Überzahl hat der Oberst nachgegeben. Die Soldaten haben das Geld unter sich aufgeteilt und sich dann betrunken, wobei sie die Offiziere zwangen, mit ihnen zu trinken, zu singen und zu tanzen.

Bonaparte schaut diesen Szenen von weitem zu. Er sieht, daß einer seiner Kameraden, Leutnant Bourbers, von wütenden Soldaten umringt ist, die ihn beschuldigen, einen der ihren geschlagen zu haben. Man will ihn umbringen. Zwei Oberfeldwebel eilen herbei und ziehen ihn heraus. Aber noch in derselben Nacht muß der Leutnant die Stadt als Frau verkleidet verlassen. Zu Des Mazis sagt Bonaparte, man hätte mit Kanonen auf die Meuterer schießen müssen, auf diese abscheuliche Kanaille, die alle Disziplin über den Haufen wirft.

Die Unordnung empört ihn, auch wenn er die neue Politik als einen »Schritt zum Guten« ansieht. Aber das ist nicht das Entscheidende. Bonaparte denkt unablässig an Korsika. Er möchte, daß sein Patenonkel Giubega handelt, deshalb schreibt er ihm noch einmal: »Bis jetzt gebot die Vorsicht zu schweigen. An einem verdorbenen Hofe hat die Wahrheit wenig Reiz. Aber heute hat sich die Lage verändert, und wir müssen uns auch anders verhalten. Wenn wir diese Gelegenheit verstreichen lassen, bleiben wir für immer Sklaven.«

Er will unbedingt nach Korsika. Am 21. August endlich erhält er die offizielle Genehmigung für seinen Urlaub, der bis zum 1. Juni 1790 gelten soll. Die letzten Tage in Auxonne kommen ihm unerträglich vor. Er geht zwischen Kaserne und Zimmer hin und her. Er geht zur Buchhandlung. Mehrmals am Tag hört er die Sturmglocke läuten. Aufgeregte Menschen laufen durch die Straßen. Es ist die Rede von anrückenden Räuberbanden, aber dann legt sich diese große Angst wieder, die seit einem Monat wie ein böses Fieber immer wieder ausbrach. Als Bonaparte Mitte September Auxonne verläßt, scheint wieder Ruhe zu herrschen.

Auf dem Weg nach Marseille, wo er den Abbé Raynal treffen will, macht Napoleon Bonaparte halt in Valence. Man empfängt ihn mit Freude, man erinnert sich an den jungen Leutnant. Im Salon von Monsieur de Tardivon spricht man mit Leidenschaft über diese Revolution, die das Land umpflügt, man hat Angst vor den Räubern, die alle Schlösser der Region in Brand gesteckt haben. Man hofft, daß aus diesen Ereignissen eine erneuerte Monarchie hervorgeht.

Monsieur de Tardivon, der Abbé von Saint-Ruf, nimmt Bonaparte beim Arm. Er spricht genauso langsam, wie er geht. »So wie die Dinge laufen, kann bald jeder König werden. Wenn Sie König werden, Monsieur de Bonaparte, dann finden Sie sich mit der christlichen Religion ab. Sie werden es nicht bereuen.«

Am nächsten Tag läßt sich Bonaparte am Bug des Schiffes, das die Rhone abwärts fährt, von der Luft berauschen, die vom Meer kommt.

Dritter Teil

»Im Kopf lauter große politische Angelegenheiten.«

September 1789 – 11. Juni 1793

9

An diesem 25. September 1789 ist Napoleon der erste Passagier, der das Schiff verläßt und im Hafen von Ajaccio auf den Kai springt. Es herrscht sommerliche Hitze. An diesem warmen Nachmittag ist die Stadt noch schläfrig, lediglich die Stimmen der Seeleute und der Lastträger durchbrechen die Stille. Alles ist so ruhig und scheinbar friedlich, so ganz anders, als Napoleon erwartet hat, daß er einen Moment zögert.

Sein Kopf ist voller Projekte für Korsika, sein Gedächtnis noch geprägt vom Lärm der Revolte und von Bildern der Gewalt. Er erinnert sich an alles, was er in Seurre und Auxonne erlebt hat, an die Reden, die er in Valence und auf dem Schiff gehört hat.

An einer der Zwischenetappen auf der Rhone wollten Patrioten eine junge Frau verhaften, Madame de Saint-Estève, die Napoleon während der Reise näher kennengelernt hatte. Man wunderte sich, daß sie in Begleitung eines Offiziers war. Man fand, daß diese Frau der Gräfin von Artois ähnelte, von der man wußte, daß sie aus Paris ins Ausland fliehen wollte. Zum Glück konnte Napoleon aber die Patrioten überzeugen, daß eine Verwechslung vorlag.

In Marseille waren die Straßen voller Patrioten, die ihre blauweißroten Kokarden zur Schau trugen. Redner standen auf Grenzpfählen oder Karren und riefen zur Wachsamkeit auf, warnten vor Räuberbanden. Bevor er mit dem Schiff übersetzte, suchte Bonaparte noch den Abbé Raynal auf, der ihn ermutigte, eine *Geschichte Korsikas* zu schreiben.

Während der ganzen Überfahrt ging Napoleon an Deck umher, wartete ungeduldig auf die Ankunft und träumte schon von der Rolle, die er vielleicht an der Seite von Pascal Paoli spielen könnte, sollte dieser aus England zurückkehren, oder gar an Stelle des *babbo*, falls jener die Insel nicht erreichen könnte.

Aber nun steht er in der Bruthitze von Ajaccio, einer schläfrigen Stadt, die außerhalb der Geschichte zu liegen scheint. Einen Augenblick ist er von Zweifeln erfaßt. Hat er den großen Schauplatz für einen Hinterhof verlassen, in dem sich nichts abspielt?

Er sieht Joseph, der ihm entgegenkommt. »Was ist denn in Frankreich los?« fragt Joseph. »Was ist denn mit dieser Revolution?« Joseph, der mit Stolz von sich sagt, er sei Advokat und auch Mitglied im Höheren Rat, hat die Briefe seines Bruders erhalten, aber Zeitungen treffen hier gar nicht ein oder erst einen Monat nach ihrem Erscheinen. Die korsischen Abgeordneten bei den Generalständen vermelden nichts über den Gang der Beratungen der verfassunggebenden Versammlung, weder der Abgeordnete des Dritten Standes, Saliceti, noch Graf Colonna de Cesari Rocca, der Neffe Paolis, noch die Vertreter von Adel und Klerus, Graf von Buttafoco und Abbé Peretti.

Hier hat sich nichts verändert, sagt Joseph. Der Gouverneur, Vicomte de Barrin, veröffentlicht keines der von der Versammlung beschlossenen Dekrete, so als gäbe es überhaupt keine Generalstände, als wäre die Bastille nie gestürmt worden. Die Insel unterliegt noch immer der Militärverwaltung

Joseph zeigt auf Soldaten, die an ihrem Hut noch die weiße Kokarde tragen. Napoleon empört sich. Weiß man denn in Korsika nicht, daß eine Revolution stattgefunden hat? Daß alle Privilegien abgeschafft wurden? Ist es möglich, daß der Sturm, der durch das französische Königreich gefegt ist und allen die dreifarbige Kokarde aufgenötigt hat, Korsika nicht erreicht hat?

Er ist so aufgebracht, daß er auf dem Weg zum Elternhaus lieber das Thema wechselt und seinen Bruder nach der Lage der Familie fragt. Laetitia Bonaparte, umgeben von ihren Kindern, erwarte Napoleon, sagt Joseph. Auch sie warteten ungeduldig auf ihren Bruder. Nur Élisa sei nicht da, sie beende ihre Ausbildung im Pensionat Saint-Cyr. Joseph zögert, als wolle er Napoleon nicht verärgern. Ihre Zukunft sei ungewiß, sagt er, so wie die aller Korsen.

»Bisher habe ich nur einen einzigen Fall vertreten«, sagt Joseph. Immerhin hat er die Freilassung des Mörders erreicht, dessen Anwalt er war, weil er beweisen konnte, daß er in Notwehr gehandelt hatte.

»Und Lucien?« fragt Napoleon. Er sei aus Aix zurückgekehrt, weil er das Seminar verlassen mußte. Er habe kein Stipendium erhalten, ebensowenig wie Louis, der vergebens um finanzielle Hilfe ersucht hatte, um eine Militärschule besuchen zu können, genau wie Napoleon. Jérôme sei ein fünfjähriges Kind, Caroline sei bald acht und Pauline zehn.

Napoleon sagt lange Zeit nichts, aber in dem Augenblick, als er in die Rue Saint-Charles einbiegt und das elterliche Haus erblickt, sagt er in strengem Ton, daß er sie allesamt zum Arbeiten bringen werde. Man brauche Ordnung und Disziplin, einen strikten Zeitplan. Dieses Haus müsse für die Kinder wie ein Kolleg sein. Nichtstun komme nicht in Frage. Die Bonapartes müßten Korsika ein Beispiel geben.

Kaum hat Napoleon Zeit gehabt, die Seinen zu umarmen, Laetitias Klagen über ihr mühseliges Leben anzuhören und Lucien zu größerer Selbstdisziplin und weniger Schwadronieren anzuhalten, schon kommen die Verwandten ins Haus. Und alle stellen dieselbe Frage: was geht in Frankreich vor sich? Napoleon antwortet mit Feuereifer. Die große Zahl der Anwesenden beruhigt ihn hinsichtlich der Stimmung auf der Insel, man will auch hier eine Veränderung. Man erwartet täglich die Ankunft der Schiffe. Alle wollen Bescheid wissen. Das Volk wartet auf ein Zeichen aus Frankreich, um zu handeln.

In Ajaccio wurde am 15. August gegen Bischof Doria demonstriert, er wurde gezwungen, 4000 Francs auszuhändigen. Man hat die Abschaffung der Admiralitätsrechte verlangt. Der Garnisonskommandant und seine Offiziere haben es nicht verhindern können. Erst als sie die Demonstranten mit Kanonen bedroht haben, verliefen sich diese. Es wurde ein Komitee aus 36 Bürgern gebildet.

In Bastia, in Corte, in Sartène und auch auf dem Lande hat es Aufruhr gegeben. Ausgewanderte kehren schon wieder in den Norden der Insel zurück. Sie bilden Banden von je 30 Mann. Gouverneur Barrin hat ihre Verfolgung eingestellt. Aber er hat die Städte in der Hand. Das Volk fürchtet die Repression, doch wenn man es dazu aufruft, wird es sich erheben.

Napoleon hat sie angehört, dann beginnt er machtvoll auf sie einzureden. Er verurteile alle, die feige und verweichlicht in gemütlicher Sklaverei verharrten. Er gehöre zu jenen, die handeln wollten. Man hört ihm zu. Man redet ohne Ende.

Erst nach Mitternacht ist Napoleon wieder mit seinem Bruder allein. Er zieht Joseph mit sich in den Garten, obwohl die Nacht sehr kühl ist. Sie beide zusammen könnten Korsika verändern, könnten die Rückkehr von Pascal Paoli vorbereiten oder sogar … Napoleon schweigt einen Augenblick und sagt dann: seine Aktion fortführen, seine Nachfolger werden. Dann geht er mit großen Schritten allein davon.

In den folgenden Tagen läuft Napoleon durch die Straßen von Ajaccio und über die Wege des Umlandes. Er holt Leute zusammen, er redet, er bebt. Jetzt sagt er, was er in den *Briefen über Korsika* geschrieben hat, was er seit Jahren in sich trägt. Joseph agiert seinerseits, und abends besprechen die Brüder das Resultat ihrer Bemühungen.

Nachts schreibt Napoleon in seinem Zimmer im Elternhaus oder in seinem Arbeitskabinett im Landhaus von Milelli. Er verfaßt eine neue Einleitung zu den *Briefen über Korsika* und stellt dabei die Persönlichkeit von Pascal Paoli noch stärker heraus. Am Morgen vertraut er das Geschriebene seinem Bruder Lucien an, der es abschreiben soll. In Ajaccio sagen die Leute jetzt, daß das Haus der Bonapartes einem Kloster oder einem Kolleg gleiche.

Napoleon ist noch keine 21 Jahre alt, aber mit jedem Tag gewinnt er immer mehr Selbstvertrauen. Oft bleibt er ganz für sich. Dann geht er lange übers Land. Er mag diese dichte Vegetation und weiter dahinter die nackte Fläche der Salinen. Und wenn er heimkehrt, zittert er manchmal. Er hat schon wieder Fieber. Manche Gegenden, in denen er sich gerne aufhält, haben ein ungesundes Klima. Aber er unterbricht weder die Versammlungen noch seine Ausflüge, noch seine Schreibarbeit, die er fast jede Nacht fortführt.

So entdeckt er zum ersten Mal seinen Einfluß auf die Menschen. Von Versammlung zu Versammlung wird er geschickter, überzeugender. Manche Leute in Ajaccio wollen einen Gewaltstreich wagen. Napoleon beruhigt sie. Der Gouverneur verfügt über Soldaten und Kanonen, sagt er. Man muß umsichtig handeln und sich auf die Ereignisse in Paris berufen, wenn man die Machthaber in Korsika zum Nachgeben zwingen will.

Am 31. Oktober 1789 versammelt er in der Sankt-Franziskus-Kirche alle, die sich als Patrioten ausgeben. Diese Einberufung löst Verwunderung aus. Es ist die erste Aktion dieses jungen Mannes, dessen Namen man mit Respekt zu nennen beginnt. Napoleon geht durch die Reihen. Er hält ein Buch in der Hand. Er beginnt mit dem Verlesen einer Rede. »Wenn die Amtsträger sich gesetzwidrige Macht anmaßen, wenn Abgeordnete ohne Mission sich anmaßen, im Namen des Volkes zu reden, und dies gegen seine Interessen tun, dann haben die einzelnen das Recht, sich zu versammeln.« Er verlangt, daß man Korsika von einer Verwaltung befreie, »die uns auffrißt, erniedrigt und diskreditiert«. Er appelliert an die Abgeordneten des Dritten Standes, Saliceti und Graf Colonna de Cesari Rocca. Die Abgeordneten von Adel und Klerus, Buttafoco und Peretti, erwähnt er nicht einmal. »Wir sind Patrioten«, sagt Napoleon abschließend.

Dann läßt er in der Kirche einen Tisch aufstellen. Dort deponiert er den Text, nimmt die Feder und erklärt, daß man diese Eingabe unterschreiben solle, was er als erster tun wolle. Er beugt sich vor und schreibt mit einer raschen Handbewegung »Buonaparte, Artillerieoffizier«, dann richtet er sich wieder auf.

In der Nacht darauf kann er nicht schlafen. Er hat seine erste politische Tat vollbracht. Er steht auf. Er geht hinunter in den Garten des Hauses in Milelli, wo er sich für diese Nacht eingerichtet hat. Seine Unterschrift ist die Konsequenz all seiner Gedanken und zugleich ein Neuanfang, das erste Stück eines Weges, dessen Verlauf und Ende er noch nicht absehen kann, dem er aber folgen muß. Handeln, Handeln – so lautet das Gesetz, dem er sich unterwerfen muß.

Am nächsten Morgen reitet er nach Bastia. Dort in der Hauptstadt residiert der Gouverneur Barrin. Dort wird alles entschieden.

Napoleon nimmt Quartier. Er versammelt Patrioten um sich und spricht zu ihnen wie ein Anführer. Er erwarte die Lieferung zweier Kisten aus Livorno, sagt er. Als sie eintreffen, öffnet er sie selbst. Er taucht seine Hände in eine Masse dreifarbiger Kokarden, die er dann an die Einwohner von Bastia und die Soldaten der Garnison verteilen läßt. Schon am 3. November erstrahlt die Stadt in Blauweißrot. Aber die Offiziere haben ihre Männer fest im Griff, sie lassen jeden einsperren, der die neuen Farben trägt.

Man muß den nächsten Schritt tun. Wiederum handeln, eine neue Schwelle überschreiten, denn Handeln heißt Aufsteigen. Die Einwohner von Bastia sollen ihre Waffen hervorholen und gut sichtbar vorbereiten, ihre Messer schärfen und ihre Gewehre zeigen, sagt Napoleon. Sie sollen sich ganz friedlich zur Sankt-Johannes-Kirche begeben, wo die offizielle Einschreibung in die hiermit geschaffene Miliz erfolgt.

Es herrscht große Spannung. Napoleon durchstreift die Stadt. Grenadierkompanien und ein Jagdregiment aus der Maine marschieren zur Kirche. Die Kanonen der Zitadelle werden auf die Stadt gerichtet. Offiziere beschimpfen die Leute aus Bastia: »Diese italienischen Lumpen wollen uns verhöhnen? Wir werden es ihnen schon zeigen!« Massoni, der einzige Korse, der genau wie Bonaparte Artillerieoffizier ist, begibt sich demonstrativ zur Zitadelle.

In den Straßen nahe der Sankt-Johannes-Kirche kommt es plötzlich zu Auseinandersetzungen zwischen Einwohnern und Soldaten. Es wird geschossen. Zwei Soldaten werden getötet, einige Korsen werden durch Bajonette verletzt. Kurze Zeit darauf macht Barrin eine Konzession. Er verteilt Waffen an die neuen Milizionäre. Der Kommandant jener Soldaten soll Bastia verlassen. Als dessen Schiff aus dem Hafen von Bastia ausläuft, begleiten es die Korsen mit ihren Schreien und dem Heulen ihrer Hörner. »Unsere Brüder aus Bastia haben ihre Ketten in tausend Stücke zerbrochen«, sagt Napoleon.

Er kehrt nach Ajaccio zurück. Er kennt die Wege, die er schon so oft durchmessen hat. Aber noch nie hatte er, wie in diesem November 1789, so stark das Gefühl, Ereignisse ausgelöst, Geschichte gemacht zu haben. Es ist wie ein ihm noch unbekannter Rauschzustand.

Als er einige Wochen später erfährt, daß nach dem Eintreffen der Berichte über die Ereignisse in Bastia der Abgeordnete Saliceti in Versailles verlangt hat, Korsika nicht länger einem militärischen Besatzungsregime zu unterstellen, sondern ins Königreich zu integrieren, unter derselben Verfassung wie die anderen Teile des Reiches, triumphiert er. Am 30. November 1789 hat die Nationalversammlung nicht nur diese Forderung erfüllt, sondern auch auf Vorschlag von Mirabeau erklärt, daß alle Exilierten, die für die Freiheit der Insel gekämpft haben, nach Korsika zurückkehren dürfen und alle Rechte französischer Bürger erhalten.

Als diese Nachricht Ende Dezember in Korsika bekannt wird, läßt Napoleon sogleich eine Banderole anfertigen und an der Fassade seines Elternhauses in der Rue Saint-Charles aufhängen. Darauf liest man: »Es lebe die Nation, es lebe Paoli, es lebe Mirabeau!«

In der ganzen Stadt wird getanzt und gesungen. Auf dem Olmo-Platz wird ein Freudenfeuer entzündet. Man ruft: »*Eviva la Francia! Eviva il rè!*« Napoleon mischt sich unter die Menge. In der Kirche wird ein Tedeum angestimmt. Als er diese Gesänge und Freudenschreie hört, fühlt Napoleon Stolz und Freude, der Urheber dieser Ereignisse zu sein. Dieses jubelnde Volk, diese tanzenden Männer und Frauen verdanken ihm dieses Glück. Er gehört sehr wohl zu jenen besonderen Menschen, welche Plutarch Helden nennt und die Geschichte machen. Er ist kaum 21 Jahre und fünf Monate alt.

Er schreibt. Vielleicht zum ersten Mal seit seiner Kindheit fühlt er sich in voller Harmonie mit sich selbst, als ob die beiden getrennten Teile seines Wesens zusammengefunden hätten. Der korsische Patriot akzeptiert den französischen Offizier. Das neue Frankreich, diese mächtige, aufgeklärte Nation, die ihm oft so frivol erschienen war, verdorben durch galante Frauen, verkommene Sitten und Müßiggang, hat eine Wiedergeburt erlebt. Frankreich strahlt und erkennt Korsika als Teil seiner selbst an.

Napoleon ist begeistert: »Frankreich hat uns in seinen Schoß aufgenommen. Von nun an haben wir dieselben Interessen, dieselben Herausforderungen: das Meer trennt uns nicht mehr!« Er verzichtet also darauf, die *Briefe über Korsika* zu veröffentlichen. Wozu sollte das jetzt noch nützen?

Als Napoleon in den ersten Monaten des Jahres 1790 durch die Straßen von Ajaccio geht, allein oder in Begleitung seines Bruders Joseph, da empfindet er ein besonderes Vergnügen, wenn er gegrüßt und mit jener liebevollen und dankbaren Aufmerksamkeit bedacht wird, welche die umgibt, in denen das Volk seine Anführer oder seine Vertreter erkennt. Man will mit ihm reden. Man will Joseph beglückwünschen, daß er zum Städtischen Offizier ernannt wurde. Allmählich bildet sich ein Bonaparte-Clan, und Napoleon will seinen Anhängern zeigen, daß er zugleich ein Anreger und ein bescheidener Patriot ist. Bei der Nationalgarde schreibt er sich als einfacher Soldat ein, und er hält auch zuweilen Wache vor der Tür von Marius-Joseph Peraldi, der zum Oberst jener Garde ernannt wurde. Aber niemand täuscht sich.

Napoleon wird zugetragen, daß La Férandière, der Befehlshaber der Garnison von Ajaccio, nach Paris geschrieben hat, um ihn zu denunzieren. »Dieser junge Offizier war Schüler der Militärschule, seine Schwester war in Saint-Cyr, und seine Mutter ist von der Regierung mit Zuwendungen überhäuft worden. Es wäre besser, ihn zu seiner Einheit zurückzuschicken, denn er konspiriert ohne Unterlaß.«

Um ihm zuvorzukommen, schreibt Napoleon schon am 16. April 1790 an den Oberst seines Regiments und erbittet einen neuen Urlaub. »Meine labile Gesundheit erlaubt mir nicht, vor der zweiten Kursaison von Orezza, also vor dem 15. Oktober, zum Regiment zurückzukehren.« Er fügt seinem Brief ein entsprechendes medizinisches Attest bei. Und es stimmt auch, daß er immer wieder Fieberanfälle hat, vor allem nach Spaziergängen in den Salinen. Am 29. Mai wird ihm ein Urlaub von vier Monaten zuerkannt, beginnend mit dem 15. Juni 1790.

Er ist wie befreit. Er hat immer mehr das Gefühl, daß sein Wille und sein Verlangen alle Türen öffnen können. Daß es zu wollen genügt, um zu können. Er will in Korsika bleiben, um die »Konspiration« auf der Insel weiter voranzutreiben, um Joseph zu unterstützen, damit er zur Delegation gehört, die Paoli, der auf dem Weg nach Korsika ist, entgegenreisen soll. Er muß präsent sein in Korsika, wenn der *babbo* heimkehrt. Er kann die Insel nicht verlassen, wo jetzt doch das Volk sich in Bewegung setzt und seinen Helden trifft, dem Napoleon seine Dienste angeboten hat.

Am 24. Juni 1790 ist Joseph mit dem Schiff nach Marseille gereist. Pascal Paoli hat Paris verlassen, wo er von der Nationalversammlung gefeiert und von Robespierre im Jakobinerclub begrüßt wurde. Die Delegation, der Joseph angehört, soll ihn in Lyon treffen.

Am nächsten Tag, dem 25. Juni, sitzt Napoleon an seinem Schreibtisch. Auf einmal hört er den Lärm einer marschierenden Menschenmenge und Schreie. Seit einigen Tagen besteht eine Kontroverse zwischen der Stadtverwaltung und den Bürgern von Ajaccio mit den Befehlshabern der Garnison. Die Stadt fordert Waffen und Zugang zur Zitadelle. La Férandière und der Major lehnen dies ab. Napoleon greift zu seinem Gewehr und stürzt auf die Straße, ohne sich Zeit zu nehmen, seine Jacke und seine Stiefel anzuziehen und seinen Hut aufzusetzen.

Die Demonstranten erkennen ihn und grüßen ihn als ihren Anführer. Er zögert, doch dann, weil er schon einmal Aufständischen gegenübergestanden hat und weiß, wozu sich eine Menge hinreißen lassen kann, übernimmt er das Kommando, beeinflußt ihren Willen, läßt sogar zu, daß Franzosen verhaftet werden, schützt sie aber vor schwereren Übergriffen.

So wird auch Major Lajaille verhaftet und von den Stadtbehörden festgesetzt. In dem Augenblick aber hält sich Napoleon zurück, so wie er es schon in Bastia am 5. November 1789 gemacht hat. Er taucht erst wieder an führender Stelle auf, als die Stadtverwaltung beschließt, nachdem sie Lajaille wieder freigelassen hat, ein Memorandum zu verfassen, um diesen »Tag des 25. Juni« zu rechtfertigen. Darin beschuldigt er La Férandière, gesetzwidrige Komplotte geschmiedet und eine »schuldhafte Rebellion« angezettelt zu haben. Außerdem kritisiert er jene Korsen, die sich während des Ancien Régimes in den Dienst Frankreichs gestellt haben, »die mitten unter uns lebten und im allgemeinen Elend zu Wohlstand kamen und heute eine Verfassung verabscheuen, die uns die Freiheit wiedergibt«! Wie konnte er das schreiben, ohne dabei an seinen Vater Charles Bonaparte zu denken, der zu jenen Korsen gehört hatte?

An einem Sonntag im Juli 1790, als Napoleon gerade mit seinem Bruder Joseph auf dem Olmo-Platz spazierengeht, stürzt eine Gruppe Korsen herbei, an deren Spitze ein gewisser Abbé Recco steht, ein Neffe ihres einstigen Mathematiklehrers aus Ajaccio. Sie beschuldigen Napoleon, den Aufstand vom 25. Juni entfacht zu haben. Außerdem habe er Franzosen und Korsen, die dieses Namens würdig seien, bedroht. Er, ein Bonaparte, dessen Vater einst Anhänger von Paoli, dann Höfling bei Monsieur de Marbeuf war, er, ein Bonaparte mit toskanischer Herkunft.

Freunde Napoleons treten dazwischen, bedrohen jeden mit dem Tod, der es wagen sollte, ihn anzurühren. Napoleon bewahrt kühlen Kopf. »Wir sollen keine Franzosen sein?« ruft er aus. »*Orrenda bestemmia*, was für eine schreckliche Blasphemie! Alle Schurken, die das behaupten, werde ich vor Gericht verklagen!« Man tauscht noch einige Beschimpfungen aus, dann ziehen sich beide Gruppen zurück.

Napoleon kehrt mit Joseph heim in das Haus in der Rue Saint-Charles. Er ist still und nachdenklich. Er hat gespürt, welcher Haß die Korsen spaltet. Jene, die Anhänger von Paoli waren und ihm treu blieben, und jene, die wie Charles Bonaparte die Zusammenarbeit mit den französischen Behörden akzeptiert haben. Jene, die sich der Sache des revolutionären Frankreich angeschlossen haben und sich als Bürger dieser Nation fühlen, und jene, die nicht auf die weiße Kokarde verzichtet haben. Und schließlich jene, die von der Unabhängigkeit träumen.

Im September 1790 begibt sich Napoleon nach Bastia, um Pascal Paoli zu treffen. Seit der *babbo* dort gelandet ist, schaltet und waltet er wie der Herr der Insel, läßt seine Feinde, die Franzosen, verhaften, zieht von Dorf zu Dorf, umgeben von einer Menge Bewunderer und Anhänger. Überall wird Paoli als Retter und Diktator begrüßt.

Mit seinem Bruder mischt sich Napoleon unter die jungen Männer, die eine Art Kohorte um Pascal Paoli bilden. Sie paradieren und streiten sich um das Vorrecht, zu seiner Ehrenwache zu gehören. Napoleon schaut sich den Zug genau an, zu dem er nun gehört. An jedem Dorfeingang wird ein Triumphbogen errichtet. Die Einwohner rufen hurra und schießen mit Musketen in die Luft.

Napoleon reitet neben Paoli. Er mustert diesen gealterten Mann, der 20 Jahre in England verbracht und von der englischen Regierung eine Pension von 2000 Pfund Sterling erhalten hat. Ihm ist klar, daß er im Umfeld von Paoli nur einer unter vielen ist. Vielleicht erscheint er sogar verdächtig, weil er die Uniform eines französischen Offiziers trägt, aber auch wegen der Haltung seines Vaters. Außerdem gibt es eine alte Gegnerschaft zwischen den Leuten aus Bastia und den Leuten aus Ajaccio, jenen »von hier« und jenen »von dort«, diesseits und jenseits der Berge. Paoli mißtraut Ajaccio. Und die Bonapartes sind aus Ajaccio.

Der Zug erreicht Ponte Novo. Dort war Paoli 1769 von den Franzosen besiegt worden. Er reitet voraus, steigt vom Pferd und erklärt Napoleon etwas selbstgefällig die damalige Position beider Lager. Man hört respektvoll seine Schilderung der Schlacht. Mit trockener Stimme kommentiert Napoleon, als Offizier, der etwas vom Krieg versteht: »Das Ergebnis dieser Dispositionen war auch entsprechend.«

Plötzlich herrscht eisiges Schweigen. Pascal Paoli schaut Napoleon an, der seine Unverschämtheit nicht bemerkt zu haben scheint, vielmehr den Älteren zu seinem Heldenmut und seiner Treue zu Korsika beglückwünscht. Der Zwischenfall scheint vergessen. Joseph Bonaparte wird in den Kongreß gewählt, den Paoli in Orezza versammelt, später wird er zum Vorsitzenden des Direktoriums im Distrikt von Ajaccio bestimmt. Napoleon ist zufrieden.

Das Jahr 1790 geht zu Ende. Sein Urlaub läuft ab. Er will und muß nach Frankreich zurückkehren, um seinen Sold zu empfangen und weil er sich nunmehr dem Königreich verbunden fühlt, dessen Bürger und Offizier er ist. Er will auch seinen Bruder Louis aufs Festland begleiten, damit auch er in der Militärschule ausgebildet wird, notfalls ihn selbst unterrichten und seine Studien überwachen.

Im Laufe des Winters 1790 begibt sich Napoleon fast jeden Tag zum Hafen. Aber die Winde sind ungünstig, kein Schiff bricht nach Frankreich auf. Napoleon schreibt und betreut die Studien seiner Geschwister. Ende Dezember kann er endlich mit Louis an Bord gehen, aber ihr Schiff wird zweimal an die korsische Küste zurückgetrieben. Er muß noch warten.

Am 6. Januar 1791 gründet er in Ajaccio den patriotischen Club der Stadt *Il Globo Patriottico*. Er wohnt jeder Sitzung bei und interveniert mit großem Eifer. Der Mann, der 21 Jahre und sechs Monate alt ist, versteht es nun, geschickt auf Menschen einzuwirken. In Frankreich hatte er das Waffenhandwerk gelernt. In Korsika, als Auslöser von Ereignissen, in den Kampf der Gruppen und Clans verstrickt und als einer der Anführer der Bewegung anerkannt, hat er die Politik gelernt. Er hat die einen und die anderen manipuliert, hat seinen Bruder Joseph angetrieben, sich in den Vordergrund zu spielen und öffentliche Funktionen zu übernehmen. Er selbst ist noch zu jung, um der erste zu sein.

Am 23. Januar 1791 sitzt er an seinem Tisch im Haus in Milelli und schreibt im Namen des Patriotischen Clubs von Ajaccio einen Brief an Buttafoco, den Abgeordneten des Adels. Als der Text auf Beschluß des Clubs gedruckt wird, schickt er eine Kopie an Paoli. Der Text ist lang und emphatisch. Napoleon greift den Adelsvertreter an und kritisiert die Karriere von Buttafoco, der Choiseul aufgefordert hat, Korsika zu erobern. Zugleich geht er die Abschnitte der Inselgeschichte durch.

Aber Paoli antwortet kalt und knapp und fordert Napoleon auf, weniger zu reden und sich weniger parteiisch zu zeigen. Napoleon beißt die Zähne zusammen. Schon lange läßt er sich keine Kritik mehr gefallen. Hat er denn je Zurechtweisungen hingenommen? Aber er hat sich entschieden, ein Anhänger von Pascal Paoli zu sein. Also nimmt er diese Ohrfeige schweigend hin.

Zum Glück drehen sich die Winde Ende Januar 1791. Von seiner Mutter und seinen Geschwistern sowie von seinen Freunden aus dem Club bis zum Steg begleitet, kann Napoleon sich endlich zusammen mit seinem Bruder Louis nach Frankreich einschiffen. Aber als er an Deck im Wind steht, seinen jüngeren Bruder an der Schulter haltend, befallen ihn Zweifel.

Sein Schicksal liegt auf der Insel. So will er es, und er glaubt es. Und doch empfindet Napoleon, als das Schiff aufs offene Meer kommt und die korsische Bergkette am Horizont verschwindet, zum ersten Mal keinerlei Trennungsschmerz. Irgend etwas in ihm hat sich verändert.

10

Es ist halb vier an diesem Nachmittag des 8. Februar 1791. Napoleon geht in raschem Schritt auf der Straße nach Lyon. In der Ferne kann er, unter einem düsteren Himmel, der Schnee ankündigt, den Kirchturm von Saint-Vallier-du-Rhône erkennen. Nur wenige hundert Meter vor sich sieht er schon die ersten Häuser, oder besser gesagt die Hütten eines kleinen Dorfes. Es ist kalt, aber wie so oft, bevor es schneit, ist die Luft von milder Feuchtigkeit erfüllt.

Von Zeit zu Zeit dreht sich Napoleon um. Sein jüngerer Bruder Louis hat sich bewußt zurückfallen lassen. Er ist erst 13 Jahre alt. Er wäre gerne noch in Valence geblieben, um auf die Abfahrt der Postkutsche zu warten. »Wir werden bis zum Dorf Serve zu Fuß gehen«, hat Napoleon gesagt, nachdem er mit dem Kutscher gesprochen hatte. Die Kutsche wird dort auf der Durchfahrt halten.

Und hier ist schon Serve. Plötzlich bricht die Dunkelheit herein. Ein Bauer öffnet seine Tür, grüßt den Offizier und den Jungen und nimmt sie bei sich auf. Bei ihm werden sie auf die Kutschdurchfahrt in der Nacht warten und dann weiter nach Saint-Vallier-du-Rhône fahren, wo sie eine Pause einlegen wollen. Napoleon zahlt mit einer Münze, holt sein Schreibzeug hervor und schreibt einen Brief an seinen Onkel Fesch.

Später in der Kutsche treffen sie die Reisenden wieder, die sie schon vor Valence gesehen hatten. Gespräche werden fortgesetzt. Napoleon verteidigt die *Constituante*, die Verfassunggebende Versammlung. Er kritisiert die Anhänger des Ancien Régime, das nicht wieder erstehen werde. Napoleon unterstreicht dieses Wort. Andere reden lieber vom »Königreich«. Er aber sagt, seit dem

Sturm auf die Bastille und dem Zusammentreten der Abgeordneten müsse man von »Nation« sprechen, wenn man Frankreich meine.

Zwei Tage später ist er in Auxonne. Er zeigt Louis die Kasernen des La-Fère-Regiments, wo er sich bei Oberst de Lance melden muß, sowie das Stadthaus, in dem sie wohnen werden. Seinen Bruder bringt er im Domestikenzimmer unter, das an sein eigenes Zimmer angrenzt.

Auf dem Kirchplatz umringen ihn einige Offiziere, als er gerade seinem Bruder den Buchladen zeigen will. Sie begrüßen Napoleon nur kühl. In den 17 Monaten seines Urlaubs sind das Königreich und die Armee des Königs harten Prüfungen unterworfen gewesen. Es heißt, Buonaparte habe in Korsika an dem Aufstand gegen die Königliche Garnison und ihre Kommandanten teilgenommen. Warum hat sich Buonaparte nicht wie Monsieur Massoni verhalten, der sich für das Lager des Königs entschieden hat?

Napoleon rechtfertigt sich, aber die Spannung steigt bei dieser ersten Konfrontation mit den aristokratischen Offizieren. Als er dem Oberst sein Attest vorlegt, das vom Distrikt Ajaccio ausgestellt wurde, ist Napoleon nervös. In diesem Dokument steht nicht nur, daß er seit Oktober versucht hat, sein Regiment zu erreichen, sondern auch, daß er »vom reinsten Patriotismus beseelt war und seine Anhänglichkeit an die Verfassung und die Prinzipien der Revolution durch Taten bewiesen hat«.

Der Oberst zeigt sich verständnisvoll und unterstützt Napoleons Antrag auf Nachzahlung seines Soldes seit dem 15. Oktober. Napoleon ist beruhigt, wartet aber doch mit Ungeduld auf eine ministerielle Entscheidung, die die Zahlung dieser Summe bestätigt. Er braucht die 233 Francs und sechs Sous unbedingt. Denn nun müssen zwei Personen von seinem Sold leben. Napoleon kauft selbst Fleisch, Milch und Brot, feilscht heftig um den Preis der Lebensmittel oder die Kosten für Näharbeiten. Er bürstet seine Uniform aus. Er beklagt sich nie bei seinen Kameraden. Und doch wird er später sagen, er habe sich um der Erziehung seines Bruders willen große Entbehrungen auferlegt.

Er besucht aber immer noch den Laden des Buchhändlers. Er

kauft Hefte, Bücher, Journale. Auf letztere wartet man in Auxonne genauso ungeduldig wie in Korsika, und Napoleon liest den Unteroffizieren und Soldaten, die für die revolutionären Ideen eintreten, öffentlich die Artikel vor, die von den neuesten Ereignissen in Paris berichten.

Aber nachts, wenn Louis schläft, arbeitet Napoleon weiter mit ungebrochener Leidenschaft, unbeeinflußt durch die aktuellen Vorkommnisse in Frankreich und in Korsika. Er liest Machiavelli, eine Geschichte der Sorbonne, eine Geschichte des Adels. Er liest auch die Werke von Rousseau wieder. Manchmal zeigt er Louis am Morgen Listen mit Wörtern, die er aufgestellt hat, um sein Vokabular zu erweitern. Er schreibt Wendungen und Ausdrücke ab. Er will diese französische Sprache, die er wie im Fieber schreibt, vollständig besitzen.

Es kommt vor, daß er bis zu 16 Stunden am Tag arbeitet. Und wenn er seine persönlichen Aufgaben erledigt hat, beschäftigt er sich mit Louis. »Ich zwinge ihn zum Lernen«, sagt er. Manchmal wird er dabei so wütend, daß er seinen Bruder ohrfeigt. Aber wenn Louis eine Aufgabe in Mathematik oder in Französisch bewältigt, entspannt sich Napoleon und lächelt. Er lobt seinen jüngeren Bruder. An Joseph schreibt er: »Er wird der Beste von uns sein. Alle Frauen in dieser Gegend sind schon in ihn verliebt.«

Mit Entzücken hört er, wie sich der dreizehnjährige Junge ausdrückt. Er sieht, wie ungezwungen und elegant er sich in Salons bewegt. In seiner Aufmerksamkeit für ihn läßt Napoleon nicht einen Augenblick nach. Er fühlt sich für ihn verantwortlich, bringt ihm alles bei, was er kann. Und zufrieden fügt er hinzu: »Keiner von uns wird eine so hübsche Erziehung haben.«

Unter den Offizieren kann Napoleon die revolutionären Ideen nicht durchsetzen, aber die Soldaten und Feldwebel billigen sie. Der Feldkommandant Baron Du Teil, seit 1791 Generalinspektor der Artillerie, schreibt, daß die Truppe zwar weiterhin einen tadellosen Eindruck unter Waffen macht, »daß die Soldaten und Unteroffiziere aber schändliche Manieren angenommen haben, eine Haltung der Insubordination, die überall zu spüren ist«. Sie wenden den

Kopf ab, um die Offiziere nicht grüßen zu müssen, dafür fraternisieren sie mit den Bürgern der Nationalgarde und salutieren vor den Offizieren der Miliz.

Eines Abends begibt sich Napoleon zu einem Abendessen nach Nuits. Ein Kamerad, ebenfalls Offizier im Regiment, hat soeben geheiratet. Kaum hat Napoleon den Salon betreten, als er schon begreift, daß er in eine Falle gegangen ist. Alle »Standesherren« der Umgebung sind zu diesem Abendessen eingeladen worden. Man lacht. Das also ist der Leutnant mit der flinken Zunge, der die Ideen von Räubern verteidigt und den Ungehorsam der Soldaten ermutigt? Man umringt ihn. Man spricht ihn an. Was hält er von den Fällen mangelnder Disziplin? Kann ein Offizier eine solche Einstellung hinnehmen?

Napoleon rechtfertigt sich. Er sei nicht antimilitärisch, sagt er. Er glaube an die Notwendigkeit von Ordnung und Disziplin. Aber die können nur respektiert werden, wenn die Offiziere dasselbe Gesetz einhalten und die neuen Prinzipien anerkennen.

Nun ergreift der Bürgermeister von Nuits das Wort, ein Mann in scharlachrotem Anzug. Napoleon hält ihn für einen Verbündeten. Aber dieser Mann verteidigt mit noch größerer Vehemenz das Verhalten der Offiziere, die an Emigration denken. Was könne man schon von einem Regime erwarten, das in der Armee keine Ordnung halte, sagt er. Der Disput wird so heftig, daß die Gastgeberin eingreift und die Diskussion beendet.

Aber schon vom nächsten Tage an gibt es sowohl in Auxonne wie in Valence, wo Napoleon am 16. Juni 1791 in Begleitung seines Bruders eintrifft, weil er dort zum Premierleutnant ernannt worden ist, immer wieder Zwischenfälle. Sein neues Regiment – das 4. der Artillerie, Grenoble-Regiment genannt – ist genauso gespalten wie das La-Fère-Regiment, das Napoleon verlassen hat. Die Truppe steht den neuen Ideen aufgeschlossen gegenüber. Ein Teil der Offiziere denkt an Emigration oder an Demission aus Treue zum König.

Gehen Sie auf keinen Fall fort, hat Mademoiselle Bou Napoleon geraten, der niemals daran gedacht hat, denn das Exil ist immer ein Unglück. Er ist wieder zu seiner alten Wirtin gezogen und hat ein

Zimmer im Hause Bou. Louis wird von Mademoiselle Bou mütterlich verwöhnt und gegen den Zorn seines unerbittlichen Bruders Napoleon verteidigt. Aber in Valence hat er weniger Zeit für Louis. Er begnügt sich damit, für jeden Tag sein Pensum festzulegen, dann geht er aus, begibt sich in die Kaserne oder ins Lesekabinett von Monsieur Aurel. Dort wird manchmal leidenschaftlich diskutiert.

Zu Beginn des Monats Juli 1791 versetzt eine außergewöhnliche Nachricht die ganze Stadt in Aufregung. Ludwig XVI. und seine Familie haben am 20. Juni versucht, aus Frankreich zu fliehen, und sind in Varennes verhaftet worden. Die Armee des Marquis de Bouillé hat vergeblich auf sie gewartet, um sie über die Grenze zu geleiten.

Ein Kamerad von Napoleon ruft aus: »Der König ist schon so gut wie tot!« Andere Offiziere protestieren. Aber Napoleon stimmt ihm zu. Er ist bereit, den neuen Treueid zu unterzeichnen, den die Verfassung von den Offizieren verlangt. Welche Verfassung? fragt jemand. Soll man dem König ein Vetorecht zubilligen, und wenn ja, eines mit aufschiebender oder unterbindender Wirkung? Und warum soll man den König nicht vor Gericht stellen dürfen?

Napoleon diskutiert endlos mit einigen seiner Offizierskameraden. Die meisten sind Monarchisten. Mit erhobenem Kinn verkündet Napoleon ganz laut, er sei ein überzeugter Republikaner, Anhänger des Gemeinwohls und nicht der Willkür eines Herren.

Man kennt Napoleon. Er ist Mitglied der Gesellschaft der Verfassungsfreunde, genau wie einige andere Offiziere, Soldaten und hohe Persönlichkeiten. In diesem Revolutionären Club trifft er den Buchhändler Aurel wieder. Man umarmt sich. Dann steigt Napoleon auf die Tribüne und hält eine Rede, in der er die Flucht des Königs und das »infame Verhalten« des Marquis de Bouillé kritisiert. Er ist sehr erregt beim Sprechen und gebraucht knappe, harte Sätze. Man zollt ihm Beifall. Man ernennt ihn zum Sekretär und zum Bibliothekar der Gesellschaft.

Am 3. Juni trifft man sich erneut, um den König zu verurteilen. Napoleon erklärt: »Er muß vor Gericht gestellt werden.« Die

Flucht aus Paris sei ein Verrat. Ein Soldat tritt aus dem Kreis seiner Kameraden hervor und ruft: »Wir haben Kanonen, Arme, Herzen, und sie gehören der Verfassung!«

Am 14. Juli versammelt sich die gesamte Bevölkerung von Valence, dazu die Soldaten, die Körperschaften, die Nationalgarde, der Bischof und der Klerus, auf dem »Feld der Eintracht«. Napoleon führt die Soldaten des 4. Regiments an. Sein Bruder Louis ist in Begleitung von Mademoiselle Bou gekommen. Man singt das *Ça ira*. Man legt einen Eid ab und ruft: »Ich schwöre es!« Danach zelebriert der Bischof ein Tedeum. In einem großen Zug strömen dann alle in die Stadt zurück.

Die eifrigsten Patrioten versammeln sich im Gesellschaftssaal der Verfassungsfreunde, wo man Tische für ein Bankett aufgebaut hat. Am Ende der Mahlzeit erhebt sich Napoleon. Man bejubelt ihn. Er ist einer der bekanntesten patriotischen Offiziere in der Stadt. Ihm vertraut man. Er hat den Eid abgelegt, den man nun von den Offizieren verlangt. Er bezeichnet sich als Republikaner. Er meint, daß man den König vor Gericht stellen müsse.

Er bringt einen Toast aus und erhebt sein Glas auf seine ehemaligen Kameraden in Auxonne und auf alle, die in jener burgundischen Stadt die Rechte des Volkes verteidigen. »Es lebe die Nation!« ruft er aus. Am Abend ist er so aufgeregt, daß er nicht einschlafen kann. Dieser Aufruhr einer ganzen Bevölkerung, eines ganzen Landes, das im Strom der Revolution mitgezogen wird, der jeden Tag neue Ereignisse mit sich bringt, zwingt ihn zu neuen Entscheidungen.

Napoleon holt wieder seine Hefte hervor. Er beginnt sein erstes richtiges Werk. Die Akademie von Dijon hat einen Preis von 1200 Francs ausgesetzt für den Verfasser der besten Abhandlung über die Frage: »Welche Wahrheiten und welche Empfindungen man den Menschen zu ihrem Glück vermitteln muß.« Napoleon hat sofort beschlossen, sich daran zu beteiligen. Hat nicht einst auch Rousseau einen solchen Preis für seine Abhandlung über den vermeintlichen Fortschritt der Wissenschaft und der Künste erhalten?

In seinen Nächten in Valence schreibt Napoleon also. Der

Mensch ist für das Glück geboren, sagt er. Aber »dort, wo Könige herrschen, ist er kein Mensch, und der unterdrückende Sklave ist noch widerwärtiger als der unterdrückte Sklave«. Man muß also der Unterdrückung widerstehen. »Das haben die Franzosen getan. Sie haben die Freiheit errungen nach 20 Monaten heftiger Kämpfe und Zusammenstöße. Nach Jahrhunderten sind die Franzosen, abgestumpft von ihren Königen und Ministern, ihren Adligen und ihren Vorurteilen, ihren Priestern und deren Heuchelei, endlich aufgewacht und haben die Menschenrechte festgelegt.« Napoleon schreibt wie für eine revolutionäre Ansprache. Er rühmt Freiheit und Gleichheit. Die Wörter *Kraft* und *Energie* gebraucht er besonders häufig. »Ohne Kraft und Energie gibt es weder Tugend noch Glück«, schreibt er.

Dieser »Diskurs«, den die Akademie später als »zu ungeordnet, zu disparat, zu sprunghaft und zu schlecht geschrieben« einschätzt, ist wie ein Spiegel für Napoleon. In ihm betrachtet er sich jede Nacht. Wenn er die Seelen rühmt, »die so feurig sind wie der Krater des Ätna«, dann spricht er von sich. Ja, Napoleon will das Glück, schließlich ist es das Thema der Abhandlung. Aber er sagt auch: »Männer von Genie sind wie Meteore, die zum Verglühen bestimmt sind, damit sie ihr Jahrhundert erleuchten.«

Das ist die Arbeit seiner Nächte. Aber am Morgen, im hellen Licht, das Valence in Flammen setzt, tritt Napoleon aus seinem Traum heraus und plant seine Zukunft. Er hort den Offizieren seines Regiments zu. Die meisten denken daran, sich zu Kommandanten der Freiwilligenbataillone wählen zu lassen, weil auf diese Weise ein Leutnant zum Oberst werden kann. Warum nicht auch er?

Aber Napoleon könnte es nur in seiner Heimat Korsika, mit Hilfe des *Globo Patriottico*, des Clubs von Ajaccio. Dort könnte Joseph eine wertvolle Hilfe sein. Er ist ein Stadtverordneter, und er bemüht sich um ein Mandat für die Nationalversammlung, die auf die Verfassunggebende Versammlung folgen soll.

Dagegen spricht aber die Zurückweisung durch Pascal Paoli. Noch einmal nimmt sich Napoleon den Brief vor, den sein Held an ihn gerichtet hat. Napoleon hatte Paoli um Hilfe gebeten, er solle ihm Dokumente für seine geplante *Geschichte Korsikas* schicken. Paolis Antwort war genauso trocken wie sein damaliger Kommentar zum *Brief an Buttafoco*, den ihm Napoleon zugestellt hatte. Er könne derzeit seine Kisten nicht öffnen, außerdem sei Napoleon noch zu jung zum Abfassen eines historischen Werkes, vielleicht solle er lieber Anekdoten und Berichte über das Leben des Abbé Raynal sammeln.

Napoleon beißt die Zähne zusammen. Er muß sich davon überzeugen, daß Paoli der Held bleibt, dem es zu folgen gilt. Man ist noch so jung mit 22 Jahren! Er muß also den verächtlichen Ton dieser Ablehnung hinnehmen. Und nach Korsika zurückkehren, weil er Korse ist und weil er dort unten schon ein wenig von jener Bekanntheit und jenem Einfluß auf die Menschen gewonnen hat, ohne die nichts möglich ist.

Und doch fühlt er sich in vielerlei Hinsicht inzwischen als Bürger dieser französischen Nation, die sich von ihren Ketten befreit hat und die er nicht mehr haßt. Er bewundert im Gegenteil diese »landlosen Bauern auf ihren Steigbügeln« und dieses ganze »Land voller Eifer und Feuer«. Und doch muß er heimkehren nach Korsika, um dort seine Familie zu unterstützen. Er muß Paoli folgen. Er entscheidet mehr aus Vernunft als aus Begeisterung.

Napoleon stellt also einen neuen Antrag auf ein Urlaubssemester. Dieser wird von Oberst Campagnol, dem Kommandanten des 4. Artillerieregiments abgelehnt. Die Lage erlaube dem Premierleutnant Napoleon Buonaparte nicht, zum dritten Mal Urlaub zu erhalten, wo doch der erste 21 Monate und der zweite 17 Monate gedauert habe! Aber Napoleon bleibt hartnäckig.

An einem Augusttag begibt er sich zum Schloß von Pommier im Departement Isère, dem Familienbesitz von Baron Du Teil, dem Generalinspektor der Artillerie. Dieser Offizier ist kein Anhänger der neuen Ideen, hat aber nicht vor zu emigrieren, obwohl man ihn schon als Aristokraten bedroht hat.

Als Napoleon um zehn Uhr abends an die Tür klopft, öffnen ihm die Domestiken nicht sofort. Napoleon ruft mehrfach seinen Namen. Man läßt ihn endlich ein, und er ist sogleich froh, diese Reise gemacht zu haben. Du Teil freut sich, ihn wiederzusehen. Er erinnert sich genau an diesen Sekondeleutnant, der ihn in Valence durch seinen Arbeitseifer und seine Fähigkeiten erstaunt hatte.

Sie sprechen über ihre Arbeit. Sie schauen sich Karten an. Mehrere Tage lang bleibt Napoleon bei Du Teil zu Gast, der auch Napoleons Bitte nicht ablehnt. Er gewährt ihm einen dreimonatigen Urlaub mit vollen Bezügen. Als er das Gesuch unterschreibt, schaut er Napoleon wohlwollend an. »Sie haben großes Talent«, sagt er, »Sie werden noch von sich reden machen.« Aber alles hänge von den Umständen ab. So sei das eben im Krieg.

Am 29. August ist Napoleon wieder in Valence, zitternd vor Ungeduld. Louis soll sich fertig machen. Er selbst muß schnell zur Kaserne, um sich vom Quartiermeister auszahlen zu lassen und seine Schulden und seinen Anteil an den Banketten des Regiments für die Offiziere zu begleichen. Er bekommt 600 Francs, drei Sous und zwei Heller.

Als er wieder im Hause Bou ist, muß Napoleon Louis antreiben. Mademoiselle Bou tritt dazwischen. Warum denn so eilig? Sie können doch morgen aus Valence abreisen. Morgen? Wer weiß, was morgen sein wird!

11

An diesem 15. September 1791 geht Napoleon allein durch die Straßen von Ajaccio. Er schaut allen Passanten direkt ins Gesicht. Sein Blick zwingt sie, ihn zu grüßen oder wegzuschauen. Napoleon will wissen, auf wie viele Korsen die Bonapartes zählen können. Seit er zusammen mit Louis vor kaum ein paar Stunden gelandet ist, beschäftigt ihn nur noch diese Frage.

Mit zerstreutem Ohr hat er seinen Geschwistern zugehört. »Wo ist Joseph?« hat er sie wiederholt gefragt. Zunächst Lucien und dann Laetitia haben ihm erklärt, daß der älteste Sohn in Corte ist, wo sich die 360 Wahlmänner versammelt haben, die ihre Vertreter in der Gesetzgebenden Versammlung bestimmen sollen. Wie vorgesehen kandidiert auch Joseph. Aber alles hängt von Pascal Paoli ab. Er kontrolliert diesen Kongreß. Ohne ihn wird keine Entscheidung gefällt. Jeder der sechs Abgeordneten braucht seine Zustimmung. Josephs Rivalen in Ajaccio heißen Pozzo di Borgo und Peraldi. »Er wird sie wohl Joseph vorziehen«, sagt Laetitia leise.

Napoleon sagt nichts. Er denkt an die Demütigungen, die Paoli ihm schon zugefügt hat. »Meine Söhne sind zu französisch«, fügt Laetitia hinzu. Napoleon wird zornig und verläßt das Zimmer, geht mit großen Schritten durch den Garten und dann, etwas langsamer, die Rue Saint-Charles hinunter.

Am Ende dieses Nachmittags ist die Sonne noch warm, aber die Gipfel liegen schon im Schatten, und vom Meer streicht eine leichte, milde Brise durch die engen Straßen. Napoleon geht zum Olmo-Platz. Hier kennt er jedes Haus, jedes Stück Pflaster. Zu beinahe jedem Gesicht kann er den Namen sagen. Hier ist er zu Hause. Diese Vertrautheit mit den Orten, den Menschen, den Gerüchen und der Farbe der Abenddämmerung verleiht ihm ein Gefühl der Stärke. Und doch ist er von einer Art Unruhe befallen.

Als er einige Tage später die Stadt Corte erblickt, die auf einem Berg liegt und von einem Felsen überragt wird, der von einer Zitadelle gekrönt ist, als er über das Pflaster der engen Straßen reitet, auf dem die Hufe seines Pferdes widerhallen, und als er sich einen Weg durch die dichte Menge der Kongreßdelegierten bahnen muß, da befällt ihn erneut dieses Gefühl der Ohnmacht.

Er spürt die Gleichgültigkeit der Delegierten und vor allem die Feindseligkeit, die ihm einige unverhüllt entgegenbringen. Man nennt ihn »den Franzosen« und »den Offizier«. Man kolportiert, daß sein Vater Charles Bonaparte sich Monsieur de Marbeuf angeschlossen und Paoli verraten habe. Diese Atmosphäre setzt ihm zu, aber er beißt die Zähne zusammen. Er ist noch bleicher als gewöhnlich. Irgend jemand sagt so laut, daß er es hören kann, daß dieses Bürschlein, das hier den Soldaten spielt, wohl noch keine 15 Jahre alt sei. Sie werden schon noch sehen, wer Napoleon Bonaparte ist!

Er geht zu Joseph, der zwischen Niedergeschlagenheit und Zufriedenheit schwankt. Freunde stoßen zu ihnen. Paoli und seine Anhänger beherrschen den Kongreß. Paoli trifft seine Auswahl. Er mißtraut den Brüdern Bonaparte. Aber er stößt sie auch nicht zurück. Er findet sie zu jung. Er will sie beobachten, ihre Treue prüfen. Er ist bereit, Joseph in das Direktorium des Departements wählen zu lassen, ja sogar in das Leitungsgremium. Ist das für einen jungen Mann von 24 Jahren nicht ein unverhoffter Posten?

Napoleon hält sich zurück. Kann man mit Pascal Paoli brechen? Er begrüßt ihn respektvoll und bietet ihm erneut seine Dienste an. Als Napoleon nach der Wahl der Abgeordneten Peraldi und Pozzo di Borgo trifft, die Ajaccio in der Gesetzgebenden Versammlung vertreten werden, beglückwünscht er sie. Als er aber wieder im Haus seiner Familie ist, geht er unruhig im Zimmer auf und ab. Diese doppelte Wahl ist eine Niederlage für die Bonapartes. Ihr Einfluß in Ajaccio ist zugunsten ihrer Rivalen geschmälert worden. Und Joseph muß in Corte bleiben, um seine Aufgaben in der Verwaltung des Departements wahrzunehmen. Paoli hat geschickt taktiert. Napoleon sieht sich ganz allein in einer spannungsgeladenen Lage, aber die Energie, die er in sich spürt, ist dadurch wie verdoppelt.

Seinen Geschwistern gibt er in scharfem, autoritärem Ton Anweisungen. Lucien beschwert sich bei der Mutter, daß er so nicht mit sich reden lasse. Lucien ist der einzige, der sich zu widersetzen versucht. Aber Napoleon braust sogleich auf, duldet keine Widerrede, keinen Einwand. Er ist wie eine lauernde Raubkatze, die angespannt dasitzt und jedem, der in ihre Nähe kommt, einen bösen Prankenhieb versetzt. Sein Wunsch zu handeln, sein Wille, einen Ausweg aus einer Lage zu finden, die er nur als Übergang empfindet, sein Ehrgeiz und sein Vorsatz, endlich zu beweisen, was in ihm steckt, zeigen sich durch Nervosität, Gereiztheit und Ungeduld, die sich an jeder Geste ablesen lassen.

Am 15. Oktober 1791 betritt er als erster aus der Bonaparte-Familie das Zimmer, in dem sein Großonkel, der Erzdiakon Lucien, in langsamer und friedlicher Agonie liegt. Napoleon steht aufrecht am Fuß des Bettes. Bald treffen auch seine Geschwister ein. Joseph ist aus Corte herübergekommen. Als Onkel Fesch, der Priester der Familie, mit seinem Chorhemd und seiner Stola eintritt, schickt ihn der Erzdiakon Lucien wieder fort. Er braucht den

Trost der Religion nicht, der er doch sein Leben lang gedient hat. Napoleon mustert reglos diesen Sterbenden, der sich der Situation stellt.

Der Erzdiakon nimmt die Hand von Laetitia Bonaparte. Sie schluchzt. Der Mann, der jetzt von ihnen geht, hat nach dem Tod ihres Mannes alle Familiengüter verwaltet. Der Erzdiakon sagt leise: »Laetitia, hör auf zu weinen, ich sterbe zufrieden, da ich dich inmitten all deiner Kinder sehe.« Er atmet schwer. »Mein Leben ist für sie nicht mehr notwendig«, fügt er noch leiser hinzu. »Joseph steht an der Spitze der Verwaltung des Landes. Er kann also eure Güter verwalten.«

Dann wendet er sich an Napoleon. *»Tu poi, Napoleone, sarai un omone.«* (Und du, Napoleon, wirst ein großer Mann werden.) Das letzte Wort wiederholt er: *»omone«*.

Alle Blicke richten sich auf Napoleon, der die Augen nicht senkt. Es geschieht nicht zum ersten Mal, daß man ihm eine große Zukunft voraussagt. Als ob alle, die ihm ein glorreiches und besonderes Schicksal zudenken, ihn damit zugleich verpflichten, es auch zu erfüllen. Es ist seine Pflicht, das zu werden, was die andern von ihm erwarten.

Als Napoleon nach der Beerdigung des Erzdiakons in das Haus in der Rue Saint-Charles zurückkehrt, brennt er noch mehr darauf, endlich zu handeln. Zunächst einmal rechnet er nach. Laetitia Bonaparte hat das kleine Vermögen des Erzdiakons geerbt, aber sie stellt es ihren Söhnen zur Verfügung. Joseph ist nach Corte zurückgekehrt. Also wird Napoleon die Summe verwalten, die man in einem Lederbeutel unter dem Kopfkissen des Toten entdeckt hat.

Als Napoleon auf dem Tisch des großen Zimmers im Erdgeschoß die Goldstücke stapelt, bleibt er ganz ruhig. Sein Auge glänzt nicht, und seine Hand zittert nicht. Das Geld ist zunächst nur ein Mittel, um die Zukunft zu sichern. Dazu muß man sein Vermögen noch abrunden. Onkel Fesch ist dabei ein wertvoller Ratgeber. Er kennt sich aus mit den Kirchengütern, die nun als Nationalgüter zum Verkauf anstehen.

Gemeinsam mit ihm besichtigt Napoleon Anfang Dezember 1791 die Landgüter Saint-Antoine und Vignale im Umland von

Ajaccio, außerdem das schöne Haus Trabocchina mitten in der Stadt, alles Besitztümer der Kirchengemeinde Ajaccio. Am 13. Dezember werden sie zu gleichen Teilen Eigentum von Napoleon und von Fesch.

An diesem Jahresende 1791 geht Napoleon mehrmals über seine Landgüter. Und manchmal bleibt er vor dem Haus Trabocchina stehen. All das gehört nun ihm. Aber diese Erwerbungen beruhigen ihn nicht, sondern treiben ihn zu verstärkter Aktivität an. Der Besitz von Land und Steinen macht ihn noch nicht glücklich. Diese Sicherheiten stacheln ihn zum Voranschreiten an. Und das Geld ist ein Mittel, um auf die Menschen einzuwirken. Pozzo di Borgo und Peraldi haben Einfluß, weil sie reich sind. Sie kaufen ihre Klienten und belohnen ihre Freunde. Napoleon glaubt, daß er mit den verbleibenden Goldstücken die Partei der Bonapartes stärken kann. Er beginnt damit, Leute in seinem Haus in der Rue Saint-Charles zu empfangen und zu bewirten. Er unterhält ein Netz von Freunden. Aber die Ungeduld steigt. Bald bietet sich eine Gelegenheit.

Zu Beginn des Jahres 1792 durchstreift er Korsika in Begleitung von Monsieur de Volney, »Philosoph« und ehemaliger Abgeordneter der Verfassunggebenden Versammlung, der sich in Korsika niederlassen will. Er spricht mit Napoleon und erzählt ihm mit begeisterter Stimme von seiner Reise nach Ägypten, von der Schönheit dieses Landes, das auf eine Revolution warte, und vergißt darüber nicht, nach einem Landgut Ausschau zu halten. Napoleon gibt ihm Empfehlungen.

Diese langen Gespräche mit einer berühmten Persönlichkeit, deren Werke er gelesen hat, bestärken ihn in seiner Idee, daß ihm alles möglich ist. Volney läßt ihn vom Orient, von Ägypten, von Reisen in die Ferne träumen. Und auch von Paris. Und doch denkt Napoleon: ein Philosoph, ein Schriftsteller, ein Reisender, ein Abgeordneter – mehr ist das nicht? Napoleon bewundert und respektiert Volney und ist doch zugleich ernüchtert. Er ist jetzt gewiß, daß er in sich eine Energie und eine Kraft besitzt, die Volney nie gehabt hat. Napoleon beginnt seit Anfang 1792 zu glauben, daß er unter den Menschen, mit denen er umgeht, der einzige ist, der auf solche innere Spannkraft zählen kann.

Er will vorwärts schreiten und eine Rolle spielen, einen höheren Grad erreichen als den eines Leutnants, und zwar in einem der Freiwilligenbataillone, die sich nun überall bilden. Die Führungskräfte dieser neuen Bataillone können zugleich Offiziere der regulären Armee sein. Ihr Rang entspricht dem eines Hauptmanns, und das ist sein neues Ziel. Er sucht Feldmarschall Antoine Rossi auf, den eigentlichen Kommandanten der Truppen auf Korsika. Er ist ein entfernter Verwandter der Bonapartes, und er braucht kompetente Offiziere, um die Bauern zu führen, aus denen die Freiwilligenbataillone gebildet werden. Er nimmt Napoleons Ersuchen sehr wohlwollend auf. Er wird den Leutnant Bonaparte zum Stabsoffizier der Freiwilligenbataillone von Ajaccio und Tallone ernennen.

Damit hat Napoleon einen Sieg errungen, und doch spürt Laetitia Bonaparte, daß ihr Sohn unruhig bleibt. Er schreibt zahlreiche Briefe nach Frankreich. Er befragt Sucy, einen seiner Freunde, der nun Konventskommissar in Valence ist. Er hat nämlich erfahren, daß die Offiziere, die bei der Inspektion im Januar 1792 nicht bei ihren Einheiten sind, aus den Registern gestrichen werden und ihren Rang als Offizier verlieren, falls sie nicht in Urlaub sind oder außergewöhnliche Gründe für ihre Abwesenheit anführen können. Napoleon will nicht degradiert werden. Ihm liegt an seinem Rang. Ihm liegt an Frankreich. »Außergewöhnliche Umstände zwingen mich, länger in Korsika zu bleiben, als es die Pflichten meines Amtes erlauben. Das ist mir bewußt, und doch habe ich mir nichts vorzuwerfen, weil heilige und liebe Pflichten mich dazu zwingen«, schreibt er an den »lieben Herrn Sucy«.

»Du willst nicht verlieren, was du in Frankreich gewonnen hast«, sagt Laetitia, die ihrem Sohn zustimmt. Weder Frankreich verlieren, noch auf Korsika verzichten, das ist die Entscheidung Napoleons, dieses Taktikers, der noch keine 23 ist.

Am 30. März 1792 erfährt Napoleon, daß die drei Konventskommissare die die Wahl der Offiziere für die Freiwilligenbataillone kontrollieren sollen, welche für den 1. April angesetzt ist, in Ajaccio eingetroffen sind. Zwei von ihnen nehmen Quartier in Häusern, die der Familie Bonaparte gehören. Sie sind also auf seiten von Napoleon. Der dritte, Muratti, hat sich für eine Unterkunft bei Peraldi entschieden.

Den ganzen Tag des 30. März über bleibt Napoleon auf seinem Zimmer. Er setzt sich sorgenvoll auf seinen Stuhl und geht dann wieder unruhig umher. Ohne die Unterstützung dieses dritten Kommissars ist der Wahlausgang ungewiß. Aber Napoleon will unbedingt den Posten als Oberleutnant. Einen Mißerfolg oder einen Zweifel kann er nicht hinnehmen. Er öffnet seine Zimmertür, ruft einen seiner Anhänger herbei und gibt ihm Befehle. Man soll mit Waffengewalt bei Peraldi eindringen, den Kommissar entführen und hierher ins Haus bringen. Die kurze, gewaltsame Aktion wird ausgeführt.

Napoleon empfängt den Kommissar mit ganz ruhiger Stimme. »Ich wollte nur, daß Sie frei sind«, sagt er, »und bei Peraldi sind Sie es nicht. Hier können Sie sich wie zu Hause fühlen.«

Am nächsten Tag werden in der Franziskus-Kirche, trotz des Protests der Freunde von Pozzo di Borgo und von Peraldi, Quenza zum ersten und Bonaparte zum zweiten Oberleutnant ernannt. Am Abend ist das Haus in der Rue Saint-Charles voller Leute, man feiert und singt. Das Musikkorps des Regiments spielt auf. Napoleon hält sich abseits, schweigend und mit starrem Blick. Auf den Sieg kommt es an. So heißt das Gesetz, das er soeben entdeckt hat. Die Mittel sind gleichgültig. Alles liegt am Vorhaben und am Ziel. Aber wer siegt, zieht auch Haß auf sich. So ist das eben. Damit muß man leben. Es zählt allein die Tatsache, gesiegt und eine neue Freude entdeckt zu haben: Menschen zu kommandieren.

Er hat schon Soldaten unter seinem Kommando gehabt, doch unterstand er da noch selbst dem Befehl seiner Vorgesetzten. Wenn er zum ehemaligen Priesterseminar geht, in dem sich die nationalen Freiwilligen versammeln, dann ist er allein der Chef. Der erste Oberleutnant Quenza hat keinerlei Erfahrung und einen schwachen Willen. Deshalb schreibt Napoleon bis ins kleinste Detail das Reglement des Bataillons, das man nun nicht mehr »Bataillon von Ajaccio-Tallano« nennt, sondern »Bataillon Quenza-Bonaparte«. Und in der Truppe wie in der Stadt weiß jeder, daß Napoleon das Kommando hat.

In wenigen Tagen ermißt er seine ganze Macht. Er inspiziert, hält Ansprachen, ordnet an. Er wollte Oberleutnant werden? Nun ist er es. Aber wozu dient das, wenn er diesen Posten nicht benutzt, um weiter voranzukommen? Der errungene Sieg verstärkt seinen Elan. Um die Stadt zu kontrollieren, müßte man in der Zitadelle Fuß fassen, wo die Soldaten des Limousin-Regiments unter dem Befehl von Oberst Maillard ihr Quartier haben.

Napoleon schaut die Zitadelle aus der Nähe an. Dort oben stehen die Kanonen. Wenn man die Kontrolle über sie bekäme, könnte man vielleicht Pascal Paoli überzeugen, daß man versteht, zu handeln, etwas zu unternehmen. Aber es ist riskant. Handeln hieße in dem Fall, gegen die legitimierte Autorität rebellieren. Man muß also vorsichtig sein, muß es so aussehen lassen, als handle man zur Verteidigung des Gesetzes und zur Bewahrung der neuen Prinzipien, gegen die Anhänger des Despotismus. In diesen ersten Apriltagen des Jahres 1792 ist Napoleon ständig in Bewegung, eilt durch die Stadt, inspiziert die Freiwilligen. Sein Körper folgt dem Rhythmus seiner Gedanken, die jederzeit hellwach sind und auf eine günstige Gelegenheit lauern, auf die beste Strategie.

Am 2. April 1792 hat Oberst Maillard auf dem Exerzierfeld das Bataillon Quenza-Bonaparte vorbeimarschieren lassen. Die Einheit wirkt recht martialisch. Napoleon reitet an der Spitze der Freiwilligen, aber als Maillard verlangt, das Bataillon solle die Stadt verlassen, lehnt Quenza, beeinflußt von Napoleon, dies ab und fordert unter verschiedenen Vorwänden einen Aufschub. Die Bevölkerung von Ajaccio ist beunruhigt. Was machen denn diese »Bauern« in der Stadt?

Man schimpft auf Napoleon. Man kritisiert die Umstände seiner Wahl. Einige Familien, die reichsten, packen ihre Habe zusammen und emigrieren nach Italien. Hier und dort kommt es zu Schlägereien zwischen Nationalgardisten und Matrosen. Am 8. April halten die Priester, die den Eid auf die Zivilverfassung des Klerus abgelehnt haben, eine Messe im Franziskus-Kloster und kündigen für den folgenden Tag eine Prozession an.

Am Abend kommt es vor der Kathedrale zu neuen Auseinandersetzungen, wobei sogar auf Napoleon und die Gruppe der

Offiziere um ihn geschossen wird. Leutnant Rocca Serra wird getötet. Bald ertönen von überallher Protestschreie gegen die Offiziere. Vor dieser Jagd auf die nationalen Freiwilligen kann man nur fliehen. Mit seinen Soldaten sucht Napoleon Zuflucht im Seminar.

Vom 8. bis zum 13. April herrscht offener Aufruhr. Napoleon ist überall. Er leistet Widerstand, sperrt die Stadttore ab, versucht, die Soldaten der Zitadelle mitzureißen, täuscht Oberst Maillard, verhandelt, redet, befiehlt. »Wir werden diesen Knoten mit dem Schwert lösen«, sagt er, während er zugleich geschickt mit den Behörden weiter verhandelt, damit er nicht als Verantwortlicher für die Unruhen dasteht, als Rebell. Er reitet von einer Stellung zur andern und spricht seinen Anhängern Mut zu. Mehrmals läßt er auf Häuser schießen. Einige Stadtviertel werden von seinen Soldaten geplündert. Man spürt, wie er von diesem Strom mitgerissen wird, den er auslöst und lenkt, den er bremst, aufputscht, wieder anhält. Als endlich eine Einigung erzielt wird, schreibt er rasch ein Memorandum, um sein Verhalten zu rechtfertigen. Er gebraucht große Worte und verfälscht dabei die Wirklichkeit ein bißchen, aber was liegt daran. Er muß überzeugen.

Er begibt sich nach Corte, um dort Paoli zu treffen und von ihm ein neues Kommando zu erhalten. Aber auch diesmal schiebt ihn Paoli beiseite. Napoleon weiß, daß Paoli ihn beschuldigt, während des Aufstandes seinen Namen benutzt zu haben.

Als er wieder in Ajaccio ist, spürt Napoleon, wieviel Haß er nunmehr auslöst. Auf der Straße weicht man ihm aus. Alle haben jetzt Angst vor den Freiwilligen. Napoleon wird beschuldigt, die Stadt in Gefahr gebracht zu haben. Die korsischen Abgeordneten Peraldi und Pozzo di Borgo schreiben immer neue Pamphlete gegen ihn. Für sie ist er »der blutrünstige Tiger«, den man nicht seiner »Barbarei frönen« lassen dürfe.

Er macht sich lustig. Gehaßt werden nur Menschen, die sich über den Durchschnitt erheben. Es stört ihn nicht, daß man ihn beschuldigt, eine neue Bartholomäusnacht geplant zu haben. Seine Mutter ist verängstigt, aber er beruhigt sie. Er will die Insel Mitte Mai verlassen, um sich nach Paris zu begeben und sich vor der

Gesetzgebenden Versammlung gegen die Beschuldigungen der korsischen Deputierten zur Wehr zu setzen. Außerdem will er seinen Rang in der Armee behalten, denn gewiß ist er längst aus den Registern gestrichen wegen Überziehung seines Urlaubs.

Die Ereignisse von Ajaccio haben ihm offenbart, wer er ist. Alles in ihm ist in Bewegung. Alles in Frankreich bewegt sich. Am 20. April 1792 ist der Krieg erklärt worden. Er fühlt sich in Einklang mit dieser Welt, die sich verändert. Und er ist sicher, daß nichts ihn stoppen kann.

12

Am frühen Abend des 28. Mai 1792 geht Napoleon langsam durch die engen Straßen des Tuilerien-Viertels. Er sucht das *Hotel der Holländischen Patrioten* in der Rue Royale-Saint-Roch. Er weiß, daß dort die korsischen Abgeordneten versammelt sind, und er will mitten unter ihnen Quartier nehmen. Als Joseph von dieser Entscheidung seines Bruders hörte, hatte er sich gewundert. Pozzo di Borgo und Peraldi sind Feinde der Bonapartes. Warum also ihre Nähe suchen? Napoleon hatte in herablassendem Ton geantwortet, man dürfe niemals fliehen, sondern müsse dem Feind entgegentreten.

Schon zweimal ist er am Hotel vorbeigegangen, aber jedes Mal ist er vom Schauspiel auf den Trottoirs dieser Straßen in der Nähe der Nationalversammlung fasziniert. Nicht weit von dort, am Palais-Royal, warten immer noch Huren auf ihre Kunden, aber die Menge dort ist nun bunter, lärmender, auch freier als früher, als der junge Mann durch die Galerien schlich.

Er bleibt stehen. Ein Redner steht auf einer Bank und ruft: »Man wird uns alle umbringen. Monsieur Veto und seine Österreicherin werden Paris den Truppen des Herzogs von Braunschweig ausliefern. Und was machen die Offiziere, die Generäle? Sie verraten uns! Sie emigrieren!«

»Tötet sie!« ruft eine andere Stimme.

Napoleon entfernt sich. Er begegnet vielen Nationalgardisten, die auf dem weißen Revers ihrer Jacke die blauweißrote Kokarde tragen. Man bemerkt ihn nicht. Er betrachtet sich in einem Schaufenster, ein magerer kleiner Offizier in dunkler Uniform, mit galligem Teint, aber stolzer Haltung. Er geht allein weiter, in seinen Augen funkelt Ehrgeiz. Die Gleichgültigkeit der Leute ringsum stachelt ihn noch an. Er wird aus dem Schatten treten.

Je länger er durch diese Straßen geht, desto mehr ärgert ihn die buntgemischte Menge, die reichlich zerlumpt aussieht und sehr laut ist. Das soll das Volk der Hauptstadt sein? Wer kann diesem Pöbel die nötige Ordnung aufzwingen? In der Rue Saint-Honoré bleibt er vor der Fassade des Feuillant-Klosters und der Kapuzinerkirche stehen. Die Gesetzgebende Versammlung benutzt diese beiden Gebäude, dazu noch die Reitschule der Tuilerien, ganz am Ende des Parks. Dort tagen die Abgeordneten.

Napoleon betritt den Hof des Klosters. Das soll also die Zentrale der Macht sein? Viele Menschen drängen sich in wildem Durcheinander. Vorbeikommende Abgeordneten werden angebrüllt. Männer mit kräftigen Stimmen und mit drohenden Gebärden ziehen laut über die Unfähigkeit der Regierung her. »Verurteilt die Verräter, verurteilt Monsieur Veto!« Napoleon ist fasziniert. Wie kann eine Macht diese Anarchie dulden, diese Rebellion, diese Kritik der Straße, wo es doch eine Verfassung gibt, die von allen anständigen Leuten respektiert werden sollte?

Auch nachts sind die Straßen noch voll. Bataillone der Nationalgarde marschieren zum Tuilerien-Palast, wo der König und seine Familie untergebracht sind. Schaulustige beklatschen die Soldaten, fordern die Auflösung der Schweizer Garde und der königlichen Wache, die den Herrscher beschützen. »Ihre Pistolen sind auf das Herz von Paris gerichtet!« schreit jemand.

Napoleon entfernt sich. In der engen Rue du Mail erkennt Napoleon die Fassade des *Hôtel de Metz*, in dem Bourrienne wohnt, sein ehemaliger Kamerad von der Militärschule in Brienne. Die Zimmerpreise sind hier niedriger, da die Abgeordneten lieber nahe an der Nationalversammlung wohnen.

Am Abend, nach einem Essen in einem kleinen Speisehaus in der Rue de Valois, fragt Napoleon Bourrienne aus, der schon seit einigen Monaten in Paris lebt. Bourrienne antwortet ausführlich, Napoleon unterbricht ihn nur, um kurze Fragen zu stellen. Bourrienne kennt sich im Leben der Hauptstadt gut aus. Sein älterer Bruder, Fauvelet de Bourrienne, besitzt ein Möbelgeschäft in einer Stadtvilla. Dort verkauft er die zurückgelassenen Möbel der emigrierten Aristokraten. Manche haben alles verloren, und andere wiederum gewinnen unglaubliche Summen durch Finanzspekulationen.

Warum nicht auch wir, fragt Bourrienne. Er hat kein Geld. Napoleon schlägt auf die Taschen seiner Uniform. Sie lachen wie zwei junge Männer von 23, die durch die Straßen gehen und sich ausmalen, wodurch sie reich werden könnten. Durch Wohnungsvermietungen zum Beispiel.

Plötzlich kommen drei bewaffnete Männer vorbei. Ihre Piken glänzen im Licht der Laternen. Bourrienne erklärt, daß man die Straßen zum Schutz der Bürger erleuchtet läßt, damit man nicht in dunklen Ecken erstochen werden kann. »Anarchie«, sagt Napoleon und lacht nicht mehr.

Am nächsten Tag bezieht er das Zimmer Nummer 14 in der dritten Etage des *Hôtel de Metz*. In der Nacht zuvor war er, nach dem Gespräch mit Bourrienne, um das Palais-Royal gewandert, umgeben vom berauschenden Parfum der Frauen.

Am 29. Mai beginnt er schon früh am Morgen mit seinen Bemühungen in den Büros des Kriegsministeriums, um seine Wiederaufnahme in die Armee zu betreiben. Er legt die Bescheinigung von Rossi vor, dem Kommandanten in Korsika. Außerdem hat er ein Attest des Direktoriums von Ajaccio und vom Departement. Er erläutert die Gründe seiner Abwesenheit bei der Truppenzählung im Januar 1792. Da hatte er die Funktionen eines zweiten Oberleutnants in einem Bataillon der Nationalgarden inne. Die Unruhen, die sich in Ajaccio ereignet haben, zwangen ihn dazu, in Korsika zu bleiben.

Er spürt, daß man ihm mit Wohlwollen zuhört. Mehr als zwei Drittel der Artillerieoffiziere sind desertiert. Dem Korps fehlt es an Führungskräften. Man befragt ihn. Kennt er die Leutnants Piccot de Peccaduc, Phélippeaux, Des Mazis? Sie sind alle emigriert.

Man zeigt ihm die Listen der ehemaligen Schüler der Militärschule von Paris aus dem Jahrgang 1784/85; er liest dort die Namen Laugier de Bellecourt, Castres de Vaux und viele andere, auch sie sind emigriert.

Im Laufe seiner täglichen Demarchen glaubt Napoleon immer fester daran, daß man ihn wieder in die Armee aufnehmen wird. Aber die Beamten und Offiziere des Ministeriums, die sich mit seinem Dossier befassen, lassen ihn im Vertrauen wissen, daß er einen hartnäckigen Feind hat. Wen denn? Einen korsischen Abgeordneten, der mehrere Briefe ans Ministerium geschickt hat, um Napoleon Bonaparte wegen seiner Rolle bei den Unruhen von Ajaccio zu denunzieren – Peraldi.

»Dieser Mensch ist töricht und völlig verrückt!« schreit Napoleon. »Er hat mir den Krieg erklärt. Jetzt kenne ich keine Rücksicht mehr. Er hat Glück, daß er Immunität besitzt. Ich will ihm seinen Verrat heimzahlen!«

Man beruhigt ihn. Der Kommissionsbericht an den Minister fällt günstig für ihn aus. Aber Napoleon, auch wenn er nicht übermäßig beunruhigt ist, will nichts dem Zufall überlassen. Er geht zu den Sitzungen der Gesetzgebenden Versammlung, spricht mit den übrigen korsischen Abgeordneten, knüpft mit ihnen höfliche oder freundschaftliche Beziehungen. Denn Napoleon denkt immer noch daran, auf der Insel eine wichtige Rolle zu spielen. Frankreich ist zu zerrissen, als daß man seine Zukunft vorhersehen könnte. Er muß die korsische Karte in der Hand behalten.

Am 20. Juni 1792 wartet Napoleon auf Bourrienne, um mit ihm in einem Restaurant der Rue Saint-Honoré, unweit des Palais-Royal, zu speisen. Napoleon blickt den geschmeidigen Körpern der Frauen nach, die durch die Galerien gehen. Die Luft ist mild. Kaum hat Bourrienne Platz genommen, sieht Napoleon einen Trupp von vielleicht 6000 Mann von den Hallen her kommen und zu den Tuilerien ziehen. Napoleon nimmt Bourrienne beim Arm und zieht ihn mit. Er will diesem Trupp folgen.

Sie kommen vorbei. Männer und Frauen tragen Piken, Beile, Schwerter und Gewehre, aber auch Bratspieße und spitze Stöcke. Als die Menge die Gitter des Tuilerien-Palastes erreicht, zögert sie zunächst, stößt sie dann auf und dringt in die königlichen Gemächer ein. Von weitem schaut Napoleon der Szene zu. Er sieht, daß der König, die Königin und der Kronprinz die rote Mütze aufsetzen. Nach einigem Zögern stößt der König mit den Aufständischen an und trinkt mit ihnen.

Napoleon entfernt sich. Zu Bourrienne sagt er: »Der König hat sich erniedrigt. Wer sich in der Politik erniedrigen läßt, steht nie wieder auf.« Dann wird er zornig. »Diese unordentliche, zerlumpte, kreischende Masse ist der Pöbel in seiner übelsten Erscheinungsform.« Noch im Weitergehen schimpft er. Er ist Offizier, also ein Mann der Ordnung und der Disziplin. Freiheit und Gleichheit – ja, aber ohne Anarchie und mit Respekt vor Hierarchien und Autoritäten. Man braucht Anführer. Er sagt, daß er über die Ereignisse bei den Unruhen in Ajaccio nachgedacht hat. Effizienz setzt voraus, daß es einen Chef gibt, der Entscheidungen fällt, sie durchsetzt und ihre Ausführung überwacht. Er sagt: »Die Jakobiner sind Verrückte, die keinen Sinn fürs Gemeinwohl haben.« Das Verhalten und die Reden der Jakobiner seien gefährlich und verfassungswidrig, sagt er.

Später, als er wieder im *Hôtel de Metz* ist, schreibt er an Joseph. »Man kann unmöglich sagen, was aus dem Königreich werden wird unter so turbulenten Umständen«, notiert er. Ein Grund mehr, sich Paoli anzunähern. Lucien, der jüngere Bruder, könnte sein Sekretär werden. Joseph solle diesmal aber versuchen, Abgeordneter des Nationalkonvents zu werden. »Sonst spielst Du in Korsika immer nur eine dumme Rolle.« Nach einer kleinen Pause des Zögerns setzt er hinzu: »Geh unbedingt nach Ajaccio, werde dort Wahlmann.« Und er unterstreicht es.

Er steht auf. Man muß sich entscheiden. So lautet nun einmal das Gesetz der Politik und des Lebens. Aber die Zukunft ist so ungewiß. Ein korsischer Abgeordneter hat Napoleon anvertraut, daß La Varenne, der Kommandant der Befestigungsanlagen auf Korsika, in einem Bericht an den Militärausschuß des Parlaments erklärt hat, daß es unmöglich und auch nutzlos sei, Korsika im Verband des Königreichs zu halten.

Napoleon greift noch einmal zur Feder und fügt einen Absatz

hinzu, in jenem Kommandoton, den er seinem älteren Bruder gegenüber gebraucht: »Halte Dich immer fest an General Paoli, er kann alles und ist alles, und er wird in der Zukunft alles sein. Es ist sehr wahrscheinlich, daß alles auf unsere Unabhängigkeit hinausläuft.«

Also muß Napoleon sich um die korsischen Angelegenheiten kümmern. Er geht immer häufiger zu den korsischen Abgeordneten. Er umwirbt sie. Aber er kümmert sich auch um Familienangelegenheiten, regt sich auf darüber, daß er immer noch nicht die nötigen Papiere für die Sache mit den Pflanzungen bekommen hat. Und er muß sich um seine Schwester Élisa kümmern, die Stipendiatin in Saint-Cyr ist. Das königliche Mädchenpensionat wird aufgelöst. Was soll man mit dieser Fünfzehnjährigen tun? Sie nach Korsika zur Familie zurückbringen, was Napoleon verpflichten würde, mit ihr zu reisen? Aber wie kann er es vermeiden?

Er besucht Élisa in Versailles. Auf dem Weg dorthin kommen ihm Bataillone von Freiwilligen aus Marseille entgegen, die lauthals das neue Marschlied der Rheinarmee singen, vor allem den eindringlichen Refrain: »Aux armes, citoyens, formez vos bataillons!« (Zu den Waffen, Bürger, bildet Bataillone!)

Manchmal sieht Bourrienne, wenn er Napoleon in seinem Hotel besucht, daß dieser damit beschäftigt ist, komplizierte Rechnungen anzustellen und Kurven zu zeichnen. Er wundert sich. Napoleon zeigt ihm, welche Planetenbahnen er gezeichnet hat. Die Überraschung seines Kameraden bringt ihn zum Lächeln. Er liebe es eben, zu beobachten und zu verstehen, sagt er. Sind Astronomie und Mathematik letztlich nicht interessanter als die Taten der Menschen?

Am 12. Juli 1792 findet Napoleon in seinem Hotel einen Brief mit Datum vom 10. vor, in dem man ihm mitteilt, daß der Kriegsminister beschlossen habe, »ihn wieder in das 4. Artillerieregiment aufzunehmen, in dem er die Funktionen eines Hauptmanns wahrnehmen soll«. Die Wiedereingliederung mit diesem Dienstgrad erfolgt rückdatiert zum 6. Februar mit entsprechender Besoldung.

Napoleon schreibt sofort an die Seinen. Er will seine Freude mit ihnen teilen. Joseph antwortet ihm enthusiastisch. Mit 23 Jahren

Hauptmann der Artillerie mit einem Jahresgehalt von 1600 Francs! Was für ein Erfolg! Laetitia Bonaparte strahlt vor Freude und beglückwünscht ihren *omone*. Er soll nur zu seinem Regiment gehen und in Frankreich bleiben.

Denn in der Tat zögert Napoleon noch. Warum sollte er nicht jetzt, da er wieder im Register der regulären Armee steht, noch einmal in Korsika zu handeln versuchen? Schließlich ist er ja auch immer noch Oberleutnant eines Freiwilligenbataillons in Ajaccio! »Obwohl mein Herz und das Interesse unseres Hauses mir etwas anderes sagt, werde ich zu meinem Regiment gehen, da ihr alle dafür seid«, schreibt er an Joseph am 7. August.

In den folgenden Tagen bereitet er seinen Aufbruch vor. Sein Regiment ist an der Grenze stationiert, aber er kann noch nicht dorthin, da er auf sein Hauptmannspatent warten muß. Er geht durch die Straßen, wo sich an jeder Ecke Passanten versammeln, um die neusten Ereignisse zu kommentieren. Man kritisiert den Hof und beschuldigt ihn, mit dem Herzog von Braunschweig zu komplottieren, unter dessen Kommando österreichische und preußische Truppen vorrücken. Es wird laut protestiert, als ein Redner das Manifest verliest, das der Herzog an die Einwohner von Paris gerichtet hat. Darin droht er ihnen eine »vollständige militärische Unterwerfung und Bestrafung« an, die Revoltierenden würden »zur Rechenschaft gezogen, wenn sich die Pariser nicht sofort und ohne jede Bedingung ihrem König unterwerfen«.

Wahnsinn, denkt Napoleon. Das Klima in der Stadt wird immer aufgeladener. Zwischen Föderierten aus Marseille, die die *Marseillaise* singen, und Pariser Nationalgardisten kommt es zu Zusammenstößen.

In der Nacht vom 9. auf den 10. August wird Napoleon plötzlich geweckt. In ganz Paris läuten die Sturmglocken. Er zieht sich schnell an und stürzt auf die Straße. Er eilt zum Geschäft von Bourriennes Bruder, das am Carrousel-Platz liegt und einen ausgezeichneten Beobachtungsposten abgibt.

In der Rue des Petits-Champs sieht er einen größeren Trupp von Männern auf sich zukommen, die einen Kopf auf der Spitze einer Pike tragen. Man umringt ihn. Man schubst ihn. Er ist wie ein Herr gekleidet. Man verlangt, daß er »Es lebe die Nation!« ruft. Er tut es mit verzogenem Gesicht.

Aus dem Geschäft von Fauvelet de Bourrienne sieht er den Ereignissen vom Fenster her zu. Die Aufständischen erreichen den Carrousel-Platz und wenden sich den Tuilerien zu. Napoleon ist jetzt nur ein faszinierter Zuschauer, der jenen »Gruppen entsetzlicher Männer«, jenem Pöbel feindlich gesonnen ist. Er weiß, daß er sein Leben riskiert. Am frühen Nachmittag wird der Tuilerien-Palast erobert und geplündert, der König ist in die Räume der Nationalversammlung geflüchtet. Napoleon geht in die Gärten des Palastes.

Mehr als 1 000 Tote liegen auf engem Raum, verstopfen Treppen und Zimmer. Napoleon empfindet ein Gefühl von Abscheu und Schrecken. Dies ist das erste Schlachtfeld, das er zu sehen bekommt. Die Schweizer Garden haben sich bis zuletzt gewehrt, dann wurden sie alle massakriert.

Wenige Schritte von Napoleon entfernt, ist ein Mann aus Marseille gerade dabei, einen der Schweizer zu töten. Napoleon geht dazwischen. »Mann aus dem Süden, verschonen wir lieber diesen Armseligen«, sagt er.

»Bist du aus dem Süden?« fragt der Föderierte.

»Ja.«

»Gut, dann lassen wir ihn leben.«

Napoleon geht weiter durch die Gärten und Zimmer des Schlosses. Er will verstehen. Stunden später wird er Bourrienne erzählen: »Ich habe gesehen, wie sich gutgekleidete Frauen an den Leichen der Schweizer vergangen haben. Frauen haben die toten Soldaten verstümmelt und ihre blutverschmierten Genitalien hochgehoben. Abscheuliche Kanaille.«

Er geht in die umliegenden Cafés. Überall wird gesungen, geschrien, getrunken und sich gegenseitig gratuliert. Napoleon spürt die feindlichen Blicke. Er ist zu ruhig, seine Zurückhaltung macht ihn verdächtig.

Er entfernt sich. Überall herrscht Gewalt, auf allen Gesichtern zeigt sich Haß. Er wird wütend. Zu Bourrienne sagt er: »Wenn sich Ludwig XVI. zu Pferde gezeigt hätte, hätte er siegen können.« Er verachtet diesen Feigling, der schon am 20. Juni kapituliert hatte, anstatt die Geschütze in Anschlag zu bringen. Dieser König ist kein Soldat. Er greift nicht zu den Mitteln eines Herrschers. So siegt die Unordnung, die Anarchie. Die revolutionären Tage des 20. Juni und vor allem des 10. August beurteilt Napoleon als Mann der Ordnung, als Offizier.

Welches auch immer ihre Prinzipien seien, die Macht dürfe niemals der Straße nachgeben, der Menge, dem Pöbel, glaubt er. Man muß dem Gesetz Geltung verschaffen. Also bedarf es eines Anführers, der zu entscheiden versteht. Es bedarf eines Mannes mit Energie, Kraft und Wagemut. Er kann dieser Mann sein.

Am Abend des 10. August trifft er seine Entscheidung. Statt zu seinem Regiment zu gehen, wird er nach Korsika zurückkehren. Auf jener Insel kann er sich auszeichnen. Was soll er in diesem Pariser Glutofen? Hier ist er nichts. Dort ist er ein Bonaparte, ein Oberleutnant. Die Gesetzgebende Versammlung hat den König seines Amtes enthoben und beschlossen, daß die Wahlen zum Nationalkonvent am 2. September stattfinden sollen. Er muß schnell nach Korsika, um Joseph zu drängen, damit er endlich gewählt wird.

Aber zuerst muß er seine Schwester Élisa aus Saint-Cyr abholen. Den ganzen Tag des 1. September bemüht er sich darum, während Banden Paris durchstreifen und gegen einen aristokratischen Komplott anschreien. Sie verlangen die Bestrafung der Verschwörer, die sich in den Gefängnissen drängen und auf das Eintreffen der Truppen des Herzogs von Braunschweig warten, um sich zu rächen und die Patrioten umzubringen.

Gegen Ende des Tages kann Napoleon endlich seine Schwester in einen schäbigen Leihwagen setzen. Einmal in Paris angekommen, muß man sich verbergen, während die Sturmglocke läutet und man erfährt, daß Verdun vor den Österreichern und Preußen kapituliert hat, daß der Feind nach Paris vorstoßen und die Stadt »vollständig unterwerfen« will.

Banden versammeln sich vor den Gefängnissen, lassen sich die Türen öffnen, machen mit den Gefangenen kurzen Prozeß und massakrieren sie. Der Pöbel scheint keinerlei Autorität mehr zu unterstehen. Es heißt, Danton habe die »Rächer« gewähren lassen. Robespierre zeigt sich nicht. Die Gefängnisse und die Straßen gehören den »Massakrierern«, angestachelt von den Artikeln und Plakaten von Marat. Erst am 5. enden die Septembermassaker. Und am 9. kann Napoleon endlich mit seiner Schwester Paris verlassen.

In der Kutsche und später auf dem Schiff rhoneabwärts ahnt Napoleon die Angst der Reisenden. Einige von ihnen sind aus Paris geflohen und geben es indirekt zu. In Valence besucht er Mademoiselle Bou, von der er erfährt, daß auch in den Städten des Rhonetals Massaker stattgefunden haben. Einige Stunden später fahren Napoleon und Élisa wieder los, beladen mit einem Korb voller Weintrauben, den Mademoiselle Bou ihnen bringen ließ.

Erst Ende September 1792 kommen sie in Marseille an. Als sie ihre Herberge betreten, werden sie von Männern und Frauen beschimpft und umringt. Mit ihrem Federhut sieht Élisa aus wie eine junge Aristokratin. »Tod den Aristokraten!« ruft jemand. Nun kann alles passieren. Napoleon reißt seiner Schwester den Hut vom Kopf und wirft ihn in die Menge. »Nicht aristokratischer als ihr!« ruft er aus. Man klatscht Beifall.

Am Abend erkundigt er sich, wann ein Schiff nach Ajaccio geht. Erst am 10. Oktober können sie von Toulon aus abfahren. Er weiß schon, daß sein Bruder nicht in den Nationalkonvent gewählt wurde. Von den 398 Wahlmännern hat Joseph nur 64 Stimmen erhalten, und im zweiten Wahlgang dann überhaupt keine Stimme mehr. Schlechte Nachricht. Er erfährt auch, daß man die Monarchie abgeschafft und der Nationalkonvent am 21. September 1792 die Republik ausgerufen hat. Ferner, daß die französische Armee, deren Offizier Napoleon ist, unter dem Befehl von Kellermann und Dumouriez, einen Sieg bei Valmy errungen hat. Am 14. Oktober haben die Preußen Verdun geräumt. Bei keinem dieser Ereignisse, mit denen laut Goethe eine neue Epoche der Weltgeschichte begonnen hat, ist er dabeigewesen.

Am 15. Oktober 1792 landet er mit Élisa in Ajaccio. Als er die Seinen auf dem Kai versammelt sieht, seine Mutter inmitten ihrer Kinder, ist Napoleon glücklich. Aber weit entfernt, dort oben hoch im Norden, an der Grenze bei Valmy, hat der Ruhm die Soldaten mit seinem Flügel gestreift. Und was kann er hier auf dieser Insel tun?

13

Im großen Zimmer des Hauses schaut Napoleon seine Mutter an. Es scheint ihm, als sei sie fülliger geworden, aber sie ist noch immer lebhaft, und an diesem Abend Ende Oktober 1792 strahlt sie vor Freude. Sie geht von einem ihrer Kinder zum andern. Oft bleibt sie vor Élisa stehen, die sie immer noch Marianna nennt, wie einst. Sie küßt sie, tritt dann näher an Napoleon heran und streicht mit ihren Fingern über die Wangen. Zum ersten Mal seit langem seien alle ihre Kinder im Hause beisammen, sagt sie. Einen solchen Moment des Friedens und des Glücks müsse man genießen.

Napoleon steht auf, entfernt sich von der Gruppe. Schon seit mehreren Tagen wartet er auf ein Zeichen von Paoli. Will der *babbo* ihn inaktiv lassen? Und doch hat Napoleon schon am 18. Oktober geschrieben, daß er wieder seinen Posten als zweiter Oberleutnant an der Spitze des Freiwilligenbataillons einnehmen wolle. Aber es kommt keine Antwort aus Corte, wo Paoli residiert – mit seinem Hofstaat, wie Lucien hinzufügt. Paoli hat dieses »Jüngelchen« nicht als Sekretär gewollt. Er mag uns nicht, sagt Lucien zu seinen älteren Brüdern. Napoleon ist aus Frankreich mit einem höheren Rang zurückgekehrt. Zu französisch für Paoli, also verdächtig, fährt Lucien fort. Er fürchtet uns.

Napoleon ist hartnäckig. Er hat die Kompanien seines Bataillons, deren Garnisonen in Corte und in Bonifacio liegen, wissen lassen, daß er sich zu ihnen begeben wolle. Man hat ihm nicht geantwortet. Er wartet. Er kann nicht mit Paoli brechen, der in Korsika alle Macht hat und vor allem über die Unterstützung der Landbevölkerung verfügt, die den größten Teil der Einwohner ausmacht. Und so wird er im Haus in Ajaccio, trotz des Glücks der Seinen, der Freude seiner Mutter und ihrer Dankbarkeit ihm gegenüber, allmählich ungeduldig.

An diesem Abend des 29. Oktober öffnet er die Haustür, obwohl es in Strömen regnet, geht in den Garten und kommt erst Minuten später zurück, die Haare ins Gesicht geklebt, die Uniform durchnäßt. Seine Mutter kommt herbei, aber er schiebt sie von sich und beginnt zu reden. »Es gibt ja noch Indien«, sagt er.

»Dort braucht man Artillerieoffiziere, und man bezahlt sie dort sehr gut.« Er könnte in Bengalen in englische Dienste treten, oder aber er würde die Artillerie der Hindus organisieren, die ihnen Widerstand leisten. Auf welcher Seite, sei egal. Denn was tue er hier schon, außer sein Leben zu verspielen? Seine Kameraden haben Mainz und Frankfurt besetzt. Er kann dieses mittelmäßige Schicksal nicht hinnehmen, diese Untätigkeit, da alles in der Welt in Bewegung ist und Frankreich siegt, da er doch auch zu der an Sambre und Maas siegreichen Armee hätte gehören können.

Aber er ist nicht zu seinem Regiment gegangen. Er ist hier in Korsika, wo man sich weigert, ihn einzusetzen. Er wird nach Indien gehen. »Artillerieoffiziere werden überall gebraucht«, sagt er, »und wenn ich mich dafür entscheide, werdet ihr bestimmt noch von mir hören.«

Er drückt seine Mutter an sich. Eine so offene Geste der Zärtlichkeit ist ganz ungewöhnlich bei ihm. Meistens bleibt er völlig zurückhaltend, und Laetitia Bonaparte wundert sich über seine Regung, über diese Empfindsamkeit, die er plötzlich manifestiert.

»In einigen Jahren werde ich aus Indien zurückkehren«, sagt Napoleon leise, »dann werde ich reich sein wie ein Nabob und eine gute Aussteuer für meine drei Schwestern mitbringen.«

Lucien protestiert. Er sei ziemlich anspruchsvoll, wenn es ihm nicht genüge, mit 22 Hauptmann geworden zu sein.

»Na, Sie sind vielleicht gut«, unterbricht ihn Napoleon und zuckt mit den Schultern, »glauben Sie vielleicht, meine Beförderung hänge von meinen Verdiensten ab. Ich bin nur Hauptmann geworden, weil alle höheren Offiziere des La-Fère-Regiments nach Koblenz emigriert sind, das wissen Sie doch auch. Wir werden schon sehen, wie lange ich Hauptmann bleibe. Ich habe mir in Paris die Dinge genau angesehen. Ich weiß, daß man dort ohne Protektion gar nichts erreicht. Vor allem die Frauen sind wirkliche und wirksame Protektionsmaschinen. Und Sie wissen ja, daß ich nicht ihr Fall bin. Wenn man es nicht versteht, ihnen den Hof zu machen, gefällt man ihnen nicht, und ich habe es nie gekonnt und werde es auch wohl nie können.«

»Er wird nicht fortgehen«, kommentiert Laetitia schlicht.

Aber Napoleon sagt plötzlich in hartem Ton: »Ich gehe nach Corte.«

Am nächsten Morgen reitet er los durch das Gravone-Tal. Als er in Bocognano ankommt, wird er von den Bauern und Hirten gefeiert. Das sind treue Menschen. Daß sie ihm Respekt und Zuneigung bekunden, bestärkt ihn in seinem Entschluß. Er wird Paoli dieses Kommando abtrotzen, auf das er Anspruch hat. Er wird sich nicht zurückstoßen lassen. Hirten aus Bocagnano begleiten ihn, bis man die Stadtmauern von Corte sieht. Sie sagen ihm noch einmal, daß sie bereit sind, für ihn zu sterben, für einen Bonaparte. Er brauche sie, sagt er. Er würde sich immer an ihre Freundschaft erinnern. Das bedeutet es, ein Chef zu sein, einen Clan um sich zu bilden, Menschen zu sammeln und es verstehen, sie an seine Person zu binden und zu belohnen. Er lernt es.

In Corte herrscht Paoli. Pozzo di Borgo ist sein engster Berater. Paoli hat seinen Neffen Colonna-Cesari zum Kommandanten der Truppe ernannt. Napoleon beharrt darauf, von »General Paoli« empfangen zu werden, wie er ihn nennt. Aber Paoli läßt ihn warten.

Jeden Tag besucht Napoleon die Freiwilligenkompanien, die in der Gegend um Corte stationiert sind. Diese Männer empfangen ihn mit Freude, aber die Umgebung von Paoli gibt ihm zu verstehen, daß man keinen weiteren Oberleutnant brauche. Man hat doch den ersten Oberleutnant Quenza. Wozu könnte Bonaparte da nütze sein?

Napoleon hört zu. Er geht lange allein in den Gassen von Corte umher. Er denkt an alle Beleidigungen und Zurücksetzungen, die er von Paoli erfahren hat. Soll er in diesem November 1792, da der Nationalkonvent feierlich erklärt hat, »daß er allen Völkern, die ihre Freiheit wiedererlangen wollen, Brüderlichkeit und Hilfe anbietet«, da die Truppen von Dumouriez soeben einen großen Sieg über die Österreicher bei Jemmapes errungen und Belgien besetzt haben, noch im Schatten von Paoli bleiben?

Es gibt andere Korsen wie die Abgeordneten Saliceti, Chiappe und Casabianca, die sich ohne Zögern für Frankreich und die Sache der Republik entschieden haben. Mit ihnen, vor allem mit Saliceti, hat Napoleon und der ganze Bonaparte-Clan seit je freundschaftliche Beziehungen. Warum also noch hinter Paoli bleiben?

Zu seinem Bruder Joseph sagt Napoleon: »Paoli und Pozzo di Borgo sind nur ein Grüppchen.« Und als er den Unwillen seines älteren Bruders bemerkt, fügt er hinzu: »Ein antinationales Grüppchen.«

In den Unterkünften seines Bataillons, in denen sich die Freiwilligen um ihn versammeln, redet Napoleon auf sie ein und rühmt die Heere der Republik: »Die Unseren schlafen nicht, Savoyen und die Grafschaft Nizza wurden eingenommen.« Er schaut die Freiwilligen einzeln an und sagt noch einmal »die Unseren«. Das heißt: die Franzosen. Und dann tritt er um des Effektes willen einige Schritte zurück und sagt noch: »Sardinien wird auch bald angegriffen.« Die Freiwilligen schwenken ihre Waffen. »Die Soldaten der Freiheit werden immer über die ausgehaltenen Sklaven der Tyrannen triumphieren«, schließt er.

Die Wörter kommen wie von alleine aus seinem Mund und stoßen alle Vorsicht um, Wörter, die nach langen Monaten des Zögerns und Reifens hervorkommen. Und nachdem er diese Entscheidung getroffen hat, fühlt sich Napoleon wie befreit. Er brüskiert Paolis Leute, und endlich gelingt es ihm, mit demjenigen zu sprechen, den er nun als alten Mann einschätzt, dem gegenüber man keine Vorsicht mehr walten lassen muß, weil er nur ein Hindernis ist, das man zwar noch als Schutzschild benutzen, aber auch umstürzen kann. Es genügt, den richtigen Augenblick zu wählen.

Napoleon redet ihn energisch an. Der Ton ist so scharf, daß einige Freunde von Paoli schon murren. Napoleon stellt Forderungen. Er will das Kommando, auf das er ein Anrecht hat. Die Korsen müssen an den Kriegen der Republik teilnehmen. Wenn man seine Forderungen ablehnt, dann wird er gehen und von Ajaccio aus nach Paris schreiben, um dort die Verzögerungen und Schikanen, um nicht zu sagen den Verrat, eines antinationalen Grüppchens anzuklagen.

Paoli hört ihn mit halb geschlossenen Augen an und sagt dann schlicht mit ruhiger, fester Stimme: »Wenn Sie wollen, können Sie gehen.«

Paoli hat Korsika in der Hand. Dieser Gedanke läßt Napoleon auf dem ganzen Rückweg nach Ajaccio und auch in den folgenden Wochen nicht mehr los. Man muß seine Macht umstoßen und zu diesem Zweck noch französischer werden.

Im Haus in der Rue Saint-Charles empfängt Napoleon Admiral Truguet, einen jungen und brillanten Offizier, der die kleine Flotte befehligt, die man für einen Angriff auf Sardinien zusammengezogen hat. Man tanzt. Der Admiral macht Élisa den Hof und tanzt auch mit Pauline und Caroline. Ein andermal empfängt er Huguet de Sémonville, einen Diplomaten auf dem Weg nach Konstantinopel, der sich während eines Zwischenaufenthalts in Ajaccio zu den Festen der Bonapartes begibt. Im patriotischen Club der Stadt hält er eine Rede, wobei ihm Lucien, sehr selbstbewußt für seine 18 Jahre, als Übersetzer und bald auch als Sekretär dient. Napoleon schlägt Sémonville sogar vor, ihn und seine Familie in einem seiner Landhäuser bei Ucciani unterzubringen.

Als er seine Gäste durch Ajaccio führt, spürt er die Feindseligkeit der Bevölkerung. Der Bonaparte-Clan gilt nun als der französische Clan. Was immer Napoleon tut oder sagt, in den Augen der Korsen ist er derjenige, der für Frankreich optiert hat.

Also muß er konsequent sein. Er korrespondiert mit Saliceti, der im Nationalkonvent für den Tod des Königs gestimmt hat. Und doch spürt er Ende Januar 1793 den tiefen Bruch, den die Hinrichtung von Ludwig XVI. zwischen Frankreich und der Mehrheit der Korsen bedeutet. Man berichtet ihm, mit welchen Worten Paoli die Hinrichtung verurteilt hat. »Wir wollen nicht die Henker der Könige sein«, hat der *babbo* gesagt. Sein Berater Pozzo di Borgo macht sich zum geschickten Anwalt eines Bündnisses mit England.

Lucien sagt zu Napoleon: »Über Jahre hinweg hat England Paoli finanziert. Und er ist immer noch in seinem Dienst.«

So weit will Napoleon nicht gehen, aber als am 1. Februar 1793 der Nationalkonvent England den Krieg erklärt, wird der einstige London-Emigrant Paoli noch verdächtiger.

An einem Februarabend 1793 spricht Napoleon vertraulich mit Huguet de Sémonville: »Ich habe über unsere Lage nachgedacht.

Der Nationalkonvent hat gewiß ein großes Verbrechen begangen, indem er den König hinrichten ließ, und ich bedaure es mehr als jeder andere. Aber was auch immer geschieht, Korsika muß mit Frankreich vereint bleiben. Es kann nur unter dieser Bedingung existieren. Ich und die Meinen werden die Sache der Einheit verteidigen, das versichere ich Ihnen.«

Drei Tage danach ist Napoleon in Bonifacio. Dort haben sich die Freiwilligen seines Bataillons versammelt, um die Inselgruppe von La Maddalena anzugreifen, die zu Sardinien gehört und die Meerenge zwischen Korsika und Sardinien beherrscht. Die Flotte von Admiral Truguet mit Soldaten aus Marseille an Bord ist schon auf dem Weg nach Cagliari, der sardischen Hauptstadt. Der Angriff auf La Maddalena soll als Ablenkungsmanöver dienen.

Napoleon ist zugleich ruhig und fiebrig. Endlich wird er kämpfen. Mehrmals am Tage begibt er sich auf die äußerste Spitze des Kaps von Bonifacio. Von dort sieht er die graue Küste Sardiniens. Dann kehrt er in das Haus zurück, das er in der Rue Piazzalonga bewohnt, und bestellt einen ehemaligen Gerichtsdiener zu sich. Er diktiert ihm seine Instruktionen. Die Sätze sind knapp, der Ton ist schneidend. Er läßt sich die Berichte geben und studiert sie im Detail. Er will Disziplin, Zuverlässigkeit, Genauigkeit, sagt er. Er will alles selbst kontrollieren.

Früh am Morgen wäscht er sich mit einem nassen Schwamm, reibt sich ausführlich ab, kleidet sich dann mit Sorgfalt, achtet immer darauf, daß seine Uniform sauber ist und gut sitzt, aber rings um ihn herrscht trotz seiner Befehle allgemeine Nachlässigkeit in Sachen Bekleidung.

»Man kann nur mit sauberen Männern in sauberen Uniformen gut kämpfen«, sagt er. Er schaut seine Männer an und fragt sich: wie viele von ihnen wollen wirklich kämpfen?

Als er das Schiff *La Fauvette* verläßt und die kleine Insel Santo Stefano betritt, läßt er sofort zwei Kanonen und eine Haubitze aufstellen und die Stadt La Maddalena beschießen. Aber seine Soldaten sind unerfahren und ängstlich. Der Kommandant der Expedition, Colonna-Cesari, Paolis Mann, hat vom *babbo* den Befehl erhalten, sich nicht an den »sardischen Brüdern« zu vergreifen. Die Matrosen der *Fauvette* meutern und wollen zurück nach Bonifacio. Im Süden, in Cagliari, sind die Marseillaiser schon nach den ersten Schußwechseln geflohen.

Napoleon schäumt vor Wut, weil er seine Position räumen und die Kanonen versenken muß, da sich die Matrosen weigern, sie wieder an Bord zu bringen. An Deck der *Fauvette* hält er sich verächtlich im Abseits. Er hat den Eindruck, daß er jeden Tag eine weitere Illusion verliert, über Korsika, über die Menschen, über Paoli.

Kaum ist er in Bonifacio gelandet, wird er, als er gerade über den Doria-Platz geht, von Matrosen der *Fauvette* angegriffen, die ihn töten wollen: »An die Laterne mit dem Aristokraten!« Er wehrt sich, Freiwillige aus Bocognano stürzen herbei, verprügeln und vertreiben die Matrosen. So sind die Menschen, selbst jene, die sich für Patrioten und Revolutionäre ausgeben. Man kann von den meisten so wenig erwarten!

Aber auf diese Weise seine Naivität zu verlieren, gibt Napoleon ein Gefühl von Freiheit und Kraft. Er kann eben nur auf sich selbst zählen. Er kann nur für sich selbst handeln. Die Menschen sind nur etwas wert, wenn sie seine Anhänger und Verbündete sind. Alle andern sind Feinde, die man bekehren und für seine Sache gewinnen oder vernichten muß.

Sobald er wieder in Ajaccio ist, setzt sich Napoleon hin und schreibt einen Protestbrief gegen die Art, wie Colonna-Cesari die Expedition nach La Maddalena geführt hat. Das bedeutet auch, Pascal Paoli anzugreifen, dessen Parteigänger Colonna-Cesari ja ist.

Da erfährt Napoleon plötzlich, daß der Nationalkonvent beschlossen hat, drei Kommissare mit unbegrenzten Vollmachten nach Korsika zu entsenden, darunter Saliceti, und daß diese schon am 5. April in Bastia eingetroffen sind. Napoleon bereitet seine Abreise vor, um sich zu ihnen zu begeben, denn ihr Eintreffen bedeutet einen Akt des Mißtrauens gegen Paoli. Aber noch ist der Bruch nicht vollzogen.

Napoleon warnt Saliceti: »Rein äußerlich macht Paoli den Eindruck von Güte und Milde, aber im Herzen trägt er Haß und Rache. In den Augen hat er salbungsvolle Gefühle, in der Seele aber nur Galle.«

Und doch verhandelt man miteinander. Napoleon rät zur Vorsicht, und Saliceti stimmt ihm zu. Paoli ist immer noch der Herr der Insel. Die Korsen bleiben ihm treu. Man muß geschickt vorgehen.

Napoleon beobachtet Saliceti, hört ihm gut zu. Er lernt Listen und politische Manöver, worin er sich im Jahr zuvor in Ajaccio versucht hatte. Saliceti begibt sich nach Corte und führt Gespräche mit Paoli. Und Napoleon bewundert diesen Lehrer wider Willen. Aber am 18. April, während noch die Verhandlungen laufen, verbreitet sich in den korsischen Dörfern eine Nachricht.

Napoleon ist gerade in seinem Haus in der Rue Saint-Charles. Einer seiner Anhänger überbringt ihm zwei Blätter. Das erste ist die Abschrift eines Beschlusses des Nationalkonvents, Pascal Paoli und Pozzo di Borgo verhaften zu lassen. Das Dekret ist auf den 2. April 1793 datiert. Am Tag zuvor ist General Dumouriez zum Feind übergelaufen. Bei Paoli will das Parlament schneller sein.

Das zweite Blatt enthält einen Text, den die Anhänger von Pozzo di Borgo in ganz Korsika verteilen. Napoleon liest ihn mehrmals. Es ist ein Brief, den Lucien Bonaparte unterschrieben hat, der seit einigen Wochen in Toulon residiert, wohin er Huguet de Sémonville gefolgt ist. Der Brief ist an Joseph und Napoleon gerichtet und wurde also von Paolis Männern abgefangen, um den Ruf der Bonapartes endgültig zu zerstören.

Lucien schreibt: »Auf Grund einer Eingabe der Stadt Toulon, die ich im Komitee des Clubs vorgeschlagen und redigiert habe, hat der Nationalkonvent die Verhaftung von Paoli und Pozzo di Borgo beschlossen. So habe ich unseren Feinden einen tödlichen Hieb versetzt. Die Zeitungen werden Euch schon informiert haben. Damit habt Ihr wohl nicht gerechnet. Ich warte ungeduldig darauf, was aus Paoli und Pozzo di Borgo wird.«

Napoleon schließt die Augen. Dieser Brief und der Verhaftungsbeschluß des Nationalkonvents bedeuten offenen Krieg mit Paoli und also zwischen Korsika und der Republik. Für die Bonapartes bedeutet es Exil und Ruin. Und all das, ohne daß Napoleon seine Zukunft vorbereiten konnte. Dieser junge Bruder von 18 Jahren hat seine Partie mit der Unbekümmertheit und der Anmaßung eines *bricconcelle* führen wollen, eines Taugenichts.

Napoleon ruft seine Mutter herbei und liest ihr beide Texte vor. »Wenn der Erzdiakon Lucien noch leben würde, dann würde sein Herz bluten angesichts der Gefahr für seine Schafe, Ziegen und Ochsen, und seine Vorsicht würde ihn bewegen, das Unheil zu mildern.« Auch er wolle versuchen, die Rache von Paoli zu mildern, sagt er. Er begibt sich in den Club von Ajaccio und verfaßt einen Brief, in dem er den Nationalkonvent bittet, seine Entscheidung zu korrigieren. Aber er weiß, daß es zu spät ist.

In Corte kritisieren die um Paoli versammelten korsischen Abgeordneten die Bonapartes und prophezeien ihnen ewige Schande. Napoleon glaubt nicht einen Augenblick, daß es seine Gegner bei bloßer Verachtung bewenden lassen. Zu seiner Mutter sagt er: »Bereiten Sie sich auf die Abreise vor. Dies ist nicht mehr unser Land.«

Aber zunächst muß man alles versuchen. Man muß sich der Zitadelle von Ajaccio bemächtigen und dann mit Saliceti die Stadt einnehmen und die Anhänger der Franzosen zum Aufstand bewegen. Aber vergeblich – niemand rührt sich. Napoleon, der sich im Turm von Capiteu befindet, am äußersten Ende des Golfes von Ajaccio, wohin er sich mit einigen Männern geflüchtet hat, schaut auf die Stadt seiner Kindheit.

Er weiß, daß ein Abschnitt seines Lebens zu Ende geht. Er ist bald 24, und sein Schicksal ist nunmehr für immer an Frankreich gebunden. Die Seinen haben keine anderen Ressourcen als seinen Sold als Hauptmann. Joseph und Lucien könnten in Frankreich nur mit Salicetis Hilfe eine Stellung finden. Dies ist also das Ende seiner korsischen Träume.

Den ganzen Monat Mai sowie den Anfang des Juni 1793 wird er aber noch Widerstand leisten, um seinen Verfolgern zu entgehen. Und weil die Männer von Paoli ihn nicht zu fassen bekommen, wenden sie sich gegen Laetitia Bonaparte und ihre kleinen Kinder.

Als Napoleon erfährt, daß sich seine Mutter verstecken mußte, um den Banden von Paoli zu entgehen, die das Elternhaus verwüstet, geplündert und schließlich niedergebrannt haben, macht er keine Geste, sagt kein Wort, scheint wie versteinert vor Zorn. Später wird er sagen, daß Paoli ein Verräter ist und die Korsen Rebellen und Konterrevolutionäre sind, genau wie die bretonischen Aufständischen in der Vendée, die sich seit März gegen die Republik erhoben haben.

Mit dem Elternhaus verbrannte auch seine korsische Vergangenheit. Er ist ein Franzose. Er kann nichts anderes mehr sein.

Dann wird er von Korsen verhaftet und in einem Haus in Bocognano eingesperrt. Man will ihn nach Corte bringen, wo er verurteilt und bestraft werden soll. Treue Hirten verhelfen ihm zur Flucht aus einem Fenster. So etwas hat er noch nicht erlebt. Nachts schleicht er über die Wege, um seinen Verfolgern zu entkommen. Erst versteckt er sich in einer Höhle, dann in einem Haus in Ajaccio, das von Gendarmen durchsucht wird.

Er bleibt ganz ruhig. Nie verliert er seinen kühlen Kopf. So sind eben Politik und Krieg – Menschen, denen man schmeichelt oder die man bekämpft, die man besticht oder tötet. Er beruhigt die Hirten aus Bocognano, die ihn eskortieren und beschützen. Er werde das niemals vergessen, sagt er, während er sich zur Küste bewegt, wo er das französische Schiff erreichen will, das die Pariser Gesandten an Bord hat.

Am 31. Mai, als das Schiff mit den Kommissaren des Nationalkonvents sowie Napoleon und Joseph an Bord in den Golf von Ajaccio einläuft, winken ihnen Flüchtlinge vom Ufer her zu. Napoleon geht bis ganz an den Bug. Dann springt er in eine Schaluppe und zieht Joseph mit sich. Sie laufen den Strand hinan und gehen Laetitia Bonaparte und ihren Kindern entgegen, die sich die ganze Nacht über im Dickicht aufgehalten haben, um vor Pascal Paolis Leuten zu flüchten.

Napoleon läßt sie einzeln in die Schaluppe steigen. Seine Mutter sagt nicht ein Wort der Klage. Das Schiff bringt sie nach Calvi, wo Napoleon seinen Patenonkel Giubega um Aufnahme bitten will. Sobald die Familie in Sicherheit ist, bricht er wieder auf und begibt sich mit den Kommissaren nach Bastia. Aber er ist unruhig und besorgt. Die Franzosen kontrollieren nur noch drei Orte in

Korsika, Calvi, Bastia und Saint-Florent. Kann er seine Mutter und seine Geschwister auf der Insel lassen, seinen Feinden ausgeliefert?

Am 10. Juni verläßt er Bastia allein zu Pferd, um sich zu ihnen zu begeben und ihre Abreise nach Toulon vorzubereiten. Mehrere Tage lang reitet er auf einem müden, ausgemergelten Pferd, das aber instinktiv alle Gefahren auf den Gebirgspfaden erkennt, die in dem Buschdickicht oft kaum auszumachen sind. Er atmet die korsischen Düfte ein, nach denen er sich so oft sehnt, und die er bei jeder Rückkehr auf die Insel mit so viel Entzücken wiedergefunden hat. Aber auch das ist zu Ende, und er weiß es.

Sein Schicksal ist anderswo, in Frankreich, seiner Heimat, seiner Nation. Er steht wieder vor der Wahl, die schon sein Vater für ihn getroffen hat. Ihm war nichts anderes übriggeblieben. Um existieren zu können, muß man brechen. Er bricht mit Korsika. Am 11. Juni 1793 segeln Napoleon und seine Familie auf einem Dreimaster nach Toulon.

Vierter Teil
»Lieber fressen als gefressen werden.«
Juni 1793 – Mai 1795

14

In der Ferne, vor der Küste von Toulon, hört man Kanonenschüsse. Napoleon beugt sich aus dem Fenster der Kutsche, die langsam durch den Olivenhain rollt. Dieser Morgen des 20. Juni 1793 hat den hellen Schimmer eines Sommertages, doch die Luft ist leichter und lebhafter. Zwischen den dunklen Erhebungen, die die Bucht von Toulon beherrschen, kann Napoleon einige Schiffssilhouetten erkennen, die von weißen Rauchwolken gekrönt werden, wenn eine Kanonenkugel abgefeuert wird. Die Festung von Toulon wird beschossen. »Das sind die Spanier«, sagt ein Mitreisender.

Er erzählt, daß sich Marseille gegen den Nationalkonvent erhoben habe und seither spanische Schiffe auf der Reede bereit lägen, um den Aufständischen mit ihren Truppen zu Hilfe zu kommen. Das ganze Rhonetal befinde sich im Krieg gegen Paris. Avignon, Nîmes, aber auch Marvejols und Mende seien in den Händen der Föderalisten und Royalisten. Seit der Nationalkonvent am 2. Juni die Verhaftung der girondistischen Abgeordneten Vergniaud, Brissot und Roland beschlossen habe, also der Vertreter der Provinzen, herrsche überall Aufstand. Nicht nur in der Provence, sondern auch in Bordeaux, in der Normandie und natürlich in der Vendée hätten die Aufständischen einen gewissen Cathelineau, einen ehemaligen Hausierer, zum Anführer der »königlich katholischen Armee« gewählt. Die Jakobiner hätten große Mühe, das Land wieder unter ihre Kontrolle zu bringen.

Napoleon schließt die Augen. Er denkt an seine Mutter und seine Geschwister, die er in einem kleinen Haus in La Valette zurückgelassen hat, einem Dorf bei Toulon. Doch man hat ihm gesagt, daß diese Stadt ein Nest von Royalisten und Aristokraten sei und daß die englische Flotte wenige Kabellängen vor der

Küste kreuze und nur auf ein Signal warte, um in die Bucht einzulaufen. Vielleicht muß man also abermals flüchten, noch weiter fort.

Bevor er nach Nizza aufbrach, um zu den fünf Kompanien des 4. Artillerieregiments zu stoßen, die dort ihre Garnison haben, wollte Napoleon seine Mutter beruhigen. Sie hob aber kaum den Kopf von ihrer Küchenarbeit. Jérôme und Louis sägten Holz. Élisa und Pauline gingen zum Brunnen, um Wäsche zu waschen und Wasser zu holen. In der einen Woche, die Napoleon bei den Seinen verbrachte, erbat er von den Stadtverwaltungen von Brignoles und Saint-Maximin Brot, Munition und andere Hilfe. Die Bonapartes seien patriotische Flüchtlinge, die von ihrer Insel ins Exil gegangen seien, um nicht unter dem Joch der Verräter und der Komplizen Englands zu leben.

Seiner Mutter hat er gesagt, daß sie nicht lange in elenden Bedingungen leben müsse. Joseph und Lucien würden sich an Saliceti wenden, den Regierungsvertreter bei der Revolutionsarmee, die die girondistischen Föderalisten und die Aristokraten bekämpfen soll. Er selbst würde in Nizza eine Soldnachzahlung erhalten, etwa 3000 Francs. Er würde dort auch sein Patent als kommandierender Hauptmann einer Artilleriekompanie erhalten.

Als er La Valette verließ, war er dennoch beunruhigt. Wenn Toulon in die Hand der Royalisten fällt und die Engländer in die Bucht einlaufen, wenn die Armeen der Republik nicht die Provence zurückerobern und das ganze Land wieder in die Hand bekommen, welches wird dann das Schicksal seiner Familie sein? Und welches das seine? Der Nationalkonvent muß sich durchsetzen, die Republik muß siegen!

Nach einigen Tagen in Nizza ist Napoleon entschlossener denn je, sich ganz auf seiten des Konvents zu engagieren. Er sagt es zu Jean Du Teil, Artilleriegeneral der Italienarmee und Bruder jenes Marschalls, den Napoleon in Auxonne und Valence kennengelernt hatte. »Ich bin nur ein Offizier im Dienst der Nation«, sagt Du Teil schlicht.

Als Du Teil ihm die Aufgabe überträgt, die Küstenbatterien zu befehligen, ist Napoleon begeistert. Er inspiziert jede einzelne

Stellung. Am 3. Juli 1793 schreibt er an den Kriegsminister, um das Modell eines Ofens zu bestellen, in dem Kanonenkugeln erhitzt werden können, »so daß wir in der Lage sind, sie an unserer Küste nachzubauen und die Schiffe der Despoten niederzubrennen.« Er unterschreibt mit »Bonaparte«.

An seine früheren Zweifel kann er sich gar nicht mehr erinnern, als ob all die Gedanken und Projekte, die auf Korsika seine Hoffnung ausmachten, nie existiert hätten. Dieser kommandierende Hauptmann von 24 Jahren ist Franzose, Republikaner, Jakobiner, Anhänger des Nationalkonvents und ein Feind aller, die die Republik bekämpfen. Er ist damit einverstanden, daß Köpfe rollen, daß die »Maschine von Doktor Guillotin« jeden Tag ihr Werk verrichtet. Der König ist am 21. Januar 1793 geköpft worden. Der jakobinische Nationalkonvent hat die Macht inne. Die »Schreckensherrschaft« etabliert sich. Bonaparte akzeptiert dies. Er hat diese Wahl getroffen, die einzige, die ihm eine offene Zukunft verspricht.

Einige Tage später durchquert er wieder die provenzalische Landschaft. Er reist allein unter der schon sengenden Julisonne. Er liebt diese trockene Hitze, diese Farben, hier Ginster, dort Lavendel, und dazu die ockerfarbenen Häuser in den Bergdörfern. Er ist auf dem Weg nach Avignon, um von dort auf Befehl von General Du Teil Pulver- und Materialtransporte zu organisieren, die für die Italien Armee bestimmt sind. Mehrmals bäumt sich sein Pferd auf. Es wird zuweilen geschossen, und bald hört man auch das Donnern einzelner Kanonen. Avignon ist in der Hand der Föderalisten aus Marseille und leistet der revolutionären Armee unter General Carteaux Widerstand.

Napoleon durchquert das Lager dieser Armee, die aus mehr als 4000 Soldaten besteht. Er erkennt einzelne Regimenter wieder, und plötzlich sieht er ein vertrautes Gesicht. Es ist Hauptmann Dommartin, der eine Artilleriekompanie befehligt und 1785 bei derselben Beförderung wie Napoleon den Rang eines Sekondeleutnants erhalten hat, als 36., während Napoleon nur an 42. Stelle lag. Sie umarmen sich. Wie er Dommartin so zuhört, fühlt sich Napoleon plötzlich sehr entmutigt. Er möchte gern kämpfen wie

Dommartin, doch er ist hier nur ein Pulvertransporteur. Große Sache! Er murrt. Er will unbedingt handeln.

Als er beim Einmarsch von Carteaux' Truppen nach Avignon Dommartin vorbeiziehen sieht, »in der allerschönsten Kriegsausstattung, die sich denken läßt«, da wird er mit seiner Rolle unzufrieden. Er kann und darf nicht hinnehmen, daß er in Avignon bleiben muß, um einen Transport zu organisieren. Verfluchter Transport! Wie soll er da die Türen aufstoßen und zeigen, daß es ihn gibt, daß er ein entschlossener Anhänger der Macht ist, daß er Auszeichnungen und Beförderungen verdient?

Vielleicht durch Schreiben? Das kann ein Mittel sein, um aus dem Schatten zu treten. Und so setzt sich Napoleon in dieser warmen Nacht am Ende des Monats Juli in Avignon an seinen Tisch und schreibt. Seine Feder läuft noch schneller als sonst, seine Sätze sind kurz und nervös. Er erfindet einen Dialog bei einem Abendessen zwischen einem Kaufmann aus Marseille und einem Soldaten, etwa 20 Seiten zugunsten des Nationalkonvents und gegen den Aufstand der Föderalisten, in denen die Ansichten des monarchistischen Kaufmanns über die jüngsten Ereignisse von dem Soldaten widerlegt werden.

Napoleon liest es noch einmal durch und bringt es dann, ohne geschlafen zu haben, zum Drucker Sabin Tournal, der die Zeitung *Le Courrier d'Avignon* herausbringt. Er legt ihm die Seiten auf den Tisch. Sabin Tournal nimmt sie und überfliegt sie. Er ist ein Patriot. Er wird den Text auf demselben Papier und in denselben Lettern drucken wie die Zeitung.

»Und wer bezahlt das?« fragt er.

»Ich«, sagt Napoleon und zieht Münzen aus seiner Tasche.

Und so wird Tournal vermerken: »Gedruckt auf Kosten des Verfassers«.

Napoleon ist einverstanden. Man muß etwas riskieren. Er will die Druckfahnen bis zum Nachmittag dieses 29. Juli 1793 haben. Er wird die fertigen Exemplare später selbst an die Kommissare von Carpeaux' Armee schicken, an Saliceti und an Gasparin.

Einige Tage später klopft es an die Tür des Hotels, in dem Napoleon wohnt. Er öffnet. Ein Soldat bringt ihm ein Päckchen mit einem Dutzend Broschüren mit dem schlichten Titel *Das Gastmahl von Beaucaire*. Der Soldat erzählt, daß diese Broschüre in der Armee verteilt werde.

Napoleon weiß, daß er einen Sieg errungen hat. Er ist nicht mehr der einfache Artilleriehauptmann, den man beauftragt hat, Pulverfässer und Kriegsmaterial nach Nizza zu bringen. Er hat auf dem Feld der Politik gespielt, denn die Politik, das hat er in Korsika entdeckt, ist die große Triebkraft, die in diesem Augenblick über das Schicksal der Menschen entscheidet. Und wer vorankommen will, muß Partei ergreifen. Er hat sich gegen die Cliquen und für das »Zentrum der Einheit« entschieden, das er im Nationalkonvent sieht.

Das ist keine Frage der Ideen, sondern die Frucht einer Überzeugung, die er sowohl beim tragischen Schauspiel des 10. August 1792 wie durch die Erfahrungen in Ajaccio gewonnen hat. Es darf nur *eine* Macht geben. Und der Konvent ist diese Macht. Er führt diesen Krieg. »Und ich bin auf seiten dieser Macht!«

Anfang September 1793 hat Napoleon endlich Munition und Material zusammen. Er unternimmt allerlei Demarchen bei den Behörden des Departements Vaucluse, um die für den Transport nötigen fünf Wagen zu erhalten. Die Italien-Armee brauche sie, um den »Tyrannen von Turin« zu bekämpfen, wie er sagt.

Aber man läßt ihn noch warten. Die Armee von Carteaux, die am 25. August Marseille befreit hat, lebt von Requirierungen, denn Toulon, wohin sich die Royalisten und Föderalisten geflüchtet haben, hat seine Bucht für die englischen und spanischen Schiffe geöffnet. Napoleon wird ungeduldig. Sein Bruder Joseph wurde von Saliceti zum Kriegskommissar bei der Armee von Carteaux ernannt. Lucien hat in Saint-Maximin einen Posten als Depotverwalter erhalten. Sie können ihm helfen, die nötigen Fahrzeuge zu beschaffen.

Am 16. September begibt er sich zum Hauptquartier von Carteaux' Armee in Beausset. Die Offiziere haben in mehreren Häusern Quartier bezogen. Napoleon geht auf eines der Häuser zu. Man ruft ihn. Es ist Saliceti, begleitet von Gasparin, beide Gesandte des Nationalkonvents. »*Das Gastmahl von Beaucaire*«, beginnt Saliceti, unterbricht sich aber gleich und wechselt ein paar vertrauliche Worte mit Gasparin. Dann wendet sich Saliceti wieder an Napoleon.

»Hauptmann Dommartin, der eine Artilleriekompanie befehligt hat, ist an der Schulter verwundet und nach Marseille gebracht worden. Wir brauchen einen gebildeten Offizier.«

Nun interveniert Gasparin und sagt, daß man um jeden Preis die Engländer aus Toulon vertreiben müsse.

»Wenn ich früher auf das Schiff nach Korsika gewartet habe, dann habe ich mir die Befestigungen der Stadt genau angesehen«, sagt Napoleon. »Ich erinnere mich noch gut.«

An einer Tischecke schreibt Saliceti den Marschbefehl, der den Hauptmann der Artillerie Napoleon Bonaparte der Armee von Carteaux bei der Belagerung von Toulon zuweist. Er setzt das Datum darunter: 16. September 1793.

Endlich kann ich zum ersten Mal auf französischem Boden zeigen, wer ich bin!

15

Es wird schon Nacht. Napoleon steht mit verschränkten Armen auf der Schwelle des Hauses, das ihm als Unterkunft dient. Er sieht ringsum einige Soldaten, die gleichgültig ihren Beschäftigungen nachgehen. Manche kommen ohne Waffen aus den nahen Obstgärten zurück. Sie tragen Körbe voller Früchte. Sie halten sich bei der Schulter. Ihre Gesichter sind überlaufen vom Saft der Feigen und der dunklen Weintrauben. Andere machen Feuer an ihrem Biwak und verbrennen dafür Türen und Fensterrahmen, die sie aus Bauernhäusern geplündert haben. Eine Gruppe zerlumpter Männer, auch sie ohne Waffen, richtet sich für die Nacht ein. Sie stopfen Stroh in Fässer, in die sie sich dann hineinlegen.

Das soll eine Armee sein!

Napoleon würde am liebsten jeden einzelnen dieser Soldaten am Revers packen, ihn durchschütteln und anschreien, daß man so keinen Krieg führen könne. Er glaubt genau zu wissen, wie man ihn führen müßte. Erst vor ein paar Stunden haben ihn Saliceti und Gasparin zum Kommandanten der Artillerie ernannt, aber dennoch weiß er es. In ihm ist keinerlei Zweifel. Er weiß es. Und er muß es wissen, denn hier entscheidet sich jetzt alles für ihn.

Im Haus gegenüber hört er Gelächter. Hinter den Scheiben kann er große Leuchter erkennen, die auf Tischen stehen. Dort logiert General Carteaux mit seiner Frau. Der General empfängt seine Offiziere zum Abendessen. Napoleon hat am Tage mit ihm gesprochen.

»Ich bin General und Sansculotte«, hat Carteaux gesagt und selbstgewiß umhergeblickt. Er ist sich über seinen schwarzen Lippenbart gefahren und hat den Kopf in den Nacken geworfen. In seinem blauen Gehrock mit den vergoldeten Borten sah er schick aus. Auf Napoleon warf er nur einen Blick voller Verachtung und Mißtrauen und sprach dann von Hauptmann Dommartin. »Es ist ein schwerer Verlust für mich, daß ich nicht mehr auf sein Talent zählen kann.« Dann hat er noch hinzugefügt, daß er mit der blanken Waffe alle Festungen von Toulon erobern wolle, die jetzt noch von diesen Engländern, Spaniern, Neapolitanern, Sizilianern und Aristokraten gehalten würden. Napoleon hat schweigend zugehört. Dieser General hat keine Ahnung. Seine Einladung zum Essen hat er abgelehnt.

Er hat anderes zu tun: Krieg. Seinen Krieg. Er geht weder essen noch schlafen. Ehe nicht Toulon gefallen ist, zählt nichts anderes als der Krieg, gar nichts.

Er spricht einen Soldaten an, der nicht weiß, wo die Artilleriestücke aufgestellt sind. Endlich entdeckt Napoleon die sechs Kanonen, die dazu gehören. Der für sie verantwortliche Feldwebel verfügt weder über Munition noch über Werkzeuge. Das soll eine Artillerie sein!

Napoleon entfernt sich. Man muß also mit diesen Karten spielen, eine disziplinlose Armee, eine inexistente Artillerie, ein unfähiger und mißtrauischer General, der allein darauf stolz ist, daß er seine Kameraden am 10. August 1792 dazu gebracht hat, sich den Volksmassen anzuschließen. »Dem Pöbel«, sagt Napoleon leise. Ein General, der sich seit Jahren damit begnügt, Bildchen zu malen. Aber in dieser Partie spielt er um sein Leben! So ist es eben.

Es fällt feiner Regen, den kalter Wind verweht. Napoleon klettert einen Weg hoch, der zu einem der Gipfel führt, von denen aus man die Bucht und die Festungen von Toulon überblicken kann. Er wartet auf den Morgen. In dieser ersten Nacht fällt er seine Entscheidung. Als endlich die Sonne aufgeht und die niedrigen Wolken zerreißt, ist Napoleon naß bis auf die Knochen. Nun sieht er alle Festungen, welche die Bucht beherrschen und von den Engländern und ihren Verbündeten besetzt sind. Er erkennt Fort Malgue, den dicken Turm und die Mauern von Fort Balaguier und Fort Malbousquet und viele andere. Und schließlich fällt sein Blick auf jene Festung, die er noch im Gedächtnis hat, Fort Éguillette, das die enge Passage zwischen dem größeren und dem kleineren Teil der Bucht beherrscht. Dort liegt der Schlüssel.

Napoleon ist seiner Sache sicher. Es ist, als ob für ihn nichts mehr existiere außer dieser Gewißheit. Man muß dieses Fort erobern und alle Planungen auf diese Eroberung hin ausrichten. Unter dem Feuer der Kanonen von Fort Éguillette werden die feindlichen Schiffe gezwungen sein, die Buchten zu verlassen, und Toulon wird fallen.

Unter der heiß gewordenen Sonne steigt Napoleon wieder den Berg hinab. Das Ziel ist fixiert, und er wird ganz ruhig. Nun genügt es, die Menschen und die Dinge diesem Ziel unterzuordnen, alle Hindernisse umzustoßen, die diesem Plan im Wege stehen, alle beiseite zu drängen, die ihn nicht verstehen.

Er trifft Saliceti und Gasparin, die gerade erst aufgestanden sind. Er geht in großen Schritten im Zimmer umher. Er beginnt: »Jede Unternehmung muß auf ein System gegründet sein, denn der Zufall läßt nichts gelingen.« Dann setzt er hinzu, indem er sich dem Fenster zuwendet und mit einer Kinnbewegung auf das Haus von General Carteaux weist: »Die Artillerie nimmt die Stellungen ein, die Infanterie hilft ihr dabei.« In wenigen Sätzen und mit ruhiger Stimme legt er seinen Plan dar, wobei die ganze Energie seines angespannten Körpers die Worte zu tragen scheint.

»Eine Belagerung von Toulon im klassischen Stil ist unmöglich. Die Stadt ist, wenn man sie direkt angreift, uneinnehmbar. Man muß die Schiffe der verbündeten Feinde aus der Bucht vertreiben und sie dazu dem Feuer der Artillerie aussetzen, die sie mit Glühkugeln beschießt, so daß ihre Segel und Planken Feuer fangen und die Laderäume explodieren. Und dafür muß man Fort Éguillette kontrollieren.« Napoleon streckt den Arm aus, als ob man das Fort sehen könne, den Angelpunkt der ganzen Operation.

»Nehmen Sie Éguillette ein, und in weniger als acht Tagen marschieren Sie in Toulon ein«, sagt er abschließend. Bevor er das Zimmer verläßt, sagt er, schon auf der Schwelle stehend: »Machen Sie Ihre Arbeit, Bürger Kommissare, und lassen Sie mich die meine tun.«

Er schläft kaum noch. Er ißt nur wenig. Aber die Aktion ernährt ihn, und die Gewißheit, recht zu haben, ist eine unerschöpfliche Energiequelle. Das Gefühl, daß man die Dinge und die Menschen beeinflussen kann, ist eine Triebfeder, die mit jedem Erfolg stärkere Spannkraft erhält. Er organisiert: »Ich brauche jeden Tag 5000 Säcke, die man mit Erde füllt. Ich brauche eine Truppe von 80 Schmieden. Ich brauche Bretter und Bohlen. Ich brauche Ochsen und Zugpferde. Marseille, Nizza, La Ciotat und Montpellier sollen mir alles liefern, was ich benötige. Hier muß eine Batterie errichtet werden, dort eine andere. Diese heißt Batterie des Konvents, jene Batterie der Sansculotten.«

Napoleon steht aufrecht auf der Brüstung einer der Batterien, welche die Kanonen des englischen Generals O'Hara als Zielscheibe genommen haben. Die Kugeln schlagen in dichter Folge ein. Napoleon rührt sich nicht. Er sagt bloß: »Achtung, da kommt ein Geschoß.« Die Männer um ihn herum wagen nicht, zu fliehen oder sich zu schützen. Eine Kugel pfeift vorbei.

Ich rühre mich nicht, denkt er. Nichts kann mich treffen. Ich werde vorwärts gestoßen. Wie könnte meine Laufbahn unterbrochen werden? Wenn ich immer nur vorangehe, kann ich nicht fallen.

Der Luftsog wirft ihn zu Boden. Er richtet sich wieder auf und fragt: »Wer kann schreiben?«

Ein Feldwebel meldet sich. Napoleon sagt: »Diese Stellung heißt Batterie der furchtlosen Männer.«

Der Feldwebel schreibt, dann schlägt einige Meter neben ihm

eine Kugel ein und bedeckt das Blatt mit Erde. »Jetzt brauche ich nicht mehr die Tinte zu trocknen«, sagt der Feldwebel.

»Wie heißt du?«

»Junot.«

Napoleon schaut diesen jungen Feldwebel lange an. Spüren, daß man die Menschen dazu bringt, sich selbst zu übertreffen. Sie überzeugen. Sie verführen. Sie mitziehen. Sie zwingen. In jedem Augenblick entdeckt Napoleon diese heftige, brennende Lust. Und deshalb duckt er sich nicht, wenn eine Kugel angeflogen kommt, schläft er in seinen Mantel gehüllt auf dem Boden, mitten unter seinen Soldaten, reitet er der Truppe im Kugelhagel voran, steht wieder auf, wenn das Pferd unter ihm erschossen wird, und behauptet, wenn die Männer sich tapfer und todesmutig in den Kampf stürzen, selbst wenn sie unrecht haben: »Die Kugel rollt, jetzt gibt's kein Halten mehr.« Und wenn ein verängstigter General den Rückzug befiehlt, nennt er ihn »Nichtsnutz«.

Noch nie hat sich Napoleon so grandios gefühlt. Er mustert Saliceti und die anderen Gesandten aus Paris: Gasparin, Barras, Fréron, Ricord, Augustin Robespierre. Er schätzt sie ein. Augustin Robespierre ist der Bruder jenes Mannes, der die Politik des Wohlfahrtsausschusses bestimmt. Saliceti ist schon ein alter Gefährte. Jene haben die Macht. Sie sind die Gesandten des Nationalkonvents. Sie muß er überzeugen.

Eines Abends nimmt Napoleon Saliceti mit zu einer der Batterien. Das Pferd des Kommissars wird getötet. Kugeln pfeifen durch die Luft. Napoleon stürzt herbei, hilft Saliceti wieder auf die Beine. Die englischen Patrouillen sind ganz in der Nähe. Man muß sich verbergen, geräuschlos gehen, eine andere Batterie erreichen.

Dort ist gerade der Kanonier getötet worden. Napoleon greift zum Ladestock und hilft wie ein gewöhnlicher Soldat beim Laden von zehn oder zwölf Geschossen. Die anderen Soldaten schauen ihn an, jemand versucht zu erklären, daß der getötete Kanonier nämlich ..., unterbricht sich aber dann und kratzt sich nur Hände und Arme.

Der Kanonier hatte die Krätze, und aus Angst vor Ansteckung faßte niemand mehr seinen Ladestock an. Napoleon zuckt mit den

Schultern. Kann er sich denn mit so etwas aufhalten, selbst wenn er in den Tagen danach die Auswirkungen der Krankheit zu spüren bekommt? Keine Zeit, sich zu pflegen.

Am 29. September haben ihn die Gesandten zum Kommandeur des Bataillons ernannt. Neuer Schwung, neue Kraftquelle, neue Gewißheit, daß er noch weiter gehen kann, noch schneller. Jeden Tag sucht Napoleon Saliceti auf. Er sagt ihm immer wieder, daß allein sein Plan Toulon zu Fall bringen kann. Aber es gibt noch Hindernisse. Er wiederholt es. Reden ist wie eine Gewehrsalve. Er sagt es auch zu seinen Kanonieren: »Man muß unentwegt schießen, nach 100 nutzlosen Schüssen trifft der 101. und erzielt Wirkung.«

Er spürt, daß ihm Saliceti, Gasparin und später Ricord und Augustin Robespierre nicht widerstehen. Diese Wirkung auf die Menschen erzeugt große Lust. Es ist ein Rausch. Welche Frau könnte ein solches Gefühl von Machttrunkenheit verleihen? Das entdeckt er jetzt.

Saliceti und die anderen Delegierten bewirken die Ablösung von General Carteaux. »Hauptmann Kanone« hat sich durchgesetzt. General Doppet, der Carteaux ersetzt, ist ein ehemaliger Arzt, der nur einige Wochen durchhält. Nach einem Angriff geht Napoleon, dessen Stirn aus einer Wunde blutet, auf Doppet los: »Sie also sind dieser Nichtsnutz, der den Rückzug befohlen hat!«

Der General entfernt sich, Napoleon schaut die Soldaten an, die ihn umringen. Sie beschimpfen den General. »Sollen wir denn immer nur von Malern und Ärzten kommandiert werden?« schreien sie. Napoleon bleibt stumm. Sein Glaube wird immer fester: Er ist derjenige, der befehligen kann.

Er will von Saliceti empfangen werden. Man muß ihn anhören, er hat sich doch bewährt. Schon seit zwei Monaten kämpft er, plant er, organisiert er. »Muß man denn immer gegen die Unwissenheit kämpfen und die niedrigen Leidenschaften, die sie erzeugt?« sagt er. Saliceti senkt den Kopf.

Am 16. November trifft General Dugommier in Ollioules ein, um General Doppet zu ersetzen, und zwei Stunden später ist auch General Du Teil da. Gegen Abend begibt sich Napoleon zu ihnen. Er kennt Du Teil. Dugommier hört ihn an und lädt ihn zum

Abendessen ein. Während der Mahlzeit reicht er ihm ein Gericht aus Schafhirn. »Nimm«, sagt er lachend, »das hast du jetzt nötig.«

Als er am 25. November den kleinen Raum betritt, in dem sich der Kriegsrat versammelt, weiß Napoleon, daß er alle Hindernisse aus dem Weg geräumt hat. Die Generäle Dugommier und Du Teil stimmen ihm zu, als er, über die Karte gebeugt, seinen Plan zusammenfaßt: »Einnahme von Fort Éguillette, Vertreibung der Engländer aus der Bucht und gleichzeitig Angriff auf das Fort vom Mont Faron.«

Saliceti, Augustin Robespierre und Ricord geben ihre Zustimmung. Als er das Zimmer verläßt, schaut Napoleon zu Dugommier hinüber. Der lächelt und macht eine Handbewegung an seinem Hals entlang. Wenn der Plan schiefgeht, bedeutet das für ihn die Guillotine.

Es sind die letzten Tage, bevor er sein Ziel erreicht. Er ist ohne Furcht. Napoleon hat sogar ein Gefühl von Unverwundbarkeit, das ihn selbst nicht erstaunt. Am 30. November, bei einem Gegenangriff, um die Engländer aus der Batterie des Konvents zu vertreiben, deren sie sich überraschend bemächtigt haben, geht er mit ins Gefecht, das mit Bajonetten geführt wird. Der englische General O'Hara wird gefangen genommen. Napoleon geht langsam auf ihn zu. O'Hara sitzt mißmutig da, die Ellbogen auf die Schenkel gestützt.

Als er Napoleon sieht, richtet sich O'Hara auf.

»Was wünschen Sie?« fragt Napoleon.

»Allein sein und nichts dem Mitleid verdanken.«

Napoleon schaut den englischen General im Fortgehen an. So sind Kriegsleute. Noch in der Niederlage müssen sie Stolz und Zurückhaltung an den Tag legen. Napoleon bleibt kurz stehen. Er gehört zu den Kriegsleuten. Er ist 24 Jahre und vier Monate alt.

Inmitten durchnäßter Soldaten zieht Napoleon sein Pferd am Zügel. Am 16. Dezember 1793 fällt der Regen in Strömen. Man sieht nur drei Schritte weit. Der Angriff ist für heute nacht vorgesehen. Einzig die langen Blitze erhellen die Dunkelheit und beleuchten die versammelten Marschkolonnen. Napoleon trifft Dugommier und die Gesandten in einem Zelt wieder, in das überall der Regen eindringt. Alle schauen auf ihn. In ihren Gesichtern liest er Zögern und Zweifel.

Er ist sich seiner Sache sicher. Dieses Vertrauen in sein »System« übersteigt den Verstand. Er sagt nur, daß das schlechte Wetter kein widriger Umstand sei. Schon ändert sich der Gesichtsausdruck. So sind die Menschen. Eine starke Überzeugung gibt ihnen Orientierung, beugt sie, zieht sie mit.

Dugommier gibt das Signal. Napoleon besteigt sein Pferd, die Infanteristen setzen sich in Marsch. Dann erfolgt der Angriff. Die zweite Kolonne löst sich im Unwetter auf. Man hört Schreie wie »Rette sich, wer kann«, »Verrat«. Andere marschieren weiter und schreien: »Sieg! Mit den Bajonetten!«

Napoleon spürt, wie unter ihm sein Pferd zusammenbricht und stirbt. Er steht wieder auf und geht weiter. Im Schenkel verspürt er einen stechenden Schmerz. Ein Engländer hat ihn mit einem Bajonett verletzt. Er läuft. Bei ihm ist Hauptmann Muiron, und etwas weiter weg stehen Marmont und Feldwebel Junot in vorderster Linie.

Fort Mulgrave wird eingenommen, die dortigen Kanonen werden umgedreht, und im selben Schwung wird endlich auch Fort Éguillette erobert. Die Engländer haben es verlassen und vor ihrem Abzug noch ihre Pferde und Maultiere erdrosselt, deren Kadaver nun die Gänge versperren. Erst in diesem Augenblick spürt Napoleon seine Wunde. Man verbindet ihn. Die Engländer sind gute Soldaten, sagt er, und fügt dann, mit Blick auf einige Gefangene, verächtlich hinzu: »Aber diese ganze Kanaille aus Neapolitanern und Sizilianern ist nicht viel wert.« Er steht auf und humpelt bis zur Brüstung: »Morgen oder spätestens übermorgen werden wir in Toulon dinieren.«

Er bleibt ruhig. Er zeigt seine Freude nicht. Er führt die letzten Vorbereitungen durch, die nötig sind, sein Blick geht schon anderswohin. Man berichtet ihm, daß sich die Engländer aus allen Stellungen zurückziehen und die Neapolitaner die Forts verlassen. Er zeigt keinerlei Überraschung. Es sind nur die vorhersehbaren Folgen seines »Systems«.

In der Bucht und vor dem Arsenal explodieren Fregatten.

Engländer und Spanier sprengen mit Schießpulver beladene Schiffe. Im Lichtschein der Brände sieht er Dutzende von Barken und Booten, auf denen zahlreiche Touloneser versuchen, die Schiffe der anglo-spanischen Flotte zu erreichen. Schaluppen kippen um. Frauen schreien, bevor sie ertrinken, in die Tiefe gezogen von Säcken voller Schmuck, wie es später heißen wird. Die Batterien eröffnen das Feuer und bringen die kleinen Schiffskörper zum Bersten. Das ist das Ende. Am 19. Dezember ziehen die Truppen der Republik in Toulon ein.

Von nun ab hält sich Napoleon abseits. Ohne den Kopf zu wenden, geht er an exekutierenden Erschießungskommandos vorbei. Es wird geplündert. Er trifft Barras und Fréron, zwei Gesandte, die am Sieg gezweifelt haben, die nun aber Proklamationen an die Wände kleben lassen, in denen das baldige Schleifen der Stadt angekündigt wird, wozu man 12000 Maurer benötige.

Er sieht Männer, die an der Spitze eines Trupps Soldaten Häuser durchsuchen. Es sind die Jakobiner, die man aus den Laderäumen des Schiffes *Themistokles* befreit hat, in denen man sie gefangen hielt. Sie suchen diejenigen, die sie denunziert haben, ihre Henker, ihre Wächter. Nun denunzieren sie ihrerseits. Nun massakrieren sie ihrerseits.

Manchmal wird Napoleon von Ekel erfaßt. Das Volk bleibt eine wilde Bestie, welche Fahne es auch immer schwenkt. Mit all dem hat er nichts zu tun. Er begibt sich in seine Unterkunft. Frauen erwarten ihn. Sie flehen ihn an. Er verliert nicht ein Wort des Mitleids, aber er interveniert und schickt Junot, Marmont oder Muiron los, jene Offiziere, die zu seinen Vertrauten geworden sind, damit sie einige Opfer dem Tod entreißen. Was kann er sonst schon tun? So sind die Menschen. So ist die Politik. Er fühlt sich so kalt und so klarsichtig, daß jede Freude über seinen Erfolg weicht. Wie geht es nun weiter?

Am 22. Dezember 1793 bestellen ihn die Gesandten zu sich. Sie sitzen an einem Tisch, auf dem Flaschen und Gläser stehen.

»Was ist das für eine Uniform?« fragt Saliceti, als er Napoleon eintreten sieht.

Dann liest er eine kurze Verfügung, die die Gesandten soeben getroffen haben. Sie ernennen den Bataillonskommandeur Napoleon Bonaparte zum Brigadegeneral, »wegen seines Eifers und seiner Klugheit, die er durch seinen Beitrag zur Unterwerfung der rebellierenden Stadt bewiesen hat«.

Saliceti sagt noch: »Aber die Uniform muß gewechselt werden!« Lachend umarmt er Napoleon. Wie hohl alles wirkt, wenn die Anstrengung vorbei ist.

16

Napoleon sitzt seiner Mutter gegenüber. Der kleine Tisch, auf den sie sich stützen, nimmt fast das ganze Zimmer ein. Die Geschwister stehen hinter Laetitia Bonaparte. Napoleon steht auf und geht mit wenigen Schritten durch die winzigen Räume, aus denen die ganze Wohnung besteht. Er glaubt zu ersticken. Er öffnet das Fenster, aber trotz des kalten, feuchten Windes an diesem 4. Januar 1794 bekommt er nicht genug Luft.

Seit er diese enge Gasse dicht am Hafen von Marseille hochgestiegen ist, empfindet er Atemnot. Der Geruch von verfaultem Fisch, Öl und Abfällen widert ihn an. Trotz des Regens ist er einen Augenblick vor der grauen Fassade des Hauses Nummer sieben in der Ruelle du Pavillon stehen geblieben. Hier wohnen die Seinen, in der vierten Etage.

Als er die Wohnung betrat, stürzten seine Geschwister auf ihn zu und blieben dann eingeschüchtert stehen. Louis berührte die Generalsuniform. Laetitia Bonaparte ist langsam näher gekommen. Die letzten Monate voller Not und Angst haben sie altern lassen.

Napoleon hatte einen Sack voller Speck, Schinken, Brot, Eier und Früchte auf den Tisch gestellt. Dann hatte er seiner Mutter ein ganzes Bündel Geldscheine und eine Handvoll Münzen überreicht. Aus einem anderen Sack holte er schließlich Hemden, Kleider und Schuhe hervor. Er sei nun Brigadegeneral, hatte er erklärt. Sein Sold betrage 12 000 Francs im Jahr. Außerdem habe er eine Prämie von über 2 000 Francs für seine Teilnahme am Feldzug erhalten. Er habe Anspruch auf die Tagesration eines Generals.

Mit monotoner Stimme erzählt Laetitia Bonaparte, wie sie in La Valette gelebt haben, immer in Angst vor den Royalisten, danach in Meonnes, einem Dorf nahe bei Brignoles. Napoleon hört zu und sagt lediglich: »Das ist vorbei.«

Er denkt an Barras. Dieser Kommissar der Republik hat sich nach der Einnahme von Toulon als einer der schlimmsten Terroristen erwiesen. Noch gestern, als er die Stadt verließ, sah Napoleon Männer an einer Mauer aufgereiht stehen. Soldaten hatten auf sie angelegt. Ein Offizier ging die Reihe entlang und beleuchtete die Gesichter der Gefangenen, während im Schatten ein Denunziant flüsterte. Barras ritt ganz in der Nähe vorbei.

Im Hauptquartier von Dugommier erzählte man sich leise, daß Barras sich auf seiner Mission bei der Italien-Armee in der Grafschaft Nizza einen persönlichen Schatz zugelegt habe, »im Namen der Republik«, wie man lachend sagte. Und so verhält es sich bei vielen Gesandten und Offizieren, auch bei Soldaten; alle plündern, wo sie nur können. Die einen stibitzen eine Handvoll Feigen, die anderen Silbergeschirr. Die Geschicktesten und Höhergestellten stehlen Goldstücke und Kunstwerke oder kaufen Ländereien zu günstigen Preisen. Schöne Moral! Nur wenige bleiben so integer wie Augustin Robespierre, der verkündet, daß das »nationale Rasiermesser« die Republik säubern müsse, damit die Herrschaft der Tugend errichtet werden könne.

»Es ist vorbei«, sagt Napoleon noch einmal, steht auf und unterbricht so die Erzählung seiner Mutter. Auch diesen Krieg wird er gewinnen müssen: gegen die Armut oder einfach gegen den Verzicht.

Er will sich nicht übervorteilen lassen. Tugend, ja gut, aber nur, wenn sie für alle gilt. Aber wer hält das für möglich? Also muß er unbedingt denen gleichkommen, die am meisten besitzen, denn es wäre ungerecht, ja fast unmoralisch, wenn er und die Seinen wie arme Leute lebten, wenn seine Mutter, wie sie gerade erzählt hat, gezwungen wäre, ihre Kinder mit einem Stück Kommißbrot und einem Ei zu ernähren. Im Strudel der Revolution haben die Bonapartes alles verloren. Es ist nur gerecht, daß sie ihren Anteil an der Beute bekommen.

Geld! Geld! Dieses Wort klappert wie die Hacken von Napoleons Stiefel auf dem Pflaster der Ruelle du Pavillon. Nur nicht arm sein, das wäre ein weiteres Exil. Sollen sich doch alle Barras der Republik bereichern, wie sie nur können! Sind sie etwas Besseres als er? Das Geld ist nur ein anderes Fort Éguillette. Ein Schlüssel, dessen man sich bemächtigen muß, um die Buchten zu beherrschen: sein Leben, sein Schicksal.

Er kehrt nach Toulon zurück. In seinem Quartier geht es geschäftig zu. Er liebt diese Bewegung der Männer rings um ihn. Er hat Junot und Marmont zu seinen Adjutanten bestimmt. Er spürt, daß sie ergeben, effizient und voller Bewunderung für ihn sind. Das bedeutet es, ein Anführer zu sein: zum Mittelpunkt einer Gruppe von Männern werden, die wie die Planeten eines Sonnensystems um ihn kreisen. Napoleon erinnert sich noch an die Astronomiebücher, die er in Paris fasziniert gelesen hatte, als draußen die Monarchie zusammenbrach.

Die Gesellschaft, die Regierung, die Armee, die Familien entsprechen dem Himmelsbild. Sie brauchen einen Mittelpunkt, um den sie kreisen. Dieses Zentrum bestimmt die Umlaufbahn der Satelliten. Wenn seine Anziehungskraft nachläßt, entgleiten die Planeten. Das System zerfällt dann wieder, bis eine neue Kraft entsteht und ein neues Zentrum bildet. Diesen Gedankenspielen gibt sich Napoleon hin, während er die Festungen zwischen Marseille und Toulon besichtigt, in denen er die Artillerie neu organisieren soll.

Der Januar 1794 ist eiskalt. Es weht ein starker Mistral, der ins Gesicht schneidet. Der Krieg und die Schreckensherrschaft weiten sich noch aus. In der Vendée ziehen die »höllischen Kolonnen« von General Turreau zerstörend und mordend durchs Land. In Paris gewinnen die Fraktionskämpfe an Schärfe. Saint-Just und Robespierre attackieren die »Radikalen« um Jacques Roux und die »Gemäßigten« um Danton.

Oft schaut Napoleon von der Spitze einer Festung hinaus ins Weite. In der Morgendämmerung glaubte er manchmal, Korsika zu sehen. Am 19. Januar hat Pascal Paoli die Engländer aufgefordert, dort zu landen, und sie haben schon damit begonnen, sich im Golf von Saint-Florent festzusetzen. Paoli ist kein Kraftzentrum mehr. Das System kreist jetzt um den Nationalkonvent, den

Wohlfahrtsausschuß und Robespierre, der die entscheidenden Impulse gibt.

Napoleon trifft Augustin Robespierre nach seiner Mission als Gesandter des Konvents bei der Italien-Armee. Er hört aber mehr zu, als daß er spricht. Augustin Robespierre möchte gern seine Meinung über die politischen Ereignisse hören. Mit reglosem Gesicht läßt Napoleon nur leise vernehmen, daß er dem Konvent zu Diensten sei.

Von Augustin Robespierre erfährt Napoleon, daß Lucien Bonaparte – »Ihr Bruder, Bürger General« – ein engagierter Jakobiner ist. Auf Vorschlag von Lucien hat der Ort Saint-Maximin den neuen Namen *Marathon* angenommen. Und er selbst habe seinen Vornamen in Brutus geändert!

Napoleon spürt, daß Maximiliens Bruder ihn beobachtet und eine Bemerkung erwartet. Aber Napoleon wird das Verhalten dieses jungen verrückten Lucien nicht kommentieren, der noch nicht verstanden hat, daß sich die Systeme wandeln und daß man auf der Hut sein muß, solange man nicht selbst deren Zentrum ist. Hat er nicht miterlebt, wie Ludwig XVI., der Herrscher des größten Königreichs, die rote Mütze aufgesetzt und mit seinen einstigen Untertanen angestoßen hat, um dann am 10. August zu fliehen wie ein Feigling? Und wer kann wissen, ob nicht Robespierre morgen dasselbe Schicksal ereilen wird, auch wenn er noch so tugendhaft, energisch und unerbittlich ist?

Augustin Robespierre sagt, daß er in Übereinstimmung mit den anderen Gesandten Saliceti und Ricord, als Kommandanten der Artillerie der Italien-Armee einen General ernennen will, der sich schon bewährt hat und dessen jakobinische und revolutionäre Einstellung erwiesen ist. Napoleon bleibt ganz ruhig.

»Sie, Bürger Bonaparte!«

Die Ernennung erfolgte am 7. Februar 1794, und es bedurfte nur weniger Tage, bis Napoleon eifersüchtige, fast haßerfüllte Blicke von Neidern bemerkte. Ein General, der noch keine 25 Jahre alt ist, an der Spitze der Artillerie einer ganzen Armee! Das sei eine Ernennung aus politischen Gründen, wird geflüstert. Bonaparte sei ein Anhänger von Robespierre.

Seine Dinge organisieren. Arbeiten. Handeln. Mit trockener Stimme erteilt Napoleon Junot und Marmont Befehle, dann durchstreift er die Stadt. Auf einem der Plätze, dessen alten Namen, »Place Saint-Dominique«, man noch lesen kann, hat man die Guillotine errichtet. Er überquert den jetzigen »Platz der Gleichheit« in Begleitung einer Dragonereskorte. Er erreicht den östlichen Teil der Stadt, jenseits des Hafens, und wählt sein Quartier in einem schönen Haus in der Rue de Villefranche, wo ihn der vormalige Graf Laurenti freundlich empfängt.

Als Napoleon die junge Emilie Laurenti erblickt, bleibt er stehen. Sie ist noch keine 16 Jahre alt. Sie trägt ein weißes Kleid und hat ihr Haar hochgesteckt. Er nähert sich ihr und grüßt sie unbeholfen. Plötzlich kommt er sich völlig verdreckt vor. Und er ist es auch, denn an diesem 12. Februar 1794 fällt dichter Regen auf Nizza. Napoleon läßt sich von Laurenti zu seinem Zimmer führen. Als er sich umdreht, merkt er, daß Emilie ihm nachschaut.

Seit Wochen hat er keiner Frau mehr in die Augen gesehen. Während der Belagerung von Toulon hat Napoleon manchmal beim Finanzverwalter Chauvet mit dessen Töchtern zu Abend gegessen. Aber draußen hörte man die Kanonen. Er mußte in seinen Mantel gehüllt auf der Erde schlafen, hinter den Brüstungen. Erst in diesem Haus in Nizza findet Napoleon die Sanftheit, die Grazie und auch die Schwäche eines Mädchens wieder. Die Uniform wird ihm schwer. Ihr Stoff ist rauh, das Leder der Stiefel ist hart.

In seinem Zimmer öffnet Napoleon das Fenster. Unter dem tiefhängenden Himmel wirkt das Meer ganz schwarz. Zwischen zwei Felsvorsprüngen liegt, wie eine natürliche kleine Bucht, der Hafen. Man hat einige kleine Boote auf den Kiesstrand gezogen. Es kommt ihm vor wie eine Vision aus seiner Kindheit, eine korsische Landschaft, vielleicht nicht ganz so rauh.

Plötzlich empfindet Napoleon das Bedürfnis, sich gehen und von einer Welle von Gefühlen und Verlangen überrollen zu lassen. Sätze, die er einst bei Rousseau gelesen hat, kommen ihm wieder in den Sinn. Er glaubte, sie vergessen zu haben. Aber sie sind noch ganz nah. Die Liebe und die Frauen existieren. Sie gehören zum Herzen des Lebens, wie der Krieg und das Geld. Er will auch das.

Auf seinem Schreibtisch im Hauptquartier läßt er die Karten ausbreiten. Mit großen schwarzen Linien zeichnet er die Richtungen ein, in die die Bataillone vorstoßen sollen, um Tenda, Saorgio und Oneglia zu erreichen und die sardischen Truppen zu vertreiben. Er trifft Masséna, der auch soeben zum General ernannt wurde und dessen 8000 Mann, die sich bei der Belagerung von Toulon ausgezeichnet haben, in den Straßen von Nizza defilieren.

Napoleon wohnt ihrer Parade bei. Er spürt die Begeisterung der Revolutionäre aus Nizza und die Furcht der Mehrheit der Bevölkerung. Werden die Menschen nicht von der Angst regiert?

Dann begibt er sich in Begleitung von Junot und Marmont auf gewundenen Wegen in die hochgelegenen Täler der Seealpen. Sie erreichen Saorgio, ein Dorf, dessen Häuser sich an die Felswände schmiegen. Näher heran kann man nicht, denn die Sarden beschießen von den Gipfeln her das Tal der Roya. In den nächsten Tagen inspiziert Napoleon die Festungen an der Küste, denen sich manchmal die englische Flotte nähert. Sie kommt aus den Häfen von Korsika, die nun unter ihrer Kontrolle sind.

An einem der wenigen schönen Tage Ende Februar 1794 verläßt Napoleon das Fort-Carré in Antibes und bemerkt auf einem Hügel ein großes Wohnhaus mit sonnengebleichten Dachziegeln und geschlossenen Fensterläden in kräftigem Grün. Er geht bis dort oben hinauf, betritt den Garten, in dem man Orangenbäume, Lorbeerbüsche und Mimosen gepflanzt hat. Von der blumengeschmückten Terrasse her überblickt man Cap d'Antibes, den Golf von Juan und die Engelsbucht. Man schaut auch auf Fort-Carré mit den von Vauban errichteten Ecktürmen. »Hier soll es sein«, sagt Napoleon zu Junot.

Eine Woche später erwartet er die Seinen auf der Schwelle dieses Gebäudes, dessen Beschlagnahme er angeordnet hat und das man in Antibes Château-Salé nennt. Napoleon wird weiterhin sein Quartier im Hause Laurenti in der Rue Villefranche in Nizza behalten, er möchte aber seine Mutter und seine Geschwister in der Nähe haben und unter seinem Schutz, damit er ihnen helfen kann. Er braucht diese Familie. Im Blick seiner Mutter und in der Bewunderung und dem Neid seiner Geschwister kann er seinen Aufstieg und seinen Erfolg ermessen.

Nun kommen sie an, umgeben von Junots Reitern, denn die Straßen zwischen Marseille und Antibes sind noch nicht sicher. Junot berichtet Napoleon, daß sie während der dreitägigen Reise von Banden der »Kinder der Sonne« verfolgt wurden, Royalisten, die im Departement Var Überfälle verüben und sich in den Wäldern des Estérel und des Maures-Massivs versteckt halten. Was ist denn eine Nation ohne Ordnung und inneren Frieden?

Napoleon führt seine Mutter durch die Räume und öffnet selbst die Fensterläden. »Das also ist Ihr Haus«, sagt er. Es ist nicht das Familienhaus von Ajaccio, aber es scheint ihm doch, als habe er damit begonnen, dessen Mauern wieder zu errichten.

Er geht auf Louis zu, seinen ehemaligen Schüler aus Auxonne und Valence. Er hat ihn in seinen Generalstab abkommandieren lassen, obwohl er erst 16 ist. Dann erkundigt sich Napoleon nach Lucien. Laetitia Bonaparte erzählt, daß er die Absicht habe, die Tochter seines Quartiergebers zu heiraten. Joseph hingegen geht in Marseille bei den Clarys ein und aus, reichen Händlern aus der Rue des Phocéens. Die älteste Tochter, Julie, hat eine Mitgift von 150000 Francs. Napoleon hört zu. Er steht im Zentrum dieses »Systems Bonaparte«.

Er geht im Château-Salé ein und aus. Er speist dort mit Marmont, Junot, Muiron, Sébastiani. Er trifft auch Masséna. Und manchmal kehren auch die Gattin des Gesandten Ricord sowie Charlotte, die Schwester von Maximilien und Augustin Robespierre, bei dem »glühenden Republikaner« ein, wie er genannt wird.

Nach den Abenden im Château-Salé kehrt Napoleon nach Nizza zurück, meist in Begleitung seiner Adjutanten. Die Pferde jagen am Strand entlang, ihre Hufe schleudern den Wellenschaum in die Luft. Den Var überqueren sie an einer Furt und erreichen den Hafen von Nizza bei Sonnenaufgang.

Dann geht es an die Arbeit mit Karten und Plänen. Arbeitsbesprechungen mit General Dumerbion. Napoleon ist überrascht, wie schnell die Zeit vergeht. Beim Blick auf die Karten entzündet sich seine Phantasie. Er sieht die Bewegungen der Truppen voraus und die Reaktionen des Gegners. Alles ordnet sich in seinem Geist wie die einzelnen Schritte eines mathematischen Beweises, eines

Systems. Wenn er zu Augustin Robespierre oder zu General Dumerbion spricht, dann spürt er, daß niemand seinen Darlegungen widersprechen kann.

An einem Tag im April nimmt ihn Augustin Robespierre mit zum Hafen und führt dort ein längeres Gespräch mit ihm. Er habe an seinen Bruder Maximilien geschrieben und den Bürger Bonaparte als »Artilleriekommandanten mit außerordentlichen Verdiensten« gelobt. Die Italien-Armee hat seine Pläne ausgeführt. Saorgio, Oneglia und der Tenda-Paß sind gefallen, und Dumerbion hat in einer Botschaft an den Konvent anerkannt, wieviel er den Plänen des General Bonaparte verdankt, die den Sieg ermöglicht haben.

»Warum wollen Sie eigentlich nicht eine noch größere Rolle spielen – in Paris?« sagt Augustin Robespierre.

Napoleon bleibt stehen und tut so, als verstünde er nicht. Er habe einen Plan vorbereitet, sagt er, den er Maximilien Robespierre unterbreiten wolle. Es handle sich um ein Angriffsprojekt mit der gesamten Italien-Armee, um auf diese Weise Österreich zu zwingen, die Lombardei und das Tessin zu verteidigen. Dadurch könne die Rhein-Armee gegen einen geschwächten Feind vorrücken.

Augustin Robespierre hört zu und pflichtet ihm bei, aber darum gehe es ihm nicht. Doch Napoleon fährt fort, als hätte er die Bemerkung des Gesandten nicht gehört: »Überall anzugreifen wäre ein militärischer Fehler. Man muß seine Angriffe konzentrieren und nicht ausweiten. Mit den Kriegssystemen ist es wie mit der Belagerungstechnik: alle Kräfte auf einen Punkt richten, denn wenn erst eine Bresche geschlagen ist, wankt das Gleichgewicht und alles übrige wird nutzlos, der Platz wird eingenommen.«

»Einverstanden«, sagt Augustin Robespierre. Er werde diesen Angriffsplan an die Italien-Armee übermitteln. Aber kennt Bonaparte schon Hanriot, den Chef des Generalstabs der Revolutionsarmee in Paris, den Beschützer von Nationalkonvent und Wohlfahrtsausschuß?

Napoleon läßt einen Augenblick der Stille verstreichen und sagt dann: »Österreich schwächen, indem man ihm in Italien eine Wunde schlägt, die Armee von Oneglia und dem Tenda-Paß her in Bewegung setzen, das ist mein Plan.«

Als er am Abend im Galopp nach Antibes reitet, mit deutlichem Abstand vor Junot und Marmont, läßt er sich den Vorschlag von Augustin Robespierre immer wieder durch den Kopf gehen: ins Herz des Systems Robespierre einzutreten. Aber soll er sich vorzeitig den Angriffen aussetzen? Noch gestern hat er gespürt, wieviel Eifersucht er auslöst. Man hat ihn aufgefordert, vor dem Nationalkonvent zu erscheinen, um sich dafür zu rechtfertigen, daß er in Marseille die Batteriegeschütze wieder instand gesetzt hat, zum Nutzen der Aristokraten, wie es hieß. Die Gesandten haben ihn verteidigt. Aber das Schwert einer Verurteilung schwebt weiter über seinem Kopf. Man muß das Feuer im rechten Augenblick zu eröffnen wissen, sonst schlägt das Schicksal zu.

Im Garten von Château-Salé springt Napoleon vom Pferd. Seine Brüder Lucien und Joseph kommen ihm entgegen. Er geht mit ihnen in den hinteren Garten. Die Luft ist mild. Es ist schon Mai. Er schaut aufs Meer. Er spricht nur für sich selbst. Er könne gleich morgen früh nach Paris aufbrechen, das hänge allein von ihm ab, sagt er. Dann hätte er eine Position, in der er alle Bonapartes gut versorgen könnte. Er dreht sich um.

»Was sagt ihr dazu?« fragt er, wartet aber nicht ab, daß seine Brüder antworten.

»Es geht nicht darum, ein bedingungsloser Anhänger zu sein«, fährt er fort. »In Paris ist es nicht so leicht, seinen Kopf zu retten wie in Saint-Maximin. Der junge Robespierre ist anständig, aber sein Bruder kennt kein Pardon. Man müßte ihm ganz ergeben sein. Ich soll diesen Mann unterstützen? Niemals! Ich weiß, welch großen Nutzen er davon hätte, wenn ich seinen blöden Stadtkommandanten ablöste, aber genau das will ich nicht. Dazu ist es zu früh. Einen ehrenhaften Platz gibt es für mich heute nur in der Armee. Habt Geduld, ich werde noch früh genug in Paris das Kommando übernehmen.«

Dann entfernt er sich ein paar Schritte. Er hatte sich schon längst entschieden, aber offen auszusprechen, was ihm seit Nizza durch den Kopf gegangen war, ja sogar schon, als Augustin Robespierre mit ihm sprach, überzeugt ihn nur noch mehr davon, daß es für ihn nur diese eine Wahl gibt.

Er dreht sich um und sagt zu seinen Brüdern: »Warum sollte ich mich auf diese Weise binden?« Lange noch betrachtet er das Meer. Er spürt eine Gewißheit, die der Vorschlag von Augustin Robespierre nur noch verstärkt hat: es kommt der Tag, an dem er in Paris das Kommando übernimmt.

Dann ist es plötzlich Sommer, und lauter Nachrichten treffen ein, die ihn empfindlich berühren. Am 21. Juni hat Paoli, nach einer Volksbefragung, den englischen König Georg III. aufgefordert, die korsische Krone anzunehmen, was dieser Souverän auch getan hat! In Paris rollen die Köpfe, die Schreckensherrschaft wütet, obwohl der Sieg der Revolutionsarmee bei Fleurus am 26. Juni 1794 diese grausame Repression unnötig macht.

Im Verlauf der Monate Juni und Juli 1794 richtet sich Napoleon immer wieder im Garten des Hauses Laurenti in der Rue Villefranche ein. Er spricht nicht viel. Er schaut Emilie an. Das beruhigt ihn. Aber lange kann er nicht ruhig sitzenbleiben. Die Atmosphäre im Generalstab ist sehr angespannt. Die Armeekasse ist leer. Es fehlt an Kleidung. Von 40000 Soldaten sind 16000 krank gemeldet.

Als Napoleon sich am 11. Juli befehlsgemäß zum Gesandten Ricord begibt, hat er noch die Worte im Kopf, die er eben an einen jener Offiziere schrieb, die sich über den Zustand der Armee beschwert haben: »Weh denen, die das Volk in Aufruhr stürzen!«

Er selbst fühlt sich mitgerissen vom Klima der Gewalt und Unruhe. Was will Ricord? Der Gesandte liest ihm zwei lange Geheimbefehle vor, die er gemeinsam mit Augustin Robespierre redigiert hat. General Bonaparte soll sich nach Genua begeben, dort den Zustand der Befestigungen erkunden, das schon bezahlte Schießpulver requirieren, die politische Haltung der französischen Vertreter einschätzen und mit der Stadtregierung von Genua darüber sprechen, wie man die »Räuberbanden« bekämpfen kann, denen Genua freien Durchzug gewährt.

Eine geheime Mission, betont Ricord, diplomatisch und militärisch zugleich. Wie kann er sich da entziehen? Ricord und Robespierre haben immer noch die Macht inne. Augustin Robespierre muß sich nach Paris begeben, um dort vor dem Wohlfahrtsausschuß den Angriffsplan gegen Italien zu verteidigen, den Napoleon ausgearbeitet hat. »Ich breche auf«, sagt Napoleon.

Er reist allein und in Zivil, benutzt die Küstenstraßen, die sich an den Felsen entlangwinden. Das Land ist nicht ungefährlich, aber er trifft immer wieder auf französische Posten oder Städte, die von italienischen Revolutionären gehalten werden.

Als er am 27. Juli 1794 wieder in Nizza eintrifft, berichtet er zunächst Ricord von seiner Mission nach Genua und begibt sich dann mit Junot zum Château-Salé. Das Haus ist leer. Laetitia Bonaparte und ihre Kinder haben Antibes verlassen, um der Hochzeit von Joseph mit Marie-Julie Clary beizuwohnen, der Tochter des Seiden- und Seifenhändlers aus Marseille. Joseph Bonaparte hat sich also für eine Leibrente von 150000 Francs entschieden! Napoleon fühlt sich einsam. Er kehrt sogleich nach Nizza zurück, zu Laurenti.

Am Morgen des 4. August kommt Junot zu ihm und ist nervös und blaß. Sobald er Napoleon sieht, ruft er ihm zu: »Robespierre ist enthauptet worden.« Maximilien ist am 27. Juli verhaftet und schon am nächsten Tag zusammen mit seinem Bruder Augustin hingerichtet worden. Napoleon schaut zu Boden. Laurenti kommt herbei und läßt sich die Nachricht wiederholen. Endlich! Die Gefangenen werden freikommen, die Maschine des Doktor Guillotin wird endlich abgebaut werden!

Napoleon verläßt das Haus, ohne ein Wort zu sagen. Er hat zu viel Haß in den Augen gesehen. Er hat zuviel Eifersucht zu spüren bekommen, um nicht zu fürchten, daß man nun auch ihn denunzieren werde. »Sie werden sich rächen«, sagt er. Er denkt an die Straßenszenen in Toulon. Dann sagt er mit so lauter Stimme, daß ihn die umstehenden Offiziere hören können: »Das Unglück von Robespierre hat mich etwas mitgenommen. Ich mochte ihn und hielt ihn für anständig, aber selbst, wenn er mein Bruder gewesen wäre, hätte ich ihn erdolcht, wenn er die Tyrannei angestrebt hätte.«

Er wartet ab. Er trifft Saliceti, der ihm aber ausweicht. Er will Ricord treffen, aber der sei geflohen, heißt es. Er habe schon die Schweiz erreicht.

Als sich am 9. August Gendarmen im Hause Laurenti einstellen, um ihm mitzuteilen, daß er auf Befehl der Gesandten Saliceti und Albitte verhaftet sei, zeigt Napoleon keine Regung. Laurenti interveniert und schlägt eine Kaution vor, damit Napoleon bei ihm in Hausarrest bleiben könne.

Man teilt Napoleon mit, daß man ihn als Anhänger von Robespierre verdächtige, und will wissen, warum er sich nach Genua begeben habe. Kommissare der Alpenarmee behaupten sogar, daß in Italien eine Million zur Verfügung gestellt worden sei, um Emigranten zu bestechen. Saliceti sagt nur einen Satz: »Bonaparte ist des Verrats und der Verschwendung stark verdächtig.«

Schließlich bringt man ihn mit einer sicheren Eskorte ins Fort-Carré von Antibes. Vom Fester der Zelle, in die man ihn eingesperrt hat, kann er das Château-Salé erkennen. Zuerst bleibt er zusammengekauert sitzen. Er denkt an Saliceti, der ihn denunziert hat, verraten hat, um sich selbst zu retten. Feigheit der Menschen. Er denkt an das Schicksal, das ihn schon so hoch hinauf geführt hat, in so kurzer Zeit, und das ihn nun, da er kaum 25 ist, zu Boden wirft, der Guillotine ausliefert. Soll er dieses Schicksal akzeptieren oder sich wieder erheben wie nach einem Sturz bei einem Angriff? Er verlangt nach einer Feder und Papier. Er wird den Gesandten des Nationalkonvents schreiben. Er wird sich wieder erheben.

»Man hat mich meiner Funktionen enthoben, verhaftet und zum Verdächtigen erklärt«, schreibt er. »So bin ich also bestraft worden, ohne gerichtet, oder aber gerichtet, ohne gehört worden zu sein. Bin ich denn seit Beginn der Revolution nicht immer deren Prinzipien verpflichtet gewesen? Ich habe den Aufenthalt in meinem Departement geopfert, ich habe meine Besitztümer zurückgelassen, ich habe alles für die Republik verloren. Seither habe ich in Toulon Auszeichnungen und Erfolge errungen und war nicht ohne Anteil an den Lorbeeren der Italien-Armee. Man kann mir also den Titel eines Patrioten nicht absprechen. Hören Sie mir zu, zerstören Sie die Unterdrückung, die mich umgibt, und geben Sie mir die Achtung der Patrioten zurück! Eine Stunde später will ich dann gern mein Leben opfern, wenn es Böswillige antasten wollen. Ich achte es nicht sonderlich, ich habe es so oft verachtet. Ja, einzig der Gedanke, daß ich meiner Heimat noch nützlich sein kann, verleiht mir den Mut, diese Last zu ertragen.«

Er übergibt den Brief einem Wachmann.

Napoleon steht am Fenster und hört die Wellen gegen die Felsen unterhalb des Forts schlagen. Er wird standhaft bleiben. Nachts steckt ihm ein Soldat einen Fluchtplan zu, den Junot, Sébastiani und Marmont ausgeklügelt haben. Manche Menschen verraten. Andere bleiben treu. Man verzweifelt oder man hofft, wenn man das eine oder das andere erfährt. Aber zählen kann man nur auf sich. Vertrauen kann man nur sich selbst.

Er weiß, daß seine Adjutanten in Nizza auf die Gesandten und auf General Dumerbion einwirken. An der Front in den oberen Tälern greifen die Sarden an. Sie nutzen die Unruhe aus, die sich der Republik und der Armee nach dem Sturz von Robespierre bemächtigt hat.

Man braucht Bonaparte. Saliceti widerruft. Man habe »nichts Greifbares« bei Bonaparte feststellen können, schreibt er am 20. August an den Wohlfahrtsausschuß. Noch am selben Tag öffnet der Wachmann die Zellentür und lächelt, als er die Waffe präsentiert.

»Bürger General«, sagt er. Langsam schreitet Napoleon an ihm vorbei. Er ist frei. Man darf von keinem System abhängen. Man muß sein eigenes System sein. Seit fünf Tagen ist er 25 Jahre alt.

17

Napoleon betritt das Büro von General Dumerbion, der mit ausgestreckten Beinen dasitzt. Sein Körper ist schwer und müde. Er scheint kaum die Arme heben zu können. Offiziere stehen um den Tisch herum, auf dem man Karten ausgebreitet hat.

Napoleon schaut einen nach dem andern an. Sie senken die Augen. Nicht einer dieser Männer, mit denen er seit Monaten verkehrt, traut sich, eine freundschaftliche Geste zu machen und ihn zu seiner Freilassung zu beglückwünschen. Alle schweigen. Und so ist es, seit Napoleon das Fort-Carré verlassen und seine Funktionen in Nizza beim Generalstab der Italien-Armee wiedererlangt hat.

General Dumerbion hüstelt und seufzt. Schließlich zeigt er mit dem Finger auf die Landkarte und fordert Napoleon auf näher zu treten. Die Offiziere treten beiseite. Napoleon möchte sie am liebsten anfassen und ihnen lachend zurufen: »Ich habe die Pest, Sie müssen um Ihre Freiheit und Ihr Leben fürchten!« Aber wozu? Seit er eingesperrt war, hat er entdeckt, daß überall Feigheit und Angst herrscht.

Dumerbion hat ihn damit beauftragt, einen neuen Angriffsplan für die Region um Dego und Cairo im Piemont auszuarbeiten, jenseits der Pässe von Tenda und Cadibona. Aber er fühlt sich von Verdächtigungen umgeben. Man überwacht ihn. Man belauert ihn, und vor allem, man geht ihm aus dem Weg. Man mißtraut den neuen Gesandten. Man fürchtet die Säuberung, die Nationalkonvent und Wohlfahrtsausschuß angeordnet haben. Nun sollen die des Jakobinismus verdächtigten Offiziere aufgespürt werden, um »den Schwanz von Robespierre« in der Armee abzuschneiden. Offiziere sind versetzt worden. Manche wurden eingesperrt. Nach dem Sturz von Robespierre, der nun »der Tyrann« genannt wird, wurden mehr als 100 Personen guillotiniert. Die Herren von gestern drängen sich in den Gefängnissen. Und manchmal drückt eine wütende Menge die Türen ein und massakriert die Gefangenen. Die »Jesusgesellschaften« und die »Sonnengesellschaften« machen Jagd auf die Jakobiner und schaffen Tausende von Opfern. Sie werden angeleitet von emigrierten Royalisten oder von den neuen Gesandten des Nationalkonvents.

Napoleon weiß, daß Lucien als Jakobiner verhaftet und in Aix ins Gefängnis geworfen wurde. Und Napoleon hat an einen Stadtverordneten geschrieben: »Kümmere Dich um meinen Bruder, diesen jungen Verrückten, und sei ihm ein hilfreicher Freund.«

Aber was kann man von einem Menschen erwarten, den die Angst beherrscht? Was kann man von einem Land erwarten, wenn das Machtzentrum dermaßen von einer Hand in die andere kippt und auf den jakobinischen Terror nun der »Weiße Terror« folgt?

Während General Dumerbion spricht, schaut Napoleon nicht auf die Karte. Er kennt jeden Winkel des Geländes. Er hat so viele Denkschriften darüber verfaßt, wie der Krieg in Italien zu führen sei! Jedes Mal hat er dieselben Achsen vorgeschlagen, um Österreicher und Piemonteser voneinander zu trennen. Er hat erklärt, daß man die Truppe in kleine Einheiten auflösen muß. Alles, was er einst in den Garnisonen von Auxonne und Valence gelesen hat, in den Büchern von Guibert und Gribeauval sowie in den Abhandlungen von Du Teil, hat sich ganz natürlich in seine Sätze eingefügt. Was soll er da Dumerbion zuhören, diesem kranken General ohne Vorstellungskraft?

Wenn Dumerbion und die feigen Offiziere wüßten, wieviel Selbstvertrauen er hat und mit welchen Gedanken er spielt! Man müßte ein Land haben, denkt er, dessen Mitte einen Anziehungspunkt bildet, eine feste Achse. Und jeder Bürger wäre seines Platzes in diesem System gewiß. Weder roter noch weißer Terror. Methodische Ordnung und mathematische Organisation.

Er antwortet Dumerbion, ohne ihm zugehört zu haben. Er ist bereit, die Bataillone in die Gegend von Cairo und Dego zu führen. Er wird sich noch heute auf den Weg zu ihnen machen. Er weiß, daß General Schérer über ihn geschrieben hat: »Dieser Offizier kennt seine Armee sehr genau, hat aber etwas zu viel Ehrgeiz.« Aber was wäre denn ein Mann ohne Ehrgeiz? Unfruchtbarer Boden.

Er ist im Gelände. Es regnet in den hohen Tälern und über den Hügeln von Piemont, die sich wie längliche Rücken in die Ebene der Lombardei vorschieben. Dort unten, in diesem fruchtbaren Schwemmland, an den Ufern des Po, schlummern die reichen Städte, Mailand, Verona, Mantua. Während die sardischen Soldaten sich zurückziehen und die schlecht gekleideten, schlecht ernährten Truppen der Republik, die zudem von Ruhr und manchmal auch von Typhus heimgesucht werden, bei Dego und Cairo einen Sieg erringen, betrachtet Napoleon durch das Fernglas dieses wohlhabende Italien, die Lombardei. Ein wenig Mut würde schon genügen, es zu besetzen und zu beherrschen. Aber er ist nicht der Befehlshaber. Und was kann man ausrichten, wenn man Leuten gehorchen muß, die einem unterlegen sind?

Abgemagert und mit vorgebeugtem Körper streift er unruhig durch das Haus in Cairo, in dem sich der Generalstab eingerichtet hat. Alles ist zu einfach und zu langsam. Er wird ungeduldig. So kann er nicht leben.

Er stößt die Tür zum Büro des Konventsabgeordneten und Gesandten Turreau auf. Er bleibt stehen. Dort sitzt eine Frau. Turreau ist nicht da. »Ich bin die Bürgerin Turreau«, sagt sie. Ihr langes Plisseekleid ist in der Taille sehr eng und betont die Rundungen ihrer Hüften und Brüste. Sie senkt den Blick nicht.

Er ist wie angezogen von diesem Körper, diesem blonden Haar, dieser gelösten Haltung. Sie erscheint ihm wie eine zu erobernde Ebene, die man in einem kurzen, brutalen Angriff einnehmen muß.

Er beugt sich zu ihr hinab. Er sagt etwas, und sie antwortet. Der Bürger Turreau, sagt sie, sei auf Inspektionsreise und komme erst morgen wieder. Er streckt die Hand nach ihr aus. Am nächsten Morgen, während er mit Junot nach Nizza reitet, sagt er leise: »Blondes Haar, Esprit, Patriotismus und gute Gesinnung.«

Er kehrt zurück in die Räume des Generalstabs in Nizza. Kann eine Nacht mit einer Frau seinen Tatendrang befriedigen, den Wunsch, ganz er selbst zu sein? Félicité Turreau verbringt einige Tage in Nizza und gibt sich ihm wieder hin. Aber die Nächte sind so kurz, und die Tage dehnen sich endlos.

Im Generalstab ist die Rede von einer Expedition nach Korsika, um die Engländer von dort zu vertreiben. In Toulon werden Soldaten und Schiffe zusammengezogen. Er muß dabeisein. Aber er hat das Gefühl, daß man ihm immer wieder ausweicht, wenn er nachfragt.

An einem Morgen erfährt er, daß Buonarroti, den er von Korsika her kennt, von seiner Funktion als Kommissar des Konvents in Oneglia abberufen wurde. Der als Anhänger von Robespierre verdächtigte Italiener wurde nachts von einer Eskorte durch Nizza geführt, auf dem Weg in die Pariser Gefängnisse.

Napoleon begreift, daß die Verhaftung von Buonarroti auch den Verdacht gegen ihn verstärken wird. Er ist außer sich, weil er nicht zur Korsika-Expedition gehören wird. Schlimmer noch: am 29. März wird er aus der Italien-Armee abberufen.

Junot, Marmont und Muiron, die ihm zureden wollen, weist er brüsk ab. Nichts kann ihn beruhigen. Er bekommt einen Brief von seiner Mutter. »Korsika ist nur ein unfruchtbarer Felsen«, schreibt sie, »ein kaum wahrnehmbares, elendes Fleckchen Erde. Frankreich hingegen ist groß, reich, dicht besiedelt. Es steht in Flammen. Das, mein Sohn, ist ein edles Feuer. Das Risiko, sich daran zu verbrennen, lohnt sich.« Ja, aber wie soll er sich in den Feuerherd werfen?

In diesem März 1795 ist es plötzlich, als ließe die Spannung der Bogensehne nach, weil es kein Ziel mehr gibt, und der Pfeil fällt zu Boden.

Er begibt sich nach Marseille. Als er Draguignan, Brignoles und die kleinen Städte im Departement Var durchquert, spürt er die feindlichen Blicke, die ihm folgen. Die Royalisten der Jesusgesellschaften haben sich auf dem Lande ausgebreitet und wüten im ganzen Rhonetal. Man jagt die Jakobiner. Man massakriert sie in den Gefängnissen von Lyon. Die »Muscadins«, Ultra-Royalisten in Paris, machen es ebenso und lassen den Jakobinerclub schließen.

Was soll man tun, wenn man ein General von 25 Jahren ist, ohne politischen Rückhalt, als Jakobiner verdächtigt und ins Abseits gestellt, wenn man seines Kommandos beraubt ist und vom guten Willen Unbekannter abhängt, die mal wohlwollend, mal feindselig, auf jeden Fall aber in den Büros des Kriegsministeriums allmächtig sind, die nie gesehen haben, wie man Truppen in den Kampf führt, die alles, was an Kraft, Energie und Siegeswillen in einem steckt, nicht kennen oder gar fürchten? Beginnt jetzt vielleicht die Zeit der Mittelmäßigen? *Wo ist mein Platz in diesem Land?*

In Marseille betritt er den prächtigen Salon der Familie Clary in der Rue des Phocéens. Joseph kommt ihm lächelnd entgegen, er ist dick geworden und hält den rundlichen Arm seiner Gattin Julie Clary, 150000 Francs Aussteuer.

Joseph tritt beiseite und schiebt Napoleon zu Désirée Clary hin, seiner Schwägerin, einem brünetten Mädchen mit rundem Gesicht und schlankem Körper. Sie ist von der unsteten Schüchternheit der Sechzehnjährigen. Sie ist aufsässig, bewundernd und sanft. Sie bietet sich ohne Koketterie an, wie eine Festung, die sich aus freien Stücken einem heranziehenden Feldherrn ergibt.

Napoleon setzt sich neben sie. Sie spricht nur wenig. Sie wartet ab. Er träumt davon, wie Joseph zu sein, ein ruhiger Kapaun, glücklich in seiner Ehe, regelmäßig gut essend, ohne Feinde und Wünsche, nur um das tägliche Wohl der Seinen besorgt.

Diese Träumerei verstärkt sich noch im Laufe des März und April 1795. Wenn er Désirée Clary heiraten würde, müßte er nicht mehr wie ein einsamer, dürrer Kater ständig allein umherstreifen. Er ergreift das Handgelenk von Désirée. Ihre Haut ist straff. Ihre Hand läßt sich angenehm fassen und fest drücken. Jede Nacht diese Festung belagern und sie für immer besitzen. Warum nicht?

Sie sei erst 16, sagt sie. Und er ist in vier Monaten erst 26. Er redet auf sie ein. Um aus diesem Traum Wirklichkeit zu machen, setzt er ebensoviel Energie ein wie bei der Errichtung einer Batterie. Am 21. April werden Napoleon Bonaparte und Désirée Clary unter den wohlwollenden Blicken seines älteren Bruders Joseph und ihrer älteren Schwester Julie zu Verlobten erklärt. Alles ist gut.

Am 21. April überbringt Junot Napoleon einen jener Briefe, deren Tintenfarbe er sofort erkennt. Er reißt ihn Junot aus den Händen. Er liest. Er flucht. Man hat ihn zum Kommandanten einer Infanteriebrigade in der Vendée ernannt.

Infanterie! Ihn, den General der intelligenten Waffengattung, den »Hauptmann Kanone« von der Belagerung Toulons, den Kommandanten der Artillerie der Italien-Armee! Das ist eine Degradierung, keine Beförderung. In der Vendée! Er, der die Engländer und die Sarden bekämpft hat, soll nun aufständische Bauern bekämpfen, die Chouans!

Er schubst Junot beiseite, drängt Joseph fort und sieht Désirée Clary. Er schaut sie an. Dort sitzt sein Traum, ganz brav in diesem Salon, beide Hände auf den Knien.

Er werde morgen nach Paris reisen, sagt er.

Glaubt man denn vielleicht, daß er sich ersticken, abschieben, exilieren, demütigen läßt? Worin liegt denn das Glück, wenn nicht im Handeln und Kämpfen?

Fünfter Teil

»Mein Schwert ist an meiner Seite, mit ihm werde ich weit kommen.«

Mai 1795 – 11. März 1796

18

»Du bist gar nichts!« Niemand schleudert Napoleon diese Worte an den Kopf, seit er Mitte Mai 1795 in Paris angekommen ist, in Begleitung seiner Adjutanten Junot und Marmont sowie seines Bruders Louis. Und doch errät er jederzeit dieses verächtliche oder gleichgültige Urteil aus Blicken, Haltungen oder Bemerkungen.

Wenn Napoleon sich beschwert, daß die möblierte Wohnung, die er im *Hôtel de la Liberté* in der Rue des Fossés-Montmartre gemietet hat, zu spärlich eingerichtet und die Wäsche nicht ganz sauber ist, dann begnügt sich der Wirt damit zu sagen: »72 Francs im Monat, 72 Francs.« Was will er denn mehr verlangen für diesen Preis?

Aber überall fließt das Geld. Die eleganten Herren des Augenblicks, die sogenannten »Unglaublichen« drehen ihre gedrechselten Spazierstöcke, tragen gepuderte Perücken und stolzieren in Begleitung ihrer »Wunderbaren« über die Boulevards und prügeln auf Jakobiner oder Sansculotten ein. Napoleon schimpft: »Und diese Leute leben im Wohlstand!«

Er ist gar nichts. Er fordert die Erstattung seiner Reisekosten von 2640 Francs. Er meldet sich im Kriegsministerium, um seinen Sold und seine täglichen sechs Lebensmittelrationen zu erhalten. Aber ein Tag genügt, und das Geld verliert zehn Prozent seines Wertes. Was sind diese Assignatenbündel, die man ihm gibt? Papier zum Feuermachen!

In den Büros des Ministeriums beachtet man ihn kaum. Er wartet darauf, daß Minister Aubry ihn zu empfangen geruht. Aubry! Ein alter Artilleriehauptmann, der sich selbst zum General ernannt hat, ein Inspektor der Artillerie, der über Karrieren entscheidet.

Ein Offizier, der seine Stellung Intrigen verdankt und Napoleon mit einer Miene unerträglicher Überlegenheit ansieht.

Napoleon plädiert, er sei Artillerist, Brigadegeneral, er könne dieses Kommando über eine Infanterieeinheit nicht annehmen.

»Sie sind zu jung«, wiederholt Aubry. »Sie müssen Älteren den Vortritt lassen.«

»Auf den Schlachtfeldern altert man schnell«, antwortet Napoleon, »und ich komme von dort.«

Ein Satz zuviel, wenn man gar nichts ist, keine Unterstützung hat, wenn man nur eine abgescheuerte Uniform trägt, auf der das seidene Rangabzeichen kaum zu erkennen ist.

Auf den Straßen, in den Büros, in den Salons drängen sich elegante Männer und Frauen, die diesen Offizier mit dem ungekämmten und schlecht gepuderten Haar, das ihm bis auf die Schultern fällt wie riesige Hundeohren, nicht einmal bemerken. Seine Hände sind lang und mager, seine Haut ist gelb. Er geht immer gekrümmt und hat einen schäbigen runden Hut tief in die Stirn gezogen. Sein Gang ist linkisch und unsicher. Nur sein Blick überrascht zuweilen, grau und eindringlich. Und dann erst bemerkt man die Züge seines Gesichts, den feinen Mund, das kantige Kinn, den entschlossenen Ausdruck, die Energie, die von dieser jugendlichen und doch schon geformten, ja fast hohlwangigen Physiognomie ausgeht. Aber Napoleon spürt genau, daß man mitleidlos auf ihn blickt. Man wendet sich von ihm ab, nachdem man mit einem Blick seine Kleidung, seine schiefgetretenen, staubigen Stiefel und seinen ungesunden Teint eingeschätzt hat.

Die Armen sind in diesem Frühling 1795 verdächtig. Am 1. April haben sie demonstriert, und noch einmal am 20. Mai, nur wenige Tage nach der Ankunft von Napoleon. Sie haben den Nationalkonvent besetzt, den Abgeordneten Féraud geköpft und seinen Kopf auf einer Pike umhergeführt, wie in den Tagen der Revolution. Die Armee hat unter dem Kommando von General Menou die Ordnung wieder hergestellt. Aber die Schreie aus den Vororten, »Brot!« und »Die Verfassung von 1793!«, haben Furcht erregt. Man muß dem Pöbel noch kräftiger den Stiefel auf die Kehle drücken.

»Daß ein Land von den Besitzenden regiert wird, entspricht

einer geordneten Gesellschaft; wenn die Habenichtse regieren, wäre das bloßer Naturzustand, also Barbarei«, hat der Konventsabgeordnete Boissy d'Anglas gesagt.

Napoleon weiß genau, daß auf ihm immer noch der Verdacht des Robespierrismus lastet, und das ist der schlimmste Vorwurf, den man jemandem in diesen Monaten machen kann. Er streift durch Paris, um zu begreifen, wer die Macht in der Hand hat und die Ordnung der Dinge bestimmt. Er ist sicher, daß sich alles hier entscheidet, in der Hauptstadt. Es nützt nichts, sich auf den Schlachtfeldern tapfer zu zeigen, wenn man sich nicht zuvor den Rückhalt der Machthaber gesichert hat. Wenn er akzeptierte, sich zur Westarmee zu begeben, wäre das nicht nur ein ungerechtfertigter Abstieg, er würde jede Möglichkeit verlieren, voranzukommen und als das anerkannt zu werden, was er ist, wozu er fähig ist.

Er leidet unter dieser Lage, ist fiebrig und bleich, kennt Anfälle von Verzweiflung. Er greift zur Feder und schreibt an seinen Bruder Joseph einen Brief nach dem andern. Manchmal ist er den Tränen nahe.

Er fühlt sich allein, trotz der Gegenwart von Junot. Marmont hat sich der Rheinarmee angeschlossen, Louis ist in die Artillerieschule von Châlons-sur-Marne aufgenommen worden. Napoleon braucht seine Familie. Er hat Sehnsucht nach einem anderen Leben: »Das Leben ist nur ein Traum, der rasch verweht.« Warum soll er sich nicht für ein ruhiges Haus und ein ländliches Leben entschließen?

Seine Gedanken kehren zurück zu den verflossenen Tagen bei den Clarys. Er denkt an Josephs Schwägerin Désirée. Er begeistert sich und schreibt in einigen Tagen und Nächten einen kurzen Roman mit dem Titel *Clisson und Eugénie*. Er gibt sich selbst zu erkennen, indem er einen jungen Mann von 26 Jahren in Szene setzt, der schon Lorbeeren auf dem Schlachtfeld errungen hat und in die siebzehnjährige Eugénie verliebt ist. Clisson ist ein Mann wie aus einem Guß, er besitzt alle Eigenschaften, die Napoleon sich selbst zuschreibt. Napoleon ist 26 Jahre alt und hat eine feurige Seele wie sein Held Clisson, den er den Tod auf dem Schlachtfeld suchen läßt, als Eugénie ihn nicht mehr liebt.

Napoleon ist in seinem Zimmer im *Hôtel de la Liberté*. Er hat die ganze Nacht nicht geschlafen. Die Hitze ist erdrückend an diesem Julianfang 1795. Junot schläft im Nachbarzimmer. Es ist noch so früh. Was soll er nur machen? Napoleon liest noch einmal den Roman, den er soeben beendet hat, verbessert einiges, schreibt die ersten Seiten dreimal neu. Dann beginnt er einen Brief an Joseph. »Ich glaube, daß Du absichtlich nichts von Désirée schreibst. Wenn ich hier bleibe, kann es gut passieren, daß mich der Wahn zur Hochzeit treibt. Ich wüßte gern Deine Ansicht darüber.«

Napoleon will, daß Joseph mit Désirées Bruder über diese Frage spricht. Mit seiner eckigen, raschen Handschrift füllt er die Seiten. »Diese Angelegenheit mit Désirée muß zu einem Ergebnis führen oder aufhören. Ich erwarte Deine Antwort mit Ungeduld.«

Einen Roman schreiben, in dem man sich wie in einem Spiegel betrachtet, ein fernes junges Mädchen zur Heirat drängen, das sind Mittel und Wege, gegen die Leere anzukämpfen, die aus der Ungewißheit kommt, gegen die Angst, die der Tatenlosigkeit entspringt. Aber dieser Wunsch, diese Seiten, diese Bitte sind nur ein Moment unter vielen anderen, in denen Napoleon Türen aufzustoßen versucht.

Er bestürmt die Behörden. Er klettert in die sechste Etage eines Flügels des Tuilerien-Palastes. Dort hat sich ein Mitglied des Wohlfahrtsausschusses eingerichtet, Doulcet de Pontécoulant, der mit der Leitung der Militäroperationen betraut ist. Napoleon hat vom Konventsabgeordneten Boissy d'Anglas eine Empfehlung erhalten. Es ist immer noch besser, in einer Dachkammer des Kriegsministeriums Kriegspläne auszuarbeiten, als der vergessene General an der Spitze einer Infanterieeinheit zu sein, die den Chouans nachstellt. Diese Aufgabe erfüllt General Hoche auf das beste, und in Quiberon hat der Gesandte vor Ort, Tallien, befohlen, 748 Emigranten zu erschießen, die in Quiberon gelandet sind und dort gefangen wurden. Was kann man schon in solch einem Krieg gewinnen?

Da ist es besser, sich unter die anderen Bittsteller zu mischen. Seine Kleidung aber mustert man mit Staunen und Verachtung. Er wird als ein Verirrter angesehen. Er spürt, daß seine Leidenschaftlichkeit Verwunderung und Angst auslöst. Man schickt ihn wieder fort mit dem Satz: »Schreiben Sie alles auf, was Sie gesagt haben, und bringen Sie es uns.«

Napoleon kehrt den Rücken. Zunächst denkt er, daß er nichts aufschreiben wird. Aber dann arbeitet er auf Drängen von Boissy d'Anglas einen Plan für die Italien-Armee aus, und de Pontécoulant beschäftigt ihn einige Wochen lang in seinem topographischen Dienst. Er arbeitet mit einer Effizienz, die überrascht, und einer Originalität und einem Talent, die frappieren. Er setzt sich durch bei de Pontécoulant, und als er erst einmal Anerkennung für seine Qualitäten gefunden hat, fordert er seine Wiedereingliederung als General der Artillerie. Warum sollte man ihm nicht eine Mission nach Konstantinopel anvertrauen, um die türkische Armee zu reorganisieren?

Pontécoulant unterstützt sein Ersuchen. Der geplante Aufbruch in den Orient ist vielleicht ein Ausweg, aber er muß die Entscheidung von Letourneur abwarten, der für das Personal zuständig ist und es mit 40 Jahren auch nur zum Artilleriehauptmann gebracht hat! Also muß er zunächst andere Ziele finden, denn die Ungeduld nagt an ihm, und die Untätigkeit wirkt zerstörerisch.

Zunächst braucht er Geld. Was kann er sonst machen? Gewiß hat er seinen Sold. Aber diejenigen, die in Paris das Sagen haben, jonglieren mit Millionen von Assignaten. Sie tragen extravagante Kleidung aus Seide und Brokat, dazu turbanartige Hüte, und wenn Napoleon einen ihrer Salons betritt, ist er nur eine schwarze Silhouette, die in eine schlechtsitzende Uniform gezwängt wurde.

Also zunächst Geld. Joseph hat welches, da ihm Julie Clary eine Rente von 150000 Francs eingebracht hat. Gute Geschäfte jagt man sich gegenseitig ab, denn alle beeilen sich, die Assignaten, die täglich an Wert verlieren, gegen gute Ländereien und Gebäude zu tauschen. In der Welt, wie sie ist, zählen nur Geld, Intrigen, Luxus, Wohlleben, Macht und Kabalen. Napoleon spürt dies und beobachtet alles. Die korrupten Neureichen treffen sich bei Madame Tallien, die man »Unsere Liebe Frau des Thermidor« nennt. Sie erlauben den Zutritt zu jener Sphäre, in der sich das Schicksal entscheidet. Man muß zu dieser Welt gehören oder auf alles verzichten. Auch diese Erkenntnis greift Napoleons Gesundheit an.

Er läßt sich in das Luxembourg-Palais einladen, wo Barras residiert, den man den König der Republik nennt. Er betritt aber auch den Salon am Cours de la Reine, an der Ecke zur sogenannten Witwenallee neben den Champs-Élysées, wo Madame Tallien empfängt, die offizielle Geliebte von Barras, der mehr als eine hat, dazu noch einige Lustknaben, wie man sagt.

Barras! Napoleon erinnert sich an diesen Gesandten des Konvents, der zusammen mit Fréron und Fouché Toulon von den Royalisten gesäubert hat. Diese Leute haben ein Vermögen gemacht mit Lieferungen von Kriegsmaterial für die Armeen und durch gelegentliche Provisionen und Plündereien. Eine Welt voller Ausschweifungen, Korruption, Luxus und Wohlleben, die Napoleon anzieht, weil er ein Wolf ist, der nach Ruhm, Frauen und Macht giert, und weil er verstanden hat, daß sich hier alles entscheidet.

Aber er zweifelt auch an seiner Fähigkeit, diese Welt zu erobern und sich dort einen Namen zu machen. Und doch muß man es versuchen, denn etwas anderes gibt es nicht. Er zählt nicht auf eine Rückkehr der Tugend im Stile von Robespierre, die doch sowieso nur Illusion und Anschein war und deren Begleiterscheinung, die Schreckensherrschaft, nun von allen abgelehnt wird. Und wer kümmert sich schon noch um die Armen? Jeden Tag stürzen sich einige von ihnen mit ihren Kindern in die Seine, um vor dem Hunger und dem Elend in den Tod zu flüchten. So ist die Welt. Die Gleichheit ist nur eine Chimäre. Weh den Armen und den Besiegten!

»Der Luxus, das Vergnügen und die Künste haben hier wieder einen erstaunlichen Aufschwung genommen«, schreibt Napoleon. Er geht in die Oper und wohnt einer Aufführung von *Phädra* bei. Er durcheilt die Stadt und sieht, »daß die Kutschen und die Wohlgekleideten sich wieder zeigen, oder vielmehr erinnern sie sich nur noch schwach daran, daß sie eine Zeitlang nicht geglänzt haben«. Die ganze Stadt wird von dem Willen beherrscht, die Monate der Revolution durch Vergnügungen zu vergessen.

So ist diese Epoche. Wer das nicht versteht und etwas anderes will, ist einfach verrückt. »Diese Stadt ist, wie sie immer war: alles für das Vergnügen, alles für die Frauen, die Schauspiele, die Bälle, die

Spaziergänge, die Ateliers der Maler.« Und man sollte nichts sein in dieser Welt, die die einzig wirkliche Welt ist? Das wäre der Tod.

Plötzlich überkommen ihn Bitterkeit und Verzweiflung. Er spricht nicht mehr mit Junot. Er wird unzugänglich, eingekapselt, versinkt ganz in sich. An diesem Morgen hat er bei Barras, bei Boissy d'Anglas und bei Fréron antichambriert. Er ist im Kriegsministerium bei jenen Instanzen vorstellig geworden, die für die Zuteilung von Kleidung, Gehrock, Weste und Uniformhosen zuständig sind. Napoleon bezog sich auf ein Dekret des Wohlfahrtsausschusses, das die Modalitäten der Verteilung regelt. Man hat ihn fortgeschickt. Was ist er? Selbst für eine Uniform braucht man politischen Rückhalt! Auf dieses Niveau ist ein Mann wie er heruntergekommen!

Napoleon reagiert sich in einem Brief ab, dann ruft er Junot. Dieser erhält von seiner Familie etwas Geld, setzt es im Spiel ein und gibt seine Gewinne an seinen General weiter. Napoleon verteilt die Münzen und die Scheine. Sie gehen zum Palais-Royal. Er ist 26, Junot 24 Jahre alt. Mit gierigen Blicken gehen sie an den Frauen vorbei. Ihr Körper, ihr Parfüm und ihre Augen, wenn sie kurz den Blick von Napoleon treffen, lassen im Nu die fast selbstmörderische Verzweiflung vergessen. Das Begehren weckt die Lebensgeister. Sich der Welt, wie sie ist, aufdrängen, das heißt zunächst, eine Frau erobern und besitzen.

An Joseph schreibt Napoleon: »Die Frauen sind überall, in den Theatern, auf den Spazierwegen, in den Bibliotheken. In den Arbeitskabinetten der Gelehrten trifft man sehr hübsche Personen. Paris ist der einzige Ort auf der Erde, wo sie es verdienen, das Ruder in der Hand zu halten. Deshalb sind auch die Männer verrückt nach ihnen, denken nur an sie, leben nur für und durch sie. In Paris braucht eine Frau sechs Monate, um herauszufinden, was ihr zusteht und welchen Einfluß sie hat.«

Man muß also dorthin gehen, wo diese geschmückten, mächtigen, intelligenten, geistreichen und sinnlichen Frauen sind. Wenn er die Unterstützung von Barras will, dem König der Republik, dann muß es ihm gelingen, zu Thérésa Tallien vorzudringen, der Lieben Frau des Thermidor-Regimes.

Und hier ist sie, in ihrem Salon, der einem griechischen Tempel nachgebildet ist. Von allen Gästen ist Napoleon der am schlechtesten gekleidete. Die jungen Royalisten tragen blonde Perücken, die aus Haaren von Hingerichteten gefertigt wurden, wie es heißt. Sie tragen außergewöhnliche Kleidungsstücke in allen Farben, grün, gelb, rosa. Ihre Jacken haben lange Rockschöße, mit denen sie spielen. Kaum einer scheint den schwarzen General zu bemerken, diesen gestiefelten Kater mit dem bohrenden Blick.

Napoleon bahnt sich einen Weg zwischen den dekorierten Offizieren und den Abgeordneten mit ihren breiten blauweißroten Gürteln. Er grüßt Fréron, der in Marseille Pauline Bonaparte besonders eifrig den Hof gemacht hat. Barras trägt eine goldbestickte Uniformjacke und durchschreitet, mit Thérésa Tallien am Arm, die Salons wie ein König. Der Vicomte Barras de Fox-Amphoux, Abgeordneter des Departements Var, hat einst die königliche Armee verlassen und von hohen Rängen geträumt. Am 1. August 1795 hat er sich zum Brigadegeneral ernennen lassen!

Vor dieser Art General muß er sich verbeugen. Barras paradiert und präsentiert Thérésa Talllien wie ein Schmuckstück. Sie trägt ein sehr schlichtes weites Musselinkleid, das sie in langen und breiten Falten umhüllt und das nach der Tunika einer griechischen Staue entworfen wurde, über die Brust drapiert, die Ärmel an den Schultern von Knöpfen aus antiken Gemmen gehalten. Sie trägt keine Handschuhe. Man ahnt ihre Brüste und ihre Hüften.

Um sie herum drängen sich andere Frauen, die ebenso leichtbekleidet sind wie sie, duftend und herausfordernd. Eine laszive Kreolin mit eindringlichem Blick mustert jeden anwesenden Mann, als wolle sie ihn auffordern, etwas zu wagen. Es ist die Bürgerin Hamelin, und hier kommt nun die Bürgerin Krudener, eine blasse und blonde Frau aus Livland. Das dort ist Madame Récamier, und diese junge schwarzhaarige Frau, die lächelt, ohne die Lippen zu öffnen, ist Joséphine de Beauharnais, die Witwe eines Generals, der unter der Schreckensherrschaft guillotiniert wurde. Man erzählt sich, sie habe Madame Tallien im Gefängnis kennengelernt und sie sei vor ihr die Geliebte von Barras gewesen, ja sie sei es zuweilen immer noch. Allen werden mehrere Liebhaber, lockerer Lebenswandel und ein großes Vermögen zugeschrieben.

Fasziniert und ehrerbietig nähert sich Napoleon Thérésa Tallien. Man scheint ihn zu bemerken. Barras flüstert ihr etwas zu. Vielleicht erwähnt er die Belagerung von Toulon. Napoleon wird mutiger. Die entblößten Frauen machen ihn kühner. In einem Augenblick wird der magere und farblose Offizier feurig, forsch, herrisch. Er provoziert und macht sich über sich selbst lustig: Sehen Sie mal, ich habe keine Uniform mehr! Könnte Madame Tallien ihm nicht helfen, den Stoff zu erhalten, auf den er Anspruch hat? Könnte sie ihm diese Gnade erweisen, die Königin von Paris?

Er hat es gewagt. Sie geruht, ihn anzuschauen. Sie ist beeindruckt von der Energie, die er ausstrahlt. Die Gestalt des Offiziers ist unscheinbar und lächerlich, aber seine Augen fesseln die Aufmerksamkeit. Sie hört ihm zu, antwortet großherzig, daß Lieferant Lefeuve, der ihr verpflichtet sei, ihm den Stoff für eine Uniform zuteilen werde. Barras hat sich entfernt, lächelnd und mit gelangweilter Miene.

Ein Gespräch entspinnt sich. Napoleon nutzt jede Äußerung, die fällt, als Gelegenheit zu glänzen. Plötzlich fühlt er sich wohl, als hätte er seit je gelernt, den Hof zu machen, als ob diese Welt die seine wäre. Ganz selbstsicher ergreift er das Handgelenk von Thérésa Tallien. Er schwadroniert. Er könne die Zukunft aus den Händen lesen. Eine Gruppe Frauen bildet einen Kreis um ihn. Er bringt sie zum Lachen mit seinen Einfällen und den Anspielungen, die sich unter seinen Prophezeiungen verbergen. Er ist Korse, also beinahe Italiener? Er entstammt einer Kultur, die die Zukunft vorherzusagen weiß? General Hoche hält ihm die Hand hin. Napoleon gibt bekannt, daß der General in seinem Bett sterben werde, wie Alexander der Große.

Er wechselt einige Worte mit Joséphine de Beauharnais, deren Blick diesen dürren, nervösen Menschen einzuschätzen versucht, der so leicht und feurig zu reden versteht, daß man darüber seine elende Kleidung vergißt. Sie ist auf der Suche nach einem Mann.

Napoleon verläßt den Salon von Thérésa Tallien mit nervösem Schritt. Mehr ist Paris also nicht. An diesem Septemberanfang 1795 hat er zum ersten Mal den Eindruck, daß er auf dem Gelände, das er erobern will, einen Vorposten errichtet hat. Er muß wieder zu Thérésa Tallien und auf dem Weg über sie zu Barras und Fréron vordringen, die seine bisherigen Demarchen nur mit höflichen und freundschaftlichen Briefen beantwortet haben, sämtlich Ablehnungen.

In den nächsten Tagen wird Napoleon von der Gewißheit getragen, daß er endlich die Mittel zum Handeln erlangt hat. Er schreibt an Barras. Er vergewissert sich, daß Pontécoulant sein Vorhaben unterstützt, einen Posten in Konstantinopel zu bekommen. Die Ernennung sei bereit, versichert Pontécoulant. Die Reiseentschädigung sei festgesetzt. Napoleon werde die Funktion eines wirklichen Gesandten erhalten. So wird er den Pariser Spannungen entgehen, die sich abzeichnen. Denn die Royalisten machen mobil. Sie nehmen den Entwurf einer neuen Verfassung nicht hin, jener des Jahres III, die zwei Kammern vorsieht, den Rat der Alten und den Großen Rat der 500. Aber das Dekret, das der Nationalkonvent am 28. August beschließt, kommt ihnen wie ein regelrechter Staatsstreich vor.

Die Konventsabgeordneten haben einfach beschlossen, daß zwei Drittel der neuen Abgeordneten aus ihren Reihen bestimmt werden. Auf diese Weise unterlaufen sie den absehbaren Wahlsieg der Royalisten und Gemäßigten. Leute wie Barras und Tallien, Fouché und Fréron wollen keine Wiederkehr der Monarchie.

Napoleon ist zu sehr als Jakobiner verschrien, zu verdächtig, um von den Monarchisten oder Konventsleuten etwas zu erhoffen. Jeden Tag wartet er auf das Dekret, das ihm erlaubt, Frankreich mit hohem Sold und einer bedeutenden Funktion zu verlassen. Aber am 15. September 1795 faßt der Wohlfahrtsausschuß folgenden Beschluß: »Der Wohlfahrtsausschuß verfügt, daß der Brigadegeneral Bonaparte, der bisher vom Wohlfahrtsausschuß beschäftigt wurde, aus den Listen der Offiziere im Dienst gestrichen wird, angesichts seiner Weigerung, sich auf den Posten zu verfügen, der ihm zugeteilt wurde. Mit der Ausführung dieses Beschlusses ist die 9. Kommission befaßt. Am 29. Fructidor der Jahres III der Republik. Gezeichnet Cambacérès, Berlier, Merlin, Boissy.«

Napoleon ist beiseite geschoben, weggesäubert worden. Der Sieg, das Talent, die Hartnäckigkeit, alle Anstrengungen, um die

Abgeordneten, Barras und Fréron und auch die Frauen zu überzeugen, sind umsonst gewesen. Er ist nur noch ein General ohne Verwendung. Einer von so vielen. Denn noch 64 andere Verdächtige werden genau wie er aus den Listen der aktiven Armee gestrichen. Er ist 26 Jahre alt.

»Du bist gar nichts, Napoleon!«

19

Er muß also von vorne anfangen. Napoleon verspürt überhaupt keine Niedergeschlagenheit. Im Gegenteil. Dieser unerwartete Schlag, den man ihm versetzt hat, als er gerade sein Ziel zu erreichen glaubte, stachelt ihn noch an: *Entweder ich nehme neuen Anlauf, oder ich gehe unter.*

Er hebt den Kopf, schaut Junot an, der im Zimmer umhergeht und schimpft. Er verflucht Letourneur, der für das Militärpersonal zuständig ist, Cambacérès, Barras und Fréron, alle diese Profiteure und Bürohengste, die über das Schicksal des Generals Napoleon Bonaparte entscheiden! Wozu soll er seine Stimme mit jener von Junot vermischen? Was nützen Ressentiments? Warum nutzlos Energie vergeuden? Man muß sich aufrichten, als wäre die Flanke durch einen wütenden Sporentritt verwundet worden. Vorwärts!

Draußen geht er mit schnellem Schritt zum Palais-Royal. Er antwortet nicht auf die Fragen von Junot. Es ist ein milder Abend, der Sonnenuntergang färbt den Himmel blutrot.

Plötzlich hört man Schreie, Männer laufen vorbei und brüllen: »Nieder mit der Zweidrittel-Klausel!« Ihre Kragen zeigen die Farben des Grafen von Artois, ihre langen Zöpfe reichen bis auf die Brust hinunter und hüpfen auf den Schultern. Sie füllen die Cafés auf dem Platz und den Saal der Comédie-Française, sie zwingen Passanten und Zuschauer, mit ihnen zu schreien, die neue Verfassung und die Zweidrittel-Klausel zu verdammen. Von Zeit zu Zeit ruft jemand: »Es lebe der König!«

Die Sektion des Börsenviertels hat eine Petition an alle Gemeinden geschickt, in der die Zweidrittel-Klausel kritisiert und ihre Aufhebung gefordert wird. Man appelliert an General Danican, die Führung der Pariser Nationalgarde zu übernehmen, um sich notfalls mit Waffengewalt gegen den Nationalkonvent zu wenden.

Der Konvent tagt. Im Eingang des Gebäudes schreibt Napoleon auf seinen Knien einen Brief an Barras und einen anderen an Fréron. Von Zeit zu Zeit hält er inne. Er kennt diese Atmosphäre, ein Sturmangriff steht bevor. Er erinnert sich an den 20. Juni und an den 10. August des Jahres 1792. Er war als Zuschauer nur wenige Schritte von den Aufständischen entfernt, hier ganz in der Nähe, und er war damals überzeugt, daß er den Verlauf der Dinge hätte beeinflussen können. Heute könnte er es noch besser. Aber er ist aus dem Spiel. Also kann er sich genausogut vom Schauplatz entfernen, da er nicht die erste Rolle spielen kann. Er muß nach Konstantinopel aufbrechen, unbedingt die Ernennung erhalten, die ja schon geschrieben ist.

Er hält es nicht in seinem Zimmer aus. Er geht ins Theater. Er braucht diese Geräuschkulisse und dieses Lachen um sich. Sie isoliert ihn und regt zugleich seinen Geist an. Er spürt, daß ihn Junot unruhig und erstaunt anschaut. Während alle Zuschauer laut lachen, bleibt Napoleon völlig regungslos.

Draußen in den Galerien des Palais-Royal stehen protestierende Gruppen. Man ist empört über die Ergebnisse des Referendums, das die Verfassung mit etwas mehr als einer Million Stimmen gebilligt hat, bei kaum 50 000 Neinstimmen und allerdings fünf Millionen Enthaltungen. Und das Dekret mit der Zweidrittel-Klausel, das es den Abgeordneten des Konvents erlaubt, sich in beiden Kammern wiederzufinden, hat nur 205 498 Stimmen erhalten gegen mehr als 100 000 Neinstimmen. Das ist eine Farce, wird gerufen. Dann fallen Schüsse. Man schießt auf eine Armeepatrouille. Bewaffnete junge Männer kommen vorbei. Manche tragen des Emblem der Aufständischen in der Vendée, ein Herz mit dem Kreuz.

1 000 Emigranten, begleitet von 2 000 Engländern, sind auf einer Insel vor der bretonischen Küste gelandet. 30 von den 48 Pariser

Sektionen rufen zum bewaffneten Aufstand gegen den Nationalkonvent auf. Jetzt, wo die Sansculotten niedergeschlagen und alle jakobinischen Offiziere aus der Armee entfernt wurden, glauben die Royalisten gewiß, leichtes Spiel zu haben. Sie verfügen über 30 000 uniformierte Nationalgardisten, während der Nationalkonvent nur auf 8 000 Soldaten zählen kann.

Napoleon hört die Stimmen, die Schreie, die Gerüchte, die Schußwechsel, das Scharren der bewaffneten Nationalgardisten und manchmal auch Pferdegalopp mit den Ohren eines Jägers, der auf eine günstige Gelegenheit wartet. Aber er ist gar nichts. Er kann nur zuschauen und warten. »Worauf?« fragt Junot.

Es wird bekannt, daß der besorgte Nationalkonvent alle wegen Jakobinismus entlassenen Generäle und Offiziere zu seiner Verteidigung aufgerufen hat. Mit den Mitgliedern der antiroyalistischen Sektionen hat man sogar drei Freiwilligenbataillone aufgestellt, die »Patrioten von '89«.

Barras, Fréron, Tallien und Cambacérès beschützen! Napoleon feixt. Er nimmt Junot beim Arm. »Ja, wenn die Sektionen mich an ihre Spitze gewählt hätten, dann würde ich dafür garantieren, sie innerhalb von zwei Stunden in die Tuilerien zu führen und all die elenden Konventsabgeordneten daraus zu verjagen!«

Aber ihre Sektionen haben General Danican gewählt, und die Armee des Konvents wird von General Menou geführt, der am 20. Mai eine Hungerrevolte der Sansculotten niedergeschlagen hat. »Wo liegt der Unterschied zwischen Danican und Menou? Gehen wir lieber ins Theater.«

In den Straßen wird der Tambour geschlagen. Soldaten ziehen vorbei, Infanteristen, Artilleristen, Reiter, und begeben sich in die Rue Vivienne, um die Sektion Lepeletier zu besetzen, wo unter der Leitung des Royalisten Richer de Sérizy das militärische Zentralkomitee aller Sektionen tagt, die sich gegen den Nationalkonvent erhoben haben.

Es ist neun Uhr abends. Napoleon hält sich im Hintergrund. Es beginnt zu regnen. Seine Uniform saugt sich voll. Sein Haar ist ganz naß. Niemand bemerkt ihn in der Dunkelheit. Hinter Trommlern marschieren Bataillone von Nationalgardisten auf und beziehen Stellung in der Rue du Faubourg-Saint-Honoré. Worauf wartet denn General Menou, um die Truppen der Sektionen zu zerstreuen? Es sieht im Gegenteil so aus, als ob sie allmählich die ganze Hauptstadt einnehmen, während es nun in Strömen regnet.

Napoleon geht zum Konvent. Jemand ruft ihn. Ob er wisse, daß General Menou verhaftet und aus der Armee verstoßen wurde, weil er mit den Sektionen Verhandlungen geführt, die Armee zurückgezogen und so die Straße in den Händen der Aufständischen gelassen hat? 30000 Soldaten! Zusammen mit Menou sind alle Generäle seines Generalstabes abgesetzt worden. Barras ist zum Oberkommandierenden der Truppen ernannt worden mit dem Auftrag, den Nationalkonvent zu verteidigen.

»Bürger General, man sucht Sie.«

Napoleon empfindet gar nichts. Er geht nicht ein bißchen schneller. Fréron tritt ihm entgegen und gibt sich plötzlich ganz familiär, spricht von Pauline, in die er verliebt ist, und er flüstert ihm zu, daß er Barras suggeriert habe, Bonaparte zum stellvertretenden Kommandanten der Armee zu ernennen. Und Barras habe seinem Vorschlag zugestimmt. Zugleich waren von Carnot andere Namen als der von Bonaparte ins Spiel gebracht worden, wie Brune oder Verdières, aber Barras habe geantwortet: »Wir brauchen hier keine Generäle aus der Ebene, sondern einen General der Artillerie.«

Barras tritt näher und bedeutet Fréron, sich zu entfernen. Er ist sehr ernst. Die Royalisten dürfen das Regime nicht stürzen. Das hieße, den feindlichen Truppen die Tore öffnen, den Engländern, die vierzig Kriegsschiffe vor Brest stationiert haben, den Österreichern, die mit 40000 Mann vor Straßburg stehen. Das hieße, auf die Annexionen verzichten, auf das seit dem 1. Oktober französische Belgien. Barras unterbricht sich. Er schlägt Napoleon den Posten eines stellvertretenden Kommandanten vor.

Napoleon bleibt reglos, mit starren Augen, sein Teint ist noch gelber als sonst. Ist der Augenblick gekommen, sich zu erkennen zu geben? Der Moment, in dem man hinter der Brüstung hervortritt und sich dem Kugelhagel aussetzt? In dem man den Feuerbefehl gibt? Hervortreten und sich exponieren – um was zu verteidigen? Barras und Fréron? Frankreich? Die Republik? Worum geht es den Männern, die an ihn appellieren? Um ihre Macht. Um ihre angehäuften Schätze. Um ihren Entschluß, niemals Rechenschaft abzulegen über ihre Untaten als Königsmörder, Terroristen, Korrumpierte, die auf die Vorstädte feuern ließen, Thermidor-Profiteure, die nur den einen Wunsch haben, in Frieden zu verdauen und in aller Ruhe zu genießen! Soll er für sie zum Sündenbock für so viele Verbrechen werden, mit denen er nichts zu tun hat? Für wen? Für was? Für mich!

»Ich gebe Ihnen drei Minuten zum Nachdenken«, sagt Barras.

Man muß das Glück beim Schopf fassen, wie die Mähne eines galoppierenden Pferdes.

»Ich nehme an«, sagt Napoleon mit ruhiger, trockener Stimme. »Aber ich warne Sie ...« Er hält inne. Wie einfach alles wird, wenn erst die Aktion beginnt. »Wenn ich das Schwert ziehe«, fährt er fort, »dann stecke ich es erst in die Scheide zurück, wenn die Ordnung wieder hergestellt ist, koste es, was es wolle.«

Es ist ein Uhr morgens an diesem 5. Oktober 1795, dem 13. Vendémiaire nach dem Revolutionskalender. Nun muß er das Pferd bändigen, dessen Mähne er gepackt und das ihn mitgerissen hat. Als Napoleon unter den Soldaten umhergeht und die Offiziere befragt, spürt er die Verwunderung der Männer über seine unordentliche Aufmachung, sein strähniges Haar und seine abgeschabte Kleidung. Er hört das Flüstern: »Bonaparte hat das Kommando? Wer zum Teufel ist das?«

Zunächst muß er die Lage analysieren. General Menou sitzt in einem bewachten Raum. Mit einigen wohlwollenden Worten erhält Napoleon von ihm die nötigen Informationen. Dann heißt es, Befehle erteilen. Keinen Satz zuviel. Lakonisch sein. Die Soldaten in kein Abenteuer schicken, den Nationalkonvent verteidigen. Die Aufständischen der Sektionen sind zahlenmäßig überlegen, sie müssen aber in getrennten Kolonnen aufmarschieren, die Kanonenschüssen ausgesetzt sind.

Napoleon winkt einen jungen Kompaniechef herbei, Murat, der mit prätentiöser Miene auf und ab geht. Ein bißchen verächtlich tritt der Offizier näher. Wie ein Fallbeil rasseln die Sätze auf ihn nieder. »Nehmen Sie 200 Pferde und reiten Sie sofort in den

Artilleriepark Sablon. Bringen Sie alle 40 Kanonen samt Munition hierher. Schlagen Sie sich notfalls den Weg mit dem Säbel frei, aber bringen Sie sie her!« Murat will noch etwas sagen. »Reiten Sie los«, sagt Napoleon. »Sie tragen die Verantwortung.«

Im Geklapper der Hufe hört Napoleon nicht die Fragen der Abgeordneten, die ihn umringen. Als sich die Reiter entfernt haben, schaut er diese Männer an, deren Gesichter von großer Angst entstellt sind. »Sie sollen Waffen verteilen, ein Bataillon bilden und sich bereit halten«, sagt er.

Er ist so ruhig und selbstgewiß. Die Entscheidungen fügen sich ineinander wie in einem perfekten Räderwerk. Er sieht genau, wie die bevorstehende Partie ablaufen wird. Auch die Sektionsleute haben bestimmt an die Kanonen gedacht, aber Murat wird vor ihnen dort sein. Und diese 40 Artilleriestücke werden der entscheidende Trumpf sein, eben jener, dessen sich Ludwig XVI. nicht bedient hat. Man muß ihn einsetzen, um die Straßen freizuräumen, denn die Verwendung von Kanonen in der Stadt wird überraschen und das Gleichgewicht der Kräfte umstoßen, das noch für die Sektionen der Royalisten spricht.

Er springt aufs Pferd, reitet von einem Posten zum andern, bleibt überall nur wenige Minuten. Er mag diese Bewegung der Leutnants, die Meldung machen. Er spürt den Blick der Soldaten. Er sagt nur wenige Worte. Er sieht, wie sich das Verhalten ändert. Man vertraut ihm. Er reitet weiter. Er weiß, daß Befehlen bedeutet, von allen gesehen zu werden. Sie sollen wissen, daß er da ist, wo geschossen wird. Man muß hören, daß er seine Befehle gibt, ohne zu zögern.

Mit ausgestrecktem Arm läßt er die Kanonen an den äußersten Punkten der Straßen aufstellen, die zum Konvent führen. Wenn sich die Bataillone der Sektionen nähern, wird er auf sie schießen lassen. Die Straßen können in langer Linie bestrichen werden. Er wird mit Kartätschen schießen lassen. Einige Minuten werden genügen, um die gegnerischen Truppen wegzufegen.

Barras hört ihm zu. Er werde den Feuerbefehl geben, sagt er, er sei der Oberfehlshaber, Napoleon nur der stellvertretende Kommandant. Warum soll er gegen diese Autorität protestieren? Noch ist die Zeit dazu nicht da. Napoleon braucht kein Wort zu sagen, ihm machen die Offiziere gegen drei Uhr nachmittags Meldung, daß der Konvent von den Kolonnen der Sektionen umschlossen ist. Von ihm erwartet man den Befehl. Barras macht eine Geste und Bonaparte tritt vor und befiehlt den Kanonieren, das Feuer zu eröffnen.

Auf den Straßen bricht das Chaos aus, Körper werden von den Salven niedergestreckt. Der Rauch ausbrechender Feuer verdeckt Straßen und Fassaden. Sektionsangehörige leisten Widerstand auf den Stufen der Kirche von Saint-Roch, andere versammeln sich am Palais-Royal. Napoleon steigt aufs Pferd. Er will da sein, wo man kämpft. Er nähert sich dem Feuillant-Kloster in der Rue du Faubourg-Saint-Honoré. Sein Pferd wird getötet und fällt um. Napoleon steht unverletzt wieder auf, während Soldaten ihm zu Hilfe eilen. Er befiehlt, auf die versammelten Sektionsanhänger zu feuern. Die Stufen der Kirche von Saint-Roch sind bald von Körpern übersät und mit Blutflecken bedeckt. Die Straßen sind leer. Zwei Stunden haben genügt, um den Sieg zu erringen.

Vor dem Nationalkonvent kommen Abgeordnete auf Napoleon zu und wollen ihm gratulieren. Er beachtet sie nicht und geht zu den Tuilerien. In den Sälen des Schlosses hat man die Verwundeten zusammengetragen. Sie liegen auf Matratzen oder auf dichtem, frischem Stroh. Die Frauen der Abgeordneten pflegen sie. Napoleon beugt sich herab und grüßt die Verwundeten. Die Frauen umringen ihn. Er ist der Sieger und der Retter.

Er hört, wie Barras im Sitzungssaal seinen Namen beklatschen läßt. Er entfernt sich. Er weiß, daß er für seinen Sieg einen Preis zahlen muß. Die 300 Toten, die seine Kanonen niedergemäht haben, sind nichts angesichts all der Opfer der revolutionären Wirren. Man wird ihm aber nicht verzeihen, daß er die royalistische Bewegung zerschlagen hat. Nunmehr wird er entschlossene politische Feinde haben. Was er auch tut, er wird einem Lager zugerechnet, eben jenem, zu dem auch Barras, Fréron, Tallien und mit ihnen alle Königsmörder gehören, also auch Robespierre. So ist es. Aber nur wer handelt, wird etwas.

Er schläft nicht in der Nacht vom 5. zum 6. Oktober, dem

13. und 14. Vendémiaire. Er gibt Befehle, damit man am ganzen folgenden Tag Patrouillen in Paris organisiert. Er schreibt an Joseph, denn er muß alles erzählen. In aller Kürze faßt er die wichtigsten Ereignisse der letzten Stunden zusammen und fügt dann hinzu: »Wie bei mir üblich, bin ich überhaupt nicht verletzt worden. P. S. Das Glück lacht mir; meine Komplimente an Désirée und Julie.«

20

An diesem 6. Oktober 1795, während die Truppen Paris durchstreifen, ohne auf Widerstand zu stoßen, weiß, spürt und sieht Napoleon, auch wenn er keine Verwunderung erkennen läßt, daß sich alles verändert hat. Man bringt ihm eine Uniform aus guter Wolle, um die er bislang vergeblich gebeten hatte. Langsam zieht er sie an. Es kommt ihm vor, als wären sein in diesen dichten Stoff gehüllter Körper und sein vom Stehkragen mit Goldstreifen umrahmtes Gesicht nicht mehr ganz dieselben. Seine Gesten sind weniger brüsk, seine zuvor von Ausschlag zerfurchte Haut kommt ihm glatter vor, und selbst sein Teint wirkt nicht mehr so gelb.

Offiziere nähern sich ihm. Er wartet mit verschränkten Armen; seine Beine stecken in Stiefeln aus glänzendem Leder. Ehrerbietig überreicht man ihm Briefe. Der Briefbote zeigt einen zugleich bewundernden und ängstlichen Gesichtsausdruck. Napoleon mustert ihn. Der Mann senkt sogleich die Augen, als ob er einen Fehler begangen hätte und einen Tadel befürchte. Napoleon sagt gar nichts.

Das ist die Macht, das ist der Sieg. Selbst Junot gibt sich nicht mehr so vertraulich. Er zögert, ihn anzusprechen, und hält sich abseits, respektiert Napoleons Schweigen.

Man bringt Zeitungen. Junot überfliegt sie und reicht sie weiter. *Dieser General, von dem dort die Rede ist, dieser Name, der immer wieder fällt, Bonaparte, Bonaparte, das ist meiner!*

Nicht ein Zug in Napoleons Gesicht verrät Überraschung oder Freude. Vor dem Konvent hat Fréron eine Lobrede gehalten auf

»diesen Artilleriegeneral Bonaparte, der in der Nacht vom 12. zum 13. ernannt worden war und dem nur der Vormittag des 13. blieb, um die geschickten Verfügungen zu treffen, deren Effekt Sie gesehen haben«. Barras hat interveniert, um die Ernennung Napoleons zum zweiten Kommandanten der Heimatarmee bestätigen zu lassen. Am 15. Oktober wird er zum Divisionsgeneral ernannt. Und am 26. ernennt ihn der Konvent vor seiner Auflösung zum Oberbefehlshaber der Heimatarmee.

Endlich.

Er setzt sich in die große Kutsche, die von vier Pferden gezogen und von einer Eskorte begleitet wird. Der Wachposten grüßt ihn, als er in den Hof der Stadtvilla in der Rue Neuve-Capucine einrollt, seiner offiziellen Residenz. Er durchquert die Salons. Als er näher kommt, stehen alle auf und schlagen die Hacken zusammen. Er bestellt seine Adjutanten Marmont und Junot ein, dazu seinen Bruder Louis sowie fünf andere Offiziere, seine »Hauptmanns-Adjutanten«, wie er an seinen Bruder Joseph schreibt.

Er liest die Liste derjenigen, die im Vorzimmer warten und empfangen werden wollen. Diese Bittsteller, deren Leben er mit einem Wort, einem Satz verändern kann, sind der Beweis dessen, was er geworden ist. Die Wände sind mit goldgerahmten Spiegeln bestückt. Napoleon betrachtet sich lange darin, als er den Kopf hebt und darauf wartet, daß man den ersten Postulanten hereinführt.

Er ist derselbe Mensch wie vor einem Monat. Derselbe, den man im Fort-Carré eingesperrt hatte, den man seines Kommandos bei der Italien-Armee beraubt und hinweggesäubert hat. Derselbe, dem man mit einem flüchtigen Schreiben antwortete, derselbe, dessen Stiefel undicht waren. Aber nun ist er da, derselbe und doch anders. Er befehligt 40000 Soldaten, und alle, die in dieses Zimmer treten und sich nicht hinzusetzen wagen, sehen ihn im Glanze der Macht.

Er ist nicht berauscht. Er ist nicht überrascht. Er erinnert sich an das Kind, das er war und das oft, um den Gipfel eines Hügels schneller zu erreichen, die Wege verließ und quer durch die Büsche lief. Die Brombeerzweige blieben an seinen Kleidern hängen und zerkratzten seine Hände, Arme und Beine. Manchmal schlugen sie ihm auch ins Gesicht. Auf allen Seiten hakte er fest. Er fiel auf die Knie, glaubte, den Gipfel erreicht zu haben, und fiel wieder hin, oder aber ein dichterer Busch, ein höherer Felsen erhob sich vor ihm. Aber nach all diesen Anstrengungen stand er aufrecht da im Anblick des Horizonts, war frei, auf der Hochebene umherzugehen, deren Ausdehnung er nicht abschätzen konnte und die voll neuer Gefahren war, wo er aber endlich in tiefen Zügen durchatmen konnte.

Endlich er selbst sein.

Er gibt Befehle. Keine Racheakte, Hinrichtungen oder auch nur Verhaftungen der Aufständischen von gestern. Gnade für die Anhänger der Sektionen. Er trifft Barras, Fréron, Tallien. Er plädiert für die Begnadigung von General Menou. Man hört ihm zu. Man befragt ihn. Er antwortet mit kurzen Sätzen. Er beobachtet. Er spürt die Beunruhigung dieser Männer, die ihn noch vor kurzem auf Distanz hielten und mit herablassender Ironie, ja sogar mit etwas Verachtung behandelt haben. Sie sind also nur diese Männer da, die einen Sieg der Royalisten bei den nächsten Wahlen befürchteten, die Intrigen gesponnen haben, um nötigenfalls die Wahlen zu verhindern und einen Staatsstreich zu wagen. Und die zur Stunde das Exekutivdirektorium organisieren, dessen führender Kopf der Vicomte Barras de Fox d'Amphoux sein wird. Aber es sind immerhin diese Männer da, die die Macht innehaben, ihnen wird Napoleon nun tagtäglich begegnen, in ihren Häusern oder bei sich.

Er betritt den Salon von Thérésa Tallien. Nun muß er sich nicht mehr bis zu ihr durchdrängen. Sie kommt ihm entgegen. Sie nimmt ihn beim Arm. Er wird umringt von all diesen parfümierten Frauen, deren Schals ihn berühren und die seine Hand lange in der ihren halten. Er ist der neue Stern in ihrer kleinen Welt, der sie alle gerettet hat, dieser angespannte kleine Kriegsmensch, so mager und so anders als die Männer, denen sie seit Jahren begegnen, deren fette, weiche Körper und deren Laster sie kennen, die sie untereinander geteilt und getauscht haben und die sie nicht mehr überraschen können, die sie dennoch halten wollen, die aber blasiert sind und immer stärkere Reize benötigen.

Übrigens reden sie nicht mehr, sie sitzen mit starrem Blick an kleinen Tischen und spielen Karten um erhebliche Einsätze. Dieser Bonaparte, dieser General, der in Paris den Oberbefehl hat und von dem es heißt, daß er eine große Zukunft habe, spielt keine Karten.

Die Frauen befragen ihn. Er schaut sie ungeniert an. Eine von ihnen, mit mattem Teint und bloßen Armen unter dem Schleier, der an den Handgelenken mit kleinen Goldknöpfen geschlossen wird, wirft ihren Kopf weit nach hinten. Er schaut auf ihre Brüste und ihren Hals. Er hat den Eindruck, daß sie ihn einlädt. Sie bewegt sich sehr langsam. Manchmal tippt sie mit ihren Fingerspitzen in ihr Haar, das von einer goldenen Spange gehalten wird, und deren zahlreiche Locken ihre Stirn umschließen wie ein Diadem. Sie lächelt beim Sprechen, ihr Gesicht ist lebhaft, ihre Augen strahlen. »Erzählen Sie mir alles«, scheint sie zu sagen.

Er erzählt. Und allmählich ziehen sich die anderen Frauen zurück, als ob diese eine, Joséphine de Beauharnais, ein besonderes Anrecht auf diesen General erworben hätte, der keine 27 Jahre alt ist. Sie lädt ihn ein, sie in ihrem Haus in der Rue Chantereine Nummer 6 zu besuchen. Er weiß, wer sie ist.

Am Abend kann er in dem geräumigen Zimmer, das er in der Rue Neuve-Capucine bewohnt, keinen Schlaf finden. Wie gewöhnlich geht er umher. Er betritt sein Büro. Nur durch Schreiben kann er sich beruhigen. Er beginnt einen Brief an Joseph. »Ich bin überaus beschäftigt und bei guter Gesundheit«, schreibt er. »Hier bin ich glücklich und zufrieden.« Er unterbricht sich.

Er weiß, wer sie ist. Witwe des Generals de Beauharnais, zwei Kinder, Eugène und Hortense. Mätresse von Barras. Stammt aus der karibischen Adelsfamilie Tascher de La Pagerie. Sie hat Beziehungen zum verflossenen Regime und zum allerneuesten. Eine Frau. So ganz anders als Désirée Clary. Vielleicht ist sie sogar reich. Sie hat schon ein Leben hinter sich. Gewiß ist sie älter als 30. Aber dieser Körper, diese Haut, diese tänzelnde Art, sich zu bewegen, eine blühende Schlingpflanze, die einen Baumstamm umrankt.

Sie ist mit allen befreundet. Sie ist die Frau im Zentrum der Welt, in die ich nun eingetreten bin. Er weiß, wer sie ist. Und eben deshalb zieht sie ihn an.

Er folgt ihren Einladungen. Das kleine Haus, das sie bewohnt, liegt, von einem Park umgeben, im damals noch ländlichen Viertel an der Chaussée d'Antin. Um dorthin zu gelangen, muß man Gärten durchqueren. Dahinter entdeckt man einen halbrunden Pavillon im klassizistischen Stil. Vier hohe Fenster, die von einer Attika gekrönt werden, erleuchten das Erdgeschoß. Joséphine sitzt auf einer Liege. Sie wirkt kaum bekleidet. Unter den Schleiern erkennt er die wollüstigen Formen ihres Körpers. In diesem Salon mit Wandverkleidungen aus weißem Holz ahmt ein Relief römischen Stil nach. Überall stehen Sessel und Liegen. Eine Harfe vor einem Fenster vervollständigt die theatralische Einrichtung. Joséphine hat dieses Haus von Julie Carreau gemietet, der Frau des großen Schauspielers Talma.

Mit einer langsamen Geste lädt Joséphine Napoleon ein, näher zu treten und neben ihr Platz zu nehmen. Er weiß, wer sie ist. Sie ist das Zeichen seines Sieges.

Er zögert. Wenn er nur wollte, könnte er, dessen ist er gewiß, sie umarmen, sie umwerfen, sie besitzen. Er setzt sich auf ihre Liege, hält aber noch Abstand.

Am 28. Oktober, als er gerade von seinen Adjutanten umgeben ist, bringt ihm ein Bote einen Brief. Während er das Siegel erbricht, treten die Offiziere zurück. Er erkennt diese Handschrift mit den fetten, kurzen Bögen, die mit Mühe und Eifer hingeschrieben wirken. Der Brief ist unterschrieben mit »Witwe Beauharnais«.

»Sie besuchen gar nicht mehr eine Freundin, die Sie sehr mag«, schreibt Joséphine. »Sie vernachlässigen sie ganz und tun unrecht daran, denn sie ist Ihnen sehr ergeben. Kommen Sie morgen zum Essen zu mir. Ich muß Sie sehen und mit Ihnen über Ihre Zukunft sprechen. Guten Abend, mein Freund, ich umarme Sie. Witwe Beauharnais, an diesem 6. Brumaire.« Napoleon faltet den Brief wieder zusammen und verabschiedet seine Adjutanten. *Endlich eine Frau. Diese Frau, die sich anbietet. Mir. Wenn ich will.*

Aber als Junot zurückkommt, um die Polizeiberichte zusammenzufassen, steht Napoleon schon wieder reglos da, mit verschlossenem Gesicht. Es wird berichtet, daß die »anständigen Leute« Bonaparte »maßlos jakobinisch« finden und ihn »General

Vendémiaire« nennen. »Auf den Titel General Vendémiaire lege ich großen Wert«, sagt er, »er wird in Zukunft mein erster Ehrentitel sein.«

Dann nimmt er die Mappe mit den Berichten und beginnt sie durchzulesen. Die Royalisten kritisieren ihn, greifen das Direktorium an und planen Verschwörungen; die Jakobiner ihrerseits organisieren sich neu. Sie haben den Panthéon-Club gegründet. Napoleon zuckt zusammen: unter den ihm unbekannten Namen wie Babeuf und Darthé taucht plötzlich der ihm vertraute Name Buonarroti auf, der also seinen Ideen von Gleichheit treu geblieben ist und nun die von Babeuf herausgegebene Zeitung *Der Volkstribun* unterstützt.

Worauf hoffen diese Leute? Man kann nicht zwischen allen teilen. Das Leben bestimmt diejenigen, die fähig sind, zu nehmen und zu besitzen, und jene, welche die Herrschaft der anderen hinnehmen. So ist es nun einmal. Und in jedem Augenblick muß man das Erworbene verteidigen, vergrößern, sich auf die Seinen stützen, die Familie, den Clan.

Napoleon setzt sich hin und schreibt an Joseph. An der Macht sein bedeutet auch das, nehmen und den anderen geben. »Ich habe Ernennungen vorgenommen«, schreibt er, »Ramolino wird Inspektor des Transportwesens, Lucien ist Kommissar bei der Rhein-Armee, Louis ist bei mir. Ich tue für alle so viel ich kann. Der Familie fehlt es an nichts. Sie erhalten Geld von mir. Erst vor wenigen Tagen habe ich für Dich 400000 Francs erhalten. Fesch, dem ich sie anvertraut habe, wird es Dir offenlegen. Du brauchst Dir um die Familie keine Sorgen zu machen, sie ist mit allem reichlich versehen. Jérôme, der gestern hier eingetroffen ist, werde ich in einem guten Kolleg unterbringen. Hier stehen eine Wohnung, Versorgung und eine Kutsche zu Deiner Verfügung. Komm her und suche Dir eine Stelle aus, die Dir zusagt.«

Und noch ein letzter Brief an Joseph, ein letztes Wort, um zu versichern, »daß es der Familie an nichts fehlt. Ich habe alles geschickt, was sie brauchen, fast 60 000 Francs, Silber, Assignaten, Kleider; sei also ganz unbesorgt.« Den Seinen geben, mit ihnen teilen. Was kann man sonst tun in der Welt, wie sie nun einmal ist?

Napoleon geht in Begleitung seines Generalstabs durch die Straßen. Er muß nachschauen. Die Aufrechterhaltung der Ordnung gehört zu seinen Aufgaben. Streiks brechen aus. Der Brotpreis erreicht schwindelnde Höhen. Es herrscht Hungersnot. Es ist kalt und es fehlt an Brennholz.

Er sieht und er weiß das. Er läßt Verteilungen von Brot und Holz organisieren. Aber vor den Bäckereien bilden sich Menschentrauben. Eine Frau ruft ihm etwas zu. Sie ist ziemlich dick und schreit mit schriller Stimme. »Dieser Haufen Epaulettenträger macht sich lustig über uns«, ruft sie und zeigt auf Napoleon und seinen Generalstab. »Hauptsache, sie essen sich satt und werden schön fett, es ist ihnen egal, daß das Volk vor Hunger stirbt.«

Die Menge murrt. Napoleon richtet sich im Steigbügel auf. »Na, gute Frau, schauen Sie mich mal an, wer von uns beiden ist dicker?« Die Menge lacht. Napoleon treibt sein Pferd an, und der Generalstab reitet ihm nach.

Von der Höhe seines Steigbügels wie von der Höhe der Macht herab führt man die Menschen. Aber wenn er auch die zögernde Menge mit der Brust seines Pferdes auseinanderdrängt, so fühlt sich doch Napoleon zum ersten Mal seit Vendémiaire behindert. Was ist denn dieses Kommando über die Heimatarmee anderes als eine Polizeiaufgabe im Dienst der eigentlichen Machthaber, der fünf Mitglieder des Direktoriums, Barras, und nun auch Carnot?

Sie geben die Befehle, und Napoleon steht an der Spitze der Truppen, die in den Panthéon-Club eindringen, weil das Direktorium dessen Schließung angeordnet hat. Er hatte zu viel Zulauf: fast 2000 Menschen kamen zu jeder Versammlung, applaudierten Buonarroti und lasen den *Volkstribun*. Wenn die Bürger hungern und frieren, kann man keine Lunte brennen lassen.

Napoleon zieht kräftig an den Zügeln seines Pferdes, das sich auf dem Pflasters aufbäumt. Er ist kein Gendarm. Er ist ein Soldat. Am 19. Januar 1796 hat er zum zehnten Mal vielleicht einen Schlachtplan für einen siegreichen Feldzug in Italien vorgelegt. Schérer, der kommandierende General der Italien-Armee, lehnt seine Pläne ab. Der Regierungskommissar bei der Armee, Ritter, ist empört über dieses Projekt. Er schreibt ans Direktorium, und vor allem an Carnot, der mit den Kriegsangelegenheiten befaßt ist. Was ist dieser Plan, den man ihm vorlegt? Wer hat ihn erarbeitet? »Einer von diesen Verrückten, die glauben, daß man den Mond mit den Zähnen herunterholen kann? Eines dieser Individuen, die von Ehrgeiz zerfressen und gierig auf Funktionen sind, die über ihren Kräften liegen?«

Während die Soldaten verhaftete Jakobiner abführen, träumt Napoleon von einem wirklichen und bedeutenden Kommando. Carnot teilt ihm die skeptischen oder feindlichen Reaktionen der Generäle Schérer und Ritter mit, die seinen Italienplan verurteilen. Doch zugleich gibt ihm Carnot zu verstehen, daß man ihm sehr wohl das Kommando der Italien-Armee anvertrauen könnte.

Napoleon bedauert gleich wieder, daß er seine Gewißheiten und Ambitionen offenbart hat. »Wenn ich dort wäre«, hat er ausgerufen, »wären die Österreicher längst vertrieben!« Und Carnot hat leise gesagt: »Sie werden dort sein.« Aber seither ist nichts passiert, es gab nur immer wieder Gerüchte und nochmals Gerüchte, die von Neidern kolportiert wurden. Napoleon hört Louis zu, der davon berichtet. Sein Bruder fängt sie in den Vorzimmern auf, bei den treuen Adjutanten, die sich darüber aufregen.

Es heißt, daß Napoleon von Barras protegiert werde. Dieser wolle seine ehemalige Mätresse Joséphine loswerden, indem er sie mit einem gut bezahlten Ehemann belohnt. Warum nicht Bonaparte, dem man das Kommando der Italien-Armee geben könnte?

Napoleon wird wütend. »Glauben die denn wirklich, ich bräuchte Protektion, um aufzusteigen? Sie werden alle noch sehr glücklich sein, wenn ich ihnen meine Protektion gewähre. Mein Schwert ist an meiner Seite, mit ihm werde ich weit kommen.«

»Diese Frau«, sagt Louis leise, »dieses Heiratsprojekt.«

Napoleon starrt seinen Bruder an, der einen Schritt zurückweicht und den Saal verläßt.

Was können die andern schon von seinen Empfindungen verstehen? Er hat Joséphine an sich gedrückt und sie hat sich geschmeidig gefügt, gab ihre Hüfte und ihre Scham frei, und so hingegeben hat er sie bis zu ihrem Bett getragen.

Sie gehört ihm, diese Frau mit den erfahrenen Händen, den

langen Fingern, diese Frau, die ganz Sanftheit und Seide ist, die er mit Feuer an sich drückt, mit so stürmischem Begehren, daß sie beinahe ohnmächtig wurde, daß sie ihn beiseite schieben wollte, ehe sie sich gehen ließ, verzückt und dann ganz zärtlich. Und doch hat er das Gefühl, daß sie ihm aus den Armen gleitet, wenn er sie zu nehmen glaubt, wenn er sie nimmt, daß sie dann ganz woanders ist.

Was wissen sie denn schon von jenen Nächten, in denen er zu ihr geht und ihre Schleier beiseite schiebt, ohne seine Uniform und die Stiefel abzulegen. Sie ist die Frau jenes Augenblicks seines Lebens, in dem er endlich ganz er selbst ist. Sie ist sein Fleisch und Lust gewordener Sieg. Ein lebender Sieg, der sich nicht erschöpft, sobald man ihn errungen hat, sondern im Gegenteil die Leidenschaft noch anstachelt.

Er schreibt ihr: »Beim Aufwachen bin ich noch ganz von Dir erfüllt. Dein Bild und der berauschende Abend von gestern haben meine Sinne nicht zur Ruhe kommen lassen: süße und unvergleichliche Joséphine, welch sonderbare Wirkung haben Sie auf mein Herz! Wenn Sie zürnen, wenn ich Sie betrübt sehe oder unruhig, dann ist meine Seele vor Schmerz zerbrochen und Ihr Freund findet keine Ruhe. Aber ebensowenig kann ich sie finden, wenn ich mich dem tiefen Gefühl hingebe, das mich beherrscht, und ich auf Ihren Lippen, Ihrem Herz jene Flamme schlürfe, die mich verzehrt. Ach, diese Nacht habe ich erfahren, daß Ihr Porträt Sie nicht ersetzen kann. Mittags fährst Du los, ich sehe Dich also in drei Stunden. Einstweilen eine Million Küsse, *mio dolce amore*, aber gib mir bitte keine, denn sie bringen mein Blut zum Glühen.«

Unablässig denkt er an diesen Körper, an diese Frau. Er möchte sie in seinen Armen eingeschlossen halten, als ob er sich so nicht nur ihrer vergewissern könnte, sondern all dessen, was sie repräsentiert, ihrer Vergangenheit, ihrer Freundschaften, vielleicht ihres Vermögen, ihres Platzes in der Pariser Gesellschaft, in der er doch nur ein Neuling auf der Schwelle ist, wie er weiß.

Mit ihr an seinem Arm gehört er endgültig dieser Welt an, die er in einer Bürgerkriegsnacht betreten hat, unter den Regengüssen des 13. Vendémiaire. Mit Hilfe dieser Frau will er den Sieg verkünden, den er errungen, den Rang, den er erworben hat. Er will sich ihrer alle Nächte vergewissern, wenn er Lust hat, sie zu nehmen, weil sie seine Gemahlin sein wird.

Aber Joséphine entzieht sich. Napoleon wartet auf sie im Vorzimmer eines Notars, zu dem sie gehen wollte, Maître Raguideau. Durch die halb geöffnete Tür hört er den Notar grummeln: »Was wollen Sie? Einen General heiraten, der nur Mantel und Degen besitzt? Das ist mir ja ein schönes Geschäft. Was besitzt denn dieser Bonaparte? Eine Bruchbude? Nicht mal! Was ist er schon? Ein kleiner Bürgerkriegsgeneral ohne Zukunft, weit unter allen Generälen der Republik! Heiraten Sie lieber einen Armeelieferanten!«

Napoleon reißt sich zusammen. Am liebsten würde er laut in das Büro des Notars stürmen, aber er entfernt sich und tritt an ein Fenster. Er wird diese Frau haben. Er weiß, wer sie ist. Er weiß, was sie ihm gibt: Feuer im Blut. Er kennt ihren Körper. Es ist der erste Frauenkörper, den er so mit vollen Händen greift, den er ganz nach Wunsch streicheln und lieben kann. Sie ist die erste Frau, die seinen Körper auf diese Weise berührt, ohne Zurückhaltung, mit dieser Sanftheit und Kühnheit und Virtuosität, die ihn überwältigt und noch im Augenblick, wenn er seine Lust befriedigt glaubt, sie neu entfacht. Und auf sie soll er verzichten!

Er sieht sie jeden Tag. Er stellt fest, daß am Tage neben den militärischen Aufgaben auch Zeit bleibt für eine Begegnung mit ihr, für die Liebe mit ihr, für Gedanken an sie, für Briefe an sie. Und doch trifft er Barras, Carnot, La Réveillière-Lépeaux, Mitglieder des fünfköpfigen Exekutivdirektoriums. Sein Verlangen nach ihr erschöpft seine Energie keineswegs, sondern verleiht ihm neue Kraft.

Am 7. Februar 1796 wird das Aufgebot veröffentlicht, und in den folgenden Tagen beschließt das Direktorium, ihm die Führung der Italien-Armee anzuvertrauen. Die Neider aber sagen: »Das ist die Mitgift von Barras.«

Er heißt Louis und Junot schweigen, die sich über dieses Geschwätz aufregen. Muß er ihnen erklären, daß man ihn an die Spitze der Italien-Armee gestellt hat, weil die Generäle Schérer,

Augereau, Sérurier, Masséna und einige andere keine entscheidenden Erfolge erringen können und das Direktorium Erfolge und Beute will, denn die Kassen sind leer, und Napoleon wird damit beauftragt, zu siegen und sie zu füllen.

Am 23. Februar wird die Verfügung über seine Ernennung an die Spitze der Italien-Armee ausgefertigt. Am 25. ernennt das Direktorium General Hatry zum Kommandanten der Heimatarmee. Es sind fiebrige Tage. Napoleon regelt seine Nachfolge, bestimmt seine Adjutanten, bereitet seine Kriegspläne vor.

Am Abend breitet er seine Karten im Salon und im Schlafzimmer von Joséphine aus, in ihrem Privathaus in der Rue Chantereine. Das Hündchen Fortuné, mit einem Band um seinen Hals, springt umher und bellt, als Napoleon Joséphine umarmt und sie zum Bett drängt, bestimmt und mit Leidenschaft. Manchmal spürt er ihr Widerstreben und daß sie sich bloß unterwirft. Das beunruhigt ihn. Sie wird in wenigen Tagen seine Gattin sein. Er küßt sie mit Feuer. Kann sie sich seine Leidenschaft überhaupt nur vorstellen? Sie lächelt mit geschlossenen Lippen. Er bedrängt sie. Sie wird seine Frau sein.

Man braucht einen Ehevertrag. Joséphine macht sich darin um vier Jahre jünger, und er weiß es. Er macht sich 18 Monate älter. Was liegt an diesen Details? Er will diese Heirat.

Als Maître Raguideau vorliest, daß der künftige Gatte »erklärt, keinen anderen beweglichen oder unbeweglichen Besitz aufzuweisen als seine Garderobe und seine Kriegsausrüstung«, steht Napoleon auf, liest den Satz noch einmal nach und fordert dann, ihn zu streichen. Zwischen den Ehepartnern ist Güterteilung vorgesehen. Sollte Napoleon sterben, erhielte Joséphine 1 500 Francs. Sie behält die Vormundschaft für ihre Kinder Hortense und Eugène. Der Vertrag listet auf, was sie in die Ehe einbringt: vier Dutzend Hemden, sechs Röcke, zwölf Paar Seidenstrümpfe ... Napoleon hört sichtbar nicht zu, hält sich ganz steif, als aufgeführt wird, daß zum Besitztum von Joséphine auch zwei schwarze Pferde und eine Kutsche gehören. Dieses Gefährt aus den nationalen Ställen hat ihr Barras als Entschädigung zukommen lassen für die Enteignung von General Beauharnais während der Schreckensherrschaft.

Am 9. März 1796 (dem 19. Ventôse des Jahres IV im Revolutionskalender), dem Tag der Hochzeit, die auf neun Uhr abends im Rathaus in der Rue d'Antin vorgesehen ist, versammelt Napoleon seinen Generalstab. Jedem teilt er seine Aufgabe zu. Seine Ernennung an die Spitze der Italien-Armee ist offiziell am 2. März verkündet worden. Die Abfahrt zum Hauptquartier in Nizza ist auf den 11. März festgesetzt worden. Die Adjutanten müssen die einzelnen Etappen und die Unterkunft für Napoleon vorbereiten sowie die Generäle einbestellen.

Plötzlich hebt Napoleon den Kopf und eilt davon. Es ist schon nach neun. Barras, Tallien und Joséphine im Rathaus sind bestimmt schon ungeduldig. Gefolgt von seinem Adjutanten Le Marois eilt Napoleon davon. Er hat Joséphine bereits den kleinen Saphirring übergeben, der als Ehering dient. Im Innern sind die Worte eingraviert »Dem Schicksal«.

Als er im Rathaus ankommt, ist es zehn Uhr. Er läuft die Treppen hinauf. Dort sitzen alle und warten auf ihn. Bürgermeister Le Clercq schlummert im Kerzenlicht. Napoleon rüttelt ihn wach. Die kurze Zeremonie beginnt. Joséphine gibt leise ihr Einverständnis. Napoleon sagt ja mit kräftiger Stimme. Dann zieht er Joséphine mit sich fort. Für zwei Nächte gehört sie ihm.

Am 11. März bricht Napoleon, begleitet von seinem Bruder Louis, von Junot und dem Quartiermeister Chauvet, zum Hauptquartier der Italien-Armee auf. Joséphine steht auf dem Perron. Er winkt ihr zu. Sie gehört mir! Genau wie demnächst Italien.

Sechster Teil

»Ich sah die Welt unter mir dahinfliegen.«

27. März 1796 – 5. Dezember 1797

21

In der Postkutsche sagt Napoleon kein Wort. An der Umspannstelle verlangt er mit einer Geste von Junot Papier und Tinte sowie eine Feder und verläßt den Saal, in dem das Abendessen serviert wird. Er setzt sich an einen kleinen Tisch und schreibt.

Diese Trennung von Joséphine ist für ihn wie ein Losreißen. Er braucht sie, er möchte ihren Körper in seiner Nähe haben. Er lehnt sich auf gegen das, was er als Verstümmelung empfindet. Er will alles besitzen. Sie und das Kommando der Italien-Armee. Warum muß er, wenn er das eine erhält, dies mit der Entfernung vom andern bezahlen? Unsinnig, ungerecht, unzumutbar.

Und diese Reise nach Nizza nimmt kein Ende! Die Ankunft ist erst für Ende März vorgesehen! Die Kutsche macht halt in Fontainebleau, Sens, Troyes, Châtillon, Chanceaux, Lyon und Valence. Er wird zwei Tage in Marseille verbringen, um seine Mutter wiederzusehen. Bei jeder Etappe überkommt ihn die Versuchung, nach Paris zurückzukehren, Joséphine ihrem Boudoir zu entreißen, von ihren Freunden zu trennen, sie zu zwingen, ihm zu folgen.

Die Zeit dazu ist noch nicht gekommen, aber einmal wird es soweit sein. Er muß erst eine schwierige Aufgabe bewältigen. Denn die Italien-Armee ist von allen Truppen der Republik am schlechtesten ausgestattet. Sie soll nur eine untergeordnete Rolle spielen und einen Teil der österreichischen Truppen binden, damit die großen Rhein-Armeen, jene gut versorgten Heere der Generäle Moreau oder Pichegru, den entscheidenden Sieg gegen Wien davontragen können. Mit den 30000 Soldaten der Italien-Armee muß er siegen, das ist die Herausforderung, die er annehmen muß, und dieser Gedanke erregt ihn. Er fühlt sich, als würde er von einer Meereswoge emporgehoben.

Er ruft Junot und verlangt das Dokument, das Carnot ihm am 6. März ausgehändigt hat, jene »Weisung für den kommandierenden General der Italien-Armee«. Er überfliegt sie noch einmal. Er erkennt seine Gedanken wieder, die er so oft Augustin Robespierre, Doulcet de Pontécourt und auch Carnot selbst unterbreitet hat. Den Italienern alles nehmen, was man kann, ihnen mit Gewalt alles entreißen, was man will, das ist der eigentliche Sinn der »Weisung«, und dann mit dieser Kriegsbeute die Soldaten ernähren, sie bezahlen, sie bewaffnen und die Kassen des Direktoriums auffüllen. Also gut, so ist Krieg nun einmal. Das ist die Macht der Waffen.

Er faltet die Weisung wieder zusammen, und sofort fühlt er sich vom Wellenkamm ins Wellental gleiten, von der Exaltiertheit zur Niedergeschlagenheit.

Marseille ist in Sicht, die Kutsche rollt langsam durch die engen und dicht bewohnten Gassen in Richtung Hafen. Napoleon beugt sich hinaus, er erkennt den Geruch der Salzlaken und den üblen Gestank verfaulten Obstes. Es ist, als würde ihn die so nahe Vergangenheit überkommen, getragen von diesen Gerüchen und dem kalten Wind, genau wie damals, als er die Seinen aufsuchte, die hier in einer engen Gasse wohnten. Er hat ihr Leben verändert. Es war seine Pflicht und ist sein Stolz. Seine Mutter und seine Geschwister konnten die elende Wohnung in der Rue du Pavillon und auch das *Hôtel de Cypières* verlassen.

Der Wagen fährt an dem imponierenden und strengen Gebäude vorbei, in dem die exilierten Korsen untergebracht sind. Laetitia Bonaparte hat dort mit Unterstützung der Departementsverwaltung 13 Monate gelebt. Sie soll so etwas nicht mehr erleben müssen, nie mehr.

Der Wagen hält vor Hausnummer 17, nicht weit entfernt vom *Hôtel de Cypières*, an der Rue de Rome. Napoleon steigt aus und betrachtet die Fassade dieser beeindruckenden bürgerlichen Wohnstätte. Jetzt wohnt seine Mutter hier, in einer der schönsten und größten Wohnungen in Marseille. Und er, ihr Sohn, hat dies ermöglicht.

Seine Schwestern Pauline und Caroline stürzen herbei, die er nun zu eleganten jungen Frauen gemacht hat. Sie befragen ihn mit drängelnder Neugier: Die Hochzeit? Die Gemahlin?

Laetitia Bonaparte wartet mit strenger Miene, bis er sich nähert und umarmen läßt. Er tut es zärtlich und respektvoll. Sie betrachtet ihn, und er fühlt diesen mütterlichen, mißtrauischen, forschenden Blick, als ob seine Mutter Zeichen eines Kompromisses oder gar eines Verrates suchte. Er weiß ganz genau, daß sie seine Heirat mit »jener Frau« nicht billigen kann, über die sie ihre Söhne schon ins Bild gesetzt haben: sie hat schon zwei Kinder, ist sechs Jahre älter als Napoleon und hat zahlreiche Liebhaber gehabt, darunter wohl auch Barras. Eine gerissene Person, die mit dem Geschick einer Kurtisane es geschafft hat, ihren Sohn zu verführen, zu betrügen und ihn seiner Mutter zu stehlen.

Aber Laetitia Bonaparte schweigt und greift nach dem Brief von Joséphine, den Napoleon ihr entgegenhält. Sie wird darauf antworten, natürlich, murmelt sie und steckt den Brief der »anderen« in ihre Tasche.

»Nun bist du also ein großer General«, sagt sie und faßt Napoleon bei den Schultern, schiebt ihn zum Fenster hin, um ihn bei Licht eingehend anzuschauen.

Er liebt den bewundernden Blick seiner Mutter. Er sagt, was er alles für Jérôme, Lucien, Joseph und Onkel Fesch erreicht hat. Er fragt, ob seine Mutter und die Schwestern das Geld bekommen haben und ob ihnen die »Klamotten« gefallen haben.

Sie umarmt ihn. »Mein Sohn.« Sie fleht ihn an, sich keiner Gefahr auszusetzen. Er drückt sie an sich. Sie möge lange leben. Er braucht sie. »Wenn Sie sterben sollten«, flüstert er ihr zu, »hätte ich niemand mehr, zu dem ich aufschauen kann.«

Er steigt im *Hôtel des Princes* in der Rue Beauvau ab, richtet dort sein Stabsquartier ein und empfängt die örtlichen Repräsentanten. Wenn ihm ein Offizier begegnet oder auch der Abgeordnete Fréron, den er so oft um etwas gebeten hat, dann schaut er ihm fest in die Augen und zwingt ihn mit einem einzigen Blick zum Stehenbleiben.

Abends, während des Banketts, das Fréron zu seinen Ehren gibt, sitzt er mit strengem Gesicht da, ohne ein Wort zu sagen. Er ist der Oberkommandierende. Mit einer verächtlichen Kopfbewegung bringt er Fréron, der sich allzu vertraulich zeigen und seinen Wunsch nach einer Heirat mit Pauline äußern wollte, zum Schweigen.

Vor seiner Abfahrt, am nächsten Morgen, nimmt er die Parade der Garnison von Marseille ab. In den Augen der Soldaten, der Unteroffiziere und der Hauptmänner bemerkt er ironisches Erstaunen. Was ist denn das für ein General? Ein Artillerist, von dem es heißt, er sei ein »Mathematiker und Träumer«, ein intriganter General der Vendémiaire-Repression. Was kann er schon? Den Befehl erteilen, mit Kanonen auf eine aufständische Menschenmengen zu schießen? Soll er doch mal eine richtige Schlacht erleben!

Vor manchen Soldaten bleibt er stehen. Er zwingt sie, zu Boden zu schauen. Sie sind seine Untergebenen. Nicht nur, weil er der kommandierende General ist, sondern auch, weil sein Geist sie umfaßt, sie ein Teil seines Vorhabens sind, sie ihn aber nicht erfassen können. Diese Männer sind nicht einmal in der Lage zu verstehen, wer er ist und was er kann. Sie sind untergeben, weil er derjenige ist, der die Zukunft erfindet und der darüber entscheidet, ob sie leben oder sterben werden, je nachdem, ob er sie angreifen oder Wache halten läßt. Wie kann man nur leben, ohne Menschen zu kommandieren?

Die ganze Italien-Armee soll die Augen vor ihm senken und ihm gehorchen. Als er aber am 27. März 1796 in Nizza aus der Kutsche steigt, salutieren nicht einmal die Soldaten, die vor Haus Nieuwbourg, in dem er residieren soll, Wache halten.

Napoleon bleibt stehen. Das Haus ist schön, die Treppe mit den großen Marmorsäulen ist sehr hell, die hohen Fenster sind reich verziert. Ein Offizier kommt herbei und stellt sich vor. Napoleon schaut ihn an und sagt zweimal seinen Namen: »Leutnant Joubert«. Der Offizier erklärt, es handele sich um eines der bequemsten, ganz zentral gelegenen Häuser von Nizza, gleich gegenüber der Hauptverwaltung. Napoleon dreht sich um, zeigt auf die Soldaten, deren Uniformen zerlumpt und deren Schuhe löchrig sind, so daß sie »wie Straßenräuber« aussähen, wie er mit lauter Stimme sagt.

Joubert zögert, Napoleon steigt schon die Treppe hinauf.

»Die Armee erhält kein Geld«, sagt Joubert, »sie hängt ganz von den Schurken ab, die uns verwalten. Unsere Soldaten sind wirkliche Bürger. Sie besitzen grenzenlosen Mut, sie sind geduldig, aber sie verhungern und sind sterbenskrank. Man behandelt uns ganz anders als die Herrschaften der Rhein-Armee.«

Napoleon betritt die für ihn in der zweiten Etage reservierte Wohnung. Sonnenlicht überflutet das Zimmer. Im Osten kann man den Turm, der die Engelsbucht beschützt, kaum von den Felsen unterscheiden. Das Meerwasser glitzert.

Joubert wartet an der Türschwelle. »Die Regierung erwartet Großes von unserer Armee«, sagt Napoleon. »Wir müssen diese Erwartung erfüllen und das Vaterland aus der Krise retten, in der es sich befindet.«

Er macht sich sogleich an die Arbeit: diesen Männern Befehle erteilen, aus diesem elenden Haufen eine Armee machen. Manches diktiert er Junot, einiges schreibt er selbst. Er trifft seine Anordnungen.

»Es kann sein, daß ich eines Tages eine Schlacht verliere, aber ich werde niemals aus Faulheit oder zu großem Vertrauen auch nur eine Minute verlieren«, sagt er.

Es hat keinen Sinn, sich zu beklagen, sich über den Zustand der Truppe zu ärgern oder zu bedauern, keine bessere zur Verfügung zu haben. Mit jenen Männern muß er siegen. Für eine Niederlage gibt es niemals eine Ausrede, für die Unterlegenen gibt es kein Pardon.

»Ein hungernder Soldat ist zu solchen Exzessen fähig, daß man sich schämt, ein Mensch zu sein«, sagt er. »Ich werde schreckliche Exempel statuieren oder ich verzichte darauf, diese Räuber zu kommandieren.«

Er läßt die Säcke mit den 2000 Goldtalern, die ihm das Direktorium für seinen Feldzug gegeben hat, auf einen Tisch stellen. Nur ein Almosen, aber seine Eroberungen werden das nötige Geld herbeischaffen. Man soll die Truppe zusammenrufen. Die Offiziere wundern sich: jetzt schon? »Niemals werde ich auch nur eine Minute verlieren«, wiederholt er.

Er sieht die Generäle eintreten. Er steht da mit gespreizten Beinen, den Zweispitz auf dem Kopf, das Schwert an der Seite. In ihren Blicken, die alle auf ihn gerichtet sind, spürt er Eifersucht, Vorwürfe und Herablassung. Jeder einzelne dieser Männer, Sérurier, Laharpe, Masséna, Schérer oder Augereau, dieser letzte vor allem mit seiner Statur eines Ringkämpfers, glaubt, daß er mehr Anrecht als Napoleon auf den Posten des Oberkommandierenden Generals habe. Sie haben sich alle bewährt. Was ist das denn schon, dieser siebenundzwanzigjährige General, der noch nie etwas anderes kommandiert hat als eine Polizeitruppe im Dienste des Nationalkonvents? Augereau mustert ihn.

Napoleon tritt einen Schritt vor. Diese Männer sind nur Kanonenkugeln, und er ist der Artillerist, derjenige, der den Feuerbefehl gibt. Er schaut einen nach dem andern an, und jedes Mal ist es eine Art Machtkampf. Er spürt eine warme, zitternde Lust in sich aufsteigen, als Masséna und danach Schérer und schließlich alle anderen ihre Augen senken. Nur Augereau hält ein wenig länger durch.

Napoleon bedeutet ihm mit seinem Blick: »Daß Sie fünf Fuß und sechs Daumen groß sind, kann nicht verhindern, daß Sie von einer Minute auf die andere füsiliert werden können.«

Und er fühlt sich entschlossen und bereit, es zu tun. Das nennt man Kommandieren. Augereau wendet den Blick ab.

Die Generäle gehen hinaus. Napoleon hört Masséna ausrufen: »Dieser kleine Kerl von General glaubt, er könne jeden mit dem ersten Blick niedertreten, er meint, er flößt Angst ein.«

Napoleon setzt sich an seinen Arbeitstisch mit Blick auf die Bucht. Befehlen heißt auch schreiben, denn Wörter sind Taten.

An die Arbeit. Handeln. Handeln. Napoleon wartet mit dem Diktieren nicht einmal, bis sein neuer Adjutant Berthier Platz genommen hat. Es scheint ihm, als lese er einen Text, der vor seinen Augen abrollt, als ob seine Gedanken sich in Worte verwandelten, ohne daß sie zuvor in seinem Kopf formuliert werden müßten.

Hier brauchen wir eine Werkstatt mit 100 Arbeitern für die Artillerie und die Waffen. Überall muß man darauf achten, daß alle zwei Tage frisches Fleisch verteilt wird. Dort müssen die Gelder der Kriegskommissare in die Kassen der Armee eingezahlt werden. Man darf auf keinen Fall die Rationen der Soldaten und der Pferde ohne ausdrückliche Anweisung reduzieren. General Berthier soll auf alle Soldaten und Offiziere aufmerksam machen, die sich auszeichnen.

Napoleon bleibt stehen und wirkt plötzlich sehr nachdenklich. »Vom Triumph zum Sturz ist es nur ein Schritt«, sagt er. »Bei großen Kämpfen entscheiden oft Kleinigkeiten.«

Er blickt auf Berthier, der näher kommt. »Ich habe mich entschieden«, sagt Napoleon.

Er fährt mit dem Finger die Linien entlang, die seine Angriffsrichtung markieren. Er brauchte eine ganze schlaflose Nacht, um diese Wege herauszufinden. Eine Nacht, in der er »alle Gefahren und alle nur möglichen Hindernisse« übertrieben groß gesehen hat, eine Nacht voller Unruhe. Und jetzt ist alles vergessen, es bleibt nur der Gedanke an alles, was zum Gelingen des Unternehmens noch zu erledigen ist.

Er läßt den Finger auf der Karte, reglos und mit ausgestrecktem Arm, obwohl in seinem Innern eine so große Erregung herrscht, wie er sie früher beim Lösen einer Mathematikaufgabe empfand, als jeder Körperteil zitterte, aber nach außen läßt er sich davon nichts anmerken. Er geht zum Fenster: »Das Geheimnis der großen Schlachten besteht darin, daß man seine Kräfte im richtigen Augenblick auseinanderzieht oder konzentriert«, sagt er, ohne Berthier anzusehen.

Am nächsten Morgen sind die Truppen versammelt. Als er ankommt, hört er eine Art Gemurmel. Er sieht, wie die Reihen wanken, weil sich die Soldaten vorbeugen, um ihn zu erblicken. Ihre Bekleidung ist bunt zusammengewürfelt, und sogar die Offiziere, die vor ihren Männern stehen, sehen aus wie Straßenräuber.

Das Gemurmel hört nicht auf, als er sich den ersten Reihen nähert. Dies wird noch eine Machtprobe. Er zieht an den Zügeln seines Pferdes, das sich aufbäumt. Er beherrscht dieses Meer aus Männerköpfen, die alle auf ihn ausgerichtet sind. Er muß aus dieser Menge eine Armee machen, wie er es in Toulon schon einmal geschafft hat, aber diesmal ist die Aufgabe schwerer und größer. Er ist der Oberkommandierende.

»Soldaten!« ruft er aus. »Ihr seid nackt und schlecht ernährt; die Regierung schuldet euch viel, aber sie kann euch nichts geben.«

Das Gemurmel wird immer lauter. Er ist auf diesem Meer, und er muß das Ruder halten.

»Die Geduld und die Ausdauer, die ihr inmitten dieser Felsen beweist, sind bewundernswert«, fährt er fort, »aber sie bringen euch weder Glanz noch Ruhm ein.«

Der Lärm ebbt ab, man lauscht seinen Worten.

»Ich werde ...«

Er läßt seinen Blick über die dunkle Fläche gleiten, auf der die Sonne die Gewehrläufe zum Glitzern bringt.

»Ich werde euch in die fruchtbarsten Ebenen der Welt führen. Reiche Provinzen und große Städte werden dann in eure Hände fallen.«

Er wiederholt: »In eure Hände.«

Auf dem Platz zwischen den ockergelben Fassaden der Häuser herrscht jetzt Ruhe.

»Ihr werdet dort Ehre, Ruhm und Reichtum finden.«

Er wiederholt: »Reichtum.«

»Soldaten der Italien-Armee, sollte es euch an Mut und Ausdauer fehlen?«

Sein Pferd scharrt mit den Vorderhufen. Plötzlich ist die Ruhe dahin. Aus jenem Meer erreicht ihn ein undurchschaubares Murren, aus dem er weder Ablehnung noch Zustimmung heraushören kann.

Am Abend sitzt er General Schérer gegenüber, dessen Nachfolger er ist. Er läßt sich von ihm im Detail die Lage an den verschiedenen Fronten erläutern. Dann kommentiert Schérer die Proklamation vom Vormittag. »Die Männer haben gut reagiert«, sagt er. Wie kann man sich mit einer solchen Ungewißheit begnügen? Eine Truppe muß an ihren Chef gebunden sein wie die Planeten an die Sonne. Wie soll man sich auf sie verlassen können, wenn jeder einzelne Soldat, jede Truppeneinheit, jeder Offizier seinen eigenen Weg geht und zuerst an sich selber denkt, anstatt zu gehorchen?

Eine ganze Nacht ist zu kurz, um Napoleon zu beruhigen. Am Morgen springt er auf, als Berthier ihm meldet, daß das 3. Bataillon der 209. Halbbrigade, das auf dem Platz der Republik kampiert, zu meutern beginnt. Er stürzt ins Treppenhaus, gefolgt von seinen Adjutanten, läuft durch die Straßen, bis er den meuternden Soldaten und den zögernden Offizieren gegenübersteht. Lieber sterben als Gehorsamsverweigerung dulden.

Ein alter Soldat, der ihn nicht anzuschauen wagt, ruft: »Der kann uns mal mit seinen reichen Ebenen! Er soll uns Schuhe geben, damit wir überhaupt losmarschieren können.«

Napoleon tritt vor und steht allein der Truppe gegenüber. Er ist wie eine geschärfte Klinge, die in weiches Fleisch eindringt.

»Die Grenadiere, die diese Meuterei angefangen haben, kommen vor das Militärgericht«, sagt er zunächst. »Der Kommandant wird unter Arrest gestellt. Die Offiziere und Unteroffiziere, die wortlos in den Reihen geblieben sind, haben sich alle mitschuldig gemacht …«

Das Gemurmel bricht ab, die Soldaten stellen sich in Reihen auf. Die Offiziere senken ihre Köpfe.

Jetzt kann ich siegen!

Am 2. April bricht er auf nach Villefranche. Nach wenigen hundert Metern macht er vor einem Gebäude halt, das mitten in einem Garten liegt. Die Soldaten gehen zügig an ihm vorbei. Er hat diese Männer in die Hand genommen. Sie werden kämpfen, sie werden bereit sein zu sterben. Gestern hat er Plünderer erschießen und Schnaps verteilen lassen, die Generäle erhielten Goldmünzen.

Die Tür des Hauses geht auf. Graf Laurenti und seine Tochter Emilie treten heraus. Seit man ihm hier seine Verhaftung mitteilte, sind erst 18 Monate vergangen. Wer könnte seinen Aufstieg jemals aufhalten? Einzig der Tod, aber der kommt ihm unmöglich vor. Er ist noch keine 27.

Offiziere umringen ihn. Die Küstenstraße, die er gewählt hat, ist dem Kanonenfeuer der englischen Kriegsschiffe ausgesetzt, die in Ufernähe vorbeisegeln. Es sei unvorsichtig, dort entlang zu ziehen, sagen sie. Er scheint sie gar nicht gehört zu haben und umarmt den Grafen und seine Tochter. Ein Chef muß ein Beispiel geben und darf nicht zögern, sich auch dem Feuer auszusetzen. Leichtfüßig springt er auf sein Pferd und reitet an der Spitze seines Stabes auf die Küstenstraße zu. Die weißen Felsen fallen steil in das ruhige Meer. Am Horizont zeigt sich kein einziges Segel.

Am 3. April ist das Hauptquartier in Menton, am 5. in Albenga. Die Generäle stehen in einem großen weißen Raum um ihn herum, vor einem Tisch, auf dem die Karten ausgebreitet liegen. Ihre Körper, ihre Gesichter, ihre Waffen, ihre Uniformen drücken Kraft und Macht aus. Aber keiner getraut sich, ihn anzublicken!

»Hannibal hat die Alpen überschritten«, sagt Napoleon. »Wir haben sie umgangen.«

Der Italienfeldzug kann beginnen.

22

Napoleon beobachtet, wie die Grenadierbataillone mit schnellen Schritten die enge Straße zum Cadibone-Paß betreten. Es geht steil nach oben. Die Anhöhe beherrscht das Meer wie ein schmaler, hoher Riegel, der die Mittelmeerküste von Piemont und, noch weiter landeinwärts, von der Lombardei trennt. Er zieht an den Zügeln seines Pferdes. Die Reittiere der Stabsoffiziere wiehern. Der Wind weht vom Berg hinunter im Morgengrauen dieses 10. April 1796; er bringt den kalten Hauch des Waldes und der Wiesen mit sich und drückt die Lorbeerbäume und die Blumen am Meer nieder. Hier herrscht Frieden, jenseits des Passes schon Krieg.

Die Österreicher der Generäle Beaulieu und Argenteau warten in nächster Nähe des Passes in Montenotte und in Dego. Die Piemontesen von General Colli stehen ein wenig zurückgezogen weiter im Westen bei Millesimo und auch noch höher in den Bergen bei Mondovi.

Napoleon lenkt sein Pferd auf die Bergstraße. Die Offiziere folgen ihm, die Soldaten machen zunächst kleinere Schritte und marschieren dann dem Generalstab hinterdrein. Napoleon senkt nicht den Kopf in Richtung der Männer, die beiseite treten und ihre Reihen öffnen, um ihn vorbeizulassen. Das muß man können: gerade diese Männer zu Hunderten und Tausenden in den Tod schicken. Von ihrer Opferbereitschaft hängt das Gelingen seines Vorhabens ab.

In Albenga hat er sich die ganze Nacht lang seiner Phantasie hingegeben. Er sah, wie die Österreicher in Richtung Lombardei zurückgedrängt und die Piemontesen geschlagen und zum Friedensschluß gezwungen wurden. Um das zu erreichen, muß man zwischen ihnen zuschlagen und sie voneinander trennen, sie einzeln besiegen, und wenn erst einmal Piemont auf den Knien ist, die Österreicher im Tal des Po in Richtung Lodi und Mailand verfolgen.

Alles hängt von diesen Männern ab, die an den Straßenrändern voranmarschieren und den Tod akzeptieren müssen. Sie müssen Tag und Nacht marschieren, um schneller von einem Punkt zum anderen zu gelangen und den Gegner da zu überraschen, wo er sie nicht erwartet. Man muß dort, wo man angreift, immer in der Überzahl sein. Was macht es da, daß die Österreicher und Piemontesen 70000 sind, wenn nur die Soldaten der Italien-Armee über sie hinwegrollen und ihre Einheiten in einem Augenblick überrennen, in dem sie nicht so zahlreich sind!

Napoleon treibt sein Pferd an. Er gibt den Offizieren und den Unteroffizieren, die neben ihren Männern gehen, das Zeichen, noch schneller zu sein. Als er sich entfernt, ertönen die Anweisungen zu einem höheren Marschtempo. Marschieren, um zu sterben, marschieren, um zu töten.

Befehlen heißt zu wissen, wo man die Soldaten in den Tod treibt, wo man Soldaten töten wird. Befehlen heißt, selber zu sterben wissen. Opfer anordnen zu wissen. Dazu muß jeder Gedanke gespannt sein wie ein Bogen, und die Worte müssen wie Pfeile hervorschnellen.

Im Süden von Montenotte wird gekämpft. Der Brigadeführer Rampon hält stand gegen die angreifenden Österreicher unter Argenteau. Napoleon kommt aus seinem Zelt hervor und sieht dicken Rauch über dem Schlachtfeld. Dies ist der entscheidende

Moment: General Masséna muß die Österreicher umgehen, General Laharpe soll sie frontal angreifen. Die Adjutanten rennen in alle Richtungen.

Warten können.

Am 12. April werden die Österreicher in Montenotte besiegt, ebenso am 13. in Millesimo und in Dego.

Napoleon sitzt auf einer mit dunkelrotem Stoff überzogenen Kiste: 2600 Gefangene und an die 8000 Tote unter den Österreichern, und 1000 bei den eigenen Leuten. Rampon kommt herbei, blutend und voller Schlamm. Krieg bedeutet, die Toten zu vergessen und die Überlebenden zu beglückwünschen. Napoleon umarmt Rampon und verleiht ihm den Grad eines Brigadegenerals.

Dann geht er auf und ab, die Hände hinter dem Rücken verschränkt, und hört sich den Bericht an. Manche Einheiten haben sich abgesetzt, um zu essen und zu trinken zu finden. Masséna mußte diese Männer zurückrufen, von denen so mancher aus der Schlacht bei Dego flüchtete. Es kam zu Plünderungen. Wie soll man kämpfen, sterben oder töten, wenn die Disziplin nachläßt?

Napoleon ruft Berthier zu sich und diktiert. »Der Oberbefehlshaber sieht mit Entsetzen die abscheulichen Plünderungen, die von zügellosen Männern begangen wurden, die erst nach dem Gefecht bei ihrem Armeekorps eintrafen. Offiziere und Soldaten, die durch ihr Beispiel andere zu Plünderungen verleiten und damit jede Disziplin untergraben, in der Armee Unordnung stiften und ihrer Ehre schaden, sollen auf der Stelle erschossen werden.«

Dann beugt er sich über die Landkarten und zieht präzise Linien. Drei Siege innerhalb von vier Tagen. Er wundert sich, daß er keinerlei Freude verspürt. Eine Niederlage wäre unerträglich gewesen, doch der Sieg berauscht ihn nicht. Weil immer neue Kämpfe auf ihn zukommen. Das Handeln findet erst mit dem Tod ein Ende.

»Nun sind Collis Piemontesen an der Reihe«, sagt Napoleon.

Er schläft nicht mehr, oder höchstens ein paar Minuten, und wacht doch erholt auf, ist noch blasser als sonst, seine Sätze werden immer kürzer, die Gedanken durch die Nacht noch klarer.

Am 21. April wird Colli in Mondovi besiegt, aber auch diesmal spürt er keine Freude. Einmal mehr haben sich Soldaten abgesetzt, um zu plündern. Er muß durchgreifen. Erschießen lassen, degradieren. Wenn die eiserne Hand der Disziplin die Männer nicht zusammenhält wie eine Rute, wie können sie dann akzeptieren, in den Tod zu marschieren?

Er geht im Feldlager spazieren. Plötzlich rufen Soldaten und Offiziere: »Es lebe General Bonaparte!« Colli hat Emissäre geschickt, die um einen Waffenstillstand bitten.

Endlich flammt bei ihm Freude auf.

Am 25. April melden sich die Gesandten von Viktor Amadeus, König von Piemont und Sardinien, bei Napoleon in Cherasco. Sie sind würdig und respektvoll. Napoleon bittet die piemontesischen Adligen La Tour und Costa de Beauregard, ihm gegenüber Platz zu nehmen. Die Adjutanten stehen rings um ihren Oberbefehlshaber.

Napoleon ergreift das Wort. Die Piemontesen sollen drei Festungen übergeben, Coni, Tortone und Valenza. Sie müssen der französischen Armee alle notwendigen Güter liefern. Die Einzelheiten des Friedensvertrages werden in Paris besprochen, denn, sagt er, vorerst sei er *nur* Oberbefehlshaber der Armee der Französischen Republik. Die beiden piemontesischen Adligen verbeugen sich, beginnen aber sogleich, über die Vorschläge von Napoleon zu diskutieren.

»Meine Herren«, sagt er und bewegt dabei kaum die Lippen, »ich mache Sie darauf aufmerksam, daß ein Generalangriff für zwei Uhr angeordnet ist und dieser Angriff um keine Minute verschoben wird.« Dann verschränkt er die Arme und wartet ab. Er bezieht seine Macht aus der Kraft seiner Waffen, seiner Entschlossenheit und der Angst, die sie einflößen.

Am 26. April, noch vor Tagesanbruch, unterzeichnen die Piemontesen den Waffenstillstand. Er hört die Rufe der Soldaten: »Es lebe General Bonaparte!« Wie leicht man seine Männer lenken kann, wenn man ein siegreicher General ist.

Bei Sonnenaufgang ist es still. Er tritt aus dem Haus, in dem der Führungsstab untergebracht ist, gefolgt von einigen Offizieren. Die Straßen von Cherasco sind voller Wagen und mit frischem

Heu gefüllter Karren, auf denen die Verletzten liegen. Manche jammern, ihre Glieder sind blutige Stumpen. Andere Soldaten liegen einfach auf der Straße, den Rücken an Häuserwände gestützt.

Als er das Ende einer Straße erreicht, betritt Napoleon eine Anhöhe, die die Landschaft überragt. Die Hügel und der Zusammenfluß des Tanaro und der Stura sind von bläulichem Nebel bedeckt. Auf einem Feld liegen Reihen von Toten. Wie Leichenfledderer gehen Männer in gebückter Haltung die Reihen entlang, und wenn sie sich wieder aufrichten, sind ihre Arme voller Säbel und Munitionstaschen. Was erledigt ist, was tot ist, zählt nicht mehr. Einzig wichtig bleibt das noch zu Erfüllende.

Er steigt schnell wieder empor zum Sitz des Führungsstabes. Worte erfüllen seinen Kopf. Es gab Tote, Verletzte, Flüchtende, Marodeure und Feiglinge, Bataillone, die in Panik gerieten, und Plünderer, die erschossen wurden. Es gab diese blutige und schmutzige Realität.

Er bleibt einige Minuten vor einem Karren stehen, auf dem drei verletzte Männer in Todesqualen übereinanderliegen. Waren sie Feiglinge, denen man in den Rücken geschossen hat? Von einem Offizier ertappte und zum Tod verurteilte Diebe, oder waren es Helden? Wer kann das wissen?

Er betritt das Haus. Er diktiert Berthier die Proklamation, welche die Offiziere vor den Fronttruppen verlesen sollen und die gedruckt und an alle verteilt wird. Sie wird dann zur Wahrheit über diese Schlachten. Es wird keine andere Realität mehr geben als diese:

»Soldaten! Ihr habt in zwei Wochen sechs Siege errungen, 21 Fahnen, 55 Kanonen und mehrere Festungen erobert, den reichsten Teil von Piemont. Ihr hattet nichts, und Ihr habt Euch zu helfen gewußt; Ihr habt Schlachten ohne Kanonen gewonnen, Flüsse ohne Brücken überquert, Gewaltmärsche ohne Schuhe erduldet, oft ohne Schnaps und ohne Brot biwakiert. Einzig die Truppen der Republik, die Soldaten der Freiheit sind in der Lage, das zu erleiden, was Ihr erleiden mußtet. Dank sei Euch dafür gesagt, Soldaten! Aber, Soldaten, Ihr habt noch nichts erreicht, da noch so viel zu tun bleibt.«

Dann beugt er sich über die Tische, auf denen noch die Karten ausgebreitet liegen. Mit dem Finger fährt er die Linien entlang, die sich in seinem Geist abzeichnen, und er weiß, daß er allein sie ausdenken kann. Dort an seinen Fingerspitzen stehen die Österreicher von Beaulieu.

»Morgen«, will er sagen, doch er hält inne und gibt Berthier ein Zeichen, damit er für das Direktorium mitschreibt. »Morgen marschiere ich gegen Beaulieu und zwinge ihn, wieder den Po zu überschreiten, folge ihm sofort über den Fluß, bemächtige mich der gesamten Lombardei, und in weniger als einem Monat hoffe ich die Berge von Tirol zu erreichen, mich dort mit der Rhein-Armee zusammenzuschließen und gemeinsam mit ihr den Krieg nach Bayern zu tragen.«

Es bleibt noch alles zu tun.

23

Napoleon richtet sich in seinen Steigbügeln auf und dreht sich um. Cherasco ist nur noch eine ockerfarbene Form am Horizont, die durch den Nebel schimmert, in dem die Grenadiere seit Tagesanbruch marschieren. Er vertraut diesen Männern, die er selbst ausgesucht und dem Befehl von General Dallemagne unterstellt hat, der seinerzeit schon die Grenadiere vor Toulon kommandierte. Aber Napoleon reitet an der Spitze.

Diese Schlacht um die Eroberung der Lombardei, die nun beginnt, in deren Herzen wie ein Schmuckstück die Stadt Mailand liegt, will er an der Front miterleben, die Füße tief im Schlamm der Gefechte. Er empfindet keinerlei Furcht. Der Tod ist nicht für ihn bestimmt. Er will als erster den Po überqueren. Er wendet den Blick nicht ab von dem langen Silberband des Flusses, das gleich nach Auflösung des Nebels gewaltig und majestätisch hervortritt, umrandet von hohen Pappeln, die steif wie Schildwächter dastehen.

Er reitet schneller. Es ist die Nacht vom 6. zum 7. Mai 1796. Man erreicht den Po in Höhe von Piacenza. Es gibt eine kleine

Schießerei, Napoleon stürmt voran, die Grenadiere folgen ihm, der Feind zieht sich zurück. Es wird nicht Halt gemacht.

Als die Sonne aufgeht, sieht Napoleon die Lombardei vor sich liegen. Die Sonne spiegelt sich auf dem Wasser der Sümpfe und der Teiche. Die Erde ist reich, die Bauernhöfe sind groß und prächtig. Da ist er, der fruchtbare Boden.

In der Ferne erblickt man ein anderes glänzendes Band, die Adda, ein Nebenfluß des Po. Die Städte, deren Konturen über der Ebene erscheinen, gleichen großen Schiffen, deren Masten die Kirchtürme bilden: Dort liegt Lodi und da drüben Cremona.

Mitten am Vormittag des 9. Mai, während man sich in Eilmärschen in Richtung Lodi und seiner Brücke bewegt, die es ermöglichen soll, die Adda zu überqueren, erscheint ganz plötzlich ein Adjutant, die Uniform voll weißem Staub, und meldet, daß die Österreicher eine Gegenoffensive gestartet haben. Die Truppen von General Laharpe sind in der Nacht von Panik befallen worden. Laharpe starb durch die Kugeln seiner eigenen Soldaten, die ihn mit einem Trupp feindlicher Kavaliere verwechselt hatten.

Nur voran, schneller!

Am 10. Mai trifft Napoleon in Lodi ein. Mehrere tausend Soldaten sind schon da, jene der Divisionen Masséna und Augereau. Sie stapfen durch die Gassen. Napoleon begibt sich mit seinem Grenadiergefolge in Richtung der rauchbedeckten Flußufer. Die Brücke über der Adda liegt unter dem Dauerbeschuß von 20 österreichischen Kanonen. Tote und Verletzte liegen auf der Straße. Man hört das Pfeifen der Kugeln. Es wird über den Fluß hinweg geschossen.

Jetzt muß ich ran! Eine Bewegung seines ganzen Körpers wirft ihn nach vorne, mit blankem Säbel voran auf die Brücke, in den Kugelhagel hinein. Man muß hinüber. Die Zukunft liegt jenseits dieser Brücke, auf der anderen Seite des Flusses. Er hört überhaupt nichts, nur in seiner Brust bringt das Tempo sein Herz zum Rasen.

Die Grenadiere folgen ihm. Die Kavallerie überquert den Fluß weiter oben in einer Furt. Der Feind wird zum Rückzug gezwungen. Die Grenadiere können verschnaufen und stehen, auf ihre

Gewehre gestützt, mitten unter gefallenen Körpern. Napoleon schaut sie an. Sie nähern sich ihm. Er hat es verstanden, wie sie selbst, wie ein einfacher Soldat, sein Leben einzusetzen. Die Grenadiere heben ihre Gewehre und schreien laut. Sie sind am Leben. Sie haben gesiegt. »Es lebe General Bonaparte!«

Er hat gekämpft wie ein »kleiner Korporal«, sagt ein Grenadier. »Es lebe der kleine Korporal!«

In diesem Tal des Po, wo einst der französische König François I. geschlagen wurde, hat er den Sieg errungen.

Er betritt Cremona. Er verlangt von Parma eine Zahlung von zwei Millionen Goldfranken und die Lieferung von 1700 Pferden. Die Bauernhöfe öffnen ihre Scheuern, die Städte ihre Tresore und ihre Museen. Der Parmesankäse schmeckt herrlich mit Weizenbrot und Lambrusco, diesem prickelnden Wein. Häuser, Schlösser und Kirchen sind überfüllt mit Gemälden, die man in Wagen packt und nach Paris verfrachtet.

Die Soldaten singen und lachen, ihre Münder sind rot vom Weinschaum. Italienische Patrioten kommen zu Napoleon. Er hört das Geschrei der Menschenmenge: »*Viva Buonaparte, il liberatore dell'Italia*!« (Es lebe Bonaparte, der Befreier von Italien!)

Saliceti, der Kommissar der Italien-Armee, Saliceti, der reuige Denunziant, der so geschickt und so wendig ist, fördert diesen nationalen Eifer für die Einheit Italiens.

Mailand kapituliert kampflos. Diese Stadt, die Triumphbögen an diesem Himmelfahrtstag des Jahres 1796, diese Frauen mit Blumen auf den Armen, dieses Palais Serbelloni, dessen Tore sich öffnen, diese Bravorufe – all das ist für ihn!

Napoleon bezieht einen der großen holzgetäfelten Räume des Palastes. Er hat soeben erfahren, daß in Paris ein Friedensabkommen mit Piemont unterzeichnet wurde. Nizza und Savoyen werden französisch. Er war es, der den König von Piemont dazu gebracht hat. Er schreibt an das Direktorium: »Wenn Sie mir weiter vertrauen, gehört Ihnen ganz Italien.«

Ihnen? Oder ihm?

Er läßt sich von diesem Geistesblitz blenden. Vielleicht kann er alles erreichen? »Ich sehe die Welt unter mir dahinfliegen, als würde ich von einem Luftstrom mitgerissen«, sagt er leise. Er läßt Marmont kommen. »Das ist erst der Anfang«, sagt er.

Das rötliche, fein gebohnerte Parkett knarrt unter seinen Stiefeln. Napoleon schaut die unordentlich auf den Marmortisch geworfenen Papiere an. Mit verächtlicher Stimme zählt er auf: »Die Provinz Mondovi wird eine Zahlung von einer Million leisten. Ich stelle dem Direktorium zwei Millionen an Schmuck und Geld zur Verfügung, dazu 24 Gemälde, Meisterwerke der italienischen Kunst. Und die Direktoren können auf weitere zehn Millionen rechnen.«

Sind sie zufrieden?

Marmont reicht ihm einen Brief vom Direktorium, den soeben ein Kurier überbracht hat. Mit schroffer Geste erbricht Napoleon das Siegel und überfliegt das Schreiben. Die Direktoren raten ihm, sich in Richtung des Zentrums von Italien und nach Süden zu bewegen, nach Florenz, Rom, Neapel, während General Kellermann ihn in Mailand und in der Lombardei ersetzt.

Als ob ihn der Schlag getroffen hätte, bleibt er reglos im Zimmer stehen. Er steht gebeugt, die Schultern leicht eingezogen. Man will ihn also enteignen, entfernen, damit er vielleicht in einem politischen und militärischen Abenteuer untergeht. Halten sie ihn denn für blind?

Er geht wieder auf und ab. Nie wird er aufhören können zu kämpfen. Man kann erst über seine Handlungen entscheiden, wenn man ganz allein das Sagen hat, wenn man ganz oben ist. Glauben sie, er würde sich unterwerfen? Er ist es doch, der die Kassen des Direktoriums füllt, der Siege erringt, während die Rhein-Armeen in Deutschland nicht vom Fleck kommen. »Ich habe den Feldzug begonnen, ohne irgend jemanden zu fragen«, sagt er und bittet Marmont zu schreiben.

»Ich hätte nichts Gutes erreicht, wenn ich mich mit den Ansichten eines anderen hätte abstimmen müssen«, diktiert er. »Ich habe mich gegen überlegene Kräfte durchgesetzt, und das bei vollständigem Mangel an Ausrüstung. Weil ich von Ihrem Vertrauen überzeugt war, war mein Vormarsch so prompt wie meine

Gedanken. Jeder hat seine Art, Krieg zu führen. General Kellermann hat größere Erfahrung und wird ihn gewiß besser führen als ich; aber beide zusammen werden wir ihn ganz schlecht führen. Ich glaube, ein schlechter General allein ist mehr wert als zwei gute zusammen.«

Marmont kommt vor Wut und Aufregung ins Stottern. Napoleon zuckt mit den Schultern. Sie werden nachgeben. *Sie haben doch Angst vor meinem Rücktritt.*

»Das Glück hat mir heute nicht gelächelt, damit ich es verachte«, wirft er ein. »Das Glück ist eine Frau, und je mehr es für mich tut, desto mehr werde ich von ihm verlangen.« Marmont solle sich nur beruhigen. »In unseren Zeiten hat noch niemand etwas Großes geplant. Ich allein werde ein Beispiel abgeben.«

Er geht zum Fenster und öffnet es. Das große Mailand liegt ihm zu Füßen, seine Pflastersteine glitzern unter dem leichten Frühjahrsregen.

Murat tritt ein, schwadroniert ein wenig und sagt plötzlich: »Man versichert, Sie seien so ehrgeizig, daß Sie den Platz des Herrgotts einnehmen wollen.«

Napoleon schließt brutal das Fenster.

Des Herrgotts? Niemals, das wäre ein Irrweg!

Murat und Marmont gehen hinaus. Er ist allein. Von weitem, von sehr weit her hört er das Rollen der Wagen auf dem Kopfsteinpflaster und auch das Läuten der Glocken. Dieser Moment der Nacht ist ein tiefes Loch, in das er gleitet. Es ist viel zu still. Das Palais Serbelloni liegt wie eine ruhige Insel inmitten der großen Stille. Auf dem Schlachtfeld dröhnt es nur so von Schreien und Fluchen und Geschützlärm. Der Kopf ist voll vom Tumult des Kampfes. Man muß andauernd handeln und vergißt die innere Leere.

Einzig Joséphine könnte hier in Mailand seine Nächte beleben. Er hat ihr so oft geschrieben. Sobald der Geschützlärm schweigt und Ruhe eintritt, wird sie zu seiner Obsession. Man lebt nicht von hohem Ehrgeiz allein. Es braucht seine Zeit, bis die Ordnung der Dinge sich ändert, auch wenn man sie überrumpelt, wie er es tut.

Er hat soeben beschlossen, die Truppe mit gutem Geld auszuzahlen. Die Soldaten haben ihn hochleben lassen. Er hat kurz zuvor Waffenstillstände mit Parma, Modena, Bologna, Ferrara sowie den päpstlichen Provinzen unterschrieben, und jedesmal hat er Zahlungen von mehreren Millionen erhalten sowie Lieferungen in Naturalien, Bildern und Manuskripten. Das Direktorium hat natürlich nachgegeben angesichts seiner Rücktrittsdrohung. Das Direktorium hat natürlich auch nachgegeben, als Napoleon die Befugnisse der Kriegskommissare beschränkt hat.

Wenn die Bauern in den Dörfern oder die Bewohner von Pavia Soldaten angreifen und Requisitionen ablehnen, »tue ich, was ich will«. Die Stadt Lugo, in der fünf Dragoner getötet wurden, wird mit militärischen Sanktionen belegt. Hunderte Einwohner werden mit dem Säbel niedergemacht, die Behausungen werden geplündert, wer sich widersetzt, wird erschossen. *Ich mache, was ich will!*

Aber was ist mit ihr? Wie kann er eine Frau beeinflussen, die sich ihm entzieht, deren Schweigen ihn quält, deren Abwesenheit ihn foltert und deren Bild ihn Nacht für Nacht heimsucht? Ihr schreiben, immer wieder schreiben, sie anflehen, hierher nach Mailand zu kommen und von ihr das Schlimmste befürchten.

Das Glas auf ihrem Bildnis ist zerbrochen. Ein böses Omen. Sie ist krank oder untreu.

»Wenn Du mich lieben würdest, hättest Du mir zweimal am Tag geschrieben, aber nein, man schwätzt mit den kleinen Herrn, die ab zehn Uhr morgens zu Besuch kommen, man hört dem albernen Gerede und den Dummheiten zu bis eine Stunde nach Mitternacht. In anständigen Ländern ist jeder um zehn Uhr bei sich zu Hause, aber in jenen Ländern schreibt man seinem Gatten, man denkt an ihn, man lebt für ihn. Adieu, Joséphine, Du bist ein Ungeheuer, das ich nicht verstehe ...«

Aber wie wird man eine solche Passion los, wenn man zum Leben eine Passion braucht und wenn es, obwohl man in zwei Wochen sechs Schlachten gewonnen hat, zwischen den Gefechten diese leeren Nächte gibt?

Napoleon vertraut sich seinem Bruder Joseph an. »Du kennst

meine Liebe, Du weißt, wie glühend sie ist, Du weißt, daß ich stets nur Joséphine geliebt habe, daß Joséphine die erste Frau ist, die ich anbete. Adieu, mein Freund, Du wirst glücklich sein. Mir aber wurde von der Natur bestimmt, nur den Anschein des Glanzes zu besitzen.«

Also muß er sich fügen, seine Schwächen eingestehen, ihr diese Abhängigkeit beichten: »Jeden Tag zähle ich meine Fehler auf, geißele ich mich, um Dich nicht mehr zu lieben, und liebe Dich dann nur noch mehr. Ich werde Dir mein Geheimnis sagen. Mach Dich weiter lustig über mich, bleibe in Paris, nimm Dir Liebhaber und laß es jedermann wissen, schreibe niemals, und ich werde Dich zehnmal mehr lieben! Ist das nicht Fieber, Rausch, Wahnsinn? Und ich werde mich nie davon erholen! O doch, bei Gott, ich muß gesund werden …«

Er weiß nichts, aber er ahnt es. Eifersucht plagt ihn. Man berichtet ihm, daß Joséphine, die man jetzt »Muttergottes der Siege« nennt, abends bei Barras diniert und daß seine Adjutanten Murat und Junot, die er nach Paris beordert hat, damit sie Joséphine bitten, zu ihm zu kommen, ihre Geliebten geworden seien. Außerdem zeige sie überall ihre letzte Eroberung vor, ihren »Hampelmann«, Leutnant Hippolyte Charles, einen »feschen« jungen Mann, dessen bunte, eng anliegende Uniform die Reize des jungen Verführers hervorhebt.

Napoleon will das nicht hören. Er will nichts davon wissen. Aber er schreibt: »Appetitlos, schlaflos, ohne Lust auf Kameradschaft, auf Ruhm, auf Vaterlandsliebe, wie ich bin, gibt es nur Dich, Dich, und alles andere auf der Welt existiert so wenig für mich, als sei es vernichtet worden.«

Und plötzlich kann er den Schmerz nicht mehr unterdrücken: »Die Menschen sind so verachtungswürdig«, schreibt er. »Du allein hast in meinen Augen die Schande aller Menschen überdeckt! Ich glaube nicht an die Unsterblichkeit der Seele. Solltest Du sterben, würde ich auch sogleich sterben, weil ich vernichtet wäre.«

Ein paar Tage lang läßt er seine Briefe, die so oft unbeantwortet blieben, nicht mehr an sie abschicken. Er kehrt zu seinen Landkarten und zum Krieg zurück. Er verläßt Mailand und reitet in

Richtung Mantua, eine uneinnehmbare Festung, die die ganze Lombardei beherrscht und den Zugang nach Venetien bildet. Sie beherrscht auch die Straßen entlang des Gardasees, die nach Tirol führen sowie zu den Pässen, über die man nach Österreich gelangen kann. Warum sollte er nicht Wien erobern wie zuvor Mailand?

Er malt es sich aus. Er hat erst vor ein paar Tagen eine Proklamation an seine Soldaten gerichtet, um ihnen zu ihren Siegen zu gratulieren. Warum sollten sie nicht bald unter seiner Führung über die Alpen zur Donau hinunter kommen?

Er belagert die Stadt Mantua. Er kümmert sich um jede Kleinigkeit. Er springt vom Pferd, wählt die besten Plätze für die Kanonen, berechnet die Schußwinkel. Und plötzlich stolpert er, wird blaß, fällt erschöpft in Ohnmacht. Man bringt ihn in sein Zelt, aber er richtet sich bald wieder auf, schickt seine Adjutanten fort, greift wieder zur Schreibfeder.

»Ich werde Dir meine Taschen voller Briefe an Dich zeigen, die ich Dir nie geschickt habe, weil sie mir zu dumm vorkamen. Schreibe mir zehn Seiten, das allein kann mich trösten.« Er leidet. Es ist ein andauernder Schmerz im Bauch, der ihn bedrückt. »Die Anstrengungen und Deine Abwesenheit, das ist zu viel auf einmal. Du wirst bald zurückkommen, nicht wahr? Du wirst hier an meiner Seite sein, an meinem Herzen, in meinen Armen, auf meinem Mund! Nimm Deine Flügel und komm, komm. Einen Kuß auf Dein Herz, und ein anderer viel tiefer, sehr viel tiefer unten!«

Er begehrt sie. »Tausend Küsse auf Deine Augen, auf Deine Lippen.« Und das Begehren, das er empfindet, wird durch seine Eifersucht noch gesteigert. Er schreibt sogar an Barras: »Ich bin verzweifelt, meine Frau kommt nicht, sie hat einen Liebhaber, der sie in Paris zurückhält. Ich verfluche alle Frauen, aber umarme meine guten Freunde.« Also weiß er und will doch nicht wissen.

»Du weißt, daß ich niemals akzeptieren könnte, daß Du einen Liebhaber hast. Ihm das Herz herauszureißen oder ihn zu sehen wäre für mich dasselbe; und wenn ich Hand an Deine heilige Person legen könnte ... Nein, das würde ich nie wagen, aber ich würde aus einem Leben scheiden, in dem das Liebste, was ich habe, mich betrügt. Ich bin Deiner Liebe sicher und stolz auf sie.«

Er täuscht sich selber und will sich an kein Gerücht erinnern, das ihn betrifft, auch an keinen der Namen der Liebhaber von Joséphine, die er kennt: Barras, und vor ihm Hoche, vielleicht der Stallbursche von Hoche, ein kräftiger Kerl, dazu noch Murat und Junot und Hippolyte Charles. Er hat Lust, zu töten und zu sterben.

Und dann erfährt er, daß sie endlich die Reise nach Mailand angetreten hat. Die in ihm aufwallende Freude und Lust verwischt alle Vorwürfe und Zweifel.

Er betritt den Raum, in dem sich die Adjutanten aufhalten und geht von einem zum andern. Marmont soll mit einer Ehrengarde Joséphine de Beauharnais entgegengaloppieren. Er organisiert alles für ihre Ankunft, als wäre es ein Schlachtplan. Er geht durch alle Räume des Palais Serbelloni, stellt die Möbel um und kümmert sich um Dekorationsgegenstände, Teppiche und Bilder. Sie schätzt Luxus. Er verdrängt seine Ungeduld, indem er immerfort Anweisungen erteilt: das breite Bett hierhin, die Vorhänge des Baldachins sollen blau sein mit Goldrand.

Man meldet ihm, daß Junot, den er nach Paris gesandt hat, um dem Direktorium die erbeuteten Fahnen zu überbringen, mit Joséphine und Leutnant Charles zusammen zurückkommt. Na, wenn schon! Es ist keine Zeit mehr für Eifersucht. Sie trifft schon ein, ihr Wagen hält im Hof des Palais Serbelloni, umgeben von der Dragonereskorte.

Er läuft auf sie zu. Da ist sie und lächelt, mit dem Hündchen Fortuné im Arm. Er drückt sie an sich, mitten unter den Offizieren. Er sieht weder Junot noch Charles. Er zieht sie mit sich. Er möchte, daß sie sich beeilt, aber sie geht mit kleinen Schritten, fragt nach ihrem Gepäck, spricht über Fortuné, den diese lange Reise erschöpft hat wie sie auch. Er schließt die Zimmertür. Sie lacht über sein Feuer und läßt sich lieben.

Zwei Tage, zwei Tage nur, um die Lust auszuschöpfen und die Kraft dieses Körpers, den er an sich drückt, zerdrückt, und der sich meistens nur hingibt, passiv bleibt, zu erdulden scheint, und dann plötzlich wild wird, fordernd, mit einer Freiheit der Gesten, die Napoleon erschreckt und zugleich fasziniert, wie ein Abgrund, dessen Tiefen er nie kennen wird.

Dann eines Morgens nimmt Napoleon seinen Säbel, bindet seine Generalsschärpe um und drückt sich den Zweispitz auf den Kopf. Joséphines Gesicht ist ganz ruhig. Er hatte noch nie diese kleinen Falten in ihren Mundwinkeln bemerkt, wie ein Zeichen von Gleichgültigkeit hinter der Maske ihres Lächelns.

Und kaum ist er von ihr getrennt, fehlt sie ihm schon, fühlt er ihre Abwesenheit, den Verlust ihrer Person. Er hat nichts gestillt. Er möchte sie weiter im Arm halten, aber die Pferde werden schon ungeduldig. Anordnungen ergehen. Der Krieg läßt sein ernstes Rumoren hören.

Der österreichische General Wurmser marschiert mit 24000 Soldaten heran. Er geht Richtung Süden an der östlichen Seite des Gardasees entlang, auf Mantua und Verona zu. General Quasdonowitsch folgt auf der Westseite. Die Würfel rollen schon wieder. Kein Sieg ist für immer errungen.

Er muß Joséphine verlassen. Weiß sie überhaupt, was Krieg bedeutet? Kann sie sich vorstellen, was er empfindet? Sein Körper gibt sich noch einmal der Umarmung hin, dann löst er sich. Er muß sich wieder in den Krieg stürzen. Er füllt die Leere aus.

Am 6. Juli schreibt Napoleon: »Ich habe den Feind besiegt. Ich bin todmüde. Ich bitte Dich, sofort nach Verona zu fahren, denn ich glaube, daß ich bald schwer krank werde. Ich sende Dir tausend Küsse. Ich liege im Bett.«

Aber kann man liegen bleiben, wenn man der Oberbefehlshaber von Tausenden Soldaten ist, die in den Tod marschieren? Also kämpft er. Abends schreibt er dann: »Komm zu mir, daß wir uns wenigstens sagen können, bevor wir sterben: Wir waren so viele Tage glücklich!«

Man hört die Kanonen.

»Wir haben 600 Gefangene gemacht und drei Kanonen erbeutet. General Brune hat sieben Kugeln in seiner Uniform gefunden, aber keine hat ihn verletzt, das nennt man Glück. Tausend Küsse, so brennend heiß, wie Du kalt bist.«

24

Er ist allein. Und doch ist er von einer Menschenmenge umgeben. Soldaten schreien seinen Namen: »Es lebe Bonaparte!« Andere begrüßen vertraulich »unseren kleinen Korporal«. Adjutanten springen vom Pferd und überbringen einen Brief. Die weißen Umhänge der österreichischen Infanteristen sind in den Vororten der Stadt gesichtet worden. »Wir müssen Verona räumen, General!«

Wurmsers Vorhut ist also schon so weit vorgestoßen. Andere Boten melden, daß die Truppen von General Quasdonowitsch Brescia erreicht haben. Die Divisionen von Masséna und Augereau haben sich zurückgezogen. Ulanen wagen sich weit vor. Sie sind schon nahe bei Mantua. Sie greifen Transporte oder vereinzelte Wagen an.

In der Haltung seiner Offiziere und auf den Gesichtern der Soldaten liest Napoleon Furcht und Unruhe, Angst vor der Niederlage, die Versuchung, zu fliehen. In einigen Stunden kann alles, was er seit Beginn des Italienfeldzuges gewonnen hat, verloren sein. Er würde sich so gern einen Augenblick gehenlassen, eine Stütze finden, Rat einholen. Er hat das Gefühl, von all den Entscheidungen, die er zu treffen hat, erdrückt zu werden. Er zweifelt an sich selbst.

Er beordert die ihm unterstellten Generäle zu sich. Vielleicht ist es ein Fehler? Aber Wurmser und Quasdonowitsch rücken siegreich vor. Augereau, Masséna und Sérurier betreten den Raum, und Napoleon begreift sogleich, daß er von ihnen nichts erwarten kann. Das Oberkommando haben heißt allein sein.

Und also sagt er ganz ruhig, als spüre er nicht diese Angst, die an ihm nagt, daß die Kraft einer Armee, »wie Guibert uns gelehrt hat«, das Produkt sei von Masse mal Geschwindigkeit. Man muß die Truppen also in höchstem Tempo verlegen. Tag und Nacht marschieren, um den Feind zu überraschen. Ihn schlagen. Und wieder marschieren, marschieren, zu einem anderen Ziel.

Er beschließt also, die Belagerung von Mantua aufzuheben, was die Österreicher wundern und verunsichern wird, um dann mit allen Soldaten nach Norden zu gehen, Quasdonowitsch zu schlagen und zur Konfrontation mit Wurmser zurückzukehren, der glauben wird, daß er einen großen Sieg errungen hat, indem er Mantua besetzt, »das wir bewußt aufgegeben haben«.

»Die Belagerung von Mantua aufheben?« will Sérurier einwenden.

»Die Belagerung aufheben«, wiederholt Napoleon mit schneidender Stimme. »Und dann marschieren.«

Er ist allein. Das ermüdet. Wenn er sich jemandem anvertrauen, Beistand holen, sich trösten und lieben lassen könnte. Nur einen Augenblick die Rüstung fallen lassen, um nicht mehr allein zu sein, welche Erleichterung wäre das! Aber er ist allein.

»Schon seit zwei Tagen habe ich keinen Brief mehr von Dir bekommen«, schreibt er und gibt sich alle Mühe, die Buchstaben so zu formen, daß Joséphine sie ohne allzu große Ungeduld entziffern kann. »Das habe ich mir schon dreißigmal gesagt. Ich rufe den Boten herbei, und er sagt mir, daß er bei Dir vorgesprochen habe und daß Du ihm gesagt hast, Du hättest ihm nichts mitzugeben. O Du böses, häßliches, grausames, tyrannisches, kleines, hübsches Monstrum! Du lachst über meine Drohungen und meine Dummheiten! Wenn ich Dich in mein Herz einschließen könnte, würde ich Dich dort gefangen setzen.«

Diese Vorstellung, Joséphine bei sich zu behalten, nicht mehr allein zu sein, beherrscht ihn immer mehr. Wenn er wenigstens das besitzen könnte, eine geliebte Frau, die nicht flieht, die nicht wie ein endgültiger Sieg wäre, den es nicht geben kann, dann wäre er beruhigt, so glaubt er. Und er schreibt es. »Ich hoffe, Du kannst mich in mein Hauptquartier begleiten und mich nie mehr verlassen. Bist Du nicht die Seele meines Lebens und das Gefühl meines Herzens?«

Am nächsten Tag, dem 22. Juli 1796, insistiert er: »Du schreibst mir, daß es Dir gut geht, also bitte ich Dich, nach Brescia zu kommen. Noch in dieser Stunde schicke ich Murat los, damit er eine Wohnung für Dich in der Stadt vorbereitet, wie Du es wünschst. Nimm Deine Silbersachen mit und einen Teil der Dinge, die Du benötigst. Reise in kurzen Etappen und in der morgendlichen Kühle, um Dich nicht zu ermüden. Am 7. fahre ich Dir entgegen, so weit ich nur kann.«

Wenn er an Joséphine schreibt und seine Leidenschaft ausdrückt, fühlt er sich nicht mehr allein, und solange er schreibt, vergißt er den Krieg. Als ob es für ihn plötzlich nur noch diese Frau gäbe, diese Liebe. Er öffnet Briefe, die für Joséphine bestimmt sind, als ob er eine Festung mit Gewalt nähme. Dann entschuldigt er sich, demütigt sich, verspricht, daß es das letzte Mal sei, und er, der die Österreicher von Wurmser und die Kroaten von Quasdonowitsch zurückdrängt, bittet sie um Verzeihung.

Er fühlt sich besser, wenn er einige Minuten lang nur von seinen Gefühlen gesprochen hat, sich nur um sich selbst gekümmert hat, als ob er ein junger Mann wäre, der noch nicht, am 15. August 1796, seinen 27. Geburtstag gefeiert hat.

Und nun rasch zu Pferd, und vorwärts mit den Truppen! Marschieren und kämpfen!

Am 3. August wird Quasdonowitsch in Lonato vernichtend besiegt. Wurmser, der wie vorhergesehen Mantua im Triumph besetzt hatte, verläßt die Stadt, um seinem besiegten Kameraden zu helfen. Also muß man auch Wurmser schlagen.

Napoleon streift durch die Straßen des wiedereroberten Brescia. Die Soldaten waschen sich in den Brunnen, laben sich an dem hervorquellenden klaren Wasser, das alle Straßen erfrischt. Karren voller Gewehre aus den Waffenfabriken rumpeln über das Pflaster dieser Industriestadt, dieser »Waffenstadt Brescia«.

Napoleon betritt das Rathaus an der Piazza Vecchi. Dort hat er sich mit seinem Generalstab eingerichtet. Er hört Gelächter und bleibt stehen. Dann erscheint Joséphine, von Offizieren umgeben; Murat stolziert einher; der junge Hauptmann Hippolyte Charles hält das Hündchen Fortuné auf seinem Arm. Napoleon schiebt sie rüde beiseite. Man läßt sie allein. Dort steht sie und gehört mir, »mit ihren schmalen Schultern, ihrem weißen, kleinen, aber festen Busen, und darüber ihrem Gesichtchen mit dem kreolischen Teint, zum Anbeißen schön, und diesem kleinen schwarzen Haarwald«. Wie besessen zieht er sie mit sich in sein Zimmer.

Vor der geschlossenen Tür hört man es bellen. Aber Napoleon hindert Joséphine daran, Fortuné die Tür zu öffnen. Sie gibt es auf.

Als sie später beim Abendessen ihren Hund auf ihrem Schoß

sitzen läßt, ist Napoleon so unvorsichtig, mit einem Blick auf den Hund dem mit Joséphine befreundeten Schriftsteller Arnault ein Geständnis zu machen, in dem sich Bitterkeit und Belustigung vermischen: »Dieser kleine Herr dort ist mein Rivale. Das Bett von Madame gehörte ihm schon, als ich sie heiratete. Ich wollte ihn daraus vertreiben: vergebliche Mühe. Man erklärte mir, ich müsse mich mit der Teilung abfinden oder woanders schlafen. Es mißfiel mir sehr, aber ich hatte keine Wahl. Ich gab klein bei. Doch der kleine Liebling war weniger rücksichtsvoll als ich. Den Beweis dafür kann man noch an diesem Bein sehen.«

Hinterher bedauert er dieses Geständnis. Er hat schon genug gegessen. Er findet sowieso, daß man zuviel Zeit bei Tisch verliert. Er zwingt die anderen Gäste, den Raum zu verlassen, damit er endlich mit Joséphine allein sein kann. Das Hündchen knurrt.

Anderthalb Tage mit ihr. Eine einzige Nacht. Die galoppierenden Pferde. In der Ferne Kanonendonner. Wurmsers Truppen rücken vor. An den Stadttoren von Brescia wurden Ulanen gesichtet. Joséphine weint. Sie bekommt Angst. Dann soll sie eben nach Mailand zurück, mit einer Eskorte unter Führung von Junot.

»Adieu, meine Schöne, meine Gute, meine Unvergleichliche, du Göttliche. Wurmser wird für die Tränen büßen, die du seinetwegen vergossen hast«, sagt Napoleon.

Am 5. August schlägt er Wurmser bei Vastiglina, und am 7. wird erneut Mantua belagert, nachdem er zuvor Verona zurückerobert hatte. Ich entscheide allein, der Sieg gehört mir!

Aber für wie lange? Wurmser sammelt seine Truppen neu, erhält Verstärkung. Davidowitsch übernimmt das Kommando von Quasdonowitsch. In jedem Augenblick kann alles in Frage gestellt werden. Diese Ungewißheit der Zukunft findet er unerträglich. Sie erschöpft ihn.

Junot bittet darum, empfangen zu werden. Er berichtet, wie auf der Rückfahrt ein Ulanentrupp die Kutsche von Joséphine Beauharnais angegriffen hat. Es gab einen Kampf. Zwei Pferde wurden getötet und die Räder der Kutsche wurden durch eine Kanonenkugel zerstört. Joséphine hat auf einem Bauernkarren nach Peschiera flüchten müssen, bevor sie nach Mailand zurück konnte.

Er muß seine Angst verbergen und Junot beglückwünschen, auch hinnehmen, daß Joséphine in Mailand bleibt, grandiose Empfänge im Palais Serbelloni gibt, wie die monarchistische Aristokratin, die sie im Grunde geblieben ist, umgeben von beflissenen Männern. Soll er das wirklich hinnehmen?

Napoleon wird wütend. Man soll Hauptmann Charles wegschicken und ihn aus der Italien-Armee entlassen. Napoleon befragt Junot, ob es wahr sei, daß Joséphine, wie man ihm berichtet hat, sich mehrere Tage lang mit Charles am Ufer des Comer Sees aufgehalten habe. Junot schweigt. Junot weiß Bescheid. Sie wissen alle Bescheid.

»Du bist böswillig und häßlich«, schreibt er an Joséphine, »ebenso häßlich wie leichtfertig. Es ist sehr hinterhältig, einen armen Gatten, einen zärtlichen Liebhaber zu betrügen. Soll er alle seine Rechte nur deshalb verlieren, weil er in der Ferne weilt und dort viel Verantwortung, Qual und Arbeit hat?«

Aber was nützt es, ihr immer wieder zu sagen: »Was sollte ich ohne meine Joséphine, ohne die Gewißheit ihrer Liebe auf der Welt denn anderes tun?« Sie würde kaum hinhören. Also schreibt er ihr vom Krieg. »Gestern gab es sehr blutige Gefechte. Der Feind hat schwere Verluste erlitten und wurde vollständig geschlagen. Wir haben die Vororte von Mantua eingenommen.«

Aber was bedeutet der Krieg für sie? Und wie könnte sie verstehen, was diese erneuten Siege bedeuten? Diese allein getroffenen Entscheidungen und diese Freude, die er mit niemand teilen kann, wenn der Feind in die Falle gegangen ist? Davidowitsch wurde am 4. September bei Roveredo von einer Übermacht erdrückt. Dann wurde Wurmser angegriffen und am 7. September bei Primolano geschlagen und am 8. bei Bassano. Wurmser blieb danach keine andere Wahl, als sich in Mantua einzuigeln und ohnmächtig abzuwarten.

Kann sich Joséphine vorstellen, was er von seinen Soldaten verlangt? In einer Woche haben sie 180 Kilometer kämpfend und marschierend zurückgelegt. In zwei Wochen wurde der zweite Vorstoß von Wurmser zurückgeschlagen. Wer wird den nächsten leiten? Seine Bestimmung, der Krieg, ist unersättlich, er frißt ihn auf. Er braucht die Liebe seiner Frau, um diesem Moloch zu widerstehen.

Aber ihre Briefe sind kalt, und also muß er auch gegen sie Krieg führen. »Ich liebe Dich überhaupt nicht mehr, ich verabscheue Dich schon. Du bist ein schlimmes, böses, linkisches, dummes Aschenputtel. Was treiben Sie denn so den ganzen Tag, Madame? Was für ein Mensch ist bloß Ihr neuer Liebhaber, der Ihre ganze Zeit in Anspruch nimmt, Ihre Tage beherrscht und Sie daran hindert, sich mit Ihrem Gatten zu beschäftigen? Seien Sie nur vorsichtig, Joséphine, eines Nachts werde ich die Türen aufbrechen und plötzlich vor Ihnen stehen!«

Aber das ist nur ein Augenblick der Wut in einer leeren Herbstnacht, in der dichter Regen auf die Lombardei fällt und Nebel über den Sümpfen rings um Mantua liegt. Die Müdigkeit und die Erschöpfung, ein hartnäckiger Schnupfen, Fieber und immer wiederkehrender Ausschlag belästigen seinen schmächtigen Körper mit der gelben Haut, den er jeden Tag neu in Gang setzen und auf dem Pferd halten muß, um von einer Stadt zur andern zu gelangen, von Bologna nach Brescia, von Verona in die Vororte von Mantua. Aus Wien treffen Meldungen ein, daß das Kaiserreich unter dem Kommando von General Alvinzy neue und stärkere Truppen zusammenzieht, die kampferprobt und besser ausgerüstet sind. Es wird also wieder zu Auseinandersetzungen kommen.

Napoleon inspiziert seine Truppen. Er hört zu. Offiziere und Soldaten beschweren sich. Dieser ist in der Stadt beschimpft worden. Jener wurde angegriffen. Die Straßen sind nicht mehr sicher. »Die Bevölkerung ist gegen uns«, hört er immer wieder. Ein Konvoi mit Gemälden, die für Paris bestimmt waren, mußte nach Coni zurückkehren, da die Wege des Piemont von bewaffneten Banden unsicher gemacht werden, die Armeetransporte und Patrouillen angreifen. Diese Bauern hassen uns, erklärt man Napoleon. Er steht schon wieder allein seiner Zukunft gegenüber.

Kann man mit einer Armee, die kaum 40 000 Soldaten zählt und die von unendlich überlegenen und unerschöpflichen Kräften bedroht wird, die aus Kroatien, Ungarn, Deutschland und

Österreich kommen, Italien, Piemont und die Lombardei halten? Bologna und Verona?

Er läßt Miot de Melito vorsprechen, den Vertreter der Toskanischen Republik. Der kleine beredte Mann gibt einen Lagebericht. Napoleon fragt ihn aus. Er mustert den Diplomaten und ahnt dessen Überraschung. Er dachte, er bekäme es mit einem dieser draufgängerischen Generäle wie Masséna zu tun.

»Sie sind ganz anders als die andern«, sagt er zu Napoleon. »Sie haben militärische und politische Ansichten.« Dann stockt er und sagt leise, als spräche er zu sich selbst: »Ich habe noch nie jemanden getroffen, der den republikanischen Ideen und Denkweisen so fern stand wie Sie.«

»Um unser Hinterland zu sichern, müssen wir uns hier Freunde machen«, sagt Napoleon. Er entfernt sich ein paar Schritte. Sein langes, dichtes Haar umkränzt sein blasses, eingefallenes Gesicht. »Überall bildet man Koalitionen gegen uns«, sagt er. »Das Prestige unserer Armeen ist geschwunden. Man sieht unsere geringe Zahl. Der Einfluß des Vatikans ist unberechenbar. Rom bewaffnet das Volk und wiegelt es auf.« Nach einer Pause fährt er fort: »Wir müssen ein System etablieren, das uns Freunde verschafft, sowohl auf der Seite des Volkes wie auf der Seite der Adligen.« Dann verschränkt er die Arme und spricht: »Mit Bajonetten kann man alles machen, nur nicht sich darauf ausruhen.« Man muß also mit anderen Waffen wirken. »Mit der Politik und den Institutionen«, sagt er.

Er erinnert sich an seine Lektüren. Er hat noch im Kopf, was er einst in Paris oder Valence aufschrieb, als er lauter Geschichtsbücher las. Er hat auch die *Institutiones* von Justinian noch nicht vergessen. Warum sollte er nicht hier im Herzen von Italien verbündete Republiken errichten wie einst das antike Rom in seiner Nachbarschaft?

»Das Exekutiv-Direktorium …«, will Miot einwerfen. Napoleon macht eine wegwerfende Handbewegung. Was wissen schon die Direktoren in Paris? Was tun sie schon? Er hat ihnen geschrieben. Er hat verlangt, »schicken Sie Truppen und nochmals Truppen, wenn Sie Italien halten wollen«. Sie haben ihm nur zur

Vorsicht geraten. Er solle nicht die italienischen Patrioten ermutigen.

»Aber nein«, sagt Napoleon, »man muß im Gegenteil einen Kongreß in Bologna und in Modena schaffen, an dem die Staaten von Ferrara, Bologna, Modena und Reggio beteiligt sind. Dieser Kongreß könnte eine Italienische Legion gründen und eine Art Italienische Föderation bilden, eine Republik.«

Miot bekommt Angst. Das widerspricht den Anweisungen des Direktoriums. Napoleon zuckt mit den Schultern. Am 15. Oktober bildet sich dieser Kongreß in Modena, und in seiner Gegenwart rufen die hundert Delegierten die Cispadanische Republik aus.

Macht, Politik, Diplomatie – diese Früchte beginnen ihm zu schmecken, die er als der Oberbefehlshaber der siegreichen Soldaten nun überall pflücken und genießen kann. Der Graf von Este, ein Bruder des Herzogs von Modena, will empfangen werden. Saliceti nähert sich unterwürfig und verführerisch und flüstert Napoleon zu, daß der Gesandte Modenas vier Kisten mitbringe, in denen sich Gold im Wert von vier Millionen Francs befinde.

»Ich stamme aus Ihrem Land«, sagt Saliceti. »Ich kenne Ihre Familienangelegenheiten. Das Direktorium wird Ihre geleisteten Dienste niemals honorieren. Was man Ihnen anbietet, gehört sehr wohl Ihnen, nehmen Sie es ohne Skrupel und ohne Aufhebens; die Finanzleistungen des Herzogs werden entsprechend herabgesetzt, und er wird sehr froh sein, einen Beschutzer gefunden zu haben.«

»Ich will meine Unabhängigkeit wahren«, sagt Napoleon.

Ein Vertreter der Regierung von Venedig bietet wenig später sieben Millionen in Gold an. Mit einer Handbewegung schickt Napoleon auch diesen Finanzier wieder fort.

Was bedeuten schon diese Summen, die man ihm anbietet, wo er doch in sich grenzenlose Wünsche und Ambitionen wachsen spürt? Er will diese Trinkgelder der Macht nicht. Er will die Macht. Er will sich der Politik und der Diplomatie zu anderen Zwecken bedienen als dazu, seine Taschen zu füllen. Sie werden voll genug sein, wenn er Erfolg hat. Wobei? Wenn er definieren soll, worin sein eigentliches Ziel liegt, so gelingt es ihm nicht. Er will Großes, Besonderes. Er will dabei keine Grenzen sehen. Und nun, wo er immer häufiger die Reichen und Mächtigen aus den kleinen Staaten frequentiert, Herzöge, Grafen, Prinzen, ist er immer mehr davon überzeugt, daß ihn niemand zwingen kann, daß er stärker ist als alle, mit denen er zu tun hatte. Hat er denn nicht österreichische Generäle besiegt?

In befehlendem Ton schreibt er an den Kaiser von Österreich. »Majestät, Europa will den Frieden. Dieser furchtbare Krieg dauert schon viel zu lange. Ich habe die Ehre, Eure Majestät darauf hinzuweisen, daß mir das Exekutivdirektorium, für den Fall, daß Sie keine Bevollmächtigten zu Friedensverhandlungen nach Paris senden sollten, den Befehl gegeben hat, den Hafen von Triest zuzuschütten und alle Niederlassungen Ihrer Majestät an der Adria zu zerstören. Von der Durchführung dieses Planes hat mich bisher nur die Hoffnung abgehalten, die Zahl der unschuldigen Opfer dieses Krieges nicht zu erhöhen. Ich wünsche, daß Ihre Majestät nicht unempfänglich ist für das Unheil, das Ihren Untertanen droht, und daß Sie die Ruhe und den Frieden der Welt wieder herstellt. Mit tiefem Respekt für Ihre Majestät bin ich Ihr Bonaparte.«

Der Name klingt wie eine Provokation unter diesem Schreiben, das ein wirkliches Ultimatum darstellt.

Als er sich in den großen Spiegelsälen des Palais Scaliger in Verona an diesen Brief erinnert, wird Napoleon von einer Unruhe erfaßt, die er kaum beherrschen kann. An den Wänden sieht man das mittelalterliche Familienwappen des Hauses Scaliger: eine Leiter. Und er, der kleine Korse, hat er nicht zu rasch aufsteigen wollen? Alvinzys Truppen nähern sich. Sie sind dreimal so zahlreich wie die seinen. Tausende Männer liegen erschöpft und verwundet in den Lazaretten, nach Monaten pausenloser Märsche und Kämpfe. Bei den ersten Gefechten mit Alvinzy am 6. und 7. November in Caldero bei Verona hat er sich zurückziehen müssen.

Napoleon ist geschlagen worden. Doch trotz des unerträglichen Schmerzes der Niederlage hat er nicht den Kopf sinken lassen. Er marschierte an der Seite seiner Soldaten über die schlammige Erde. Morgen wird er sich wieder schlagen müssen. Er wird siegen. Denn er spürt genau, wenn die schwarze Welle der Niederlage noch einmal die Italien-Armee überrollt, dann werden alle angehäuften

Schwächen, Müdigkeiten, Eifersüchteleien und Vorwürfe die Männer und zuerst ihn selbst, den obersten General, unter sich begraben.

Er schreibt an das Direktorium. »Ich bitte Sie, mir so bald wie möglich Gewehre zu schicken, Sie machen sich keine Vorstellung davon, wie viele unsere Leute so verbrauchen.« Das Direktorium muß die Lage erkennen. »Die Unterlegenheit der Armee und der Grad der Erschöpfung auch der tapfersten Soldaten geben Anlaß zu Befürchtungen.« Wie soll er sie ernähren? Er ist ihr oberster General. Aber über ihm steht das Direktorium, das seine Verantwortung wahrnehmen muß wie er die seine. »Hier und jetzt entscheidet sich das Schicksal von Italien und Europa. Ich tue meine Pflicht, die Armee tut die ihre. Meine Seele ist zerrissen, aber mein Gewissen ist im reinen. Wir brauchen Hilfe, Hilfe ...«

Aber als er am 14. November mitten durch die Sümpfe von Alpone marschiert, denkt er nicht mehr an Hilfe. Man muß mit dem zurechtkommen, was man hat.

Er geht an der Spitze der Truppen über die engen Sandwege, die die Sümpfe durchqueren. Die Stadt Arcoli liegt in dichtem Nebel. Das Wasser der Sümpfe ist eisig und stinkt. Die Österreicher von Alvinzy haben sich auf das andere Ufer zurückgezogen. Neben Napoleon fallen Offiziere in großer Zahl, denn auch sie marschieren über die Erddämme, auf denen man sich drängt und so dem Feind leichte Ziele bietet.

Nun kommt eine Holzbrücke, genau wie in Lodi. Und genau wie dort spürt Napoleon den Elan seines Körpers. Wenn man siegen will, muß man jedes Mal alles riskieren. Napoleon stürmt voran, begleitet von einem Tambur, der zum Angriff trommelt. Er schaut nicht nach hinten. Er reißt eine Fahne aus den Händen eines Feldwebels, schwenkt sie und schreit: »Soldaten, seid ihr denn nicht mehr die Sieger von Lodi?« Vorwärts! Sein ganzer Leib zittert. Man stößt ihn beiseite. Grenadiere überholen ihn, der Feind schießt eine Salve und streckt sie zu Boden. Er steht allein und ohne Deckung da. Der Tod ist gar nichts, wenn er einen so mitten im Gefecht ereilt. Muiron, sein Freund Muiron von der Belagerung Toulons, der beste all seiner Adjutanten, stellt sich vor ihn.

Ein Stoß. Muiron ist tot. Sein Körper gleitet auf den von Napoleon. Man muß voran. Napoleon rutscht aus, stößt gegen einen Brückenpfeiler, fällt um, und alles erlischt. Nacht umhüllt ihn.

Als er wieder die Augen öffnet, hört er ohne ein Wort, wie ihm sein Bruder Louis erklärt, daß er ohnmächtig wurde und daß man ihn aus dem Sumpf gezogen hat, bevor die Kroaten von der anderen Flußseite herbeikamen, um ihn zu ergreifen.

Er richtet sich auf. Das war ein schwerer Augenblick. Aber er lebt. Und Alvinzy ist geschlagen. Die Kavallerie soll den Österreichern nachsetzen, sagt er. Ein Offizier murrt, daß dies ein sehr riskantes und völlig unübliches Manöver sei. »Krieg bedeutet, sich Dinge ausdenken«, sagt Napoleon und schließt die Augen.

Er denkt an Muiron und an die Soldaten, deren Rücken er wie Baumstämme an der Wasseroberfläche der Sümpfe von Alpone treiben sah. Er hätte einer von ihnen sein können. Tot, wie Muiron. der sein Leben für ihn geopfert hat. Aber alles bleibt möglich, weil er noch lebt. Der Tod hat ihn nur gestreift, wie um ihm zu bedeuten, daß er ihn noch nicht will, daß er noch der Stärkere sei.

Als er in einer Kutsche nach Mailand fährt, ist er müde, aber entschlossen. Seine Gliedmaßen sind von lauter Müdigkeit wie zerbrochen. Aber nur der Tod kann einen am Handeln hindern. Und es gibt noch so viel zu tun. Das Direktorium hat aus Paris General Clarke geschickt, der mit Wien verhandeln soll. Man mißtraut mir also, sagt sich Napoleon, mir, dem Sieger, mir, dem Paris wegen seiner Erfolge applaudiert. So sehr, daß man die Rue Chantereine, in der Joséphine wohnt, umbenannt hat in »Rue de la Victoire« (Siegesstraße) und daß ein Theater ein Stück zu Ehren von Napoleon spielt mit dem Titel *Die Brücke von Lodi*. Jeden Abend erheben sich die Zuschauer und applaudieren dem heroischen und siegreichen General. Aber die Direktoren fürchten ihn. Die Rivalität unter den Menschen wird niemals enden. *Meine Frau soll mich trösten!*

Am 27. November betritt Napoleon das Palais Serbelloni. Er braucht gar nicht weiter zu gehen als bis zur Vortreppe. Der Palast ist leer und tot. Wo ist sie? In Genua, wohin sie der Senat eingeladen hat, damit sie den Festlichkeiten präsidiere. Sie fuhr, begleitet von Hippolyte Charles. »Man soll ihn erschießen!« schreit er. Dann beruhigt er sich wieder. Was sollte er als Grund nennen? Eifersucht? Wer machte sich lächerlich, der Gatte oder der Liebhaber? Ihm bleibt nur die Verzweiflung, wie ein kleiner Tod, der in seinem Privatleben den Sturz in die Sümpfe von Alpone wiederholt, von der Brücke von Arcoli herab.

»Ich komme nach Mailand«, schreibt er an Joséphine, »ich stürze in Dein Zimmer, ich habe alles stehen und liegen lassen, um zu Dir zu kommen und Dich in meine Arme zu schließen, aber Du warst nicht da. Du treibst Dich in der Stadt auf Festen herum, Du weichst mir aus, wenn ich komme. Da ich an Gefahren gewohnt bin, weiß ich, wie man den Kümmernissen und Übeln des Lebens begegnet. Mein Unglück ist übergroß. Ich hatte Anspruch auf etwas anderes. Ich werde bis zum 9. mittags hierbleiben. Mach Dir keine Umstände, gehe Deinen Vergnügungen nach, das Glück ist für Dich gemacht. Alle sind hoch zufrieden, wenn sie nur Dir gefallen können, und allein Dein Gatte ist sehr, sehr unglücklich.«

Die Nacht ist endlos. Wann wird es endlich Tag? Er wird über Joséphine keinen Sieg erringen. Er hat Befehle gegeben, daß Hippolyte Charles dieses Mal auf Befehl des Oberkommandierenden aus der Italien-Armee entfernt wird, aber er hatte es schon einmal angeordnet. Und Joséphine hatte geweint und gebettelt, und er hatte seine Entscheidung zurückgenommen.

»Du lebst im Vergnügen, und es wäre nicht recht, wenn Du mir auch nur das kleinste Opfer brächtest«, schreibt er. »Ich bin es nicht wert, und das Glück oder Unglück eines Mannes, den Du nicht liebst, geht Dich ja wirklich nichts an. Ich habe unrecht, wenn ich von Dir verlange, daß Du mich so sehr liebst wie ich Dich. Kann man erwarten, daß Spitzen so viel wiegen wie Gold? Ich habe unrecht, wenn die Natur mir nichts mitgegeben hat, um Dir zu gefallen, aber was ich von Joséphine erwarten kann, ist Rücksicht und Wertschätzung, denn ich liebe Dich und nur Dich wie wahnsinnig.«

Er verläßt Mailand. Er will schnell zum Krieg zurückkehren. Der betrügt einen nie.

Auf der Anhöhe von Rivoli sieht man in der Nacht zum 14. Januar 1797 die Lagerfeuer der österreichischen Vorposten von

General Alvinzy, der mit neuen Truppen zurückgekehrt ist. Und nur wenige hundert Meter gegenüber sieht man auf Hügeln eine Reihe von Feuern wie eine Sternenkette, jene der Divisionen von Joubert und Masséna. Die Nacht über wird die Schlacht vorbereitet. Links in Reserve steht Masséna. Auf der rechten Seite, zur Etsch hinüber, die Division von Joubert. In der Mitte stehen Berthier und seine Männer.

Der Morgen kommt rasch. In Begleitung von Murat und des Adjutanten Le Marois muß er die Reihen der Soldaten abreiten. Ein Regiment zieht sich zurück. Man startet einen Gegenangriff. Offiziere reiten in vollem Galopp davon, nachdem sie ihre Befehle erhalten haben. Die Schlacht bleibt lange unentschieden. Plötzlich kommt, zum Klang von Musik und mit wehenden Fahnen, Verstärkung herbei; es ist das 18. Regiment. Napoleon reitet ihm entgegen. Die Worte, die er an sie richtet, rollen wie ein Trommelwirbel.

»Tapferes 18., Ihr habt einem noblen Elan nachgegeben; Ihr habt Euren Ruhm vermehrt; um ihn zu vervollständigen und als Belohnung für Eure Führung, fällt Euch die Ehre zu, diejenigen als erste anzugreifen, die es wagen, uns zu umgehen.«

Hochrufe antworten ihm, die Soldaten pflanzen die Bajonette auf und drängen die Österreicher zurück, die sich zu Hunderten ergeben und rufen: »Gefangene! Gefangene!« Es bleibt gerade genug Zeit zum Befehlen und zum Ausführen.

Dann wird es Nacht. Mehrere Dutzend Offiziere drängen sich in zwei Zimmern. Napoleon ist in ihrer Mitte. Zu essen gibt es nur hartes Brot und ranzigen Schinken. Napoleon macht Scherze über die Qualität dieses »Futters«. »Das Futter der Unsterblichkeit schmeckt immer gut«, wirft Hauptmann Thiébaud ein. Dann senkt der Offizier plötzlich eingeschüchtert die Augen, er, der den ganzen Tag mit blankem Säbel gekämpft hat. Napoleon sieht darin die Bestätigung, daß er die Gabe besitzt, andere Menschen zu befehligen.

Er hat sich einen Platz auf dem Stroh ausgesucht. Er wird unter seinen Offizieren schlafen. Er teilt ihr Schicksal, aber er ist allein.

Am Morgen muß er zu den Soldaten reden, die noch steif und

kalt sind von der Nacht. Kommandieren heißt, nicht bei ihren Leiden verweilen, sondern von ihnen verlangen, daß sie weiter marschieren und sich noch einmal mit General Wurmser schlagen, der versucht, Alvinzy und Provera, einem anderen österreichischen General, zu Hilfe zu kommen.

»General, du willst Ehre haben?« ruft ein Soldat. »Na gut, wir werden dir genug Ehre anschleppen.« Mit raschem Schritt setzen sie sich in Bewegung. Sie werden Wurmser in La Favorite schlagen. Provera wird sich mit seinen Truppen ergeben. Wurmser kapituliert am 2. Februar und räumt Mantua.

Wenn man solche Siege erringt und die Hochrufe von Männern hört, die sterben, wenn man den Befehl dazu gibt, wird man ein anderer Mensch. Wenn die Mailänder 22000 Gefangene zählen, die von Soldaten bewacht durch die Stadt in Richtung Frankreich ziehen. Wenn er in Verona einzieht und rings um ihn über 30 vom Feind in Rivoli erbeutete Fahnen getragen werden.

Man spricht und schreibt ganz anders, wenn man zu seinen Soldaten sagen kann: »Ihr habt in 14 Feldschlachten den Sieg errungen, dazu in 70 Gefechten. Ihr habt mehr als 100000 Gefangene gemacht, habt vom Feind über 100 Kanonen erbeutet, dazu 2000 Großkaliber. Ihr habt das Museum von Paris um über 300 Objekte bereichert, Meisterwerke des alten und des neuen Italien. Und da wollen die Direktoren ihre Befehle von Paris her geben?« *Die Politik und die Diplomatie – das bin auch ich!*

Napoleon empfängt die Gesandten des Papstes und unterzeichnet mit ihnen den Friedensvertrag von Tolentino. Außer den schon zugesagten 16 Millionen müssen sie 15 weitere Millionen zahlen und dazu Avignon abtreten. *Ich verändere die Karte von Frankreich!*

Endlich ist er am Meer. Am 14. Februar 1797 besetzt Napoleon Ancona. Allein geht er bis zur Spitze der Hafenmole. Er schaut aufs Meer hinaus. Zu Berthier, der ihm gefolgt ist, sagt er: »Von hier aus kann man in 24 Stunden in Mazedonien sein.« Mazedonien, die Heimat von Alexander dem Großen.

Aber plötzlich erscheinen alle errungenen Siege schon als staubige Vergangenheit. »Ich bin noch in Ancona«, schreibt er einige

Tage später an Joséphine. Ich lasse Dich nicht hierherkommen, weil noch nicht alles getan ist. Außerdem ist diese Gegend sehr unfreundlich, und alle haben Angst. Morgen reise ich ins Gebirge. Du schreibst mir gar nicht. Ich habe mich noch nie so sehr gelangweilt wie in diesem abscheulichen Krieg.«

25

Das Gebirge liegt vor Napoleon. Er hat an der Straße haltgemacht, die in Treviso anfängt und zum ersten Fluß führt, den es zu überqueren gilt, der Piave. Jenseits davon liegen zwei weitere Täler, das des Tagliamento und das des Isonzo. Vor ihm marschieren die Soldaten mit langsamem, schwerem Schritt. Die enge Straße steigt steil an. Die Männer sind genauso müde wie er. Er hat ihnen geschrieben: »Es gibt nur Hoffnung auf Frieden, wenn wir ihn in den Erbstaaten des Hauses Österreich holen.«

Aber das heißt, daß man wieder kämpfen muß, diesmal gegen einen neuen österreichischen General, Erzherzog Karl, der seine Truppen in Tirol zusammengezogen hat, nahe am Paß von Tarvisio, an der Quelle und auch jenseits dieser Flüsse. Und so muß man sich tief in die steinigen Täler hineinwagen und die Piave, den Tagliomento und den Isonzo überqueren, über Abhänge marschieren, die mit Geröll bedeckt sind und von hohen, weißbläulichen Kalkmassiven beherrscht werden, deren Seiten und Gipfel tiefe Einschnitte aufweisen, als ob das ganze Gebirge ein riesiges Skelett wäre ohne einen Fetzen Fleisch. Erst auf der Seite von Tirol, Friaul und Kärnten, in Richtung Judenburg und Klagenfurt, findet man wieder Wiesen und Wälder. Hier sind die Steine gesprungen und haben scharfe Kanten.

Napoleon und seine Armee marschieren nach Nordosten. Am 12. März überquert Napoleon den Tagliamento. Joubert ist in Bozen und in Brixen, Bernadotte in Triest. Am 28. März betritt Napoleon Klagenfurt. Bald erreicht die Vorhut Leoben im Herzen der Steiermark. Und auf den Höhen von Semmering kann Napoleon die breite Ebene der Donau erkennen, und hundert Kilometer weiter liegen im Dunst des Horizonts die Kuppeln und Dächer von Wien, die er mehr imaginiert als sieht.

Er darf sich nicht berauschen lassen. Er muß sich an das System halten, das er aufgestellt hat: So schnell wie möglich Sieg und Frieden.

Am 31. März hat er in seinem Zelt eine Botschaft an Erzherzog Karl verfaßt. Dem Adjutanten gegenüber, der sich den österreichischen Linien nähern sollte, hat er darauf bestanden, daß der Brief dem österreichischen Obergeneral eigenhändig übergeben werde. Dann hat er dem Offizier nachgeschaut, der durch die Straßen von Klagenfurt davonritt.

Die Worte, die er formuliert hat und die in seinem Kopf nachhallen, werden wohl kaum Gehör finden. Erzherzog Karl ist gewiß nicht bereit, sich gegenüber den Wiener Instanzen Freiheiten herauszunehmen. Aber der Kaiser von Österreich ist kein Advokat oder Opportunist wie die Leute, die in Paris die Macht haben. Auch diese werden eines Tages mit Napoleon zu rechnen haben, denn das Volk wird von seiner Botschaft erfahren.

»Die tapferen Soldaten führen Krieg, aber sie wünschen Frieden. Haben wir nicht genug getötet und der traurigen Menschheit genug Leid zugefügt? Auf allen Seiten hört man Klagen. Sind Sie bereit, den Titel eines Wohltäters der Menschheit und des Retters von Deutschland zu verdienen? Wenn dieses Angebot, das Ihnen zu unterbreiten ich die Ehre habe, auch nur das Leben eines einzigen Menschen rettet, dann wäre ich viel stolzer auf die bürgerliche Krone, die ich dann verdient hätte, als auf den traurigen Ruhm, der sich auf militärische Erfolge gründet.«

Er wartet ab, dringt tiefer in die Steiermark ein, erreicht Judenburg und Leoben. Weitere Siege in Neumarkt und Unzmarkt bereiten ihm wenig Vergnügen. Nach Lodi, Arcoli und Rivoli wirken sie nur fad. Vielleicht hat er einfach nur die stärksten Emotionen des Krieges ausgelotet? Anfangs stürzten sie ihn in hohes Fieber. Aber nun erlebt er dies seit einem Jahr jeden Tag, sieht er Tote bis zum Ekel, hat er die Besten fallen sehen wie Muiron, der ihm auf der Brücke von Arcoli das Leben gerettet hat. Er ist 28, und er weiß nun, daß der Krieg nur ein Mittel ist, ein Instrument, das er genau kennt. Kann er ihn noch überraschen? Ihn reizt nur das, was man mit Krieg erringen kann: Ruhm, Macht über Menschen, nicht nur die, die mit ihm marschieren, sondern alle Menschen in ihrem alltäglichen Leben, ihren Institutionen, ihren Vergnügungen.

Er schaut die Offiziere an, die ihn umgeben, Joubert, Masséna, Bernadotte. Sie sind gute, mutige, begabte Soldaten. Aber er ist schon mehr, er gehört zu jenen, denen es nicht genügt, eine Armee zu befehligen, auch nicht als oberster General, sondern die über alle Armeen entscheiden. Zu den wenigen, die die politische Macht innehaben. Die wenigen oder der eine? Wenn er zu jenen gehören will, oder jener eine sein will – warum sollte er es sich nicht eingestehen –, dann muß er die Auseinandersetzung mit den Machthabern in Paris suchen.

Er kennt die fünf Mitglieder des Exekutivdirektoriums, Barras, Carnot, Reubell, Barthélemy, La Révellière-Lépeaux. Am 13. Vendémiaire war er der bewaffnete Arm von Barras. Diese Männer geben nicht viel auf die Einhaltung der Gesetze. Er hat die Revolution erlebt. Er weiß nur zu gut, daß genau wie auf einem Schlachtfeld nur die scharfe Waffe zählt, das Kräfteverhältnis.

Er ruft Lavalette herbei, einen seiner Adjutanten. Der Offizier verbeugt sich. Diese höfliche, aber nicht unterwürfige Respektbezeugung, diese »geselligen Umgangsformen« kennt Napoleon genau. Es sind jene der Aristokraten, der ehemaligen Royalisten. Lavalette ist zuverlässig und intelligent. Er muß einen ausgezeichneten Kontaktmann abgeben. Napoleon bitte ihn Platz zu nehmen.

Lavalette soll Carnot aufsuchen, der genau wie Barthélemy dem royalistischen Milieu nahesteht, das sich im Clichy-Club trifft. Ist Carnot aus Sorge um die Stabilität dazu bereit, die Republik zu liquidieren? Man muß herausbekommen, was dieser Mensch denkt und plant. In einigen Wochen sollen Wahlen stattfinden. Alles weist darauf hin, daß die Royalisten gewinnen werden. Im anderen Lager ist das Triumvirat aus Barras, Reubell und La Révellière-Lépeaux gewiß zu einem neuen Vendémiaire bereit.

Napoleon geht unruhig auf und ab. Dieses Spiel erregt ihn. Er hält sich für geschickt darin. Es ist auch eine Art Krieg, aber gedämpft und untergründig. Ein Schachspiel. Eine Auseinandersetzung wie auf einem Schlachtfeld, aber mit komplexeren Regeln, gewiefteren Spielern, einem größeren Spielfeld und mehr Spielfiguren. Krieg ist wie ein Damespiel. Politik ist wie ein Schachspiel. Und das Schachbrett ist vielfältigen Kräften ausgesetzt, die jederzeit losbrechen und alle Figuren, aber auch die Spieler hinwegfegen können. Napoleon erinnert sich noch an jene Szenen am 10. August im Hof der Tuilerien, als Frauen die Leichen der Schweizer Gardisten verstümmelten.

»Die Demokratie kann tollwütig sein«, sagt er leise, »aber sie hat einen Bauch und ist leicht zu erregen.«

Lavalette soll Zeitungen gründen, Schriftsteller und Journalisten treffen, alle, die Einfluß auf die öffentliche Meinung haben. Man soll überall wissen, wer Bonaparte ist, was er getan hat, was er will: den Frieden. Redner und Romanciers, Dichter und Maler sollen die Taten von General Bonaparte verherrlichen. Lavalette stimmt ihm zu.

»Die Aristokratie«, fährt Napoleon fort, »bleibt immer kühl, nicht wahr? Sie vergibt niemals.«

Dann präzisiert er seine Anweisungen. Lavalette solle mit Carnot sprechen, wiederholt er. Man muß Carnot beruhigen und einschläfern.

»Sagen Sie ihm, als wäre es Ihre eigene Überzeugung, daß ich mich bei der ersten Gelegenheit von den Geschäften zurückziehen werde; und wenn dies zu lange dauern sollte, würde ich demissionieren; und achten Sie genau auf die Wirkung, die das auf ihn hat.«

Am 13. Vendémiaire war er der Mann von Barras. Aber dieses Mal spielt er im eigenen Interesse.

Die Dinge nehmen ihren Lauf. Am 13. April 1797 bitten in der kleinen Stadt Leoben zwei österreichische Bevollmächtigte, vorsprechen zu dürfen. Napoleon läßt sie warten, denn diese beiden »Herren«, elegante, steife Adlige, General Graf von Merveldt und Graf von Beauregard müssen spüren, daß sie die Verhandlungen nicht dominieren können.

Napoleon stellt sich vor, daß sie trotz ihrer Reglosigkeit sehr ungeduldig sind, und empfindet dabei die Freude eines Spielers, der in einer Partie mehrere Züge im voraus bedenkt. Er hat gelernt, und lernt es immer noch, wie man auf diese Weise auch die abgebrühtesten Menschen verunsichert. In einer Diskussion, diesem Kampf Mann gegen Mann, Macht gegen Macht, kommt es auf jedes Detail an.

Er will erreichen, daß Österreich auf Belgien und auf das linke Rheinufer verzichtet. Im Austausch schlägt er ihm Venetien vor, das er noch nicht kontrolliert, aber der geringste Vorwand genügt, um die Regierung des Dogen zu stürzen. Frankreich wird die Ionischen Inseln behalten. Diese Vorschläge müssen geheim bleiben. Was sollten die Venezianer denken? Und was würde das Direktorium einwenden, das ihn schon wissen ließ, daß er Österreich nachgeben und ihm die Lombardei lassen solle, wenn es zu Verhandlungen bereit sei.

Mit langsamen Schritten betritt Napoleon den Raum mit der niedrigen Decke, in dem sich die beiden Bevollmächtigten aufhalten. Er wird gewinnen, weil er weiß, was er will. Die Stärke eines Mannes, ganz gleich, ob General oder Staatschef, liegt in seiner Fähigkeit, weiter zu sehen und schneller zu entscheiden als seine Gegner.

Am 18. April unterzeichnen Napoleon und die Wiener Gesandten den Präliminarfrieden von Leoben. Er hat seinen Schachzug getan.

Dann folgt wieder eine schlaflose Nacht. Er muß auf allen Feldern spielen. Einen Boten ans Direktorium schicken und in gemäßigtem Ton mit Demission drohen, falls der Vorfrieden nicht akzeptiert wird. Die richtigen Worte finden, um die Männer von der Ablehnung abzuhalten, selbst wenn sie von dem, was sie lesen, kein Wort glauben. Sie in einer Falle einfangen. Und keinen Vorwand für Kritik liefern. Er ruft einen Adjutanten und diktiert einen Brief ans Direktorium.

An diesem 19. April 1797 treten Offiziere in das Hauptquartier ein. Sie sind ganz außer Atem, ihre Gesichter sind von Müdigkeit gezeichnet. Napoleon stoppt sie mit einem Blick. Befehlen heißt auch, respektheischende Distanz wahren. 400 französische Soldaten, berichtet einer von ihnen atemlos, zumeist Verwundete, die im Krankenhaus lagen, sind in Verona von Bauernbanden getötet, erdrosselt, erdolcht oder mit dem Säbel niedergemacht worden. In Venedig wurde ein französisches Schiff angegriffen, das vor dem Lido auf Reede lag, der Kapitän wurde getötet.

Napoleon verabschiedet die Offiziere. Rache ist notwendig für die Bewahrung der Ordnung. Auf Gewalt muß man mit noch größerer Gewalt antworten. Dieses Gesetz hat er in seiner Kindheit, auf der Militärschule in Brienne, in Ajaccio, bei seinen ersten Kommandos und in seinen ersten Schlachten gelernt. Man kann aber auch die Rache als Vorwand für eine ohnehin schon geplante Aktion nutzen. Wenn der Gegner die Attacke nicht kommen sah und ungeschützt ist, hat er eben Pech gehabt. Man muß hart und schnell zuschlagen.

Napoleon schreibt an den Dogen von Venedig: »Glauben Sie etwa, daß meine italienischen Legionen die Massaker hinnehmen werden, zu denen Sie aufstacheln? Das Blut meiner Brüder wird gerächt werden.«

Eine unbarmherzige Repression trifft die Mörder von Verona, und französische Truppen besetzen Venedig. Das ist das Ende der venezianischen Republik, die 13 Jahrhunderte lang unabhängig war. So kann man sie Österreich ausliefern im Tausch gegen das linke Rheinufer und Belgien, und das Direktorium billigt nach langen Diskussionen den Vorfrieden von Leoben.

Ich zeichne Europas neue Landkarte!

Einige Tage später öffnet Napoleon das Siegel des ersten Schreibens seines Gehilfen Lavalette aus Paris.

»General, alle haben ihre Augen nur auf Sie gerichtet. Sie halten das Schicksal von ganz Frankreich in Ihren Händen. Unterschreiben Sie den Frieden, und wie durch ein Wunder werden Sie hier alles verändern. Und dann, verehrter General, kommen Sie her und genießen Sie die Zustimmung des französischen Volkes, das Sie seinen Wohltäter nennen wird. Kommen Sie und verblüffen Sie die Pariser durch Ihre Mäßigung und Ihre Auffassungen.«

Napoleon liest den Brief noch einmal. Dieser Frühling 1797 gefällt ihm.

26

Er ist 28 Jahre alt. Er lernt zu herrschen. Er hat beschlossen, mit all den Seinen zusammen zu wohnen, mit seiner Familie, die aus Marseille angereist ist, mit seinem Generalstab, mit seinen Gästen, mit der ganzen großen Schar, die ihn im Schloß Mombello nunmehr umgibt, einer prächtigen Villa zwölf Kilometer von Mailand entfernt, in die er vor der lombardischen Sommerhitze geflüchtet ist.

Joséphine ist bei ihm. Endlich! Er sieht sie, wann immer er will. Alles ändert sich, wenn man herrscht, auch für eine Ehefrau. Sie begibt sich nicht mehr auf den Corso, jene Promenade der eleganten Frauen von Mailand, die sich dort in ihren niedrigen Wagen, den sogenannten *bastardelle*, von den nebenher reitenden Kavalieren bewundern lassen und dann am Café Corsia de Servi zum Eisessen haltmachen. Dieses aufdringliche Umschwärmen der Offiziere schätzte er gar nicht. Auch in Mombello sind sie noch in Joséphines Nähe, aber hier fürchten sie ihn.

Er sieht es gern, wenn Joséphine den Diners präsidiert, die man nun jeden Abend unter einem großen Zeltdach gibt. Der Tisch ist für 40 Gäste gedeckt. Napoleon spricht, und man hört ihm andächtig zu, jeder schaut in seine Richtung. Er ist der Herr. Er bestimmt, daß es nur bescheidene Mahlzeiten gibt: Suppe, gekochtes Fleisch, Vorspeise, Salat und Obst, dazu nur eine Weinsorte. Er beherrscht diese kleine Welt: seine Schwestern Pauline und Caroline, seinen Bruder Jérôme, Eugène und Hortense de Beauharnais.

Oft spürt er den Blick seiner Mutter auf sich ruhen, doch er merkt auch, wie sie Joséphine unfreundlich anschaut. Sie mag sie nicht, aber Joséphine ist hier an ihrem Platz, umgeben von österreichischen oder neapolitanischen Diplomaten, sämtlich Aristokraten. Sie hat die Anmut und die Eleganz der Vicomtesse, die sie einmal war. Manchmal wird er von plötzlichem Verlangen erfaßt und zieht sich dann mit ihr zurück, unbekümmert um das, was die Gäste von seinem Verhalten denken mögen.

Bei einem Ausflug an den Lago Maggiore in Begleitung von

Berthier und Miot de Melito hat er bemerkt, wie beide Männer betreten ihre Augen senkten, als er in ihrer Gegenwart Joséphine umarmte. Was soll's! Sie ist seine Gattin, und er bestimmt die Spielregeln.

Schon lange hat er sich nicht mehr so fröhlich und leicht gefühlt, vielleicht ist es sogar das erste Mal. Sein Körper kommt wieder zu Kräften. An Energie hat es ihm nie gefehlt, aber allmählich vertreibt er die Müdigkeit und auch den unangenehmen Hautausschlag, der ihn immer seltener quält.

Er entscheidet über das Leben der anderen, was ihm eine so große Freude bereitet, wie er sie wohl noch nie erlebt hat. Seine Schwester Élisa hat in Marseille einen bescheidenen korsischen Hauptmann geheiratet, Félix Bacciocchi. Sei's drum. Es mißfällt ihm, doch er muß es hinnehmen. Aber die kirchliche Hochzeit wird in der Schloßkapelle zur selben Zeit gefeiert wie jene, die er zwischen seiner jüngeren Schwester Pauline und General Leclerc herbeigeführt hat. Bacciocchi wird, da die Engländer im Oktober 1796 Korsika verlassen haben, zum Befehlshaber der Verteidigungsanlagen von Ajaccio ernannt. Und da im Gepäck der Engländer auch die Paolisten fortgegangen sind, ist es Joseph gelungen, sich als Abgeordneter von Ajaccio in den Rat der Fünfhundert wählen zu lassen, als einer der wenigen jakobinischen Abgeordneten in einer Mehrheit, die eher zur Monarchie tendiert. Joseph wird zum Botschafter der Republik in Rom ernannt. Das sind Gunstbeweise, die das Direktorium nicht ablehnen kann. Louis Bonaparte ist schon Hauptmann. Der unabhängige und ehrgeizige Lucien ist Kriegskommissar bei den Armeen im Norden, am Rhein und auch in Korsika, aber vor allem treibt er sich in Paris herum.

Und was jene schwarzgekleidete Person betrifft, vor der sich alle respektvoll verneigen, Laetitia Bonaparte, die unbedingt nach Korsika zurückwill, nun, so wird er wie ein König ihre Rückreise organisieren. Dieser Eindruck von Macht, diese Gewißheit, das Schicksal der Menschen zu beeinflussen, verleihen großes Selbstvertrauen.

Er tritt auf die Terrasse hinaus. In der Ferne erkennt er die noch schneebedeckten Gipfel der Alpen. Einige Schritte hinter ihm stehen die Generäle Berthier und Clarke, etwas weiter weg Lannes, Murat und Marmont.

Eine Gruppe Italiener, Bauern aus dem Umland oder aus Mailand gekommene Städter, wird von einigen der polnischen Legionäre auf Distanz gehalten, die das Schloß bewachen. Diese etwa 300 Soldaten sind besonders groß und wurden von Prinz Dombrowski rekrutiert, und genau wie er haben sie ihr geteiltes und besetztes Land verlassen. Sie sind Napoleon besonders ergeben. Herrschen heißt auch, Bewunderung und Hingabe wecken. Napoleon denkt an Muiron auf der Brücke von Arcoli. Das Opfer der Männer für jenen, den sie als Chef anerkannt haben, legitimiert dessen Autorität.

Die Italiener drängen sich. Sie werden dem Abendessen beiwohnen. So war es einst in Versailles zur Zeit des Sonnenkönigs. Man kündigt den Marquis von Gallo an, Neapels Botschafter in Wien. Aber auch Lannes und Murat sind da, Nichtadlige und Soldaten der Revolution.

Jene Frau, die nun neben Joséphine geht, heißt Saint-Huberty und ist eine Schauspielerin, deren große Zeit vor der Revolution lag. Man behauptet, sie sei mit Grafen d'Antraigues verheiratet, einem royalistischen Agenten, der sich laut Nachrichtendienst der Armee in Venedig aufhält und angeblich in den Diensten von Wien, London und Ludwig XVIII. steht. Das müßte man näher untersuchen, und er gibt entsprechende Befehle.

Nun kommt der französische Botschafter Miot de Melito und bleibt vor Napoleon stehen, wartet darauf, mit ihm über den Frieden sprechen zu können, der gewiß bald abgeschlossen wird, da Gallo anwesend ist und weitere italienische Diplomaten eintreffen. Er beglückwünscht Napoleon zur Gründung einer Cisalpinischen sowie einer Ligurischen Republik und fragt nach seiner künftigen Rolle.

Napoleon antwortet ausweichend und nimmt Platz. Er erzählt Anekdoten, meistens solche mit historischem Inhalt. Aller Augen sind auf ihn gerichtet.

Er gibt das Zeichen, daß das Essen beendet ist. Er geht allein im schattigen Park umher, zwischen Italienern, die ihn hochleben lassen und als »Befreier Italiens« feiern. Er wartet auf den Marquis von Gallo und sagt zu ihm, daß er nach dem Friedensschluß seine astronomischen oder mathematischen Studien fortsetzen möchte. Er könnte auch hier leben, in einem Haus abseits des Lärms der Städte, und sich mit der Rolle eines Friedensrichters für die Bevölkerung des Umlandes zufriedengeben.

Joséphine stößt zu ihnen. »Glauben Sie ihm nicht«, sagt sie zu Gallo mit ihrer gurrenden Stimme. »Er ist ein ganz unruhiger Geist, ein aktiver und fruchtbarer Kopf, er entwickelt ständig neue Pläne. Wenn er sich nicht mehr mit den großen Dingen abgeben könnte, würde er jeden Tag sein Haus durcheinanderbringen, man könnte es nicht mit ihm aushalten.«

Sie lacht. Mit einem Blick bringt er sie zum Schweigen. Das schafft er jetzt. Er nähert sich dem Marquis von Gallo.

»Kennen Sie Graf d'Antraigues?« fragt er. Und er entfernt sich, ohne die Antwort des Marquis abzuwarten.

Berthier wartet in einem der Salons des Schlosses, mit schweren Stuckdecken und dunklen Veloursvorhängen, die in dem mit Möbeln überfrachteten Raum eine bedrückende Atmosphäre schaffen. Auf einem der Tische, die ihm als Schreibtisch dienen, entdeckt Napoleon ein dickes rotes Portefeuille mit goldenem Schloß. Dieses Portefeuille ist bei Graf d'Antraigues gefunden worden, als ihn General Bernadotte befehlsgemäß verhaftete. Der royalistische Agent befand sich in Gesellschaft des russischen Botschafters Mordwinow.

D'Antraigues besaß einen russischen Paß, was ihm erlaubt hatte, das von den französischen Truppen besetzte Venedig zu verlassen und die ersten Kontrollposten zu passieren. Bernadotte hat sich seiner in Triest bemächtigt. Der Gefangene wurde nach Mailand gebracht.

Jedes Ding und jedes Wesen besitzt eine dunkle, verborgene Seite. Sie liefert oft die nötigen Erklärungen. Aber nur wenige kennen diese Geheimnisse. Die andern, die Menge, das Volk, entdecken erst nachträglich die Wahrheit: ihr Held war nur eine Marionette, deren Fäden fremde Hände zogen. Napoleon denkt an den so bewunderten Mirabeau, in dessen Eisenschrank in den Tuilerien man den Beweis fand, daß er vom König als einer seiner gewöhnlichen Agenten bezahlt wurde.

Mit Hilfe eines Dolches öffnet Napoleon das Schloß des roten Portefeuilles. Dann durchblättert er die Seiten, die von einer feinen Handschrift gefüllt sind. Er hält ein, weil er einige Namen entdeckt: etwa General Pichegru, den man soeben zum Präsidenten des Rates der Fünfhundert gewählt hat und der also der Anführer der royalistischen Reaktion ist, eines der aktivsten Mitglieder des royalistischen Clichy-Clubs.

Er liest die 33 Seiten. Es handelt sich um den Bericht eines anderen royalistischen Agenten, Montgaillard, für d'Antraigues. Es ist ein eindeutiger Beweis für den Verrat von General Pichegru, als er das Kommando über die Armeen an Rhein und Mosel innehatte. Agenten der Emigrantenarmee unter Condé sowie jener der Österreicher haben Kontakt zu General Pichegru aufgenommen. Am 1. April 1795 hat er einen Aufstand der Sansculotten in Paris rüde niedergeschlagen. Das ist ein gutes Zeichen. Im Auftrag von Condé schlägt ihm Montgaillard vor, mit seiner Armee einen Staatsstreich zu unternehmen, der den Weg zur Wiederherstellung der Monarchie öffnen würde. Als Belohnung für seinen Verrat soll er den Marschallstab erhalten, das Ehrenkreuz des heiligen Ludwig, das Schloß Chambord, zwei Millionen bar in Banknoten, 120000 Francs Rente, die zur Hälfte seiner Frau zufallen und zu einem Viertel seinen Kindern, dazu noch vier Kanonen!

Napoleon liest es noch einmal. Es ist, als ob sich in der feindlichen Front eine Bresche öffne. Mit diesem Beweisstück verfügt er über ein Mittel, um auf die Lage in Paris Einfluß zu nehmen. Er kann Barras das Instrument liefern, das ihm erlaubt, Pichegru und mit ihm die royalistischen Wahlsieger anzugreifen und zu eliminieren, indem man sie des Verrats beschuldigt.

Als er seine unterbrochene Lektüre fortsetzt, schreckt er auf. Montgaillard schreibt an d'Antraigues, daß er binnen kurzem ein positives Resultat von *Eleonore* erlangen könne, das genauso positiv sei wie das von *Baptiste* erhaltene. *Baptiste* ist das Pseudonym, mit dem Pichegru bezeichnet wird, *Eleonore* das für Bonaparte. Montgaillard schätzt die Bestechungssumme für Bonaparte auf 36 000 Francs.

Napoleon schiebt die Blätter beiseite. Sein Name in diesem Dokument schwächt die Beweise gegen Pichegru. Also muß jede Anspielung auf die Italien-Armee wegbleiben. Dazu genügt es, daß d'Antraigues einwilligt, lediglich die auf die Affäre Pichegru bezüglichen Blätter zu paraphieren. Auf eine solche Waffe kann man nicht verzichten.

»Man soll d'Antraigues hier ins Schloß bringen«, sagt Napoleon.

Es ist tiefe Nacht. Das Zimmer ist dunkel. Napoleon sieht d'Antraigues eintreten. Der Mann wirkt elegant und selbstsicher. Doch sein Gesicht drückt Angst aus. Zuerst sieht er Berthier, dann erkennt er Napoleon. Mit lauter Stimme protestiert er. Er besitze einen russischen Paß. Er sei Diplomat.

»Ach was, Pässe, warum sollte man Pässen vertrauen?« sagt Napoleon. »Ich haben Ihnen nur einen Paß aushändigen lassen, damit ich Sie um so sicherer fange.«

»Dieses neue politische Recht kennt man in Rußland nicht«, sagt d'Antraigues.

»Dann wird man es eben kennenlernen. Wie der Kaiser darauf reagiert, ist uns egal. Wenn ich in Triest gewesen wäre, hätte man seinen Botschafter verhaftet und ihm alle Effekten und Papiere weggenommen. Dann hätte ich ihn allein nach Rußland geschickt, dort diese Nachricht zu überbringen.«

Man muß dem Gegner einen Stoß versetzen, um ihn zu verunsichern und damit er weiß, wie entschlossen sein Gegenüber ist.

»Reden wir von etwas anderem.« Napoleon läßt d'Antraigues auf einem großen Sofa Platz nehmen und setzt sich neben ihn, während Berthier einen kleinen Tisch vor sie stellt, auf dem die Papiere ausgebreitet liegen, die man dem roten Portefeuille entnommen hat.

Einen Menschen einschätzen. Wissen, wieviel Schmeichelei und wieviel Drohung man einsetzen muß, damit er nachgibt. So erwirbt man die Fähigkeit, andere Menschen zu beeinflussen, zu leiten und zu führen.

»Sie sind ein zu heller Kopf«, sagt Napoleon, »Sie haben zuviel

Verstand, um nicht einzusehen, daß Sie einer verlorenen Sache dienen. Die Völker sind es leid, für Dummköpfe zu kämpfen, und die Soldaten für Feiglinge. Die Revolution in Europa hat stattgefunden. Sie muß ihren Lauf nehmen. Schauen Sie sich die Armeen der Könige an: Die Soldaten sind gut, aber die Offiziere sind unzufrieden, und so werden sie geschlagen.«

Napoleon nimmt die Papiere zusammen.

»In Frankreich gibt es eine neue Gruppierung«, sagt er. »Ich will sie vernichten. Und Sie müssen uns dabei helfen, dann werden Sie sehr zufrieden sein mit uns. Hier, unterzeichnen Sie diese Papiere, ich rate es Ihnen.«

Er reicht ihm die bereinigten Blätter. D'Antraigues protestiert. Man hat sein Portefeuille geöffnet. Er kennt seine Papiere nicht wieder.

Napoleon steht auf und wird laut: »Was, was, Sie machen sich über mich lustig. Was reden Sie da für ein dummes Zeug. Ich habe Ihr Portefeuille geöffnet, weil es mir gepaßt hat. Bei der Armee gelten keine juristischen Prozeduren. Ich frage ja nicht, ob Sie Ihre Papiere wiedererkennen. Ich bitte Sie nur, diese vier Hefte da zu unterschreiben.«

Als Gegenleistung bietet ihm Napoleon an, daß er seine Güter in Frankreich zurückerhält und sogar zum Botschafter in Wien ernannt wird.

»Ich lehne alle Ihre Vorschläge ab, Monsieur«, beharrt d'Antraigues. Was bildet sich dieser Einfaltspinsel ein, in welcher Welt glaubt er zu leben?

»Beweise, Beweise? Nun gut, dann werden wir eben welche anfertigen!« Dieser Mann muß nachgeben.

Ein paar Tage später begegnet Napoleon der Frau von d'Antraigues, die mit ihrem fünfjährigen Sohn Joséphine de Beauharnais einen Besuch abstatten will. Napoleon geht auf sie zu. Man muß seinen Zorn auch übertreiben können.

»Morgen früh um 6 Uhr wird Ihr Mann vielleicht aus dem Gefängnis kommen. Und um 11 Uhr schicke ich ihn zu Ihnen, mit zehn Kugeln im Bauch«, sagt er.

Madame Saint-Huberty drückt ihren Sohn an sich. Sie schreit, das Kind weint. »Ist mein Sohn vielleicht auch reif für das Gemetzel?« heult sie. »Ich rate Ihnen, auch mich erschießen zu lassen, denn ich werde Ihnen überall nach dem Leben trachten.«

Joséphine betritt das Zimmer, zieht Saint-Huberty an sich, aber die sagt: »Sie haben gesagt, daß Robespierre tot sei, Madame, aber er ist wieder auferstanden. Und er giert nach unserem Blut. Er soll es nur vergießen, denn ich werde nach Paris gehen und dort mein Recht bekommen.«

Robespierre? Napoleon denkt an Maximiliens Bruder, als er sich entfernt. Vielleicht waren jene Männer, die Terroristen, auch wenn sie mit Hilfe der Guillotine regierten, in erster Linie naiv.

Am 9. Juni 1796 willigt d'Antraigues ein, die umredigierten 16 Seiten neu abzuschreiben und zu unterzeichnen. Das rote Portefeuille wird an Barras geschickt. Das Triumvirat innerhalb des Direktoriums hat nun gegen Pichegru, die royalistischen Abgeordneten und die Mitglieder des Clichy-Clubs eine entscheidende Waffe in der Hand.

»Das ist mein Werk«, sagt Napoleon. Er gibt den Befehl, d'Antraigues aus dem Gefängnis zu entlassen, gegen das Versprechen, daß er nicht flüchten wird. Er soll leben. Er soll, wenn er will, auch flüchten. Der Verräter kann nicht mehr schaden. Oder vielleicht doch? Man hat seine Korrespondenz geöffnet und an Napoleon übermittelt. An einem Abend liest Napoleon, während er langsam in seinem Arbeitszimmer umhergeht, das Porträt, das d'Antraigues von ihm gezeichnet hat. Oft bleibt er dabei stehen, wie vor einem Spiegel.

»Dieses destruktive Genie«, schreibt d'Antraigues, »ist verdorben, grausam, bösartig und weiß sich immer zu helfen, ärgert sich über Hindernisse, hält das Leben für nichts und den Ehrgeiz für alles, setzt auf alles oder nichts, um die Herrschaft zu erringen, ist völlig ungehemmt, schätzt Laster und Tugenden nur als Mittel ein, steht beiden völlig gleichgültig gegenüber. Es ist der vollkommene Typus des Staatsmannes. Von Natur aus extrem gewalttätig und körperlich und moralisch völlig unfähig, einen Augenblick in Ruhe zu verharren, beherrscht er sich aber so weit, daß er es nur zu gezielten Grausamkeiten kommen läßt, er versteht es, seine Rache aufzuschieben. Bonaparte ist von kleiner Statur, hat ein eingefallenes Gesicht, feurige Augen; Blick und Mund haben einen Zug ins Grausame, Heimtückische, Perfide. Er spricht nur wenig, aber sobald seine Eitelkeit berührt ist, gibt er sich dem Redestrom hin. Er ist von sehr schlechter Gesundheit, wegen der Bitterkeit seines Blutes. Er hat starken Hautausschlag, und diese Art von Krankheiten verstärken seine Gewalttätigkeit und seinen Tatendrang.

Dieser Mensch ist ständig mit seinen Plänen beschäftigt, kennt keinerlei Zerstreuung. Nachts schläft er drei Stunden, und Medikamente nimmt er nur ein, wenn die Schmerzen unerträglich werden.

Dieser Mensch will Frankreich beherrschen, und mit Hilfe von Frankreich auch Europa. Alles, was nicht diesem Ziel dient, ist nur von untergeordneter Bedeutung, auch seine Siege. Und so stiehlt er ganz offen, plündert überall, legt einen riesigen Schatz an aus Gold, Silber, Schmuck und Edelsteinen. Aber auch das ist für ihn nur Mittel zum Zweck. Dieser Mensch, der eine Stadt bis ins letzte ausplündert, würde, ohne zu zögern, eine Million an jemand zahlen, der ihm nützlich sein kann. Mit ihm ist ein Geschäft mit zwei Wörtern und in zwei Minuten abgeschlossen. Darin liegt seine ganze Verführungskunst.«

Bin ich wirklich so, fragt sich Napoleon, als er in den Park des Schlosses Mombello hinausgeht. Der Wind macht sich in heftigen Stößen bemerkbar, wie oft hier am Abend, nach der großen Hitze des Nachmittags. Nicht immer bricht ein Gewitter aus, aber die Luft ist so stark aufgeladen, daß am dunklen Himmel in der Ferne, über den Seen und dem Gebirge, Blitze zucken.

So sieht man mich also? Meine Feinde sehen mich so. Wer etwas werden will, wer seinen Stempel aufdrücken will, löst Verleumdung aus, den Haß der Neider und Rivalen. Ohne Feinde kann man nichts werden. Wer nicht gehaßt wird, ist auch nichts, tut auch nichts. Bin ich denn so? Ja, ich bin's.

27

Es regnet. Das ganze Tal des Tagliamento ist von niedrigen Wolken verhangen. Es ist das Ende des Monats August 1797. Napoleon steht auf der Vortreppe des Schlosses Passariano. Von dort aus kann er sehen, wie sich am Ende einer Allee mit hohen Pappeln die Kutschen der österreichischen Bevollmächtigten entfernen. Sie residieren ganz in der Nähe des Schlosses in dem Ort Campoformio. Andere haben es vorgezogen, in Udine zu wohnen. Aber zu den Verhandlungen kommen sie hierher nach Schloß Passariano.

Weder Ludwig Graf von Cobenzl, ein erfahrener Diplomat, noch der Marquis von Gallo oder Graf von Merveldt scheinen es sehr eilig zu haben, einen Friedensvertrag zu schließen. Sie diskutieren weiterhin die Klauseln des Vorfriedens von Leoben. Sie lassen ihre Frivolität und ihre Eleganz spielen, ihre Kunst der Konversation, um so den Tag herumzubringen. Als manierierte Aristokraten machen sie Joséphine de Beauharnais den Hof. Sie nehmen auch teil an Karten- oder Würfelspielen, die Joséphine vorschlägt, um die Langeweile zu vertreiben.

Napoleon betritt türenschlagend das Schloß. Er läßt sich nicht täuschen. Die Diplomaten warten die Ereignisse in Paris ab. Sie hoffen, daß sich bei den Auseinandersetzungen innerhalb des Direktoriums die Anhänger von Pichegru, den Royalisten und den Mitgliedern des Clichy-Clubs durchsetzen. Und dann ist es vorbei mit dem Frieden. Es würde die Wiederkehr der Monarchie in Paris bedeuten. Unmöglich! Was sollte dann aus ihm werden?

Napoleon hat gehandelt. Unter den Soldaten der Italien-Armee wurden in tausendfacher Auflage Proklamationen und Zeitungen verbreitet. »Soldaten, Ihr seid ganz und gar der Republik verpflichtet. Soldaten, sobald sich die Royalisten zeigen sollten, geht es ihnen an den Kragen. Unerbittlichen Kampf allen Feinden der Republik und der Verfassung des Jahres III der Revolution«, konnten sie lesen.

Aber das politische Manöver ist kompliziert. Napoleon schärft Lavalette ein: »Zeigen Sie sich überall, aber geben Sie sich überhaupt nicht parteiisch; mir jedoch sagen Sie die Wahrheit, und zwar frei von allem politischen Eifer.« Wie kann er seine Strategie bestimmen, solange sich die Lage noch nicht geklärt hat?

Von Lavalette erfährt er, daß Barras und La Révellière-Lépeaux an General Hoche und seine Armee appelliert hätten, einen antiroyalistischen Staatsstreich durchzuführen. Aber der General habe, nachdem er zunächst eingewilligt hatte, angesichts von Angriffen und Intrigen einen Rückzieher gemacht. Die Direktoren suchten nun einen anderen starken Arm.

Ich werde ihnen nicht mehr den General Vendémiaire machen! Aber vielleicht geht es mit Augereau? Napoleon schickt ihn mit drei Millionen zu Barras. Er wird es tun. Bald nach dessen Ankunft in Paris erhält Napoleon von ihm einen Brief: »Ich verspreche, die Republik vor den Handlangern des Throns und des Altars zu retten.«

Lavalette rät Napoleon, sich persönlich noch herauszuhalten, um seinen Ruhm als siegreicher General nicht in den bevorstehenden Repressionen in Paris zu kompromittieren.

»Sind die Papiere von d'Antraigues zugestellt worden?« fragt Napoleon.

Lavalette präzisiert: »Sie liefern den Vorwand für die Repression und für den Gnadenschuß. Die Opfer stehen schon fest. Die Bekenntnisse von d'Antraigues, die den Verrat von Pichegru belegen, werden schon heimlich gedruckt. An den Häuserwänden kleben Plakate, die ein Komplott des Auslands anprangern.«

Also muß er den Säbelhieb von Augereau abwarten und Distanz halten, ohne passiv zu bleiben.

Napoleon bestellt die Männer, die er mit der Aufgabe betraut hat, in Mailand und Paris Zeitungen für die Notabeln und für die Soldaten zu lancieren, zu sich auf Schloß Passariano und redet auf sie ein. Er blättert die ersten Nummern dieser Zeitungen durch, *Courrier de l'armée d'Italie*, *Le Patriote français*, *La France vue d'Italie*, *Le Journal de Bonaparte et des hommes vertueux*. Er ist unzufrieden. Das ist alles zu flau. Man darf die Attacken der royalistischen Zeitungen nicht unbeantwortet lassen und muß einfache, starke Ideen propagieren. »Man soll von mir und meinen Erfolgen sprechen«, sagt er. »Einen Anführer kann man niemals genug loben.«

Einen Satz aus dem *Courrier* liest er laut vor: »Er fliegt wie der Blitz und schlägt zu wie der Donner.« So sollen sie schreiben! Dann diktiert er: »Ich habe die Könige zu meinen Füßen gesehen, und ich hätte 50 Millionen in meinem Tresor haben können; ich hätte noch weit mehr fordern können; aber ich bin ein französischer Bürger, ich bin der Gesandte und der oberste General der Großen Nation, ich weiß, daß die Nachwelt mich gerecht beurteilen wird.«

Wenn nicht die von ihm bezahlten Zeitungen solche Wahrheiten verbreiten, wer dann? Es gebe 80 royalistische Zeitungen, ruft er aus, die jeden Tag Beleidigungen und Verleumdungen in die Welt setzten.

Nachdem seine Zeitungsschreiber wieder gegangen sind – der Jakobiner Jullien, der ehemalige Abgeordnete Regnault de Saint-Jean-d'Angély und der Schriftsteller Arnault –, ruft er Berthier. Er möchte, daß man ihm jeden Morgen aus den wichtigsten französischen und ausländischen Zeitungen vorliest. Die Lage in Paris ist unsicher. Wie im Krieg geht es darum, nichts dem Zufall zu überlassen. Die öffentliche Meinung zählt.

Nach jedem Satz macht er eine Pause. »Die Nation braucht einen Führer, der Ruhm erworben hat, aber nicht durch Theorien über das Regieren, durch Phrasen oder durch ideologische Reden, von denen die Franzosen kein Wort verstehen. Eine Republik mit 30 Millionen Menschen ist eine abwegige Vorstellung angesichts unserer Sitten und Laster! Das ist eine Chimäre, in die sich die Franzosen vernarrt haben, die ihnen aber wie vieles andere wieder vergehen wird. Sie brauchen Ruhm und Befriedigung der Eitelkeit; von der Freiheit verstehen sie nichts. Man sehe sich die Armee an; die Erfolge, die wir errungen haben, und unsere Triumphe haben dem französischen Soldaten seinen wahren Charakter zurückgegeben. Für ihn bin ich alles.«

Dann schaut er Berthier lange an. Man kann nicht alles sagen, auch nicht jemandem, der einem treu ist. Und doch muß man einiges suggerieren, damit dieser Mensch versteht und bei der Verwirklichung der Pläne hilft.

»Eine Partei erhebt ihr Haupt zugunsten der Bourbonen«, fährt

Napoleon fort. »Ich möchte nicht zu ihrem Triumph beitragen. Ich will sehr wohl eines fernen Tages die republikanische Partei schwächen, aber nicht zugunsten der alten Dynastie. Ich will wahrlich nicht die Rolle von Monk spielen, der einst in England nach Cromwell die Monarchie wiederhergestellt hat, ich will auch nicht, daß andere diese Rolle spielen.« *Ich spiele nur für mich – das ist mein »System«!*

Am 9. September öffnet Napoleon einen Brief, den ihm Lavalette mit Sonderkurier hat zustellen lassen. In seinem Kopf überschlagen sich die Gedanken. Am 4. September wurde Paris um 3 Uhr morgens durch die Truppen von Augereau besetzt. Die Royalisten wurden verhaftet. Barras triumphiert. Carnot ist auf der Flucht. Barthélemy, das zweite Mitglied des Direktoriums, das dem Clichy-Club wohlgesinnt ist, wurde festgenommen. Der Rat der Fünfhundert und der Rat der Alten wurden politisch gesäubert. Auf allen Mauern in Paris sah man riesige Plakate mit Zitaten aus den Papieren von d'Antraigues. »Das ist mein Werk«, sagt Napoleon, als er den Brief wieder zusammenfaltet.

Napoleon hat Augereau nach Paris geschickt und den Verrat von Pichegru enthüllt. Pichegru wurde verhaftet. Einige Tage später meldet ein anderer Kurier den Tod von General Hoche, der schon seit längerem tuberkulös war, sowie die Suspendierung von General Moreau, den man der Komplizenschaft mit den Royalisten verdächtigt. Nun bin ich der einzige, sagt sich Napoleon.

Er muß aber die Direktoren beruhigen, die nun gestärkt sind, aber vielleicht Angst haben vor dem ruhmreichen General, dessen Namen man in Paris überall feiert und den die Zeitungen unterstützen.

Also setzt sich Napoleon am 10. Oktober an seinen Schreibtisch und schreibt an das Direktorium: »Ich will wieder ins Glied zurückkehren und als Bauer leben, wie einst in Rom Cincinnatus, und damit ein Beispiel geben für den Respekt vor den Institutionen und für den Abscheu vor dem Militärregime, das so viele Republiken zerstört und so viele Staaten zugrunde gerichtet hat.«

Sind Sie nun beruhigt, meine Herren des Direktoriums?

28

»Ich«, beginnt Napoleon. Er hält sich im Salon des Schlosses Passariano auf, wo er gewöhnlich Graf von Cobenzl empfängt. Der Bevollmächtigte von Wien muß jeden Augenblick eintreffen, von Campoformio kommend. Napoleon ist entschlossen, die Verhandlungen über einen Frieden zu beenden. Jetzt, wo die Gefahr eines monarchistischen Umsturzes in Paris beseitigt ist, muß Napoleon in den Augen aller Franzosen als Mann des Friedens erscheinen. »Ich habe keinerlei Ehrgeiz« setzt Napoleon fort und schaut Berthier an, der ihm gerade die Pariser Zeitungen vorgelesen hat. Alle singen ein Loblied auf General Bonaparte. »Oder wenn ich Ehrgeiz habe«, sagt er, »dann ist er so natürlich wie das Blut in meinen Adern, gleichsam angeboren.«

Und was ist schon Ehrgeiz? Er würde lieber von Energie reden, vom Verlangen, vorwärtszuschreiten. Aber wohin? Er weiß, daß er nach einem Friedensschluß Italien verlassen muß. Er kann nicht in diesem eroberten Land bleiben, das nicht das seine ist und in dem er stets von den Beschlüssen in Paris abhängig wäre. Er muß nach Paris zurückkehren, aber welchen Platz könnte er dort einnehmen? Mitglied des Direktoriums werden? »Die Frucht ist noch nicht reif«, hat er oft gedacht. Also muß er noch weiter fort.

Mehrfach hat er sich an die Adria begeben. Er hat nach Süden und nach Osten ausgeschaut. Die zerklüftete Küste hat ihn an Korsika erinnert. Sie ist ein Vorbote von Griechenland und dem Orient. Er träumt, er malt sich allerlei aus. Einige Stunden würden genügen, um auf die Ionischen Inseln zu gelangen, die nun französisch sind. Von dort könnte man auf ebenso kurzem Weg Malta erreichen, diese Zitadelle im Herzen des Mittelmeers. Und so könnte man, von Insel zu Insel, jenen Kontinent erreichen, auf dem die antiken Eroberer in mythische Städte wie Alexandria oder Jerusalem eingezogen sind. Aber dazu müßte man das Meer beherrschen und England schwächen.

»England zerstören hieße uns Europa zu Füßen legen«, sagt er zu dem Diplomaten Poulssiègue, den er mit einer Spionagemission auf Malta beauftragt. Und als sich der Diplomat über diese

Äußerung wundert, zuckt Napoleon nur mit den Schultern. Warum soll man eine Intuition, einen Traum immer erklären? »Die Zeit ist nicht mehr fern«, sagt er leise, »in der uns bewußt werden wird, daß wir, um England wirklich zu zerstören, Ägypten erobern müssen.« Aber der Diplomat hat natürlich nicht die *Reisen in Syrien und Ägypten* von Volney gelesen, dem alten Freund aus Korsika. Napoleon bleibt lange reglos stehen und schaut zum Horizont. Weiter! Aber zunächst muß der Frieden mit Österreich geschlossen werden.

Graf von Cobenzl nimmt elegant Platz, schlägt die Beine übereinander und beginnt mit dem Vortrag seiner Argumente. Napoleon geht ungeduldig im Salon umher. Er kann es nicht mehr hören. Wofür hält ihn dieser Aristokrat eigentlich? Für irgendeinen kleinen Diplomaten, den man wie einen Esel im Kreis führen kann? Schon seit Tagen treten die Verhandlungen auf der Stelle.

Napoleon spürt, wie die Wut in ihm aufsteigt, aber er denkt nicht daran, sie zu unterdrücken. Soll das Beben nur ausbrechen und die Lava sich ergießen! Manchmal muß man auch Krach schlagen.

»Ihr Kaiserreich«, schreit er plötzlich, »ist nur eine alte Hure, die es gewohnt ist, von allen vergewaltigt zu werden. Sie scheinen zu vergessen, daß Frankreich gesiegt hat und Sie verloren haben. Sie vergessen, daß Sie hier mit mir verhandeln, inmitten meiner Grenadiere.«

Er gestikuliert so heftig, daß er einen kleinen Tisch umstößt. Das Kaffeeservice fällt zu Boden und zerbricht. Napoleon bleibt stehen und sieht, daß Überraschung und Angst, vermischt mit Ironie, die Züge von Graf von Cobenzl zeichnen. Zweifellos sieht der Aristokrat in ihm einen »Wahnsinnigen«, wie er einem Bekannten anvertraut hat. Wahnsinnig? Wer den Sieg erringt, ist es niemals.

Eine Woche später, am 17. Oktober 1797, unterschreibt Cobenzl in Campoformio im Namen Österreichs den Friedensvertrag mit Frankreich, der den Vorfrieden von Leoben bestätigt. Österreich tritt Belgien an Frankreich und die Lombardei an die Cisalpinische Republik ab. Frankreich annektiert die Ionischen

Inseln (Korfu, Kefallinia, Sakinthos), zum Ausgleich erhält Österreich Venedig und das Festland bis zur Etsch.

»Wissen Sie, daß man Sie in Paris den großen Friedensbringer nennt?« erzählt Lavalette sechs Tage nachdem er die Hauptstadt verlassen hat. »Ihr Name wird gefeiert. Die Rückkehr Ihrer Frau wurde wie die Ankunft einer Königin begangen. Man rühmt Sie dort als siegreichen General und als Weisen.«

Napoleon hört zu. Er hat die Glückwünsche des Direktoriums zum Abschluß des Friedens von Campoformio erhalten. Der neue Außenminister Talleyrand, vormals Bischof von Autun, den Napoleon noch nie getroffen hat, schreibt ihm: »So sieht also ein Frieden à la Bonaparte aus! Das Direktorium ist sehr zufrieden, die Öffentlichkeit begeistert. Alles steht zum besten. Vielleicht werden einige Italiener aufschreien, aber das hat keine Bedeutung. Adieu, General Friedensbringer! Adieu, Freundschaft, Bewunderung, Respekt, Anerkennung: man weiß nicht, womit man diese Aufzählung beenden soll.«

Aufschreie von Italienern? Diesem Minister macht es nichts aus, daß Venetien den Österreichern ausgeliefert wurde; dieser Mann scheint zu verstehen, was Politik und Diplomatie bedeuten.

»In Paris werden Sie einen Triumph erleben«, versichert Lavalette. »Man wird sich in den Straßen drängen, durch die Sie kommen.«

»Ach was«, sagt Napoleon, »das Volk würde sich dort auch drängen, wenn ich zum Schafott führe.«

Als man ihm seine Ernennung zum Kommandeur der England-Armee mitteilt, mit dem Auftrag, die Invasion vorzubereiten, und am nächsten Tag, als ein weiterer Kurier aus Paris ihn damit beauftragt, die Republik beim Kongreß in Rastatt zu vertreten, wo die Ausführung des Friedens von Campoformio beraten werden soll, zeigt er keinerlei Überraschung.

Er weiß, daß einige Abgeordnete und ein Mitglied des Direktoriums, Reubell, gegen diese Klauseln des Vertrags waren. Nicht alle haben den Realismus von Talleyrand bewiesen. Aber wie hätten sie diesen erwarteten und mit Begeisterung begrüßten Frieden ablehnen können?

»Ich weiß, daß sie mich beneiden, obwohl sie mich feiern«, sagt Napoleon. »Aber sie können mich nicht verwirren. Sie haben sich beeilt, mich zum General der England-Armee zu ernennen, um mir Italien wegzunehmen, wo ich mehr Herrscher als General bin. Sie werden schon sehen, wie es dort zugehen wird, wenn ich erst nicht mehr dort bin.« Aber er scheidet ohne Bedauern aus Italien.

In der Nacht vom 17. zum 18. November 1797 trifft er in Turin ein. Der französische Botschafter Miot de Melito empfängt ihn für einige Tage in seiner Residenz.

Napoleon kann nicht schlafen. Er geht im großen Salon auf und ab, schaut kaum auf Miot, der ehrerbietig und schweigend dasitzt. Napoleon spricht zunächst wie für sich selbst in diesem Augenblick, der wie eine Parenthese ist zwischen einem Abschnitt seiner Geschichte, der zu Ende geht, und einem andern, der nun beginnt und den er schon ausleuchten will.

»Diese Pariser Anwälte, die das Direktorium bilden, verstehen nichts vom Regieren«, sagt er. »Es sind Kleingeister. Ich werde ja sehen, was sie in Rastatt vorhaben. Ich zweifle sehr daran, daß wir uns verstehen und längere Zeit einig bleiben können.«

Er hält inne und scheint erst jetzt die Anwesenheit von Miot zu bemerken und fügt hinzu, ohne ihn aus den Augen zu lassen: »Mein lieber Miot, was mich angeht, so gestehe ich Ihnen ganz offen, daß ich nicht mehr gehorchen kann. Ich habe Geschmack am Befehlen gewonnen und könnte nicht mehr darauf verzichten. Ich habe mich entschieden; wenn ich nicht Herr sein kann, dann werde ich Frankreich verlassen; ich habe nicht so viele Dinge unternommen, um sie nun Advokaten zu überlassen.«

Um neun Uhr morgens verläßt sein Wagen Turin. Napoleon fährt durch Chambéry, Genf, Bern, Solothurn und Basel. Er schaut auf die Menge, die ihm applaudiert, und sieht zugleich im Wagenfenster sein gespiegeltes Gesicht, das schmal, blaß und müde ist. Aber wenn der Wagen anhält, springt er munter und energisch heraus. Man umringt ihn. Man will seine Meinung hören. Er antwortet knapp, speist rasch und karg, und fährt in der Frühe weiter, durchquert den Breisgau und erreicht die Tore von Rastatt am Abend des 25. November.

Er läßt den Wagen halten und wechselt das Gefährt. Man muß das Volk beeindrucken. Er rollt in die Stadt ein in einer Karosse, die von acht Pferden gezogen und von 30 riesengroßen Dragonern aus Veczay eskortiert wird, deren Pferde wie zu einer Parade aufgezäumt sind.

Mit seiner Suite bewohnt er einen ganzen Flügel des Schlosses. Aber sogleich fühlt er sich verstrickt in Verhandlungen unter Diplomaten. Hier ist er nicht der Leiter, sondern nur der Untergebene von Reubell, der im Direktorium für die Diplomatie zuständig ist. Hier hat er nicht mehr seine treuen Grenadiere um sich herum und auch nicht den Hofstaat aus Schloß Mombello. Er empört sich. Wenn man einmal groß gewesen ist, kann man eine Herabstufung nicht hinnehmen.

Im Verhandlungsraum trifft er den schwedischen Delegierten Axel Fersen, den einstigen Liebhaber von Marie-Antoinette. Er mustert ihn. »Die französische Republik wird es nicht hinnehmen«, sagt er zu ihm in schneidendem Ton, »daß Personen, deren Beziehungen zum ehemaligen französischen Hofe nur allzu bekannt sind, die Beauftragten des ersten Volkes der Erde verhöhnen.« Dann dreht er ihm den Rücken zu. Er kann das »diplomatische Geschwätz« nicht ertragen.

Am 30. November werden die Ratifikationsurkunden des Vertrags ausgetauscht, nachdem er Druck auf die Diplomaten ausgeübt hat. Am 2. Dezember ruft er seinen Adjutanten Murat zu sich und befiehlt ihm, sich nach Paris zu begeben, wo er seine Ankunft vorbereiten soll. Am 3. Dezember 1797 bricht er selbst auf. Am 4. macht er für einige Stunden in Nancy halt.

Die örtliche Freimaurerloge begrüßt und feiert ihn, aber er sagt nur wenige Worte. Er ist zerstreut und scheint zu träumen. Er trägt städtische Kleidung und trifft am 5. Dezember 1797 um 5 Uhr nachmittags mit der Postkutsche in Paris ein, begleitet von Berthier und Championnet.

Joséphine muß noch in Italien unterwegs sein, da er ihr befohlen hat, nach Paris zurückzukommen. An sie will er lieber nicht denken, denn das löst Eifersucht und Schmerz aus.

Paris ist leer. Weder Lärm noch Triumphzug. Er fährt in sein

Haus in der Rue Chantereine, die jetzt aber Rue de la Victoire heißt. Die Stille und die Diskretion, wo man doch Hochrufe auf seinen Ruhm erwartete, sind nur andere Mittel, um zu überraschen. Denn wie kann man die Menschen regieren, wenn man sie nicht in Erstaunen versetzt?

Siebter Teil

»Hier nutzt sich alles ab. Man muß in den Orient gehen.«

5. Dezember 1797 – 19. Mai 1798

29

»Ich muß diesen Mann gleich morgen sprechen«, sagt Napoleon. Er ist gerade erst in Paris angekommen, doch sofort betraut er einen seiner Adjutanten mit einer Botschaft an den Außenminister des Direktoriums, Charles Maurice de Talleyrand-Périgord. Er hegt keinen Zweifel, daß ihn Talleyrand empfangen wird. Man ahnt, wie ein Mensch ist, auch wenn man ihn noch nie getroffen hat. Seit er im Juli 1797 zum Außenminister ernannt wurde, hat ihm Talleyrand zu verstehen gegeben, daß er ein Verbündeter ist, der bereit ist, ihm zu dienen – zu seinem eigenen Vorteil. Ein Bündnis zwischen zwei Machtmenschen ist niemals etwas anderes.

Napoleon erinnert sich an den ersten Brief, den Talleyrand am 24. Juli 1797 an ihn geschickt hat: »Zu recht erschreckt über die schicksalsschwere Bedeutung des mir anvertrauten Amtes, stärkt mich doch das Bewußtsein, welche Unterstützung und Erleichterung Ihr Ruhm für meine Verhandlungen bewirkt.«

Erschreckt, der ehemalige Bischof von Autun? Der Mann, der 1790 die Messe beim Föderationsfest gelesen hat, der einige Jahre im englischen und amerikanischen Exil zugebracht hat, solange in Paris das Fallbeil der Guillotine wütete, und der seit seiner Rückkehr nach Frankreich mit Hilfe von Barras, aber auch durch Intrigen der von ihm so sehr verehrten Frauen, allen voran Madame de Staël, Tochter des einstigen Finanzministers Necker, vom Direktorium das Außenministerium erhalten hat, sollte an seiner Befähigung zweifeln? Nein, einen Mann wie ihn kann nichts erschrecken. Sein Brief bedeutete lediglich: reichen wir uns die Hände, denn wir haben gemeinsame Interessen. Seither haben andere Signale dieses erste bestätigt.

Als Napoleon am 6. Dezember um 11 Uhr vormittags den Salon des *Hôtel de Galliffet* in der Rue du Bac betritt, hat er nichts von dem vergessen. Talleyrand hat ihm zu verstehen gegeben, daß er die Bevormundung durch das Direktorium nur schwer ertragen kann, vor allem von Reubell, der dort für die Außenpolitik zuständig ist. Das genügt, um ein gutes Einverständnis zu finden.

Hier kommt er also. Er geht auf Napoleon zu. Er ist groß, sehr blaß, hat eine Stupsnase und gepudertes Haar wie zur Zeit des Ancien Régime. Er hat glatte Wangen und lächelt ironisch. Er hinkt. Sein Alter kann man nur schwer einschätzen.

Im Salon sind die geladenen Damen und Herren aufgestanden. Sie sind neugierig auf Napoleon. Talleyrand stellt sie mit gewissem Überdruß vor. Madame de Staël. Eine überspannte Person, die Napoleon kaum anschaut. Er mißtraut dieser Frau, die ihn mit den Augen verschlingt und ihm feurige Briefe geschrieben hat. Was ist denn eine Frau, die sich nicht mit den natürlichen Reizen ihres Geschlechts zufriedengibt und die große Phrasen drechselt und sich kämpferisch gibt? Eine Frau, die ihre Häßlichkeit zu verbergen sucht? Napoleon dreht ihr den Rücken zu und begrüßt den Weltreisenden Bougainville, dann folgt er Talleyrand in sein Kabinett.

Napoleon schaut den Minister an. Er sieht genauso aus, wie er ihn sich vorgestellt hat, ein sehr hohes Tuch um den Hals, die Brust in einen sehr engen Gehrock gezwängt, die Stimme kräftig und tief, die Haltung sehr steif, ein Grandseigneur, der alles von oben herab ansieht, mit wachen Augen und ohne Illusionen. Ein Mann, der sich nicht mit Worten zufriedengibt. Ein geschickter Spieler. Der aber deutlich zeigt, daß er, der Ältere, Napoleon bewundert, weil der ruhmbedeckte Jüngere im Besitz der entscheidenden Trumpfkarten ist. In dieser Haltung liegt aber genügend Gleichgültigkeit, so daß Napoleon darin weder Unterwürfigkeit noch die Anerkennung einer Unterlegenheit verspürt. »Sie haben eine glückliche Hand«, scheint Talleyrand zu sagen, »und ich helfe Ihnen bei diesem Spiel, aber ohne auf etwas zu verzichten.« Solche Partner braucht er in der Partie, die nun eröffnet wird.

»Sie sind der Neffe des Erzbischofs von Reims, der sich nun bei Ludwig XVIII. aufhält«, sagt Napoleon. Er sagt bewußt »Ludwig XVIII.«, wie die Royalisten. »Auch ich habe einen Onkel, der in Korsika Erzdiakon ist«, fährt er fort. »Er hat mich erzogen. In Korsika, wissen Sie, ist ein Erzdiakon genausoviel wie ein Bischof in Frankreich.«

Auf diese Art suggeriert er, daß sie beide, jenseits der unmittelbaren Interessengemeinschaft, eine vergleichbare Herkunft haben, was für eine Zusammenarbeit bürgt. Diese erste Begegnung geht zu Ende. Der Salon hat sich inzwischen gefüllt. Dort wird Napoleon von einem respektvollen Gemurmel empfangen.

Napoleon sagt: »Bürger, ich bin dankbar für Euer Wohlwollen mir gegenüber. So gut ich konnte, habe ich Krieg geführt und auch Frieden geschlossen. Es liegt nun am Direktorium, dies zum Glück und zur Wohlfahrt der Republik zu nutzen.«

Er muß vorsichtig sein. In einigen Zeitungen deutet man schon an, daß er nach einer Diktatur strebe. Es wird gefragt, was er überhaupt in Paris wolle. Er muß also seine Gegner einlullen, darf sich nicht als ruhmsüchtig zeigen, muß den meisten gefallen und sich als bescheidener Bürger aufführen, dem es nicht um persönliche Interessen geht, sondern um die der Republik.

Er speist bei Reubell, demjenigen Direktoriumsmitglied, das den Klauseln des Friedens von Campoformio ablehnend gegenüberstand, dem Vorgesetzten und Gegner von Talleyrand. Er muß sich zurückhaltend und uneigennützig geben.

Aber in den Augen der Öffentlichkeit besteht das Direktorium aus korrupten und rivalisierenden Männern. Er darf sich also nicht allzusehr mit einem der Clans kompromittieren und muß zeigen, daß er sich im Krieg nicht bereichert hat.

Wenn er also bei sich in der Rue de la Victoire Empfänge gibt, so in erster Linie für Männer der Kultur und der Wissenschaft, für Gelehrte, Akademiemitglieder und Militärs. Man darf ihn nicht mit den anderen Politikern in einen Topf werfen. Bürger wie Berthollet, Monge, Laplace, Prony, Bernardin de Saint-Pierre, Desaix oder Berthier sind über jeden Verdacht erhaben. Er spricht über Metaphysik und Dichtung mit Marie-Joseph Chénier, oder er führt einen mathematischen Beweis im Beisein von Laplace, seinem einstigen Prüfer an der Militärschule. Diese Taktik erweist sich als gelungen, als Laplace ausruft: »Bei Ihnen haben wir mit allem gerechnet, aber nicht mit einer mathematischen Demonstration!«

Eine Idee taucht auf: Mitglied in der Akademie der Wissenschaft auf dem vakanten Platz von Carnot zu werden. Sogleich ist in den Zeitungen davon die Rede. Napoleon liest sie jeden Morgen. Die Journalisten wundern sich: dieser General scheint sich nur um diese noble und selbstlose Kandidatur zu bemühen.

Am 25. Dezember wird Napoleon von 305 Wählern als Mitglied der Ersten Klasse der Akademie für Physik und Mathematik aufgenommen, in der Sektion der Mechanischen Wissenschaften. Schon am nächsten Tag nimmt er Platz zwischen Monge und Berthollet und wohnt am Nachmittag um halb vier der ersten Sitzung der Akademie bei. Auf einem Abendessen später am Tag beglückwünscht ihn Madame Tallien dazu.

Noch sind keine drei Jahre vergangen und er ist schon nahe am Gipfel. Aber er weiß, daß es noch zu früh ist, ganz nach oben zu steigen. Noch muß es so aussehen, als sei er nichts und wolle auch nichts werden.

Er hat es gelernt, sich durch die Beweihräucherung nicht benebeln zu lassen. Während der offiziellen Zeremonie, die das Direktorium ihm zu Ehren im Luxembourg-Palais organisiert hat, schaut er nicht zu jenen hinüber, die »Es lebe Bonaparte!« oder »Es lebe der General der Großen Armee!« schreien. Die Straßen rings um das Palais sind von einer begeisterten Menge gefüllt.

Weil er es wahrnimmt, schaut er nun auf ganz andere Art die fünf Direktoren an, die ihre langen Mäntel, deren Farbe zwischen Hellrot und Orange liegt, über die Schultern gehängt haben, in ihrer mit Gold und Spitzen besetzten Kleidung mit hohen weißen Kragen und schwarzen Hüten, deren Krempe an einer Seite hochgerollt ist und die mit blauweißroten Federn verziert sind. Nicht ihre Namen ruft die Menge, sondern seinen. Aber sie, die fünf Mitglieder des Direktoriums, haben die Macht, diese Zeremonie zu organisieren. Und die Macht ist ein Netz aus Komplizenschaften, Rückversicherungen, ganzen Spinnennetzen, die einige hundert Männer aneinander binden. Und das haben sie noch in der Hand.

Talleyrand hält die Festrede. »Ich denke an all das, was er getan hat, damit man ihm diese Ehrung verzeihe«, sagt er und blickt dabei zu Napoleon hinüber, »diesen antiken Geschmack an Schlichtheit, der ihn auszeichnet, seine Liebe zu den abstrakten Wissenschaften. Jeder kennt seine tiefe Verachtung für Pomp, für Luxus und für alles verächtliche Trachten gemeiner Seelen. Wir haben keinen Grund, seinen Ehrgeiz zu fürchten, ich glaube viel eher, daß wir ihn eines Tages ersuchen müssen, die Annehmlichkeiten eines gelehrten Einsiedlerlebens aufzugeben.«

Napoleon hört mit reglosem Gesicht und zusammengekniffenen Lippen zu. Talleyrand nützt ihm, ohne daß es nötig gewesen wäre, sich abzustimmen. Meine Bescheidenheit muß jedem ins Auge stechen!

Napoleon will ein paar Worte sagen, ganz wie es jemandem zukommt, der sich dafür entschieden hat, nicht aufzufallen. »Um frei zu sein, mußte das französische Volk Könige bekämpfen. Um eine auf die Vernunft gegründete Verfassung zu erlangen, mußte es die Vorurteile aus 18 Jahrhunderten überwinden. Wenn das Glück des französischen Volkes auf den besten Leitsätzen gegründet sein wird, wird auch ganz Europa frei sein.«

Man applaudiert ihm. Hat die Menge auch verstanden, daß das Land noch nicht über die »besten Leitsätze« verfügt? Und daß er, Napoleon, es weiß? Er mußte es sagen, auch wenn das unvorsichtig scheinen konnte, denn er muß den Willen zum Wandel verkörpern.

Und seit er in Paris ist, befragt man ihn. Was will er? Man rechnet auf ihn, damit das Land endlich Frieden findet, damit die Serie der Staatsstreiche endlich aufhört. Er mußte also andeuten, daß er dieses Gefühl teilt.

Am Tag nach der Zeremonie bleibt er zu Hause in der Rue de la Victoire. Bourrienne kommt ihn besuchen. Er war im Luxembourg-Palais dabei. Er sagt: »Es war eine eiskalte Zeremonie. Jeder schien jeden zu beobachten, und ich habe auf allen Gesichtern mehr Neugier als Freude gesehen oder Zeichen echter Dankbarkeit.«

»Sie haben Angst«, erklärt Napoleon, »sie hassen mich.« Er zeigt einen Brief, den er an diesem Morgen erhalten hat und in dem davon die Rede ist, daß es Verschwörer gibt, die ihn vergiften wollen. »Sie haben mir applaudiert und hätten mich am liebsten unter den Lorbeerkränzen erstickt.«

Also ist Vorsicht geboten. Er muß seinen Ruhm und seinen Hochmut bedeckt halten und darauf achten, am Leben zu bleiben. Er bittet einen treuen Diener, einen alten Soldaten, ihn stets zu begleiten. Er bedient ihn bei Tisch und schenkt den Wein ein.

Sieyès und François de Neufchâteau, zwischen denen er bei dem Bankett sitzt, das beide Häuser des Parlamentes zu seinen Ehren geben, der Rat der Alten und der Rat der Fünfhundert, wundern sich über diese Vorsichtsmaßnahmen. Sie hatten sich schon gewundert, daß er in einer äußerst bescheidenen Kutsche ankam und in Zivilkleidung, aber Stiefel mit Sporen trug, um jederzeit auf ein Pferd springen zu können, wenn es sein müßte.

Napoleon antwortet mit leichtem Lächeln. Wissen sie denn wirklich nicht, daß Leute, die stören, getötet werden? Die Jakobiner verdächtigen ihn, er wolle eine Diktatur errichten. Und die Direktoren fürchten um ihre Macht. Selbst bei diesem Bankett also mit 800 Gedecken, vier Gängen, 800 Lakaien, 32 Oberkellnern, Tokaierwein, Rheinkarpfen und frischem Gemüse aller Art, wechselt sein Diener sein Gedeck und setzt ihm gekochte Eier vor.

Bei Talleyrand geht es ganz anders zu. Am 3. Januar 1798 um halb elf abends betritt Napoleon die Salons im *Hôtel de Galliffet*, wo ihn Talleyrand und etwa 500 Gäste erwarten. Wochenlang haben Handwerker daran gearbeitet, das Haus zu schmücken. Sänger, Tänzer und Musiker geben kleine Darbietungen auf kleinen Podien, die man mitten in den Salons errichtet hat. Überall stehen Pflanzen, und an den Wänden hängen Kopien der Meisterwerke, die Bonaparte in Italien erobert hat. Treppenhäuser und Salons duften nach Ambra. Die Frauen tragen Kleider aus Musselin, Krepp oder Seide, nach griechischem oder römischem Geschmack, von Talleyrand nach Eleganz und Schönheit persönlich ausgewählt.

Napoleon schaut Joséphine an, die entspannt lächelt und ein gemmengeschmücktes Diadem im Haar trägt. Sie ist eine der Schönsten. Sie ist sein. Er hat, wovon er geträumt hat. Dieser Triumph, diese Frauen und mächtigen Männer umgeben ihn, drängen in seine Nähe. Aber er bleibt kühl. Er hat sich dafür entschieden, keine Uniform zu tragen, sondern einen schwarzen Gehrock, der bis zum Hals zugeknöpft ist.

Er nimmt den Schriftsteller Arnault beim Arm und betritt den Ballsaal, in dem getanzt wird. Es wird auch eine neue Tanzweise aufgespielt, die *la Bonaparte* heißt. Er steht im Mittelpunkt dieses Festes, aber dennoch ist er unzufrieden.

Er beugt sich zu Arnault hinüber. Er soll die Neugierigen wegschicken, so könne er nicht frei reden. Dieser Ball wird von Talleyrand zu seinen Ehren gegeben, aber er hat hier nichts zu bestimmen. Unter den Eingeladenen bemerkt er drei Direktoren. Sie bilden die Spitze der Macht. Dieser Gedanke verletzt ihn. Das Fest bekommt eine schmerzlich falsche Note. Um ihn herum gibt es zu viel Neugier und zu wenig echten Respekt. Aber den erhält man nur, wenn man die ganze Macht besitzt.

Arnault wurde durch den Gästestrom von Napoleon getrennt und kommt zurück in Begleitung einer Dame, die Napoleon sogleich erkennt.

»Madame de Staël meint«, sagt Arnault, »daß sie Ihnen gegenüber eine andere Empfehlung braucht als die ihres Namens, und will, daß ich sie Ihnen vorstelle. Erlauben Sie mir, General, ihr zu gehorchen.«

Sogleich bildet sich ein Kreis um sie. Napoleon schaut diese füllige Frau an, die mit Emphase spricht, ihm Komplimente macht und Fragen stellt. Er empfindet nur Verachtung und Zorn. Er ist kein Mann, der sich von einer Frau, die er nicht begehrt, zu etwas zwingen läßt. Und diese hier ist nicht nur häßlich, sondern auch noch eingebildet. Es heißt, daß sie schreibt und sogar den Anspruch erhebt, eigene politische Ideen zu haben. Sie!

»General, welche Frau würden Sie am meisten lieben?« fragt ihn Madame de Staël.

»Meine.«

»Wie einfach. Aber welche würden sie am meisten schätzen?«

Sie möchte wohl, daß er antwortet: eine Frau, die denkt, die sich Gedanken über die Regierung macht, die schreibt. Wen glaubt sie denn vor sich zu haben? Einen Schwätzer aus einem literarischen Salon?

»Jene Frau, die sich am besten um ihren Haushalt kümmert.«

»Das verstehe ich gut, aber sagen Sie, welche Frau würde für Sie den ersten Rang einnehmen?«

»Jene, die am meisten Kinder zur Welt bringt, Madame.«

Er macht auf dem Absatz kehrt und begibt sich in den Bankettsaal, inmitten eines Spaliers aus Myrten, Lorbeer- und Olivenbäumen. Man spielt das neue Lied der Armee, *Le Chant du Départ*, das Aufbruchslied. Nur die Frauen nehmen Platz. Talleyrand steht hinter Joséphines Sessel. Napoleon hat den türkischen Botschafter Esseid Ali beim Arm genommen. Der Sänger Lays trägt zum Lobpreis für Joséphine eine neue Strophe vor, die sogar wiederholt wird. Napoleon schaut Talleyrand an, der sich über die Schulter von Joséphine gebeugt hat. Dieser Mensch ist ein Meister der Geschicklichkeit. Ein wertvoller Verbündeter. Aber Talleyrand hat nicht die Macht. Er ist nur ein Günstling von Barras und der Untergebene von Reubell, der ihn verachtet und über ihn Sarkasmen verbreitet. Mit jenen Männern muß man sich gutstellen, um welchen Preis auch immer, ohne sich allzusehr mit ihnen gemein zu machen.

Napoleon begibt sich zu ihnen ins Luxembourg-Palais. Er arbeitet an dem Projekt einer Landung in England. Schließlich ist er der mit dieser Aufgabe betraute Obergeneral. Diese Arbeit zahlt sich allmählich aus. Er entwaffnet seine Kritiker.

Anfang Januar wird er dringend gerufen. In Rom ist es zu schweren Vorfällen gekommen. Die von den Priestern aufgestachelten Römer haben die französischen Truppen angegriffen. General Duphot wurde ermordet. Der Botschafter Joseph Bonaparte mußte Rom verlassen.

Napoleon erteilt seine Befehle, schreibt an General Berthier, der ihn an der Spitze der Italien-Armee abgelöst hat. Aber auch inmitten dieser dramatischen Umstände beurteilt man ihn nur im Hinblick auf seine politischen Hintergedanken. Also verteidigt er sich. Er schiebt die Generäle beiseite, die er für seine Rivalen hält, Bernadotte und seinen einstigen Untergebenen Augereau, der geschrieben hat, daß Bonaparte ein »ehrgeiziger und mörderischer Querkopf« sei. Einige Abschriften dieses Briefes zirkulierten unter den Abgeordneten, und Napoleon hat davon Kenntnis erhalten.

Am 18. Januar bittet Talleyrand Napoleon um eine Unterredung. Napoleon begibt sich in dessen Haus, wo ihn Talleyrand mit noch größerer Höflichkeit und Bewunderung empfängt als sonst. Er spricht über allerlei und enthüllt erst dann den Grund für dieses Treffen. Am 21. Januar soll in der Kirche von Saint-Sulpice der fünfte Jahrestag der Hinrichtung von Ludwig XVI. begangen werden. Das Direktorium wünscht die Anwesenheit von Napoleon bei dieser Zeremonie. Talleyrand lächelt und schweigt.

Napoleon schaut ihn an. »Ich habe kein öffentliches Amt, es gibt also keinen Grund für meine Teilnahme«, sagt er.

Die Falle ist offensichtlich. Seit Wochen schon bemüht er sich, über den verfeindeten Lagern zu stehen, und nun will man ihn zwingen, sich für eine Seite zu entscheiden. Er ist für das Ende der gewaltsamen Auseinandersetzungen, wie es sie erst drei Tage zuvor zwischen Jakobinern und Royalisten gegeben hat. Auch der alte Gegensatz zwischen Jakobinern und Emigrierten muß überwunden werden. Es muß eine Regierung der Besten geben. So wie er sie in den italienischen Republiken organisiert hat. Das ist es gerade, was seine Person so anziehend macht, daß er den bürgerlichen Frieden wieder herstellen will. Und nun wollen ihn die Direktoren in diese Feier des Todes von Ludwig XVI. hineinziehen.

Talleyrand insistiert. »Das ist ein Fest von Menschenfressern«, sagt Napoleon plötzlich in schroffem Ton. »Ein abscheulicher Mummenschanz.« Er beruhigt sich ebenso schnell, wie er sich empört hat. »Ich will nicht darüber diskutieren, ob die Verurteilung von Ludwig XVI. nützlich oder schädlich war«, sagt er, »es war auf jeden Fall ein bedauerliches Ereignis.« Und er fügt hinzu, daß er sich Nationalfeste nur zur Feier von Siegen vorstellen könne. Und beweint würden nur Opfer von Schlachten.

Beide schweigen eine Weile, dann sagt Talleyrand in festem Ton: »Das Gesetz regiert dieses Land, und das Gesetz sieht diese Feier nun einmal vor.« Der Einfluß von General Bonaparte auf die öffentliche Meinung sei so groß, daß er der Zeremonie beiwohnen müsse. Die Direktoren hätten es verlangt und würden sich über sein Fehlen wundern und es als Angriff auf die Republik auslegen. »Ist das etwa der richtige Zeitpunkt dafür?« fragt Talleyrand. Nach einer Pause fügt er hinzu, Napoleon könne ja der Zeremonie in Saint-Sulpice in Zivilkleidung inmitten seiner Kollegen von der Akademie beiwohnen. »So wäre immerhin der Anschein gewahrt«, sagt Talleyrand.

Napoleon sagt nichts dazu, aber am 21. Januar 1798 geht er mit im Festzug. Er hört die Rede von Barras, der einen Eid leistet, in dem er dem Königtum und der Anarchie ewigen Haß schwört. Dann singen Chöre Musik von Gossec zu Worten von Chénier, einen *Republikanischen Eid*, in dem jedem künftigen Usurpator öffentlicher Kampf und blutige Rache angekündigt werden.

Nach der Zeremonie interessiert sich die draußen wartende Menge nicht für das Direktorium. Napoleon will sich zuerst gar nicht zeigen. Aber als er sich entfernt, wird er doch gesehen, und man ruft: »Es lebe Bonaparte! Es lebe der General der Italien-Armee!« Nur mit Mühe kann er den Platz verlassen. Diese Menschen, was immer sie singen, wollen einen Führer.

Vielleicht ist ja der Moment zum Handeln gekommen. In seinem Haus in der Rue de la Victoire geht er endlos im Kreise, spricht nicht einmal mit Joséphine, die ihn anschaut und sich zu nähern versucht.

Er muß Barras sprechen, der gerade den Vorsitz des Direktoriums innehat. Barras ist ein Anhänger der Ordnung. Er müßte doch verstehen, daß es einer Reform der Institutionen bedarf. Man muß Schluß machen mit dieser Regierung aus fünf Direktoren, die von ihrer Natur her ohnmächtig ist. Napoleon malt es sich aus. In Italien hat er Verfassungen für die Republiken redigiert, die er dort geschaffen hat. Wenn er Direktor würde, könnte er zusammen mit Barras die drei anderen Mitglieder eliminieren und eine effiziente Exekutivmacht bilden.

Barras empfängt ihn im Luxembourg-Palais mit dem üblichen Pomp, in dem er sich gefällt. Er ist dick. Er spricht sehr langsam, als ob ihm das Aussprechen einiger Wörter große Mühe bereiten würde. Hat dieser Mann, der in Vergnügungen aller Art versinkt, der gut und viel ißt, der ein Genießer ist und allerlei Laster pflegt, überhaupt noch einen Willen?

Napoleon zögert mit dem Sprechen und beginnt dann plötzlich

doch. »Das Direktoriums-Regime kann so nicht bestehen bleiben«, sagt er. »Seit dem Staatsstreich am 18. Fructidor ist es tödlich verwundet. Es wird von der Mehrheit der Bevölkerung abgelehnt, von Jakobinern wie von Royalisten.«

Dann macht er eine Pause, läßt aber Barras nicht aus den Augen und sagt, indem er jedes einzelne Wort betont: »Man muß erwirken, daß der Sieger von Italien und Friedensbringer durch eine Ausnahmeregelung gewählt wird. Und wenn wir beiden erst einmal die Macht haben, können wir die anderen Direktoren verjagen und eine Regierung errichten, unter der Ordnung und Toleranz herrschen. Der Augenblick dazu ist günstig.«

Napoleon tritt näher. Barras bleibt sitzen. Er hat sich nicht gerührt.

»Die öffentliche Meinung ist günstig«, sagt Napoleon, »aber die Gunst des Volkes geht rasch vorüber wie ein Sturm.«

Barras richtet sich plötzlich auf. Er schwitzt. Er rollt mit den Augen und sagt mit donnernder Stimme: »Das ist alles unmöglich. Wenn die Räte Bonaparte zum Mitglied des Direktoriums wählen würden, wäre das ein Verstoß gegen die Verfassung. Das Direktorium würde das entsprechende Dekret ablehnen.«

Dann wird er noch drohender: »Du willst die Verfassung umstoßen. Aber das wird dir nicht gelingen, du wirst nur dich selbst zerstören. Sieyès hat dich vielleicht mit perfiden Einflüsterungen dazu ermutigt, aber ihr werdet beide böse enden.«

Napoleon steht wieder einmal allein am Rand seines Schicksals. Man kann nur auf sich selbst zählen. Er hatte auf Barras gerechnet. Aber der würde lieber das Land verkommen lassen, als ein Risiko einzugehen. Was soll er tun? Auf wen kann er bauen? »Die Frucht ist noch nicht reif.« Wenn er handelt, kann er ungewollt den Jakobinern nützen, die ihn verdächtigen und sich seiner entledigen werden, oder aber er begünstigt die Konterrevolution, der er nicht zum Triumph verhelfen will. Und das Land würde diese beiden Hypothesen auf jeden Fall ablehnen. Einen dritten Weg vorzuschlagen, eben jenen, den er mit Barras beschreiten wollte, ist es noch zu früh. Und allein kann er es nicht, noch nicht.

In den folgenden Tagen bleibt er zu Hause und brütet. Wie

schon in ähnlichen Situationen denkt er an Abreise. Da überbringt ihm am 29. Januar ein Dienstbote eine Denkschrift, die Talleyrand zwei Tage zuvor dem Direktorium unterbreitet hat. Es ist ein langes Schreiben, in dem der Außenminister die Besetzung von Ägypten befürwortet. »Ägypten, das die Natur so nahe bei uns angesiedelt hat, bietet für uns immense Vorteile hinsichtlich des Handels sowohl mit Indien wie mit anderen Ländern. Für die Türkei bedeutet Ägypten nicht sehr viel, sie hat dort keinerlei Macht.«

Napoleon liest den Text noch mehrmals an diesem Tag. Er hat schon so oft von Ägypten geträumt, schon vor Jahren in Korsika, als er Volney zuhörte, der von seinen Reisen den Nil entlang erzählte, und erst vor wenigen Wochen in Passariano hat er daran gedacht, daß ihm diese Denkschrift seltsam vertraut vorkommt.

Als am Abend Bourrienne zu ihm kommt, nimmt ihn Napoleon sogleich in den kleinen Salon mit, wo ihn Joséphine nicht hören kann.

»Hier kann ich nicht bleiben«, sagt er mit nervöser Stimme, »hier kann ich nichts erreichen. Die Direktoren lassen nicht mit sich reden. Ich sehe nur, daß ich bald untergehe, wenn ich hier bleibe. Hier nutzt sich alles ab, mein Ruhm ist schon geschwunden, dieses kleine Europa bietet davon nicht genug. Man muß in den Orient gehen, alle großen Legenden stammen von dort. Doch will ich vorher eine Reise an die Küste machen, um mich zu vergewissern, was man dort unternehmen kann. Ich nehme Sie mit, dazu Lannes und Sukowsky. Wenn mir das Landeunternehmen in England wenig aussichtsreich vorkommt, wie ich es fürchte, dann wird aus der England-Armee die Orient-Armee und ich gehe nach Ägypten.«

30

Napoleon steht am Ende der Hafenmole von Antwerpen. Es nieselt und es ist kalt. Seit mehr als einer Woche fährt er von Hafen zu Hafen, von Etaples nach Boulogne und Calais, von Dünkirchen nach Ostende. Noch am Abend will er in Brüssel sein, und dann gleich mit der Postkutsche weiter über Givet, Lille und Saint-Quentin nach Paris, wo er am 20. Februar 1798 eintreffen will.

Mit den Augen verfolgt er das abfließende Meer. Alles ist grau, der Himmel, der Horizont, die Wellen, der Sand, die Steine der Mole. All das kommt ihm fremd vor. Es sind weder seine Farben noch seine Felsen, noch sein Meer. Aber das ist nicht das wichtigste. Nichts von dem, was er gesehen hat, genügt ihm. Wie soll man in England landen, wenn man über so wenige Schiffe verfügt, meist nur Barken? Man bräuchte Hunderte!

Er nähert sich einer Gruppe Seeleute. Er schaut diese Männer an, deren Sprache er nicht versteht. Aber in Boulogne und Dünkirchen hat er sehr wohl verstanden, was andere Seeleute ihm gesagt haben. Englische Schiffe patrouillieren die ganze Küste entlang. Sie sind sehr zahlreich, Fregatten, Schnellboote und Briggs, von denen manche mehr als 40 Kanonen haben. Jene Matrosen sprachen ganz freimütig mit dem kleinen General, der sich ihnen unter dem Namen General Lasne vorgestellt hatte.

Napoleon schaut ein letztes Mal zum Horizont. Das reicht. Er steigt wieder in die Kutsche. Bourrienne befragt ihn. Ist der General zufrieden mit dem, was er gesehen hat? Und Bourrienne fügt hinzu, daß die Seestreitkräfte, die der England-Armee zur Verfügung gestellt wurden, ihm völlig unzureichend vorkommen.

»Es ist ein zu riskantes Hasardspiel«, sagt Napoleon in verärgertem Tonfall. »Ich will das Schicksal dieses schönen Frankreich nicht in dieser Weise aufs Spiel setzen.«

Am Abend, im Theater in Brüssel, wird er erkannt, aber sein finsteres Gesicht verscheucht alle Neugierigen. Auch auf der Fahrt nach Paris bleibt er so ernst. Er muß den Plan einer Landung in England also aufgeben, Frankreich verlassen und sich in dieses ägyptische Abenteuer stürzen, von dem er träumt, das aber immense Gefahren und Ungewißheiten in sich birgt. Doch läßt man ihm eine andere Wahl?

Er redet mit Bourrienne: »Mit diesen Direktoren kann man nichts anfangen. Sie haben keinen Sinn für Größe. Sie nutzen ihre Macht rein pragmatisch. Für unsere Expedition bräuchten wir eine kleine Flotte, aber die Engländer haben bereits mehr Schiffe als wir. Die nötigen Vorbereitungen übersteigen unsere Kräfte. Also müssen wir auf unsere Orientpläne zurückkommen, denn nur dort können wir bedeutende Resultate erzielen.«

Dann hüllt er sich wieder in Schweigen. Er ist wütend auf Barras, diesen feigen Genießer, der ihm seine Hilfe verweigert hat, als er in den letzten Kreis der Macht eintreten wollte. Deshalb ist er gezwungen, sich für Ägypten zu entscheiden. Denn in Paris kann er nicht bleiben. Dort würde sein Ruhm schnell verwelken. Also bleibt nur der Orient, Ägypten. Wenn eine Entscheidung getroffen ist, muß man sie mit aller Kraft durchführen.

Er trifft die Direktoren und auch Talleyrand, der einen Bericht über die geplante Expedition verfaßt hat. Aber befehlen heißt, niemand anderem die Durchführung einer Sache zu überlassen.

Er diktiert Briefe an Berthier. Die treuen Truppen der Italien-Armee sollen sich nach Genua begeben und zum Einschiffen vorbereiten. Er will vom Direktorium empfangen werden. Er schaut die fünf Männer mit Verachtung und kaum verhohlenem Zorn an. Sie haben sich dafür entschieden, ihn aus Frankreich abzuschieben. Aber dann sollen sie auch seinen Willen erfüllen.

Er verlangt 25 000 Infanteristen und 3 000 Reiter, ohne Pferde, die würden sich vor Ort finden. Er will 120 Kanonen, 100 Kartuschen pro Mann und acht bis neun Millionen für die Unkosten.

Sie machen lange Gesichter. Aber das ist noch nicht alles. Mit schneidender Stimme fährt Napoleon fort: »Ich will unbegrenzte Befugnisse von der Regierung und freie Hand in der Malta-Frage, aber auch in Sachen Ägypten, Syrien, Konstantinopel, Indien.«

Er sieht die mit Ungläubigkeit und Schrecken vermischte Ironie in den Gesichtern von Barras und Reubell. Aber sie werden alles akzeptieren, denn sie wollen mich loswerden, sie haben Angst.

»Ich will das Recht, alle nötigen Ernennungen vorzunehmen, und will auch meinen Nachfolger bestimmen können«, fährt er fort. Ich will alle Befugnisse, mit Brief und Siegel, für Verhandlungen mit der Hohen Pforte, Rußland, die diversen Mächte in Indien und die afrikanischen Herrscher.«

Napoleon schweigt einen Moment, dann sagt er noch: »Meine

Rückkehr nach Frankreich will ich vornehmen, wann und wie es mir gefällt.«

Sie stehen da und senken die Köpfe. Sie stellen sich vielleicht vor, daß er ruhmbedeckt nach Paris zurückkommt, aber denken auch, daß er möglicherweise gar nicht zurückkehrt. Immerhin haben sie die Macht. Noch setzen sie ihren Willen durch. Und es erfüllt Napoleon mit Zorn, daran zu denken. Er stellt die Liste der Offiziere und der Wissenschaftler auf, die er auf diese Expedition mitnehmen will. Sie muß Paris in Erstaunen versetzen. Er soll nicht nur als der Kriegsherr und Friedensbringer erscheinen, sondern auch als derjenige, der eine gewaltige, aber vergessene Zivilisation wieder ins Bewußtsein rückt, auf jener Erde, wo sich die Pharaonen, Herodot und Alexander, Cäsar und Pompejus begegnet sind.

Allein diese Namensliste bringt ihn schon wieder zum Träumen, und sein Zorn legt sich. Er begeistert sich: »Ich werde dieses Land kolonisieren«, sagt er. »Ich werde Künstler, Arbeiter aller Berufe, Frauen und Schauspieler mitnehmen. Sechs Jahre werden mir genügen, wenn alles gut geht, um bis nach Indien zu gelangen. Ich will Kleinasien als Befreier durchstreifen und triumphalen Einzug in die Hauptstadt des alten Kontinents halten, die Nachfahren Mohammeds aus Konstantinopel vertreiben und mich dort auf den Thron setzen.«

Die Abreise setzt er auf Ende Mai 1798 von Toulon aus fest. Dort versammeln sich alle Schiffe aus den französisch kontrollierten Häfen am Mittelmeer, von Triest bis Genua und Nizza.

Die Zeitungen melden gar am 25. April, daß General Bonaparte am 3. Floréal, das heißt am 22. April, um Mitternacht Paris verlassen habe, nachdem er sich um drei Uhr nachmittags vom Direktorium verabschiedet und bei Barras gespeist habe, in dessen Gesellschaft er dann einer Aufführung von *Macbeth* im Theater Feydeau beiwohnte.

Zwar sitzt Napoleon an diesem 22. April den Direktoren gegenüber, aber nur, um seine Abreise wieder in Frage zu stellen. Denn am Vorabend, als er die letzten Vorbereitungen überwachte, kam ein Eilbote aus Wien in die Rue de la Victoire. Seine Meldung war kurz: Das Haus von General Bernadotte in der Hauptstadt des österreichischen Kaiserreichs ist von einer Menschenmenge gestürmt und geplündert worden. Die Angehörigen der französischen Botschaft haben sich wehren müssen. Bernadotte hat Wien verlassen.

Bricht also der Krieg gegen Österreich erneut aus? Ist dies das Ereignis, das ihm zu handeln erlaubt? Napoleon denkt die ganze Nacht darüber nach. Er muß als derjenige dastehen, der in der Lage ist, die Wiedereröffnung der Feindseligkeiten zu verhindern. Er kann sich nach Rastatt begeben, mit Graf von Cobenzl wieder Kontakt aufnehmen und mit einem gesicherten Frieden nach Paris zurückkehren. Ist Rastatt nicht besser als Ägypten?

Er schickt Boten nach Italien. Man soll die Truppen in Genua noch nicht einschiffen, sondern abwarten. Er sucht die Direktoren auf. Sie hören Napoleon zu, der sich dafür stark macht, mit allen Vollmachten nach Rastatt geschickt zu werden, um den Vorfall beizulegen. Talleyrand unterstützt ihn. Napoleon insistiert.

Vielleicht ist das seine große Chance? Vielleicht soll er lieber alles riskieren, statt sich in die Ferne zu begeben? Vielleicht soll er das Direktorium umstoßen, um die Macht jetzt zu übernehmen?

Am 28. April stellt sich Barras in der Rue de la Victoire ein. Napoleon schaut diesen Mann an, den er richtig einzuschätzen weiß, wie er Joséphine Komplimente macht, sich dann ihm nähert und mit leiser Stimme sagt, daß das Direktorium seine Abreise nach Ägypten ohne weiteren Aufschub wünsche. Von einer Mission nach Rastatt ist nicht mehr die Rede. Sie haben sich also entschieden.

Nach einigen Stunden des Zweifels ringt sich Napoleon durch. Er wird aufbrechen. Der optische Telegraph wird seine Befehle übermitteln. Die Kuriere reiten los. Und die Maschinerie der Expedition setzt sich wieder in Gang.

Am 5. Mai verkündet Napoleon den Seinen, daß er Paris in Richtung Ägypten verlassen wird. Die große Reisekutsche wird schon vorbereitet, die Koffer werden von einer besonderen Plane geschützt. In der Kutsche werden Marmont, Bourrienne, Duroc und Lavalette Platz nehmen.

Joséphine kommt herbei. Napoleon schaut sie schweigend an. Sie möchte mitfahren, sagt sie.

Am 6. Mai 1798 um drei Uhr morgens verlassen sie Paris. Die meiste Zeit reisen sie unter Gewitterregen. In der Kutsche spricht niemand. Sie rumpelt so stark, daß die Reisenden oft aneinanderstoßen. Joséphine schläft. Napoleon sitzt mit offenen Augen da und scheint keinen Schlaf nötig zu haben. Sein Leben geht seinen Gang, den niemand aufhalten kann.

Auf einem Feldweg bei Roquevaire wird die Kutsche von einem starken Stoß erschüttert. Man hat Marseille umfahren wollen, um schneller in Toulon zu sein. Die sehr hohe Kofferplane ist an einem Ast hängengeblieben. Man steigt aus und beleuchtet den Wagen.

Napoleon geht ein paar Schritte und sieht vor sich eine eingestürzte Brücke, die das Gewitter in eine tiefe Schlucht mitgerissen hat. Marmont zeigt auf den Ast und sagt: »Das war die Hand der Vorsehung.« Ohne ihn wäre die Kutsche auf den Felsen des Flusses zerschellt.

Napoleon steigt wieder in den Wagen. »Schnell!« sagt er nur. Ohne zu zögern, muß er seiner Entscheidung nachgehen. Die Zeit zum Handeln ist wieder da.

Am 10. Mai erkennt er in Toulon das Meer in tiefem Blau und die brennende Sonne, dazu die weißen Segel, die sich vom Himmel abheben, dessen Helligkeit schon blendet. Von seinem Fenster im Marine-Hotel aus kann er sich nicht satt sehen an dieser Landschaft, hinter deren Horizont er sich jenes Land Ägypten vorstellt, das seit den Anfängen der Geschichte schon so viele Eroberer betreten haben. Er wird in ihre Fußstapfen treten.

Er zieht seine Uniform an und geht die Flotte inspizieren. Jedesmal, wenn sein Boot sich einem Schiff nähert, werden von dort zwei Salutschüsse abgegeben. Er ist der Chef dieser Armada, er, der vor fünf Jahren nicht mehr war als ein unbekannter Hauptmann, er, dessen Haut noch die Spuren der Krätze zeigt, die er sich hier in Toulon geholt hat.

Am Abend wird die Stadt zu seinen Ehren beleuchtet. Joséphine ist neben ihm. Er fühlt sich stark.

Am nächsten Tag hält er eine Truppenparade ab. Vor den in Reih und Glied angetretenen Soldaten findet er unter diesem Himmel, der der seine ist, im Duft von Meer, Pinien und Olivenbäumen, die ihm so vertraut sind, die Energie und die Dynamik wieder, die er seit mehr als einem Monat in Paris in taktischen Manövern und politischen Schachzügen niedergehalten hat.

»Offiziere und Soldaten«, ruft er ihnen zu, »vor zwei Jahren habe ich Euer Kommando übernommen. Damals lagt Ihr bei Genua in Flußtälern und größtem Elend, es fehlte Euch an allem, selbst Eure Uhren hattet Ihr geopfert, um überleben zu können. Ich habe Euch versprochen, Euch nach Italien zu führen und Eure Not zu beenden. Habe ich nicht Wort gehalten?«

Diese Welle der Zustimmung, dieses »Ja«, das die Soldaten brüllen, bewegt ihn. Das nennt man Leben.

»Nun müßt Ihr wissen, daß Ihr noch nicht genug für die Heimat getan habt und daß die Heimat noch nicht genug für Euch getan hat. Ich werde Euch in ein Land führen, wo Ihr durch Eure künftigen Taten jene noch überbieten werdet, die heute schon Eure Bewunderer in Erstaunen versetzen. Ihr werdet der Heimat jene Dienste leisten, die sie von einer unbesiegbaren Armee mit Recht erwartet. Ich verspreche ...«

Er macht eine Pause und wartet, bis völlige Stille eintritt. »Ich verspreche, daß jeder Soldat bei seiner Rückkehr genügend besitzt, um sich sechs Morgen Land zu kaufen.«

Fanfaren ertönen, und man schreit: »Es lebe die unsterbliche Republik!«

Am 19. Mai um fünf Uhr morgens steht Napoleon am Bug des Beiboots, das sich vom Kai entfernt. Joséphine winkt ihm zum Abschied zu. Er schaut sie lange an. Wollte sie wirklich mit an Bord gehen, wie sie ihm zu verstehen gab, oder war das nur ein folgenloser Vorschlag, weil sie genau wußte, daß er es ablehnen würde? Er will mit der Illusion aufbrechen, daß sie an seiner Seite zu bleiben wünschte.

Er wendet sich dem offenen Meer zu. Die Reede ist mit Schiffen übersät. 180 Schiffe warten auf die Abfahrt um sechs Uhr. Das Admiralsschiff, die *Orient*, liegt einige Kabellängen weit draußen vor Anker. Es ist hoch wie eine Festung, hat drei Decks, von denen jedes mit 40 Kanonen bestückt ist.

Napoleon geht an Bord und begibt sich sofort an Deck. Kapitän Casabianca gibt den Schiffen den Befehl zum Hissen der Segel. Auf dem Meer kräuseln sich kleine Wellen. Die 13 Kampfschiffe eröffnen die Fahrt, dahinter folgen die Transportschiffe, umgeben von Fregatten, Schnellbooten und Briggs. Einige Schiffe sind so schwer beladen, daß sie den Boden streifen. Als sich die *Orient* in Fahrt setzt, berührt auch sie den Grund, neigt sich zur Seite, kommt dann aber frei.

Napoleon hat sich nicht gerührt. Er bleibt mehrere Stunden lang an Deck, während die Schiffe das Hochmeer erreichen. Für diese 34000 Menschen ist er nun das Schicksal.

Er hat die Divisionen, die Generäle, die Kanonen selbst ausgesucht. Er hat die Zusammensetzung der Kommissionen aus Künstlern und Wissenschaftlern, die er unbedingt mitnehmen wollte, kontrolliert. Um Erfolg zu haben, muß man möglichst an alles denken.

Er wendet sich Marmont zu, der neben ihm steht. »Ich berechne meine Träume mit dem Zirkel meines Verstandes«, sagt er.

Achter Teil
»Groß sein bedeutet, von allem abzuhängen.«
19. Mai 1798 – 9. Oktober 1799

31

Napoleon steht an Deck der *Orient* und lauscht. Man segelt an der korsischen Küste entlang. Der Wind ist abgeflaut. Es herrscht schönes Wetter. Man erkennt das Kap von Bonifacio, und am Horizont zeichnen sich schon die Bergspitzen von Sardinien ab. Später wird man weiter fahren in Richtung Sizilien, Malta, Kreta und schließlich Alexandria.

Napoleon hat dem Musikerkorps befohlen, sich auf dem Oberdeck zu versammeln. Die Musiker beginnen zu spielen. Und schon antworten Fanfaren von den Schiffen, die am nächsten fahren. Die Stimmen der Soldaten, die sich auf den Brücken drängen, vermischen sich sogleich mit den Trommelwirbeln und dem Schmettern der Blasinstrumente. Im Chor singt man, von einem Schiff zum andern, den *Chant du Départ*, das Aufbruchslied, das seit 1794 in allen Armeen gesungen wird.

Unser Sieg sprengt singend alle Schranken,
Und die Freiheit führt uns an,
Von Nord bis Süd erklingen Kriegstrompeten.
Die Zeit des Kampfes bricht jetzt an.
Frankreichs Feinde, seht euch vor!

Die Soldaten brauchen jetzt diesen Einklang. Und alle brüllen den Refrain:

Die Republik, sie ruft uns nun zusammen,
Jetzt heißt es siegen oder sterben.
Für sie muß ein Franzose nun leben,
Ein Franzose muß sterben für sie.

Admiral Brueys nähert sich und spricht sehr laut, um sich Gehör zu verschaffen, aber Napoleon wendet den Kopf ab. Er weiß Bescheid. Schon seit mehreren Tagen hat ihm der Admiral seine Sorge mitgeteilt. Eine Fregatte, die sich dem Konvoi in Höhe von Bastia angeschlossen hat, hat in der Ferne ein englisches Geschwader entdeckt. Eine andere Botschaft, die von Genua aus einem französischen Schiff überbracht wurde, bestätigt diese Information. Die englischen Schiffe haben sich auf die Verfolgung begeben, an ihrer Spitze steht die *Vanguard* unter Admiral Nelson.

Napoleon geht beiseite. Solch eine innere Ruhe hat er schon seit Wochen nicht mehr empfunden. In den Tagen vor der Abfahrt hatten ihn allerlei Ängste gequält. Aber seit er auf dem Meer ist, spürt er eine heitere Gelöstheit und Frische. Er ist jetzt in der Hand der Winde, des Meeres und des Zufalls. Er kann nichts mehr tun. Falls sich am Horizont englische Segel zeigen und der Kampf entbrennt, dann allerdings wird er entscheiden müssen. Aber in diesem Augenblick soll Admiral Brueys ruhig sein und sich auf die Fahrt der Schiffe konzentrieren, die Segel reparieren lassen, wenn es das Wetter erlaubt, und vor allem das Tempo beschleunigen, damit man schneller ans Ziel kommt.

Es wird dunkel. Die Musik verklingt allmählich, und bald hört man nur noch das Knarren der Schiffsrümpfe und Masten und das Knattern der Segel. Der Konvoi, der das ganze Meer bedeckt wie eine majestätische Stadt, die ihre Fahnen und Standarten ausgefahren hat, wird von der Dunkelheit verschluckt. Napoleon schaut das Firmament an und die milchige Spur, die den Himmel wie ein beleuchtetes Geschwader überzieht, zusammengesetzt aus Myriaden von Schiffen, die nichts aufhalten kann. Und diese Gewißheit beherrscht Napoleon. Er geht von einem Punkt seines Schicksals zum andern und zieht dabei diese Flotte und diese Zehntausende Soldaten mit sich.

Er verläßt das Deck. In dem »geselligen Salon«, den er gleich neben dem Speisesaal und seiner Kabine hat einrichten lassen, erheben sich die Offiziere und einige Mitglieder der Expedition, die er eingeladen hat, das Mahl und den Abend mit ihm zu teilen. Von der ersten Stunde an hat er eine strikte Disziplin eingeführt. Bourrienne, dem er seine Anweisungen übermittelt hat, hat sich über diese »Hofetikette«, wie er es nannte, gewundert. Aber was soll's, auf dem Meer und erst recht in der Wüste, wo man tagelang kämpfen und marschieren muß, sind Ordnung, Disziplin und Hierarchie notwendiger als anderswo. Also müssen die Stufen, die den Zugang zur Spitze markieren, respektiert werden. Die luxuriöse Ausstattung muß deutlich machen, daß der oberkommandierende General ein besonderer Mensch ist.

Die gemeinen Soldaten drängen sich in den Zwischendecks der *Orient*. Ihre Nahrung wird immer schlechter. Ihre Kleider sind verdreckt von dem Erbrochenen, das die Kranken jeden Tag von sich geben, und sie sind fast alle krank. Aber der oberste General und seine Nächsten müssen diesem allgemeinen Schicksal entgehen, nicht aus Geschmack am Luxus, sondern weil sie den Befehl innehaben. Ihre Privilegien sind nur das äußere Zeichen für ihre Verantwortung und ihre Rolle. Aber Napoleon weiß auch, daß die Art, wie er an Bord der *Orient* lebt, Kritik hervorruft. »Höfische Sitten inmitten eines spartanischen Feldlagers«, heißt es.

Am 9. Juni geht Napoleon früh morgens auf das Deck der *Orient*. Admiral Brueys zeigt auf den Horizont, an dem sich Dutzende weiße Segel drängen. Mit seinem Fernrohr erkennt Napoleon den Konvoi, der von Cività Vecchia aufgebrochen ist und sich nun der Hauptflotte anschließt. Und dieses braune Band Erde, das sich kaum aus dem Meer abhebt, das ist schon Malta mit der kleinen Insel Gozo, die nur wenigen Kabellängen von der Hauptinsel trennen.

Napoleon läßt sich sein Schwert bringen, dann diktiert er ein Ultimatum an den Großmeister der Malteserritter, Hompesch. Er wolle die Wasserrationen aller Schiffe erneuern. Er verlange die Kapitulation der Ritter. Die Antwort ist ziemlich gleichgültig, denn er wird die Insel auf jeden Fall besetzen lassen. Offiziere in kleinen Booten überbringen sein Schreiben.

Die Insel muß unter französische Kontrolle gebracht werden. Ihr Besitz ist Teil seines Plans. Und nichts kann sich dem widersetzen. Das Anlanden der Truppen kann beginnen.

Er hört Stimmen, die die *Marseillaise* singen. Es sind die Soldaten der 9. Halbbrigade, die die Festungsanlagen der Insel Gozo erklimmen. Napoleon sieht sie durch sein Fernrohr. Nun beginnen die Infanteristen mit dem Ausbooten und besteigen kleine Schaluppen. Kaum sind sie an Land gegangen, schon flackern hier und da Brände auf.

Napoleon läßt eine Kanonensalve abfeuern. Er muß zeigen, daß nichts seinen Angriff stoppen kann. Schon nach wenigen Stunden schickt Großmeister Hompesch Unterhändler. Nun kann Napoleon unbesorgt die Straßen von La Valetta durchstreifen. Er geht sehr langsam über die Pflaster der Stadt, die ein Schachmuster bilden. Genau wie in Italien berührt er hier historischen Boden. Er ist der Nachfolger der Kreuzritter. Dann empfängt er die Ritter in deren eigenem Palast, über dem nun aber die Fahne der Republik weht. »Diejenigen, die Franzosen und noch keine 30 Jahre alt sind, sollen ihren Anteil am Ruhm haben und sich unserer Expedition anschließen. Alle andern haben drei Tage, um die Insel zu verlassen.«

Dann setzt er seinen Besuch fort. Er ist der Herr dieses wirklichen Staates. Nichts kann sich seinem Willen widersetzen, und das beflügelt seine Phantasie. Er diktiert Gesetze und Erlasse und ordnet die Verwaltung der Insel neu.

Er geht im großen Ordenssaal umher und bleibt vor einigen Ritterwappen stehen. Für einige Minuten unterbricht er sein Diktat. Jahrhunderte hat es bedurft, um diesen Staat zu errichten. Ihm haben ein paar Stunden genügt, um einen anderen Staat zu schaffen, in 16 Paragraphen die gesamte Inselverwaltung umzubauen und mit den Adelstiteln Schluß zu machen. Er spürt, daß ihn seine Adjutanten reglos vor Bewunderung beobachten.

Von der Höhe seiner Macht herab, das hat er schon in Italien gemerkt, als er die Cisalpinische und die Ligurische Republik schuf, kann ein Mann die Ordnung der Dinge verändern. Ein Mann, der bewaffnete Soldaten unter seinem Befehl hat, kann ebenso viel, ja noch mehr bewirken als ein revolutionäres Volk, als ein Unordnung stiftender Pöbel.

Nach einem Spaziergang durch die Straßen von La Valetta setzt er sein Diktat fort: »Alle Einwohner Maltas werden französische Bürger und gehören zur Republik. Der Mensch wird nicht durch den Zufall seiner Geburt bestimmt, sondern allein durch seine Talente und seine Taten.«

Am 18. Juni ist diese Arbeit beendet, und da die Winde günstig sind, gibt Napoleon Admiral Brueys das Zeichen zum Auslaufen. Die *Orient* entfernt sich, während die in Malta zurückgelassene Garnison das Ablegen des Konvois mit einigen Salutschüssen untermalt.

Mit jeder Stunde wird die Hitze unerträglicher, trotz der Brise. Die Küsten von Griechenland, Kythera und Kreta sind mitten am Vormittag von grauem Dunst verhangen, der nur in der Frühe und am Abend vom Wind aufgelöst wird. Napoleon bleibt an Deck. In diesen Gegenden hat sich Odysseus aufgehalten, an diesen Küsten sind die römischen Galeeren entlanggefahren. Und hier lag das Königreich von Minos, die Quelle aller Mythen.

Ist er der einzige, der ein Gespür für diese geschichtsträchtigen Landschaften hat? Er redet endlos. Er spricht vom Verfall der Städte und der Reiche, jener in Griechenland und jener im Abend- und im Morgenland. Es bedarf des Willens eines Mannes, der Alexander und Cäsar gleichkommt, um die Grenzen einer neuen Macht zu ziehen. Und Ruhm erwirbt man nur hier.

Am Abend des 27. Juni gibt Napoleon Brueys den Befehl, die Fregatte *Juno* an das Heck der *Orient* heranzuholen. Er sieht die Männer, die sich schweigend an Deck der Fregatte drängen, die Bord an Bord angelegt hat. Sie erwarten seine Anweisungen wie das Orakel einer Gottheit. Der Fregattenkapitän erhält seine Instruktionen: Alexandria anlaufen und den französischen Konsul Magallon an Bord nehmen.

Während man auf die Rückkehr der Fregatte wartet, frischt der Wind auf. Erst am 30. Juni, mitten in einem Sturm, ist die *Juno* zurück. Der Konsul Magallon schafft es, an Bord der *Orient* zu gelangen, obwohl seine Schaluppe immer wieder gegen deren Rumpf geschleudert wird. Während er mit Napoleon spricht, hält er sich an dessen Kabinenwänden fest. Ein englisches Geschwader von mehr als zehn Schiffen ist soeben aus Alexandria ausgelaufen. Es streift umher und wartet wohl auf den französischen Konvoi.

Napoleon begibt sich sogleich an Deck. Am Gesicht von Admiral Brueys kann er dessen Besorgnis ablesen. Nelson ist ganz in der Nähe. Und der Sturm verhindert eine Landung innerhalb der nächsten Stunden.

»Wir müssen abwarten«, sagt Brueys mit Nachdruck.

»Admiral, wir haben keine Zeit zu verlieren. Das Schicksal gibt mir nur drei Tage. Wenn ich sie nicht nutze, sind wir verloren. Groß sein bedeutet, von allem abhängen. Ich jedenfalls hänge von Ereignissen ab, in denen eine Kleinigkeit entscheidend ist.«

Es wird der Befehl erlassen, in der Marabu-Bucht westlich von Alexandria zu landen. Von der *Orient* her sieht Napoleon, wie mit Soldaten beladene Schaluppen kentern. Er hört die Schreie der Soldaten, die meistens nicht schwimmen können. Das ist der gefährlichste Augenblick. Napoleon geht unruhig an Deck hin und her, die Hände auf dem Rücken verschränkt. Unruhe hat ihn erfaßt, Ungeduld bedrückt ihn.

Am 1. Juli 1798 um vier Uhr nachmittags besteigt er eine maltesische Galeere, um sich der Küste zu nähern. Dann springt er in eine Schaluppe hinüber und erreicht um ein Uhr morgens das Ufer. Endlich wieder Festland!

Er beschreitet es und erteilt seine ersten Anweisungen. Die Nacht ist sternklar. Die Truppen landen immer noch an. Nun fühlt er sich wieder ruhig und entschlossen. Er legt sich hin. Er wird auf der Erde schlafen, über die Alexander schritt.

Um drei Uhr morgens wacht er wieder auf und inspiziert die Truppen. Die Soldaten sind völlig durchnäßt. Er schaut ihre Gesichter an, dann befiehlt er den Divisionen Kléber, Menou und Bon, nach Alexandria zu marschieren. Hier darf nicht der Luxus den Chef auszeichnen, sondern sein Wagemut. Napoleon geht mit raschem Schritt an der Spitze der Kolonne. Neben ihm marschiert General Caffarelli, der ein Holzbein hat.

Nun betreten sie das Reich der Sonne und des Durstes, des Sandes und der Beduinen, des blendenden Lichtes und der so drückenden Hitze, daß sie den Atem abschneidet und sich in den Wollkleidern festsetzt. Napoleon marschiert, ohne sich umzuschauen. Manchmal hört er einen stumpfen Schrei und ein Geräusch. Ein Soldat ist erschöpft zusammengebrochen, Lippen und Zunge vom Durst geschwollen. Die Brunnen sind leer.

Plötzlich entdeckt man über der Spitze einer Düne die Befestigungsanlagen von Alexandria. Nur wenige hundert Meter entfernt erhebt sich die Pompejus-Säule. Napoleon setzt sich auf deren Sockel. Ein Offizier bringt ihm eine Orange aus Malta, in die er hineinbeißt. Sie schmeckt bitter und süß zugleich.

32

Als in der drückenden Hitze die ersten Schüsse fallen, weiß Napoleon gleich Bescheid. Kundschafter berichten, daß die Bevölkerung von Alexandria die Vorhut der Division Kléber mit Steinwürfen und Schüssen empfangen habe. Auch arabische Reiter hätten angegriffen. Diese Abwehrversuche wurden von der Truppe beiseite gefegt, doch innerhalb der Stadt gehe der Widerstand weiter. Von einer Moschee aus sei geschossen worden. Die Soldaten seien in das Gebäude eingedrungen und hätten alle bestraft, die sich darin befunden hätten, Männer, Frauen, Kinder. Der General habe dem Massaker Einhalt gebieten können.

Die Kundschafter kehren zurück. Aus der Stadt hört man die Schreie von Frauen, vermischt mit dem Donnern der Explosionen. Verletzte kommen vorbei, stützen sich gegenseitig und brechen dann auf dem heißen Boden zusammen.

Napoleon weiß von diesem Augenblick an, daß zur Barbarei des Krieges hier die Feindseligkeit hinzukommt, ja sogar der Haß, der sich in dieser stickigen Hitze, diesem gleißenden Licht, dieser Trockenheit entzündet, die Mund und Haut schwellen lassen. Mit seinem ganzen wunden Körper und seinen blutenden Füßen begreift Napoleon, daß er sich hier in jedem Augenblick zusammenreißen muß, um dem Klima standzuhalten, es zu überwinden und die Männer dazu zu bringen, trotz allem zu marschieren und zu kämpfen.

Hier wird alles viel schwerer sein. Hier ist alles gnadenlos. Wer schwach ist, stirbt. Man muß jede Erinnerung an den Mailänder Corso, an die Schlösser von Mombello und Passariano auslöschen, auch an die Zeremonie im Luxembourg-Palais und den Empfang bei Talleyrand.

Ist Talleyrand wirklich mit einer Gesandtschaft nach Konstantinopel aufgebrochen, um die Türken darüber zu unterrichten, daß die Landung in Ägypten nicht gegen sie gerichtet ist? Napoleon zweifelt daran. Er muß Italien vergessen und auch Joséphine. Und jeder Soldat muß für sich dasselbe tun. Werden es diese Soldaten der Italien-Armee schaffen? Und all die Genußmenschen, die in Paris geblieben sind, die Direktoren Barras und Reubell, ahnen sie auch nur, was es bedeutet, hier zu sein mit verbrannter Haut und überall vom Tod umgeben?

Man muß den Tod jeden Tag vertreiben, muß schrecklicher als er sein, darf sich von ihm nicht anziehen lassen. Man muß sich des Todes bedienen, um den Tod zu bekämpfen. Dieser Gedanke verleiht ihm Spannkraft. Er fühlt sich wie ein Bogen. Er ist unbeugsam. Er hätte sich in den behaglichen Intrigen des Direktoriums einigeln können, zwischen Salon und Alkoven, zwischen Schwätzern und Frauen, aber dieser Krieg hier gehört zu den Prüfungen, die seit der Antike den Helden auferlegt werden. Daß er dies auf sich nimmt, beweist, daß er ein Held ist, vergleichbar all jenen, die diesen Boden berührt haben, ja daß er dem Gründer dieser Stadt Alexandria gleichkommt.

Napoleon schickt dem Gouverneur von Alexandria ein Ultimatum. »Sie müssen sehr ahnungslos oder sehr anmaßend sein. Meine Armee hat vor kurzem die stärksten Mächte Europas besiegt. Wenn ich innerhalb von zehn Minuten nicht die Friedensfahne flattern sehe, dann werden Sie vor Gott Rechenschaft ablegen müssen über das Blut, das sinnlos vergossen wird.«

Ein Kurier überbringt die Meldung, daß General Kléber durch eine Kugel an der Stirn verwundet wurde, aber auch, daß eine Delegation auf dem Weg ist, die den Unterwerfungseid leisten und die Stadt übergeben will.

Napoleon sieht sie näher kommen, begleitet von bewaffneten Soldaten. Von den dunklen Uniformen heben sich vielfarbige Turbane und lange Seidenumhänge ab. Kamele beherrschen den Trupp, der am Fuß der Pompejus-Säule ein großes Durcheinander schafft. Napoleon redet zu ihnen. »Kadis, Scheichs, Imame, ich gebe Euch Eure Rechte wieder, die Euch Usurpatoren genommen haben. Ich verehre Gott mehr als Eure Unterdrücker, die Mamelucken, und ich respektiere seinen Propheten Mohammed und den wunderbaren Koran.« So muß man reden. Die Menschen brauchen den Glauben und solche Sätze.

Man verhandelt. Die Moslems beschweren sich. Soldaten hätten Araber bestohlen, die sich ihrem Vormarsch nicht widersetzt hätten. Offiziere bestätigen, daß sie einen dieser Soldaten festgenommen haben. Er habe einem Araber seinen Dolch gestohlen. »Dieser Mann soll verurteilt werden.«

Der Soldat wird vorgeführt, seine Haut ist verbrannt, sein Gesicht von Angst entstellt. Man befragt ihn. Er gesteht. Den Tod mit dem Tod bekämpfen. Der Soldat wird wenige Schritte von der Pompejus-Säule entfernt hingerichtet. Die Abgesandten verbeugen sich und leisten Napoleon den Treueid.

Er betritt Alexandria. Die Hitze fängt sich in den engen Straßen. Frauen stoßen seltsam spitze Schreie aus. Napoleon reitet, umgeben von Mitgliedern seiner Delegation und einer Eskorte von Führern. Plötzlich hört er eine Detonation und spürt zugleich einen Stoß gegen seinen linken Stiefel. Sein Pferd bricht aus. Es wird geschrien. Es wird auf das Haus geschossen, aus dem der Schuß fiel. Der Tod hat ihn ein weiteres Mal gestreift.

Er richtet sich im Haus des französischen Konsuls ein und erteilt sogleich seine Befehle. Um ihn herum spricht man währenddessen von dem Heckenschützen, den man mit sechs Gewehren bewaffnet aufgespürt und erschossen hat.

Für den 2. Juli ordnet er eine Truppenparade mit Musikkorps an, mitsamt den Generälen in Paradeuniform, danach erfolgt der Abmarsch der ersten Einheiten nach Kairo. Er ruft Konsul Magallon herbei und bestimmt für den Vormarsch der Truppen den Weg über Damanhur, damit man nicht den Nil überqueren muß, auf dem Galeeren der Mamelucken kreuzen. Er setzt die Offiziere in Trab und verlangt, daß man eine neue Schneiderwerkstatt einrichtet, die leichtere Uniformen herstellt. Napoleon möchte an alle in seinem Umfeld seine Energie, seine Ungeduld und das Bewußtsein vermitteln, daß jede Sekunde genutzt werden muß. Aber wie soll er jeden einzelnen dieser Männer so unter Spannung setzen, wie er selbst es ist. Heute in Kairo und morgen? Noch weiter in die Ferne!

Er diktiert Bourrienne eine Proklamation an die Ägypter, die noch in der Nacht auf Arabisch, Türkisch und Französisch gedruckt werden soll. Man soll sie laut verlesen und durch die vorrückenden Armeen verteilen lassen.

Am 2. Juli hält Napoleon in aller Frühe eine Truppenschau ab. Die Hitze ist bereits unerträglich. Die Soldaten müssen marschieren, obwohl sie Durst haben. Sie müssen sich auf den Weg machen, mit den Generälen Desaix und Reynier an der Spitze.

Er geht auf eine Gruppe Soldaten zu, die von Beduinen gefangen genommen wurden, sich aber wieder befreien konnten. Sie senken die Köpfe. Dann beginnen einige zu reden und erzählen von den Greueltaten, die sie gesehen haben, Folter, Verstümmlung, Vergewaltigung.

Napoleon entfernt sich schnell, schreitet noch einmal die erste Reihe ab. Man muß schnell zur Schlacht schreiten, bevor Angst und Zweifel die Armee zersetzen können. Man muß diese Männer vorwärtstreiben, damit sie aufrecht bleiben, sonst brechen sie hier zusammen. Die Angst vor Gefangennahme, Folter und Erniedrigungen muß sie zum Sieg treiben.

Er muß alles organisieren, vorhersehen, leiten. Trotz der drükkenden Hitze, die jede Bewegung mühselig macht, so daß man nicht mehr atmen zu können glaubt, geht Napoleon unablässig hin und her und diktiert im Gehen. Er inspiziert die Befestigungen von Alexandria, da er die Stadt verlassen und sich zur Armee begeben wird, um eine Schlacht zu schlagen. Er durchmißt den Basar und schaut jene Frauen an, die nur ihr Gesicht verhüllt haben. Er kontrolliert die Versorgung der Einheiten und die Anzahl der Pferde. Er richtet eine Zivilverwaltung ein.

Nachts ist die Luft so stickig, daß er nicht schläft. Er steht auf und ruft einen Adjutanten. Erinnert er sich noch an jenen Sergeanten, der als einer der ersten die Befestigungen überschritten hat und den er von der Pompejus-Säule aus kämpfen sah? Man soll ihm einen Orden verleihen.

Dann denkt er an die Flotte. Was soll er Admiral Brueys befehlen? In der Reede vor Abukir zu bleiben oder sich nach Malta oder Korfu zurückzuziehen, oder vielleicht sogar zu versuchen, in den Hafen von Alexandria einzulaufen? Nelson wird gewiß mit seinem Geschwader zurückkehren. Napoleon ist unentschlossen. Brueys glaubt, daß er sich in Abukir zur Wehr setzen kann, falls man ihn angreift. Um nach Malta oder Korfu zu segeln, habe er nicht genügend Wasservorräte. Und im Hafen von Alexandria drohten die Schiffe auf Grund zu laufen.

In Napoleons Kopf ist das ein Punkt, der ihn beunruhigt. Er spürt, daß er das Schicksal des Geschwaders nicht in der Hand hat. Er ist aber kein Seemann. Also muß er vertrauen. Und doch mag er es nicht, Macht oder Verantwortung zu delegieren.

Am 7. Juli ist die Sonne durch rötlichen Nebel verdeckt. Die Luft ist voll heißem Staub. Der Chamsin, der trockene Südwind, kommt auf. Und doch muß man nach Damanhur aufbrechen und die Wüste durchqueren. Napoleon reitet an der Spitze seines Generalstabes sowie der Mitglieder seiner Eskorte und des Hauptquartiers. Die Wissenschaftler Monge und Berthollet haben sich der Truppe angeschlossen. Es ist fünf Uhr nachmittags. Auf sein Gesicht spürt er Tausende Sandkörner prasseln. Er leidet an seinem ganzen Körper, wie alle Soldaten von Desaix und Reynier, die die steinige und heiße Wüste durchquert haben. Einige Männer haben Selbstmord begangen. Die Zisternen, die es an der Straße geben sollte, sind leer, denn der Kanal, den die Truppen entlangmarschieren, ist ausgetrocknet. Mit entzündeten Augen, die Lippen von der Hitze aufgesprungen, ohne Wasser, in ihren Uniformen aus Wolle, mit leerem Bauch, da man in den Dörfern nichts findet, werden Nachzügler ermordet, gefoltert. Desaix hat um Hilfe ersucht. Die Soldaten werden verrückt.

Napoleon reitet die ganze Nacht und überholt die Divisionen von Bon und Vial, die auch nach Damanhur unterwegs sind. Er sieht diese Männer, die nachts marschieren. Er kann sich gut vorstellen, wie sie leiden und daß sie Angst haben. Er weiß, daß die Soldaten grollen und sich an ihren Offizieren vergreifen, die Mitglieder des Direktoriums beschimpfen, sie hierher geschleppt zu haben, um sich »ihres« Bonaparte zu entledigen. Aber auch den verschonen sie nicht. Warum hat er nicht an Wasserflaschen gedacht? Sie denken an Italien. Was sollen sie nur mit den sechs Morgen Land, die der General ihnen versprochen hat?

Aber diese Männer sind mit ihm in der Wüste. Und genau wie er haben sie nur einen Ausweg, sie müssen siegen. Also müssen sie marschieren. Er muß sie auf Trab halten. Er muß die Disziplin einhalten lassen. Wenn er sie jetzt retten will, muß er sie vorantreiben.

Um acht Uhr kommt er in Damanhur an. Er betritt die dunkle Hütte, in der ihn die Notabeln erwarten. Man bietet ihm einen Becher Milch und Weizenplätzchen an. Er sagt ein paar Worte, aber es sind vor allem die Gesichter der Generäle, die ihn frappieren. Manche sind wütend, andere müde oder verzweifelt.

Napoleon schweigt, damit sie sich aussprechen können. Dieses Abenteuer ist hoffnungslos, sagt einer. Die Männer werden verrückt, fügt ein anderer hinzu. Sie werden blind. Sie begehen Selbstmord. Kämpfen können sie nicht mehr.

Napoleon geht auf sie zu. Er sagt nichts, aber er schaut sie an und verkündet dann, daß der Marsch bis Ramanieh am Nil fortgesetzt werden muß. Man muß die Mamelucken von Mourad Bey schlagen. Befehlen heißt nicht nachgeben.

Am 9. Juli bricht man wieder auf. Die Leiden wiederholen sich, doch dann plötzlich, nach der einen oder anderen Fata Morgana, sind sie am Nil. Napoleon sieht, wie die Reihen sich auflösen, wie Dragoner und Infanteristen sich mit ihren Waffen in das Wasser des Flusses stürzen und trinken. Er sieht Leichen mit der Strömung davontreiben. Sie starben, weil sie zu viel getrunken haben, wegen des Schocks und der Erschöpfung. Am Ufer des Flusses erstrecken sich Felder mit Wassermelonen, mit denen die Soldaten sich vollstopfen.

Er beobachtet sie. Sie haben es bis hierher geschafft, trotz der Ermüdung, des Ekels, der Unzufriedenheit, der Trauer und der Verzweiflung von Männern, die nach den Italien-Feldzügen durch nichts auf diese andere Welt, die Brutalität dieses Landes vorbereitet waren. Sie haben es getan, weil er es gewollt hat. Und nun müssen sie in die Schlacht.

Am 11. Juli um drei Uhr morgens nimmt er die Parade ab. Er läßt sich durch Trommelwirbel ankündigen. Er reitet sehr langsam. Sie haben ihre Uniformen abgebürstet. Ihre Waffen glänzen. Napoleon bleibt vor jeder der fünf Divisionen stehen. Er ruft die Offiziere zu sich. Er richtet sich auf. Alle Blicke sind auf ihn gerichtet und tragen ihn.

»Ihr sollt wissen, daß unsere Leiden noch nicht vorbei sind. Wir haben noch Kämpfe zu absolvieren und Siege zu erringen und Wüsten zu durchqueren. Und dann werden wir nach Kairo gelangen und soviel Brot haben, wie wir nur wollen.«

Als er wegreitet, hört er die Stimmen der Offiziere, die seine Worte für die Soldaten wiederholen. Er hört, wie Gesänge angestimmt werden. Sie werden kämpfen und siegen.

Bei Sonnenaufgang befiehlt er dem Musikkorps, die *Marseillaise* zu spielen. Am Horizont sieht er die Kavallerie der Mamelucken anrücken. Manche tragen goldene Helme, andere Turbane. Ihre wertvollen Umhänge schimmern. Jeder Mameluck verfügt über einen Karabiner, Pistolen, einen Wurfspeer und ein Krummschwert.

Napoleon versammelt seine Adjutanten. Er will, daß die Divisionen Karrees bilden. Die Offiziere wundern sich. Eine solche Anordnung ist noch nie benutzt worden. Was wissen sie schon? Diese Taktik haben bereits die Österreicher und die Russen gegen die Ottomanen angewandt. Aber die französische Armee hat es noch nie versucht. Er wiederholt seine Befehle. Seine Müdigkeit ist verschwunden. Er läßt die Kanonen an den vier Ecken der Karrees aufstellen, die aus je sechs Reihen Infanteristen bestehen. In der Mitte stellt man jeweils die Equipagen auf, »die Esel und die Wissenschaftler«, wie jemand sagt.

Keines der Karrees darf eine Bresche zulassen. Und tatsächlich rennen die Mamelucken einen ganzen Vormittag lang vergeblich gegen diese Igelstellungen an und flüchten dann. Die Toten, die man auf diesem Schlachtfeld von Chebreis ausraubt, tragen unter ihren Umhängen mit Gold gefüllte Börsen. Sie haben ihre Schätze immer bei sich. Die Soldaten leeren sie. Aber kaum zwei oder drei Stunden später gibt Napoleon das Zeichen zum Aufbruch.

Er durchquert die höllische Hitze, in der sich die Soldaten dahinschleppen. Er sieht einige zusammenbrechen, andere, die vom Wege abkommen und von Beduinen geköpft werden, die dann ihre Köpfe schwenken und davonreiten. Dörfer werden niedergebrannt. Es wird geplündert. Schließlich erreicht man nach einem strapaziösen Marsch am 21. Juli um zwei Uhr nachmittags Embabeh. Zu seiner Rechten sieht Napoleon in der Ferne die Pyramiden und zur Linken die Minarette und Kuppeln von Kairo.

Zunächst bleibt er allein und starr, während sein Blick von den Pyramiden zu den Minaretten schweift und schließlich zum Nil. Hier lag die Wiege der Weltgeschichte. Er erinnert sich an die Nächte in Valence, als er mit fieberndem Eifer Bücher las, in denen die Taten der Antike oder die Geschichte der Ursprungsvölker geschildert wurden. Aber er ist hier nicht als Reisender wie Volney und wie andere, die ihn zum Träumen brachten, sondern als Eroberer.

Er ruft die Generäle. Sie sollen sich um ihn versammeln. Die Divisionen sollen Karrees bilden, hebt er an. Und während er schon spricht, spürt er, daß er diesen Männern bewußtmachen muß, welchen Augenblick sie gerade erleben. Er zeigt auf die Pyramiden und sagt: »Denkt daran, daß Euch 40 Jahrhunderte von diesen Monumenten herab beobachten.«

Er sieht, wie die ersten Angriffswellen der Mamelucken an den Karrees zerschellen. Er sieht, wie sich die Divisionen in Marsch setzen, um die Mamelucken von der Festung Embabeh abzuschneiden. Er hört die Kanonensalven und danach die Schreie der Soldaten, die die Festung im Sturm einnehmen wollen. Er malt sich das Gemetzel aus. Er sieht, wie sich die Soldaten auf die Kadaver der Mamelucken stürzen und sie ausrauben. Hier steht ein französischer Leutnant in einem einsamen Säbelduell einem Mamelucken gegenüber. Dort stürzen sich die Mamelucken in den Nil und fliehen.

Das ist der Sieg. Er reitet an den von Mourad Bey zurückgelassenen Karren vorüber, die von seinen Soldaten geplündert werden. Andere Soldaten fischen mit ihren Bajonetten Leichen von Mamelucken aus dem Nil, um sie auszurauben. Und dann bricht plötzlich die Nacht herein.

Er bleibt allein. Er hat gesiegt. Hier, unter dem Blick der Jahrhunderte. In der Ferne sieht er die Stadt Kairo, die von Bränden erhellt wird, die von plündernden Beduinen oder Fellachen gelegt wurden. Die Mamelucken haben mehr als 300 Schiffe in Brand gesetzt. Der Himmel ist dunkelrot, und die Pyramiden schimmern rötlich in der Nacht. Die Farbe des Blutes. Er fühlt sich müde.

Er geht noch nicht nach Kairo hinein. Er wartet ohne jede Ungeduld, als ob er nach diesem Sieg vor einer großen Leere stünde. Er betritt das Landhaus von Mourad Bey in Gizeh. Er spaziert durch die prachtvollen Zimmer und Gärten. Die Einsamkeit macht ihm zu schaffen.

Nach der großen Ungeduld, den Gewaltmärschen und all der Spannung befällt ihn Melancholie. Er denkt an Joséphine. Er ruft Junot herbei. Er muß von ihr sprechen und sich beruhigen, denn die Eifersucht quält ihn wieder, er zweifelt wieder, er will, daß man ihm alles sagt und will doch zugleich lieber ahnungslos bleiben.

Aber Junot wird laut. An diesem Siegesabend sei es Zeit, der Wahrheit ins Auge zu schauen. Könne ein Sieger wie General Bonaparte es hinnehmen, daß man ihn betrügt? Junots Worte treffen ihn wie ein Geschoß. Joséphine habe ihn betrogen, sagt er, und er zählt die Namen der Liebhaber auf, mit denen sie sich vor aller Welt gezeigt hat. Ob Bonaparte denn nichts geahnt habe?

Napoleon schickt Junot fort und bleibt lange allein im Garten. Dann packt ihn die Wut, und er geht wieder ins Haus, wirft Schmuckgegenstände zu Boden und stößt gegen Bourrienne, der herbeigelaufen kommt. Er schaut ihn an. Er kann niemand vertrauen. Er ist allein. Er ist außer Atem und sagt nur mit stumpfer Stimme: »Joséphine.« Endlich erkennt er Bourrienne.

»Wenn Sie mir ergeben wären«, sagt er, »dann hätten Sie mir alles gesagt, was ich soeben von Junot erfahren habe. Das ist ein echter Freund.« Er brüllt so laut, daß sich seine Stimme überschlägt. »Joséphine ... Und ich bin hundert Meilen entfernt ... Sie hätten es mir sagen müssen! Joséphine hat mich betrogen, sie ...«

Er entfernt sich. Er möchte am liebsten zuschlagen.

»Weh ihnen allen. Ich werde mit all diesen Laffen und Blondköpfen aufräumen! Und für sie gibt es nur eins, Scheidung, ja, öffentliche Scheidung, mit großem Eklat. Ich muß schreiben, ich weiß alles ...«

Er wendet sich an Bourrienne. »Das ist Ihre Schuld! Sie hätten es mir sagen müssen.« Er hört, wie Bourrienne etwas von Sieg und Ruhm murmelt.

»Ach was, mein Ruhm! Ich würde viel darum geben, wenn das alles nicht wahr wäre, was Junot mir gesagt hat, so sehr liebe ich diese Frau! Wenn Joséphine schuldig ist, dann muß ich mich von ihr scheiden lassen. Ich will nicht zum Gespött all der Nichtsnutze von Paris werden. Ich werde an Joseph schreiben, und er wird die Scheidung verkünden lassen!«

Offiziere betreten den Garten. Sie haben gehört, daß dort Weintrauben zu finden sind. Während sie eine fröhliche Weinlese halten, steht Napoleon abseits. Sein Kopf ist leer. Er empfindet nichts mehr, seine Wut hat ihn erschöpft.

Eine ganze Weile steht ein Kurier vor ihm, ohne daß er ihn bemerkt. Der Offizier berichtet, daß die beiden Infanteriekompanien, mit dem Spielzug vorneweg, planmäßig in Kairo eingezogen sind, in Begleitung einer Delegation, die ihnen die Kapitulation der Stadt überbrachte. »Auf dem ganzen Weg war niemand zu sehen«, sagt er. »Man hörte nur die Schreie der Frauen in den Harems.«

In den Harems? Napoleon hebt den Kopf und schickt den Kurier brüsk davon.

Erst am 24. Juli richtet er sich im Palast von Mohammed el Elfi am Esbekieh-Platz in Kairo ein. Um ihn herum herrscht Gedränge. Er hat noch viel zu organisieren. Er gründet einen Diwan, einen Rat aus Ulemas, den führenden Geistlichen aus der Al-Azhar-Moschee. Den ganzen Tag über diktiert er und auch noch am folgenden Tag. Er schafft Polizeieinheiten, basierend auf den alten ottomanischen Milizen.

Manchmal bricht er mitten im Satz ab, als ob die Leere in ihm sich plötzlich wieder herstelle, fährt dann aber bald fort. Man muß die Plünderung der Mameluckenhäuser durch Ägypter und Soldaten unterbinden. Er weitet das Prinzip des Diwans auf die gesamten eroberten Gebiete aus. Stunden vergehen. Händler sprechen vor. Sie möchten ihre Läden wiedereröffnen. In der Nacht des 25. Juli ist er wieder allein. Die Leere. Er schreibt an Joseph. Er soll für seine Rückkehr nach Frankreich ein Landhaus vorbereiten, in das er sich zurückziehen kann.

Er schläft nicht. Er haßt diese lauten Nächte und die heulenden Hunde. Er beginnt einen Bericht an das Direktorium. »Man findet wohl nirgends ein so fruchtbares Land und ein so elendes, verkommenes, ungebildetes Volk.« Er ahnt, daß er dieses Volk nicht verführen kann. Er ist zu fremd. Diese Ulemas haben sich nicht täuschen lassen von seinen Erklärungen zugunsten ihrer Religion, er spürt es genau. Er befiehlt, daß die Bevölkerung alle Waffen abliefert. Er fürchtet einen Aufstand. Und diese Beunruhigung verleiht ihm neue Spannkraft. Aber was immer er für die Zukunft wünscht, derzeit ist er nun einmal in dieser Stadt. »Kairo hat mehr als 300000 Einwohner und den schrecklichsten Pöbel der Welt«, schreibt er an das Direktorium.

Am 13. August sitzt er in seinem Zelt nahe bei Salheyeh, am Rande der Sinai-Wüste. Er zögert, weiter zu ziehen. Er befragt seine Offiziere. Kann man Ibrahim Bey nachsetzen, der nach Syrien geflohen ist und den man seit mehreren Tagen schon verfolgt? Noch bevor sie antworten können, treffen atemlose Kuriere ein. Sie berichten, daß am 1. August Nelsons Flotte bei Abukir die Flotte von Admiral Brueys vernichtet hat. Nur wenige Schiffe konnten dem Desaster entgehen. Noch immer würden Leichen von Matrosen an den Strand gespült. Die *Orient* sei so laut explodiert, daß man die Detonation bis Alexandria hören konnte. Brueys sei tot.

Es wird totenstill. »Wir sind gefangen«, sagt ein Offizier laut. Napoleon erhebt sich und sagt mit kräftiger Stimme: »Brueys ist umgekommen, und er tat recht daran.«

Dann geht er im Zelt vor seinen Offizieren umher, ohne sie aus den Augen zu lassen. »Nun, meine Herren«, fährt er entschlossen fort, »sind wir also verpflichtet, große Dinge zu tun!« Er tritt näher heran. »Und wir werden sie tun! Ein Reich gründen. Wir werden es gründen. Meere, die wir nicht beherrschen, schneiden uns von unserer Heimat ab, aber kein Meer trennt uns von Afrika oder Asien.«

Er mustert sie. Die meisten schauen zu Boden. »Wir sind zahlreich, es fehlt uns nicht an Männern, um weitere Truppen zu rekrutieren. Uns fehlt es nicht an Kriegsmunition, und notfalls stellen wir welche her.«

Die Offiziere lachen nervös, als er das Zelt verläßt und in die Ferne schaut.

33

Er kehrt nach Kairo zurück. Als er am 14. August 1798 im großen Empfangssaal seines Palastes erscheint, wird es sogleich ganz still. Man hört nur das Plätschern des riesigen Brunnens, der die Mitte des Raumes einnimmt. Er ahnt, welche Fragen allen auf der Zunge liegen, den Offizieren ebenso wie den Beys und den Geistlichen. Letztere haben undurchdringliche Mienen, aber in ihren Augen liest er doch heimliche Freude. Alle wissen über das Desaster von Abukir Bescheid. Man belauert ihn. Er muß sich gelassen geben.

Auf ein Handzeichen von ihm bemühen sich die Domestiken um die sieben Kaffeekessel auf dem Herd. Er läßt Kaffee und Zucker reichen. Er fragt nach dem Nilfest, das am folgenden Tag, dem 15. August, gefeiert werden soll, aus Anlaß des Geburtstages von Mohammed. Wissen sie, daß auch er an diesem Tag geboren wurde, vor genau 29 Jahren?

Während die moslemischen Notabeln ihren Kaffee schlürfen und ihn dabei mustern, sagt er: »Ich möchte ein Regime errichten, das auf die Prinzipien des Korans gegründet ist, welche die einzig wahren sind und das Glück der Menschen bewirken können.«

Als das Gespräch zu Ende ist, steht er auf und geleitet seine Besucher zur geräumigen Treppe aus weißem Marmor, Alabaster und Granit aus Assuan. Berthier und Bourrienne sind noch dageblieben. Sie wagen nicht zu sprechen. Napoleon bleibt stehen. Selbst die Offiziere, die ihm am nächsten stehen, begreifen ihn nicht? Stellen sie sich etwa vor, daß er zum Islam übergetreten ist?

Er will militärische Einheiten schaffen, in denen in Oberägypten gekaufte Schwarze dienen sollen, dazu Beduinen und einstige

Diener der Mamelucken. Das wäre eine Armee nach dem Bild dieses Landes und des Kaiserreichs, von dem er noch immer träumt. So könnte er auch das Problem der Truppenstärke lösen, da die gegenwärtige Armee ständig kleiner wird, die Kranken sich in den Lazaretten drängen und in den Küstenstädten die Pest ausgebrochen ist.

Er muß sich um alles kümmern. Er befragt Berthier. Hat man auf das tägliche Bad geachtet und auf die Reinigung der Uniformen, die er angeordnet hatte? Und wie weit ist der Druck der Zeitung *Ägypten-Kurier*, die er für die Armee herausgeben lassen wollte?

»Meine Absicht ist es«, sagt Napoleon zu Berthier und Bourrienne, »die Menschen so zu regieren, wie die Mehrheit es will. Nur auf diese Weise, glaube ich, erkennt man die Souveränität eines Volkes wirklich an. Wenn ich über ein Volk von Juden regieren würde, würde ich eben den Tempel Salomons wieder errichten lassen.«

Er wird am Nilfest teilnehmen, einige Tage später am Fest zu Ehren von Mohammed, und am 21. September wird man den Jahrestag der Republik feiern, etwas später dann, am 4. Oktober, die Erinnerung an den 13. Vendémiaire begehen. An all diesen Tagen soll das Musikkorps aufspielen, sollen die Generäle in Paradeuniformen präsent sein und die Truppen geschlossen antreten.

Er gründet das Ägyptische Institut. Er geht gern dorthin, schließlich ist er dessen Vizepräsident. Der Präsident, Monge, empfängt ihn in dem Palast, der Qassim Bey gehört hat und der in Nasrieh gelegen ist, einem Vorort von Kairo, in dem alle Wissenschaftler untergebracht sind, in Gebäuden rings um einen schattigen Garten.

Napoleon betritt den Sitzungssaal, der einst der Hauptraum des Harems war. Monge, Berthollet und Geoffroy Saint-Hilaire sitzen an seiner Seite. Er hört ihnen zu. Die Funde sind zahlreich. Später erklärt ihm Berthollet mit Leidenschaft, daß Hauptmann Bouchard in Rosette auf der polierten Seite eines großen Basaltblockes eine griechische Inschrift entdeckt hat, die wohl in Hieroglyphen übersetzt wurde sowie in eine dritte Schrift, die man noch nicht identifiziert hat. Vielleicht kann man die Hieroglyphen nun bald entziffern, wenn man sie mit anderen Schriften vergleicht.

Napoleon kehrt in seinen Palast zurück. Seit einigen Wochen haben sich die Straßen um den Platz von Ezbekieh verwandelt. Cafés haben dort aufgemacht, die von Christen aus Kairo geführt werden. Eine bunte Menge drängt sich vor den Läden. Zahlreiche Soldaten streifen umher, kaufen Hühner oder Schafe und tauschen das ein, was sie bei ihren Zügen gegen die Beduinen erbeutet haben. Viele von ihnen sind von Frauen jeden Alters begleitet, die sie auch gekauft haben und die nun europäische Kleider tragen. Sie stellen sich stolz zur Schau.

Auch um ihn herum, unter den Seinen, beobachtet er dieselbe Jagd nach dem Vergnügen. So zeigt sich Eugène de Beauharnais in Begleitung einer jungen schwarzen Frau, deren langer, schlanker Körper alle Blicke anzieht.

Die Scheichs haben auch ihm Frauen vorgestellt. Er fand sie zu fett oder zu alt, ölige Fleischmassen. Er fühlte sich gedemütigt. Und seine Erinnerung an Joséphine hat seinen Zorn gegen sie noch gesteigert. Eines Abends schob der Scheich El Bekri ihm eine Sechzehnjährige zu. Er hat einige Nächte mit ihr verbracht. Aber was ist schon eine Frau, die nur erduldet? Sie hat ihn befriedigt und gelangweilt. Und er hat sich noch mehr allein gefühlt. Nach einigen Wochen hat er sie fortgeschickt.

Danach ist er wieder mit seinen Adjutanten ausgegangen, die den Tivoli besuchen. Er hatte gewollt, daß man diese Vergnügungsstätte im französischen Stil eröffnet. Dort findet man Tanzsäle, Spielsäle und sogar eine Bibliothek. Die wenigen Frauen, die mit zur Expedition gehören, stellen ihre Reize zur Schau und werden von den Offizieren hofiert.

Napoleon nimmt an einem Tisch Platz. Er schaut sich um. Eugène de Beauharnais und Junot haben ihm von dieser jungen blonden Frau erzählt, der verführerischen und lebenslustigen Frau von Leutnant Fourès. Sie ist auch anwesend. Den ganzen Abend schaut er sie an. Er will sie haben. Er braucht sie. Sie wendet sich ihm unablässig zu. Zum ersten Mal seit mehreren Monaten spürt er ein Verlangen, das so stark ist, daß es jeden anderen Gedanken verdrängt.

Er weiß, daß sein Verhalten aufgefallen ist. Man flüstert und zeigt mit dem Finger auf Pauline Fourès. Er kümmert sich nicht darum. Er will. Also muß er sie bekommen. Er zweifelt nicht daran, daß sie nachgeben wird. So wie sie auf seine Blicke antwortet, weiß er, daß sie bereit ist, sich ihm hinzugeben.

Er erkundigt sich. Sie ist 20 Jahre alt. Sie war Modistin. Sie ist ihrem Mann als Soldat verkleidet gefolgt. Es heißt, ihr schönes, blondes Haar sei so lang, daß es ihr als Mantel dienen könne.

Er diktiert den folgenden Befehl: »Der Bürger Fourès, Leutnant im 22. Jagdregiment, soll mit der ersten Kutsche von Rosette nach Alexandria fahren. Der Bürger Fourès wird Depeschen überbringen, die er erst an Bord öffnen darf und in denen er seine Instruktionen findet.« So handeln Könige. Und ist er nicht ein Herrscher geworden?

Sie kommt. Er bringt sie in einem Haus in der Nähe des Ezbekieh-Palastes unter. Er fährt mit ihr in der Kutsche spazieren. Und als Leutnant Fourès zurückkehrt, weil die Engländer, die das Schiff, mit dem er fuhr, aufgebracht und ihn gefangengenommen hatten, ihn wieder freiließen, um Napoleon zu provozieren, läßt sie sich scheiden. Ein Wort genügt. Sie ist die erste Frau, der gegenüber er sich als Bestimmender geriert. Er ist nicht mehr der junge General, den eine erfahrene Frau mit ihren Listen wie mit ihren Reizen verführte und in der Hand hielt. Nunmehr hat er das Sagen. Seine junge Geliebte scheint ihm überhaupt erst zu zeigen, wie er wirklich sein will. Daß man den Frauen gegenüber auch als Eroberer auftreten muß. Und sie befreit ihn von der freiwilligen Unterwerfung, die aus ihm so viele Jahre lang den schmachtenden Liebhaber von Joséphine gemacht hat. Das ist nun vorbei.

Und warum sollte er Pauline nicht heiraten, denkt er manchmal. Denn von Joséphine will er sich scheiden lassen. Ihr gegenüber empfindet er nur Groll. Wie einfach es doch ist und wie belebend, eine Frau wie Pauline zu lieben. Wenn sie ihm ein Kind schenken könnte, würde er nicht zögern, sich mit ihr zu verbinden. Joséphine hat es nie geschafft, ihn von dem abzuhalten, was er tun mußte. Wie sollte da Pauline es können? Eine Frau kann sein Schicksal aufhellen oder verfinstern, aber niemals kann eine Frau dieses Schicksal für ihn sein.

Er hat eine Revolte von Teilen der Kairoer Bevölkerung niederschlagen müssen. Diese Leute hatten in blinder Wut getötet, verwüstet und geplündert. Um ihrer Herr zu werden, mußte er sogar auf die Al-Azhar-Moschee schießen lassen. General Dupuy wurde ermordet, und auch Adjutant Sulkowski ist auf einer Erkundungsmission außerhalb von Kairo gefallen.

»Er ist tot, er ist glücklich«, sagt Napoleon. In ihm kocht große Wut, die man aber nur an seiner Blässe und seiner Nervosität ablesen kann. »Ich habe die Nase voll von Rousseau. Der wilde Mensch ist ein Hund.«

Fast 300 Franzosen wurden getötet, und zwei- bis dreitausend Aufständische kamen ums Leben. Nun muß hart durchgegriffen werden, müssen in der Zitadelle Köpfe rollen und die enthaupteten Körper in den Nil geworfen werden, während die Soldaten plündern, belästigen und töten. Und dann muß er bald auch wieder dem rächenden Arm Einhalt gebieten.

Und trotzdem ist bei jedem Schritt, den er tut, die Geschichte so stark präsent, daß es ihn berauscht. In seinem Zelt empfängt er Kaufleute aus dem Jemen, deren Karawanen bis nach Indien ziehen. Er verhandelt mit den Beduinen. Und er begibt sich zu den Moses-Quellen, dort wo aus den Felsen unterhalb des Sinai Süßwasser entspringt.

Er bewegt sich in dem Land, in dem die Religionen der Menschheit geschmiedet wurden. Er überquert auch das Rote Meer, und plötzlich überrascht ihn die Flut mit seiner ganzen Eskorte. Die Pferde müssen in der hereinbrechenden Nacht schwimmen. Sie sind wie die Soldaten des Pharao, die von der Flut mitgespült werden. Aber sie erreichen schließlich das Ufer, umgeben vom Wellengeräusch. General Caffarelli hat dabei sein Holzbein verloren.

Napoleon besteigt einen Felsen oberhalb der Flut. Dort sind die Mythen geboren worden! Und hier steht er nun, aus dergleichen ist sein Schicksal gemacht, hier kann seine Legende vielleicht ihren Anfang nehmen.

Anfang Februar 1799 ist es dem französischen Kaufmann Hamelin gelungen, die englische Blockade zu durchbrechen. Er bringt Neuigkeiten aus Europa. Frankreich sieht sich einer Koalition gegenüber, seine Eroberungen sind gefährdet.

»Wenn sich im Laufe des Monats März der Bericht des Bürgers Hamelin bestätigt und Frankreich im Krieg gegen die Könige steht, dann kehre ich nach Frankreich zurück«, sagt Napoleon.

Die Tore der Zukunft haben sich wieder geöffnet. Aber zunächst verläßt er Kairo und begibt sich nach Syrien.

34

Es ist kalt. Napoleon dreht sich um. In einigen hundert Metern Entfernung brennt ein Dorf. Er hört noch einige Schreie, und dann verklingt dieses Heulen, weil er sich inmitten seiner Eskorte entfernt. Berthier nähert sich und fragt ihn, im Galopp neben ihm reitend, nach seinen Wunden. Napoleon gibt nur einen Sporenhieb und unterdrückt seinen Schmerz. Er hat Schmerzen im Schenkel, und sein Kopf hallt bei jeder Bewegung, genau dort, wo ihn ein Stockhieb an der Schläfe getroffen hat. Er dreht sich wieder um. Die Kamelkompanie bildet einen Block, hinter dem das brennende Dorf nicht zu sehen ist, in dem er an diesem 15. Februar 1799 hätte sterben können. Mit Stöcken bewaffnete Bauern haben sich auf ihn gestürzt, als er gerade mit Berthier allein war und die Eskorte vorweg reiten ließ. Und plötzlich hat man ihn umringt und geschlagen. Dann ist die Kavallerie aufgetaucht und hat alles niedergesäbelt und getötet und das Dorf in Brand gesteckt.

Dieser Zwischenfall ist ein Zeichen mehr. Seit er mit seinen 13 000 Soldaten nach Norden zieht, wird er von keinerlei Begeisterung getragen. Und doch reitet er durch biblisches Land, das einst von den Kreuzrittern besetzt wurde. Er stellt sich vor, daß sich die christliche Bevölkerung Palästinas erheben und die Araber sich mit ihm verbünden könnten im Kampf gegen ihre ottomanischen Herrscher. Und wenn es dazu käme, könnte er entweder nach Indien oder nach Konstantinopel vorstoßen und die Weltkarte ummodeln. Und doch bleibt er mißmutig, was ihn selbst wundert.

Am 17. Februar 1799 kommt er in El Arich an. Die Truppen von General Reynier haben die Festung soeben erobert. Napoleon reitet langsam durch das Lager, in dem die Soldaten große Feuer angezündet haben, über denen jetzt Schafe oder Viertel von Pferden gebraten werden. Sie haben große Zelte errichtet, und als Napoleon sich niederbeugt, bemerkt er Frauengestalten, Schwarze aus Abessinien und Kirgisinnen. Auf dem Boden liegen Matratzen und geflochtene Matten.

Ist das die Armee, mit der er bis Indien marschieren will? Die Soldaten schauen ihn nicht an. General Reynier tritt vor in Begleitung seiner Offiziere. Das Fort El Arich wurde sehr gut verteidigt, sagt er, aber er habe einen Überraschungsangriff geführt. Die Türken wurden im Schlaf aufgespießt. Unter den Angreifern gab es wenig Verluste, aber er zeigt auf die Leichen, die sich auf dem Boden stapeln. Es gab nur wenige Überlebende.

Napoleon geht auf ihn zu und sagt: »Das war eine der schönsten Militäraktionen, die man sich denken kann.« Aber dann verweist er auf die im Lager herrschende Unordnung. Was sollen die Lagerfeuer, an denen sich jede Gruppe Soldaten auf ihre Weise ernährt? Wo sind die Vorräte? Wer verteilt die Lebensmittel?

Da wird Reynier plötzlich wütend und protestiert gegen diese Beschuldigungen. Seine Offiziere stimmen ihm zu. General Kléber, der hinzutritt, sagt, daß nichts vorgesehen war, daß man eine Armee nicht aus den Lagern unterhalten kann, die man beim Feind erbeutet.

Napoleon schaut ihnen ins Gesicht. »Die Armee wird El Arich am 21. Februar verlassen«, sagt er. »Sie wird nach Gaza, Jaffa und Akko marschieren.«

Er geht zu seinem Zelt und sieht, um ein Lagerfeuer sitzend, Monge, Berthollet und Venture, den Dolmetscher, Vivant Denon, einen Maler, den Arzt Desgenettes und andere Gelehrte, die auf seinen Wunsch die Armee nach Syrien begleiten. »Palästina ist das Land der Massaker«, sagt Venture.

Napoleon weiß es. Er denkt an den Gott Moloch, dem die Phönizier Menschenopfer brachten, an die Ermordung Unschuldiger, wie sie Herodes, die Römer oder die Kreuzritter befohlen hatten. Hier hat der Tod die Geschichte hervorgebracht. Und heute verkörpert er den Gang der Geschichte. Sein Kopf und sein Bein tun ihm immer noch weh. Aber er lebt, und seine Feinde sind tot. Seit dem Anbruch der Zeiten gibt es kein anderes Gesetz.

Am 25. Februar 1799 kommt er in Gaza an. Es regnet pausenlos. Er schreitet durch Wasser und Schlamm. Auf der Straße nach Ramallah sterben die Kamele vor Kälte. Zwei Klöster aus gelblichem Stein beherrschen die kleine Stadt. Dorthin begibt sich Napoleon. Eines folgt dem armenischen Ritus, das andere dem katholischen. Man drängt sich um ihn. Man küßt seine Hände. Frauen mit sehr weißer Haut knien vor ihm nieder. Er hört ihnen zu. Seit Jahrhunderten ist er der erste Christ, der bis hierher gelangt ist. Er geht durch die gewölbten Säle, begleitet vom Arzt Desgenettes. Hier soll ein Lazarett eingerichtet werden, sagt er. Als er das Kloster verläßt, sieht er die ersten Verwundeten ankommen. Sie liegen dicht bei dicht auf kleinen Karren.

Es regnet immer noch. Die Truppen, zu denen er zurückkehrt, bewegen sich langsam nach Jaffa. Soldaten und Offiziere entfernen sich nur widerstrebend immer weiter weg von Frankreich und sogar von Ägypten, wo sie schon ihre neuen Gewohnheiten hatten.

Am 4. März sind sie in Jaffa. Napoleon schaut auf diese Stadt, die es zu erobern gilt. Sie liegt auf einer Art hohem Zuckerhut. Die Häuser kleben am Abhang übereinander und werden von einer Mauer mit Wachttürmen geschützt. Im kalten Wind macht er Pläne für die Belagerung und begibt sich nach Ende der Arbeit in die Schutzgräben.

Soldaten drängen sich um ihn am Fuße dieses Felsens, den sie erklimmen müssen. Er diktiert Berthier eine Botschaft an den Gouverneur von Jaffa. Mit den Augen folgt er dem Offizier, der damit beauftragt ist, die Botschaft zu überbringen. Der Mann nähert sich einem der Stadttore, man öffnet ihm und zieht ihn ins Innere.

In den Gräben herrscht Stille. Plötzlich sieht man Silhouetten auf der Mauer. Sie schwenken den Kopf des Offiziers. Und sogleich hört man Schreie, die Truppen stürmen voran, ohne den Befehl dafür erhalten zu haben. Danach vergißt man, daß der Feind auch ein Mensch ist.

Napoleon hat sich in sein Zelt zurückgezogen. Er ist wie ausgelaugt. Sein Körper ist steif vor Kälte. In der Zitadelle verblieben etwa 3000 Türken, sagt Berthier. In der Stadt habe es Fälle von Pest gegeben. Die Plünderungen schüfen Unordnung in der Armee.

Napoleon glaubt, aus einem Traum zu erwachen. Zwei Offiziere sollen sofort die Lage überprüfen. Eugène de Beauharnais tritt vor und will einer von diesen beiden sein. Napoleon nimmt es an. Dann wird sein Blick wieder starr.

Nach ein paar Stunden kommt Beauharnais zurück. Er hat die Kapitulation der Türken erreicht. Sie ergeben sich und legen ihre Waffen nieder.

»Die in Ägypten Geborenen sollen nach Hause geschickt werden«, sagt Napoleon. Als er fragt, was mit den übrigen geschehen soll, antwortet niemand. Er geht gebeugt umher, die Hände auf dem Rücken. Der Tod des Feindes ist auch eine Waffe. »Es muß sein«, sagt er.

Es geschieht in den Sanddünen südwestlich von Jaffa. Die Gefangenen werden in kleine Gruppen aufgeteilt. Manche versuchen sich zu retten, indem sie ins Meer springen. Das Wasser wird sich rot färben. Und wenn die Soldaten keine Kugeln mehr haben, stoßen sie mit den Bajonetten zu. Er hört die Schreie der Sterbenden. Und einige Stunden später riecht er den Gestank des Todes, der aus dem Haufen von fast 3000 Leichen aufsteigt. Er ist ein Eroberer Palästinas unter anderen.

Er diktiert Bourrienne, der ihn mit einer Art Schrecken anschaut, eine Proklamation an die Einwohner von Palästina. »Ich bin furchtbar zu meinen Feinden«, heißt es darin, »aber gut zu meinen Freunden und vor allem mitleidig und milde gegenüber dem armen Volk.« Dann schickt er Bourrienne mit einer brüsken Geste fort.

Er setzt sich hin. Wo ist er? Wer ist er? Was hat er getan? Wohin will er? Er weiß nicht, wieviel Zeit er so verbringt. Vielleicht ist sogar die ganze Nacht vergangen, ohne daß er sich gerührt hat, denn es ist schon hellichter Tag.

Der Arzt Desgenettes steht vor ihm. Wie lange erzählt er schon von den Kranken, die im Lazarett zusammengepfercht sind? Sie haben Beulen unter den Armen und am Hals. Das ist die Pest. Aber Desgenettes hat versucht, die Männer zu beruhigen.

Napoleon richtet sich auf und geht mit resolutem Schritt zum Lazarett. Die Pestkranken liegen im Halbdunkel, es stinkt wie in einer Kloake. In jeder Ecke häufen sich die Kranken. Napoleon geht langsam hindurch und befragt den Arzt nach der Organisation des Lazaretts. Seine Offiziere bleiben einige Schritte hinter ihm und versuchen zu verhindern, daß er sich zu jedem Kranken herabbeugt und mit ihm spricht, ihn gar anfaßt.

Einst haben französische Könige in Reims die Aussätzigen berührt. Jeder König galt als ein Wundertäter. Er muß es jenen Herrschern gleichtun. Seine Angst, seine Gefühle existieren nicht. Er ist einzig dem Gesetz seines Schicksals unterworfen, und er vollzieht die Taten, die dieses Schicksal ihm diktiert. Er vergißt, was er fühlt, und ist nur das, was er tun muß.

Er betritt ein besonders enges Zimmer. Darin drängen sich die Kranken. Er zögert nicht und ergreift eine am Boden liegende, besonders schlimm entstellte Leiche. Offiziere versuchen, ihn zurückzuhalten, aber er drückt den Soldaten an sich und trägt ihn hinaus. Das einzige, was er fürchtet, ist, daß er nicht auf der Höhe dessen ist, was er sein soll. Der Tod – seiner, der der anderen – ist nichts.

Die Pest hat ihn nicht befallen. Aber das Schicksal erwartet ihn in der Bucht von Haifa. Dort liegen zwei englische Linienschiffe vor Anker, die *Tiger* und die *Theseus*, zu denen bald türkische Schiffe und Kanonenboote hinzukommen. Napoleon besetzt Haifa, ganz im Süden der Bucht. Auf der nördlichen Halbinsel gegenüber liegt die Zitadelle von Akko mit ihrem hohen Turm über einem kleinen Hafen.

Lange schaut er die große Bucht an, die weit zum Meer hin geöffnet ist. Der Gouverneur von Akko, den man Djezzar den

Schlächter nennt, hat die Unterstützung eines Engländers erhalten, dem Napoleon schon einmal begegnet ist, nämlich bei der Belagerung von Toulon: Sydney Smith. Seither hat er nicht aufgehört, Frankreich zu bekämpfen. 1797, als er in Paris gefangen war, hatte Smith ihn brieflich um die Freilassung im Austausch gegen französische Gefangene gebeten. Napoleon hatte nicht geantwortet, aber kurz danach erfahren, daß Smith mit Hilfe royalistischer Agenten, darunter ein gewisser Picard de Phélippeaux, die Flucht gelungen war.

Auch Phélippeaux ist in Akko und befehligt die Artillerie von Djezzar dem Schlächter. Auch das ist ein Zeichen. Ihre Begegnung hier vor den Mauern von Akko ist ein Knoten seines Schicksals. Er erinnert sich noch an alle Auseinandersetzungen mit Phélippeaux in der Militärschule. Die Fußtritte unter dem Tisch im Refektorium, die Rivalität, der Haß, all das soll seinen Schlußpunkt hier finden.

Die Belagerung beginnt. Die türkischen Kanonen bestreichen die französischen Positionen. Napoleon weiß, daß Phélippeaux sie befehligt und Kenntnisse anwendet, die sie gemeinsam erworben haben. Die vielen Angriffe bleiben erfolglos und mörderisch.

Das französische Feldlager rings um Akko ähnelt einer großen Kirmes. Dort wird mit Wein und Schnaps gehandelt, mit Feigen, Fladenbroten, Weintrauben und sogar Butter. Auch mit Frauen. Er weiß es, aber die Armee entgleitet ihm allmählich. Die Disziplin ist immer schwerer aufrecht zu erhalten. Man hinterbringt ihm feindselige Bemerkungen der Offiziere, die Befürchtungen der Generäle, die Wut der Soldaten. Bourrienne legt Napoleon die Flugblätter vor, die Sydney Smith jeden Tag von den Mauern in die Gräben werfen läßt und in denen er Kapitulanten freies Geleit verspricht. Napoleon stößt sie mit einer verächtlichen Geste beiseite. Kein Soldat wird sich davon verführen lassen, sagt er.

Die Angriffe müssen fortgesetzt werden. Caffarelli wird getötet. Offiziere fallen zu Dutzenden an der Spitze ihrer Männer. Kléber murrt: »Bonaparte ist ein General, der es auf 10000 Soldaten pro Tag bringt.« Diesen Kritiken muß er entgegentreten.

Napoleon ruft die Generäle zusammen. Murat tritt einen Schritt vor und sagt: »Sie sind der Henker Ihrer Soldaten. Sie müssen schon sehr stur und sehr blind sein, um nicht zu sehen, daß Sie Akko niemals einnehmen können.«

Er muß zuhören, ruhig bleiben, darf nicht antworten.

»Anfangs waren Ihre Soldaten begeistert«, spricht Murat weiter, »aber nun muß man sie zum Gehorsam zwingen. Angesichts ihrer Gemütsverfassung würde es mich nicht wundern, wenn sie bald überhaupt nicht mehr gehorchten.«

Napoleon dreht ihnen den Rücken zu und geht fort, ohne etwas zu sagen. Warum erkennen diese Männer nicht, worum es geht? In Akko lagern die Schätze des Pascha und Waffen für 300000 Soldaten.

Bourrienne und Berthier sind eingetreten. Er redet auf sie ein und entwickelt vor ihnen seine Visionen von einem Vorstoß bis nach Konstantinopel und der Neugründung eines Reichs. Aber an ihren Gesichtern kann er ablesen, daß sie seinen Traum nicht teilen können, daß er sie mitziehen muß, indem er jeden Tag einen Sieg erringt und sein letztes Ziel für sich behält.

Berthier teilt ihm mit, daß die Truppen von Kléber in der Gegend von Berg Thabor unweit von Nazareth in Schwierigkeiten sind. Also muß er die orientalischen Reichsträume vergessen und den Sultan bei Damaskus besiegen, der die französischen Truppen einkesseln will.

Napoleon selbst führt den Angriff. Die Türken fliehen. Manche versuchen, sich in den See Genezareth zu stürzen, bis wohin sie die Soldaten verfolgen, um sie mit Bajonetten zu töten. Das Wasser des Sees färbt sich bald blutrot.

Der Sieg ist vollständig. Napoleon geht durch die Gassen von Nazareth. Tiere trinken aus der flachen Steinschale eines Brunnens. Napoleon bleibt stehen. Vielleicht existierte er schon zu der Zeit, als die Religionen entstanden?

Die Mönche des Klosters Nazareth empfangen ihn und bieten ihm für die Nacht ihre Gastfreundschaft an. Er besichtigt die Kapelle. Der Abt spricht mit großem Ernst und zeigt die Säule aus schwarzem Marmor, die der Erzengel Gabriel zerbrochen hat, als er sie mit der Hacke berührte. Die Offiziere und Soldaten finden das zum Lachen, aber Napoleon bringt sie mit einem Blick wieder zum Schweigen. Hier ist einer der Orte, aus denen die Geschichte entsprungen ist.

Die Notabeln des Dorfes kommen herbei. Man singt ein Tedeum zur Feier der Siege. Die Mönche und die Christen aus der Bevölkerung umringen Napoleon. Er ist der Erbe der Kreuzfahrer. Sie sind glücklich. Die Christen glauben, daß er sie von ihren Unterdrückern befreit hat. Er läßt sie in dem Glauben. Wie lange werden sie ihre Freiheit genießen können?

Als er in das Feldlager von Akko zurückkehrt, hat sich die Lage noch verschlimmert. Die Belagerten haben Verstärkung an Artillerie und an Menschen erhalten.

Napoleon zieht sich in sein Zelt zurück. Es hat acht vergebliche Angriffe gegeben. Es reicht, einmal durchs Lager zu gehen, um zu sehen, wie erschöpft und vor allem wie disziplinlos die Soldaten sind. Die einzig gute Nachricht ist der Tod von Phélippeaux. Nun muß er eine Entscheidung treffen.

Unter den Papieren, die ihm seine Adjutanten vorgelegt haben, findet er einen Brief des Direktoriums vom 4. November. »Sie müssen entscheiden, im Einverständnis mit der Elite der Tapferen und der erlesenen Männer, die Sie umgeben«, schreibt man ihm.

Er muß entscheiden. Er läßt sich über die neueste Lage von einem Kaufmann berichten, der eine lange Reise durch Italien gemacht hat. Die französischen Truppen hätten wieder Rom und Neapel eingenommen. Zwar weiß der Mann auch nicht mehr, doch diese wenigen Worte genügen. Napoleon wird von Ungeduld ergriffen. In Europa rollen wieder die Würfel. Wenn Neapel gefallen ist, kann Österreich gar nicht anders, als Frankreich den Krieg zu erklären. Und er sitzt hier nun in dieser Falle und bekämpft diese Barbaren mit müden und unzufriedenen Soldaten, denen die Pest im Nacken sitzt. Man muß fort von hier, muß die Belagerung aufheben und zurück nach Frankreich.

Die Entscheidung ist gefallen. »Man muß den Rückzug organisieren«, sagt er. »Die Kanonen sollen gesprengt werden, nachdem sie noch einmal Akko intensiv beschossen haben. Dann sollen sich alle in Marsch setzen, wobei verlangt wird, daß jede Durchquerung eines Ortes mit den erbeuteten Fahnen und klingendem Spiel voran erfolgt.«

Er befiehlt, daß man die Verletzten auf die Pferde lädt. Alle rüstigen Soldaten sollen zu Fuß gehen. »Und welches Pferd soll für Sie reserviert werden, General?« fragt eine Ordonnanz. »Alle sollen zu Fuß gehen, und ich als erster. Zum Teufel, haben Sie nicht den Befehl gehört?«

Er marschiert vorneweg. Seine Kutsche hat er Monge und Berthollet zur Verfügung gestellt sowie dem Mathematiker Gostaz, die alle drei krank sind. In den Straßen von Haifa und auf dem Tanturah-Platz in Jaffa schleppen sich Verletzte und Pestkranke dahin. Man trägt sie oder läßt sie liegen. Manche verlangen den Gnadenschuß. Napoleon befiehlt, daß man ihnen Opium gibt.

Man muß voran. Man hört Schüsse von Soldaten, die sich töten oder die auf ihren Wunsch von Kameraden erschossen werden. Die Felder stehen in Flammen. Die Kolonne wird von englischen Schiffen beschossen und von Beduinen angegriffen. Sie durchqueren die Sinai-Wüste, erreichen endlich am 9. Juni Salahyeh.

Napoleon weiß, daß die Truppe unzufrieden ist. Was ist eine Armee, die zweifelt und rebelliert? Er muß die Soldaten wieder in die Hand nehmen. Seit jeher ist er ein Offizier. »Die Aufwiegler müssen bestraft werden, notfalls mit der Todesstrafe, wenn sich bei einem Gewaltmarsch oder unter Beschuß Disziplinlosigkeiten ereignen«, schreibt er.

Am 17. Juni erreicht er Kairo durch das Siegestor, Bab el Nasr. Er hat dem Kommandanten der Garnison, General Dugua, befehlen lassen, daß die Ankunft triumphal sein solle. Die Straßen sind mit Palmzweigen bedeckt. Musik spielt, und Schaulustige drängen sich. Die vom Feind erbeuteten Fahnen werden vorneweg getragen.

Napoleon baut sich mitten auf dem Ezbekieh-Platz auf und sieht die Männer in martialischem Gehabe an sich vorbeidefilieren, jeder trägt an seiner Fahne einen Palmenzweig. Das Fort von Akko, die Schreie der Erschossenen von Jaffa, die Klagen der Pestkranken, all das verschwindet in einer Vergangenheit, die schon weit zurück zu liegen scheint.

Er lebt noch. Er kehrt als Sieger heim. Die Zukunft geht weiter. Er geht zu seinem Palast. Auf der Vortreppe erwartet ihn Pauline Fourès.

35

Er muß aufbrechen, zurück nach Frankreich, nach Europa. Und so schreibt er an diesem 21. Juni zunächst an Admiral Ganteaume, daß er zwei Fregatten zum Auslaufen bereithalten soll, die in der Reede vor Alexandria liegen, die *Muiron* und die *Carrère*. Muiron, der ihm auf der Brücke von Arcoli das Leben gerettet hat. Aber so ist es nun einmal, die einen fallen, die anderen setzen ihren Marsch fort.

Aufbrechen – aber wann? Er wartet. Er weiß, daß er einen günstigen Augenblick nutzen muß und sich durch nichts zurückhalten lassen darf. Die Gelegenheit wird kommen, dessen ist er sicher, denn schon wieder geht es für ihn um die Wahl zwischen Leben und Tod. Und das Leben pulsiert in ihm noch so kräftig, daß es sich durchsetzen wird. Vielleicht hat er in Akko, wo sein Traum zerbrach, nicht genug gewollt? Oder hat ihn seine Phantasie zu weit mitgerissen?

Der »Zirkel seiner Vernunft« muß die Oberhand behalten. Er darf sich nicht von der Ungeduld hinreißen lassen, sondern muß im Gegenteil so handeln, als wolle er für immer in diesem Land bleiben, muß seine Absichten verbergen und denjenigen, die hierbleiben sollen, eine geordnete Eroberung hinterlassen.

Vor den Notabeln des Diwan tritt er besonders herrisch auf. Seine Rede muß selbstsicher sein. »Ich habe gehört, daß die Feinde das Gerücht von meinem Tod in Umlauf gebracht haben«, sagt er. »Schauen Sie mich gut an und vergewissern Sie sich, daß ich wirklich Bonaparte bin. Sie, die Mitglieder des Diwan, müssen mir die Heuchler und die Aufsässigen anzeigen. Gott hat mir eine furchtbare Macht verliehen. Schwere Strafen erwarten sie! Mein Schwert ist lang und kennt keinerlei Schwäche!«

Also muß er noch einmal töten lassen. So ist es eben. Am 23. April empfängt er General Dugua, der die Zitadelle befehligt. Was soll mit den zahllosen Gefangenen geschehen? Man muß sparsam sein mit der Munition und die Hinrichtungen möglichst unauffällig durchführen, sagt er. Dugua zögert weiter zu sprechen. »General, ich schlage vor, sie zu köpfen.«

»Einverstanden«, sagt Napoleon. Den Tod, um das Leben zu regieren.

Die Henker sind Ägypter oder Griechen. Und es sind Moslems, welche die Prostituierten im Nil ertränken, in Anwendung des Islamischen Gesetzes, das Beziehungen zwischen einer moslemischen Frau und Ungläubigen untersagt.

Und er muß sie gewähren lassen. Geschlechtskrankheiten breiten sich aus. Er muß die Armee wieder in den Griff bekommen, muß sie neu organisieren und schützen, denn die Disziplin der Soldaten hat stark nachgelassen, selbst an der Spitze der Hierarchie. Kléber macht sich lustig über ihn. Napoleon betrachtet lange die zugetragenen Karikaturen, die vor ihm auf dem Tisch liegen und die Kléber gezeichnet hat. Dieser hagere Mann, der wie besessen, ja krank wirkt, das ist er, so wie Kléber ihn sieht. In dieser ermüdeten Armee begehrt man auf gegen ihn.

Jeder Tag bestätigt es also aufs neue: er muß Ägypten verlassen. Aber er braucht einen glänzenden Sieg, sonst sähe sein Aufbruch, trotz aller Bemühungen um die Wiederherstellung der Ordnung im Lande, wie die Flucht eines Besiegten aus. Diesen Sieg sucht er zunächst im Süden und richtet sein Hauptquartier am Fuß der Pyramiden ein, um von dort aus den noch immer unfaßbaren Mourad Bey zu bekämpfen.

Eines Tages bringt eine Gruppe von Reitern, deren Gesicht noch vom Sand verbrannt ist, die Nachricht, daß eine türkisch-englische Flotte mehrere tausend Soldaten bei Abukir an Land gebracht hat. Mehr braucht er gar nicht zu hören. Das ist das Zeichen, das ist der Augenblick.

Napoleon diktiert seine Befehle. Das ist die Schlacht, auf die er gewartet hat. Man muß in Eilmärschen vorstoßen, sich in Ramanyeh versammeln, dann Abukir erreichen und feststellen, daß die Türken sich längs des Ufers verschanzt haben. Er muß die Mahnungen zur Vorsicht beiseite wischen und jene Offizier zum Schweigen bringen, die lieber das Eintreffen der Division Kléber abwarten wollen.

In der Nacht zum 24. Juli bestellt Napoleon Murat in sein Zelt. Hier ist der Angriffsplan. Man muß attackieren und die Türken ins Meer treiben. Napoleon hat keinerlei Zweifel. So muß es gemacht werden. Er nimmt Murat beim Arm und geht mit ihm ins Freie. Die Nacht ist sternklar. Man ahnt schon die Morgenröte.

»Diese Schlacht wird über das Schicksal der Welt entscheiden«, sagt er. Er bemerkt das Erstaunen von Murat, der ihm antwortet: »Zumindest über das Schicksal der Armee.« Aber Napoleon wiederholt: »Über das Schicksal der Welt.« Er weiß, daß er Ägypten nur verlassen kann, wenn er diese Expedition mit einem Sieg krönt, der alle blutigen und ungewissen Episoden überstrahlt und im Gedächtnis nur ruhmvolle Erinnerungen hinterläßt.

Im Morgengrauen des 25. Juli 1799 greift Murat an und überrennt die Türken. Tausende Leichen färben das Meer rot, an derselben Stelle, wo ein Jahr zuvor so viele französische Seeleute ums Leben kamen. Als Kléber eintrifft, ist die Schlacht schon beendet und Murat zum Divisionsgeneral ernannt.

»Das war eine der schönsten Schlachten, die ich je gesehen habe«, sagt Napoleon, »und zugleich einer der schrecklichsten Anblicke.«

Kléber, der zurückhaltende und sarkastische Kléber, tritt vor. Napoleon beherrscht diesen massigen Körper. Kléber streckt die Hand aus. »General, Sie sind groß wie die Welt, aber die Welt ist nicht groß genug für Sie.« Napoleon läßt sich umarmen.

Bis zum Nachmittag des 2. August haben sich die letzten Ottomanen, die sich in Fort Abukir verschanzt hatten, ergeben. Napoleon befiehlt, die Verletzten und Zerlumpten zu pflegen und zu beköstigen. Dann schickt er zwei Offiziere an Bord der *Tiger*, das Schiff des Kommandeurs Sydney Smith – ja, wiederum er –, um über einen Austausch der Gefangenen zu verhandeln.

Es ist zehn Uhr abends. Napoleon hat sich hingelegt und schläft ein. In der Ferne hört er die Geräusche von Ebbe und Flut. Er schreckt hoch. Einer seiner Adjutanten tritt ins Zelt und teilt mit, daß er in Begleitung des Sekretärs von Sydney Smith komme, der ihn im Auftrag des Kommandeurs sprechen wolle.

Napoleon setzt sich an den Rand des Feldbettes und sieht den Engländer hereintreten. Der große und betont höfliche Mann deponiert einen Stapel Zeitungen, den Sir Smith dem obersten General unbedingt zukommen lassen wollte, darunter Journale aus Frankfurt und London. Das neueste stammt vom 10. Juni.

Napoleon beginnt zu lesen, ohne sich von der Anwesenheit des Engländers stören zu lassen. Schon seit Monaten hat Napoleon keine Nachrichten mehr empfangen. Er liest Wörter und Namen, die ihm weh tun. Französische Niederlagen in Italien gegen Marschall Suworow. Russen! In Deutschland Niederlagen gegen Erzherzog Karl, eben den, den er besiegt hat. Alle Eroberungen sind verloren. Das Direktorium ist gespalten und in einer ausweglosen Krise.

Und ich sitze hier fest, sagt er sich, unfähig, diese Situation umzustoßen und sie auszunutzen, diesen Augenblick zu ergreifen, in dem alles möglich ist, weil die Frucht endlich reif ist. Ein anderer kann handeln.

Er befragt den Engländer, der die Nachrichten bestätigt und durchblicken läßt, daß Sydney Smith es gern sähe, wenn die Franzosen Ägypten verließen, und daß eine Verhandlung darüber möglich sei. Napoleon begleitet ihn zu seinem Boot, kehrt dann rasch ins Zelt zurück und nimmt sich noch einmal die Zeitungen vor. Die Leute im Direktorium haben alles verloren, was er gewonnen hatte. Nutzlose Siege und Tote. Er wirft die Zeitungen zu Boden.

»Diese Elenden! Es ist nicht zu fassen. Armes Frankreich! Was haben sie nur getan! Ach, diese Taugenichtse!«

Er kann nicht mehr schlafen. Er muß Ägypten schnell verlassen.

Der 15. August 1799 ist sein 30. Geburtstag. Eine Etappe seines Lebens geht zu Ende. Pauline Fourès sitzt ihm gegenüber und plaudert sorglos. Sie trägt den Umhang der Husaren und Reitstiefel, ihr langes blondes Haar ist gelöst. Sie weiß von nichts. Niemand, mit Ausnahme der wenigen Männer, die ihn begleiten werden, ahnt etwas von seiner Abreise.

Er tut so, als ob er ihr zuhört. Sie spricht von der Zukunft. Wann wird er sich zur Scheidung entschließen? Sie ist frei. Er hat ihr versprochen oder zumindest angedeutet, daß er sie heiraten würde. Sie spricht entspannt, ohne Nachdruck. Er schüttelt den Kopf. »Meine Mätresse ist die Macht. Meine einzige Leidenschaft, meine einzige Mätresse ist Frankreich. Mit ihr schlafe ich.« Und Versprechungen hat er nur sich selbst gemacht: all das zu sein, was er sein will. Alles, was er sein kann.

Aber das muß er weiterhin verbergen, muß sich öffentlich zeigen, damit man nicht errät, daß er bereits weit weg ist, in Frankreich, in Paris, wo er sich gegen alle unfähigen und ohnmächtigen Schwätzer, die korrupten Mitglieder des Direktoriums durchsetzen wird.

Napoleon schließt sich in seinem Palast ein und schreibt die Anweisungen für Kléber auf, den er zu seinem hiesigen Nachfolger bestimmt hat. Er schreibt stundenlang, ohne Unterlaß, und erklärt, mit welchen Mitteln man Ägypten regieren muß. Aber wenn die Lage kritisch würde, wegen der Pest oder aus Mangel an Verstärkung aus Frankreich, habe Kléber die Vollmacht, mit dem Osmanischen Reich einen Frieden abzuschließen, auch dann, wenn die Räumung von Ägypten die Hauptbedingung dafür sei.

Er legt die Feder nieder. Ägypten geht ihn nichts mehr an.

Wahrend er einen Befehl diktiert oder wiederholt ankündigt, daß er sich zu einer Inspektionsreise in das Delta begeben will, womit er alle täuschen kann, denkt er darüber nach, wer mit ihm fahren soll. Er braucht nur sichere, mit Leib und Seele ergebene und effiziente Männer. Die braucht ein Chef unbedingt. Also seine Adjutanten, also seine persönliche Leibgarde. 300 Männer der Elite, das ist schon etwas Ungeheures, denkt er. Bourrienne, der vertraute und gute Sekretär, wird ihn ebenso begleiten wie die Generäle Berthier, der unersetzliche Chef des Generalstabs, Murat, Marmont, Andréossy, Bessières. Sie sind jung, feurig, treu.

Die Treue zählt am meisten. Dabei denkt er auch an Rustan Raza, jenen Mameluck, den ihm Sultan El Bekri bei seiner Rückkehr vom Syrien-Feldzug geschenkt hat und der seither die Anhänglichkeit und die Diskretion eines Sklaven bewiesen hat. Ein

Chef braucht einen solchen Mann, der alles mitbekommt, der das Intimste sieht und hört und für sich behalten kann. Rustan wird mitkommen. Genauso wie Monge, Berthollet und Vivant Denon, die Mut und Treue bewiesen haben und die vor der Akademie von den geleisteten Entdeckungen berichten werden. Aber niemand sonst.

Pauline Fourès tritt ins Zimmer. Sie ahnt nichts. Und er sagt nichts. Sie war ein Moment in seinem Leben. Er war ihr gegenüber großzügig, und er wird es weiterhin sein, wenn sie sich wiedersehen. Aber nun geht es um sein Schicksal, das größer ist als das Schicksal aller anderen, demgegenüber er ohne Nachgiebigkeit sein muß.

Am Nachmittag des 17. August trifft endlich der Bote von Admiral Ganteaume ein. Die englische Flotte hat die ägyptische Küste verlassen, wahrscheinlich um auf Zypern ihre Vorräte zu erneuern. Für ein paar Tage ist die Ausfahrt aus dem Hafen von Alexandria möglich.

Kein weiterer Aufschub. Sofort entscheiden. Alle benachrichtigen, die mitfahren. Befehle erteilen. Zu Pauline Fourès gehen, sie küssen, ihr tausend Goldmünzen geben und sich sogleich entfernen. Bis Boulaq reiten und von dort weiter nach Alexandria, auf dem Strand den Einbruch der Nacht abwarten.

Er ist 30 Jahre alt. Nun beginnt eine neue Zukunft. Alles ist möglich. Ein Schiffbruch. Die Gefangennahme durch einen englischen Kreuzer. Die Verurteilung durch die Direktoren unter dem Vorwand der Desertion. Dazu sind sie durchaus in der Lage. Oder ganz einfach zu spät kommen, weil irgend jemand – Bernadotte, Moreau, Sieyès oder Barras – schon die reife Frucht gepflückt hat, mit dem Säbel jene reife Frucht vom Baum gehauen hat, die Macht.

In der hereinbrechenden Dunkelheit schaut er aufs Meer. Die Masten zweier Fregatten und zweier Schnellboote zeichnen sich am Horizont ab. General Menou kommt herbei. Er wird seine Nachricht an General Kléber überbringen. Er hat ihn hierherbestellt, aber noch vor dessen Eintreffen muß er gleich diese Nacht losfahren. Er übergibt dem atemlosen Menou seine Instruktionen für Kléber, dann umarmt er ihn.

Die Nacht hat die Männer und die Schiffe rasch verschlungen. Kein Mondlicht. Trotz des Risikos, entdeckt zu werden, muß man Lichter anzünden, um den Booten Zeichen zu geben, die endlich den Strand erreichen. Das Meer ist glatt, die Schiffe liegen reglos, als wären sie in schwarzem Pech festgeklebt.

Am nächsten Tag spürt Napoleon keine Ungeduld mehr. Er sitzt auf einer Kanonenstellung der *Muiron*. Die Fregatte *Carrère* folgt dicht dahinter. Und vor den beiden Schiffen kreuzen die Schnellboote und dienen als Wegweiser. Der Wind kam erst spät auf, Napoleon ist der Ruhigste von allen, die an Bord sind. Mehrmals hat er gesagt: keine Bange, wir kommen schon durch.

Er hört einem seiner Adjutanten zu, den er gebeten hat, nach dem Essen aus Plutarchs *Lebensbeschreibungen* vorzulesen, die er wegen ihrer lebhaften Erzählweise sehr schätzt. Er mag diese Tage, an denen er seinem Geist freien Lauf lassen kann, weil es das einzige ist, was man tun kann, denn nun entscheiden der Wind, das Meer und das Glück über alles.

Später geht Napoleon mit großen Schritten umher und spricht mit Berthollet. »Eine höhere Macht treibt mich zu einem Ziel, das ich selbst nicht kenne. Solange ich es nicht erreicht habe, bin ich unverwundbar und unerschütterlich. Wenn ich für sie nicht mehr vonnöten bin, genügt eine Fliege, um mich umzuwerfen.«

Er weiß, daß ihn die Engländer nicht abfangen werden. Er weiß, daß Frankreich der Kriege zwischen Jakobinern und Emigranten müde ist, daß es im Inneren Frieden will, daß es auf den Mann wartet, der ihm diesen Frieden bringt. Aber vielleicht hat dieser Mann bereits seine Stelle eingenommen? Das allein beunruhigt ihn.

Am 30. September sieht er die korsischen Berge im Licht des Sonnenuntergangs, dann spürt er den Duft des Buschwaldes, und bald schon sieht man die Zitadelle und die Häuser von Ajaccio.

Am 1. Oktober wirft die *Muiron* ihren Anker, und sogleich kommen von allen Seiten Boote herbei. Wie haben sie es erfahren? Man schreit und klatscht. Alle wollen Napoleon sehen und anfassen. Man umarmt ihn.

In der Menschenmenge erkennt er seine Amme Camille Ilari, eine alte Frau nun, die ihn an sich drückt. Mit ihr umarmt er seine ferne und doch so nahe Kindheit. Er erfährt, daß Louis, den er 1798 nach Frankreich geschickt hatte, in Ajaccio Halt gemacht hat und dann mit seiner Mutter auf das Festland gefahren ist.

Napoleon begibt sich in das Landhaus von Milelli. In seinem Gedächtnis findet er jedes Detail wieder und doch empfindet er nichts Besonderes. Dieses Universum ist tief in ihm verborgen wie eine Landschaft, aus der er hervorgegangen ist und die ihn nichts mehr angeht, während man sich eifrig und begierig um ihn bemüht. »Wie langweilig«, sagt er, »nun regnet es Verwandte.«

Er fragt nach den letzten Journalen, die aus Frankreich eingetroffen sind. Er liest begierig die Neuigkeiten, versteht, daß sich die militärische Lage wieder stabilisiert hat, daß Masséna – »sein« Masséna – in Italien Siege errungen hat, daß General Brune in der Batavischen Republik Widerstand leistet, daß in Paris aber eine politische Krise schwelt, in der Sieyès die Fäden zieht.

Er muß Korsika verlassen und rechtzeitig ankommen. Am 7. Oktober endlich erlaubt der Wind den Aufbruch.

Napoleon bleibt am Bug stehen, bis die französische Küste zu sehen ist. Das ist der gefährlichste Augenblick der Überfahrt. Das englische Geschwader kreuzt vor der Küste. Vor Toulon sieht er Segel, die sich zum Glück aber entfernen. Am 9. Oktober läuft man in den Golf von Saint-Raphaël ein. Die Zitadelle von Fréjus eröffnet das Feuer auf diese unbekannte Marineeinheit.

Vom Bug aus sieht Napoleon die Menge, die auf dem Kai zusammenströmt, in Boote springt, zu den Fregatten rudert und *Bonaparte!* ruft. In dem Augenblick, als sie auf die *Muiron* stürmen, kommt Admiral Ganteaume zu ihm und sagt: »Ich habe Sie hierhergebracht, damit Sie dem Ruf Ihres Schicksals folgen können.«

Arme greifen nach Napoleon und tragen ihn im Triumph. »Er ist da, er ist da!« wird geschrien. Er verläßt die Fregatte. Auf dem Kai bildet sich ein Triumphzug. Und niemand denkt an Quarantäne und die Gefahr durch die Pest. Eine Kutsche wird vorbereitet. Er ist hier, also beschützt ihn das Schicksal. Wer könnte ihn aufhalten?

Neunter Teil

»Ja, folgt mir. Ich bin der Gott des Tages.«

9. Oktober 1799 – 11. November 1799

36

Siebzehn Monate ist es her, daß er Frankreich verlassen hat! Damals, im Mai 1798, war Frühling, und jetzt ist es Herbst. In das Flußbett der Durance ergießen sich schlammige Fluten. Ein Gewitter ist im Anzug, und wegen der Regengüsse müssen die Pferde hin und wieder angehalten werden. Damals fuhr er in Richtung Toulon. Joséphine war bei ihm, gab ihm etliche Zeichen ihrer Zuneigung. Sie sei bereit, hatte sie gesagt, ihm nach Ägypten zu folgen. Inzwischen weiß er Bescheid über sie, über Hauptmann Charles, über ihre Liebhaber.

Wut und Bitterkeit überkommen Napoleon, sobald das Geschrei der Menge verstummt, die sich in jedem Dorf um die Kutschen schart und »Es lebe die Republik! Es lebe Bonaparte!« ruft, und er allein mit seinen Gedanken zurückbleibt. Auch wenn er noch so gern vergessen würde, er braucht nur Eugène de Beauharnais anzusehen, der ihm gegenübersitzt, und schon erinnert er sich wieder.

In Avignon hält das Volk die Kutschen an. Man will Bonaparte feiern, den Siegreichen, den Mann des Friedens. Er sagt ein paar Worte: »Ich gehöre zu keiner Partei, ich bin die große Partei des französischen Volkes.« Man applaudiert ihm. Man feiert seinen Sieg von Abukir. Die Nachricht ist also bis hierher vorgedrungen, und, wie er geahnt hat, beim Volk zählt nur dieser Sieg. Er beobachtet Murat, der sich sonnengebräunt, den Krummsäbel an der Seite, wichtig macht und vor den Offizieren der Garnison prahlt, die sich um ihn scharen. Der Mameluck Rustan steht inmitten einer Menge, die ihn ausfragt und seine Uniform berühren will. Rustan versucht, den Kreis, der sich um ihn zusammenschnürt, zu durchbrechen. Als er nahe genug an Napoleon herangekommen ist, kann er ihm berichten, die Wagen mit dem Gepäck seien in der

Nähe von Aix geplündert worden und könnten nicht weiterfahren. Er wiederholt: »Französische Beduinen haben gestohlen. Französische Beduinen.«

Bei diesen Worten geht ein Raunen durch die Menge. Die Räuber beunruhigen die Reisenden, plündern die Postkutschen. Es muß wieder Frieden und Ordnung einkehren. »Das Direktorium plündert uns auch aus!« ertönt eine Stimme. Alles Räuber, ja alle, heißt es immer wieder.

Napoleon tritt zu den Honoratioren, die ihm ihr Leid klagen. Ihnen schmeichelt die Aufmerksamkeit, die er ihnen entgegenbringt. Ob General Bonaparte wisse, daß das Direktorium eine Zwangsanleihe verordnen wolle, um die anständigen Leute, diejenigen, die vermögend seien, zu bestehlen? Und dann seien da noch die Chouans, die nach wie vor einen Teil der Vendée besetzt halten und im Anmarsch auf Nantes seien. Wer kann uns garantieren, daß die Emigranten nicht zurückkehren und die Ländereien für sich beanspruchen, die als nationales Eigentum an uns verkauft worden sind? Man müsse die Republik retten, sagen sie.

»Ich bin national«, sagt Napoleon, während er die Kutsche besteigt. Er ruft vom Trittbrett aus: »Schluß mit den aufrührerischen Gruppierungen, ich werde keine mehr dulden. Es lebe die Nation!«

Die Rufe »Es lebe die Republik! Es lebe Bonaparte!« begleiten ihn auf sämtlichen Straßen in Avignon, und auch später, auf der ganzen Fahrt durch die Dörfer des Rhonetals, ist immer wieder dasselbe Geschrei zu hören.

Kurz vor Lyon sieht er an allen Fensterkreuzen die Trikolore. Auch die Postillione haben an den Relaisstationen blauweißrote Schleifen angebracht. Das gilt ihm. In Lyon selbst sind sämtliche Häuser erleuchtet und beflaggt. Es werden Raketen abgeschossen. Die Menge ist derart dicht, daß die Wagen im Schrittempo fahren müssen.

Vor dem Hoteleingang sieht er Grenadiere und auf der Freitreppe seine Brüder Louis und Joseph. Überall wird gerufen: »Es lebe Bonaparte, der Retter des Vaterlands!«

Er grüßt die Menge verhalten. Er spürt, daß er von einer gewaltigen, unbändigen Woge getragen wird, doch er muß sich vor jeder Form von Übertreibung und Ungeduld hüten. Er weiß, was er will: an die Macht gelangen. Er taugt mehr als all die Männer, die sich gegenseitig niedermachen. Er ist 30 Jahre alt. Er hat Zehntausende von Männern angeführt, hat mit ihnen dem Tode ins Auge geblickt und hat gesiegt. Er wird alle Hindernisse aus dem Weg räumen. Aber es ist Vorsicht geboten. Männer wie Barras und Sieyès sind gerissen und durchtrieben.

Er zieht sich mit Joseph zurück. Napoleon möchte zunächst über die Situation in Paris sprechen, über die Pläne jedes einzelnen. Ihm drängen sich jedoch andere Fragen auf die Lippen. »Joséphine, Joséphine«, sagt er immer wieder.

Joseph beginnt mit gedämpfter Stimme zu sprechen, wird dann wütend. Die 40000 Francs Rente, die er auf Napoleons Geheiß Joséphine zukommen lassen sollte, zahle er ihr nicht länger. Sie habe den Namen Bonaparte lächerlich gemacht. Sie habe mit Hauptmann Charles in Malmaison gelebt, dem Anwesen, das sie gekauft habe. Sie habe sich weiterhin mit Barras getroffen. Man habe sie bei Gohier, dem Präsidenten des Direktoriums, gesehen. Mit welchem Mächtigen sage man ihr kein Verhältnis nach? Sie sei hoch verschuldet. Sie habe Charles Provisionen bei seinen Lieferungen für die Armee verschafft.

»Unsere Mutter ...«, fährt Joseph fort. Napoleon unterbricht ihn. Er könne sich die Gefühle seiner Mutter und seiner Schwestern vorstellen. Er werde sich scheiden lassen, sagt er. Und bei diesen Worten blutet ihm das Herz. Er wiederholt sie noch einmal. Sie tun ihm weh. Er hat sich verändert, und doch muß er seit Fréjus bei jeder Radumdrehung an den Körper seiner Frau, an ihren Duft denken. Er würde sie gern unterwerfen, wie einen Ort, der lange der Belagerung widerstanden hat und sich endlich ergibt und dem man sein Gesetz diktiert. Er ist nun dieser Mann geworden, dem man zujubelt. Er tritt ans Fenster, sieht von Pferden gezogene Wagen, die sich entfernen. Er ruft nach einem Adjutanten. Ein Offizier berichtet ihm, General Marbot, der aufbreche, um in Italien das Kommando zu übernehmen, habe diese Zimmer für sich reserviert, die der Hotelbesitzer General Bonaparte zur Verfügung gestellt habe. Nur ja nichts außer acht lassen. Ein

Mensch, der gedemütigt oder auch nur gekränkt worden ist, kann zu einem Feind werden.

Napoleon gibt Anweisungen. Er will sich in das Hotel begeben, wo Marbot abgestiegen ist, um ihn zu begrüßen und sich bei ihm zu entschuldigen. In der Partie, die er spielt, kann jeder Mann zu einer wichtigen Schachfigur werden. Und jede Frau. Er denkt an Joséphine. Kann er sie sich jetzt zur Feindin machen?

Sie haben Lyon verlassen, und trotz der frühen Morgenstunde ruft wieder eine begeisterte Menge vor dem Hotel: »Es lebe Bonaparte, der Retter des Vaterlandes!« Napoleon wollte mit Joseph allein in seinem Wagen bleiben. »Laß uns nicht mehr von Joséphine sprechen«, sagt er. Er betrachtet die Landschaft der in Nebel gehüllten Monts du Forez. Der Wagen wird durch das Bourbonnais fahren, die schmalere und unsicherere Route, über die man jedoch schneller nach Paris gelangt.

Es gilt nämlich schnell zu handeln. Seit seiner Rückkehr aus Italien hat er keinen Augenblick daran gezweifelt, daß er eines Tages in Paris an die Macht gelangen würde. Aber mit einem Mal läßt das Gejubel, das Geschrei all das, was lediglich eine Ahnung gewesen war, zu einer Realität werden, die er organisieren und in der er agieren muß.

Er beugt sich zu Joseph hinüber, fragt ihn aus. »Ein Mann ist vor allem wichtig«, sagt Joseph. »Sieyès.« Napoleon erinnert sich an diesen ebenso entschlossenen wie vorsichtigen Fünfzigjährigen, einen ehemaligen Priester. Im Jahr 1789 hat er jene Denkschrift verfaßt, in der er die Ereignisse aus seiner Sicht bewertet: *Was ist der dritte Stand*? Dann, während des Konvents und der Schreckensherrschaft, habe er nach seinen eigenen Worten »gelebt«. Joseph erklärt, Sieyès habe mit ihrem Bruder Lucien, dem gewählten Vertreter Korsikas im Rat der Fünfhundert, Rücksprache genommen. Sieyès beabsichtige eine Reform zur Stärkung der Exekutive gegenüber den beiden Versammlungen, dem Rat der Fünfhundert und dem Rat der Alten. Er habe einen General gesucht, um dies durchzusetzen. Lucien sei bei allen Verhandlungen dabeigewesen. Sieyès habe an General Joubert gedacht, der sei jedoch in der Schlacht von Novi gefallen. General Moreau habe sich zurückhaltend gezeigt. Ob Napoleon sich vorstellen könne, was er gesagt habe, als er von seiner Rückkehr nach Frankreich hörte? Er habe im Beisein von Lucien den Satz gesagt: »Das ist Euer Mann, er wird Euren Staatsstreich besser machen als ich.«

Und Bernadotte? fragt Napoleon. Ablehnend, sagt Joseph. Er sei jedoch der Mann von Désirée Clary. Das werde ihn vielleicht einsichtiger machen. Natürlich könne man auf General Leclerc, den Ehemann von Pauline, zählen. Und von den Truppen, die in Paris stationiert seien, bestünden etliche aus Ehemaligen deritalienischen Streitkräfte. Der wichtige Mann, betont Joseph, sei jedoch Sieyès. Was den Polizeiminister Fouché betreffe, so sei dieser einstige Seminarist und Prediger besonders intelligent. Er sei Republikaner, Königsmörder und Terrorist, der die Royalisten von Lyon mit Kanonen niedergemacht habe. Sein Adjutant, Réal, ein ehemaliger Jakobiner, stehe Lucien nahe. Er leite die Kriminalpolizei.

Napoleon hört ihm zu. Man darf nur ja keinen Fehler machen. Napoleon spielt auf die Doppelzüngigkeit von Fouché an, dieses rätselhaften Mannes mit dem roten Haar, den schweren Lidern, die seine Augen verschleiern. Napoleon hat am 13. Vendémiaire von seiner Hilfe profitiert, weshalb Fouché von Barras wieder in Gnaden aufgenommen worden ist.

Man müßte Barras als Mitstreiter gewinnen. Wie aber als Retter des Vaterlandes auftreten, wenn man sich mit dem Mann verbündet, der in den Augen der Öffentlichkeit die Korruption verkörpert? Lieber sollte man auf jenes »Priester-Trio« zählen: Sieyès, Fouché, Talleyrand.

»Gohier«, murmelt Napoleon.

»Ein Advokat, 50 Jahre alt, ein Zauderer«, sagt Joseph, »aber amtierender Präsident des Direktoriums.« Und Joseph setzt seufzend hinzu, das Ehepaar Gohier verbinde eine enge Freundschaft mit Joséphine, die oft bei ihnen zu Gast sei. Schon wieder Joséphine.

Sie ist nicht zu Hause, als Napoleon am 16. Oktober um sechs Uhr morgens sein Anwesen in der Rue de la Victoire betritt. Seine Mutter schreitet mit ernster Miene auf ihn zu, gefolgt von den

Schwestern, von Lucien. Sie haben auf ihn gewartet. Er braucht ihnen keine Fragen zu stellen. Sie fallen sogleich über sie her, die Untreue, die Fremde, die Abwesende. Wo ist sie denn? Sie sagen eher widerwillig, sie habe Paris verlassen, um ihm entgegenzufahren. Joseph und Louis hätten Napoleon allerdings getroffen, lachen sie, sie hingegen habe ihren Mann nicht gefunden!

»Ich bin durchs Bourbonnais gefahren«, murmelt er. Dann übermannt ihn die Wut. Er werde sich scheiden lassen, man solle Joséphines Koffer packen, sie in die Eingangshalle tragen. Er werde sich scheiden lassen.

Er würde sich gern ausruhen, ist aber zu angespannt, und schon kommen die ersten Besucher. Collot, ein Heereslieferant, den Napoleon seit Italien nicht wiedergesehen hat, macht seine Aufwartung. Er bietet seine Hilfe an. Während er spricht, dringen die ersten Stimmen einer Menschenmenge zu ihm, die sich in der Rue de la Victoire versammelt hat, die *Marseillaise* singt und den Namen Bonaparte ruft.

Napoleon hört Collot kaum zu. Er wollte eine unauffällige Rückkehr. Er muß noch ein paar Tage lang den Zurückhaltenden spielen. Er wird seine wahren Absichten erst dann zu erkennen geben, wenn er sich sämtlicher Positionen vergewissert hat. Dann wird er ein Höllenfeuer eröffnen. Aber momentan sind noch immer Zurückhaltung und Vorsicht angeraten.

Collot entdeckt Joséphines Koffer. »Ihr wollt sie verlassen?« fragt er.

»Uns verbindet nichts mehr.« Napoleon bedauert diese Antwort, aber seine Verbitterung ist stärker als die Mäßigung, zu der er sich zwingt.

Collot schüttelt den Kopf. Er sucht nach Argumenten. Es gehe nicht darum, häusliche Querelen auszutragen. »Eure Größe würde dahinschwinden. Ihr seid in den Augen Frankreichs kein Molièrescher Ehemann mehr.«

Gegen diese vernünftigen Worte kann Napoleon nichts einwenden. Sie öffnen in ihm einen Weg. »Es ist wichtig, daß Ihr Euch bei Eurem Debüt nicht lächerlich macht«, schließt Collot.

Napoleon kann sich diesen stichhaltigen Argumenten, die er

Mit neun Jahren wird Napoleon Bonaparte Stipendiat der Militärschule von Brienne.

Am 13. Vendémiaire (5. Oktober) 1795 schlägt General Bonaparte, von Barras zum Garnisonskommandanten der Hauptstadt ernannt, in Paris den Royalisten-Aufstand nieder.

Napoleon stürmt die Brücke von Arcoli (1796).

Napoleon in Ägypten (1798)

Am 19. Brumaire (10. November) 1799 stürmen Murat und seine Männer den »Rat der Alten« und den »Rat der Fünfhundert« in St. Cloud.

Als Erster Konsul der Republik residiert Napoleon mit Joséphine in den Tuilerien, dem ehemaligen Königspalast.

Joséphines Tochter Hortense und Napoleons Schwester Caroline nach dem Bombenanschlag vom Heiligen Abend 1800.

Der Polizeiminister Fouché am Ort des Anschlags.

Napoleons Mutter Laetitia Bonaparte

Laetitia wirft Joséphine vor, daß sie Napoleon noch keinen Erben geschenkt hat.

Am 2. Dezember 1804 krönt Napoleon sich in Notre-Dame selbst zum Kaiser.

Joséphine wird Kaiserin.

Im Feldlager in Boulogne rät Talleyrand Napoleon davon ab, die britische Flotte unter Admiral Nelson anzugreifen.

Die Grande Armée marschiert gen Österreich.

Am 2. Dezember 1805 bringt Napoleon Rußland und Österreich bei Austerlitz eine vernichtende Niederlage bei.

Fouché belauscht Napoleons Liebesspiel mit einer seiner zahlreichen Mätressen.

Talleyrand drängt Joséphine zur Scheidung.

Die polnische Gräfin Maria Walewska verlangt Napoleon zu sprechen.

insgeheim auch schon erwogen hatte, nicht so ohne weiteres fügen. Er ereifert sich, um seine Zweifel zu verbergen. »Nein, es steht fest«, sagt er. »Sie wird nie wieder mein Haus betreten. Was die Leute reden, geht mich nichts an!«

Er entfernt sich, schlägt eine Tür zu. Er weiß genau, daß er sich etwas vormacht. Er muß auf die öffentliche Meinung Rücksicht nehmen. Und doch, als er zu Collot zurückkehrt und dieser beharrt, er sei sicher, Napoleon werde ihr am Ende verzeihen, brüllt er: »Wenn ich mir meiner nicht sicher wäre, würde ich mir mein Herz herausreißen und ins Feuer werfen.«

Er will nicht länger an sie denken, weiß aber, daß er sich, was er auch immer gesagt haben mag, noch nicht entschieden hat. Sie steht an zu exponierter Stelle im Zentrum des Schachbretts, als daß er sie lediglich als untreue Ehefrau betrachten kann. Aber das ist sie auch. Sie ist nach wie vor die Frau, die er begehrt.

Nun kommt Fouchés Adjutant Réal und möchte vorgelassen werden. Vorsicht. Man beobachtet sich, begutachtet sich. Fouché, so Réal, sei bereit, für einen Plan einzutreten, der die Republik vor der zweifachen Gefahr, der jakobinischen und der royalistischen, retten würde. Er sei Polizeiminister. Er könne eine wesentliche finanzielle Hilfe leisten. Collot hatte bereits 500000 Francs angeboten. Wenn diese Männer ihr Geld riskieren, so nur deshalb, weil sie an meinen Erfolg glauben, denkt Napoleon, aber er weiß, daß man keinen einzigen Tag verlieren darf.

Napoleon wird von Gohier, dem Präsidenten des Direktoriums, empfangen. Bei diesem so durchschnittlichen, steifen, zaghaften Mann verbrachte Joséphine also ihre Abende. Er ist jedoch eine Autorität. Er muß ihn zu seinen Gunsten beeinflussen.

»Die Nachrichten, die uns in Ägypten erreicht haben, waren derart beunruhigend«, sagt Napoleon, »daß ich nicht gezögert habe, meine Truppen zu verlassen, um Euch in der Gefahr zur Seite zu stehen …«

»General«, sagt Gohier, »wir waren in großer Gefahr. Aber wir haben sie glorreich gemeistert. Ihr kommt gerade rechtzeitig, um mit uns die zahlreichen Triumphe Eurer Kampfgefährten zu feiern …«

Das werden sie also sagen! Sie werden die Siege der Generäle Moreau, Brune, Masséna herausstellen, die die bedrohliche Lage entspannt haben. Aber diese Menge, die sich in der Rue de la Victoire oder am Morgen des 17. Oktober vor dem Luxembourg-Palais eingefunden hat, als Napoleon sich den Mitgliedern des Direktoriums zeigt, werden sie nicht, jedenfalls noch nicht, zum Schweigen bringen können.

Napoleon trägt Zivil, einen engen grünlichen Gehrock, und auf dem Kopf, gleichsam als Krönung dieser seltsamen Aufmachung, einen hoch aufragenden Hut. Dazu einen an seidenen Bändern befestigten türkischen Krummsäbel. Man jubelt ihm zu, während er den Kopf gesenkt hält. Und vor den Mitgliedern des Direktoriums zeigt er dieselbe bescheidene Haltung. Er präsentiert seine Waffe und sagt: »Bürger Direktoriumsmitglieder, ich schwöre, daß ich sie allein zur Verteidigung der Republik und ihrer Regierung ziehen werde.«

Er mustert sie. Werden sie es wagen, ihn zu verurteilen, ihm vorzuwerfen, daß er Ägypten verlassen hat, während sie die Menge hören, die immer wieder seinen Namen ruft? Sie wissen sehr wohl, daß ihm ein Platz innerhalb der Republik zusteht. Er mustert Barras, Gohier, Moulin. Auf sie kann er nicht zählen. Er kann die drei höchstens daran hindern, ihm zu schaden. Dann sind da noch Sieyès und Roger Ducos, alle beide Verbündete, mit ihnen muß man spielen, doch Sieyès' Miene drückt sowohl Selbstgefälligkeit wie Mißtrauen aus. Er will das Spiel in der Hand behalten. Lucien hat erzählt, was er seinen Nächsten anvertraut hat: »Bonapartes Schwert ist zu lang.«

Es gilt ihn also zu beruhigen. Oder aber sich unersetzlich zu machen. Denn auf welchen anderen General könnte Sieyès sich verlassen? Man macht sich gegenseitig Komplimente. Die fünf Mitglieder des Direktoriums werden nicht wagen, etwas gegen ihn zu unternehmen.

Er verläßt das Luxembourg-Palais und zeigt sich der Menge betont heiter und selbstsicher. Man soll heute wissen, daß die Mächtigen ihm nichts vorzuwerfen haben. Er kehrt zurück in die Rue de la Victoire. Er muß die Fäden spinnen. Er empfängt alle, die beschlossen haben, mit ihm diese entscheidende, gefährliche Partie zu spielen.

Er hört Talleyrand zu, den man gezwungen hat, sein Ministeramt niederzulegen und der nur davon träumt, es zurückzugewinnen. »Sein Interesse bürgt also für ihn.« Er wird begleitet von Roederer, einem Mitglied der Akademie, und noch anderen, die mit großer Inbrunst sprechen. Napoleon beobachtet sie, als sie wiederholen: »General, Sie müssen die Macht ergreifen.«

Doch er wird ganz allein für ihre guten Ratschläge geradestehen müssen, falls er sich zu früh aus der Deckung herauswagt. Er beschließt also, in der Rue de la Victoire zu bleiben. Er empfängt nicht einmal Delegationen von Offizieren und Soldaten, die ihm ihre Aufwartung machen wollen und in der Hoffnung, ihn zu sehen zu bekommen, noch lange auf der Straße ausharren.

Die Macht ergreifen? »Halten Sie es für möglich?« fragt er Roederer, der weiter insistiert. »Die Sache ist zu drei Viertel besiegelt.« Er schiebt Roederer nur eine Ausgabe der Tageszeitung *Le Messager* vom selben Tag, dem 20. Oktober, hin. Darin finden sich die ersten Anzeichen für einen Gegenangriff seiner Widersacher, vielleicht sogar der Jakobiner, oder aber von Barras. »Bonaparte«, heißt es dort, »hat Ägypten nur deshalb so überstürzt und heimlich verlassen, um einer generellen Meuterei seiner Truppen zu entkommen.«

Roederer und Talleyrand empören sich. Napoleon beobachtet sie schweigend. Er muß handeln, denn man wird ihn, falls er nicht an die Macht gelangt, erledigen. Der Ruhm verblaßt schnell, und Popularität schlägt nicht selten um in Mißbilligung. Aber wenn er handelt, muß er unbedingt siegen. Und dabei alles bedenken.

Er hat gut daran getan, sich mit Joséphine zu versöhnen. Sie ist in der Nacht nach Hause gekommen. Der Portier hat ihr trotz der Anweisungen geöffnet. Napoléon hat sie gehört. Er hat sich sogleich in seinem Zimmer eingeschlossen. Sie hat an seine Tür geklopft, ihn angefleht. Und diese flehende Stimme hat ihn berührt. Sie ist ihm auf Gedeih und Verderb ausgeliefert, sie, die er so oft begehrt und nie besessen hat.

Er gibt nicht nach. Er läßt sie weinen, ihre Schuld eingestehen, ihn um Verzeihung bitten. Er rührt sich nicht, doch in ihm bricht ein Sturm los, eine Mischung aus Verlangen und Eigennutz, Rachelust und Berechnung. Sie hat sich zurückgezogen, und er hat geglaubt, sie habe aufgegeben. Sogleich schmerzte ihn der Verlust. Er begehrte sie noch stärker. Ihm wurde noch mehr bewußt, daß er sie brauchte.

Er lauschte gespannt auf die Geräusche. Jemand ging die Treppe hinunter. Er erkannte die Stimmen von Eugène und Hortense de Beauharnais, die ihn anflehten, ihrer Mutter zu verzeihen. Er wurde von seinen Emotionen übermannt. Er liebt Eugène. Er hat mit diesem Kind die Gefahren und die Freuden Ägyptens geteilt. Er hat gesehen, wie er zum Mann und zum Soldaten wurde. Er vertraut ihm. Warum sollte er in diesem Augenblick auf die Unterstützung des gesamten Beauharnais-Clans verzichten? Kann er es sich leisten, sich von einem Teil seiner »Familienarmee« loszusagen?

Nicht Joséphine gibt er nach, sondern ihren Kindern. Er hat die Tür geöffnet. Joséphine stürzte ihm entgegen. Sie liebkoste sein Gesicht. Er atmete ihren Duft, spürte ihren so schlanken Körper, der sich an ihn schmiegte. Er liebte sie die ganze Nacht. Er war der Herr und Gebieter über diese Frau geworden, vielleicht weil er sie nicht mehr wie früher blind ergeben liebte.

Tags darauf sieht er sie lächeln, als Lucien eintritt, der die Scheidung seines Bruders für besiegelt hält. Napoleon nimmt Lucien zur Seite. Das ist jetzt nicht der geeignete Augenblick, darüber zu sprechen, es geht nur mich etwas an. Lucien beharrt nicht. Napoleon hört dem Vierundzwanzigjährigen zu, der sich für Politik begeistert und dem es, nicht zuletzt dank seinem Namen, gelungen ist, im Rat der Fünfhundert Einfluß zu nehmen und der Gesprächspartner von Sieyès zu werden.

Lucien spricht hastig. Sieyès, sagt er, wolle eine straffere Regierung, die anstatt aus fünf Direktoriumsmitgliedern aus drei Konsuln besteht. Er denke daran, die Versammlungen von Paris nach Saint-Cloud zu verlegen und sie über die Reform der Institutionen abstimmen zu lassen.

»Kann ich ihm versichern, daß Ihr Euch bereit erklärt, einer der drei Konsuln zu sein?« fragt Lucien.

»Nein, zum Teufel, bloß nicht.«

Es sei noch zu früh. Wir werden später sehen. Sieyès gelte zu sehr als Gemäßigter, ja als Reaktionärer, als Verfechter einer Rückkehr zur Monarchie und vielleicht als Verbündeter der Orléans. »Ich möchte überhaupt keiner Partei angehören«, wiederholt Napoleon.

Er führt einen Krieg im Verborgenen. Aufregend wie eine Offensive, mit lauter versteckten Coups. Er braucht die Unterstützung von Sieyès, allerdings ohne ihn darum zu bitten und darüber zu sprechen. Man solle sich der Direktoriumsmitglieder entledigen, dabei aber, wenn möglich, einen Staatsstreich vermeiden. Man solle von innen her vorgehen, mit Hilfe der beiden Versammlungen, dem Rat der Fünfhundert und dem Rat der Alten. »Ich will kein General sein, der gewaltsam die Macht ergreift.«

Er ignoriert daher Sieyès anläßlich eines Diners bei Gohier, der ihm tags darauf den bitteren Ausspruch von Sieyès zitiert: »Ist Ihnen das Verhalten dieses kleinen Gernegroß gegenüber dem Vertreter einer Obrigkeit aufgefallen, die ihn erschießen lassen müßte?« Zu spät.

Er schmeichelt General Moreau: »Ich wollte Sie seit langem kennenlernen.«

Er begibt sich am 23. Oktober erneut zum Luxembourg-Palais und gibt den beiden Direktoriumsmitgliedern beiläufig zu verstehen, daß er für das Direktorium kandidiere. Gohier und Moulin antworten mit betrübten und zugleich zufriedenen Mienen, daß »die Verfassung ein Mindestalter von 40 Jahren für die Aufnahme ins Direktorium vorsieht«. Dann eben nicht.

Die Menge jubelt ihm weiter zu. Die Zeitungen, die er jeden Morgen aufmerksam liest, beteuern, daß es »den Machthabern keineswegs gelingen wird, das Volk gegen Bonaparte aufzuwiegeln«.

An jenem 23. Oktober wird Lucien zum Präsidenten des Rates der Fünfhundert gewählt. Das wäre geschafft. Aber jede Medaille hat ihre Kehrseite. Man ehrt in Lucien den Namen Bonaparte und hofft so, Napoleon auf eine militärische Rolle zu beschränken. Wer glaubt, daß so etwas noch immer möglich ist, wird ein böses Erwachen erleben! Aber nichts steht fest, solange man nicht gesiegt hat.

Hat Bernadotte sich nicht vor kurzem geweigert, neben Napoleon an einem Bankett teilzunehmen? »Ein Mann, der die Quarantänevorschriften verletzt hat, kann sehr wohl die Pest mitgebracht haben, und ich mache mir wenig daraus, mit einem Pestkranken zu dinieren.« Denn erst vor zehn Tagen ist Napoleon nach Paris zurückgekehrt.

37

Napoleon kann sich jedem seiner Besucher nur wenige Minuten widmen. Er nimmt sie beim Arm und führt sie in den hinteren Teil des Salons. Der Garten, den man durch die Fenstertüren der Rotunde sieht, liegt in dichtem Nebel. Starke Flammen erhellen und erwärmen den Raum.

Joséphine steht neben dem Kamin und hält durch freundliches Plaudern den nächsten Gesprächspartner bei Laune. Napoleon wirft ihr einen Blick zu. Man muß mit allen liebenswürdig sein, ihnen schmeicheln und sie bitten wiederzukommen. Joséphine versteht es großartig, Offiziere aller Ränge, Akademiemitglieder, Abgeordnete und Bankiers zu empfangen, die in die Rue de la Victoire kommen, weil in den höchsten Kreisen von Paris, wo es nur so brodelt von Gerüchten und Ambitionen, gemunkelt wird, daß General Bonaparte bald an der Macht sein werde und einen Staatsstreich vorbereite.

Die Vorstädte sind ruhig, zugrunde gerichtet durch Not, Arbeitslosigkeit und die zehn Jahre währende zermürbende Folge von Erwartungen und Enttäuschungen, von Gewalt und Unterdrückung. Dort sehnt man sich nur noch nach etwas, womit man Brot kaufen kann. Man träumt vom Frieden, damit die jungen Männer nicht mehr für Kämpfe an den Grenzen rekrutiert werden, nur damit Leute wie Barras und die Heereslieferanten noch reicher werden. Warum also nicht dieser siegreiche General Bonaparte, der einst den Friedensvertrag unterzeichnet hat? Aber das ist nicht länger die Angelegenheit der Vorstädte und der Straße. Von nun an wird die Frage der Macht in den Salons, den Kasernen und den Versammlungen geregelt.

Napoleon hat verstanden, daß sich der Kampf zwischen ungefähr zehn Männern abspielt. Er muß mit den Männern in Kontakt bleiben, auf die es allein ankommt. Mit ihnen zu Mittag und zu Abend essen. Sich wieder zum Direktorium begeben, auch wenn er weiß, daß die Direktoren die Absicht haben, ihn loszuwerden. »Wir sollten dafür sorgen, daß man ihn vergißt«, hat Sieyès gesagt.

Und doch ist Sieyès der einzige der fünf Direktoren, der ein Verbündeter sein könnte! Aber Sieyès will niemand neben sich. Er will nichts als ein Schwert, das er zu seinem Vorteil nutzen und das er in die Scheide zurückstecken kann, sobald die Angelegenheit geregelt ist. Er muß auch auf das Gerücht reagieren, das Barras verbreitet. »Der kleine Korporal«, hat er gesagt – dieser korrupte Kerl, dessen Jüngelchen herumstolzieren und der der Geliebte von Joséphine gewesen ist! –, »hat auf seinem italienischen Feldzug ein Vermögen angehäuft.«

»Das ist ein unerhörter Vorwurf«, erklärt Napoleon laut und vernehmlich, als er von den Direktoren empfangen wird. »Mein angebliches Vermögen ist eine Fabel, die nur jene glauben können, die sie selbst erfunden haben!«

Joséphine beruhigt ihn. Sie ist geschickt. Sie kennt jeden dieser Männer. Man muß mit ihnen sprechen, sie verführen. Sie nicht gegen sich aufbringen. Napoleon unternimmt einige Schritte. Er stimmt ihr zu, auch wenn ihm ein solches Verhalten widerstrebt. Er nimmt Bourrienne als Zeugen.

»Denken Sie an eins«, sagt er. »Man muß seinen Feinden immer entgegengehen und nett zu ihnen sein, sonst glauben sie, daß man sich vor ihnen fürchtet und das ermutigt sie noch.«

Er sucht Barras auf. Er hört ihm unbewegt zu, als der Direktor in gleichgültigem Ton zu ihm sagt: »Ihr Los, Bonaparte, ist das Militär. Sie werden sich an die Spitze der italienischen Armee setzen. Die Republik ist in einem so schlechten Zustand, daß es nur einen Präsidenten gibt, der sie retten kann. Ich sehe da nur General Hédouville. Was denken Sie, Bonaparte?«

Salutieren und Weggehen. General Jourdan sehen, von dem es heißt, er stünde den Jakobinern nahe, die einen Gewaltstreich für den 20. Brumaire vorbereiteten. Ihn beruhigen, ohne ihn zu täuschen. »Ich bin davon überzeugt, daß Sie und Ihre Freunde die besten Absichten haben, aber bei diesem Anlaß kann ich nicht mit Ihnen konform gehen. Übrigens, seien Sie ganz beruhigt, alles wird im Interesse der Republik geschehen.«

General Moreau wieder aufsuchen und ihm ein mit Brillanten verziertes Damaszenerschwert im Wert von 10000 Francs überreichen. General Bernadotte sehen, das größte Hindernis in Person, versuchen, ihn zu gewinnen oder zumindest davon abzuhalten, feindselig zu sein. Aber der schlägt sich sowieso auf die Seite der Sieger. Also gilt es zu siegen.

Am 1. November – dem 10. Brumaire – ist nicht mehr der Augenblick für Erkenntlichkeiten und Erkundungen, sondern für die Vorbereitung des Angriffs. Napoleon ist endlich zu einer grundlegenden Diskussion mit Sieyès bereit. Die Unterredung findet bei Lucien statt.

Sieyès hat sich kaum gesetzt, als Napoleon ihn auch schon anspricht. Diesen Mann muß man fest anfassen, ihm begreiflich machen, daß man nicht der Untergebene, sondern seinesgleichen sein will. »Sie kennen meine Ansichten«, sagt Napoleon, »der Augenblick zum Handeln ist gekommen. Sind all Ihre Maßnahmen getroffen?« Er darf nicht zulassen, daß Sieyès sich in einem konstitutionellen Wirrwarr verliert, man muß ihn unterbrechen.

»Sie sollten sich ausschließlich mit der Verlegung der Gremien nach Saint-Cloud und der gleichzeitigen Einrichtung einer provisorischen Regierung dort befassen. Ich bin damit einverstanden, daß diese provisorische Regierung auf drei Personen beschränkt wird, ich bin einverstanden, mit Ihnen und Ihrem Kollegen Roger Ducos einer der drei provisorischen Konsuln zu sein.«

Sieyès' und Luciens Schweigen verraten hinlänglich ihr Erstaunen angesichts dieser schonungslosen Erklärung.

»Ansonsten zählen Sie nicht auf mich. Es gibt genügend Generäle, um das Dekret des Rates auszuführen.« Aber welcher General sollte es schon wagen, gegen ihn loszugehen, da alle jetzt seine Absicht kennen.

Und dennoch ergreift ihn manches Mal Unruhe. Eines Abends vernimmt er bei Talleyrand in der Rue Taitbout das Traben einer Kavallerieeinheit. Die Soldaten machen vor dem Haus halt. Talleyrand stürzt sich hinkend zu den Kerzen und bläst sie aus. In der Straße steht eine von Reitern umgebene Droschke. Will man ihn verhaften? Lachend zündet Talleyrand die Kerzen wieder an. Es handelt sich lediglich um einen Bankier, der nach Hause begleitet wurde.

Er muß jedoch seine Vorkehrungen treffen. Die Stimmung kann umschlagen. Als Napoleon die Kirche von Saint Sulpice betritt, den Siegestempel, in dem der Rat der Fünfhundert und der Rat der Alten an diesem 6. November ein Bankett zu seinen und General Moreaus Ehren abhalten, vernimmt er unter allem Beifall auch feindseliges Geschrei.

Er ißt lediglich drei Eier und eine Birne. Diese Speisen kann zumindest keiner vergiften.

Es ist kalt in dieser Kirche, die mit Bannern geschmückt ist sowie mit der großen Inschrift: »Seid einig und ihr werdet siegen«. Die Musik spielt mitreißende Melodien, doch die Atmosphäre ist düster. Draußen nieselt es. Die Persönlichkeiten erheben sich nacheinander, um Trinksprüche auszubringen. »Auf die Land- und Seestreitkräfte der Republik!« schmettert Lucien als Präsident des Rates der Fünfhundert. »Auf den Frieden«, sagt Gohier. Moreau deklamiert: »Auf alle treuen Verbündeten der Republik!«

Napoleon erhebt sich, wartet einige Minuten, betrachtet diesen Saal, in dem die Schatten der Säulen ein Labyrinth zeichnen. Er sagt mit kräftiger Stimme: »Auf die Einigkeit aller Franzosen!« Dann verläßt er unverzüglich das Bankett.

Es ist wichtiger, Sieyès wiederzusehen, um das Einvernehmen zu bestätigen, Barras, um ihm deutlich zu machen, daß er zurücktreten muß, Fouché, um die Allianz mit dem Polizeiminister zu besiegeln, Bernadotte, um sich seiner Neutralität zu vergewissern.

Am 17. Brumaire, dem 8. November, ist er zu Hause, Rue de la Victoire. Er singt vor sich hin. Alles ist bereit. Er hat die Flugblätter, die Plakate, die Proklamationen, die der Bevölkerung den Regierungswechsel verkünden werden, noch einmal gelesen. Dann versammelt er am nächsten Morgen, dem 18. Brumaire – dem 9. November –, um sechs Uhr morgens die Generäle und Offiziere bei sich. Truppen werden, bedeutet er Sébastiani und Murat, auf der Place de la Concorde Stellung beziehen, da der Rat der Fünfhundert im Palais Bourbon tagt und der Rat der Alten in den Tuilerien. Sie sollen erst am 19. Brumaire nach Saint-Cloud verlegt werden.

Er verfaßt eine Einladung zum Diner am kommenden Abend an Präsident Gohier. Das wird Gohier beruhigen. Dann besinnt Napoleon sich anders und ruft Joséphine. Gohier habe ihr doch den Hof gemacht, nicht wahr? Solle sie doch die Einladung an diesen Dummkopf schreiben. Joséphine lächelt und greift zur Feder.

Es ist Mitternacht, als Eugène de Beauharnais Gohier diese Einladung für den kommenden Tag, den 18. Brumaire, überbringt.

38

Es ist fünf Uhr morgens. Napoleon öffnet das Fenster im Salon der Rotunde und geht ein paar Schritte im Garten. Die Nacht ist kalt und klar. Auf den Rasenflächen erkennt er im eiskalten Licht die gleißenden Spuren gefrorenen Taus.

An diesem Tag, dem 18. Brumaire, spielt der erste Akt. Er ist ruhig wie immer in den Augenblicken vor der Schlacht, wenn die Truppen sich in Marsch setzen. Die Dragoner und die Reiter von Sébastiani und Murat dürften schon auf der Place de la Concorde und in den Tuilerien Stellung bezogen haben, und die ersten Abgeordneten erreichen allmählich das Palais.

Napoleon kehrt in sein Zimmer zurück, zieht sich ruhig an, indem er die einfachste schmucklose Uniform wählt, die sich von der bunten Aufmachung der Abgeordneten, der Direktoren und selbst der Generäle unterscheiden wird. Etwa 20 Minuten später, gegen sechs Uhr, erscheinen auch schon die ersten Offiziere vor seinem Haus in der Rue de la Victoire. Sie tragen Stiefel, weiße Kniehosen und ihren Zweispitz mit dem blauweißroten Federbusch. Napoleon geht durch den Garten, begrüßt sie und überprüft, ob die Wachmannschaft in Bereitschaft steht. Die Generäle müssen hier bei ihm die Bekanntgabe des Dekrets abwarten, das die Abgeordneten im Rat der Alten, wenn der vorgesehene Plan zur Anwendung kommt, in den Tuilerien beschließen werden.

Bald ist das Haus voll. Er muß mit allen sprechen, damit jeder sich persönlich wahrgenommen und verpflichtet fühlt. Napoleon macht es sich in seinem Arbeitszimmer bequem und veranlaßt Berthier, die Militärs nacheinander hereinzuführen.

General Lefebvre tritt als erster ein. Das ist ein Mann, den man beruhigen muß. Napoleon weiß, daß ihm diese möglicherweise illegale Zusammenkunft Sorgen bereitet. Er braucht Lefebvre aber, weil er die 17. Division befehligt, die Truppen der Pariser Region und die Nationalgarde des Direktoriums. Napoleon umarmt ihn. Ob Lefebvre denn wünsche, daß Frankreich in den Händen dieser Advokaten bliebe, die die Republik ausplündern, beginnt Napoleon, bevor er mit dem Direktorium hart ins Gericht geht. Dann hakt er seinen Säbel los.

»Hier, als Faustpfand der Freundschaft, der Säbel, den ich in Ägypten trug. Er gehört Ihnen, General.«

Mit Tränen in den Augen nimmt Lefebvre den Säbel entgegen. Er verläßt das Kabinett und beteuert laut, er sei bereit, »diese verdammten Advokaten in die Seine zu werfen«.

Erster Erfolg. Die Männer sind am Ende so leicht zu lenken. Fast alle Männer. Aber nichts ist gewonnen, solange das Dekret nicht bekanntgegeben ist, denn die meisten sind nur zum Risiko bereit, wenn sie sicher sind zu gewinnen.

Joseph tritt ein, begleitet von General Bernadotte.

»Wie? Sie sind nicht in Uniform?« ruft Napoleon aus.

Bernadotte erklärt, er sei nicht im Dienst und wolle nicht an einer Rebellion teilnehmen.

»Rebellion, Rebellion! Es geht gegen einen Haufen von Dummköpfen, von Leuten, die von morgens bis abends herumadvozieren!« sagt Napoleon. »Sie glauben vielleicht, daß Sie auf Moreau, auf Macdonald und andere zählen können. Sie werden alle zu mir kommen, Bernadotte. Sie kennen die Menschen nicht. Sie versprechen viel und halten wenig.«

Man darf sich bei Bernadotte nicht täuschen lassen, der seinen Stockdegen schwenkt und sagt: »Man kann mich töten, aber ich bin kein Mann, den man gegen seinen Willen festhält.«

Man muß lächeln und sich damit begnügen, Bernadotte zu bitten, nichts Feindseliges zu unternehmen. »Als Bürger gebe ich Ihnen mein Ehrenwort, gar nicht zu handeln«, sagt Bernadotte, »aber wenn die gesetzgebende Körperschaft und das Direktorium mir den Befehl dazu erteilen ...«

Napoleon nimmt Bernadotte beim Arm. »Sie werden Sie nicht brauchen«, sagt er und zieht Bernadotte mit sich. »Sie fürchten Ihren Ehrgeiz mehr als den meinen. Ich bin sicher, von keinem anderen Ehrgeiz beseelt zu sein als dem, die Republik zu retten ...«

Er begleitet Bernadotte bis zur Türschwelle und sagt: »Ich will mich mit einigen Freunden nach Malmaison zurückziehen.« Bernadotte ist überrascht und sieht ihn ungläubig an. Man muß alles wagen, wenn die Schlacht in Gang ist.

Napoleon ruft Joseph. »Ihr Schwager General Bernadotte wird bei Ihnen zu Mittag essen.« So wird er unter Kontrolle sein.

Napoleon durchschreitet den Salon, bahnt sich nur mühsam den Weg durch die Menge der Offiziere. Er ahnt ihre Fragen. Diese Männer beginnen, sich Sorgen zu machen. Wenn das Dekret nun nicht eintrifft ...

Joséphine taucht auf. »Und Gohier?« fragt Napoleon. Der Präsident des Direktoriums ist nicht in der Rue de la Victoire erschienen. Er hat die Einladung abgelehnt und nur seine Frau geschickt. Alles kann noch eine andere Wendung nehmen, und doch spürt Napoleon in sich die Gewißheit des Erfolges. Denn er sieht ja doch keinen anderen Ausweg, als konsequent weiterzumachen, welches auch immer die Folgen sein mögen.

Ein wirrer Lärm erfüllt den Salon. Es ist acht Uhr dreißig. Zwei Sonderbeauftragte des Rates der Alten in Begleitung eines »staatlichen Sendboten« in Galauniform bahnen sich einen Weg durch die Menge der Offiziere. Sie kommen, um den Text des von den Alten beschlossenen Dekrets zu übermitteln.

Napoleon steht in seinem Kabinett und überfliegt den Text. Er entspricht dem, was mit Sieyès besprochen worden war. Die Versammlungen werden morgen, am 19. Brumaire, um die Mittagszeit in die Gemeinde Saint-Cloud verlegt. »General Bonaparte ist mit der Ausführung des vorliegenden Dekrets beauftragt. Er wird alle erforderlichen Maßnahmen für die Sicherheit der Volksvertretung ergreifen.« Er wird vor dem Rat der Alten erscheinen müssen, um den Eid abzulegen.

Er liest es noch einmal und ergreift die Feder, ohne die Inspektoren auch nur eines Blickes zu würdigen. Er fügt eine Zeile hinzu, die ihm das Kommando über die Wache des Direktoriums erteilt. Die Unterstützung von Lefebvre hat er bereits. Die erste Schlacht hat er gewonnen. Er hat das Spiel in der Hand und nicht Sieyès.

Mit dem Text in der Hand betritt er den Salon. Er schwenkt ihn und verliest ihn. Er ist ganz legal der Chef aller Truppen. Die Offiziere ziehen ihre Degen, halten sie hoch und akklamieren ihn. Wer sollte ihn aufhalten?

»Aufgesessen!«

Die Luft ist frisch und kalt an diesem frühen Morgen. Der Himmel ist klar. Napoleon hat sich an die Spitze der Truppe gesetzt. Er hört hinter sich das Trappeln der Kavalkade. In einigem Abstand folgen ihm die Generäle und Offiziere. Paris ist schön. Die Menge versammelt sich. In Höhe der Madeleine schließt sich Marmont mit einer Gruppe Offiziere dem Zug an, dann treffen Murats Reiter ein. Napoleon atmet die Luft in vollen Zügen ein, in sein Gesicht peitscht der kräftige Wind.

Vor den Tuilerien springt er vom Pferd und geht, begleitet von einigen Generälen, bis zu dem Saal, in dem die Abgeordneten des Rates der Alten tagen. Er sieht all die Augen, die ihn fixieren, diese vielen Gesichter, diese goldbetreßten Stehkragen. Er zögert.

»Bürger Abgeordnete, die Republik ging zugrunde«, beginnt er. »Ihr habt es gewußt, und Euer Dekret rettet sie nun. Wehe denen, die Unruhe und Unfrieden stiften wollen! Ich werde sie, unterstützt von General Lefebvre, General Berthier und all meinen Waffengefährten, verhaften ...«

Er holt Luft. Er mag die Versammlungen der »Advokaten« nicht.

»Das Ende des 18. Jahrhunderts hat in der Geschichte nicht

seinesgleichen«, sagt er. »Dieser Moment hat am Ende des 18. Jahrhunderts nicht seinesgleichen. Wir wollen eine Republik, die auf wahrer Freiheit, auf bürgerlicher Freiheit, auf Volksvertretung gegründet ist. Wir werden sie bekommen, das schwöre ich bei meinem Namen und dem meiner Waffengefährten.«

»Wir schwören es«, wiederholen die Offiziere.

Man applaudiert. Ein Abgeordneter richtet sich auf und erinnert an den Respekt vor der Konstitution, aber Präsident Lemercier schließt die Sitzung. Man wird morgen in Saint-Cloud wieder zusammentreten. Napoleon hat auch die zweite Schlacht gewonnen.

Er wird beglückwünscht. Aber solange ein Kampf nicht beendet ist, ist nichts erreicht. Er geht hinaus in den Garten der Tuilerien. Die Truppen sind versammelt. Sie sind es, die alles entscheiden. Er sieht Bottot, einen Vertrauten von Barras, ergreift ihn am Arm, stößt ihn vor die Truppen und beschuldigt ihn lautstark.

»Was habt ihr aus diesem Frankreich gemacht, das wir euch so großartig hinterlassen haben?« schreit er hinaus. »Der Diebstahl ist zum Prinzip gemacht worden! Man hat die Soldaten schutzlos ausgeliefert! Wo sind jene Tapferen, die hunderttausend Kameraden, die ich mit Lorbeeren überhäuft hinterließ? Was ist aus ihnen geworden?«

Er drängt Bottot beiseite und tritt einen Schritt nach vorn. »Diese Verhältnisse können nicht so bleiben! Bevor drei Monate vergangen sind, werden sie zur Diktatur führen. Aber wir wollen die Republik, die fest auf Gleichheit, Moral, bürgerlicher Freiheit und politischer Toleranz gegründete Republik! Soldaten, die Armee hat sich bereitwillig mit mir verbunden, wie ich mich mit der gesetzgebenden Körperschaft verbunden habe! Einige Umstürzler würden uns bald alle zu Feinden der Republik erklären, die wir doch durch unsere Arbeit und unseren Mut gefestigt haben! Für uns gibt es keine patriotischeren Leute als die tapferen, im Dienst der Republik Versehrten!«

Beifall bricht los. Die Degen und Gewehre werden hochgehalten. Napoleon springt aufs Pferd und nimmt die Parade der Truppen ab.

Es ist elf Uhr dreißig an diesem 18. Brumaire, und Napoleon

hat das Gefühl, daß der erste Akt beendet ist. Da ist natürlich noch Gohier, der Präsident des Direktoriums, der es zunächst ablehnt, das Dekret zu unterzeichnen. Laut Cambacérès, dem Justizminister, ist sein Namenszug jedoch erforderlich. »Die Juristen behindern immer den Lauf der Dinge«, murmelt Napoleon.

Aber Gohier fügt sich, unterschreibt, versichert aber, man werde morgen in Saint-Cloud sehen, ob es überhaupt noch ein Direktorium gibt! Morgen ... Vielleicht hätte man gleich heute die Sache zum Abschluß bringen müssen.

Aber Napoleon läßt dieses Bedauern gar nicht erst aufkommen. Er will keinen brutalen, überheblichen, militärischen Staatsstreich mit Kanonaden, Feuersalven, Verhaftungen. Er möchte gemäß des Wortlauts der Plakate, die man im Umkreis der Tuilerien anbringt, der Flugblätter, die an die Menge verteilt werden und gemäß seiner Befehle «ein vernünftiger, ein anständiger Mann« sein.

Am frühen Nachmittag betritt Talleyrand das Arbeitszimmer in den Tuilerien. Napoleon sieht ihn mit fragendem Blick an. Barras hat eingewilligt zurückzutreten, ist kampflos besiegt. Das sind die besten Siege! Warum Gewalt, wenn man mit Hilfe bloßer Drohung siegen kann?

Napoleon ruft seine Generalstabsoffiziere zu sich und entfaltet den Stadtplan von Paris. Morgen müssen Truppen in den Tuilerien, auf den Champs-Elysées und auf der Straße nach Saint-Cloud stationiert werden. Es gilt Stärke zu zeigen, um die rechtschaffenen Leute zu beruhigen, eventuelle Gegner abzuschrecken und daran zu hindern, etwas zu unternehmen.

Fouché naht und erklärt, daß er die Stadttore von Paris hat schließen lassen.

»Mein Gott, warum all diese Vorsichtsmaßnahmen?« ruft Napoleon aus. »Wir marschieren mit der Nation und durch deren eigene Kraft. Kein Bürger braucht besorgt zu sein, und der Erfolg der freien Meinung wird nichts gemein haben mit Aufständen, wie sie von umstürzlerischen Minderheiten veranstaltet werden!« Versteht denn niemand, daß Paris einen ganz normalen Tag erleben muß?

»Hören Sie«, sagt er. Er liest die Proklamation an die Truppen vor, die morgen, am 19. Brumaire, veröffentlicht wird. »Die Republik wird seit zwei Jahren schlecht regiert. Die Freiheit, der Sieg und der Frieden werden der Republik wieder den Rang verleihen, den sie in Europa innehatte und den sie allein durch Dummheit oder durch Verrat eingebüßt hat …« Ist das verständlich?

Er wendet sich Sieyès zu, der die Verhaftung der jakobinischen Rädelsführer fordert, und schüttelt den Kopf. Er lehnt es ab. Er sagt nicht, daß er Saliceti bereits beauftragt hat, die Jakobiner zu beruhigen und ihnen im Namen des Generals »eine aufrichtige und detaillierte Erklärung« zu versprechen, ihnen auch darzulegen, daß Sieyès sie verhaften wollte und Bonaparte sie verteidigt hat. Morgen werden die Jakobiner nicht nach Saint-Cloud gehen.

Sieyès senkt den Kopf. Hat er verstanden, daß er am Abend des 18. Brumaire nicht der alleinige Sieger ist, wie er hoffte? Sondern daß Napoleon dem ganzen Tag seinen Stempel aufgedrückt hat? Morgen? Morgen in Saint-Cloud, das ist wahr.

»Der heutige Tag ist gar nicht schlecht verlaufen«, sagt Napoleon zu Bourrienne in der Rue de la Victoire. »Morgen sehen wir weiter.« Er holt zwei Pistolen aus ihren Halftern und nimmt sie mit auf sein Zimmer.

39

Heute, am 19. Brumaire des Jahres VIII, dem 10. November 1799, spielt der letzte Akt. Napoleon betrachtet vom Salon aus den grauen Himmel. Es nieselt. Das Feuer im Kamin will nicht recht brennen. Feuchtigkeit erfüllt den Raum.

In der Rue de la Victoire befinden sich weniger Personen als gestern morgen. Auf die Anwesenden ist Verlaß. Aber trotzdem muß man von einem zum anderen gehen, denn einige haben bereits Befürchtungen geäußert. Wie werden die Abgeordneten der beiden Versammlungen reagieren? Werden sie sich überzeugen lassen? Gestern hat man überraschend den Sieg davongetragen. Sie haben die Nacht gehabt, um sich abzustimmen.

Napoleon weist diese Befürchtungen mit einer Geste zurück.

Dennoch beherrschen sie ihn. Eine unterbrochene Schlacht ist eine halb verlorene und halb gewonnene Schlacht. Nichts ist entschieden. Und dieser beginnende Tag mißfällt ihm.

Zwar hat er über das Militäraufgebot gewacht. Die Truppen werden den ganzen Weg entlang anwesend sein. Murats Soldaten werden die Esplanade des Schlosses Saint-Cloud besetzen und somit die Wachmannschaft des Direktoriums, vor der man sich in acht nehmen muß, einkreisen. Aber nichts ist geplant worden hinsichtlich des Tagesverlaufs. Lucien Bonaparte und Sieyès haben versichert, daß die Alten und die Fünfhundert sich entschließen würden, die Ernennung der drei Konsuln und die Beurlaubung des Konvents für einige Wochen zu akzeptieren. Ist das gewiß?

Napoleon bedauert, die Situation nicht besser in der Hand zu haben. Er glaubt an das Schicksal, verläßt sich aber ungern auf Improvisation, auf Zufall.

Cambacérès nähert sich mit ernster Miene. »Man hat sich noch nicht festgelegt«, sagt der Justizminister. »Ich weiß nicht recht, wie das enden wird.«

Napoleon zuckt mit den Achseln. Cambacérès muß beruhigt werden. »Diese Gremien bestehen nur aus wenigen Männern«, sagt er. »Ich habe sie gestern gesehen und ihnen den ganzen Tag zugehört. Was für eine Erbärmlichkeit, was für niedrige Interessen!«

Er macht ein paar Schritte. Er bittet den verletzten General Lannes, sich nicht nach Saint-Cloud zu begeben. Als er dann Joséphine umarmt, flüstert er: »Dieser Tag ist kein Tag für Frauen.« Es kann Kämpfe geben.

Man fährt los, eskortiert von einer Kavallerieabordnung. Napoleon hüllt sich in Schweigen, hört Bourrienne zu, der dicht neben ihm in dem Augenblick, wo sie die Place de la Concorde überqueren, La Valette zumurmelt: »Entweder schlafen wir morgen im Luxembourg oder wir enden alle hier.« Und dabei weist Bourrienne mit einer Kinnbewegung zu jener Stelle auf dem Platz, an dem die Guillotine stand.

Die Straße ist von mit Gepäck beladenen Wagen verstopft, als hätten die, die sich nach Saint-Cloud begeben, bereits ihre Flucht im Auge. Überall in der unmittelbaren Umgebung des Schlosses biwakieren Soldaten.

Als Napoleon die Esplanade überquert, sieht er, wie sich Abgeordnete der Fünfhundert, ihre weiße Robe mit einem blauen Gürtel umschnürt und auf dem Kopf ihre rote Kappe, in Gruppen auf das Gebäude der Orangerie zu bewegen. Er überquert den Platz. Soldaten rufen. »Vive Bonaparte!« Aus einer Gruppe der Abgeordneten der Fünfhundert ertönen Stimmen: »Ah, der Schurke, ah, der Lump!« Er sieht sich nicht um. Dieser letzte Akt muß mit seinem Sieg enden. Denn wenn er besiegt wird, verliert er alles.

Er betritt das für ihn reservierte Kabinett, das an die Salons grenzt. In dem Raum gibt es lediglich zwei Sessel, auf denen bereits Sieyès und Roger Ducos, die beiden künftigen Konsuln, sitzen. Es ist feuchtkalt. Die Flammen im Kamin scheinen jeden Augenblick zu erlöschen.

Napoleon beginnt, im Raum auf und ab zu gehen. Warten, nicht agieren, sich auf andere verlassen, auf sein Schicksal, ist unerträglich. Es ist erst 13 Uhr 30. Sein Adjutant La Valette berichtet, daß Lucien Bonaparte soeben die Sitzung des Rates der Fünfhundert eröffnet hat. Es heißt also warten.

Napoleon wendet sich zu Sieyès und Ducos um. Sie plaudern. Können sie ihr Schicksal sich einfach so entwickeln sehen, ohne einzugreifen? Ein Adjutant kommt herein. Napoleon nimmt ihn bei den Schultern, zieht ihn von den Sesseln weg. Der Offizier sagt leise, mit einem Kopfnicken zu Sieyès, daß letzterer seinem Kutscher die Order erteilt habe, seinen Wagen angespannt zu lassen und im Wald zu verstecken, um fliehen zu können, wenn die Geschichte schlecht ausgehen sollte. Talleyrand, erklärt der Offizier, sei in Begleitung des Bankiers Collot eingetroffen und habe sich in einem Gebäude in der Nähe des Schlosses häuslich niedergelassen.

Alle sind vorsichtig und sichern ihren möglichen Rückzug. Er setzt alles auf eine Karte.

La Valette tritt ein. Er wirkt besorgt. »Die Fünfhundert«, sagt er, »sind in Aufruhr. Die Abgeordneten haben gerufen: ›Keine Diktatur! Nieder mit den Diktatoren! Es lebe die Verfassung!‹ Der Präsident, Lucien Bonaparte, mußte akzeptieren, daß die Abgeordneten einen Treueid auf die Konstitution des Jahres III leisteten.«

Sieyès lächelt. Natürlich ist er nicht unzufrieden mit den gegen Napoleon vorgebrachten Anschuldigungen. »Sie sehen, was sie anstellen«, sagt Napoleon. Sieyès zuckt mit den Achseln. Dieser Eid, die ganze Verfassung zu respektieren, sei wirklich ein wenig übertrieben. Aber ...

Erzürnt über einen Bataillonschef, der seine Befehle nicht ausgeführt hat, wendet Napoleon sich ab. »Hier gelten ausschließlich meine Befehle!« schreit er. »Man verhafte diesen Mann, werfe ihn ins Gefängnis.«

Er geht auf und ab. An diesem Tag, das wußte er, würde Ungewißheit herrschen. Die Tür wird aufgestoßen. Was wollen die Generäle und Abgeordneten Jourdan und Augereau, von denen es heißt, sie sympathisierten mit den Jakobinern? Schleichen sie schon wie Aasgeier umher, weil sie glauben, daß ich vor der parlamentarischen Opposition zurückweichen werde?

Sie schlagen einen Kompromiß vor, eine gemeine Aktion. Sie versichern, Bernadotte verfüge über Männer in den Vororten, er könne eine Revolte der Sansculotten auslösen.

Napoleon schiebt Augereau zur Seite. »Wer A sagt«, erklärt er, »muß auch B sagen. Verhalten Sie sich ruhig.«

Er verläßt den Raum, in dem er nicht atmen kann. Er wird sich nicht von diesen Machenschaften beeinträchtigen lassen und sich auch nicht auf dieses Anwaltsgeschwätz einlassen. Er betritt die Galerie des Apoll. Die Alten haben ihre Sitzung unterbrochen. Sie bilden eine dichtgedrängte rote und blaue Menge. Napoleon würde gern vortreten, aber er kann nicht bis zum Podium gelangen. Er muß agieren, muß sprechen.

»Volksvertreter«, beginnt er, »Sie befinden sich in einer keineswegs alltäglichen Situation, Sie befinden sich auf einem Vulkan ...«

Die Abgeordneten murren bereits. Ihm ist unbehaglich zumute. Er rechtfertigt sich nicht gern. Wer sind diese Männer, zu denen er sagt: »Ich schwöre Ihnen, das Vaterland hat keinen glühenderen Verteidiger als mich; ich widme mich voll und ganz der Aufgabe, Ihre Befehle auszuführen!« Was haben sie getan, daß er nun gezwungen ist, ihre Zustimmung zu erlangen?

»Und was ist mit der Verfassung?« schreit einer von ihnen.

Er richtet sich wieder auf. » Die Verfassung? Dürfen Sie sich auf sie berufen? Und kann sie überhaupt noch eine Garantie für das französische Volk sein? Die Verfassung? Alle umstürzlerischen Parteien haben sich auf sie berufen, und alle haben sie verletzt; sie wurde von allen mißachtet.«

Er hat gebrüllt. Er schöpft wieder Atem. Einer der Abgeordneten, der ihm nahesteht, schlägt vor, seine Rede drucken zu lassen. Aber andere Stimmen fordern Erklärungen. Er muß noch über die Gefahren sprechen, die in der Vendée entstehen, über die Royalisten, die Nantes, Saint-Brieuc und Le Mans bedrohen. Er erklärt laut und deutlich: »Ich gehöre zu keiner Clique, weil ich zur großen Partei des französischen Volkes gehöre.«

Aber er spürt, daß seine Worte keinen Erfolg haben. Diese Männer in ihren blauen Roben, mit ihrer von der roten Kappe verstellten Stirn, dem weißen Mantel und ihrem in einen roten Gürtel geschnürten Bauch, kann man nicht überzeugen. Er wendet sich zum Eingang des Saales um. »Ihr Grenadiere«, sagt er, »deren Mützen ich erkenne, ihr tapferen Soldaten, deren Bajonette ich sehe ...«

Die Abgeordneten erheben sich, drohen, schimpfen. Es sind doch die Alten, die ihm am ehesten geneigt sind! Er blickt sie an. Sie sind feindselig. Er wird sie niemals verführen können, da sie diese versammelte Meute darstellen. Und er läßt sich gehen, es fallen unkontrollierte Worte, die jegliche Gewandtheit, jegliche Vorsicht zunichte machen.

»Wenn irgendein vom Ausland bezahlter Redner davon spräche, mich für vogelfrei zu erklären«, ruft er aus, »dann soll ihn im Nu der Blitz des Krieges vernichten, dann appelliere ich an Euch, Ihr tapferen Soldaten, meine tapferen Waffenbrüder ...«

Die Abgeordneten brüllen.

»Denkt daran«, schreit er, »daß ich vom Gott des Sieges und vom Gott des Glücks begleitet marschiere ...«

Er hört Bourrienne murmeln: »Gehen Sie hinaus, General, Sie wissen nicht mehr, was Sie sagen.«

Aber was soll man sonst diesen Anwälten sagen, die nicht zuhören wollen!

»Ich fordere Sie auf, segensreiche Maßnahmen zu ergreifen, die die Dringlichkeit der Gefahren gebieterisch verlangt«, fährt er fort. »Sie werden mich stets bereit finden, Ihre Resolutionen in die Tat umzusetzen.«

In schnellem Schritt durchquert er die Galerie des Apoll. Er schiebt alle beiseite, die ihm wie Bourrienne Besonnenheit nahelegen und ihm davon abraten, vor den Rat der Fünfhundert zu treten, dessen Deputierte ihm größtenteils feindlich gesonnen sind. Verstehen sie denn nicht, daß es besser ist, sich schlecht zu schlagen als sich gar nicht zu schlagen? Er ist überzeugt, daß er bei diesen Abgeordneten durch Mäßigung nichts erreicht. Sieyès neben ihm sagt nichts. In dem zur Orangerie führenden Treppenhaus spricht der soeben aus Paris kommende Schriftsteller Arnault ihn an. Er kommt direkt von Fouché.

»Fouché garantiert Ihnen für Paris, General, aber es ist an Ihnen, Saint-Cloud in die Hand zu bekommen. Seiner Meinung nach müssen die Dinge gewaltsam zur Entscheidung gebracht werden, wenn man Sie mit Aufschüben zu umgarnen sucht ... Der Bürger Talleyrand ist auch der Ansicht, daß man keine Zeit verlieren sollte.«

Dennoch versucht man, ihn zurückzuhalten, als er den Saal der Orangerie betreten will, wo die Fünfhundert tagen. Er macht sich frei. Man muß den Knoten zerschlagen. Von Grenadieren eskortiert, teilt er die Menschenmenge, die den Korridor verstopft, stößt die Tür auf und tritt alleine vor.

Er hat diese Männer mit ihren roten Kappen vor sich. Schreie, Gebrüll. Haßerfüllte Gesichter.

»Gesetzloser Diktator! Nieder mit dem Diktator!« wird geschrien. Ein Deputierter, der mit dem Kopf alle anderen überragt, bahnt sich einen Weg zu Napoleon und schlägt ihm heftig auf die Schulter. »General, dafür also hast du gesiegt?« fragt er.

Man hört ein paar Schreie »Es lebe Bonaparte!«, die sogleich von Gebrüll übertönt werden. »Verfassungsbruch, Verfassungsbruch!«, wird skandiert.

Einen Augenblick hat er einen Schleier vor Augen. Er erstickt in dem Gedränge. Er sieht Abgeordnete Dolche schwingen. Er kratzt die Pickel in seinem Gesicht auf. Blut fließt über seine Wangen. Er wird hochgehoben und hinausgetragen.

Er ist im Salon. Sieyès steht ruhig vor ihm. »Die da wollen mich für vogelfrei erklären«, sagt er.

»Sie haben sich selbst dazu erklärt«, antwortet Sieyès. »Man muß die Truppe einsetzen.«

Napoleon beruhigt sich sogleich wieder. Er wollte keinen Militärputsch. Er will ihn auch jetzt nicht. Aber er kann nicht verlieren.

Man vernimmt Schreie aus der Orangerie. Die Türen des Salons werden aufgestoßen. Es wird bestätigt, daß die Fünfhundert das Dekret, den General für gesetzlos zu erklären, verfügt haben.

Er kann nicht verlieren. Er zieht sein Schwert, schreit vom Fenster aus: »Zu den Waffen! Zu den Waffen!« Dann stürzt er, gefolgt von seinen Adjutanten, in den Hof und besteigt ein Pferd. Lucien erscheint ohne Kopfbedeckung. Auch er verlangt ein Pferd.

Sieyès schleudert ihm ins Gesicht: »Sie erklären uns für vogelfrei! General, begnügen Sie sich damit, sie aus dem Saal ins Freie zu bringen!«

Lucien steht in den Steigbügeln und schreit. »Einen Trommler, einen Trommelwirbel!« Der Tambour schlägt seine Trommel. Dann herrscht Stille.

»Franzosen, der Präsident des Rates der Fünfhundert erklärt Euch, daß die große Mehrheit dieses Rates sich augenblicklich in der Gewalt einiger mit Dolchen bewaffneter Repräsentanten befindet. Diese widerwärtigen Schurken, die ohne Zweifel im Sold von England stehen, haben es gewagt, den mit der Ausführung des Dekrets des Rates der Alten betrauten General für gesetzlos zu erklären. Dieses kleine Häuflein von Wüterichen steht selbst außerhalb des Gesetzes. Diese Verbanner sind nicht länger die Repräsentanten des Volkes, sondern die Repräsentanten des Dolches!«

Lauter Beifall erfüllt die Esplanade und den Hof. Napoleon kann sich nur schwer im Sattel halten. Sein Pferd scharrt ungeduldig mit den Hufen und bricht aus. Napoleon weiß, daß dies der entscheidende Augenblick des Tages ist. Und er ist sicher, daß er den Sieg davonträgt. Er muß es.

»Soldaten«, ruft er, »ich habe Euch zum Sieg geführt, kann ich auf Euch zählen?« Soldaten halten ihr Gewehr und ihr Schwert in die Höhe und antworten mit »Ja!«.

Der anschwellende Lärm trägt Napoleon.

»Agitatoren versuchen, den Rat der Fünfhundert gegen mich aufzuwiegeln. Nun, ich werde sie zur Vernunft bringen! Kann ich auf euch zählen?«

Man schreit: »Es lebe Bonaparte!«

»Ich habe zu ihnen sprechen wollen«, sagt Napoleon nach einer Pause, »sie haben mir mit Dolchen geantwortet.«

Er hat gewonnen. Noch ein paar Worte sind genug. »Seit langem schon leidet das Vaterland«, ruft er ihnen zu, »es wird geplündert und verwüstet, seit langem werden seine Verteidiger erniedrigt und geopfert. Und all die Tapferen, die ich gekleidet, entlohnt und unterhalten habe um den Preis unserer Siege, in welchem Zustand finde ich sie wieder?«

»Es lebe Bonaparte!«

»Dreimal habe ich der Republik Tür und Tor geöffnet, und dreimal hat man sie wieder geschlossen.«

»Es lebe Bonaparte!«

»Ja, folgt mir, ich bin der Gott des Tages!«

Der Beifall brandet wieder auf. Er hört Lucien, der ihm zuruft: »Schweig doch still, du glaubst wohl, zu sprichst zu Mamelucken?« Lucien hat recht: er soll nicht mehr sprechen.

Napoleon beugt sich nach unten und gibt General Leclerc einen Befehl. Die Grenadiere setzen sich in Bewegung. Die Trommler trommeln zum Angriff, setzen sich in Richtung Orangerie in Marsch. Man sieht, wie Deputierte des Rates der Fünfhundert aus den Fenstern springen, ihre rote Kappe fallen lassen, ihren weißen Umhang abstreifen und durch den Park entfliehen. Und man hört Murat schreien: »Schmeißt all diese Leute raus!«

Es ist dunkel. Es ist 18 Uhr. Jetzt genügt es, im Salon abzuwarten. Der Adjutant Lavalette bringt die Nachricht, daß die Alten das Dekret angenommen haben, das Direktorium durch eine Exekutivkommission von drei Mitgliedern zu ersetzen. Aber es bedarf noch der Annahme durch die Fünfhundert.

Die Soldaten machen sich auf den Weg nach Saint-Cloud in die Ausflugslokale, die Gärten, die Cafés, um die entflohenen Abgeordneten aufzuspüren und sie in die Orangerie zurückzubringen, damit auch sie abstimmen.

Napoleon geht im Salon auf und ab. Im Schloß ist es jetzt still. Man hört das Trampeln der Soldaten, die allmählich Saint-Cloud verlassen. Lucien betritt gegen Mitternacht freudestrahlend den Salon. Er verliest das Dekret: »Die gesetzgebende Körperschaft ruft eine konsularische Exekutivkommission ins Leben, bestehend aus den Bürgern und Exdirektoren Sieyès und Roger Ducos und aus General Bonaparte, die die Bezeichnung Konsuln der Republik tragen werden.«

Dann reiht sich Napoleon in den Zug ein, der die Konsuln zum Versammlungssaal bringt, wo sie den Treueid »auf die Souveränität des Volkes, auf die eine und unteilbare französische Republik, auf die Freiheit und das repräsentative System« ablegen sollen. Napoleon spricht diese Worte als letzter. In der Morgendämmerung des 11. November 1799 ist er Konsul.

Im Wagen, der ihn um fünf Uhr morgens wieder nach Paris bringt, schweigt er. Er ahnt, daß der neben ihm sitzende Bourrienne ihn in der Dunkelheit ansieht. Aber Napoleon hält die Augen geschlossen und wendet den Kopf nicht. Der Wagen fährt an Soldaten vorbei, die sich am Straßenrand aufstellen. Sie sind vergnügt. Sie singen.

Ah ça ira, ça ira, ça ira,
Les aristocrates à la lanterne.

Napoleon weiß sehr wohl, daß er, was er auch tut, ein Sohn der Revolution ist. Aber sie ist vorüber, wie die Morgendämmerung.

Er macht die Augen auf. Der Wagen fährt in Paris ein. Die Straßen sind still und verlassen. Auf dem Pflaster hallt der Lärm der Räder und der Hufe seiner kleinen Eskorte zwischen den Fassaden mit den geschlossenen Fensterläden wider.

Er empfindet ein bisher unbekanntes Gefühl friedlicher Macht. Nach all den Monaten in Ägypten mit Ungewißheiten und Rückschlägen, nach diesen Stunden, in denen er die Dolche des Hasses in Saint-Cloud aufblitzen sah und jeden Augenblick alles verlieren konnte, scheint es ihm, als habe er endlich die letzten Hindernisse überwunden. Vor ihm breitet sich der Horizont aus, sein Leben. Jetzt wird alles groß sein. Er spürt es. Er will es.

Ja, die Revolution ist vorüber. Und er ist es, der eine Periode abschließt und eine neue Epoche eröffnet.

Endlich, endlich! Der Tag bricht an! Mir gehört die Zukunft!

Zweites Buch

Die Sonne von Austerlitz

Für Anne und Antoine Ottavi

Die Macht ist meine Mätresse. Ich habe zu viel für ihre Eroberung geopfert, um sie mir rauben zu lassen oder auch nur hinzunehmen, daß ein anderer sie begehrt.

Napoleon, am 4. November 1804 zu Roederer

Ich bin kein König. Ich will nicht, daß man mich wie einen König beschimpft. Ich werde wie eine königliche Porzellanpuppe behandelt. Ich eine königliche Porzellanpuppe! Ich bin ein Soldat, der aus dem Volk hervorgegangen ist, und ich habe mich selbst hochgearbeitet. Wie kann man mich mit Ludwig XVI. vergleichen?

Napoleon, am 1. Februar 1801

Erster Teil

»Weder rote Mützen noch rote Seidenstrümpfe – ich bin national.«

11. November 1799 (20. Brumaire, Jahr VIII) – 7. September 1800

1

Napoleon ist dreißig Jahre und vier Monate alt. Draußen wird gerufen: »Es lebe Bonaparte! Es lebe der Frieden!« Er tritt an die verglaste Tür zum Salon der Rotunde, dem größten Zimmer in seinem Stadtpalais.

Hinter der Hecke ganz am Ende des Gartens sieht er eine kleine Menschenmenge in der Rue de la Victoire, die seit dem frühen Morgen dort wartet. Sie ist zusammengeströmt, nachdem man durch Zeitungen und Anschläge bekanntgegeben hat, daß er am Vorabend, dem 19. Brumaire, zu einem der drei Provisorischen Konsuln der Republik gewählt wurde und daß er noch in der Nacht vor den im Schloß von Saint-Cloud versammelten Abgeordneten seinen Amtseid abgelegt hat.

Neugierige streifen am Parkgitter entlang, in der Hoffnung, Bonaparte oder Joséphine de Beauharnais zu sehen. Sie drängen sich um die Kutsche mit den vier schwarzen Pferden, die vor dem Haupteingang hält. Die Pferde der Dragonereskorte wiehern und scharren mit den Hufen. Der Dampf aus ihren Nüstern vermischt sich langsam mit dem Morgennebel. Es ist kalt und feucht, ein der Jahreszeit angemessenes Wetter, an diesem 11. November 1799, dem 20. Brumaire des Jahres VIII.

Es ist kurz nach elf Uhr. Bourrienne, sein Sekretär, öffnet die Tür. Die beiden anderen Provisorischen Konsuln, Sieyès und Roger Ducos, warten im Luxembourg-Palais, in dem gestern noch das Direktorium residiert hat und das nun Sitz der in der Nacht geschaffenen Konsularregierung ist. Napoleon dreht sich um und steht direkt vor dem Spiegel oberhalb des Kamins. Es ist erst 25

Tage her, daß er, von Ägypten zurückkommend, diesen Salon betrat. Es war bei Tagesanbruch. Er wollte die abwesende Joséphine verstoßen. Aber nun steht sie vor ihm, in diesem langen durchscheinenden Kleid, das ihre Körperformen erahnen läßt. Nachlässig stützt sie sich auf den Kamin. Sie trägt ihren Schmuck, wie zu jeder Tageszeit. Ein blaues Seidenband bindet die Locken zurück, die ihr gepudertes Gesicht umrahmen.

25 Tage sind vergangen. Er hat sich nicht von ihr getrennt. Er hat keineswegs vergessen, was er entdeckt hat: daß sie ausschweifend und ehebrecherisch gelebt und ihn lächerlich gemacht hat. Aber im Vorfeld der Tage des 18. und 19. Brumaire hat sie sich als hilfreiche und nützliche Verbündete erwiesen, auch als zärtliche und liebevolle Gattin. In diesen 25 Tagen ist alles anders geworden.

Am 16. Oktober, dem Morgen seiner Rückkehr, war er nur ein General, der seine Armee in Ägypten im Stich gelassen hatte, ein General, den zwar die öffentliche Meinung unterstützte, den die Regierung aber absetzen und wegen Desertion anklagen konnte. Er hat etwas riskiert.

Gestern noch, am 10. November, in der Orangerie von Saint-Cloud, als die Abgeordneten der Fünfhundert ihn wütend angeschrien haben »Gesetzesbrecher! Nieder mit dem Diktator! Gesetzesbrecher!«, glaubte er einige Minuten lang alles verspielt. Er verlor sogar die Fassung. Die Spuren davon sieht man noch auf seinem Gesicht, das er sich, von der schreienden Menge bedroht, mit den Fingernägeln blutig gekratzt hatte. Ein Grenadier, der sich schützend vor ihn warf, wurde von den Abgeordneten geschlagen. Aber worauf hoffte denn diese Advokatenhorde, die doch selbst jene Verfassung wiederholt mißachtet hatte, welche sie nun als heiligen Text vor sich her schob?

Gestern nacht hat er ihre Haltung scharf gegeißelt, ihren Haß, »diese wilden Schreie der Mörder gegen die Macht, die sie niederzwingen soll«. Diese Erklärung hat er Bourrienne diktiert, der ihm nun den fertigen Text zum Signieren gebracht hat, der dank dem verläßlichen Polizeiminister Fouché wohl schon als Aushang an allen Mauern von Paris zu lesen ist.

Vor 25 Tagen war er nichts als ein General, der die Macht wollte.

Gestern nachmittag noch war er ein Mensch in Gefahr. An diesem Morgen, dem 20. Brumaire, ist er einer der drei Provisorischen Konsuln der Republik. Einer? Er muß der erste von den dreien sein. Darum geht es an diesem Morgen. Das ist sein Ziel.

Er geht auf die Tür zu. Joséphine umarmt ihn. Er lächelt und macht sich los. Er ist ein anderer Mensch als vor 25 Tagen. Jeder Sieg ist eine Krönung.

Er durchquert den Garten in Begleitung von Bourrienne, den er nicht anschaut. Er redet wie mit sich selbst. »Eine neue Regierung muß verblüffen und erstaunen«, sagt er. »Sobald sie keinen Glanz mehr erzeugt, kommt sie zu Fall.«

Man hört Schreie. Man hat ihn wohl von der Straße aus erkannt. Er hört die Meldung eines Offiziers: »Der Oberkommandierende General, Konsul der Republik.« Das ist er nun.

Noch hat es niemand ausgesprochen, aber er weiß, daß er der erste der drei Konsuln sein wird. Wer könnte es wagen, seinen Vorrang zu bestreiten? Aber wie soll es danach weitergehen? Diese Frage beschäftigt ihn schon. Er weiß noch keine Antwort. Man wird sehen. Er ahnt, daß er nicht haltmachen kann. Nur in der Vorwärtsbewegung findet er sein Gleichgewicht. Er steigt in die Kutsche, und die Schreie werden noch lauter.

»Großer Ruhm«, sagt er, als sich die Kutsche in Bewegung setzt, »ist nur ein lautes Getöse. Je lauter es ist, desto weiter hört man es. Gesetze, Institutionen, Denkmäler, Nationen, all das vergeht. Aber das Getöse bleibt und hallt noch Generationen später nach.«

Die Pferde sind in Trott verfallen. Mit einer Handbewegung bedeutet Napoleon den Dragonern seiner Eskorte, beide Seiten der Kutsche freizugeben. Er will sehen und gesehen werden. In der Ferne hört man die Rufe »Frieden!«. Napoleon lehnt sich zum Fenster hinaus. An diesem arbeitsfreien Tag sind die Straßen fast leer.

»Meine Macht«, sagt Napoleon leise im Zurücklehnen, »liegt in meinem Ruhm, und mein Ruhm in den Siegen, die ich errungen habe. Meine Macht verfällt, wenn ich ihr nicht durch neuen Ruhm und weitere Siege eine feste Grundlage verschaffe.«

Näher an der Seine, im Vorstadtviertel von Saint-Honoré, sind die Passanten zahlreicher. Neugierige drängen sich vor Aushängen, deren dicke schwarze Lettern man auch von der Kutsche her lesen kann: »General Bonaparte zum Oberkommandierenden ernannt. 19. Brumaire, elf Uhr abends.« Fouché hat seinen Auftrag erfüllt.

Die Kutsche biegt auf den Concorde-Platz ein und fällt in Galopp. Bei dem dichten Nebel ähnelt der Platz einem verlassenen und verfallenen Amphitheater.

»Nur Eroberungen haben mich zu dem gemacht, was ich bin«, sagt Napoleon. »Nur Eroberungen können mich aufrechterhalten.«

2

Begleitet vom Trommelwirbel, mit dem sein Eintreffen angezeigt wird, schreitet Napoleon durch die Gänge des Luxembourg-Palastes. Es ist die erste Sitzung der Konsularregierung. Er kennt diesen Palast. Hier hat er als unbeachteter Bittsteller vorgesprochen. Aber Barras, der Mann, der ihn damals abwies, hat seit gestern alle Macht verloren. Jetzt kann er im stillen den Reichtum genießen, den er an der Spitze des Staates erworben hat. Noch wenige Stunden zuvor gehörte Barras dem Direktorium an, dem er Rechenschaft ablegen mußte und auf dessen Anweisungen man wartete. Diese Zeit ist vorüber.

Er betritt den Saal mit der bemalten Decke. Sieyès und Roger Ducos erwarten ihn stehend. Diese beiden Männer teilen die Macht mit ihm. Ducos ist nur ein Komparse, ein Statist, aber Sieyès ist ein gewiefter Spieler, ein Mann mit Überzeugungen, ein namhafter Revolutionär. Mit ihm muß man rechnen.

Napoleon mustert ihn. Sieyès kommt ihm alt vor, ohne wirkliche Energie. Wenn es zwischen ihnen zu einem Kampf kommen sollte, könnte Sieyès niemals siegen. Das muß ihm bewußt sein. Genau wie in den verflossenen 25 Tagen wird er dann versuchen, Fallen zu stellen und die Waffen der Geschicklichkeit einzusetzen. *Vielleicht glaubt er ja, daß er einen Mann wie mich mit rechtlichen*

Spitzfindigkeiten und mit Verfassungsartikeln an die Kette legen kann!

Sieyès drückt gegen die Türen, um sicherzugehen, daß sie geschlossen sind.

»Über den Vorsitz brauchen wir gar nicht erst abzustimmen«, sagt Ducos und setzt sich hin. »Er steht rechtmäßig Ihnen zu, General.«

Napoleon schaut Sieyès an, der nichts sagt, seine Anspannung aber kaum verbergen kann. Napoleon nimmt auf dem mittleren Sessel Platz und erklärt dann, daß er einen ständigen Vorsitz ablehnt.

Jetzt heißt es abwarten, bis Sieyès sein Spiel offenlegt. Die beginnende Periode ist nur eine Übergangszeit. Die noch auszuarbeitende Verfassung wird darüber entscheiden, welchen Platz jeder einnimmt.

Sieyès erhebt sich. Noch einmal überprüft er, ob die Türen des Saales wirklich geschlossen sind. Dann zeigt er Napoleon eine Kommode.

»Schauen Sie sich dieses schöne Möbelstück an«, sagt er. »Sie ahnen gewiß nicht, wieviel es wert ist.«

Dann erklärt er, daß die Mitglieder des Direktoriums vorhatten, am Ende ihres Mandats untereinander die Geldsumme aufzuteilen, die in dieser Kommode verborgen ist. »Nun gibt es kein Direktorium mehr«, sagt Sieyès, »der Rest gehört also uns. Was wollen wir damit machen?«

Er ist also genauso habgierig wie Barras. Diese gierigen Menschen streben die Macht nur wegen des Reichtums an, den sie ermöglicht. Es genügt, sie mit Gold vollzustopfen, damit sie die Macht fahrenlassen, der nicht ihre wirkliche Leidenschaft gilt.

»Ich weiß nichts von diesem Geld«, sagt Napoleon und wendet den Kopf ab. »Sie können es also unter sich aufteilen, Sie und Ducos, als ehemalige Mitglieder des Direktoriums. Aber machen Sie schnell, morgen wird es schon zu spät dafür sein.«

Sie öffnen die Kommode und beginnen miteinander zu flüstern und über die Verteilung der 800000 Francs zu streiten, die sie soeben gezählt haben. Napoleon soll ihren Streit schlichten.

»Einigen Sie sich untereinander«, sagt er. »Wenn Gerüchte darüber bis zu mir gelangten, würden Sie gar nichts erhalten.«

Sie schweigen und belauern sich. Sieyès hat 600000 Francs genommen. Dabei sind die Kassen der Regierung leer, man kann die Eilboten nicht bezahlen, welche Depeschen in die Provinz oder zu General Championnet bringen sollen, dem Befehlshaber der Italien-Armee. Wie ist das möglich?

Napoleon befragt ehemalige Minister, wälzt die Akten. Die Soldaten werden weder bezahlt noch ernährt, noch gekleidet. Er ruft Gaudin zu sich, einen hohen Beamten aus der Zeit der Monarchie, der auch Sieyès' Kandidat für das Finanzministerium ist. Der Mann wirkt diskret und effizient.

»Haben Sie sehr lange in der Finanzverwaltung gearbeitet?« fragt Napoleon.

»Zwanzig Jahre, Herr General.«

»Wir brauchen Ihre Hilfe, und ich zähle auf Sie. Lassen Sie sich gleich vereidigen. Wir haben es eilig.«

Den ganzen Tag über empfindet er diese Dringlichkeit. Minister ernennt er im Eiltempo. Talleyrand bekommt wieder das Außenministerium. Laplace, der kultivierte Prüfer der Militärakademie, wird Innenminister. Am wichtigsten aber ist die Arbeit der Kommissionen, die eine neue Verfassung ausarbeiten sollen.

Sieyès hat einen geschickten Entwurf vorgelegt. Er sieht einen auf Lebenszeit ernannten »Obersten Wahlmann« vor, der an der Spitze einer Hierarchie steht, zu der diverse Kammern, ein Senat, gesetzgebende Versammlungen sowie ein Tribunat gehören, der in Wahrheit aber keine Macht besitzt und von Notabeln bestimmt wird, was einen Anstrich von allgemeinen Wahlen verleiht, obwohl deren Auswahl von oben erfolgt. Napoleon macht sich rasch mit dem Vorschlag von Sieyès vertraut. Diese Art, das allgemeine Wahlrecht auszuhöhlen, mißfällt ihm eigentlich nicht. Das Vertrauen kommt von unten und die Autorität von oben – und überhaupt: was ist eigentlich das Volk?

Er befragt die »Ideologen«. So heißt eine Gruppe von Philosophen, die eine aufgeklärte Diktatur propagieren. Er begegnet ihnen bei Empfängen, die er im kleinen Luxembourg-Palast gibt, wo er nun mit Joséphine wohnt. Einer von ihnen, Cabanis, erklärt: »Die ungebildete Klasse darf keinen Einfluß mehr auf die Gesetzgebung und die Regierung haben. Alles muß für das Volk getan werden und im Namen des Volkes, aber nichts darf unter dem unbedachten Diktat des Volkes geschehen.«

Er beruft Kommissionen ein, die ihn beraten sollen. Eines Abends kommt Roederer und flüstert ihm einen Vorschlag von Sieyès zu. Würde Napoleon akzeptieren, jener oberste Wahlmann zu sein, den der Entwurf von Sieyès vorsieht? Man muß ruhig bleiben, nur zuhören. »Der Wahlmann erhielte sechs Millionen Francs und eine Garde von 3000 Mann. Er würde in Versailles residieren, und seine Funktion bestände darin, die beiden Konsuln zu ernennen.« Da liegt die Falle. Wer dieses Amt ohne Macht übernähme, hätte seine Reputation verspielt.

»Habe ich Sie recht verstanden, Roederer? Man schlägt mir ein Amt vor, in dem ich jene ernennen könnte, die etwas zu sagen hätten, und in dem ich mich selbst in nichts einmischen könnte?«

Er geht ein paar Schritte beiseite und spricht nun so laut, daß ihn auch die Mitglieder der Kommission hören können. »Dieser oberste Wahlmann wird nur der Schatten, wirklich nur der körperlose Schatten eines schwachen Königs sein. Kennen Sie einen Menschen, der charakterlos genug ist, an einem solchen Possenspiel Gefallen zu finden? Eine lächerliche Rolle will ich nicht spielen. Lieber leer ausgehen als lächerlich werden.«

Als Sieyès vor der Kommission erscheint, geht ihn Napoleon mit scharfen Worten an: »Bürger Sieyès, wie können Sie nur glauben, daß ein Mann von Ehre und Talent, der in der Politik nicht unerfahren ist, sich im königlichen Schloß von Versailles wie ein Mastschwein mit einigen Millionen vollstopfen läßt?«

»Sie wollen also König werden?« murmelt Sieyès. Aber seine Stimme klingt schon nach Bitterkeit und Niederlage. Er hat sein Spiel aufgedeckt und verloren. Napoleon muß nur seine Attacke Tag für Tag und Nacht für Nacht fortsetzen. Er macht Vorschläge, er verbessert, er leitet Arbeitssitzungen. Er überwindet alle Widerstände. Er überzeugt oder verblüfft. Er sieht, wie Sieyès nach und nach jegliches Interesse verliert.

Es wird abgestimmt: zu den drei Kammern kommt ein Staatsrat hinzu, und an der Spitze des Gebäudes steht als Eckstein ein Erster Konsul, der für zehn Jahre gewählt wird, während die beiden andern Konsuln nur beratende Funktion haben. Mit Geschick und Ironie wendet sich Napoleon an Sieyès und bittet ihn mit ruhiger Stimme, die Namen der drei Konsuln vorzuschlagen. Sieyès zögert, sagt aber dann resigniert die drei erwarteten Namen: Napoleon Bonaparte, Cambacérès – der 1793 für den Tod des Königs gestimmt hat – und Lebrun, der den Royalisten nahesteht.

Napoleon ist mit diesem Vorschlag zufrieden. »Weder rote Mützen noch rote Seidenstrümpfe – ich bin national«, sagt er. »Ich mag Ehrenmänner aller Richtungen.«

Der Text der Verfassung wird dem Volk zur Abstimmung vorgelegt. Und Napoleon wird die Präambel schreiben. »Bürger, die Revolution kehrt zu den Prinzipien zurück, die an ihrem Anfang standen. Sie ist beendet.«

Das Jahr 1799 geht zu Ende und damit das Jahrhundert. Napoleon steht im 30. Lebensjahr. Das 19. Jahrhundert betritt er als Sieger. Seine Mißerfolge und seine vergeblichen Anläufe hat er längst vergessen. Es kam ihm so vor, als genüge zum Sieg ein entschiedener Wille. Besaßen die Männer, die sich ihm in den Weg gestellt haben, denn so wenig Klugheit und Willenskraft oder fehlte es ihnen nur an Mut?

In seinen Augen sind sie unterwürfig, beflissen, habgierig. Er läßt Sieyès als »nationale Anerkennung« ein Landgut aus staatlichem Besitz übertragen, die Domäne Crosnes. Und Cambacérès? »Er hat eine besondere Art, seinen Schandtaten einen gravitätischen Anstrich zu geben.« Talleyrand, einstmals Bischof von Autun? »Revolutionär ist er nur durch seine Missetaten. Er war Jakobiner und hat in der Verfassunggebenden Versammlung seinen Stand verraten. Seine Interessenlage macht ihn für uns zuverlässig.« Mit starren Augen hört Napoleon zu, als Talleyrand sagt: »Ich möchte nur mit Ihnen arbeiten. Keineswegs aus eitlem Stolz. Ich habe dabei wirklich allein das Interesse Frankreichs im Auge.« Solche dienstwilligen Männer lassen sich leicht beherrschen, denkt er.

Alle strömen sie zu den Empfängen, die er nun als Erster Konsul in den Räumen des Luxembourg-Palastes gibt. Sie erbetteln einen Blick, wenn er einer Opernaufführung beiwohnt. Wenn er mit Joséphine allein ist, berichtet sie ihm, was man so in den Salons hört. Kennt er schon den Vierzeiler, den man überall in Paris flüstert?

Sieyès hat Bonaparte den Thron vermacht,
er glaubte ihn reich und unschädlich gemacht.
Bonaparte hat Sieyès Schloß Crosnes offeriert
und ihn so bezahlt und kräftig blamiert.

Sie lacht. Weiß er auch schon, daß die beiden Konsuln Cambacérès und Lebrun die beiden Lehnen des Sessels sind, in dem er Platz genommen hat? Sie möchte ihn in ihr Schlafzimmer locken, aber er entzieht sich. Er muß jetzt nachdenken. In seinem Arbeitszimmer liest er die Polizeiberichte. Die öffentliche Meinung ist für ihn. Als bei einer Theateraufführung ein Schauspieler den Vers deklamierte: »Durch seinen Mut hat er uns vor Tod und Plünderung bewahrt«, sind die Zuschauer aufgestanden und haben lange applaudiert. Einige riefen: »Es lebe der Erste Konsul!«

Um jeden Preis muß er diese Stimmung der Öffentlichkeit fördern. Eines Morgens, noch ein wenig berauscht von den Akklamationen, die ihn auf seinem langen Weg durch die Straßen von Paris begleitet haben, hört er von Roederer: »Diese Ovationen für Sie sind nichts im Vergleich zu denen für La Fayette in den Jahren 1789 und 1790. Aber nur kurze Zeit später mußte La Fayette damals ins Exil gehen. Einen Sieg muß man stets konsolidieren.«

Am 16. Januar 1800 beruft er einen geheimen Rat ein. Man muß sich mit den Zeitungen beschäftigen, sagt er. Sie machen die Meinung von Tausenden. »Was ist eine Zeitung? Eine Art lockerer Klub. Eine Zeitung wirkt auf ihre Abonnenten wie ein Parteiredner auf seine Zuhörer.« Was nützt es, Reden zu verbieten, die nur wenige hundert Menschen erreichen, wenn man gleichzeitig Zeitungen zirkulieren läßt, die hundertmal mehr beeinflussen? Unbotmäßige Zeitungen müssen verboten werden. Die Redakteure müssen »ergebene Männer« sein. Der Rat stimmt ihm zu und erläßt ein Verbot für 60 von 73 Zeitungen.

Im Weggehen nimmt er Bourrienne beim Arm: »Wenn ich den Zeitungen freie Hand lasse, dann bleibe ich keine drei Monate an der Macht.« Und welchen Sinn hätten dann all seine Schlachten und seine Siege gehabt?

An manchen Abenden im Luxembourg-Palast oder in Malmaison, an denen Joséphine sich geschickt und aufmerksam ihren Gästen widmet, seien sie nun Königsmörder oder Emigranten gewesen, läßt er sich aus der Zeit der Revolution berichten, von der er nur einige Episoden mitbekommen hat. Die zehn Jahre zwischen 1789 und 1799 hat er meistens im Ausland verbracht. Alles, was er hört, bestärkt ihn in der Absicht, nach dem Jahrzehnt der Revolution die Rückkehr zu Ordnung, Sicherheit und Frieden zu verkörpern, um so seine Macht zu festigen.

Als er am 14. Dezember 1799 erfährt, daß Georges Washington gestorben ist, nutzt er die Gelegenheit. »Ich will zehn Tage Staatstrauer«, sagt er zu Talleyrand.« Er muß in der öffentlichen Meinung als Washington seines Landes angesehen werden, der alle vereint.

Er weiß auch, daß Unterdrückung und Verbote nicht genügen. Er muß Leute für sich gewinnen. An General Jourdan schreibt er: »Sie sind am 19. Brumaire gekränkt worden? Aber das ist doch nun einige Zeit her, und ich wünsche mir sehr, den Sieger von Fleurus bei mir zu haben auf dem Weg zur Neuordnung, zur wirklichen Freiheit, zum Glück.« Zu einem Abgeordneten, der verbannt worden war, sagt er: »Kommen Sie zu mir, ich führe eine Regierung der Jugend und des Geistes.« Wie leicht alles wäre, wenn das Land die Geschlossenheit und die Disziplin einer Armee hätte!

»Die einfache Bezeichnung ›französischer Staatsbürger‹«, sagt er, »ist doch gewiß genausoviel wert wie ›Royalist‹, ›Jakobiner‹ oder wie die tausendundeine Bezeichnungen noch lauten mögen, die der Parteienstreit erzeugt hat, der die Nation seit zehn Jahren in einen Abgrund treibt, aus dem sie nun endlich für immer herausgeholt werden muß.«

Es ist ihm nicht entgangen, daß Joséphine Tag für Tag Angehörige der Emigranten empfängt, die von den Emigrantenlisten gestrichen werden wollen. Er weiß, daß sie deshalb verschiedene

Ministerien kontaktiert hat. Für ihn flicht sie dieses Netz, das sich weithin erstreckt, bis zu den großen Familien der Montmorency, der Ségur, der Clermont-Tonnerre. Sie mag sie jeden Morgen in ihrem Salon empfangen. Was schadet es, daß man sie für monarchistisch hält? Er hält die Zügel in der Hand. Und er fürchtet sich nicht vor der Kritik der Anarchisten oder der Radikalen, der unbelehrbaren Jakobiner. Deren Stunde ist längst vorbei, glaubt er. Seit dem Wohlfahrtsausschuß hat Frankreich so viele radikale Regierungen gekannt. Die jakobinische Bedrohung ist nur noch ein Schreckgespenst.

Viel gefährlicher sind die Royalisten. Noch kämpfen in der Vendée die »Chouans«. Er verspricht ihnen eine Amnestie, wenn sie die Waffen niederlegen. Er gestattet, daß am Sonntag Messen gelesen werden, obwohl es diesen Wochentag im Revolutionskalender nicht mehr gibt. Warum sollte man die Royalisten anders behandeln als die anderen? Man muß sie verlocken, bestechen, bedrohen und in die Knie zwingen. Warum sollte er zwei ihrer Anführer, die ihn sprechen wollen, nicht empfangen? Mit der Höflichkeit eines Menschen des Ancien Régime führt Talleyrand einen Royalisten aus Paris, Hyde de Neuville, und einen Anführer der Chouans, Fortuné d'Andigné, zu ihm. Napoleon gibt sich höflich und verständnisvoll. In den Augen der beiden Royalisten liest er Erstaunen. Sie haben sich herausgeputzt wie Aristokraten, und er hat sich bewußt nachlässig gekleidet. Aber schon nach wenigen Minuten zwingt er ihnen seine bissige Ironie, seinen Zynismus auf.

»Warum reden Sie immerzu vom König? Sind Sie etwa Monarchisten?« fragt er. Und er wundert sich. Wie kann man nur einem Fürsten anhängen, der nicht einmal den Mut gehabt hat, ein Fischerboot zu besteigen, um sich zu seinen tapfer kämpfenden Getreuen zu begeben? Was ist denn ein König wert, der nie sein Schwert gezückt hat? »Aber ich bin kein Royalist«, sagt er. Er nähert sich dem Kamin und wendet sich dann plötzlich d'Andigné zu. »Was wollen Sie werden? General? Präfekt? Sie und Ihre Leute können werden, was Sie wollen.«

Wenn der Köder ausgelegt ist, muß man abwarten. Aber die beiden Männer sind wohl nicht interessiert. Man muß ihnen schmeicheln und sagen, daß man ihren Kampf versteht, daß man bereit ist, die religiösen Freiheiten wieder herzustellen.

»Aber ich will zuverlässige Priester. Und ich werde dafür sorgen. Nicht Ihretwegen, sondern meinetwegen.«

Er schaut Hyde de Neuville an. Der wirkt gerissener als d'Andigné. Mit ihm muß man eine Komplizenschaft aufbauen.

»Wir haben nicht besonders viel mit Religion im Sinn«, fährt er fort. »Aber für das Volk ist sie notwendig.«

Sie antworten nichts. Man muß ihnen drohen. »Wenn Sie keinen Frieden schließen, werde ich mit 100000 Mann gegen Sie losmarschieren. Ich werde eure Städte und Häuser in Brand stecken.« Er unterbricht sich, ändert den Ton. »Seit zehn Jahren ist schon zu viel französisches Blut geflossen.«

Er dreht ihnen den Rücken zu. Die Unterredung ist beendet. Nun heißt es handeln, da weder Schmeichelei noch Drohung etwas bewirkt haben. Man muß die Unterwerfung der Aufständischen verlangen. »Man kann nicht hinnehmen, daß sich Männer ohne Glauben und Vaterland gegen Frankreich bewaffnen und einem perfiden ausländischen Feind dienen.« Man muß die Truppen verstärken, um diesen Worten Nachdruck zu verleihen. Im Januar 1800 erfolgen die ersten Kapitulationen. Cadoudal, einer der entschlossensten Anführer der Chouans, gibt noch im Februar den Kampf auf.

Napoleon bekundet keinerlei Freude, er weiß, daß ein Kampf wie der seine kein Ende kennt. Er muß die Verwaltung der Departements regeln, er muß an einem Vormittag Bankiers empfangen, um eine Anleihe von drei Millionen zu erhalten. Er muß die Armeen wieder in die Hand bekommen, muß den Generälen schmeicheln, aber auch Angereau überwachen und besonders Moreau, den geschicktesten und ruhmreichsten. Man muß seine wichtige Rolle anerkennen und ihm schreiben: »Ich bin heute nur noch eine Art Drahtpuppe, die ihre Freiheit und ihr Glück verloren hat. Ich beneide Sie um ihr besseres Los: Sie können mit Ihren tapferen Soldaten Großes bewirken. Nur zu gern würde ich das Purpurgewand des Konsuls eintauschen gegen die Schulterstücke eines Hauptmanns unter meinem Befehl.«

Moreau wird sich durch solche Worte gewiß nicht täuschen lassen, aber es sind nicht nur Schmeicheleien wie sie der Fuchs dem Raben sagt. Fouché hat ihn wissen lassen, daß General Moreau verdächtigt wird, Beziehungen mit den Royalisten zu unterhalten, vielleicht sogar mit Georges Cadoudal. Im Arbeitskabinett im Erdgeschoß, wo er Hyde de Neuville und d'Andigné empfangen hat, empfindet Napoleon das Gefühl einer großen Leere. Er sehnt sich nach den starken Gefühlen am Vorabend von Schlachten, wenn Soldaten und Offiziere zu einer Gemeinschaft werden, oder auch, wenn man die unbesiegbare Kraft spürt, die sie in dem Augenblick zu verkörpern glauben, wenn sie mit vereintem Elan angreifen.

All das möchte er gern wiederfinden. Aber vergeblich sucht er nach diesen Gefühlen, seit er Erster Konsul ist, denn in der Verwaltung der Menschen und in der Regierungsarbeit, die zu seinem Amt gehört, ist die »Verschmelzung« nur eine Chimäre, der man nachjagt.

Oft kommt er auf militärische Fragen zurück. Wer glaubt denn, daß der Frieden ohne weitere Siege möglich sein wird? Und doch ruft man, wenn er vorbeifährt: »Es lebe Bonaparte! Es lebe der Frieden!« Jedesmal, wenn er die Menge das rufen hört, versteift sich Napoleon. Das wollen sie? Er doch auch! Aber ohne Illusionen.

Er hat an Friedrich Wilhelm III. geschrieben, den König von Preußen, der kein Feind ist, und ihm seine besten Wünsche »für das Wohlergehen und den Ruhm Ihrer Majestät« ausgesprochen.

An den österreichischen Kaiser Franz II. hat er geschrieben: »Da mir jede eitle Ruhmsucht völlig fremd ist, möchte ich das drohende Blutvergießen verhindern.«

An George III., den König von England, schrieb er: »Soll der Krieg, der seit acht Jahren alle vier Himmelsrichtungen verwüstet, denn ewig dauern? Gibt es keinen Weg zur Verständigung? Durch Überforderung ihrer Kräfte können Frankreich und England zum Unglück ihrer Völker noch lange die endgültige Erschöpfung herauszögern; aber ich stehe nicht an zu sagen, daß das Schicksal der zivilisierten Welt davon abhängt, daß dieser Krieg beendet wird, der die ganze Welt in Brand gesetzt hat.«

Ja, Frieden!

Auf dem Tisch breitet er die Depeschen jener Agenten aus, die Talleyrand und Fouché in den verschiedenen Ländern Europas und in den royalistischen Gruppen von Paris plaziert haben. In London und in Wien nimmt man seinen Friedenswillen nicht ernst. Pitt hat erklärt, das sicherste Mittel zum Frieden wäre die Wiederherstellung des Königtums in Paris. Der Erste Konsul, hat er hinzugefügt, sei »das Produkt und der Gebieter aller revolutionären Abscheulichkeiten«.

Was kann er also tun? Die Armee neu organisieren, dazu eine Reservearmee schaffen, die man schnell von einer Front zur anderen bewegen kann, und vor allem an die Soldaten denken, von denen alles abhängt. Siegen kann man nur, wenn sie bereit sind zu sterben. Dazu müssen sie an ihren Chef glauben und ihn von nahem erleben, und sie müssen für Bravourleistungen belohnt werden. Napoleon schafft Auszeichnungen für Grenadiere, Kavalleristen, Trommler: Gewehre, Trompeten, Ehrenstäbe. Es erbost ihn, wenn er ein Akademiemitglied verächtlich von »eitlem Kinderkram« sprechen hört.

Joséphine hat die beiden Grenadiere bei Tisch empfangen, die sich am 19. Brumaire im Schloß von Saint-Cloud zwischen Napoleon und die Abgeordneten der Fünfhundert geworfen und ihn so geschützt haben. Dem Grenadier Thomé, dessen Uniform dabei von Dolchen zerfetzt wurde, gab sie nach dem Gastmahl einen diamantenbesetzten Ring im Wert von 2000 Ecus. Und sie hat ihn umarmt! So muß man die Menschen behandeln – sie belohnen und ihnen schmeicheln.

Die Garde der Konsuln erhält neue schmucke Uniformen. Ihr Befehlshaber ist Murat, der gerade Caroline Bonaparte geheiratet hat. Eben diese Garde paradiert an dem Tag, als man das Ergebnis der Volksabstimmung über die neue Verfassung bekanntgibt: 3011007 Bürger haben zugestimmt, bei 1562 Nein-Stimmen. An einigen Orten war die Wahlenthaltung so stark, daß man die Urnen mit Ja-Stimmen vollstopfen mußte. So muß man regieren!

Zu Bourrienne, der ihm dieses Ergebnis mitteilt, sagt er: »Man muß den Augen etwas bieten, das Volk liebt so etwas.« Er tritt ans

Fenster, schaut auf den Garten hinter dem Luxembourg-Palast und fügt hinzu: »In einer Armee hat Schlichtheit ihren Platz. Aber in einer großen Stadt muß der Regierungschef mit allen Mitteln die Blicke auf sich lenken.« Und so beschließt er, daß er in den Tuilerien residieren wird.

Am 19. Februar 1800 verläßt eine Wagenkolonne den Luxembourg-Palast in Richtung auf die renovierten Tuilerien. Man hört Salutschüsse der Artillerie. 3000 Infanteristen, an ihrer Spitze eine Militärkapelle mit einem kräftigen Tambourmajor, dazu Kavalleristen, marschieren vor der Kutsche des Konsuls, die von sechs weißen Pferden gezogen wird, ein Geschenk des Kaisers von Österreich zum Abschluß des Friedensvertrages von Campoformio. Napoleon trägt einen roten Anzug, der mit Gold bestickt ist.

Auf der gesamten Strecke an den Seinequais entlang bis zur Einfahrt in den Hof des Louvre steht eine dichte Menschenmenge. Zu Pferd nimmt Napoleon die Truppenparade ab. Er hebt den Kopf und liest am Gebäude eines der Wachregimenter aus der Revolutionszeit: »Am 10. August 1792 wurde in Frankreich das Königtum abgeschafft, und es wird sich niemals wieder erheben.«

Er gibt das Zeichen zum Beginn des Defilees. Wenn Brigadeteile vor ihm defilieren, deren Fahnen zerfetzt wurden, entblößt er lange sein Haupt. Die Menge, die sich bis auf die Häuserdächer drängt, jubelt ihm zu.

Dann betritt er die Tuilerien. Er geht in die erste Etage des Schlosses hinauf. Dort will er sich einrichten, in den Gemächern, die einst Ludwig XVI. und seine Familie bewohnten. Joséphine erhält das Erdgeschoß. In Begleitung von Roederer durchschreitet er die Räume. Sie sind riesig und reizlos.

»Wie trist das alles wirkt, General«, sagt Roederer.

»Genau wie der Ruhm.« Napoleon wendet sich ab. Schon wieder diese Leere.

Er betritt das Schlafzimmer von Joséphine und muß lachen, als er sie neben dem Bett stehen sieht. Er ruft ihr neckisch zu: »Los, kleine Kreolin, leg dich auf das Bett deiner Herrschaften.« Aber Joséphine kann darüber nicht lachen. Sie will mit ihm reden. Er läßt es nicht zu. Ihre Befürchtungen angesichts der Erinnerungen an die Könige lassen ihn kalt. Er will nichts von ihren Vorahnungen wissen. Jetzt ist er hier in den Tuilerien. Am 10. August 1792 ist er auch durch diese Räume geschritten, als sie von einer wütenden Menge erfüllt waren. Das ist keine acht Jahre her.

An nächsten Tag begibt er sich schon früh in die Diana-Galerie, wo er Büsten jener Männer aufstellen ließ, die er am meisten bewundert, von Demosthenes bis Brutus, von Cäsar bis Washington, von Friedrich II. bis zu Mirabeau. Er geht sehr langsam und bleibt vor jedem Kopf eine Weile stehen. Dann kehrt er noch einmal um und geht zu den Büsten von Alexander dem Großen, Hannibal und Julius Cäsar. Zu Bourrienne sagt er: »Es genügt nicht, in den Tuilerien zu sein. Man muß sich dort auch halten.«

3

Napoleon liebt die tiefe Nacht. Dann scheint die Zeit sich zu dehnen. In der Stille und der Dunkelheit rings um seine Gemächer hat er das Gefühl, daß der Druck der Hand nachläßt, die ihn seit dem Morgengrauen umklammert hielt. Er betritt sein Bad und streckt sich aus. Sein Mameluck legt ein paar Holzscheite nach. Er braucht jetzt diese Wärme. Den ganzen Tag über muß er dieses Gefühl von Kälte aus seinem Körper vertreiben. Wenn er ausgeht, ist ihm kalt und er knöpft das Revers seines Gehrocks aus grauem Tuch zu.

Vielleicht erschwert ihm ja seine Magerkeit den Kampf gegen die Kälte. An diesem Morgen fing er an, mit den Zähnen zu klappern, während man ihm Artikel aus englischen und deutschen Zeitungen vorlas. Um die französischen kümmert er sich kaum. Manchmal diktiert er deren Artikel selbst.

Er schließt die Augen. Das heiße Wasser bedeckt ihn nun ganz. Alle Muskeln entspannen sich allmählich, selbst die rechte Schulter, die sich manchmal heftig zusammenzieht, wenn ihn Wut oder Rührung packen; dann zuckt sie in einer nervösen Bewegung, die er nicht unterbinden kann.

Das Wasser lindert auch das Kratzen und Jucken, das ihn tagsüber so oft befällt. Dazu reicht es schon, daß er einen jener Berichte aus dem Ausland erhält, in denen die ablehnende Haltung von Pitt oder der Österreicher belegt wird, oder ein Schreiben von General Moreau, der den Plan für halbherzig hält, über die Schweiz anzugreifen, um die Österreicher zu umgehen, und der den Rhein in gerader Linie überschreiten möchte. Aber es ist noch zu früh, um Moreau zu kritisieren oder kaltzustellen. Sein Ruf ist zu solide. Er steht in Verbindung mit zu vielen Offizieren. Im Umgang mit Leuten, die Befehlsgewalt über bewaffnete Männer haben, ist Vorsicht geboten.

Gegen Ende des Vormittags, nachdem er die Polizeiberichte gelesen, seine Antworten auf Briefe und verschiedene Anweisungen unterzeichnet hat, ist er ins topographische Kabinett gegangen, das den Karten und Plänen vorbehalten ist. Er will die Bewegungen aller Armee-Einheiten und ihre Versorgungslage kennen. Die englischen und österreichischen Spione sollen glauben, daß die Reserve-Armee, die in Dijon geschaffen wird, die Aufstellung einer neuen Kampfeinheit lediglich vortäuschen soll. Es muß also von der Reserve-Armee mit großer Übertreibung gesprochen werden, damit man dies für ein reines Propagandamanöver hält, und zugleich muß diese Armee tatsächlich aufgebaut werden.

Von all dem hat er den beiden andern Konsuln, aber auch dem Staatsrat, den er aufgesucht hat, nichts gesagt. Cambacérès, der keine Gremien mag, hat befürchtet, daß der Staatsrat eine zu große Bedeutung erhalten und zum Sitz der Opposition werden könnte. Er kennt die Männer nicht, auch wenn er sie jung und hübsch liebt. Aber nur für ihren Körper interessiert er sich, nicht für ihren Geist. Um die Menschen zu zähmen, genügt es, sie zu korrumpieren.

Im Staatsrat gab es einige Schwätzer, die sich vernehmen ließen: »Man erzähle uns in diesen Räumen nichts von einem Idol, das es gerade mal seit vierzehn Tagen gibt. Wir haben hier erlebt, daß ein Idol gestürzt wurde, das seit vierzehn Jahrhunderten existierte.« Andere, wie etwa Benjamin Constant, sprachen von einem »Regime der Unterwerfung und der Unterdrückung«.

Napoleon verläßt das Bad. Die Erinnerung an jene Sätze, die bald von Proteststürmen überdeckt wurden und die Entschuldigung ihrer Urheber erzwangen, genügt, um schnell wieder die Ruhe zu zerstören, die ihn endlich erfüllt hatte. »All diesen Advokaten werde ich die Ohren abschneiden«, sagt er zu dem Adjutanten, dem er diese Sätze zitiert hat. Sein Mameluck trocknet ihn ab, unterstützt von zwei kleinen Abessiniern, die ihn auch bei Tisch bedienen. Er wird zu Joséphine hinuntergehen.

Er muß mit ihr über Geld reden, über die unsinnigen Schulden, die sie anhäuft durch Ausgaben für Schmuck, Hüte, Möbel, Nippes. Allerdings versteht sie sich auf Empfänge. Er weiß Malmaison durchaus zu schätzen, den Landsitz nahe bei Rueil, den sie kaufen und geschmackvoll einrichten ließ. Dort verbringt er die Zeit von Samstag bis Montag mittag. Dort speist man im Kreis von mehr als 20 Gästen, manchmal auch bis zu 100. Aber aus Polizeiberichten, von Bourrienne und durch Gerüchte weiß er, daß sie über eine Million Francs schuldet, vielleicht sogar das Doppelte. Bourrienne soll diese Unkosten begleichen. 600000 Francs müssen genügen. Er soll die Gläubiger unter Druck setzen, denn sie haben ihre Rechnungen gewiß übertrieben. Aber danach wird Joséphine so weitermachen. Man muß ihr Geld für die Zukunft verschaffen. Was nützt es, an der Macht zu sein, wenn man kein Geld hat? Die Macht bedeutet auch Geld. Als Erster Konsul erhält er ein Gehalt von 500000 Francs im Jahr. Die beiden andern bekommen nur 150000. Dazu kommt ein Kredit in Höhe von 600000 Francs für die Ausgaben der Residenz des Konsuls. Das scheint enorm hoch zu sein, wenn man bedenkt, daß ein Kleidungsstück 32 Francs kostet, daß ein Arbeiter pro Tag ein oder zwei Francs erhält und ein Divisionsgeneral 40000 Francs im Jahr, aber es kann keine Gleichheit geben zwischen Befehlshaber und Untergebenem. Soll er als einziger kein Vermögen haben, wo sich doch alle so sehr bereichert haben?

Lucien, der zum Innenminister ernannt wurde, ist in so viele krumme Geschäfte verwickelt und Gegenstand so vieler Gerüchte, daß man ihn kaltstellen muß. Joseph, Mitglied des Staatsrates und Verwalter des Familienvermögens, residiert im prächtigen Landschloß Mortefontaine. Dort haben Murat und Caroline ihre Hochzeit gefeiert. In der Rue du Rocher besitzt er eine elegante Stadtvilla, die Gabriel erbaut hat. Pauline und ihr Mann, General Leclerc, haben sich in einer Stadtvilla in der Rue de la Victoire eingerichtet. Laetitia Bonaparte hat viele Finanzberater um sich.

Sie gehören zu meiner Familie, und ich bin es ihnen schuldig, denkt er. Das gehört zur Ordnung der Dinge wie Armut und Elend. Wie Intelligenz und Dummheit. Wie Befehl und Gehorsam. Aristokratische Ansichten? Gewiß doch. Aber der Adel muß sich neuen Talenten öffnen, durch Anstrengung, Mut und Wissen muß man in die Elite aufsteigen können. Es muß zu einer Verschmelzung kommen – und ich brauche dieses Wort bewußt – zwischen dem Frankreich von einst, dem Ancien Régime, und dem von heute, das aus der Revolution hervorging. Ich selbst verkörpere diese Verschmelzung, ich bin national!

Am 25. Februar 1800 geht Napoleon, schmal und mit glänzenden Augen, im Landhaus von Talleyrand in Neuilly zwischen all den Aristokraten aus dem Faubourg Saint-Germain umher, die der einstige Bischof von Autun und jetzige Außenminister zu einer pompösen Soirée eingeladen hat. Der Kritiker und Übersetzer La Harpe trägt Verse vor. Garat, einst Anführer der »Incroyables«, der royalistischen Modegecken, singt in Begleitung der gerade berühmten Madame Walbonne. Die Räume werden von Hunderten von Kerzen erhellt. Überall glänzt Gold und Silber. Napoleon erkennt Verwandte des toten Ludwig XVI., Barbé-Marbois, den Ritter von Coigny, La Rochefoucauld-Liancourt. Und hier kommt auch schon der Abbé Bernier, der mit den Chouans verhandelt, um sie zur Niederlegung der Waffen und zur Unterwerfung zu bewegen.

Sie sollen sich nur nicht täuschen, diese Royalisten! Sie schließen sich der neuen Macht an, nicht umgekehrt. Wenn Frotté, einer der Anführer der Chouans, den Soldaten des General Brune in die Hände fällt, schützt ihn sein freies Geleit keineswegs. Und fast jeden Tag werden fünf oder sechs Chouans hingerichtet. Wer sich nicht unterwerfen will, bekommt die eiserne Faust zu spüren. Vor allem, weil Fouché von Attentats- und Entführungsplänen an der Straße nach Malmaison berichtet.

An manchen Abenden geht Napoleon allein, nur von Bourrienne

begleitet, durch Paris spazieren. Er trägt seinen grauen Gehrock und zieht seinen runden Hut tief ins Gesicht. Er tätigt kleinere Einkäufe und spricht mit den Leuten, als wäre er irgend jemand, der den Ersten Konsul kritisiert. Es gefällt ihm, ihre Antworten zu hören. Um sein Leben fürchtet er nicht.

In einem Salon der Tuilerien empfängt er Georges Cadoudal, den unbeugsamen Anführer des Chouans-Aufstandes. Es ist schon ihre zweite Unterredung, aber diesmal findet sie unter vier Augen statt. Cadoudal ist ein kräftiger und fanatischer Bretone, denkt er, der ihn sehr wohl erwürgen oder erschießen könnte. Napoleon will ihn aber gewinnen, entwaffnen, ihn vielleicht sogar zum General machen. Das ist immer noch besser, als stets diesen bretonischen Dolch in der Hüfte zu spüren, während sich die österreichischen Armeen an der Donau sammeln, bevor sie nach Italien und zum Rhein marschieren.

Cadoudal scheint wütend zu sein und geht im Salon auf und ab. Die Adjutanten haben die Tür angelehnt gelassen, um bei Gefahr gleich herbeistürzen zu können. Aber warum fürchtet er diesen Koloß? Ein Dompteur muß dem Löwen mißtrauen, darf aber nicht vor ihm zittern. Man muß alle Register ziehen, um herauszubekommen, daß dieser Mensch machtgierig ist und von Leidenschaft verblendet. Also ein unrettbarer Feind.

»Sie sehen die Lage falsch«, sagt Napoleon abschließend. »Und Sie haben unrecht, jedes Arrangement abzulehnen. Aber ...« Eine Chance muß man ihm noch geben. »Aber«, fährt Napoleon fort, »wenn Sie unbedingt in Ihre Region zurück wollen, dann können Sie es so frei tun, wie Sie nach Paris gekommen sind.« Es ist die Aufgabe von Fouché, diesen Mann wie alle Royalisten zu überwachen und die Komplotte zu zerschlagen, die sie mit Hilfe der Engländer schmieden.

Joséphine und ihre Tochter Hortense sprechen jeden Tag mit ihm über die Emigranten, deren Liste am 25. Dezember 1799 festgelegt wurde. Um danach noch nach Frankreich zurückkehren zu können, muß man zuvor von dieser Liste gestrichen worden sein. Joséphine hilft vielen von ihnen bei den dafür nötigen Demarchen.

»Diese Teufelsweiber sind verrückt!« empört sich Napoleon.

»Das Faubourg Saint-Germain hat ihnen den Kopf verdreht. Jetzt spielen sie die Schutzengel der Royalisten. Sollen Sie nur, ich verüble es ihnen nicht.«

An einem Märztag des Jahres 1800 gibt ihm Talleyrand einen Brief, den er empfangen hat und der zuvor von Hand zu Hand weitergereicht wurde. Der Außenminister zeigt keinerlei Empörung, er lächelt gleichgültig.

Napoleon entsiegelt den Brief, überfliegt ihn mit einem Blick. Er ist von Ludwig XVIII. unterschrieben. Eine Sekunde lang fühlt er großen Stolz. Jetzt wohnt er in den Tuilerien, und der König lebt im Exil. Der König bettelt. Der König schmeichelt ihm wie ein Höfling. Er schreibt: »Trotz Ihres strengen Auftretens flößen Menschen wie Sie keine Angst ein.«

Napoleon hebt den Kopf und schaut Talleyrand an. Hat er trotz des Siegels den Brief gelesen? Kennt er seinen Inhalt?

»Sie haben eine bedeutende Funktion übernommen, und ich bin Ihnen dankbar dafür«, fährt der Bruder von Ludwig XVI. fort. »Besser als jeder andere wissen Sie, wieviel Macht und Stärke nötig sind für das Glück einer großen Nation. Wenn Sie Frankreich vor seinem eigenen Furor retten, dann haben Sie schon meinen größten Wunsch erfüllt; wenn Sie ihm seinen König wiedergeben, werden die kommenden Generationen Ihr Gedächtnis bewahren. Sie werden stets eine zu große Rolle spielen, als daß ich daran denken könnte, meine und meines Vorgängers Schuld durch noch so wichtige Ämter zu begleichen.«

Da muß Napoleon lächeln. Warum sollte er seinen Platz als Nummer eins abtreten, um sich einem König unterzuordnen, dessen einzige Waffe die Vergangenheit einer gestürzten Dynastie ist? Er reicht Talleyrand diesen Brief. Später wird er ihn vielleicht beantworten. Zunächst heißt es, Krieg führen, um Frieden zu erzwingen.

Am 17. März 1800 läßt er sich in seinem topographischen Kabinett, das gleich neben seinem Arbeitszimmer liegt, die Karte von Italien ausrollen. Er kniet nieder, legt sich fast auf den Bauch, um jedes Detail zu studieren. Hier und dort steckt er Nadeln mit roten oder schwarzen Köpfen in die Karte. Der österreichische General

Melas hat sein Hauptquartier in Alessandria errichtet. Er belagert Masséna, der ihm in Genua widersteht. Mit seinem Finger fährt Napoleon eine Linie entlang, die mehrere Nadelköpfe miteinander verbindet. »Mit der Reserve-Armee, die in Dijon versammelt ist, müssen wir die Alpen am Großen Sankt Bernhard überqueren«, sagt er, »und dann Melas in der Ebene schlagen. Und zwar hier, in San Giuliano.«

Bourrienne beugt sich über die Karte und liest den Namen der benachbarten Stadt: Marengo.

Man muß sich aber beeilen, denn immer fehlt die Zeit. Man muß den hinhaltenden Widerstand von Masséna in Genua und die Siege von General Moreau ausnutzen, der gerade viel zu vorsichtig den Rheinübergang geschafft hat. Am 5. Mai 1800 diktiert Napoleon, während er in seinem Kabinett auf und ab geht, seinem Sekretär, dessen Pult gleich am Fenster steht, einen Brief an Moreau: »Ich wollte gerade nach Genua aufbrechen, als ich durch eine Eilmeldung von Ihrem Sieg über die österreichische Armee erfuhr. Dreifacher Ruhm für Sie! Die Italienarmee ist in schwieriger Lage. Masséna ist in Genua eingeschlossen und hat noch Vorräte bis zum 5. oder 6. Prairial. Melas' Armee wirkt beachtlich, auch wenn sie sehr geschwächt ist. Ich grüße Sie von ganzem Herzen. Bonaparte.«

Er gibt die letzten Befehle. Paris zu verlassen bedeutet, ehrgeizigen Bestrebungen freien Raum zu geben. Es ist eine neue Herausforderung: wenn er siegt, ist seine Macht gefestigt. Verliert er aber …

Er ruft Joseph zu sich, vertraut ihm die Verwaltung seines persönlichen Vermögens während des Feldzuges an. Joseph will etwas sagen, aber er läßt ihn nicht dazu kommen. Wer wüßte nicht, was Joseph will? Als designierter Nachfolger gelten. Dazu ist es zu früh.

Nun kommt auch Talleyrand in sein Kabinett und berichtet von einem englischen Komplott, aber auch von einer Jakobinerverschwörung, die er aufgedeckt hat. In Paris wird alles ruhig bleiben, versichert er. Wer kann schon jenen Männern vertrauen, die die letzten zehn Jahre nur dank vielfachem Verrat und feigem Seitenwechsel überlebt haben? Treu sind sie nur dem Sieger. Also hängt wieder einmal alles vom Waffenglück ab und das heißt von ihm und seiner Fortüne.

Am Abend des 5. Mai begibt er sich in die Oper. Dort wird ein Bulletin verlesen, das den Sieg von Moreau in Stockach verkündet. Die Zuschauer erheben sich und applaudieren lange. Kurze Zeit später verläßt Napoleon den Saal.

Am nächsten Tag um zwei Uhr früh besteigt er die Postchaise, die ihn nach Dijon bringen soll, wo man ihn bei der Reserve-Armee erwartet.

4

Die Straßen sind völlig leer. In hohem Tempo geht es über Sens und Avallon. Die Seitenscheiben sind geöffnet, und Napoleon lehnt sich immer wieder hinaus. Er liebt diese nach Wald riechende Luft. Es ist mild. Zartgrüne Blätter flimmern im Licht. Bourrienne und Duroc, die ihm gegenüber sitzen, wollten ihm Briefe zu lesen und Antworten zum Unterschreiben geben, aber er mag jetzt nicht. Diese ersten Stunden der Reise sind Momente des Träumens. Er betrachtet die bestellten Felder, die Dörfer, die Reiteralleen, die den Wald von Fontainebleau durchschneiden, und später in Sens, wo man im Haus von Bourrienne speisen wird, die Pracht und die Schönheit der Kathedrale sowie die breiten, gefälligen Bürgerhäuser. »Schönes Frankreich«, sagt er. Und während der Mahlzeit, die kaum eine halbe Stunde dauert, wiederholt er es: »Schönes Frankreich, mit welchem Vergnügen werde ich es wiedersehen.«

Dann geht es weiter nach Avallon, wo man übernachtet. Der Tag ist strahlend hell und auch warm. »Die Sonne, die auf uns scheint, ist dieselbe, die uns in Lodi und in Arcoli beschienen hat«, sagt er leise.

Als die Nacht hereinbricht, schlummert er ein wenig. Ich bin wie Alexander, sagt er leise, der alles für Griechenland gab. Ich gebe alles für Frankreich. »Er starb mit 30, aber welchen Namen hatte er sich gemacht!« Und er selbst? Er hat Mailand, Kairo und Paris erobert. Er ist Erster Konsul. Was würde die Nachwelt von ihm behalten, wenn er morgen in Italien unterläge?

In Avallon, wo man gegen halb acht eintrifft, geht er die Briefe durch und gibt seine Befehle für die nächsten Etappen. Im Morgengrauen geht es weiter nach Dijon. Die Straßen sind von Soldaten verstopft, die auf die Stadt zumarschieren. Sie erkennen ihn und jubeln ihm zu. In Dijon hält er eine Rede an die Truppe, dann geht es weiter nach Auxonne. Es ist, als käme er zurück in seine Vergangenheit als Leutnant. Gestalten von einst nähern sich ihm. Dann besichtigt er die Kommandostelle der Artillerie, wo er einst Karten gespielt hat. So wenige Jahre sind seit jenen Tagen verflossen, und so viel ist seither passiert. Ihm wird fast schwindlig bei dem Gedanken, und so beeilt er sich, fortzukommen.

Je höher es in den Jura hinaufgeht, desto kälter wird es in den Nächten. Er überholt Truppeneinheiten. In Morez sind alle Häuser erleuchtet. Er muß dem Bürgermeister antworten, der an der Stelle, wo sein Wagen hält, ausgerufen hat: »Bürger Erster Konsul, zeigen Sie sich uns bitte!« Eine kleine Menschenmenge ist versammelt und ruft: »Bonaparte, zeigen Sie sich den guten Bewohnern des Jura! Sind Sie es wirklich? Bringen Sie uns Frieden?« Er antwortet: »Gewiß doch«, und fährt weiter.

Am 10. Mai ist er in Genf. Er empfängt Necker. Das ist also jener Mann, der im Jahr 1789 einen Teil der Macht in Frankreich innehatte! Napoleon mustert ihn, hört ihm zu. Mehr also war das nicht, ein Ideologe und ein Bankier! Wie hätten solche Männer die Monarchie retten können? Er fühlt sich in seinen eigenen Ambitionen und Gewißheiten bestätigt.

Gleich nach der Unterredung gibt er seine Befehle. General Lannes soll die Besteigung des Großen Sankt Bernhard unternehmen und auf der anderen Seite des Passes das Dora Baltea Tal sowie die Festungen Bard und Ivrée einnehmen. Der Paß muß vor dem 15. Mai überquert werden. Die Entscheidung ist gefallen. Nun muß man sich der Herausforderung stellen.

Der Paß ist 2472 Meter hoch. Einige Tage zuvor ist noch Schnee gefallen. Die engen Pfade führen an Abgründen und Gletschern vorbei. Die Kanonen müssen auseinandergenommen, die Lafetten auf Schlitten gesetzt und von Menschenkraft gezogen werden. Aber wenn die Armee durchzieht, so wie einst die von Hannibal, dann wird man auf die Nachhut des österreichischen Generals Melas stoßen, der vom Widerstand in Genua noch festgehalten wird, und dann kann man den Piemont samt Mailand einnehmen.

Er muß an General Moreau schreiben. Er soll die anderen Alpenpässe mit 15 000 Mann absperren. Aber seine Hand zögert, als er diese Zeilen schreibt. Wie lange kann er noch die Abhängigkeit von Moreau ertragen, bei dem Eifersucht und Hintergedanken zu vermuten sind? Ein Chef braucht eifrige und ergebene Diener und nicht Persönlichkeiten, die an ihre eigenen Interessen denken. Trotzdem schreibt er: »Wenn dieses Manöver schnell und entschlossen durchgeführt wird und es Ihnen am Herzen liegt, werden Sie Italien und den Frieden gewinnen. Aber das muß ich wohl nicht eigens sagen. Ihr Einsatz für das Wohl der Republik und Ihre Freundschaft zu mir bürgen für alles.«

Am 20. Mai ist Napoleon in Martigny. Die von Lannes befehligten Truppen haben, oft unter Musikklängen und Trommelwirbel, den Paß bei Nebel und Schnee überquert, haben ihre Schuhe am Eis zerfetzt und Kekse geknabbert, die sie sich in Girlanden um den Hals gehängt hatten. Aber die Festung Bard ist uneinnehmbar, sagt Lannes, sie liegt auf einer Bergspitze mitten im Tal. Man muß sie umgehen, auch wenn ihre Kanonen eine Bedrohung für die vorbeimarschierenden Truppen darstellen.

Um acht Uhr besteigt Napoleon sein Pferd. Er hat seinen Hut mit einem Wachstuch bedeckt, trägt einen grauen Gehrock, eine weiße Hose und eine weiße Weste, dazu eine blaue Jacke. Mit Schwert und Peitsche reitet er bis Bourg-Saint-Pierre. Ein Bergführer bringt das Maultier, auf dem er den Paß überqueren wird. Der Himmel ist bedeckt. Das Maultier klettert nur langsam, dabei hat er doch nur so wenig Zeit. Was geschieht in Paris? Wie lange kann sich Masséna noch in Genua halten? Und muß man diese bedrohliche Festung Bard in seinem Rücken ertragen?

Die Hufe des Maultiers rutschen weg. Napoleon kippt vornüber auf die Schlucht der Dranse zu. Der Bergführer hält ihn fest. Sie kommen am Hospiz vorbei mit seinen Gewölben aus grauem Stein, seinem Beinhaus, in dem vertrocknete Leichen seit Jahrhunderten auf ein Begräbnis in geweihter Erde warten, seiner Kapelle und seiner Bibliothek. Es ist kalt. Napoleon blättert in einer Ausgabe von Titus Livius und sucht den Bericht über Hannibals Überquerung der Alpen. Dann lädt ihn der Abt zu einer Mahlzeit ein, Eintopf mit gepökeltem Ochsenfleisch, Lammragout mit Trockengemüse, Ziegenkäse, dazu alter Weißwein aus dem Aostatal. Mehr als ein paar Minuten bleiben dafür nicht. Ein Bote bringt die Nachricht vom Widerstand der Festung Bard, die Berthier für uneinnehmbar hält. Man soll sie umgehen, sie wird später schon fallen, wie eine reife Frucht.

Es wird dunkel. Man muß wieder aufbrechen, sich auf Schnee und Eis abwärts gleiten lassen, später im Dorf Etroubles auf Heu schlafen. In diesen Tälern fühlt sich Napoleon überall von den Schatten der Geschichte umgeben. In Aosta macht er halt. Er will den Triumphbogen des Octavian besichtigen und die römischen Befestigungen. Genau wie in Ägypten tritt er auch hier in die Fußstapfen einstiger Eroberer und Kaiser. Am 25. Mai galoppiert er in Begleitung von Duroc seiner Eskorte voran. Plötzlich sieht er sich einer österreichischen Reiterpatrouille gegenüber, die sie zur Kapitulation auffordert. Zum Glück trifft seine Eskorte bald ein.

Am 2. Juni läßt er sechs weiße Pferde vor die Kutsche spannen, die ihn nach Mailand bringen soll. Es geht aber ein Gewitter nieder, dichter Regen fällt und die Straßen der Stadt sind menschenleer. Er ist so sehr an Akklamationen und Jubel gewöhnt, daß ihn die Stille in der Stadt ärgert. Wütend bestellt er Bourrienne zu sich. Diese Scharte muß ausgewetzt werden, man muß politische Gefangene freilassen, die von den Österreichern eingesperrt wurden, und die Cisalpinische Republik wiederbeleben.

Um ein Uhr morgens diktiert er eine Depesche an die Konsuln. Wer kann in Paris schon Worte und Wirklichkeit unterscheiden? Die Worte bekommen ihre eigene Wirklichkeit. »Mailand hat mir eine spontane und herzliche Freudenkundgebung bereitet.« In Paris lauern all die Neider, Komplotteure, Rivalen, Feiglinge und

Geldgierigen, die sich über die Zeiten der Schreckensherrschaft gerettet haben, und warten auf ein Zeichen von Schwäche. Man darf ihnen keine Hoffnung lassen.

Kurz zuvor erfuhr er von der Kapitulation der Armee in Ägypten. »Der Bürger Lebrun soll einen Artikel schreiben«, diktiert er, »in dem er für ganz Europa deutlich macht, daß Ägypten französisch geblieben wäre, wenn ich dort geblieben wäre.«

Er hat auch von der Polizei erfahren, daß Georges Cadoudal gemeinsam mit etwa 50 Anhängern des Königshauses eine Verschwörung organisiert, um ihn zu töten oder zu entführen. »Dieser Schuft Cadoudal soll tot oder lebendig gefaßt werden«, diktiert er weiter. »Wenn man ihn in Händen hat, soll er noch am nächsten Tag erschossen werden.«

Von diesem Lumpen konnte er nur Haß erwarten, aber seine eigenen Brüder Joseph und Lucien spekulieren auch schon auf seine Niederlage, knüpfen bereits diverse Verbindungen. Napoleon zeigt Bourrienne einen Brief, den er soeben von Joseph erhalten hat. In gewundenen Sätzen läßt der ältere Bruder durchblicken, daß er sich für den designierten Nachfolger hält. »Du hast doch nicht vergessen, was du mir mehr als einmal gesagt hast«, schreibt er.

Als Napoleon am Abend des 4. Juni die Mailänder Scala betritt, deren Gold unter den Leuchtern funkelt, erhebt sich der ganze Saal und applaudiert ihm. So vergeht seine Bitterkeit. Die Bewunderung der Menge ist Balsam für ihn. Die Stimmen, die an sein Ohr dringen, rühren ihn wie eine zärtliche Geste.

Ein paar Schritte vor dem Chor dieser Barockoper *Die Jungfrauen der Sonne* steht eine dunkelhäutige Sängerin, die er wiedererkennt. Ihre Gesichtszüge wirken hart und ihre Wangen etwas schwer, aber langes, tiefschwarzes Haar bedeckt ihre Schultern. Es ist Giuseppina Grassini, die er schon 1796 kennenlernte, ohne sich für sie zu interessieren, denn damals war er ganz in Joséphine vernarrt und blind für alle anderen. Das hat sich sehr geändert. Vielleicht ist Giuseppina Grassini etwas fülliger geworden, aber sie scheint immer noch bezaubert zu sein von ihm und nähert sich der Loge von Napoleon, den sie nicht aus den Augen läßt. Man kann sie nehmen wie ein Land, das sich ergibt. Und nichts kann heute Napoleon zurückhalten. Er kennt keinen anderen Maßstab als sein eigenes Verlangen, seinen eigenen Willen. Er ist, was er ist und was er sein will.

Nach dem Ende der Aufführung geht er mit entschlossenem Schritt zu den Künstlerlogen. Man klatscht ihm zu, man verbeugt sich vor ihm, man bringt ihn zu Giuseppina Grassini. Sie wird ganz rot vor Freude und reicht ihm die Hand. Sie wird ihm folgen, wohin er sie auch führen wolle, flüstert sie ihm zu. Die ganze Nacht gibt sie sich ihm hin. Er liebt ihre Verzückung, ihre dankbare Ergebenheit.

Als Berthier am nächsten Morgen den Salon betritt, lacht Napoleon vor Freude über das Erstaunen des Generals, als er die Sängerin beim Frühstück erblickt. »Sie wird in Paris singen«, sagt Napoleon.

Dann denkt er an Joséphine. Man muß andere Sänger zusammen mit Giuseppina einladen, denn Joséphine ist eifersüchtig. Aber sie wird es hinnehmen, was bleibt ihr auch übrig? Jetzt hat er die Menschen in der Hand. Die Zeiten seiner Abhängigkeit von ihr sind vorbei. Abhängig ist er nur noch vom Schicksal.

Aber das Schicksal scheint zu zögern. Ein Bote überbringt die Meldung, daß Masséna am 4. Juni in Genua kapituliert hat. Feldmarschall Melas kann sich also mit der Lombardei schadlos halten.

Jetzt heißt es Präsenz zeigen. Napoleon verläßt Mailand, überquert den Po, um zu den Truppen von Lannes zu stoßen, die es schon mit der Armee des österreichischen Generals Ott zu tun haben, der von Genua heraufmarschiert. Als Napoleon auf dem Schlachtfeld von Montebello eintrifft, hat Lannes schon den Sieg errungen. Napoleon geht unter den Soldaten umher. Die Männer sind erschöpft, aber guter Dinge. Der Sieg verwandelt einen. Man muß diesem eine Aufmerksamkeit erweisen, jenen am Ohrläppchen zupfen, einen anderen fragen: »Wie lange bist du schon im Dienst?« – »Das war heute meine Feuertaufe«, antwortet der Grenadier Coignet, der sich hervorgetan hat. Er wird für ein Ehrengewehr vorgemerkt. »Weiter so, wenn du vier Kampagnen hinter dir hast, wirst du in meine Garde aufgenommen.« So schließt er mit jedem Soldaten einen persönlichen Bund.

Danach heißt es mehrere Tage lang warten. Am Himmel hängen schwere Gewitterwolken. Gewaltige Regenfälle gehen nieder und lassen die Flüsse anschwellen. Vielleicht kann sich der Feind entziehen und aus der Reuse schlüpfen, in der er schon steckte? Man muß eine Entscheidung treffen und ihm nachsetzen.

Am 14. Juni um sieben Uhr früh greifen die Österreicher an, und mehr als sieben Stunden lang wird zwischen Kanälen und Zäunen auf überschwemmten Feldern gekämpft. Die Truppen von General Victor weichen zurück. Einheiten lösen sich auf. Wiederholt hört Napoleon den Schrei seiner Soldaten: »Alles ist verloren!« Die Ebene von Marengo füllt sich mit Flüchtenden.

Napoleon sitzt auf einem Erdwall neben einer Straße. Er hält sein Pferd am Zügel und drischt mit seiner Peitsche kleine Steine hoch. Er sieht weder die Kanonenkugeln, die auf die Straße rollen, noch die vorbeikommenden Soldaten. Er hat sich getäuscht. Er hat nach der österreichischen Armee gesucht, weil er glaubte, daß sie sich zurückzog. Er hat seine Streitmacht aufgeteilt, um sie zu verfolgen, und Melas hat ihn mit seiner ganzen Armee von 30 000 Mann angegriffen. Nun wendet er Napoleons Devise an: »Seine Kräfte beisammenhalten, nirgends verwundbar sein, niemals eine Armeeabteilung absondern; am Vorabend eines Angriffs kann ein Bataillon über eine Schlacht entscheiden.«

Napoleon ruft einen Adjutanten herbei und schreibt, das Papier auf sein Knie gelegt, eine Botschaft an Desaix, den er mit einer Mission nach Novi geschickt hat, also weg von Marengo: »Ich glaubte, den Feind anzugreifen. Er ist mir zuvorgekommen. Kommen Sie um Gottes willen zurück, wenn Sie noch können.«

Napoleon springt auf sein Pferd. »Nur Mut, Soldaten!« ruft er. »Die Reserve kommt schon. Haltet durch.«

Durchhalten. Nicht den geringsten Zweifel an seiner Fortüne zulassen. Und sich an die Spitze der Konsulgarde setzen, die den Truppen von Lannes zu Hilfe kommt. Aber der Rückzug dauert an. Hier und da schreien Soldaten »Es lebe Bonaparte!«, aber die Ebene füllt sich mit Toten und Verwundeten. Der Kampf ist ungleich. Die französische Artillerie hat nur wenige Kanonen. Um 15 Uhr ist die Schlacht verloren. Napoleon spürt die ängstlichen

Blicke der Offiziere seines Generalstabs. Plötzlich galoppiert ein Adjutant herbei und schreit: »Wo ist der Erste Konsul? Desaix kommt!« Lächelt das Schicksal ihm wieder?

Die Division von Desaix mit ihren Kanonen und ihren Kavalleristen taucht auf »wie ein Wald, der im Winde schwankt«. Marmont versammelt die verbliebenen Kanonen, die sofort das Feuer eröffnen. Die Grenadiere von Desaix verbergen sich hinter Hecken. Alles entscheidet sich in diesem Augenblick.

Napoleon befiehlt der Kavallerie von Kellermann, die sich am linken Flügel befindet, den Angriff. 600 Pferde reiten los und lassen den Boden erzittern. Marmonts Kanonen schießen ohne Pause. Die Grenadiere von Desaix schießen eine Salve und stürmen ihrerseits vor. Zu den zahlreichen Gefallenen gehört auch Desaix. Aber die überraschten Österreicher, die ihren Sieg schon sicher glaubten, fliehen oder ergeben sich mit ihrem General Zach an der Spitze.

Napoleon bleibt lange allein. In der Ebene von Marengo sind 6000 Franzosen gefallen.

Am 15. Juni wartet Napoleon in seinem Hauptquartier. General Zach und Prinz Lichtenstein stellen sich ein, respektvoll und besiegt. Er spricht unmißverständlich: »Was ich will, ist unwiderruflich. Ich könnte weit mehr verlangen, und meine Lage gibt mir das Recht dazu, aber ich mäßige meine Ansprüche aus Achtung vor den weißen Haaren Ihres Generals, den ich respektiere.«

Die Waffen bestimmen. Ein Waffenstillstand wird abgeschlossen. Die Franzosen besetzen einen großen Teil der Lombardei, und Genua muß geräumt werden. Alle Festungen sind aufzugeben. Nun muß er diesen Sieg noch innenpolitisch nutzen und an die andern Konsuln schreiben, unter Berufung auf die deutschen und ungarischen Gefangenen, die »Es lebe Bonaparte!« geschrien haben: »Ich hoffe, daß das französische Volk mit seiner Armee zufrieden ist.« Er fügt noch hinzu: »Wenn man all diese tapferen Männer leiden sieht, dann bedauert man nur, nicht ebenfalls verletzt zu sein und ihre Schmerzen zu teilen.«

Nichts darf dem Zufall überlassen bleiben. Für die Rückkehr müssen Zeremonien geplant werden, welche den Sieg von Marengo unvergeßlich machen. Die Konsulgarde muß sich nach Paris aufmachen und dort vor dem 14. Juli eintreffen. Es muß ein glänzendes Fest geben. »Ein Feuerwerk hätte dabei einen guten Effekt.«

Man muß zugleich die Bescheidenheit spielen lassen. Napoleon diktiert einen Brief an seinen Bruder Lucien, der jetzt Innenminister ist: »Ich werde unangekündigt in Paris eintreffen. Ich will keinen Triumphbogen und keinerlei Zeremonie haben. Ich habe eine zu gute Meinung von mir selbst, um sehr viel auf solchen Firlefanz zu geben. Der einzige Triumph, den ich kenne, ist die allgemeine Zufriedenheit.«

So gewinnt man die Meinung für sich. In Mailand ist das schon gelungen. Dort wird er auf allen Straßen gefeiert. Er wohnt einem Tedeum im Dom bei. Was wissen schon die »Pariser Atheisten« von den Gefühlen des Volkes und davon, wie man es regiert?

Den italienischen Priestern erklärt er rundweg: »Keine Gesellschaft kann ohne Moral existieren, und es gibt keine gute Moral ohne Religion. Allein die Religion kann einem Staat eine dauerhafte Stütze geben. Eine Gesellschaft ohne Religion ist wie ein Schiff ohne Kompaß. Ein solches Schiff kann weder seinen Kurs halten, noch den Hafen erreichen.«

Er ist der Erste Konsul, der Herr an Bord. Weil man so eben das Volk führt, wohnt er dem Tedeum bei, trifft den Kardinal Martiniana in Verceil und sagt ihm, daß er ein Abkommen, ein Konkordat mit dem neuen Papst Pius VII. wünscht. Sollen die Ideologen nur protestieren, das hat nichts zu sagen. Sie sollten die Akklamationen der Menschenmenge hören, die das Gebäude in Lyon belagert, wo Napoleon am 28. Juni eintrifft. Sie schreit: »Es lebe Bonaparte!« In Dijon zwei Tage später streuen Frauen Blumen auf seinen Weg. In Sens hat man auf einen Triumphbogen die Worte Veni, Vidi, Vici geschrieben. Genau wie für Cäsar.

Desaix ist in Marengo gefallen. »Sagt dem Ersten Konsul mein Bedauern, daß ich nicht genug für meinen Nachruhm getan habe«, waren seine letzten Worte. Napoleon erfährt, daß ebenfalls am 14. Juni Kléber in Kairo von einem fanatischen Moslem ermordet wurde.

Am 2. Juli 1800 rollte seine Kutsche um zwei Uhr morgens in den Hof der Tuilerien.

5

Die Schreie, die man zunächst aus großer Entfernung hört und die immer näher kommen und ihn schließlich wecken, stammen von der Menschenmenge, die aus den Vororten herbeiströmt. Napoleon erhebt sich, nähert sich dem Fenster. Frauen drücken sich gegen die Gitter vor den Tuilerien. Als sie geöffnet werden, stürzen sie herbei und schreien: »Es lebe der Erste Konsul! Es lebe Bonaparte!«

Bourrienne betritt das Zimmer. Seit der Siegesmeldung aus Marengo steht ganz Paris kopf, sagt er. Er solle sich zeigen. Napoleon tritt ans Fenster seines Arbeitszimmers. Die Rufe werden noch lauter und schriller. Er muß an jene Tage des Jahres 1792 denken, acht Jahre ist das nun her. Es war genauso schön wie an diesem Tag, und eine wütende Volksmenge stürmte die Tuilerien, bewaffnet und mordgierig.

Napoleon wendet sich Bourrienne zu. »Hören Sie diese Akklamationen?« Und dann sagt er mit ganz leiser Stimme, als fiele ihm das Geständnis schwer: »In meinen Ohren klingt das so süß wie die Stimme von Joséphine. Ich bin stolz und glücklich, von so einem Volk geliebt zu werden.«

Die Kanone vom Invalidenpalais donnert in regelmäßigen Abständen. Zwischen den ohrenbetäubenden Explosionen hört man die Musik der Konsulgarde, die in den Gärten spielt. Die Jubelrufe der Menge übertönen immer wieder die Klänge der Trommeln und der Becken.

Er empfängt das Defilee der Konsuln, der Minister, der Mitglieder des Staatsrates und der Akademien sowie die Vertreter der verschiedenen Versammlungen. Napoleon schaut sie an. Sie sind begeistert und ergeben. Wie viele von ihnen sind in Komplotte verstrickt gewesen? Wie viele haben sich gefreut, als es zunächst hieß, daß die Schlacht von Marengo verloren sei? Aber solche Augenblicke muß man mit dem Schleier der Heuchelei überdecken, ohne sie ganz zu vergessen.

»Da sind Sie also wieder, Bürger. Nun, haben Sie viel Gutes bewirkt, seit ich Sie verließ?«

»Nicht so viel wie Sie, General.«

Den einen oder andern nimmt er beim Arm und geht ein paar Schritte mit ihm beiseite. »Was hätten Sie getan, wenn ich gefallen wäre?« fragt er. Einige tun empört, aber andere gestehen, daß sie in den Stunden der Ungewißheit über den Ausgang der Schlacht beunruhigt waren. Einer beschuldigt den andern. Manche haben daran gedacht, Kriegsminister Carnot zu ermutigen. Roederer behauptet, jener habe schon Kontakt mit Joseph Bonaparte aufgenommen. So vergeht der 2. Juli.

Während der langen Abenddämmerung sieht Napoleon von seinem Fenster aus die erleuchteten Gebäude. Ein Lichtschein erhebt sich über dem Stadtteil Saint-Antoine. Dort hat man Freudenfeuer entzündet, und es wird getanzt. Aber plötzlich, nach all diesen Freudenbekundungen, fühlt er sich abgespannt. Es wäre ihm lieb gewesen, daß Giuseppina Grassini schon in Paris eingetroffen wäre. Er wird sie hier empfangen, in einem kleinen Salon im Zwischengeschoß, den er gleich unter seinen offiziellen Wohnräumen einrichten ließ.

Auch hat ihn das Gespräch mit Roederer geärgert. Dieser Mensch ist eingebildet und taktlos. »Frankreich würde sich sicherer fühlen, wenn man einen natürlichen Erben an Ihrer Seite sähe«, hat er gesagt. Zum wiederholten Mal mußte er ihm entgegnen: »Ich habe kein Kind, und das ist auch gut so. Ich habe keinen Familiensinn. Mein natürlicher Erbe ist das französische Volk. Das ist mein Kind.« Und doch fuhr Roederer fort, immerzu von Kind und Erben zu sprechen. Genau wie die anderen Ideologen begreift Roederer nicht, was Regieren heißt. In diesem Augenblick könnte niemand anders Frankreich regieren, kein Ludwig XVIII. und auch kein Ludwig XIV. Wenn er stürbe, wäre das ein Unglück.

Er mag diese Zeremonien nicht, die sich nun ein paar Tage lang hinziehen. Sie müssen sein, aber sie ermüden ihn. Er muß einen Quai Desaix einweihen, in der Hitze des 14. Juli über den Champ de Mars und die Esplanade der Tuilerien reiten, umjubelt von einer Menschenmenge, die alle Absperrungen durchbricht und in den Hof der Invaliden strömt. Zum Glück gibt es diesen Augenblick voller Zauber und Versprechen, als er Giuseppina Grassini in der Invaliden-Kirche auf sich zuschreiten sieht. Sie singt unter den vom Feind erbeuteten Fahnen. Ihre Stimme läßt die nächtlichen Vergnügungen schon ahnen, wenn sie sich wie vereinbart an der Geheimtür des Salons im Zwischengeschoß einstellen und sein Diener Rustan ihr öffnen und sie in sein Gemach führen wird. Ein Augenblick des Friedens. Aber bis dahin muß er noch an dem Bankett für 100 Gäste in den Tuilerien teilnehmen.

Ungeduldig wartet er auf die Trinksprüche. Der Vorsitzende des Tribunats erhebt sein Glas »auf die Philosophie und die bürgerlichen Freiheiten«! Noch bevor er wieder sitzt, ruft Napoleon mit kräftiger Stimme aus: »Auf den 14. Juli! Auf das französische Volk, unser aller Souverän!« Während er den Saal verläßt, wird heftig applaudiert. Giuseppina Grassini erwartet ihn schon, dessen ist er sicher.

Am nächsten Morgen hört er, wie jeden Tag, die Konsuln und die Mitglieder des Staatsrates an oder auch die Kommission, die er mit der Ausarbeitung eines bürgerlichen Gesetzbuches, eines *Code Civil*, beauftragt hat. Dabei erfaßt ihn oft der Zorn. Was verstehen sie von den Notwendigkeiten des Landes? Oft werden ihre Überlegungen vom schieren Eigennutz bestimmt.

Nun gut, er akzeptiert das Verlangen der Menschen, sich zu bereichern. Seine eigenen Brüder tun es und auch Bourrienne, den er jeden Tag zur selben Stunde empfängt, denkt nur daran. Dann sind da noch die Höflinge, die es auf die Heirat mit Hortense de Beauharnais abgesehen haben. Duroc und Bourrienne wollten das auch. Aber das empört ihn.

»Ich bin von lauter Spitzbuben umgeben!« ruft Napoleon aus. »Alle stehlen! Dieses Land ist wirklich korrumpiert. Und so ist es immer gewesen. Sobald jemand Minister wurde, begann er, ein Schloß zu bauen.«

Er geht ein paar Schritte im Park von Malmaison, kehrt dann zu seiner Arbeit zurück und vergißt die Mahlzeiten, für die er oft nur wenige Minuten übrig hat, schließt sich ein mit den Konsuln, den Ministern, den Mitgliedern der Akademie oder den nach Paris gekommenen Generälen. Er schaut sie an. Diese Offiziere, die er seit vielen Jahren kennt, haben sich verändert. »Wenn man so viele Kriege mitgemacht hat, dann erwirbt man wohl oder übel allmählich ein Vermögen«, flüstert er.

Aber das Volk? Wie soll man diesem Volk, das sich vor zehn Jahren im Namen der Gleichheit erhoben hat, den Reichtum akzeptabel machen, der der Armut der meisten gegenübersteht? Napoleon empört sich über die Schwätzer und die Ideologen, für die sich diese Frage nicht einmal stellt. Von ihnen hört er nur nutzlose Komplimente. Eines Tages provoziert er sie bei einer Sitzung des Tribunats: »Ich bin kein König. Ich will nicht, daß man mich wie einen König beschimpft. Ich werde wie eine königliche Porzellanpuppe behandelt.«

Er schaut sie an, diese Wichtigtuer und Phrasendrescher. Sie haben die Autorität bekämpft, ohne zu wissen, daß Autorität notwendig ist, und sei es nur, um den Umstürzen zu widerstehen. Es sind eitle Hohlköpfe. Ein paar Lektionen in Geometrie hätten ihnen gutgetan.

»Ich eine königliche Porzellanpuppe? Ich bin ein Soldat, aus dem Volk hervorgegangen, habe mich selbst hochgearbeitet. Kann man mich mit Ludwig XVI. vergleichen? Ja, ich höre alle Meinungen an, aber mein Kopf ist mein einziger Ratgeber.«

Er diktiert in herrischem Ton. Er korrigiert. Er handelt als Jurist. Er liebt diese Organisationsarbeit. Er schafft und formt Institutionen. Hier ordnet er Straßen an, dort bestimmt er die Niederlegung von Akten in Archiven. Er konzipiert die Bank von Frankreich. Zwischen zwei Entscheidungen reitet er manchmal nach Malmaison zur Fuchsjagd, aber ganz ohne Leidenschaft. Auch beim Reiten hängt er seinen Gedanken nach.

In Südfrankreich hat er die Sicherheit schon wieder hergestellt, gegen Räuberbanden, die sich als Royalisten ausgaben. Er bemüht sich weiter um die Befriedung des Westens. Auch nach außen hin müßte er Frieden schließen, wie das Volk es verlangt. Aber Österreich hat Ende Juli sein Friedensangebot zurückgewiesen, und England ist unerbittlich. Vielleicht wird er doch wieder in den Krieg ziehen müssen.

Aber zunächst heißt es das Erworbene sichern. Als er wieder in seinem Kabinett ist, diktiert er einen Brief an Masséna, der in Italien den Oberbefehl hat: »Man muß Exempel statuieren. Lassen Sie das erste piemontesische Dorf, das rebelliert, plündern und niederbrennen.« Das ist das Gesetz der Waffen. Hätte Ludwig XVI. mit Kanonen auf das Volk schießen lassen, das die Tuilerien stürmte, dann wäre er vielleicht immer noch König. Aber genügen denn Waffen, um die Menschen ruhig zu halten?

Joséphine empfängt Abgesandte des Grafen von Artois oder Ludwigs XVIII. Die Gräfin von Guiche, eine Freundin des Grafen von Artois, versichert bei einem Essen, zu dem sie nach Malmaison eingeladen wurde, daß die Bourbonen bei ihrer Rückkehr auf den Thron Napoleon zum Oberkommandierenden ernennen würden. Und auch in Napoleons näherer Umgebung beginnen einige von einer möglichen Rückkehr des Königs als Zukunftssicherung zu reden. Selbst Bourrienne gibt das zu. »Was soll denn aus uns werden?« sagt er. »Sie haben doch keine Kinder.«

Napoleon überquert, die Hände auf dem Rücken verschränkt, die kleine Brücke, die sein Kabinett mit der Allee im Park von Malmaison verbindet, in der er so gern spazierengeht. Mit gesenktem Kopf setzt er ihm auseinander: »Wenn die Bourbonen nach Frankreich zurückkehren, werden sie keine ihrer Versprechungen einhalten, ihnen geht es nur um die Wiedererlangung ihres gesamten Erbes. Und die 80000 Emigranten, die mit ihnen kämen, wollen das auch. Und was würde dann aus den Königsmördern werden, aus den Männern, die sich so stark in der Revolution engagiert haben? Und was aus den Nationalgütern, all den Transaktionen der letzten zwölf Jahre? Können Sie wirklich vorhersehen, Bourrienne, wozu das führen wird?«

Mit langsamen Schritten kehrt Napoleon in sein Arbeitskabinett zurück. »Ich weiß, wie sehr Joséphine und Hortense Sie damit behelligen. Aber reden wir nicht mehr davon. Ich habe mich entschieden. Sie sollen mich regieren lassen und ihre Strickarbeiten machen.«

Er zeigt Bourrienne einen neuen Brief, den ihm Ludwig XVIII. geschrieben hat. »Sie verlieren wertvolle Zeit. Wir könnten die Stabilität Frankreichs gewährleisten. Ich sage *wir*, denn dafür brauche ich Bonaparte, und er kann es ohne mich nicht.«

Napoleon gibt Bourrienne ein Zeichen. An diesem 7. September 1800 will er ihm seine Antwort an den Bourbonen diktieren.

»Monsieur, ich habe Ihren Brief erhalten. Ich danke Ihnen für all die ehrenhaften Dinge, die Sie darin ausdrücken. Sie sollten Ihre Rückkehr nach Frankreich nicht wünschen; Sie müßten dann über 100 000 Leichen gehen. Opfern Sie Ihr Interesse dem Frieden und dem Glück Frankreichs. Die Geschichte wird es Ihnen anrechnen. Für das Leid Ihrer Familie bin ich nicht unempfänglich. Mit Vergnügen werde ich dabei helfen, Ihren Ruhestand angenehm und friedvoll zu gestalten. Bonaparte, Erster Konsul der Republik.«

Zweiter Teil

»Das Volk braucht Religion.«

September 1800 – Juli 1801

6

In vielen Nächten begibt sich Napoleon heimlich in die Stadt. Er steigt eine dunkle Treppe hinab und stößt eine kleine Tür auf. Auf der Straße spürt er endlich den Duft der Herbstblätter und die regenfeuchte Luft. Hundert Meter weiter sieht er im Laternenschein die Wachposten der Konsulgarde vor den Palastgittern auf und ab gehen. Er selbst bleibt im Schatten. Von den Tuilerien ahnt man nur die dunkle Fassade, an der kaum jemand vorbeigeht.

Napoleon macht nur wenige Schritte, und sogleich ist er ganz anonym, könnte in einer Menschenmenge verschwinden, ohne daß ihn jemand erkennen würde mit seinem schwarzen Gehrock und dem tief in die Stirn gezogenen runden Hut. Er braucht Berthier gar nicht anzuschauen, der ihn begleitet. Er spürt die Besorgnis, ja die Angst des Generals. Alle, die ihn auf diesen Ausgängen begleiten und sich mit ihm unter die Leute mischen, verspüren dieselbe Angst. Duroc oder die Adjutanten schließen dann ihre Hand fest um den Revolverknauf. Auf ihn hat man es abgesehen, aber er fürchtet den Tod nicht. Er wird schon im richtigen Augenblick kommen. Aber noch ist es nicht soweit. Er weiß allerdings, daß Paris von Komplotten nur so schwirrt.

Napoleon wendet sich Berthier zu und befragt ihn über die zuletzt aufgedeckte Verschwörung. Waren es Royalisten oder Jakobiner? Seitdem er den Brief von Ludwig XVIII. beantwortet hat, bleibt den Fanatikern mit dem Lilienemblem nur noch die Hoffnung, ihn zu beseitigen.

»Wenn ich Fouché glauben soll«, schließt Napoleon, ohne die Antwort von Berthier abzuwarten. Der Polizeiminister behauptet, es gebe immer mehr royalistische Komplotte, um ihn zu entführen oder zu ermorden. Das englische Geld fließe reichlich. Aber kann man Fouché glauben? Hat er nicht Verbindungen zu den Jakobinern? Schützt er sich nicht, weil er vor allem eine Rückkehr der Bourbonen fürchtet, die ihn für seine Vergangenheit als Königsmörder und Terrorist teuer büßen lassen würden? Noch zuckt der »Schwanz der Bestie Robespierre«.

Napoleon verabscheut diese rein destruktiven Fanatiker. Er versteht sie nicht. Worauf hoffen sie? Die Royalisten haben wenigstens ein klares Ziel: sie wollen den König und damit ihre Privilegien und Besitztümer zurück haben. Und deshalb ist er ihr Feind. Sie würden in Frankreich blutige Unruhen auslösen. Man kann eine Revolution nicht aus der Welt schaffen. Man kann sie kanalisieren und korrigieren. Auf den Ruinen, die sie hinterlassen hat, türmt man Granitmassen auf, neue Institutionen. Und daran arbeitet er jeden Tag von früh bis spät. Und um dieser gewaltigen Anstrengung für ein paar Stunden zu entfliehen, verläßt er heimlich die Tuilerien. Er will Freiheit spüren und reizende Frauen anschauen.

Diese Nacht wird er Giuseppina Grassini empfangen. Auch um nicht auf sie warten zu müssen, unternimmt er diesen Gang durch die Straßen. Bald wird das Haus fertig sein, das er für sie in der Rue de la Victoire einrichten läßt. Dort kann er sie vielleicht jede Nacht aufsuchen. Dort hat er nicht zu befürchten, daß plötzlich Joséphine auftaucht und seine Diener Constant oder Rustan ihn warnen müssen, daß die »Frau General« im Anmarsch sei, daß sie die Treppe hochkommt und den Ersten Konsul sprechen möchte. Sie ist eifersüchtig. Welche Umkehrung der Lage! Giuseppina wird also in ihrem Haus in der Rue de la Victoire für ihn allein singen. Ihre Stimme ist genau wie ihr Körper, füllig, farbig, samten, anschmiegsam. Sie umhüllt ihn.

Er muß wieder an die tödlichen Gefahren denken. An diese Jakobiner, die sich in Flugblättern »1 000 Brutusse« aus dem französischen Volk wünschen. Sie verherrlichen den Tyrannenmord. Ist er ein Tyrann? Napoleon wendet sich an Berthier: »Ich regiere seit mehr als einem Jahr und habe noch nicht einen Tropfen Blut vergossen.«

Er läßt Berthier gar nicht erst zu Wort kommen: »Was macht General Moreau?« Die einzige Gefahr geht von Moreau aus. Er hält sich derzeit in Paris auf, als regulärer Urlauber. Er empfängt viele andere Generäle: Brune, Augereau, Lecourbe. Es heißt, er treffe sich mit diesem Intriganten Sieyès sowie mit Madame de Staël, die sich für einen Politiker hält. Aber Moreau könnte sich auch der Royalisten bedienen. Er stellt eine wirkliche Bedrohung dar. Man muß ihn entwaffnen, verführen oder unschädlich machen.

Berthier kommt auf eine Bombe zu sprechen. Fouchés Männer wurden alarmiert durch eine Explosion, die sich im Stadtviertel Salpêtrière bei einem gewissen Chevalier ereignet hat, einem ehemaligen Angestellten des Wohlfahrtsausschusses. Dort haben sie einen seltsamen Apparat entdeckt, ein mit Eisen umgebenes Pulverfaß, vollgestopft mit dickköpfigen Nägeln sowie Glas- und Eisensplittern. Mit einer Lunte hätte man diese Bombe zur Explosion bringen können. Nachforschungen hätten zur Verhaftung von einem Dutzend Jakobinern geführt. »Ihr Plan war, Malmaison in die Luft zu sprengen«, berichtet Berthier. Napoleon bleibt schweigsam.

Zwischen ihm und seinen Gegnern, ob sie nun rote Mützen oder rote Seidenstrümpfe tragen, herrscht ein Kampf auf Leben und Tod. Haben sie denn von seiner Politik für dieses Land überhaupt etwas begriffen? »Ich bin der einzige, der den Erwartungen der französischen Nation entsprechen kann. Der einzige. Ich will die Franzosen einigen. Sie sollen weder der Rache der Heimkehrer aus der Emigration noch der blinden Wut der Anarchisten ausgeliefert werden.«

Deshalb wollte er auch zum Jahrestag der Republik am 23. September die sterblichen Überreste von Marschall Turenne unter der Kuppel des Invalidendomes aufbahren lassen. Dafür ließ er einen prächtigen Triumphzug organisieren. Der Sarg des großen Feldherren wurde von vier weißen Pferden gezogen, Soldaten der Italien-Armee, alte Generäle sowie die Konsulargarde gaben ihm das Geleit durch eine dichte Menschenmenge auf den Quais. Am folgenden Tag legte er auf dem Victoire-Platz den Grundstein für ein Denkmal zu Ehren von Desaix und Kléber, die am selben Tag, zur selben Stunde starben, der eine in Marengo, der andere in Kairo.

Diese französischen Helden sollen im Zusammenhang gesehen werden.

»Und was hat die Menge geschrien, Berthier? Es lebe Bonaparte! Es lebe die Republik!« Gerade die Einheit will man zerstören, indem man ihn tötet. »Kehren wir zurück«, sagt er zu Berthier.

Er steigt die geheime Treppe hoch. Vor der Tür zum Salon im Zwischengeschoß erkennt er die Silhouette von Constant. »Sie ist da«, flüstert der Diener. Mit brutaler Geste schiebt Napoleon Constant beiseite und öffnet die Tür. Giuseppina Grassini liegt lang hingestreckt auf dem Bett. So läßt sich jeder Gedanke an den Tod verscheuchen.

Am Morgen nimmt er sich viel Zeit für die Toilette. Er prüft sein graues Gesicht. Durch das nunmehr kurze Haar wirkt es noch magerer. Er betrachtet die Uniform eines Gardeoberst, die er gleich anziehen will und die noch auf einem Sessel liegt. Constant hilft ihm beim Anziehen. Er mag diese schlichte Jacke in tiefem Blau mit rotem und blauem Besatz, diese weiße Weste und die weiße Hose, diese goldenen Schulterstücke und die schwarzen Stiefel. Aber er muß dabei auch zurückdenken an seine Uniform als Leutnant der Artillerie. »Das war doch die schönste«, sagt er zu Bourrienne, der gerade das Zimmer betritt. Bourrienne schaut sehr ernst drein. Man darf sich keiner Nostalgie hingeben, wenn man an der Spitze der Pyramide steht. »Also los«, sagt er zu Bourrienne.

Der Senator Clément de Ris ist entführt worden. Seine Entführer fordern ein Lösegeld, aber vielleicht haben sie noch andere Motive. Vielleicht besitzt Clément de Ris kompromittierende Dokumente über gewisse einflußreiche Persönlichkeiten, die Komplotte geschmiedet haben, während der Erste Konsul in Italien war.

Bourrienne braucht erst gar nicht den Namen Fouché auszusprechen. Dieser bleiche Mensch weiß stets über alles Bescheid. Aber was will er? Bourrienne hat noch mehr zu sagen. Einige Jakobiner sind von einem Kumpan denunziert worden. Sie planen die Ermordung des Ersten Konsuls, wenn dieser am 10. Oktober das Theater der Republik in der Rue de la Loi besucht. Was soll man mit diesen Männern machen?

Bourrienne nennt ihre Namen. Unter ihnen ist ein Maler, Topino-Lebrun, ein Italiener, Ceracchi, und Demerville, der einst für den Wohlfahrtsausschuß gearbeitet hat. Bourrienne zögert weiterzusprechen, aber mit einer Kopfbewegung fordert ihn Napoleon auf, fortzufahren. Auch Aréna, ein Korse, Bruder eines Abgeordneten jenes Rates der Fünfhundert, der sich ihm am 19. Brumaire in den Weg stellte. Der alte Haß von der Insel wird nie erlöschen.

Sollen die Verschwörer verhaftet werden? Napoleon zögert. Man muß die Situation umkehren, sich diese Verschwörung zunutze machen, um die öffentliche Meinung zu gewinnen, und so vielleicht auch Fouché bloßstellen.

»Man soll das Komplott gewähren lassen, bis zum Endpunkt«, sagt er. Im Krieg wie in der Politik muß man die Absichten des Gegners durchschauen, um ihn bekämpfen zu können, muß man ihn sich dekuvrieren lassen, sich selbst schwach oder ahnungslos geben und dann im gewählten Augenblick zuschlagen.

Am 10. Oktober werden Aréna und seine Komplizen in den hell erleuchteten Gängen des Theaters verhaftet. Sie tragen Dolche bei sich. Nun genügt es, sie vor der Öffentlichkeit als »Septembergespenster« darzustellen, als blutrünstige Männer, von denen sie genug hat, weil sich alle noch an die Massaker vom September 1792 erinnern. Am Tag danach wird Napoleon bei der Militärparade am Carrousel so enthusiastisch gefeiert wie noch nie.

So kann er also seine Macht beweisen und verächtlich reden über »diese sieben oder acht Übeltäter, die zwar den Willen für die geplanten Verbrechen besaßen, aber nicht das Können«. Und er kann beruhigend erklären, »daß es eine schwierige Aufgabe ist, nach zehn Jahren voller außergewöhnlicher Ereignisse, Frankreich zu regieren. Aber der Gedanke, für das beste und mächtigste Volk der Erde zu arbeiten, verleiht einem die Kraft dazu.«

»Und was sagen Sie, Fouché?« Napoleon schaut den Minister skeptisch und gelassen an, weil der an der Realität des Komplottes zweifelt. »Werden Sie erst daran glauben, wenn Sie Dolche in meiner Brust sehen?« brüllt Napoleon.

7

Mit riesigen Schritten stapft Napoleon in seinem Arbeitszimmer in den Tuilerien hin und her. Mit dem Fuß stößt er die Broschüre weg, die er auf den Boden geworfen hat. Sie rutscht über den Boden bis zu dem Stuhl, auf dem Bourrienne sitzt. »Haben Sie das gelesen?« fragt Napoleon. Nutzlose Frage, denn natürlich haben alle das gelesen.

An diesem Morgen war Joséphine in sein Zimmer gekommen. Wie jedes Mal haben ihre Gestalt und ihr Parfum Napoleon bewegt und aufgeregt. Was will sie? Will sie noch einmal mit bitterer Ironie über die Besuche sprechen, die er Giuseppina Grassini abstattet? Will sie wissen, was er denn an dieser Frau findet? Er mag nicht, daß sie eine zweideutige Beziehung mit ihm herstellt, in der über alles gesprochen wird. Das ist nicht die Art, wie er mit seiner Frau leben will. Er hält nichts von diesem libertinen Lebensstil, bei dem man Vergnügen am Vergnügen des anderen mit anderen empfindet. Laster und Perversion sind ihm zuwider. Aber Joséphine versteht es noch immer, mit den Gefühlen zu spielen, die sie bei ihm auslöst.

Sie setzte sich zärtlich auf seine Knie. Sie streichelte seine Haare, und dann flüsterte sie ihm ganz dicht ins Ohr: »Ich bitte dich, Bonaparte, mach dich nicht zum König. Der böse Lucien drängt dich dazu, aber hör nicht auf ihn.«

Er schob sie beiseite. Dann schloß er sich sehr lange im Badezimmer ein und ging später in sein Arbeitszimmer. Und Bourrienne las diese Broschüre.

»Nun, Bourrienne, was halten Sie davon?« Bourrienne zögert. Napoleon streckt die Hand aus, und Bourrienne hebt die Broschüre vom Boden auf. Napoleon ergreift sie und blättert darin. Ist Bourrienne einverstanden mit diesem *Vergleich zwischen Cäsar, Cromwell, Monk und Bonaparte*? Hat er gelesen, was dieser Louis de Fontanes schreibt? »Bonaparte muß man mit Karl Martell und Karl dem Großen vergleichen, nicht mit Monk, der unter Cromwell die Könige bekämpfte und ihnen später wieder zur Macht verhalf.«

Napoleon wirft die Broschüre wieder zu Boden. Wut packt ihn.

Er kennt diesen Fontanes, einen Marquis, der nach dem 18. Brumaire aus der Emigration zurückgekehrt ist. Ein Literat, der im *Mercure de France* schreibt, dazu ein guter Redner. Er hat im Invalidendom eine grandiose Gedenkrede auf George Washington gehalten. Und gerade an jenem Tag hat ihn Élisa Bacciocchi wissen lassen, daß sie die Geliebte von Fontanes ist. Er mußte es hinnehmen. Was hätte er seiner Schwester Élisa denn auch vorwerfen können? Man hat sie mit einem armen Mann verheiratet, einem kleinen korsischen Offizier ohne Talent und Ambition. Dabei ist sie eine temperamentvolle Frau. Er hat Fontanes bei Lucien wiedergesehen. Seit Lucien verwitwet ist, hat Élisa das gesellschaftliche Leben ihres Bruders, der Innenminister ist, in die Hand genommen. Sie gibt Empfänge und hält einen literarischen Salon, in dem sich La Harpe, Arnault und Roederer einfinden. Dort glänzt sie neben Fontanes. Mit ihrer Hilfe und gewiß auch mit der von Joseph hat Lucien wohl daran gedacht, daß es nach dem *Dolchkomplott* nun an der Zeit wäre, öffentlich die Idee zu propagieren, daß Napoleon König werden solle, und zwar als erblicher Monarch und Gründer einer Dynastie. Und natürlich ist Joséphine strikt dagegen, einfach weil Lucien, Joseph, Élisa, ja alle aus dem Clan der Bonapartes es wollen. Deshalb auch hat sie heute morgen ihren ganzen Charme spielen lassen und von dem »bösen Lucien« gesprochen.

Sie hassen sich untereinander, denkt er, und sie fürchtet, daß ich, wenn ich König werde, einen Erben brauche, den sie mir nicht schenken kann. Sie hat Angst, daß ich sie verstoße und mich scheiden lasse.

»General, ich denke, daß dieses Pamphlet Ihnen in der öffentlichen Meinung sehr schaden kann. Es ist einfach voreilig und enthüllt Ihre Absichten viel zu früh.« Was weiß Bourrienne von meinen Absichten, denkt er?

Napoleon bestellt Fouché zu sich. Er fragt ihn aus, ist über seine Antworten aber verärgert. »Ihr Bruder Lucien hat dieses Pamphlet ermöglicht«, erläutert Fouché. »Er hat den Druck und die Verbreitung veranlaßt. Er hat es sogar vom Innenministerium an alle Präfekten schicken lassen.«

Napoleon nimmt mehrere Prisen Schnupftabak. Aber diese harten Gesten, dieses Einatmen und der herbe Duft des Tabaks beruhigen ihn nicht wie üblich, sondern erregen ihn noch mehr. »Das ist mir völlig gleichgültig!« ruft er aus. »Ihre Pflicht als Polizeiminister war es, Lucien zu verhaften und im Temple einsperren zu lassen.« Noch einmal schnupft er. »Dieser Dummkopf macht mir immer nur Scherereien.«

Er denkt zurück an Lucien in ihrer Kindheit, aber auch an sein Verhalten während der Auseinandersetzungen mit Paoli, als er den Gang der Dinge verändert hat. Das alles wurde aber ausgelöscht durch den Mut und die Geistesgegenwart von Lucien am 19. Brumaire. Ohne ihn hätte der Tag vielleicht mit einem Desaster geendet. Er ist mein Bruder. Sie sind meine Familie. Ich tue, was ich ihnen schuldig bin. Joseph wurde beauftragt, die Verhandlungen mit Österreich in Lunéville zu führen. Bliebe noch Lucien, der Minister.

Roederer gegenüber erregt sich Napoleon. Lucien ist ein heller Kopf, aber er ist ein Dickschädel, mit dem man nichts anfangen kann. Er kann nicht länger Innenminister bleiben. Dieses Pamphlet hat zu große Unruhe erzeugt, außerdem spricht man zu viel von den Affären, in die er verwickelt sein soll. Er soll für den Ankauf von englischem Weizen Provisionen erhalten haben. Lucien sollte den Namen Bonaparte nicht dermaßen in den Schmutz ziehen. »Wissen Sie, was die Zuträger von Fouché berichten? Daß Lucien beim Opernkomplott gegen mich die Hand im Spiel gehabt haben soll!«

Ein spannungsgeladener Augenblick, noch unerträglicher als die ungewissen Minuten einer Schlacht. Napoleon empfängt Lucien, um ihm mitzuteilen, daß er ihn seines Amtes als Innenminister enthebt und zum neuen französischen Botschafter in Madrid ernennt. Nach dieser Unterredung muß er die Blicke derjenigen ertragen, die schon seit zwei Stunden in den Tuilerien auf ihn warten. Joséphine sitzt in einem tiefen Sessel. Sie verbirgt ihre Freude. Sie fürchtet und verabscheut Lucien. Es sei denn, er heirate eines Tages ihre Tochter Hortense und schenke Napoleon einen Erben. Allerdings kann man auch daran denken, Hortense de Beauharnais mit Louis Bonaparte zu verheiraten, von dem Napoleon sagt, er sei ein brillantes Subjekt.

Élisa Bacciocchi bleibt im Abseits. Sie ist am Rande des

Nervenzusammenbruchs und wirft haßerfüllte Blicke auf Hortense, die neben ihrer Mutter sitzt und ihren Triumph nicht so diskret hält wie diese.

Napoleon durchquert den Salon. Die Generäle Lannes, Murat, Lecourbe, die Adjutanten, die Staatsräte, Chaptal, der schon weiß, daß er als Nachfolger von Lucien Bonaparte Innenminister wird, treten beiseite. Er hört ein Lachen und dreht sich um. Lucien spricht belustigt mit Joséphine, beugt sich zu ihr hinüber, flüstert ihr etwas ins Ohr. So ist meine Familie, denkt er. Schreckliche Rivalitäten werden durch ein Lächeln überdeckt. Krieg ist mir lieber.

Der Krieg droht schon im Osten des Landes. In Lunéville stocken Josephs Verhandlungen mit den Österreichern. Hinter deren ablehnender Haltung stecken das Geld und die Entschlossenheit der Engländer. Die beiden Mächte werden die Errungenschaften der Französischen Revolution erst anerkennen, wenn sie besiegt sind. Sie wollen, daß Frankreich in seine Grenzen von vor 1789 zurückkehrt. Und London wird Wien vorschicken. Muß er also Paris schon wieder verlassen? Sich den Intrigen und Komplotten einer Hauptstadt aussetzen, in der man gierig auf die Neuigkeiten warten wird und einige sogar Napoleons Niederlage erhoffen?

Am 3. Dezember 1800 sitzt Napoleon um fünf Uhr abends in seinem Arbeitszimmer in den Tuilerien und schreibt eigenhändig an Joseph: »Wenn ich wieder aufbreche, dann wird das Haus Habsburg das nicht so schnell vergessen. Ich muß also mit Eilpost unbedingt wissen, ob es keine Hoffnung mehr gibt, wie es einige Reden von Pitt in London andeuten.«

Napoleon gibt schon Befehle für die einzelnen Etappen seiner Reise nach Deutschland. Aber an eben diesem 3. Dezember überrascht General Moreau nach langem Zögern die österreichischen Truppen und vernichtet sie bei Hohenlinden.

Der Weg nach Salzburg ist frei. Beinahe 10000 österreichische Kriegsgefangene strömen ins Hinterland. Wien wird auch von der anderen Seite her bedroht, da die Truppen von General Brune durch die Toskana marschieren und bis zur Hauptstadt des Kaiserreichs vorstoßen könnten. Sollte der Krieg ohne ihn gewonnen werden können?

Napoleon breitet die Deutschlandkarten vor sich aus. Es scheint ihm, als setze Moreau den Österreichern nicht entschlossen genug nach und versäume aus lauter Vorsicht, sie zu vernichten. Er darf aber keinen Tadel äußern. Moreau ist reizbar und eifersüchtig, und er erhält von überallher Beifall.

»Ich kann Ihnen nicht sagen, wie sehr ich Ihre schönen und klugen Manöver bewundere«, schreibt ihm Napoleon, »in dieser Kampagne haben Sie sich selbst überboten. Diese armen Österreicher sind ziemlich hartnäckig: sie haben auf Schnee und Eis gehofft; sie kennen Sie noch nicht gut genug. Ich grüße Sie herzlich.«

Zu Roederer sagt Napoleon: »Wenn ich in den nächsten drei, vier Jahren an Fieber in einem Bett sterben würde und ein Testament aufsetzen müßte, um meinen Lebensroman zu vollenden, dann würde ich der Nation raten, sich vor einer Militärregierung zu hüten. Ich würde die Wahl eines zivilen Regierungschefs empfehlen.« Roederer wundert sich, denn man sprach doch gerade von Österreich und vom Sieg Moreaus bei Hohenlinden.

»Das Amt des Ersten Konsuls darf durch keinen General ausgeübt werden«, fährt Napoleon fort, »dazu bedarf es eines Zivilisten. Die Armee wird sich eher einem Zivilisten unterordnen als einem Soldaten.« Was sind denn Generäle untereinander? Eifersüchtige Rivalen, die sich gegenseitig belauern und glauben, daß sie ebenso gut sind wie die andern. Vor allem glauben sie, es genüge, auf einem Schlachtfeld zu siegen, um regieren zu können.

Mit dem Fuß stößt er die Deutschlandkarte beiseite. »Moreau redet von nichts anderem als von einem militärischen Regiment. Er versteht eben nichts anderes.«

8

Es ist der 24. Dezember 1800. Napoleon sitzt vor dem Kamin im Salon der Tuilerien. Er trägt die rot und weiß verzierte blaue Uniform eines Gardeoberst. Seine rechte Hand hat er unter die weiße Weste geschoben. Der Zweispitz ist tief in die Stirn geschoben.

Seine Augen sind geschlossen. Er hört Gesprächsfetzen. In Begleitung mehrere Generäle nähern sich Joséphine und Hortense. Er erkennt die Stimmen von Lannes, Berthier, Lauriston und seinem Adjutanten Rapp. Er rührt sich nicht. Er muß jetzt in die Oper, um dort Haydns Oratorium *Die Schöpfung* anzuhören. Er würde aber viel lieber in den Tuilerien bleiben, um allein in seinen eigenen Gedanken die Unterhaltungen fortzuführen, die er den ganzen Tag über in seinem Arbeitszimmer mit verschiedenen Personen geführt hat.

Er hat die Entscheidungen zu treffen. Also muß er analysieren und abwägen und über Krieg nachdenken. Wird England jemals Frieden geben, solange sich Frankreich bis zum Rhein erstreckt und also Holland und Belgien geschluckt hat? Nicht er, sondern schon die Convention hat mit diesen Eroberungen und diesen Kriegen begonnen, die er nur geerbt hat. Er ist der Treuhänder dieser Bestrebungen. Am Schachbrett hat er nun den Platz des einstigen Wohlfahrtsausschusses eingenommen, aber die Partie hatte schon lange vor ihm begonnen. Was tun? Auf diese Territorien zu verzichten hieße hinzunehmen, daß wieder ein Bourbone in den Königspalast einzieht. Aber sie zu behalten bedeutet Krieg!

Joséphine flüstert ihm etwas ins Ohr. Sie will unbedingt, daß er in die Oper geht. Er arbeite zu viel, sagt sie. Die Musik wird ihn zerstreuen. Er steht auf und geht die Treppe hinunter. Eine Eskorte aus berittenen Grenadieren erwartet ihn, die Pferde scharren schon mit den Hufen. Napoleon nähert sich der Karosse und bemerkt, daß sein Kutscher César auf seinem Sitz zu schwanken scheint. Vielleicht ist er betrunken.

Napoleon steigt in den Wagen. Die Grenadiere reiten im Trab, und der Wagen folgt ihnen in zügiger Fahrt. Bald erreicht er die Rue Saint-Nicaise. Plötzlich beschleunigt sich das Tempo, die Pferde verfallen in Galopp. Napoleon döst. Ein berittener Grenadier hat einem Fiaker befohlen, Platz zu machen, damit der Wagen des Ersten Konsuls an einem kleinen Karren vorbeifahren kann, der in der Straße abgestellt wurde. Ein Mädchen hält das Pferd beim Zügel, das vor den Karren gespannt ist.

Sobald die Durchfahrt frei ist, gibt César den Pferden die Peitsche. Die Karosse streift den Karren und biegt links in die Rue de la Loi ein. Plötzlich hat Napoleon das Gefühl, daß direkt neben ihm eine Kanone schießt. In seinem Halbschlaf glaubt er, eine Schlachtszene mitzuerleben. Er wacht auf. Man hört Schreie, Pferdewiehern und das Geräusch von splitterndem Glas. Er beugt sich hinaus und sieht gleich hinter sich dunkelrotes Leuchten am Himmel.

Die Karosse hält an der Kreuzung mit der Rue de la Boucherie. Ein Offizier kommt herbei. Schon bevor er etwas sagt, hat Napoleon verstanden, daß es sich um ein Attentat handelt. Ein Karren ist nur wenige Minuten nach der Vorbeifahrt des Ersten Konsuls explodiert. Dieser sagt: »Geben Sie Befehl, die gesamte Konsulgarde zu mobilisieren.«

Man wollte ihn also umbringen. Er ist ruhig und gefaßt. Er wendet sich an den zweiten Offizier. »Sagen Sie Madame Bonaparte, daß Sie zu mir in die Oper kommen soll.« Dann weist er César mit einer Handbewegung an weiterzufahren.

Als Napoleon vor der Oper aus der Karosse steigt, kommen ihm Generäle und Offiziere entgegengeeilt. Die enorme Explosion ist überall in Paris zu hören gewesen. Häuser sind zerstört worden, alle Fensterscheiben im Stadtviertel, aber auch die vom Tuilerienpalast sind zerborsten. Es gab mehrere Tote und einige Schwerverletzte. Einer Frau wurden die Brüste durch ein Eisenstück abgerissen. Man hat den zerfetzten Leichnam eines Mädchens entdeckt. Diese Terroristen müssen vernichtet werden.

Er betritt die Oper, stößt die Tür zu seiner Loge auf. »Diese Lumpen wollten mich in die Luft sprengen«, sagt er zu Junot. Dann nimmt er Platz. »Man bringe mir den Text des Oratoriums«, sagt er noch mit ruhiger Stimme. Aber alle Zuschauer sind aufgestanden und rufen: »Es lebe der Erste Konsul!« Die Ovationen sind so stark, daß die Mauern des Operngebäudes beben. Mehrmals tritt Napoleon nach vorne, aber sobald er sich hinsetzt, zwingt ihn der Beifallssturm, sich wieder zu erheben. Erst nach mehreren Minuten kann er dem Orchester des Zeichen geben, mit der Aufführung zu beginnen.

Eine Weile hört er der Musik zu. Einmal mehr kann ihm die

Aktion seiner Feinde nützlich sein, wenn er geschickt zurückschlägt und die allgemeine Erregung zu seinen Gunsten nutzt. Er verläßt die Oper. Je näher er den Tuilerien kommt, desto dichter wird die Menschenmenge. Sobald man seine Karosse erkennt, werden Akklamationen laut. In den Salons der Tuilerien drängen die Seinen herbei.

Beim Anblick von Fouché, der sich im Hintergrund hält, mit glattrasiertem, reglosem Gesicht, wird er wütend. »Wollen Sie etwa immer noch behaupten, daß es die Royalisten waren, Fouché?« herrscht er ihn an.

Dieser zwingt sich, ganz kühl zu bleiben, und antwortet, er werde schon die Beweise dafür erbringen, daß es die Royalisten waren. Das kann Napoleon nicht hinnehmen. In den letzten Wochen hat er die Zeichen guten Willens gegenüber den Emigranten vermehrt. Wer sind denn diese Ceracchi, Aréna und Topino-Lebrun, die ihn erst vor kurzem in der Oper umbringen wollten? Es waren Jakobiner, sagt er, Terroristen, elende Gestalten in ewiger Revolte, die in ganzen Bataillonen gegen alle Regierungen kämpfen.

Mit großen Schritten geht er im Salon auf und ab. Seine Angehörigen stimmen ihm zu. Deren Stimmen tragen ihn und isolieren Fouché noch mehr. »Mich kann man nicht täuschen«, sagt er mit hämmernder Stimme, »hier waren keine Chouans am Werk, weder Emigranten noch einstige Aristokraten oder Priester. Es waren Jakobiner, Septembristen.« Er tritt auf Fouché zu. »Ich will gnadenlos Gericht halten ...«

Es erzürnt ihn, daß Fouché bei seiner Meinung bleibt, daß es Chouans waren und daß er innerhalb einer Woche den Beweis dafür liefern wird. Er kehrt ihm den Rücken zu.

In der Nacht bleibt er lange wach. Fast alle aus seiner Umgebung haben ihm empfohlen, Fouché und den Polizeipräfekten Dubois zu entlassen. Der Minister könne eben nicht vergessen, daß er selbst einst Terrorist war, und der Präfekt sei schlicht unfähig. Aber er zögert. Man muß die Jakobiner bestrafen, die mit der Dolchverschwörung sympathisierten, und sich von Fouché nicht überzeugen, ihn gleichwohl weiter agieren lassen. Auf jeden Fall muß er die allgemeine Erregung ausnutzen, um klarzumachen, daß er das Schutzschild gegen die Wiederkehr der Zeit der Guillotine ist. Denn das wollen die Franzosen auf gar keinen Fall.

Er hat sich entschieden. Er muß das Attentat in der Rue Saint-Nicaise ausnutzen, um seine Feinde zu vernichten und die Franzosen um sich zu versammeln.

Als er in den Hof der Tuilerien kommt, um der großen Truppenparade beizuwohnen, jubelt ihm die Menge zu. Die Offiziere in den Wachzimmern des Palastes tun es auch. Der Vorsitzende des Tribunats sowie Beamte aus den Verwaltungen der Stadt und der Departements versichern ihn ihrer Beflissenheit. Dann empfängt er die Ergebenheitsadressen der Mitglieder des Staatsrates und der Akademien. Reden und Treueschwüre häufen sich. Er mustert diese Männer, die eilfertige und emphatische Worte äußern. Er hat keine Illusionen. Für diese Leute ist er nur ein nützliches Schutzschild. Halten kann er sie nur durch die Angst, die in ihnen steckt. Allein Fouché gibt sich noch immer skeptisch und versichert, daß es sich um eine royalistische Verschwörung handelt.

Am folgenden Abend wird im Salon von Joséphine, in dem die Frauen der Generäle und der Notabeln zusammenkommen, Fouchés Meinung wiedergegeben. Napoleon kommt hinzu und redet auf den Polizeipräfekten Dubois ein: »An Ihrer Stelle würde ich mich für die gestrigen Ereignisse schämen.« Und dann sagt er so laut, daß es alle hören können: »Fouché hat seine Gründe; er schützt seine Leute; es ist doch völlig klar, daß er einen Haufen Leute schützt, die Blut an den Händen haben! War er nicht ihr Anführer? Ich weiß doch genau, was er in Lyon und an der Loire gemacht hat. Die damaligen Greueltaten erklären sein Verhalten heute.«

Er schaut sich um. Allein Joséphine verteidigt Fouché, weil sie glaubt, daß der Polizeiminister gegen eine Umwandlung des Konsulats in eine Monarchie ist, mit der der Wunsch nach einem Erben und ihre Verstoßung als Gattin einhergehen würde. Aber alle andern zittern noch bei der Erinnerung an die Schreckensherrschaft. Und es ist gut so, daß sie sich erinnern. Es ist nützlich, daß sich Frankreich vor einer Wiederkehr der Guillotine fürchtet. Bald wird eine Liste von 30 zu verbannenden Jakobinern aufgestellt sein.

Vor dem Staatsrat spricht Napoleon mit zornbebender Stimme und großer Entschlossenheit. Es ist ganz unwichtig, ob jene Jakobiner am Attentat in der Rue Saint-Nicaise beteiligt waren oder nicht, sagt er. Man muß ein Exempel statuieren, um die Mittelschichten für die Republik zu gewinnen. Und das ist ganz unmöglich, solange sich diese Schichten von 200 wütenden Wölfen bedroht sehen, die sich jederzeit auf ihre Beute stürzen können.

Beim Reden schaut er jedes einzelne Mitglied des Staatsrates an. In ihren Augen liest er Unsicherheit. »Ich bin so sehr von der Notwendigkeit des Durchgreifens überzeugt, daß ich bereit bin, diese Schurken vor meinen Augen verurteilen zu lassen und das Urteil eigenhändig zu unterschreiben«, sagt er.

Die Jakobiner werden auf die Seychellen deportiert. Sind sie mitschuldig am Attentat in der Rue Saint-Nicaise? Fouché hat eine Anhörung vor den drei Konsuln verlangt. Napoleon geht unruhig hin und her, Fouché spricht mit ruhiger Stimme.

»Die Polizei hat ihre Arbeit getan«, sagt er. »Ich habe Zuträgern eine Belohnung von 2000 Goldlouis versprochen.« Fouché läßt sich nicht in die Augen schauen. Aber man hört und sieht es ihm schon an, daß seine Unternehmung erfolgreich war, daß er triumphieren wird.

Der Kadaver der Stute von dem Karren, erklärt er, hat der Polizei erlaubt, den Verkäufer des Pferdes ausfindig zu machen. Als Käufer wurde ein gewisser François Carbon ermittelt. Ebenso haben die Trümmerteile ermöglicht, den Böttcher zu ermitteln, der das Pulverfaß angefertigt hat. Die Schuldigen sind drei Chouans, sämtlich Agenten von Georges Cadoudal.

Fouché macht eine Pause und schaut auf Napoleon, der noch immer im Zimmer umherwandert. Dann spricht er weiter: »Es sind François Carbon, Limoëlan und Saint-Réjean. Letzter war Anführer der Chouans im Departement Ille-et-Vilaine. François Carbon«, sagt Fouché besonders langsam, »wurde am 18. Januar verhaftet, Saint-Réjean am 28., Limoëlan ist noch auf der Flucht, aber wir sind ihm auf den Fersen.«

Man solle ihn finden und festnehmen, sagt Napoleon lediglich. Hat er sich getäuscht? Hätte er die Jakobiner, die nichts mit der Höllenmaschine zu tun hatten, nicht verbannen sollen? Aber wollten sie ihn denn nicht auch stürzen? Sind sie nicht genauso gefährlich, ja noch destruktiver als die Royalisten? Am 9. Januar waren die Jakobiner der Dolchverschwörung zum Tode verurteilt worden, dabei war ihr Plan schon im Ansatz erstickt worden. Die Höllenmaschine aus der Rue Saint-Nicaise hat immerhin den Tod von 22 Menschen bewirkt und 50 Verletzte gefordert.

In der Nacht vom 29. zum 30. Januar 1801 findet in den Tuilerien unter Leitung von Napoleon eine geheime Ratssitzung statt. Die beiden anderen Konsuln sind anwesend, dazu Persönlichkeiten wie Portalis, Talleyrand und Roederer. Es wird über einen Gnadenerlaß für einige der Verurteilten aus der Dolchverschwörung beraten. Allen wird die Begnadigung verweigert. Am 31. Januar werden sie guillotiniert. Noch am 26. Dezember hatte Napoleon vor dem Staatsrat gesagt, daß die Rache für ein so abscheuliches Verbrechen drastisch sein müsse. »Das fordert Blut.«

9

Napoleon bleibt an der Schwelle zum Salon stehen, in dem Joséphine wie an jedem Abend in den Tuilerien oder in Malmaison Empfänge gibt. Sein Blick fällt auf Laure Junot. Er kannte sie schon als Kind, aber damals hatte er ihr keine Beachtung geschenkt, da war sie nur die Tochter von Madame Pernon, einer Freundin der Bonapartes aus Montpellier. Im Jahre 1785 hatte Madame Pernon dort den sterbenden Charles Bonaparte betreut. Napoleon hatte ihr wiederholt seinen Dank bekundet und sogar daran gedacht, sie zu heiraten, obwohl sie mehrere Jahre älter war als er.

Er schaut Laure mit Vergnügen an. Sie ist lebhaft, ihr ganzer Körper drückt Energie und Lebenslust aus. Ist sie schön? Was heißt das schon? Sie ist natürlich, ungeschminkt, schwarzhaarig und lebhaft, ihre Hüfte ist etwas gerundet, weil sie schwanger ist, aber sie ist so ein freudiger Anblick wie eine kräftige und gesunde Pflanze.

Als sein Blick Joséphine streift, erfassen ihn Verzweiflung und Wut. Sie ist so kunstvoll geschminkt und geschmückt, daß er den ganzen Zauber vor lauter Wut und Widerwillen zerstören und sich an dieser alternden Frau vergreifen könnte. Er hängt an ihr, doch kann sie ihm nur Lust, aber keinen Sohn schenken. Sie war ihm oft nützlich, aber sie hat ihn auch oft gedemütigt und betrogen. Er wendet die Augen ab, denn sie hat ihn bemerkt. Er will nicht, daß sie seine Gedanken errät. Sie kennt sie nur zu gut.

Vor zwei Tagen hat er sie im Park von Malmaison zu einer Kutschfahrt mit Laure Junot gezwungen. Das Landgut ist über 300 Hektar groß. Er hat die grimmige Miene von Joséphine beim Besteigen der Kutsche gesehen. Aber er gab dem Kutscher den Befehl zum Losfahren und ritt wie ein junger Mann nebenher. Und er ist doch auch wirklich erst 32 Jahre alt! Jetzt wird es ihm so sehr bewußt, daß Joséphine älter ist als er. Laure Junot, die neben ihr im Wagen saß, entzückte ihn durch ihre Lebhaftigkeit.

Als die Kutsche vor einem Bach halten mußte, sagte Joséphine wiederholt, daß sie ihn nicht überqueren wolle, weil sie Angst habe. Da hat er Laure auf seine Arme genommen, ist zu Fuß durch den Bach geschritten und hat dem Kutscher befohlen, den Pferden die Peitsche zu geben. Joséphine hat geweint. Und er fühlte sich schuldig und behindert wegen dieser Frau. Warum sollte er denn keine Frau wie Laure Junot heiraten?

»Du bist verrückt«, hatte er die eifersüchtige Joséphine angeraunzt. Sie weiß allerdings, daß Napoleon manchmal frühmorgens, wenn Laure allein in Malmaison und ihr Mann auf seinem Kommandoposten in Paris ist, zu ihr geht und sie mit Lust betrachtet und betastet, wie ein übermütiger älterer Bruder, dessen Gesten und Absichten nicht bis zum Äußersten gehen.

»Du weißt, daß ich diese Eifersüchteleien auf den Tod nicht leiden kann«, sagt er zu Joséphine. »Los, küß mich und sei still. Wenn du weinst, bist du häßlich, das habe ich dir schon mal gesagt.« Sie hat ihre Tränen getrocknet, aber sie blieb eifersüchtig – auf Laure Junot oder auf Giuseppina Grassini.

Die Italienerin wird er übrigens aus Paris fortschicken. Sie will nicht ihm allein gehören und somit gezwungen sein, in dem Haus, das er für sie bestimmt hat, bis spät in der Nacht auf ihn zu warten, wenn er endlich alle Briefe diktiert und Anweisungen unterzeichnet und mit allen gesprochen hat, Konsuln, Adjutanten, Ministern. Mehr als einmal hat Giuseppina gesagt, daß sie sich langweilt. Und Fouché hat mit der unvergleichlichen Geschicklichkeit, die er als Polizist und einstiger Priester besitzt, Napoleon zu verstehen gegeben, daß es in diesen Zeiten von Attentaten nicht nur unvorsichtig sei, sich des Nachts, nur von einem Diener begleitet, zu der Sängerin zu begeben, sondern auch, daß Giuseppina sich zuweilen von einem Geiger trösten läßt, einem gewissen Rode.

In Anwesenheit von Fouché mußte er seine Fassung bewahren, aber der Minister ließ sich nicht täuschen. Dieser Mann ist wirklich zu verschlagen und zu intelligent, als daß man ihm vertrauen könnte, aber eben deshalb ist er unentbehrlich. Vorerst.

Aber diese Grassini soll verschwinden! Sie ist ja doch nur eine Frau. Er nimmt es sich selbst übel, daß er einst so verliebt und so abhängig von einer Frau war, von Joséphine. Da war er noch jung und naiv und hatte noch keine Ahnung von den Frauen und von seiner Macht. Heute genügt es, daß er in der Oper oder in einem Salon erscheint, hier in den Tuilerien, in Malmaison, bei Cambacérès oder bei Talleyrand in Neuilly, und sie bieten sich ihm an. Und warum sollte er sie abweisen? Sie begehren ihn. Um seinetwillen, um des Geldes oder des Ruhmes wegen. Und er braucht sie. Nach den harten Diskussionen und Verhandlungen über Finanzfragen oder das Gesetzbuch, nach der ständigen Nähe von Tod und Grausamkeit, also der Macht, bieten sie Augenblicke des Friedens.

Die Türen sind geschlossen. Kronleuchter und Kandelaber überfluten den Raum mit strahlendem Licht. Und dort stehen sie, ergeben wie offene Städte, die er nicht einmal zu belagern braucht. Dafür hätte er auch keine Zeit, und zum Glück wissen sie es. Sie warten auf seinen Befehl. Und er mag ihre Unterwürfigkeit, ihre Hingabe, dieses rasche Spiel, das er mit ihnen ganz nach seiner Laune treibt. Das hat alles keine große Bedeutung. Er nimmt. Er belohnt. Manchmal kommen sie wieder. Etwa Mademoiselle Branchu, eine Sängerin mit üppigem Körper, mit der er einige Stunden verbracht hat. Das zählt übrigens so wenig, daß er manchmal sogar die Arbeit wichtiger nimmt als eine Frau. So erging es Mademoiselle Duchesnois, einer Schauspielerin, die zur festgelegten Zeit erschien und sich, wie er ihr über seinen Diener Constant ausrichten ließ, entkleidete und im Bett auf ihn wartete, und die dann am frühen Morgen vom selben Diener den Befehl erhielt, sich wieder anzuziehen. In jener Nacht hatte er zu viele Sorgen im Kopf und konnte sich nicht die kleinste Zerstreuung leisten.

Napoleon betritt den Salon. Alle Köpfe wenden sich ihm zu, die Unterhaltungen werden kurz unterbrochen und dann mit leiserer Stimme fortgesetzt. Er geht zu Caroline Murat, spricht aber nur kurz mit seiner jüngeren Schwester. Sie ist genauso gierig wie ihre Brüder Lucien und Joseph oder wie ihre Schwester Pauline, nie zufrieden mit dem, was sie bekommen hat. Was glaubt sie denn? Daß ihr Vater die Macht in Frankreich als Erbe hinterlassen hat, die nun unter seinen Kindern aufgeteilt werden soll? Er, Napoleon, hat sie errungen. Andererseits gehören sie zu seiner Familie, und er kann und will diese Blutbande nicht leugnen.

Er schaut sich um und sieht, daß Hortense de Beauharnais mit seinem Adjutanten Duroc spricht. Die Art, wie sie mit ihm spricht, zeigt, daß sie sich von diesem Offizier angezogen fühlt. Schon öfter hat sie ihn wissen lassen, daß sie heiraten wolle. Aber Joséphine hat andere Pläne. Sie denkt an eine Ehe mit Lucien Bonaparte, obwohl sich beide nicht leiden können. Seit Lucien Botschafter in Spanien ist, hat er das Vermögen, das er schon als Innenminister erwarb, noch vermehrt. Joséphine hat sogar daran gedacht, Hortense mit Louis zu vermählen. Auf diese Weise würden die Bande zwischen beiden Familien noch enger geknüpft, glaubt sie. Und der Erbe Napoleons, von dem immer wieder die Rede ist, wäre dann der Sohn von Hortense.

Napoleon entfernt sich. All das geht ihn zwar auch an, doch er fühlt sich über solche taktischen Spiele erhaben, weil er überzeugt ist, daß sich sein Schicksal auf unvorhergesehene Weise erfüllen wird. Warum soll er sich mit den Plänen dieser Frau abgeben? Warum soll er sich mit den Gerüchten befassen, die ihm eifrig zugetragen werden, denen zufolge er auch der Liebhaber von Hortense sei? Er!

Um neun Uhr morgens betritt Napoleon den Raum der Tuilerien, in dem General Junot, erster Adjutant und Befehlshaber von Paris, seinen Bericht vorträgt. Mehrere Offiziere umgeben ihn. Napoleon schreitet mit großen Schritten hin und her und nimmt von Zeit zu Zeit eine Prise Schnupftabak. General Mortier, Befehlshaber des Ersten Militärbezirks, meldet mit zögernder Stimme, daß es schon wieder Raubüberfälle auf Kutschen gegeben habe.

Napoleon unterbricht ihn und brüllt: »Schon wieder Überfälle? Schon wieder Raub öffentlicher Gelder? Und niemand weiß, wie man diese Verbrechen bekämpfen kann?«

Mortier senkt den Kopf und bleibt stumm. Napoleon schreitet weiter und spricht mit lauter, klarer Stimme, damit ihn alle Anwesenden hören, und doch hat man das Gefühl, daß er allein ist, von seinen Gedanken mitgerissen. »Man muß aus diesen Kutschen kleine Festungen machen. Man muß sie mit dünnen, festen Matratzen abdichten, in die man Schießscharten einbringt, und so viele Scharfschützen in die Kutschen setzen, wie hineinpassen. Los, General, lassen Sie diesen Befehl ausführen.«

Ein auf Sieg gegründeter Frieden scheint zu Beginn dieses Jahres 1801 noch weit entfernt zu sein. Österreich ist in Deutschland und in Italien geschlagen worden. England ist unbeugsam, kann aber durch einen Friedensschluß und neue Allianzen auf dem Kontinent isoliert und so zu Verhandlungen gezwungen werden. Napoleon schickt Instruktionen an seinen Bruder Joseph, der in Lunéville mit dem Wiener Bevollmächtigten verhandelt. Aber noch wartet das andere große Vorhaben: sich mit dem russischen Zaren Paul I. zu verbünden. Napoleon gibt für dessen Gesandte

Kolytscheff und General Sprengportern glanzvolle Empfänge in den Tuilerien oder in Malmaison.

Eine Allianz mit Rußland eröffnet Perspektiven für eine mögliche Aufteilung des Osmanischen Reiches zwischen Frankreich und Rußland, eine gemeinsam geführte Expedition gegen Indien, ja die Möglichkeit, den ganzen europäischen Kontinent zwischen den beiden Klammern eines Bündnisses zu halten und dadurch England zu bändigen, es zur Anerkennung der französischen Eroberungen auf dem linken Rheinufer zu zwingen, die es seit 1792 verweigert.

Einige Tage nach der Unterredung mit den russischen Gesandten wird Ludwig XVIII., der in Sankt Petersburg Zuflucht gesucht hat, von Zar Paul I. gebeten, die Stadt zu verlassen. Und Joseph kann vermelden, daß Österreich in Lunéville den Frieden unterzeichnet hat, der im wesentlichen den Vertrag von Campoformio bestätigt, also die Abtretung des linken Rheinufers an Frankreich. Antwerpen, diese auf das Herz Englands zielende Pistole, bleibt unter französischer Kontrolle. Die Cisalpinische Republik wird vergrößert. Frankreich erhält Interventionsrecht in deutschen Angelegenheiten.

Napoleon ist der treue Erbe der Außenpolitik der Revolution. Im Süden Europas unterschreibt Spanien den Vertrag von Aranjuez. Madrid verpflichtet sich, Krieg gegen das mit England verbündete Portugal zu führen. In Italien werden Parma und Piacenza an Frankreich abgetreten.

Als der Vertrag von Lunéville bekannt wird, hört man überall Freudenschreie in Paris, wo gerade Karneval ist. Napoleon zeigt sich am Fenster seines Arbeitszimmers in den Tuilerien. Er schaut auf die Menschenmenge, die sich auch schon nach den Tagen von Marengo hier versammelt hatte. Er befiehlt dem Musikkorps der Garde, bei den volkstümlichen Straßenbällen aufzuspielen. Er läßt den Polizeipräfekten zu sich kommen. Dieser soll sich in Begleitung der Bürgermeister in jeden Bezirk begeben und dort die Friedensdeklaration verlesen, die er erlassen hat.

Dann bleibt er allein. Ja, er will den Frieden. Er hat ihn fast erreicht. Er muß ihn nur noch England aufzwingen. Die Partie, die nun beginnt, ist sehr einfach. Er hält den europäischen Kontinent. Das Bündnis mit Rußland ist der Schlüssel zu dieser Befriedung des Kontinents, zu der die Unterwerfung von Österreich gehört, die schon erfolgt ist, und somit eine französische Präsenz in Deutschland und Italien. Kann er alle diese Schachfiguren zusammenhalten? Alle vier Himmelsrichtungen des Schachbretts kontrollieren? Und wie lange wird sich England verweigern?

Diese Gegebenheiten kann er nun einmal nicht verändern, solange Frankreich das linke Rheinufer behalten will, das heilige Herzstück des Erbes der Revolution, auf das nicht verzichtet werden kann.

Napoleon begibt sich nach Neuilly, wo Talleyrand ein glänzendes Fest zur Feier des Vertrages gibt. Dort lauscht man dem Dichter Esménard, der Oden auf den Ersten Konsul vorträgt. Das Fest gilt mehr ihm als dem Vertrag. Aus der Emigration heimgekehrte Adlige, Botschafter und die schönsten Frauen von Paris drängen sich um ihn, aber er geht nur still und lächelnd vorbei.

Später legt ihm Bourrienne die Depeschen vor, die von Norden und Süden in den Tuilerien eintreffen. Napoleon liest sie. Zar Paul I. ist am 24. März in seinem Palast erwürgt worden. Sein Sohn Alexander, der gewiß Komplize der Attentäter war, wurde zum Nachfolger gekrönt. Offiziell hieß es aber, Paul I. sei an einem Schlaganfall gestorben. In den russischen Kreisen, die für ein Bündnis mit England sind, triumphiert man, aber auch in London.

Napoleon bleibt mitten im Salon stehen. Als er die Depesche zerreißt, kommt gerade Fouché herein, der dank eigener Quellen Genaueres über die Ermordung weiß. Paul I. wurde in seinem Schlafzimmer mit seiner Schärpe erwürgt, außerdem wurde ihm der Schädel mit einem Schwertknauf eingeschlagen. Die Verschwörer haben eine Dreiviertelstunde gebraucht, um ihn umzubringen. Napoleons Gesicht zeigt Empörung und Abscheu. »Was denn«, ruft er aus, »ein Kaiser ist nicht einmal inmitten seiner Wachen in Sicherheit!«

Fouché erläutert ihm, daß sich in Rußland dergleichen schon öfter abgespielt habe. Napoleon unterbricht ihn, er will mit Bourrienne allein bleiben. Er geht unruhig hin und her. Wer regiert, ist immer eine Zielscheibe. Hat man ihn selbst nicht erst vor drei Wochen umbringen wollen in der Rue Saint-Nicaise? Auch wenn die Gerichte François Carbon und Saint-Réjean zum Tode verurteilt haben, so hat man doch weder Limoëlan gefaßt, einen der drei Verantwortlichen für diese Höllenmaschine, noch ihren geistigen Drahtzieher Georges Cadoudal. Und manche Jakobiner spitzen gewiß schon wieder ihre Dolche. Und was soll er von den eifersüchtigen Generälen denken wie Moreau oder Bernadotte, die überzeugt sind, daß sie auch den Platz des Ersten Konsuls einnehmen könnten? Aber das schlimmste ist, daß ihm das Spiel nun zu entgleiten droht. Er war sicher, mit dem Zaren gemeinsam der englischen Macht in Indien einen Schlag versetzen zu können, aber nun hat eine Palastrevolution seine Projekte zerstört.

London will um jeden Preis verhindern, daß der europäische Kontinent Frieden findet. Es hat den Nordmächten ein Ultimatum gestellt, die gemeinsam mit Dänemark eine Neutralitätsliga gegründet haben. England will, daß die Häfen für englische Waren geöffnet bleiben, außerdem soll es alle Schiffe inspizieren dürfen. Um diese Forderungen durchzusetzen, ist die Flotte unter Nelson in die Ostsee eingelaufen und bedroht nun Kopenhagen. Damit die öffentliche Meinung begreift, daß England den für die Welt nötigen Frieden blockiert, diktiert er Bourrienne einen Artikel für die Zeitung *Le Moniteur*.

Am 21. April 1801, dem Tag der Hinrichtung von François Carbon und Saint-Réjean, empfängt Napoleon die beiden Senatoren und Gelehrten Monge und Laplace. Napoleon verweist auf den Polizeibericht, der alle Einzelheiten der Exekution schildert. Als sie das Schafott betraten, haben die beiden Chouans gerufen: »Es lebe der König!« Zu Monge und Laplace sagt Napoleon so langsam, als würde er nur laut denken: »Das französische Volk muß mich mit meinen Fehlern akzeptieren, in mir aber auch einige Vorzüge erblicken. Ich bin Soldat, ein Kind der Revolution, aus dem Schoß des Volkes hervorgegangen. Ich habe den Fehler, daß ich keine Beleidigungen ertragen kann. Ich werde es nicht hinnehmen, daß man mich beschimpft wie einen König.«

10

Napoleon schaut in den Spiegel, den ihm der Mameluck Rustan hinhält. Constant, der erste Kammerdiener, tritt heran. Auf einem vergoldeten Metalltablett bringt er ein englisches Rasiermesser, das jeden Morgen neu geschärft wird, sowie die ebenfalls aus England stammende Rasierseife. Napoleon ergreift nicht sogleich das Rasiermesser, um sich, wie es seine Art ist, mit großen Zügen die kaum aufgeschäumte Seife aus dem Gesicht zu kratzen. Er schaut sich eine Weile an.

Gestern nachmittag war er im Atelier des Malers David, wo er die Skizze eines entstehenden Porträts eingehend betrachtet hat. So wird man ihn also zu sehen bekommen, in eine Kapuze gehüllt, vor einem finsteren Himmel, ein schwarzes Pferd niederhaltend, das sich mit wehender Mähne aufbäumt, während im Hintergrund Soldaten durchziehen und ihre Kanonen an den Alpenschluchten vorbeischieben. »Bonaparte bei der Überquerung des Sankt Bernhard«, sagte David mit leiser Stimme, als er das Gemälde präsentierte.

Das Gesicht, das er auf Davids Bild sah, ähnelt dem, das er im Spiegel vor sich hat, nur sehr wenig. Der Maler hat es füllig, glatt und weiß gehalten, mit harmonischen Zügen. An diesem Morgen liegen seine Augen aber tief in den Höhlen, und seine Haut ist fast dunkelgelb, das Kinn erscheint viel zu lang in seinem schmalen Gesicht. Aber vielleicht ist er der einzige, der sich so sieht, wie er ist? Vielleicht entspricht die Wahrheit inzwischen dem, was David gemalt hat, und man sieht ihn als Helden und Königssohn?

Er dreht sich um, weil er plötzlich zu ersticken glaubt. Jeden Morgen verlangt er, daß Rustan die Fenster öffnet. »Öffne«, herrscht er Rustan an. »Ich will die Luft einatmen, die Gott geschaffen hat.«

Die Wolken hängen tief, und es ist kühl. Es ist sieben Uhr in der Früh, und die Sonne kann an diesem Maimorgen nicht die grauen Nebelschwaden durchdringen. Napoleon rasiert sich eine Weile. Constant hat ihn mit Recht überzeugt, sich selbst zu rasieren. Er kann es nicht ertragen, einige Minuten lang fremden Händen reglos ausgeliefert zu sein. Was macht es da, daß er sich nur flüchtig rasiert? Er tupft sich Kölnischwasser auf das Gesicht und steigt dann in das heiße Bad. Das Zimmer füllt sich mit Dampf.

Bourrienne ist ins Badezimmer gekommen. Trotz des Dampfes nimmt er Platz, um etwas vorzulesen oder ein Diktat aufzunehmen. Napoleon diktiert einen Brief an seinen Bruder Lucien, dessen spanische Heiratspläne er mißbilligt. Napoleon steigt aus der Badewanne. Rustan reibt seinen ganzen Körper mit Kölnischwasser ein und massiert ihn dann mit einer Bürste. »Bürste mich nur so kräftig wie einen Esel«, sagt Napoleon. Dann geht er ins Ankleidezimmer, wo Constant die Hose aus weißer Kaschmirwolle bereithält. Jeden Tag bekommt sie Flecken, weil der Erste Konsul seine Schreibfeder an ihr abwischt oder sie mit dem grob geschnittenen Tabak befleckt, den er schnupft.

Endlich hat er die Uniform eines Gardeoberst an. Bevor er sich in den Salon begibt, wo ihn General Junot und andere Offiziere zum Rapport erwarten, liest er in seinem Arbeitszimmer das Resümee der Zeitungsberichte, das sein Privatbibliothekar Ripault zusammengestellt hat, sowie die Übersicht über die zuletzt erschienenen Bücher. Er will nicht, daß Zeitungen und Bücher alle Verleumdungen nachdrucken, die die englische Presse und von ihr bezahlte Schreiberlinge in ganz Europa verbreiten. Auf diese Weise wird das Vertrauen in die Institutionen und die Regierenden untergraben.

Ganz allein an seinem Schreibtisch geht er dann die Berichte seiner persönlichen Polizei durch, die jene von Fouché zusätzlich kontrolliert. Wem kann er wirklich vertrauen? Der Zar ist in seinem Schlafzimmer ermordet worden, und sein eigener Sohn Alexander war Komplize! Auf dem Gipfel der Macht wird alles möglich und alles vergessen. Er mußte sogleich Duroc nach Sankt Petersburg schicken, um gute Beziehungen zu Alexander I. zu knüpfen und so zu tun, als würde man die offizielle Legende vom natürlichen Tod Pauls I. akzeptieren.

An Fouché läßt er die Informationen übermitteln, die er über Georges Cadoudal gewonnen hat, der sich immer noch in Frankreich aufhält, auch über seine Anhänger und Agenten. Man muß ihn fassen, tot oder lebendig. Er steht auf. Nun muß er noch die Berichte von General Junot anhören, dann hat er seine Vorbereitungen für den Tag beendet. Dann fangen die wirklich wichtigen Dinge an.

11

An diesem Nachmittag des 22. Mai 1801 erwartet er den Gesandten des Papstes, Monsignore Spina, Erzbischof von Korinth. Napoleon ergeht sich im Park von Malmaison. Die Luft ist mild. Als er sich umdreht, bemerkt er im Salon des Südpavillons Talleyrand und den Abbé Bernier. Als Spina vor ein paar Monaten in Paris eintraf, hatte er sie beauftragt, mit ihm über ein Konkordat zu verhandeln. Aber die Verhandlungen ziehen sich in die Länge.

Napoleon weiß sehr wohl, daß Talleyrand als einstiger Bischof, der einen Eid auf die Zivilverfassung des Klerus abgelegt hat und aus gutem Grund für die Eheschließung von Priestern ist – er will selbst heiraten –, dem Abkommen sehr skeptisch gegenübersteht. Und auch viele andere, Ideologen oder Wissenschaftler wie Monge oder Laplace, atheistische Generäle oder Anhänger von Voltaire, stehen jeder Annäherung an den Papst ablehnend gegenüber. Aber was verstehen sie von seiner Politik? Um das Land zu befrieden und im Griff zu halten, bedarf es einer Rückkehr zur Religion.

Der Abbé Bernier kommt näher. Napoleon hat völliges Vertrauen in diesen ehemaligen Organisator der Armee der aufständischen Royalisten in der Vendée, der sich aus Ehrgeiz und Realismus nun in seine Dienste begeben hat. Bernier sieht aus wie ein kräftiger Bauer, aber er spricht mit der sanften Überredungskraft eines Priesters und besitzt die Intelligenz und Geschicklichkeit eines Jesuiten.

Hochwürden Spina sei eingetroffen, meldet Bernier. Man müsse ihn mit Höflichkeit empfangen, ihn zugleich aber auch verunsichern und zeigen, daß man in keinem wesentlichen Punkt nachgeben wird. Er muß begreifen, daß eine Ablehnung böse Folgen für den Vatikan hätte, nämlich den Verlust der Legationen, jener Provinzen, an denen ihm sehr viel liegt.

Schon gleich nach den ersten Sätzen bemerkt Napoleon in den Augen von Spina Besorgnis. Man muß ihn noch stärker unter Druck setzen und auf die süßliche und gezierte Sprache der römischen Diplomatie verzichten. Napoleon geht im Salon umher und nimmt zuweilen eine Prise Tabak.

»Sie müssen sich mit mir arrangieren«, sagt er. »Sie müssen mir vertrauen, denn ich allein kann Ihnen helfen.« Er tritt näher an den Erzbischof heran. »Sie wollen die Legationen haben? Sie wollen die französischen Truppen loswerden? Das hängt ganz von Ihrer Antwort auf meine Vorschläge ab, vor allem hinsichtlich der Wahl der Bischöfe.«

Spina sackt auf seinem Sessel zusammen. Er stottert. Jedes Wort von Napoleon trifft ihn wie ein Schlag. Nun heißt es, tüchtig auf ihn einhauen, wie in einer Schlacht.

»Ich bin als Katholik geboren worden, und nichts liegt mir mehr am Herzen als die Wiederaufrichtung des Katholizismus«, beginnt Napoleon mit leiser Stimme, aber dann verfällt er plötzlich in einen härteren Tonfall. »Aber so wie sich der Papst benimmt, bekomme ich große Lust, Lutheraner oder Kalvinist zu werden und ganz Frankreich dahin zu bekehren. Wenn der Papst nicht seine Linie ändert und auf mich hört, dann führe ich eine beliebige Religion ein, gebe dem Volk irgendeinen Kult mit Glocken und Prozessionen und pfeife auf den Papst.«

Er dreht dem Erzbischof den Rücken zu, geht in Richtung Park und sagt: »Schicken Sie noch heute einen Boten nach Rom und lassen Sie es dem Papst ausrichten.«

Einige Tage später begegnet Napoleon erneut Hochwürden Spina, in den erleuchteten Gärten des Schlosses Neuilly. Der Erzbischof geht auf ihn zu, mitten unter den von Talleyrand versammelten Gästen. Gefeiert wird die Frankreichreise des Königs und der Königin von Etrurien, dem großen toskanischen Herzogtum, das Napoleon so umbenannt hat. Beim König handelt es sich um Louis von Bourbon, den Schwiegersohn des spanischen Königs. Napoleon ist von einer beflissenen Korona umgeben. Er betrachtet das königliche Paar, die ersten Bourbonen, die Frankreich seit der Revolution betreten.

Er empfindet große Befriedigung. Als Gebieter empfängt er den Abkömmling der illustren Familie. Und wenn auch Louis von Bourbon empfangen wird, so ist es doch der Erste Konsul, der von Dichtern verherrlicht wird. Für ihn singt man italienische Arien. Zu seinen Ehren hat man eine riesige Dekoration aufgebaut, die den Platz vor dem Palazzo Vecchio in Florenz darstellt.

Hochwürden Spina teilt ihm mit, daß der Staatssekretär des Vatikan, Kardinal Consalvi, auf dem Weg von Rom nach Paris ist, um die Verhandlungen über ein Konkordat abzuschließen. Napoleon hört mit leichtem Lächeln diese Neuigkeit, die er längst weiß und die ihm zeigt, daß er Spina angemessen behandelt hat. Louis von Bourbon tritt zu Napoleon und sagt: »Eigentlich sind Sie Italiener und gehören zu uns.« Aber der antwortet nur trocken: »Ich bin Franzose.«

Er liebt Frankreich. Er erinnert sich an seine ersten Jahre in Autun und Brienne, an die Art und Weise, wie man ihn ausgestoßen und verhöhnt hat, an seinen Akzent und seinen Wunsch, nach Korsika zurückzukehren, um an der Seite von Paoli zum Befreier jenes Volkes zu werden. Aber er denkt schon längst nicht mehr an die Insel seiner Kindheit. Von ihr ist nur seine Familie geblieben, seine Brüder und Schwestern, seine Mutter. Er kennt ihre Fehler. Aber auch sie haben sich, genau wie er, von Korsika losgerissen oder sind von dort vertrieben worden. Mitten unter den Männern aus Frankreich, seinen Soldaten von Italien oder Ägypten, ist er Franzose geworden.

Er kennt dieses Land, das ihm nicht geschenkt wurde, sondern das er erobert hat und für dessen Größe er wirkt. Im Grunde sind er und diese neue Nation 1789 gemeinsam zur Welt gekommen. Damit gibt er sich aber nicht zufrieden. Denn Frankreich begann nicht erst mit der Revolution. Er will in seiner Person die Verschmelzung aller Epochen der französischen Geschichte verwirklichen. Und er allein kann sie bewirken, denn er gehört keinem politischen Clan an, er kommt von anderswo. Das historische Gedächtnis seines Landes hat er sich aus Geschichtsbüchern angeeignet. Er trauert der Zeit vor 1789 nicht nach. Aber er weiß, daß dieses Davor existiert hat. Deshalb auch will er den inneren

Frieden und das Konkordat, damit die religiöse Befriedung in der Gesellschaft und in den Seelen endlich Ordnung schaffe.

Er fühlt sich frei und mächtig, aber er kennt auch die Macht der überlieferten Vorstellungen. Wer ein Volk regieren will, muß mit ihnen rechnen. Um Kardinal Consalvi zu empfangen, der endlich in Paris eingetroffen ist, hat er die rote, goldbestickte Uniform des Ersten Konsuls angelegt. Das mit Diamanten besetzte Konsulsschwert trägt er an der Seite. Er sieht ihn durch den großen Empfangssaal der Tuilerien schreiten, in dem sich Minister und Vertreter der Versammlungen eingefunden haben. Alle tragen ihre Galauniform. Diese Audienz muß glanzvoll sein.

Er geht Kardinal Consalvi entgegen, der schwarzes Habit trägt, roten Kragen und rote Strümpfe, dazu den Kardinalshut mit Troddeln der römischen Kurie. Eine neue Partie wird eröffnet, und Napoleon muß sie gewinnen.

»Ich verehre den Papst«, beginnt er mit leiser Stimme, »und ich möchte mich mit diesem bedeutenden Menschen verständigen, ich kann aber die Veränderungen des Konkordats nicht billigen, die man sich in Rom ausgedacht hat. Man wird Ihnen einen neuen Entwurf vorlegen. Sie müssen ihn unbedingt innerhalb von fünf Tagen unterzeichnen.«

Consalvi hat Mühe, die Fassung zu wahren. Er müsse sich erst in Rom rückversichern, sagt er.

»Das ist ausgeschlossen.« Napoleon hat kaum den Ton verschärft, aber sein Blick zwingt Consalvi, den Kopf zu senken. »Ich habe dringende Gründe, keinen weiteren Aufschub zu gewähren«, sagt er noch, »Sie unterschreiben innerhalb von fünf Tagen oder alles wird abgeblasen, und ich rufe eine nationale Religion aus. Nichts wird übrigens leichter sein als das.«

Er hat sich einen Schlachtplan zurechtgelegt. Ab jetzt soll Joseph Bonaparte die Verhandlungen mit Abbé Bernier weiterführen. Als er Consalvi am 2. Juli in Malmaison empfängt, glaubt er, daß die Einigung kurz bevorsteht. »Wissen Sie«, sagt er, »wenn man sich nicht mit Gott arrangiert, dann eben mit dem Teufel.« Die Proteste von Consalvi hört er sich gar nicht erst an. Er macht sich keine Sorgen. Das Vorhaben muß gelingen.

Er bleibt in Malmaison. Er hat Fieber und muß sich übergeben. Manchmal fühlt er stechende Schmerzen in der Seite. Er muß eben mit der Krankheit leben und ihre Auswirkungen unter Kontrolle halten. Er vertraut seinem neuen Arzt Corvisart. Er hält ihm den Arm hin. Corvisart trägt ein Zugpflaster auf. Die Haut schwillt an. Er fühlt brennende Schmerzen. Jetzt kann er keine Audienzen geben, wohl aber lesen und schreiben. Er wird nicht der Sklave seines Körpers sein. »Die Krankheit ist ein geeigneter Zeitpunkt, um sich mit den Priestern zu arrangieren«, sagt er.

Am Morgen des 14. Juli, als er dem Fest der Nationalen Eintracht präsidieren soll und aus diesem Anlaß eine Proklamation über den »kontinentalen Frieden« diktiert, sucht ihn Joseph in seinem Arbeitszimmer auf. Seine Miene schwankt zwischen Besorgnis, Beunruhigung und Zufriedenheit. Napoleon wird von Ungeduld erfaßt. Joseph soll ihm endlich den Text vorlegen, auf den er sich mit Consalvi geeinigt hat. Er nimmt die Blätter, überfliegt sie und wirft sie dann in den Kamin, in dem er trotz der Wärme Feuer hat machen lassen. Warum hat Joseph nur all diese Konzessionen hingenommen? Er wird nicht nachgeben.

Beim Abendessen in den Tuilerien redet er heftig auf den Kardinal ein. Er spricht in verächtlichem Ton, will seine Stärke und seine Wut zeigen. »Herr Kardinal, Sie haben also den Bruch gewollt! Nun gut, ich brauche den Papst nicht. Wenn Heinrich VIII., der nicht einmal ein Zwanzigstel meiner Macht hatte, es geschafft hat, die Konfession seines Landes zu ändern, dann wird es mir wohl auch gelingen.«

Die 250 Gäste an der Tafel richten ihre Blicke auf Napoleon und auf Consalvi. Er will noch entscheidender angreifen. »Indem ich die Konfession in Frankreich verändere, werde ich sie in fast ganz Europa verändern, überall, wohin der Einfluß meiner Macht reicht. Rom wird schon merken, was es verliert. Es wird klagen, aber nichts mehr rückgängig machen können.«

Napoleon wendet sich von Consalvi ab und sagt so laut, daß es alle Gäste hören können: »Sie können abreisen, und das wäre auch das beste. Wenn Sie es so wollen, dann kommt es eben zum Bruch.«

Nur nicht nachgeben. Obwohl er tief in sich Zweifel hegt, ob es wirklich der richtige Weg ist. Man drängt sich um ihn. Man insistiert, daß er den Verhandlungen eine letzte Chance gibt.

»Nun gut«, sagt er zu Joseph und zu Hochwürden Consalvi, »damit Sie sehen, daß ich den Bruch nicht will, erkläre ich mich damit einverstanden, daß sich die Verhandlungsführer noch einmal zu einer letzten Runde zusammenfinden. Sie sollen prüfen, ob es noch Möglichkeiten zu einer Einigung gibt. Wenn man sich aber ergebnislos trennt, sollen die Verhandlungen als endgültig gescheitert betrachtet werden, und der Kardinal kann abreisen.«

In der Nacht vom 15. zum 16. Juli wird um zwei Uhr früh das Konkordat unterzeichnet.

Das Band zwischen den Royalisten und der Kirche ist zerschnitten. Die Priester werden in der Hand der Regierung sein. Er wird die Bischöfe bestimmen können. Napoleon genießt diesen Augenblick. Er ist der Friedensbringer. Er hat dem tausendjährigen Thron des Papstes seinen Willen aufgezwungen. Das ist in der bisherigen Geschichte nur wenigen Herrschern gelungen. Zu diesen gehört er nunmehr.

Er tritt ans Fenster. Es regnet. Er ist allein. Er schreibt an Joséphine, die in Begleitung von Hortense eine Kur in Plombières und in Luxeuil macht. »Das Wetter ist so schlecht, daß ich in Paris geblieben bin. Ohne Dich ist Malmaison zu traurig. Das Fest war sehr schön, hat mich aber etwas ermüdet.«

Dritter Teil
»Frieden zu schaffen ist die größte Notwendigkeit und der größte Ruhm.«
Juli 1801 – März 1802

12

Schon seit zwei Stunden reitet Napoleon querfeldein, springt über Bäche und Hecken, dringt tief in den Wald ein. Es ist der Wald von Butard, den er vor kurzem erworben hat, um das Landgut Malmaison zu vergrößern. Manchmal überquert er das Grundstück eines der Gehöfte, die zur Domäne gehören. Die Bauern treten überrascht beiseite. Er hält aber nicht an. Er liebt diese langen Ausritte, auf denen ihn lediglich der Mameluck Rustan oder ein Adjutant begleitet. Es ist, als wäre er allein. Er braucht diese körperliche Verausgabung. Er muß den Widerstand und die Beweglichkeit seines Körpers spüren. Er kann nicht Tag um Tag in jenen Salons und Kabinetten eingeschlossen bleiben, aus denen seine Minister niemals herauskommen. Wenn sie hören, daß er wieder einmal allein durch Felder und Wälder streift, sind sie entsetzt. Gehört sich das für einen Ersten Konsul, der soeben mit dem Kardinal Staatssekretär des Heiligen Vaters verhandelt hat? Noch mehr aber erstaunt sie, daß er fähig ist, kaum ist er vom Pferd gestiegen, eine Sitzung des Komitees zu leiten, das den Entwurf für den *Code Civil* ausarbeitet, und daß er dabei allen, sogar dem Staatsratsmitglied und Anwalt Portalis, sein Wissen und sein Reflexionsvermögen beweist, dazu sein fabelhaftes Gedächtnis.

Am 15. August 1801 kehrt er nach Malmaison zurück. Er ist nun 32 Jahre alt. Er hat sich als Herrscher erwiesen und hat einer der ältesten Dynastien Europas, dem Haus Habsburg, sein Gesetz aufgezwungen. Und er hat den Papst zum Einlenken gebracht. Er, Napoleon Bonaparte.

Er springt vom Pferd. Wenn er endlich Frieden in ganz Europa schaffen würde, wozu er Verbindung mit dem neuen russischen

Zaren Alexander I. aufnehmen und einen Vertrag mit England schließen muß, dann hätte er den Zeiten der Umwälzungen wirklich ein Ende bereitet, die seit zehn Jahren Frankreich und Europa verheeren.

Er betritt den Salon. Er erblickt Außenminister Talleyrand, der sich gerade auf eine Stuhllehne stützt. Es heißt, er hätte sich Reitstiefel anfertigen lassen, damit er trotz seines Gehfehlers mit ihm ausreiten könne. Napoleon winkt ihn herbei. Hinkend und doch in nonchalanter Haltung, ein unmerkliches Lächeln auf den Lippen, nähert sich Talleyrand. Diese Ruhe und Zurückhaltung ärgern Napoleon. Er hat große Lust, diesen gefühllosen Menschen kräftig durchzuschütteln, der selbst in devotester Haltung unnahbar wirkt. Man kriegt ihn nicht zu fassen. Was könnte man ihm auch vorwerfen? Mit kurzen Bemerkungen bringt er die Damen im Salon zum Lachen. Die Konsuln bezeichnet er auf Lateinisch als Hic, Haec und Hoc. Hic, das Männliche, ist Napoleon; Haec, das Weibliche, bezeichnet Cambacérès, dessen Vorlieben jeder kennt; Hoc, das Neutrale, steht für Lebrun. Talleyrand, die flinke Zunge!

Während er in sein Arbeitszimmer geht, erteilt Napoleon Talleyrand, der ihm in geringem Abstand folgt, seine Instruktionen. Der neue russische Botschafter Markow ist in Paris eingetroffen. »Erbitten Sie von ihm Pässe für Rußland. Ich möchte einen Offizier dorthinschicken, den Bürger Caulaincourt, Oberst der Gardeschützen.«

Napoleon gibt Talleyrand ein Zeichen, daß er sich setzen möge, aber der begnügt sich damit, sich auf eine Stuhllehne zu stützen. »Man soll Markow zu verstehen geben, daß dieser Offizier direkten Zugang zu seiner Majestät Zar Alexander haben muß.«

Talleyrand stimmt ihm zu. Mittelsmänner muß man immer ausschalten und unter vier Augen mit den Entscheidungsträgern sprechen. Diplomaten und Herrscher sind auch nur Menschen.

Napoleon sagt Talleyrand auch, daß er nach all den Kriegen nun endlich Frieden will. Man muß England zu verstehen geben, daß er ganz ernsthaft an einem Friedensschluß interessiert ist. Aber genau wie in der Verhandlung mit dem Papst soll Talleyrand eine Frist dafür setzen. »Wenn man zuviel von uns verlangt, will ich die

Verhandlungen abbrechen. Ich will, daß bis zum 2. Oktober alles geregelt ist. Sagen Sie das durchaus mit Stolz. Wenn sie mehr wollen, werden sie alles verlieren, genau wie Österreich.«

Aber was vermögen Worte, wenn hinter ihnen keine Waffengewalt steht? Napoleon bestellt Generäle und Präfekten zu sich. Er will, daß von der Gironde bis zur Scheldemündung Schanzen angelegt werden, auf denen man Kanonen aufstellt, daß man alle Arten von Schiffen bewaffnet und überall optische Telegraphenposten einrichtet. England soll sich von einer Invasion bedroht fühlen und wissen, daß es nichts gegen die Republik unternehmen kann. Schon zweimal wurde Nelsons Flotte vor Boulogne von Admiral Latouche-Tréville abgewehrt. Diesem Beispiel gilt es zu folgen. Nur mit Kanonenschüssen bringt man den Gegner zur Raison.

Am 11. Oktober trifft ein Bote in Malmaison ein mit der Nachricht, daß ein Vorabkommen mit England unterzeichnet ist. England verpflichtet sich, Frankreich, Spanien und Holland seine Kolonien zurückzugeben. Malta fällt wieder dem Johanniterorden zu, und die Insel Elba kommt unter französische Oberhoheit. Napoleon denkt einige Minuten nach, mit der Depesche in der Hand. Von der französischen Ausdehnung auf dem Festland steht kein Wort darin. Louisiana, Santo Domingo und der Seehandel werden ebenfalls nicht erwähnt. Die wirklich strittigen Themen hat man ausgelassen.

»Man soll die Kanone ertönen und die Unterzeichnung in Paris verkünden lassen«, befiehlt Napoleon, »und heute abend gibt es Festbeleuchtung.«

In den Straßen der Hauptstadt ruft man : »Es lebe die Republik! Es lebe Bonaparte!« In London wird Napoleons Adjutant Lauriston, der zur Unterzeichnung gekommen ist, freudig begrüßt. Man spannt ihm die Pferde aus, und eine begeisterte Menschenmenge zieht seine Kutsche eigenhändig in die beleuchtete Stadt.

Als er Talleyrand auf sich zuschreiten sieht, der seine Enttäuschung kaum verbergen kann, muß Napoleon lächeln. Mit etwas zu spitzer Stimme sagt jener, daß er erst durch den Kanonenschuß in den Invaliden von der Unterzeichnung des Vorfriedens erfahren habe. »Bin ich denn nicht *Hic?*« entgegnet Napoleon.

Hic, männlich! Dieser Spitzname, den ihm Talleyrand gegeben hat, paßt zu ihm. Er fühlt sich sehr männlich. Er verzichtet weder auf Madame Branchu noch auf Fräulein Duchesnois, noch auf Joséphine. Wenn er im Staatsrat auf die um ihn versammelten Männer schaut, deren Sitzungen über den *Code Civil* er zuweilen leitet, dann ist er gewiß, durch die Kraft seines Geistes und seines Körpers all diese Würdenträger zu beherrschen, die ohnehin von ihm abhängig sind.

Er empfängt Portalis für einen Rapport über den *Code Civil*. Dieser Mann von 50 Jahren verliert allmählich sein Augenlicht und kann nur ganz langsam ablesen. Sein Gedächtnis und sein Verstand sind noch gut, aber die Körperkraft läßt schon nach. Er aber ist erst 32! Er hat soeben das Konkordat ratifiziert, das in Rom endlich vom Kardinalskollegium gebilligt wurde. Kardinal Consalvi schenkte er eine diamantenbesetzte Dose im Wert von 15000 Francs, Monsignore Spina eine für 8000 Francs; unter den Beamten der Staatskanzlei wurden mehr als 12000 Francs verteilt. Menschen sind eben Menschen. »Und die Menschen sind wie die Ziffern: ihr Wert hängt einzig von ihrer Position ab.«

Hic, männlich! Portalis trägt gerade den Abschnitt vor, der im *Code Civil* die Ehegesetze regeln soll. Er ist für das Scheidungsrecht. »Aber«, sagt er, »die Untreue der Frau enthält größere Verderbnis und Gefahren als die des Mannes.« Der Mann hat das Recht auf Scheidung, wenn seine Frau Ehebruch begangen hat, aber der Mann soll nicht als schuldig angesehen werden, solange er seine Konkubine nicht in das gemeinsame Haus bringt. Portalis erbittet von Napoleon die Zustimmung.

Die Scheidung – als er von Ägypten zurückkehrte und von der Untreue Joséphines erfuhr, hat er daran gedacht. Seine Familie will inzwischen diese Scheidung, seine Brüder Joseph und Lucien, seine Schwestern Pauline und Élisa, vielleicht auch seine Mutter. Napoleon antwortet nur zögernd.

»Was ist denn eine zerstörte Familie? Was sind denn Kinder, die keinen Vater mehr haben? Hüten wir uns davor, die Scheidung zu erleichtern. Die Frau muß wissen, daß sie unter die Vormundschaft des Mannes kommt, wenn sie die ihres Vaters verläßt.«

13

Schon zwei Jahre seit dem 18. Brumaire! In dieser Nacht vom 8. auf den 9. November 1801 findet Napoleon keinen Schlaf. Er geht in seinem Arbeitszimmer in den Tuilerien hin und her. Rustan hat er nicht geweckt. Er will jetzt kein heißes Bad nehmen.

Er geht zu seinem Schreibtisch und überfliegt noch einmal die Proklamation, die er am Abend redigiert hat und die an diesem Morgen verkündet werden soll. Wie gewöhnlich hat er sie in einem Zug geschrieben. »Franzosen, endlich habt Ihr den vollständigen Frieden, den Ihr durch so langanhaltende und große Anstrengungen verdient habt. In der Welt habt Ihr nur noch befreundete Nationen. Auf den Ruhm der Kämpfe soll nun ein anderer Ruhm folgen, der zu den Bürgern milde und für die Nachbarn gefahrlos ist.«

Er sagt, was er hofft und was das Volk wünscht, auch wenn er weiß, daß noch nichts vollendet ist, auch wenn er in wenigen Sätzen das Erreichte loben mußte. Er ist überzeugt, daß alles Wesentliche noch zu machen bleibt.

Frieden? London hat zwar die Vorverträge unterzeichnet, aber jeden Tag zeigt sich, daß es auf der Hut ist und eifersüchtig über seine Rechte wacht. Gewiß ist es nur ein Zwischenspiel. Vor ein paar Tagen ist Fox, einer der wichtigsten Parlamentarier Englands, nach Paris gekommen. Er hat mit ihm gesprochen, aber beim geringsten Anlaß hat sich Fox beunruhigt gezeigt. Als er im Louvre eine Ausstellung mit Produkten aus den französischen Manufakturen besichtigte, zeigte sein Gesicht die Besorgnis des Vertreters einer Handelsnation beim Anblick eines Konkurrenten.

Ein Frieden ist noch nicht geschlossen, und in jedem Augenblick spürt Napoleon den Widerstand der Engländer. Die Ankündigung einer Expedition unter General Leclerc, die Santo Domingo rückerobern soll, wo aufständische Schwarze unter Führung von Toussaint-Louverture die Macht übernommen haben, beunruhigt sie. Dabei ist es eine französische Kolonie, auf die sie gar keinen Anspruch haben. Stört sie etwa, daß Napoleon an die Einwohner von Santo Domingo geschrieben hat, daß sie unabhängig von ihrer Hautfarbe allesamt Franzosen seien, frei und gleich vor Gott und der Republik? Haben die Engländer Angst vor der ansteckenden Wirkung der Freiheit oder davor, daß der Kaffee und der Zucker aus Santo Domingo ihr Monopol brechen könnte? Oder glauben sie etwa, daß man beabsichtigt, dort in Amerika ein französisches Reich zu errichten, weil Pauline Bonaparte General Leclerc im März begleitet?

Mitten in seinem Zimmer bleibt Napoleon stehen. Es stimmt schon, daß er mit diesem Gedanken spielt. Der Plan ist nicht abwegig: im Zentrum stünde das wiedereroberte und befriedete Santo Domingo, im Westen lägen Martinique und Guadeloupe, im Süden Guyana und im Norden Louisiana. Er denkt einige Augenblicke darüber nach. Er muß den Aufbruch der Expedition vorziehen.

Napoleon kann nicht ruhig sitzen bleiben, er geht nervös von einer Ecke seines Zimmers in die andere, wirft einen Blick aus dem Fenster und läßt sich einen Moment ablenken durch den Wachwechsel bei der Konsulsgarde. Warum muß er sich das Leben schwermachen lassen von Tribunen, Gesetzgebern, Senatoren, Staatsräten? »Noch nie haben Versammlungen Klugheit und Energie, Umsicht und Strenge vereint.«

Er wendet sich an Stanislas de Girardin, Mitglied des Tribunats und Freund von Joseph. Er ist ihm ganz ergeben, aber seine Kollegen behindern immer wieder den Gang der Geschäfte. Sie schwätzen ohne Ende. Sie verwerfen die Artikel des *Code Civil*, um zu zeigen, daß sie die Politik des Ersten Konsuls, seinen Kurs der Versöhnung mit der Kirche ablehnen. »Überall treffe ich auf solche Köter, überall werfen sie mir Stöcke zwischen die Beine. So kann man doch keine große Nation aufbauen. Das Tribunat ist ein Hindernis bei der Ausführung der nötigsten Vorhaben.«

Er hört Girardin kaum an, als dieser sagt, es handele sich doch nur um eine Handvoll Oppositioneller. »Gewiß, aber diese Hunde belagern immerfort Ihre Tribüne; sie stimmen sich ab, haben ihre Drahtzieher. Und einer davon ist vielleicht Sieyès. Man kann nie mißtrauisch genug sein hinsichtlich der Rachsucht der Menschen und ihrem Willen zu schaden; was sie verloren haben, versuchen sie wiederzuerlangen. Der 18. Brumaire ist erst zwei Jahre her, und Sieyès macht schon wieder von sich reden.«

Napoleon wendet sich an Cambacérès. Jedes Mal, wenn er ihn vor sich hat, muß er daran denken, daß Talleyrand ihn *Haec*, weiblich, nennt. Und es stimmt auch, daß dieser gepuderte und parfümierte Konsul mit seinem federnden Gang etwas Weibliches hat. Er hat gerne viele junge Männer um sich. Nun gut. Er ist aber ein ausgezeichneter Jurist und sehr zuverlässig. Er findet immer einen Weg, Hindernisse zu umgehen. Er ist so geschickt, feinsinnig und gewieft, wie es die Leute seiner Art oft sind. So hat er vorgeschlagen, die Mandate der Mitglieder der Tribunatsversammlungen und der gesetzgebenden Ausschüsse, die politische Gegner sind, nicht zu verlängern. Für diesen Zweck würde man sich des Senats bedienen, der die Liste der Auszuschließenden erstellen könnte.

»Es muß so aussehen, als würden wir uns an die Verfassung halten«, sagt Cambacérès, »sie ist durchaus zu etwas gut.«

Napoleon scheint dieser notwendige Umweg nicht zu gefallen. Er schweigt einige Minuten. Dann sagt er: »Das Medusenhaupt soll sich auf unseren Rednertribünen nicht mehr erheben. Man soll alle Dissidenten entfernen und durch zuverlässige Männer ersetzen. Es ist der Wille der Nation, daß die Regierung das Notwendige tut. 20 Jahre lang darf es keine Opposition mehr geben. Die souveräne Regierung vertritt das souveräne Volk, und gegen diesen Souverän kann es keine Opposition geben.«

Er schaut Cambacérès aufmerksam an. Jede Opposition braucht einen Führer, und der zweite Konsul kennt Sieyès genau. Er wird ihm diese Botschaft schon vermitteln. Denn Sieyès könnte versucht sein, sich zum Kurfürsten aufzuschwingen.

»Sein Verhalten in dieser Angelegenheit«, sagt Napoleon, »beweist nur, daß er, nachdem er alle Verfassungen seit 1791 bekämpft hat, es nun auch mit der jetzigen versucht.«

Cambacérès hört aufmerksam zu, sein glattes Gesicht läßt keine Meinung erkennen.

»Es ist doch ungeheuerlich«, fährt Napoleon in abgehacktem, hartem Tonfall fort, »daß Sieyès nicht merkt, wie verrückt seine Haltung ist. Eigentlich sollte er in Notre-Dame eine Kerze anzünden, daß er bis jetzt ungeschoren davongekommen ist.«

Als der englische Unterhändler Lord Cornwallis, der in Amiens einen Friedensvertrag auf der Grundlage des Londoner Vorfriedens aushandeln soll, nach Paris kommt, ordnet Napoleon größte Prachtentfaltung an. »Man muß diesen hochmütigen Briten zeigen, daß wir noch nicht am Bettelstab gehen.«

Er bestellt General Duroc ein. Er schätzt diesen Adjutanten, der ihm seit dem Italienfeldzug folgt. Er ist in Akko verwundet worden. Von Ägypten ist er auf dem Schiff Muiron mit einer kleinen Gruppe Getreuer zurückgekommen. »Sein Charakter gefällt mir. Er ist kühl, trocken, streng; vor allem beklagt sich Duroc nie.«

Als Duroc vor ihm sitzt, sagt er zu ihm: »Die Regierung muß ein ständiges Schauspiel bieten.« Auch deshalb wollte er, daß man Cornwallis mit Pomp empfängt. Aber zuerst muß man sich um das Volk bemühen. »Die öffentliche Meinung ist eine unsichtbare, geheimnisvolle Macht, der nichts widersteht. Nichts ist schwankender, unfaßbarer und stärker.« Duroc ist aufmerksam und ernst wie immer, ja beinahe feierlich. »Aber wenn sie auch launisch ist, so ist sie doch wahr, vernünftig, gerecht, zumindest öfter, als man meint.«

Das Gesicht von Duroc zeigt einiges Erstaunen. Muß er ihm wirklich noch deutlicher zu verstehen geben, daß er mit der Unordnung in den Tuilerien Schluß machen will? Joséphine empfängt alle möglichen Leute, Frauen aus ihrer Vergangenheit, der Zeit von Madame Tallien und Madame Hamelin, für die der Volksmund die Bezeichnung »Priesterinnen der Sans-Chemisen« (Hemdlosen) gefunden hat.

»Sie sollen Gouverneur des Tuilerienpalastes werden«, sagt er zu Duroc. »Als Gehilfen erhalten Sie vier Präfekten.« Es soll auch eine Militärabteilung geschaffen werden. Napoleon überlegt einen Augenblick und nennt dann Lannes, Bessières, Davout und Soult. Acht Adjutanten stehen ihnen zur Seite. Die Palastpräfekten werden mit Fragen des internen Protokolls sowie mit der Oberaufsicht über Empfänge betraut.

»Die Gattin des Ersten Konsuls braucht Damen für ihr Gefolge. Mesdames Lannes, Savary, Murat, vor allem Damen aus altem Adelsgeschlecht, Mesdames de Rémusat und de Lucay.« Er unterbricht sich und schaut belustigt auf Duroc. »Hortense de Beauharnais«, fügt er hinzu.

Die schäbigen Gerüchte darüber, daß seine Stieftochter auch seine Mätresse sei, berühren ihn nicht. Ihre Verbreitung könnte allein durch eine Verheiratung von Hortense gestoppt werden. Im engeren Kreis der Tuilerien wird erzählt, daß Hortense in Duroc verliebt sei. Der aber sei dafür unempfänglich. Dabei könnte er doch wissen, daß Napoleon überhaupt nichts gegen eine solche Ehe hätte. Duroc läßt sich keine Antwort entlocken. Er weiß wohl von Joséphines Plänen, die für ihre Tochter einen Fürsten oder einen Bonaparte als Mann will, aber nicht den General Duroc.

Napoleon schüttelt in einem Anfall von übler Laune den Kopf. Diese bevorstehende Familienverschmelzung muß er hinnehmen. Es ist ein geschicktes Mittel von Joséphine, ihn fester an sich zu binden. Napoleon hat Louis, der sein Adjutant in Italien und in Ägypten war, zunächst zum Botschafter befördert und dann zum Brigadegeneral. Seine Brüder läßt er nicht verkommen. Erst recht nicht, wenn erst Louis der Gatte von Hortense ist, die er sehr mag. Um wieviel schwerer wird es ihm dann fallen, sich von Joséphine zu trennen, wenn beide Familien dermaßen verflochten sind. Das alles weiß Napoleon, wie er auch weiß, daß Louis unter einer Geschlechtskrankheit leidet, sowie unter Anfällen von Depression und Verfolgungswahn. Aber er ist eben sein Bruder. Und da Duroc aus Vorsicht oder Desinteresse an Hortense nicht reagiert, kann man auch Joséphine nachgeben.

Gemeinsam mit ihr wohnt Napoleon am 3. Januar 1802 der Unterzeichnung des Ehevertrages in den Tuilerien bei. Am nächsten Tag begibt er sich in die Rue de la Victoire. Um 23 Uhr vollzieht Kardinal Caprara in dem Salon, in dem ein Altar errichtet wurde, die kirchliche Trauung.

Während Joséphine neben ihm gut hörbar seufzt, blickt Napoleon stur geradeaus. Sie wollte bei dieser Gelegenheit ihre zivile Eheschließung mit Napoleon vom Kardinal segnen lassen. Murat und Caroline, die auch nur zivil getraut waren, sollen gleich nach Hortense und Louis den Segen des Kardinals empfangen. Joséphine versucht, Napoleons Hand zu ergreifen. Er zieht sie zurück.

Er wird nicht nachgeben. Soll sie doch weinen. Für seine Schicksalsbahn will er sich die Möglichkeit bewahren, mit einer anderen Frau einen Bund im Schoß der Kirche zu schließen. Gewiß kann man auch eine kirchliche Eheschließung aufheben. Aber warum denn die Dinge komplizieren? Die Beendung einer Zivilehe durch schlichte Scheidung wäre so einfach, sollte er sie jemals anstreben.

Als einer der ersten verläßt er den Salon. Murat stolziert in glänzender Uniform einher. Caroline scheint dieses eine Mal wenigstens zufrieden zu sein. Talleyrand flüstert: »Caroline Murat hat den Kopf eines Cromwell auf den Schultern einer schönen Frau.«

Bei dem jungen Paar trifft ohnehin sie alle Entscheidungen, etwa über den Ankauf der großen Domäne von La Motte Saint-Héraye. Dabei hat sie doch schon das *Hôtel de Thélusson* für 500 000 Francs erworben. Außerdem hat sie gefordert, daß man Murat nach dessen Rückkehr von seinem Kommandoposten in Mailand eine Summe von 30 000 Francs für Sonderausgaben zubilligt. Napoleon hat nachgegeben. Ist es nicht seine Familie?

Am Tag danach präsidiert er in den Tuilerien dem Hochzeitsessen zu Ehren der Neuvermählten. Weder Hortense noch Louis sehen glücklich aus. Louis wirkt verträumt und abwesend. Hortense scheint ihn gar nicht zu sehen, allein Joséphine strahlt vor Glück. Man hat ganz den Eindruck, daß sie ihre Trauer vom Vortag über die versäumte religiöse Trauung vergessen hat. Die Vereinigung von Louis und Hortense ist ihr erster großer Sieg. Laetitia Bonaparte hingegen sowie ihre Söhne und Töchter wirken mißmutig.

Kann man denn wirklich niemals mit einer einzigen Geste Eintracht unter den Menschen schaffen? Ist die Verschmelzung der Gruppen unmöglich und ist es unvermeidlich, daß sich alle untereinander hassen und bekämpfen und sich nur durch die Anerkennung eines einzigen Führers zusammenbinden lassen? Kann man »die Notwendigkeit nur durch absolute Macht zwingen«?

Er beugt sich zu Joséphine hinüber und läßt sie wissen, daß er in einigen Tagen nach Lyon aufbrechen wird, wo eine Versammlung von Delegierten aus Italien abgehalten wird.

»Man behauptet, du wolltest dich zum König von Italien wählen lassen«, sagt Joséphine.

Er lacht. Er muß an die Tragödie *Ödipus* von Voltaire denken, die er gelesen hat. Einen Vers daraus zitiert er: »Monarchen setz ich ein, will selbst doch keiner sein.«

Drei Tage später, am 8. Januar 1802, als er die Tuilerien in Richtung Lyon verläßt, muß er immer noch an dieses Hochzeitsmahl denken. In den Stunden darauf hat er auf Louis einreden müssen, weil er banale Hochzeitsanzeigen verschickt hatte. Wann werden sie endlich begreifen, wer ich bin, dachte er. Was sie mir schuldig sind? Sie sind undankbar und nehmen keine Rücksicht auf ihre Stellung, ihren Namen und die Titel, die sie tragen.

Joseph hat er das Amt eines Präsidenten der Cisalpinischen Republik vorgeschlagen, was dieser hochmütig abgelehnt hat, weil er nicht das »Joch seines Bruders« ertragen und keine bloße »politische Marionette« sein wolle. Er würde nur annehmen, wenn man die französischen Truppen zurückzöge, Murat Mailand verließe und Piemont der Cisalpinischen Republik angegliedert würde. Was bildet sich dieser ältere Bruder denn bloß ein? Daß er alles allein erobert hat?

Die Kutsche rollt durch die schneebedeckte Landschaft. Es ist zwei Uhr in der Früh. Napoleon hat beschlossen, in der Poststation von Lucy-le-Bois zu übernachten, im Departement Côte-d'Or, dann in Autun zu frühstücken und einen Zwischenstop in Chalon einzulegen. Am 11. wird er in Tournus haltmachen und am Abend in Lyon eintreffen.

Kurz vor Lucy-le-Bois bemerkt er zwei große Feuer am Straßenrand. Als sich die Kutsche nähert, stürzen Bauern herbei und schreien: »Es lebe Bonaparte!« Auch auf der nächsten Etappe hat sich eine kleine Menschenmenge vor der Poststation versammelt und bekundet ihre Begeisterung. Solche Szenen wiederholen sich auf der ganzen Strecke. Liebt man ihn denn wirklich?

»Was ist Popularität? Gutmütigkeit? Wer war populärer und gutmütiger als Ludwig XVI.? Aber welches war sein Schicksal? Er kam um. Und doch ist alles, was ohne das Volk getan wird, illegitim.«

Napoleon steigt wieder in die Karosse, die sogleich in schnelle Fahrt verfällt, an Tournus vorbei, und sich Lyon nähert. Wem kann man vertrauen? »Freundschaft ist nur ein Wort. Ich liebe niemanden. Nein, ich liebe meine Brüder nicht. Vielleicht Joseph ein wenig, aber wenn, dann doch nur aus Gewohnheit, weil er eben der ältere ist. Duroc? Ja, den liebe ich. Und ich selbst? Das ist mir egal. Ich weiß, daß ich keine wahren Freunde habe. Solange ich bin, was ich bin, begnüge ich mich mit dem Anschein. Man muß die Frauen heulen lassen, das ist ihre Sache, nur keine Sentimentalität! Man muß standhaft sein, ein festes Herz haben; ansonsten soll man sich weder um Führung noch um Querelen kümmern.«

Er schlummert ein.

Am 11. Januar 1802 trifft er um acht Uhr abends in Lyon ein. Er beugt sich aus der Kutsche. Die Stadt ist erleuchtet. Im Schritt rollt sein Wagen durch die Straßen bis zum Rathaus. Er sieht den schlafenden Löwen, den man auf einem Triumphbogen plaziert hat, durch den sein Wagen rollt.

Sogleich empfängt er die 450 italienischen Delegierten, aus denen der Rat der Cisalpinischen Republik besteht. Im Lauf der Tage gewinnt er den Eindruck, daß er die Geschicke der Menschen ändert, in Italien wie in Europa. In der ehemaligen Kirche, in der sich der Rat versammelt hat, spricht er auf Italienisch zu ihnen. Man jubelt ihm zu. In ihm begrüßt man den Präsidenten der Italienischen Republik. Als Vizepräsident wird der Italiener Melzi benannt. Man nennt ihn »den unsterblichen Bonaparte, den Helden des Jahrhunderts«. Er ist der Befreier eines Volkes. Er fühlt sich von einer mächtigen Strömung getragen.

Am 25. Januar 1802 nimmt er auf dem Bellecour-Platz eine Parade der aus Ägypten heimgekehrten Truppen ab. Das Wetter ist wunderbar, die Sonne strahlt an einem herrlichen Himmel. An diesem kalten, klaren Wintertag hallen die begeisterten Rufe der Menge und der Soldaten wider, die ihre Mützen oder Helme auf den Spitzen ihrer Gewehre tragen. Unter ihnen sind Mamelucken, Kopten, Syrer und vor allem die alten Grenadiere, deren Gesichter er wiedererkennt und an deren Namen er sich manchmal sogar erinnert, Kämpfer aus Italien und Ägypten, Überlebende der Schlachten von Akko oder Abukir. Er schüttelt ihnen die Hand oder zupft sie am Ohr. »Wer ist eher das Volk als eine Armee?« Er verweilt noch lange. Er kann sich kaum losreißen von diesen bewaffneten Männern, die ihm zujubeln. Was wäre er ohne sie? Nur wenig.

14

Gleich bei seiner Rückkehr nach Paris am 31. Januar 1802 um 18.30 Uhr beginnt Napoleon mit der Lektüre von Josephs Depeschen, der in Amiens die Verhandlungen mit Lord Cornwallis führt. Er wird böse, vermag kaum ruhig an seinem Arbeitstisch zu verweilen. Wollen diese Engländer wirklich den Frieden oder spielen sie nur und ziehen die Verhandlungen in die Länge, um sich während der Waffenruhe zu verstärken und sie nach Gutdünken zu beenden?

Er hört auf zu lesen. Die Reise von Lyon war ermüdend und langweilig. Zwischen Lyon und Roanne peitschten Regen und Schnee über die Straße. In den Poststationen von Roanne, Nevers und Nemours herrschte schneidende Kälte. Er ruft nach Rustan. Er möchte sein Bad noch heißer als sonst. Lange bleibt er im Wasser, dann kehrt er an seinen Arbeitstisch zurück. Die Briefe von Joseph schiebt er beiseite, er will sie erst später lesen. Er blättert in einer Broschüre, die in Paris zirkuliert und die von Polizeispitzeln eingezogen wurde. Es wird viel darüber geredet, steht in dem begleitenden Bericht. Der Text, dessen Verfasser man nicht kennt, wandert von einer Hand zur andern. Napoleon überfliegt ihn und spürt so etwas wie eine Brandwunde auf seiner Haut. Wer ist dieser Unbekannte, der es wagt, ihn so zu beschimpfen, zu beleidigen und diese Verse mit *Das Napoleonslied* zu überschreiben? Er schließt die Augen und beruhigt sich wieder. Das ist eben der Preis für Ruhm und Erfolg.

Aber was macht Fouché? Dieses gereimte Machwerk stammt von einem Royalisten, gewiß Mitglied einer Geheimgesellschaft, vielleicht der Philadelphen, die an Verschwörung denken und an Mord.

Er steht auf. Das Bad und der Zorn haben ihn erhitzt. Die

Müdigkeit der viertägigen Reise spürt er nicht mehr. Er muß die Polizeiangelegenheiten noch stärker als bisher selbst in die Hand nehmen. Er schreibt an den Bürger Fouché: »Die Wiederherstellung des Friedens mit den anderen Mächten ermöglicht es mir, mich eingehender mit der Polizei zu beschäftigen. Ich möchte über alle Vorgänge detailliert unterrichtet werden und mit Ihnen ein- bis zweimal am Tag zusammenarbeiten, wenn es nötig sein sollte.« Er hebt den Kopf, denkt kurz nach und fährt fort: »Die beste Zeit wäre elf Uhr morgens und elf Uhr abends.«

Er kann nicht zulassen, daß solche Schmähschriften in Umlauf kommen. Man muß die Urheber feststellen und einsperren. Man darf nicht zulassen, daß solche Schreiberlinge die öffentliche Meinung vergiften. Deshalb will er Fouché befehlen, noch wachsamer zu sein und keine Texte von Emigranten, die zumeist in London sitzen, ins Land zu lassen.

Er geht das Dossier durch und findet Pamphlete, in denen er als Räuber beschrieben wird. Er liest sie, als wären es Medikamente, die ihn kräftigen sollen. Zu einem Zeitpunkt, in dem er mit England über einen Frieden verhandelt, liest er, was in London oder in Genf Emigrierte wie Ivernois oder Peltier veröffentlichen. Aber sie sind nicht die einzigen. Andere beschreiben sein Leben seit der Kindheit, um ihn anzuschwärzen.

Er lehnt sich zurück. Er empfindet Ekel, den er nur ganz allmählich überwinden kann. Er schreibt an Joseph: »Man muß mit Lord Cornwallis über das scheußliche Machwerk reden, das ich diesem Brief beilege. Er muß begreifen, daß es der Würde der beiden Staaten widerspricht, wenn man in London die Emigranten solche Dummheiten drucken läßt.« Oder sollte die Flut von Beschimpfungen, die von der englischen Presse aufgegriffen werden, für die er sowieso als Brunnenvergifter gilt, ein Beweis dafür sein, daß England vor der Unterzeichnung eines Friedensvertrages zurückschreckt?

Er empfängt Talleyrand. Der Minister gibt sich überzeugt, daß die Regierung Addington den Frieden will, doch stehe sie unter dem Druck der Verbände der Händler und Reeder.

»Also nur ein Waffenstillstand«, sagt Napoleon leise. Das wäre allerdings entmutigend. »Wenn Lord Cornwallis aufrichtig ist, dann muß der Frieden vor dem 19. März unterzeichnet sein«, sagt Napoleon abschließend.

Er will diesen Frieden. Er würde immer gefährdet und zerbrechlich bleiben, könnte ihm aber erlauben, sich ganz und gar um die Verwaltung Frankreichs zu kümmern. Er ist so ungeduldig, daß er in diesen Tagen des Wartens noch mehr Entscheidungen trifft als sonst und alle möglichen Initiativen ergreift.

Eines Morgens begibt er sich zum Platz vor den Invaliden. Er befragt die Erdarbeiter. Er will, daß die Arbeiten zügig beendet werden. Er wohnt der Anlegung einer neuen Straße bei, die eine Verbindung von der Terrasse der Tuilerien zum Vendôme-Platz schaffen soll. Er besichtigt das Schloß von Saint-Cloud, das zum Konsulspalast werden soll. Am 26. März 1802, als er von einer seiner Inspektionsreisen durch Paris zurückkehrt, erfährt er, daß in Amiens endlich ein Friedensvertrag unterzeichnet wurde.

London soll Malta räumen und Frankreich die neapolitanischen Häfen, die es besetzt hält. Von den französischen Eroberungen auf dem europäischen Kontinent ist in diesem Vertrag nicht die Rede, und auch nicht von der Öffnung der Häfen für englische Waren. Aber es ist dennoch der lang erwartete Frieden.

Am 27. März bittet Napoleon seinen Diener Constant, einen seidenen Anzug vorzubereiten, dazu weiße Strümpfe und Schuhe mit silbernen Schnallen. Er will die Botschafter in Zivil empfangen, um die Unterzeichnung des Vertrages zu begehen.

»Das ist das erste Mal seit 1792, daß Frankreich mit keinem Land mehr Krieg führt«, sagt er leise.

Er hat aber seinem Marineminister schon die Frage gestellt, die ihm seit jenem 27. März keine Ruhe läßt: »Wenn nun aber der Frieden nicht hält, was könnten wir dann unternehmen?«

Vierter Teil

»Sie meinen, ich schulde dem Volk ein neues Opfer? Ich werde es bringen.«

April 1802 – August 1802

15

Napoleon kehrt Bourrienne den Rücken zu und tritt ans Fenster. An diesem 3. April 1802 ist das Himmelsblau sehr blaß, fast durchscheinend. Bourrienne spricht mit erstickter Stimme. Wie könnte er sich auch rechtfertigen? Man hat ihn in flagranti ertappt. Und doch versucht der Sekretär zu erläutern, daß er mit dem fraglichen Konkurs nichts zu tun hat. Er kenne die Brüder Coulon kaum, von denen sich einer umgebracht hat. Sie hatten mehrere hunderttausend Francs erhalten, waren dann aber nicht in der Lage, die bestellten Ausrüstungen für die Kavallerie zu liefern. Wieviel Prozent hat Bourrienne wohl bei dem Handel erhalten? Napoleon will ihm diese Frage nicht stellen. Er erinnert sich an die Zeit, als er sein Studiengefährte in Brienne war. Er ist sein ältester Freund. Freund? Sie haben sich erst 1792 wiedergetroffen. Sie haben sich gemeinsam in Paris durchgeschlagen. Sie sind gleichaltrig.

Ich habe ihn aus dem Gefängnis befreit, in das man ihn als Emigranten gesperrt hatte, sagt er sich. Und seither war ihm Bourrienne gefolgt – Italien, Campoformio, Ägypten, 18. Brumaire. Jeden Tag hat er ihm Dutzende Briefe diktiert. Er ist ein Vertrauter von Joséphine. Ihretwegen hat er ihn angelogen, und er weiß es. Und er hat sich bereichert. Eine Zeitlang hat er es hingenommen, aber nun ist es genug.

Bourrienne versucht noch immer, sich zu rechtfertigen. Wie viele Menschen, denen er in seiner Laufbahn vertraut hat, haben ihn verraten? Er denkt an Saliceti, der ihn 1794 denunzierte. Er hat Saliceti verziehen, ihn aber später aus Paris fortgeschickt, erst nach Korsika, dann nach Italien. Er denkt an alle, die sich seiner bedient haben, Tallien oder Barras.

Aber soll man sich darüber wundern? Man kann eben nur sich selbst vertrauen. Bourrienne redet noch immer, aber seine Stimme wird immer gedämpfter, so daß man sie bald nicht mehr hört. Dann bewegt er nur noch die Lippen, ohne ein Wort herauszubringen. Mit einer Handbewegung schickt ihn Napoleon hinaus. Soll er doch als französischer Geschäftsträger nach Hamburg gehen. Dort mag er sich weiter bereichern, wenn er will. Aber auf wen kann man zählen?

Der neue Sekretär kommt, Méneval. Napoleon schaut ihn an. Méneval hat für Joseph gearbeitet, der den Vierundzwanzigjährigen für diskret und tüchtig hält. Napoleon gibt ihm Anweisungen. Er muß jederzeit zugegen sein, Tag und Nacht, und in den Tuilerien logieren, wo ihm in der Dienstbotenetage vier Zimmer zur Verfügung stehen. Aufhalten soll er sich aber *dort* – Napoleon zeigt es mit der Hand –, zwischen der inneren Wohnung und der Geheimwohnung. Er darf für seine Arbeit keine Hilfe in Anspruch nehmen, weder die eines Sekretärs noch die eines Kopisten.

Ohne Umschweife diktiert ihm Napoleon die Kultusverordnung, die dem Konkordat beigefügt wird. Diese »Organischen Artikel« werden eine böse Überraschung für den Papst sein, andererseits setzen sie nur die alte gallikanische Tradition der Unabhängigkeit der französischen Kirche von Rom fort, und somit das Prinzip, daß die Regierung für die Überwachung des Kultus zuständig ist. Er wird also die Bischöfe ernennen.

Mit der Feier des Konkordats beauftragt Napoleon Kardinal Erzbischof de Boisgelin, der 25 Jahre zuvor die Predigt bei der Krönung von Ludwig XVI. gehalten hat. Er studiert aufmerksam das Gesicht von Méneval, der das Diktat aufnimmt. Er ist zu jung, um Jakobiner gewesen und schockiert zu sein über seine Absicht, an die alten Zeiten anzuknüpfen, die religiöse Autorität des Staates und den Religionsfrieden wiederherzustellen. Aber es gibt Widerstände. Und in der Armee wollen einige sogar seinen Tod.

Er kennt jene Augereau, Moreau, Bernadotte, Lannes und viele andere Generäle, die »alten Schnauzbärte« von 1792, die in Paris herumlungern, da nun endlich Frieden herrscht. In den eroberten Städten haben sie sich angewöhnt, nach ihrem Gutdünken zu walten. Jetzt, wo sie unbeschäftigt sind, träumen sie davon, mit demjenigen abzurechnen, der einer von ihnen war und von dem sie meinen, daß er nichts Besseres sei als sie selbst. Sie wollen ihn umbringen! Fouché mußte zugeben, daß Napoleons Informationen stimmten.

Bei einem Bankett von Generälen und Offizieren hat einer von ihnen, Donnadieu, wiederholt gesagt, daß man Napoleon in Notre-Dame umbringen müsse, falls man, wie vorgesehen, dort am Ostertag, dem 18. April 1802, ein Tedeum feiere aus Anlaß der Verkündung des Konkordats und der Organischen Artikel. Ein General, der Adjutant von Augereau war, Fournier-Sarlovèse, hat sich verpflichtet, den Ersten Konsul im Kirchenschiff niederzustrecken. Er hat sich gerühmt, ein ausgezeichneter Pistolenschütze zu sein. So viele Verdächtige! »Die Untergebenen helfen einem nur, wenn sie wissen, daß man unbeugsam ist.« Brüsk verabschiedet er Méneval.

Einige Tage später empfängt er Portalis, Cambacérès, Lebrun und Roederer im großen Salon von Malmaison zu einer außerordentlichen Ratssitzung. Wozu von der Verschwörung reden? General Fournier-Sarlovèse ist verhaftet worden. Aber wer weiß, ob er nicht Nachfolger findet? Zu viele Männer, zu viele Generäle sind eifersüchtig oder ehrgeizig. Sie verbergen es vor sich selbst hinter schönen jakobinischen Ideen, diesem Vorwand der Heuchler, damit nicht ihre Ambition sichtbar wird, an der obersten Stelle zu stehen, und der Groll darüber, daß sie es nicht dahin geschafft haben.

»Ist Ihnen aufgefallen, daß Kardinal Caprara bei seiner Ansprache beim offiziellen Empfang wie ein Blatt gezittert hat?« sagt Roederer. Napoleon antwortet nicht. Am Vorabend in den Tuilerien hat er in der Tat die Furcht und Erregung des päpstlichen Gesandten bemerkt. Aber man muß sich vor den Priestern hüten. Er macht ein paar Schritte in den Garten und sieht Joséphine und Hortense. Kann er selbst seinen Nächsten vertrauen? Ein Polizeispitzel behauptet sogar, daß Joseph – sein älterer Bruder! – sich weigere, beim Tedeum am 18. April in Notre-Dame an der Seite des Ersten Konsuls zu stehen, und daß er lieber dem Staatsrat fernbleiben möchte. Er muß Wind von einem Komplott bekommen haben und legt keinen Wert darauf, eine Kugel oder einen Granatsplitter abzubekommen.

Napoleon kehrt in den Salon zurück. »Wird der Erste Konsul die Patena küssen?« fragt Portalis. Napoleon stellt sich vor, wie er niederkniet oder sich herabbeugt und seine Lippen auf das kleine Gefäß legt, das die Hostie enthält. Sein Körper empfindet dabei großen Widerwillen. »Bringen Sie mich nicht dazu, lächerliche Dinge zu tun«, sagt er.

Er fürchtet nicht nur den Spott oder die Drohungen der Gegner des Konkordats. Selbst im Staatsrat hat es Gelächter gegeben, als Portalis bestimmte Passagen des Abkommens mit dem Papst vorgelesen hat. Aber der Widerstand in den Versammlungen ist erstickt worden, genau wie es Cambacérès geraten hatte. Man hat die zu erneuernden Mitglieder nicht ausgelost, man hat schlicht die Opponenten benannt, und 240 von ihnen, das heißt fast alle, sind nicht wiedergewählt worden.

Zu fürchten hat er aber den Einfluß der Priester. Er geht mit großen Schritten durch den Salon und bleibt zuweilen vor den offenen Glastüren stehen. Er schaut stur vor sich hin. Er weiß, was zu tun ist. Und in den kommenden Wochen und Monaten wird er sich ganz dieser Aufgabe widmen.

»Es gibt keine stabile Politik, wenn es nicht eine Lehrerschaft gibt, die nach festen Prinzipien unterrichtet«, sagt er an Portalis und die anderen Notabeln gewandt. »Solange man nicht von klein auf lernt, ob man republikanisch oder monarchistisch, katholisch oder ungläubig sein soll, wird der Staat keine Nation bilden können.«

Er zeigt mit der Hand auf Roederer. »Sie!« sagt er. Er beauftragt ihn mit allem, was die allgemeine Bildung betrifft. Dann wendet er sich wieder Portalis zu. Man muß erst einmal die Sache mit dem Konkordat zu Ende bringen und die Macht des Ersten Konsuls befestigen. Er lächelt. Jedem Erzbischof oder Bischof wird der Erste Konsul bei seiner Weihe ein Kreuz, einen Stab oder eine Mitra überreichen.

»Bürger Portalis, treffen Sie die nötigen Maßnahmen, damit

diese Objekte rechtzeitig fertig sind.« Er unterbricht sich und lächelt noch stärker. »Und damit sie möglichst günstig angeschafft werden.«

Einige Minuten lang schweigt er. Er schaut diese Männer einzeln an, deren Kleidung die Bedeutung ihrer Ämter ausdrückt. Aber hier, bei ihm, im Salon von Malmaison, sind sie Untergebene.

Er nähert sich Portalis. Er möchte, daß man das Badezimmer neben seinem Arbeitsraum in den Tuilerien in eine Kapelle umwandelt. Dort sollen die noch nicht vereidigten Bischöfe ihren Eid ablegen. Es wird die Kapelle des Ersten Konsuls sein. Geweiht werden sollen sie vom Erzbischof von Paris, der dort eine Messe lesen wird. Und zum Erzbischof von Paris, sagt er im Weggehen, bestimme er Hochwürden de Belloy. Er bleibt noch einmal stehen und sagt lächelnd: Er wisse sehr wohl, daß dieser, der im Ancien Regime Erzbischof von Marseille war, schon 92 Jahre alt sei, er werde aber den Parisern ein guter Hirte sein.

Am Morgen des 18. April 1802 steht er früher auf als gewöhnlich. Er will, daß dieser Ostersonntag ein Festtag wird. Er hätte sich mit einer diskreten Bekanntgabe des Konkordats begnügen können. Aber trotz des Komplotts der Generäle hat er am Tedeum mit Pontifikalmesse und Chören des Konservatoriums in Notre-Dame festgehalten. Es bedarf dieses Pompes, damit man die Bedeutung der Veränderung ermessen kann.

Er ruft seinen ersten Kammerdiener herbei. Constant hilft ihm, das offizielle Habit des Ersten Konsul anzulegen. Er zieht eine Kniehose aus weißer Seide an, eine reverslose scharlachrote Jacke mit schwarzem Kragen, die an allen Nähten reichhaltig mit goldenen Palmen bestickt ist; den Säbel aus Ägypten befestigt er an einem sehr engen Wehrgehänge, dazu setzt er einen französischen Hut auf, mit einem Federbusch in den Farben der Trikolore. Um 10 Uhr 30 steigt er in den Hof der Tuilerien hinab. Er muß neu aufgestellten Einheiten die Fahnen übergeben.

Er schreitet ganz langsam. Er fühlt sich wie auf einem Schlachtfeld, auf dem sich alles in den ersten Minuten entscheidet. Und plötzlich hört man die Akklamationen der Menge. »Es lebe Bonaparte!« ruft sie, und: »Es lebe der Erste Konsul!« Der Tag wird sehr schön werden. Er hat angeordnet, die Galakutschen wieder herzurichten, die unter Ludwig XVI. benutzt wurden. Kutscher und Lakaien werden grüne Livreen mit goldenen Galonen tragen.

Um 11 Uhr 30 besteigt er die von sechs weißen Pferden gezogene Kutsche. Joséphine sitzt neben ihm. Wie ein Herrscherpaar sitzen sie da, und er hat es so gewollt. Eine riesige Menschenmenge jubelt ihnen zu auf der gesamten Strecke von den Tuilerien bis Notre-Dame. Mögen die Verschwörer nur weiterträumen. Ihre Pläne kennt er durch seine Spitzel: den Ersten Konsul während des Tedeums niederschießen und die Westarmee, die von Bernadotte befehligt wird (also von Josephs Schwager, dem Ehemann von Désirée Clary, aber so sind die Menschen), auf Paris marschieren lassen. Aber Duroc und Junot haben die Schützengarde der Konsulswache bei den Tuilerien zusammengezogen, und die Einheiten, deren Parade er vorhin abgenommen hat, bestehen aus zuverlässigen Männern.

Er betritt die von Hunderten Kerzen erleuchteten und mit zahlreichen Würdenträgern gefüllte Kathedrale. An den Seiten des Kirchenschiffs erblickt er die Uniformen der Generäle. Er beugt sich vor und sagt zu Cambacérès: »Eine Militärregierung hat keine Chance in Frankreich, höchstens, wenn das Land durch 50 Jahre Ignoranz heruntergekommen ist; alle Versuche in dieser Richtung werden scheitern, und ihre Urheber werden die ersten Opfer sein.«

Er spricht, ohne Cambacérès anzusehen, vielleicht glaubt man auch, daß er nur betet. »Ich regiere nicht als General«, fährt er fort, »sondern weil die Nation glaubt, daß ich die zivilen Qualitäten zum Regieren habe. Würde sie das nicht glauben, könnte sich die Regierung nicht halten. Ich wußte schon, was ich tat, als ich, ein General der Armee, mich zum Mitglied der Akademie machen ließ. Ich wußte, daß mich jeder verstehen würde, bis zum letzten Trommler.«

Die Messe geht zu Ende. Er erscheint auf dem Vorplatz. Dort wartet eine begeisterte Menschenmenge. Die Gruppe der Generäle hält sich abseits. In Begleitung von Duroc und Cambacérès geht er auf die Generäle zu. Duroc flüstert ihm zu, daß General Moreau der Zeremonie nicht beigewohnt hat und daß man ihn während des Tedeums demonstrativ Zigarre rauchend auf der Terrasse der Tuilerien sah, umgeben von einigen Offizieren. Er wird Moreau nicht vergessen.

Die Generäle sind auseinandergegangen. Sie haben es nicht gewagt, sich gegen ihn zu stellen. Einer von ihnen, General Delmas, ist in provozierender Haltung stehengeblieben, mit gekreuzten Armen und gespreizten Beinen. Napoleon kennt diesen heldenhaften Offizier und Chef der Infanterie. Nun, was hält er von der Zeremonie, fragt er ihn.

»Feiner Mummenschanz«, grummelt Delmas. »Es fehlten nur die 100 000 Männer, die gefallen sind, um all das abzuschaffen.« Delmas dreht sich um und geht fort. Der Kampf wird also niemals aufhören.

16

Dieser Frühling des Jahres 1802 ist ein besonderer Augenblick in seinem Leben. Er hat den Eindruck, daß ihm alles möglich ist und daß doch alles zerbrechlich bleibt und in wenigen Minuten umgestoßen werden kann. Wenn er nicht mehr lebt, kann das Werk, das er unternommen hat, zwischen den Fingern der Zeit zerrinnen wie Sand. Was würde übrigbleiben?

Er bestellt Roederer und Cambacérès zu sich. Sie sind Männer von Urteil, deren Rat er zuweilen hört und mit denen er seine Argumente schärft, vor sich selbst oder bevor er sie dem Staatsrat oder dem Senat vorträgt. Beide haben sie dem Konkordat zugestimmt und dem Senatsbeschluß, der den letzten Emigranten die Heimkehr erlaubt, wenn sie darauf verzichten, ihre Güter zurückzufordern. Diese Aristokraten sind manchmal die besten Stützen seiner Politik.

Vor ein paar Tagen hat Napoleon Fouché jenes Buch gezeigt, das Vicomte de Chateaubriand ihm gewidmet hat. Was könnte es Gelegeneres geben als ein Buch, das den *Genius des Christentums* feiert? Fouché hat leicht gelächelt. Autor und Verleger haben das

Tedeum zur Verkündung des Konkordats abgewartet, um das Buch herauszubringen, damit es mehr Wirkung und einen größeren Verkauf erziele. Fouché! Fouché! Er ist ein Mann, der sich nicht mit Worten abspeisen läßt, den man nicht kleinkriegen kann und der sich nützlich macht, wenn es auch ihm nützt.

Der Polizeiminister hat derzeit nur eine Sorge: daß die Versammlungen dem Ersten Konsul das Konsulat auf Lebenszeit antragen. Deshalb intrigiert er, daß sie sich mit der Erneuerung des zehnjährigen Mandats begnügen, wenn das jetzige Mandat ausläuft. Das würde Napoleon bis 1819 bringen. Überall verbreitet Fouché, daß eine andere Lösung Gefahr bedeuten würde. Er hat Joséphine entsprechend beeinflußt, die Napoleon für Fouché ausspioniert und als Gegenleistung von ihm eine monatliche Zuwendung erhält. Sie glaubt, daß Napoleon es nicht weiß.

In Malmaison, als es im Gespräch mit Lucien, Talleyrand, Fontanes und Cambacérès um die Zukunft ging, hat sie sich zum Ersten Konsul gebeugt und geflüstert: »Wann machst du mich zur Kaiserin von Gallien?« – »Was, die kleine Joséphine als Kaiserin?« hat Napoleon so laut geantwortet, daß alle Gespräche abbrachen. »Das ist doch absurd«, hat er hinzugefügt.

Wirklich so absurd? Cambacérès und Roederer drängen ihn, die Verfassung zu ändern, damit er das Konsulat auf Lebenszeit erhalte und nicht auf weitere zehn Jahre, wie Fouché es vorschlägt. Er hört zu. Er überdenkt alles. Wie kann man die instabilen Verhältnisse befestigen? Das fixieren, was entgleitet? Wie kann man den Galopp der Zeit anhalten oder verlangsamen, der ihn seit jeher mitzieht? Wie das Gefühl von Vergänglichkeit eindämmen, das ihn befällt?

Er hat auch erfahren, daß auf der Fahrt nach Notre-Dame jener Wagen, in dem die Generäle Bernadotte, Augereau, Masséna und Macdonald Platz genommen hatten, auf Befehl von Bernadotte angehalten wurde. Und daß die vier Offiziere erwogen hatten, auszusteigen und die Truppen zum Aufstand gegen den Ersten Konsul aufzustacheln. Seine Intuition hatte also nicht getrogen, als er die Generäle im Kirchenschiff beisammen gesehen hatte. Er bleibt von derartigen Komplotten bedroht.

»Eines der Gefühle, das am meisten zur Sicherheit der Könige beiträgt«, sagt er zu Roederer, »liegt in der Vorstellung vom Eigentum, die mit der Krone verbunden ist. Man sagt, daß dieser oder jener König Eigentümer der Krone seiner Vorfahren ist, so wie man von jemandem sagt, er sei Besitzer seiner Felder. Und da jeder Interesse daran hat, daß man sein Eigentum respektiert, respektiert er auch das Eigentum des Königs. Das ist doch nur vernünftig, oder?« Aber soll er diese Schwelle überschreiten?

Alle um ihn herum, die ihn nicht nur zum Konsulat auf Lebenszeit drängen, sondern auch zur Designierung seines Nachfolgers, kommen ihm vor wie Leichenfledderer auf dem Schlachtfeld. Seine Brüder Lucien und Joseph erklären, daß sie ihn nicht beerben wollen, daß nur ein Mann wie Cambacérès auf Napoleon folgen könne, und doch denkt jeder nur an das Kommende. Nach seinem Tod.

Er empfängt Cambacérès, der ihm noch einmal seine Auffassung unterbreitet, daß der Erste Konsul auf Lebenszeit ernannt werden und dann seinen Nachfolger bestimmen soll. Napoleon geht in seinem Büro umher, mit gesenktem Kopf, und wie jedesmal, wenn er mit seinen Gedanken ringt, nimmt er wiederholt Schnupftabak.

Er bleibt stehen. Er läßt Roederer ins Zimmer kommen, der im Vorzimmer gewartet hat. »Solange ich da bin«, sagt Napoleon plötzlich mit Härte, »garantiere ich den Bestand der Republik. Aber es stimmt, man muß an die Zukunft denken.«

Cambacérès und Roederer stimmen ihm zu.

»Wir müssen einige Granitblöcke auf den Boden von Frankreich werfen«, sagt Napoleon.

Er will, daß man in allen Departements Gymnasien schafft, in denen die öffentliche Bildung jene Geister formt, die das Tragwerk der Nation ausmachen sollen. Und für die besten Bürger muß man eine Art neuen Ritterorden schaffen, jenen der Ehrenlegion.

»Man wird von einer neuen Aristokratie sprechen«, wendet Roederer nach einigem Nachdenken ein.

»Und in den Versammlungen wie in den gesetzgebenden Körperschaften wird es starken Widerstand geben«, fügt Cambacérès hinzu.

Napoleon wird heftig. »Man möge mir doch nur eine alte oder neuere Republik zeigen, in der es keine Auszeichnungen gegeben hat. Ich weiß, daß man von Kinderkram redet. Aber darauf antworte ich, daß man die Menschen eben mit Kinderkram führt.«

Er gestikuliert und stampft beim Reden mit dem Fuß. »Ich glaube nicht, daß das französische Volk Freiheit und Gleichheit liebt. Auch zehn Jahre Revolution haben die Franzosen nicht verändert. Sie sind immer noch stolz und leichtlebig wie die Gallier, und diesem Gefühl muß man Nahrung geben. Sie brauchen Auszeichnungen.«

Er geht eine Weile umher und schweigt, und sagt dann mit fester Stimme: »Glauben Sie denn, daß man sich auf das Volk verlassen kann? Sie schreien ›Es lebe der König!‹ und dann wieder etwas anderes. Man muß ihm die Richtung weisen und dafür die Mittel haben.«

»Ja eben«, sagen Roederer und Cambacérès mit Nachdruck, »das Konsulat auf Lebenszeit würde es gestatten, diesen Weg mit Gewißheit zu weisen.«

Aber er hört ihren Argumenten kaum zu. Hat er denn je etwas anderes gemacht als das, was er gewollt hat? Kann er sich denn überhaupt vorstellen, daß er eines Tages, auch nach zehn oder 20 Jahren, auf die Funktionen verzichtet, die er als Erster Konsul ausübt? Dieses Kostüm ist sein Körper und seine Haut geworden.

»Sie meinen, daß ich dem Volk ein neues Opfer schulde? Ich werde es bringen, wenn der Wille des Volkes mir das aufträgt, was Sie vorschlagen«, sagt er.

Sogleich regt Roederer ein Plebiszit an, das auf Vorschlag der Regierung dem französischen Volk zur Abstimmung vorgelegt werden soll, mit offenen Wahllisten in jeder Gemeinde. Die Bürger sollen auf zwei Fragen antworten: »Soll Napoleon Konsul auf Lebenszeit sein?« und »Soll der Erste Konsul das Recht haben, seinen Nachfolger zu bestimmen?«

Napoleon sieht sich den Text an, geht zu seinem Schreibtisch und streicht mit einem wütenden Federstrich die zweite Frage. »Man hat das Testament von Ludwig XVI. nicht respektiert!« ruft er aus. »Würde man das meine respektieren?« Er macht ein paar Schritte, nimmt eine Prise und sagt dann: »Ein toter Mann, wer er auch gewesen sei, ist gar nichts mehr.«

Dieser Satz geht ihm während der Fahrt nach Malmaison im Kopf herum. Er kann sich nicht vorstellen, was nach ihm kommen kann, und er kann sich nicht an den Gedanken gewöhnen, daß ihm seine Brüder nachfolgen oder sich untereinander darüber streiten, wer seinen Platz einnehmen soll, oder daß sie gar ihre Macht mit Moreau oder Bernadotte teilen müssen. Er verbringt eine unruhige Nacht in Malmaison, und am nächsten Tag läßt er zwei Bataillone der kasernierten Garde in Rueil und in Malmaison Manöver ausführen. Er mag die frische Luft des frühen Morgens, die rhythmischen Schritte, die Marschordnung, die ganze Geometrie der Bataillone, die den Raum in genau vorgezeichnete Figuren einteilt.

Während er seine Kommandos gibt, denkt er noch ans Plebiszit. Werden sie ihm das Konsulat auf Lebenszeit zubilligen? Warum sollten sie es ablehnen? Im Tribunat hat allein Carnot dagegen gestimmt, und in der gesetzgebenden Versammlung haben nur drei Abgeordnete das Plebiszit abgelehnt. Er beendet das Manöver und lädt die Offiziere der beiden Bataillone zum Essen nach Malmaison ein.

Er mag diese Begegnungen. Seit seiner Kindheit hat er die Menschen in der und durch die Armee kennengelernt. Er erinnert sich an Einzelheiten der Belagerung von Toulon und auch aus anderen Feldzügen. Dann steht er auf, und nachdem sich auch die Offiziere am Tisch erhoben haben, sagt er im Weggehen: »Welches auch immer meine Bestimmung sein wird, Konsul oder Bürger, ich lebe nur für die Größe und das Glück von Frankreich.«

Am nächsten Morgen bittet Fouché um eine Audienz. Napoleon läßt ihn absichtlich warten. Seit einigen Tagen gehen ihm zahlreiche Spitzelberichte zu. Es hat tatsächlich eine Verschwörung der Generäle gegeben. Ihr Urheber war Bernadotte. Man wollte Napoleon absetzen unter dem Vorwand, daß er nicht mehr die Funktion des Ersten Konsuls ausüben könne, weil er zum Präsidenten der italienischen Republik gewählt worden sei. Die Generäle wollten eine Abordnung zu ihm schicken, um mit einem

Aufstand zu drohen, falls er zu dikatorischen Maßnahmen greifen sollte. Bernadotte habe von seinen Komplizen allerdings verlangt, Napoleon nur zu entführen, nicht aber zu töten. Darüber muß er lachen.

Was kann Fouché ihm außerdem sagen? Und selbst wenn er weitere Beweise hätte, wäre das ein Grund zur Repression? Auch wenn Bernadotte verdiente, erschossen zu werden? Er ist in der Armee ebenso populär wie Moreau. Warum sollte man das Risiko eingehen, die Armee gegen die Regierung aufzubringen? Es reicht doch, Bernadotte auf Mission zu schicken, wie andere Generäle auch. Lannes wird nach Lissabon gehen, Brune nach Konstantinopel, Macdonald nach Kopenhagen, warum nicht Bernadotte nach Louisiana schicken oder als französischen Vertreter in die Vereinigten Staaten?

Napoleon läßt Fouché eintreten. Der Polizeiminister macht ein ernstes Gesicht, aber Napoleon fragt ihn nichts, wartet ab und mustert Fouché, der ganz langsam zu sprechen beginnt. In Rennes hat man General Simon verhaften müssen, erklärt er. Dieser ehemalige Adjutant von Bernadotte hat an alle Garnisonen Flugschriften in den blauroten Umschlägen der Westarmee verschickt. Napoleon streckt die Hand aus. Er will diese Zettel selbst lesen, die Fouchés Polizei vor allem in Kutschen gefunden hat, die aus den Westregionen nach Paris kamen.

Das Pamphlet trägt die Überschrift: »Appell an die französische Armee – Von einem Kameraden«. Es ist nur einige Seiten lang, die Napoleon zuerst überfliegt und dann liest. »Soldaten, Ihr habt keine Heimat mehr. Die Französische Republik existiert nicht mehr. Euer Ruhm ist beschmutzt, Euer Name glanzlos und ehrlos!«

Napoleon wirft die Flugschrift zu Boden. »Nun?« fragt er. Fouché bleibt ganz ruhig und antwortet, daß außer General Simon auch einige andere Offiziere verhaftet wurden, vor allem zwei ehemalige Adjutanten von Bernadotte, Hauptmann Foucart und Leutnant Adolphe Marbot. Außerdem versichert Fouché, daß Bernadotte nichts von den Aktivitäten seiner Untergebenen wußte. Als Napoleon ihn anschaut, senkt er den Blick nicht.

»Der General, Schwager des Bürgers Joseph Bonaparte«, fährt Fouché fort, aber Napoleon unterbricht ihn mit trockener Stimme: »Diesen Kerl werde ich auf dem Carrousel-Platz erschießen lassen.« Er weiß, daß Fouché seine Äußerung kolportieren wird. Man regiert auch durch die Angst, die man verbreitet.

17

Mit einem Blick befiehlt Napoleon seinem Sekretär, sich nicht zu rühren. Er will nicht gestört werden, vor allem wenn er diktiert. Die Sätze verzahnen sich ineinander, die Gedanken entrollen sich, doch nun wurde an jene Tür des Arbeitszimmers gepocht, hinter der eine schmale Treppe zu den Wohnräumen von Joséphine führt. Aber Napoleon fährt fort, Méneval einen Artikel für *Le Moniteur* zu diktieren. Er wird ihn nicht unterschreiben, aber jeder wird seine Gedanken erkennen, da diese Zeitung den Standpunkt des Ersten Konsuls vertritt, was in Frankreich wie im Ausland jeder weiß.

Und dieser Artikel ist wichtig. Es geht um den Frieden. In der englischen Presse häufen sich die Angriffe gegen Frankreich. »Alle Übel, welche die Menschen heimsuchen, haben ihren Ursprung in London«, sagt Napoleon immer wieder. Nun aber übertreibt die *Times* ihre »ewigen Beschimpfungen Frankreichs«. Jeden Tag dienen zwei der vier giftigen Seiten dazu, die plattesten Verleumdungen zu verbreiten. Alles Niedere, Bösartige, Elende, was sich Menschengeist ausdenken kann, wird dort der französischen Regierung zugeschrieben. Wozu dient das? Wer bezahlt dafür? Wer soll beeinflußt werden? Die Insel Jersey ist voll von Schwerverbrechern. »Wenn zwei große Nationen Frieden schließen, dient das nur dazu, beiderseitiges Ungemach herbeizuführen?«

Mit Nachdruck wird erneut geklopft. Napoleon unterbricht das Diktat. Noch bevor Méneval sich erhoben hat, ist Joséphine schon ins Arbeitszimmer getreten. Natürlich will sie etwas erbetteln. Napoleon erkennt ihre flehende Haltung, diesen Ausdruck eines eingeschüchterten Mädchens. Er läßt sich davon nicht täuschen, empfindet aber jedesmal eine Mischung aus Ärger, Befriedigung und Peinlichkeit. Soll sie nur schnell ihren Wunsch äußern! Und ihn dann arbeiten lassen! Kommt sie schon wieder wegen ihrer Schulden? Er will sie nicht mehr bezahlen. Oder hat sie schon wieder eine dieser kindischen Überraschungen vorbereitet, wie er sie neulich erdulden mußte? Sie ließ vor ihm einen Korb abstellen, der mit einem Tuch zugedeckt war. Als er es anhob, entdeckte er darin einen abscheulichen Zwerg, der Grimassen schnitt und Verrenkungen machte.

Aber mit Joséphine verbringt er immer noch die meisten seiner Nächte. Sie sagt, daß sie einen leichten Schlaf habe und ihn so vor Mördern beschützen könne. Und wenn man die Londoner Presse liest, dann mangelt es den Leuten, die ihn umbringen wollen, weder an Unterstützung noch an Geld. Schöner Frieden!

Er befragt Joséphine in verärgertem Ton. »Madame Grand ist da«, sagt sie leise. »Sie erbittet eine Audienz.«

Er kennt die Hartnäckigkeit der Frauen. Und er weiß alles über diese Madame Grand, Tochter eines Seemannes aus Batavia und Tänzerin in einem Theater in Kalkutta. Sie ist von einem Bett zum andern gewandert und hat jetzt Unterschlupf in jenem von Talleyrand gefunden. Sie will, daß der Minister sie heiratet, doch dafür benötigt er die Erlaubnis des Papstes, wieder in den Laienstand versetzt zu werden, da er einmal Bischof war. Und natürlich er bittet man von Napoleon einen Brief an Pius VII. zur Unterstützung dieses Gesuchs.

Er zögert. Er legt Wert auf Talleyrand, diesen verschlagenen Menschen, dessen Rat aber oft wertvoll ist. Seit nun Madame Grand bei ihm in der Rue du Bac wohnt, meiden die Diplomaten und ihre Frauen die Empfänge des Ministers. Das Dilemma lautet schlicht: entweder heiratet er oder er verläßt das Ministerium.

Napoleon ist bereit, sie zu empfangen, und sieht sie schon auf sich zuschreiten. Madame Grand hat die Hände gefaltet. Anmut und Schönheit besitzt sie längst nicht mehr. Sie kniet nieder. Sie weint. Sie bittet. Was Talleyrand nur an ihr findet? Diese Frau kann ihm nicht einmal mehr Kinder schenken. Dieser Gedanke tut ihm weh. Und er selbst?

Roederer hat ihm brieflich mitgeteilt, daß die Ergebnisse des Plebiszits schon vorliegen und in einigen Tagen veröffentlicht werden sollen. 3 568 885 Franzosen haben sich für Napoleons Konsulat auf Lebenszeit ausgesprochen. Und es wurden nur 8374 Neinstimmen gezählt. Aber Roederer hatte hinzugefügt: »Es ist aber nötig, daß man Ihren natürlichen Erben sieht.«

Napoleon hat Madame Grand vergessen, die noch immer flennt. »Nun, dann soll Talleyrand Sie doch heiraten, und alles klärt sich!« sagt er in rüdem Ton. »Aber Sie müssen seinen Namen tragen, oder Sie sollten sich nicht mehr bei ihm blicken lassen.«

Strahlend steht sie wieder auf. »Das war mein tiefster Wunsch«, sagt sie. Er wird also an den Papst schreiben?

Er schickt sie fort. Joséphine dankt ihm mit einem Kopfnicken. Er hat ihr wieder einmal nachgegeben. Und er weiß nicht, ob die Wut, die in ihm aufsteigt, durch diese Schwäche begründet ist oder durch die Erinnerung an Roederers Brief.

Später am Abend sieht er Joséphine in Malmaison wieder, mitten unter zahlreichen Gästen. Man drängt sich um das Buffet mit allen Getränken und Speisen. Napoleon trinkt ein Glas Chambertin, seinen Lieblingswein. Ein Orchester beginnt zu spielen, und Napoleon zieht Hortense auf die Tanzfläche. Schon nach wenigen Minuten bittet ihn die junge Frau um eine Pause. Sie sei schwanger von Louis, erklärt sie ihm. Er läßt sie los und lacht. Korsische Frauen arbeiten bis zum Tag der Niederkunft, sagt er. Er zwickt Hortense in die Wange. Weiß sie denn überhaupt, daß er für sie und Louis das Pariser Stadtpalais von Mademoiselle Dervieux gekauft hat, der einstigen Mätresse des Grafen von Artois? Hortense fällt ihm um den Hals und bedankt sich für dieses königliche Geschenk. Das heißt es, Erster Konsul zu sein: sich alle Wünsche erfüllen zu können. Können, wenn man will.

Napoleon klatscht in die Hände, und alle Gäste folgen ihm in den Theatersaal von Malmaison, wo er in der ersten Reihe Platz nimmt und das Zeichen zum Anfangen gibt. Es gefällt ihm, daß Hortense, einige Adjutanten oder Generäle ein Stück von Beaumarchais spielen. So vergißt er den Tag in den Tuilerien, die Nachrichten aus Santo Domingo, wo die französischen Truppen vom

Fieber dezimiert wurden. Die Verhaftung von Toussaint-Louverture hat die Schwarzen noch mehr aufgestachelt. Er vergißt, daß er seine Umgebung gewähren ließ, die in Guadeloupe und Martinique die Sklaverei wieder einführen wollte, und deshalb der Aufstand sich noch ausweitet. Er applaudiert und lacht sehr heftig.

In wenigen Tagen wird er 33 Jahre alt sein. Mit dem Konsulat auf Lebenszeit und der Frage der Nachfolge – »ein natürlicher Erbe«, wie Roederer es nannte – sieht er so deutlich wie nie zuvor das Ende seines Lebens, als ob er den Ausgang der noch zu füllenden Schicksalsrolle schon kennt. Fühlt er sich deshalb verärgert, nervös und voller Ungeduld, als ob er schnell, schnell handeln und den Weg durchmessen müsse, um jenes Ende zu erreichen, das man in die Verfassung hineinschreiben wird? Auf dem Weg nach Mortefontaine nahe bei Senlis, wo sein Bruder Joseph wohnt, kann er diese Gedanken nicht loswerden.

Er ist nervös und angespannt. Er wird seine ganze Familie und viele Angehörige dort versammelt finden. Joseph wird versuchen, die Rolle des ältesten zu spielen, und Lucien seine Feindschaft gegen Joséphine nicht verbergen. Je näher er dem Landschloß kommt, desto stärker wächst seine Gereiztheit. Der herzlichen Begrüßung entzieht er sich schnell, verbringt nur wenige Minuten in Josephs Haus und beschließt dann, eine Spazierfahrt im Boot zu unternehmen.

Das Wetter ist gewittrig. Alle benehmen sich ungeschickt. Nach einigen Ruderschlägen schon schwankt das Boot, droht zu kentern. General Bernière, der dicht bei Napoleon sitzt, fällt ins Wasser. Man schreit. Napoleon kommt es so vor, als ob alle Vorahnungen der letzten Zeit hier ihre Erklärung finden. Er wird ganz dumm sterben, weder durch eine Kugel noch durch einen Dolch, sondern ruhmlos im Wasser eines Teiches. Er sieht, wie sich Himmel und Erde vermischen.

Als er wieder zu sich kommt, liegt er am Ufer. Alle Gesichter schauen auf ihn, gespannt vor Neugier. Mit einem Ruck steht er auf, schiebt die Nächststehenden beiseite, geht ins Haus und befiehlt, daß man mit dem Essen beginnt. Joseph als Hausherr läßt sich viel Zeit, nimmt Laetitia Bonaparte am Arm und erklärt ihr die Tischordnung. Seine Mutter wird zu seiner Rechten und Joséphine Bonaparte zu seiner Linken sitzen.

»Die Gattin des Ersten Konsuls hat den Vorrang«, sagt Napoleon. Und da Joseph nicht gehört zu haben scheint, nimmt Napoleon Joséphine beim Arm und betritt als erster den Speisesaal, setzt sich an die Tischmitte und befiehlt Joséphine, zu seiner Rechten Platz zu nehmen. Glauben sie etwa, er sei schon tot?

Die Engländer träumen davon und vielleicht auch viele von den Botschaftern, die sich am 3. August in den Tuilerien zu einer feierlichen Audienz versammelt haben. Welchen Verbrecher, Georges Cadoudal oder jemand anders, sind sie bereit zu bezahlen, damit sich dieser Wunsch erfüllt?

Begleitet von seinen Adjutanten, einigen Ministern und den anderen beiden Konsuln, geht Napoleon zwischen ihnen umher. Vor jedem Botschafter bleibt er stehen. Alle Blicke sind auf ihn gerichtet. Diesen Vertretern von Monarchien und Reichen entgeht nicht eine Geste. Niemand hat die Umwälzungen in Frankreich wirklich akzeptiert. Man wirft ihm nicht nur die Eroberungen vor. Damit könnte man sich vielleicht abfinden. Aber die Revolution hat die Ordnung der Dinge verändert. Genau diese Anerkennung wird ihr verweigert.

Napoleon bleibt vor dem russischen Botschafter Markow stehen. Er wechselt einige Worte mit diesem Mann, von dem Spitzel berichten, daß er sich in den Salons in bitteren Bemerkungen ergeht. Man hat ein Gespräch zwischen ihm und dem preußischen Botschafter Lucchesini belauscht, vor dem Napoleon nun steht. Markow hat gesagt, daß sich Napoleon, wenn er die Würde eines Konsuls auf Lebenszeit annähme, nicht damit zufriedengeben, sondern den Titel eines »Kaisers aller Gallier« annehmen würde. Und Lucchesini hat geantwortet: »Er will Karl den Großen nachmachen, aber erleuchtet durch das Wissen unseres Jahrhunderts. Er hat den Entschluß dazu gewiß schon gefaßt, wenn auch noch nicht den Zeitpunkt bestimmt.«

Er selbst weiß noch nicht, welches Ziel er sich setzt. Es gibt ein *Danach*, wenn morgen am 4. August 1802 die neue Verfassung verkündet wird. Sie sieht vor, daß er Konsul auf Lebenszeit ist, genau wie die beiden andern Konsuln, die aber er auswählt. Auch hat er das Recht, seinen Nachfolger zu bestimmen. Er ist Präsident des Senats und eines privaten Rates. Die beiden anderen Versammlungen verfügen über keine wirkliche Macht. Er hat das Recht zur Begnadigung. Aber was ist er, fragt er sich, als er die Botschafter und Minister anschaut. Ein König? Dazu fehlt ihm die Krönung und die Salbung.

Nun treten die Mitglieder des Senats vor. Die Botschafter haben auf beiden Seiten des Saales Aufstellung genommen. Barthélémy, der einst Marquis und dann einer der Direktoren von 1795 war, erklärt, daß das französische Volk Napoleon Bonaparte zum Konsul auf Lebenszeit ernannt und der Senat ihn als solchen ausgerufen habe. Zu seinen Ehren werde eine Friedensstatue errichtet mit dem Lorbeerkranz des Sieges in der Hand. Mit kräftiger Stimme fährt Barthélémy fort: »Der Erste Konsul erhält von den Franzosen die Mission, ihre Institutionen zu befestigen. Er wird ihnen stets den Elan des Ruhms und das Gefühl nationaler Größe vermitteln.«

Napoleon antwortet langsam, jedes Wort betonend, und schaut dabei jedes Gesicht reihum an: »Senatoren, das Leben eines Bürgers gehört seinem Vaterland. Das französische Volk will, daß ich meines ganz ihm weihe. Ich gehorche seinem Willen.«

Was ist er, wenn nicht das Äquivalent eines Königs? Er hebt den Kopf und schaut über die Menge der Persönlichkeiten hinweg auf den leicht bedeckten Augusthimmel. »Senatoren, empfangen Sie meinen Dank.«

15. August 1802. Er ist 33 Jahre alt. An diesem Tag wird in allen Kirchen der Republik sein Geburtstag und das Konsulat auf Lebenszeit gefeiert. Am Morgen hat er seine Konsulsuniform angezogen und die Vertreter der Verfassungsorgane empfangen. 300 Musiker spielen auf, während Staatsräte, Senatoren, Tribune, Abgeordnete und Minister ihre Ehrerbietung bekunden. Um 15 Uhr findet in Notre-Dame ein Tedeum statt. Fast eine Krönung.

Abends tanzt er in Malmaison. Und nach dem Ball spielt

Hortense, obwohl sie im siebten Monat schwanger ist, in einem kleinen Stück des Bürgers Duval. Er applaudiert und denkt dabei an die Menge, die auf dem Vendôme-Platz zur Musik von vier Orchestern um einen achteckigen Altar tanzt, auf dem man den Text des Senatsbeschlusses lesen kann.

Er hat befohlen, die Gebäude von Paris zu illuminieren. Und auf den Türmen von Notre-Dame leuchtet sein Sternbild, der Löwe. Wer hätte sich das vorstellen können? Und wer kann sich vorstellen, was noch folgt?

Am 21. August begibt er sich in den Luxembourg-Palast, um der feierlichen Sitzung des Senats zu präsidieren. Er sitzt in der Kutsche, die einst Ludwig XVI. benutzt hat und die von acht weißen Pferden gezogen wird. Zur Rechten wie zur Linken sieht er Offiziere seines Generalstabs und Gardesoldaten reiten. Auf dem ganzen Weg von den Tuilerien bis zum Luxembourg bilden Soldaten ein Ehrenspalier. Hinter den Soldaten drängt sich eine Menge, aber sie ist still. Er grüßt sie. Man antwortet nicht. Er erhebt sich etwas aus seinem Sitz und sieht den Wagen, in dem seine Brüder Platz genommen haben. Auch sie grüßen. Er hat Fouché befohlen, nichts Künstliches für seine Vorbeifahrt zu organisieren. Aber Fouché ist ausgekocht genug, im gegenteiligen Sinn gewirkt zu haben. Man hat hier und da in Paris Anschläge an Häuserwänden gesehen mit der Maxime: »Das Schweigen der Völker ist die Belehrung der Könige.«

Gleich nach der Rückkehr in die Tuilerien bestellt er Fouché zu sich. Aber der Polizeiminister verteidigt sich auf seine übliche Art mit wechselnden Argumenten. »Trotz der Verschmelzung von Galliern und Franken sind wir immer noch dasselbe Volk geblieben. Wir sind immer noch die alten Gallier, von denen man einst sagte, daß sie weder die Freiheit noch die Unterdrückung ertragen könnten.«

Was soll dieses Geschwafel? Glaubt Fouché, daß er sich mit historischen Abschweifungen aus einer peinlichen Lage retten kann? »Was meinen Sie damit?«

»Daß die Pariser die jüngsten Maßnahmen der Regierung als totalen Verlust der Freiheit und deutliche Tendenz zur absoluten Macht angesehen haben.«

Napoleon schnupft beinahe mit Rage. Er weiß, daß man ihn beschuldigt, tyrannische Macht auszuüben. Das ist töricht. Diese Regierung im jetzigen Frankreich kann gar nicht despotisch sein, denn sie kann sich auf kein Feudalsystem, keine Zwischenschichten oder Vorurteile stützen. Und Fouché weiß das genau.

»Ich würde in diesem hohlen Frieden keine sechs Wochen regieren können«, sagt Napoleon, »wenn ich nicht der Herr wäre, sondern nur eine Pseudoautorität.« Er verabscheut das dünne Lächeln von Fouché, seine Ruhe und seine Herablassung.

»Seien Sie zugleich väterlich, leutselig, stark und gerecht«, sagt Fouché, »dann werden Sie leicht wiedergewinnen, was Sie verloren zu haben scheinen.«

Napoleon geht ein paar Schritte beiseite und sagt laut: »Die sogenannte öffentliche Meinung ist verwunderlich und launisch.« Er steht schon an der Türschwelle. »Ich werde sie zu verbessern wissen.«

Fünfter Teil

»Man kann das französische Volk töten, aber nicht einschüchtern.«

September 1802 – Dezember 1803

18

Sie haben um ihn herum im Salon von Josephs Schloß Mortefontaine Platz genommen. Durch die offenen Fenster schaut man auf den Wald von Senlis, der in diesem Septemberanfang schon herbstliche Farben annimmt. Napoleon steht auf, verläßt den Kreis, bedeutet mit einer Geste aber, daß Lucien, Joseph, Talleyrand, Roederer, Lebrun und Cambacérès nur weitersprechen mögen.

Er betritt die Terrasse. Die Luft ist mild und duftet nach Hochwald. Er hört nur noch die Ausrufe von Lucien. Außer Talleyrand, der kein Wort gesagt hat, sind alle anderen über Fouché hergezogen. Er sei zu mächtig, ein verkappter Jakobiner, ein Geheimniskrämer, der alle Fäden der Verschwörungen zieht, ein Gegner des Konsulats auf Lebenszeit und ein Hindernis für alle künftigen Entwicklungen. Auf diesem letzten Punkt haben vor allem Joseph und Lucien insistiert. Napoleon hat sich damit begnügt zuzuhören. Er weiß genau, woran sie alle denken. An die Zeit nach ihm!

Lucien hat sogar Joséphine geraten, nach Plombières zur Kur zu fahren und alle Medikamente des guten alten Doktor Corvisart mitzunehmen. »Hören Sie, meine Gute, beweisen Sie dem Konsul, daß er sich täuscht, und schenken Sie uns schnell einen kleinen Cäsar.« Er soll noch hinzugefügt haben, wie Joséphine berichtete, damit Napoleon sie beruhige: »Und wenn Sie es nicht können oder nicht wollen, dann muß Napoleon eben ein Kind von einer anderen Frau haben, das Sie dann adoptieren, um die Nachfolge zu sichern; es ist in Ihrem Interesse, und Sie wissen warum.«

Selbst Élisa, die Schwester des Ersten Konsuls, die, wie Fouché andeutet, von Liebeswahn und Ehrgeiz zerfressen ist und sich von den schwülstigen Sätzen ihres Geliebten, des Dichters Fontanes, beeinflussen läßt, hat begonnen, auf Joséphine einzureden. Als diese darauf verwies, daß sie doch immerhin zwei Kinder habe, hat Élisa mit schroffer Stimme erwidert: »Aber, meine Gute, damals waren Sie jung.« Joséphine brach in Tränen aus. Napoleon warf ein: »Élisa, wissen Sie denn nicht, daß manche Wahrheiten besser verschwiegen werden.« Joséphine weinte noch mehr.

Napoleon schlägt mit der Reitpeitsche in ein Blumengebinde, das in einer Ecke der Terrasse in einer Amphore steckt. Oft läßt er seinem Zorn freien Lauf, wenn er in einer Situation steckt, die er noch nicht entwirren kann. Er verwüstet den Garten oder zerbricht eine Porzellanvase. An diesem Morgen hat er sogar seinen Diener Rustan mit einem Fußtritt umgestoßen, weil der mit dem Stiefelanziehen nicht zurechtkam oder sich im Fuß täuschte.

Er kehrt in den Salon zurück. Roederer wendet sich an ihn. Alle seien einer Meinung, sagt er. Napoleon kündigt nur an, daß er nach Paris zurückkehren werde. Er wußte schon vor dieser Unterredung, daß er Fouché das allgemeine Polizeiministerium wegnehmen muß. Er konnte nicht dessen unverhohlenen Widerstand gegen das Konsulat auf Lebenszeit hinnehmen. Außerdem ist Fouché davon überzeugt, daß immer noch eine aristokratische Gefahr besteht. Ach was, die Emigranten sind fast alle heimgekehrt und haben sich in den Dienst des Ersten Konsuls gedrängt. Sogar ein Chateaubriand träumt von einem diplomatischen Posten!

Die einzige Gefahr geht von den Generälen aus, angestaubten Jakobinern, von Ehrgeiz und Eifersucht verblendet. Sie verstehen nicht, daß, um unter den König- und Kaiserreichen Europas akzeptiert zu sein, »die Formen der Regierungen unserer Nachbarn sich der unsern annähern müssen oder daß unsere politischen Institutionen von den ihren nicht zu sehr verschieden sein dürfen. Zwischen alten Monarchien und einer ganz jungen Republik herrscht immer eine Art Krieg.«

Napoleon bestellt Fouché in die Tuilerien. Er will sich diesen Mann nicht zum Feind machen, aber seine Ruhe und Selbstsicherheit wundern und ärgern ihn.

»Herr Fouché«, beginnt Napoleon, »Sie haben der Regierung sehr gut gedient. Deshalb trenne ich mich mit Bedauern von einem Mann mit solchen Verdiensten.«

Fouché bleibt ungerührt. Er hat dieses unerträgliche Lächeln, als ob ihn Napoleons Mitteilung in keiner Weise überraschen könne. Er wird dem Senat angehören. Das Allgemeine Polizeiministerium wird unter dem Druck der internationalen Lage aufgelöst, seine Arbeit nunmehr von Oberrichter Régnier übernommen, von der Justiz also.

»Ich mußte Europa beweisen, daß ich mich in aller Offenheit dem friedlichen System anschließe«, erläutert Napoleon, »und daß ich mich allein auf die Zuneigung der Franzosen stütze.«

Napoleon schaut ihn an. Dieser Mann wirkt entschlossen. Er vermittelt den Eindruck von Stärke. Nun teilt er mit, daß ihm in seiner geheimen Kasse 2400000 Francs verblieben sind.

»Bürger Senator«, sagt Napoleon, »ich werde großzügiger und gerechter sein, als es Sieyès gegenüber dem armen Roger Ducros war, als sie sich vor mir die gut gefüllte Kasse des zu Ende gehenden Direktoriums teilten. Behalten Sie die Hälfte der Summe, die Sie mir übergeben; das ist nicht zuviel, um meine ganz persönliche Dankbarkeit zu bezeugen. Die andere Hälfte wird der Kasse meiner privaten Polizei zufließen, die mit Hilfe Ihres Rates einen neuen Aufschwung erleben wird und für deren Arbeit ich um Ihre regelmäßigen Vorschläge bitte.«

Denn man muß immerzu vorsichtig sein. Der neue Polizeichef Desmarets hat ihm die Verhaftung eines Priesters in Calais gemeldet, des Abbé David, der vor Furcht zitternd gestanden hat, als Mittler gedient zu haben zwischen General Moreau und General Pichegru, der im englischen Exil lebt. Desmarets hat es für gut befunden, den Abbé David wieder freizulassen, um ihn verfolgen zu können. Aber werden seine Spitzel so effizient sein wie die von Fouché?

Immer wieder dient London als Zuflucht für die entschlossensten unter seinen Feinden, und gewiß werden sie von den Engländern materiell unterstützt. Immer wieder beschäftigt Napoleon die Frage: »Herrscht denn Frieden oder nur ein Waffenstillstand?«

Er hat beschlossen, am 15. jeden Monats ein großes Essen zu geben, zu dem Künstler, Fabrikanten und Diplomaten eingeladen werden. Am 15. Oktober 1802 stellt er dem englischen Abgeordneten Fox sowie Lord Holland drei Fabrikbesitzer vor: Bruguet, Montgolfier und Tourney, die gerade an der Nationalen Industrieausstellung teilgenommen und dort eine Goldmedaille gewonnen haben. Während des Essens fragt er dann Fox, was England eigentlich wolle. Warum lasse man dort den Grafen von Artois, den Bruder von Ludwig XVI., Regimentsparaden abhalten, wo doch London diese Monarchie nicht mehr anerkenne, da es ja mit dem konsularischen Frankreich verhandle? Fox ist um eine Antwort verlegen. Er sei für den Frieden, stehe damit aber fast allein. Wird es wieder zum Krieg kommen müssen, wo der Frieden doch eben erst beginnt und Napoleon ihn genießt, wie jeder Einwohner des Landes?

Mit dem Schiff begibt sich Napoleon zum Schloß von Saint-Cloud, in Begleitung von Hortense, die kurz vor der Niederkunft steht. Immer noch kursieren Gerüchte, daß er der Vater sei. Aber vielleicht ist es ja ein glücklicher Umstand für ihn, daß man dies glaubt?

Napoleon nimmt Hortense beim Arm, die unter Mühen durch die Alleen des Parks von Saint-Cloud geht. Er schaut den Pavillon der Orangerie an, wo sich drei Jahre zuvor sein Schicksal entschieden hat. Dort hat er die Macht ergriffen. Er hätte auch alles verlieren können.

Das Schloß von Saint-Cloud hat er erst kürzlich wieder entdeckt. Die Tuilerien sind zu trist. Dort ist er zu nah bei Joséphine. Sie ist es gewohnt, daß er die Nacht bei ihr verbringt. Malmaison ist ganz ihre Domäne. In Saint-Cloud wird er bei sich sein. Selbst wenn Joséphine ihm dorthin folgt, was unvermeidlich ist, wird er geheime Privatgemächer oberhalb seines Arbeitszimmers einrichten lassen.

Für jede Etappe seines Lebens braucht er den passenden Ort. Hier in Saint-Cloud ist der Wohnsitz des Ersten Konsuls auf Lebenszeit. Langsam geht er durch die Apollo-Galerie. Er lächelt. Zu beiden Seiten der reich verzierten Galerie halten sich Familienmitglieder auf, Gäste oder die Adjutanten mit ihren Frauen. Sie verbeugen sich, und er grüßt mit leichtem Kopfnicken. Er weiß, daß mit deutlichem Abstand hinter ihm Lebrun und Cambacérès folgen. Cambacérès gibt Joséphine die Hand. Dann kommen die Mitglieder des Hauses des Konsuls, gefolgt von Dienern in goldverzierten grünen Livreen. Es bedarf der Etikette, um die Macht und ihre Hierarchie sichtbar zu machen. Man muß wissen, daß der Erste Konsul in seinem Land der Souverän ist, wie jeder andere Souverän in dem seinen.

Im übrigen hat Napoleon gebilligt, daß Talleyrand die preußische Regierung gebeten hat, bei Ludwig XVIII. zu sondieren, ob die Bourbonen einverstanden wären, zugunsten von Napoleon Bonaparte auf ihre Rechte zu verzichten. So würde der politische Riß der Revolution wieder geschlossen und es bliebe das Wesentliche, die Eigentumsübertragungen, die neuen Institutionen, der *Code Civil*, die Handelskammern, die Gymnasien.

Es ist Sonntag. Napoleon nimmt in der Kapelle an der Stelle Platz, an der einst Ludwig XVI. gesessen hat. Neben ihm und noch vor den beiden andern Konsuln sitzt Joséphine, wie eine Königin. In dieser Kapelle wird der Sohn von Hortense getauft, Napoleon-Charles, der am 10. Oktober 1802 geboren wurde. Napoleon selbst ist der Taufpate. Wird das den Gerüchten neue Nahrung geben? Louis soll sich nichts draus machen. Er schaut das Kind an. Es könnte in der Tat der legitime Erbe sein, wenn die öffentliche Meinung einen solchen will. Haben so nicht die Könige gehandelt und muß man nicht immer königlicher werden, damit alle Welt endlich begreift, daß die Revolution beendet ist?

Er will wissen, wie das Volk diese Entwicklung wahrnimmt. Mit Schulterzucken und verächtlicher Miene weist er diejenigen ab, die ihm, wie Lebrun, von einer Reise in die Normandie abraten, eine monarchistische Region, in der er schlecht empfangen und sogar bedroht werden könnte. Genau dort muß er sich hinbegeben.

Am 29. Oktober 1802 verläßt er um sechs Uhr früh Saint-Cloud in seiner Reisekutsche in Begleitung von Joséphine. Es regnet leicht. Kaum kann er Moustache erkennen, seinen Kurier, der wie auf allen seinen Reisen dem Troß vorausreitet.

Er will sich Zeit lassen. Es herrscht ja Frieden. Wenn es wieder Krieg gibt, dann muß man wieder die Sporen geben, aber vorerst kann er haltmachen, wo es ihm beliebt. Gleich hinter Mantes springt er aus der Kutsche, geht unter einem blau gewordenen Himmel an der Eure entlang. Er will das Schlachtfeld von Ivry sehen. Er wird in der Präfektur von Evreux übernachten. Am folgenden Tag ist er in Louviers, danach kommen Rouen, Honfleur, Dieppe, Le Havre und Beauvais.

In Rouen setzt er sich spontan auf sein Pferd und reitet bis fünf Uhr nachmittags, nur von einer kleinen Eskorte begleitet. Auf dem Höhenzug oberhalb der Seine hält er an. Er atmet durch. Er fühlt sich frei und glücklich.

Als er vom Pferd steigt, umgibt ihn eine Menschenmenge. Er ist der Souverän. In dem Arbeitskabinett, das auf jeder Etappe für ihn vorbereitet ist, diktiert er einen Brief an Cambacérès, damit auch die Zeitungen in Paris informiert werden. »Meine Route führte durch eine dichte Menge, die mich ständig zum Haltmachen zwang. In allen Dörfern warteten Priester vor den Kirchentüren unter ihren Baldachinen, ließen Choräle singen und spendeten Weihrauch.« Die politischen Eunuchen, wie Fouché sie genannt hat, konnten wohl das Konkordat kritisieren!

In Le Havre ist die Stadt erleuchtet. Napoleon schreitet durch eine große Menge, begleitet von Joséphine, wie ein König und eine Königin. Am Abend eröffnet er im großen Saal der Präfektur den Ball. In Dieppe nähert sich ihm ein alter Mann, dessen Gesicht ihm bekannt vorkommt. Es ist Domairon, einer seiner Lehrer an der Militärschule in Brienne. Diese Zeiten der Kindheit und der Einsamkeit haben also existiert! Und in der Erinnerung daran fühlt er sich noch stärker, ja unverwundbar. Er bittet einen Adjutanten, sich über die Lage von Domairon zu erkundigen und ihm notfalls zu helfen. Wer die Macht hat, kann belohnen, wann und wie er will.

Er besichtigt Hospitäler und Manufakturen. Wenn sein Weg an Feldern vorbeiführt, halten die Bauern die Wagen an, um ihn zu grüßen. Er steigt aus und spricht mit ihnen. Wenn sich die Kolonne wieder in Gang setzt, laufen die Bauern nebenher und schreien: »Es lebe Napoleon Bonaparte! Es lebe der Erste Konsul!« Wer könnte ihn hier bedrohen?

Zerstreut hört er dem Präfekten Beugnot zu, der von englischen Ansprüchen und von Kriegsgefahr spricht. Im Gehen wird er ganz steif, und spricht mit Härte und Entschlossenheit. »Ich zweifle noch daran. Aber wenn England mich angreift, dann weiß es noch nicht, worauf es sich einläßt, nein, das weiß es nicht.«

Er bleibt stehen, senkt den Kopf und spricht mit halb geschlossenen Augen. »Man wird schon sehen, wie dieser Krieg sein wird. Ich werde alles tun, um ihn zu vermeiden, aber wenn man mich dazu zwingt, werde ich alles umstürzen, was sich mir in den Weg stellt. Ich werde in England landen und bis nach London marschieren, und wenn dieses Unternehmen scheitern sollte, werde ich den ganzen Kontinent umwälzen. Ich werde Holland, Spanien, Portugal, Italien unterwerfen, ich werde Österreich angreifen und bis Wien vorrücken und jede Stütze dieser verhaßten Macht zerstören. Man wird schon sehen, wozu ich fähig bin. Mich drängt es jetzt schon, man wird mich kennenlernen.« Er wird so laut, als sollten ihn alle hören und nicht nur der Präfekt. »Und dennoch werde ich weiterhin für den Wohlstand Frankreichs arbeiten, damit hier Handel, Landschaft und Industrie aufblühen. Und wir werden glücklich sein, trotz unserer Rivalen.«

Er ist glücklich. Er hat das Gefühl, daß ihm nichts widerstehen kann. Müdigkeit kennt er nicht. Es ist, als verliehen ihm der Beifall, die Hochrufe, die Zeugnisse von Bewunderung, wie sie ihm überall entgegenschlagen, immer neue Kräfte. Fast jeden Morgen ist er schon um sechs Uhr früh im Sattel. Er springt über Gräben, Bäche und Hecken. Die Eskorte kann ihm kaum folgen. Die Pferde brechen vor Erschöpfung zusammen. Er sattelt um, reitet wieder los oder empfängt die Notabeln, und das Erstaunen, das er in ihren Augen liest angesichts seiner genauen Kenntnisse und seiner Energie, stachelt ihn noch mehr an.

Manchmal bemerkt er in der Menge das Gesicht, die Brust, den Körper einer jungen Frau, die er dann lange anschaut. In ihren Augen liest er Hingabe und Unterwerfung, ja Aufforderung. Gern würde er die Menge beiseite schieben und auf sie zugehen, und er ist sicher, daß sie ihm folgen würde. Die unsichtbare Barriere, die ihm nicht erlaubt, zu tun, was er will, erträgt er kaum. Und wenn er zu Joséphine zurückkehrt, die sich lächelnd und graziös wie eine Königin benimmt, behandelt er sie rüde.

Aber sie ist die Gattin des Ersten Konsuls. Bald nach seiner Rückkehr aus der Normandie begibt er sich an einem Novemberabend mit ihr in die Comédie-Française. Sie trägt eine gerade geschnittene rosafarbene Tunika in antikem Stil, die Arme und Brust unbedeckt läßt. Schön ist sie nicht mehr, aber nicht ohne Grazie. Gespielt wird *Iphigenie in Aulis*. Er liebt diese Tragödie. Als es dunkel wird, erscheint Klytemnestra. Sie wird von Mademoiselle George gespielt, statuenhaft, mit breiten Schultern, rundlichen Armen und schwerer Brust deklamiert sie mit warmer Stimme. Sie bewegt sich mit jugendlicher Lebhaftigkeit. Ihre Haut ist weiß wie Marmor. Er kann seine Augen nicht mehr von diesem Körper abwenden, von den Bewegungen ihrer Tunika, unter der man kräftige Schenkel ahnt. Er ist wie versteinert. Er will diese Frau.

Gleich nach dem Ende der Vorstellung fährt er in die Tuilerien zurück, ohne noch im Theater zu verweilen, wie er es sonst tut. Er ruft Constant zu sich. Der Kammerdiener soll herausfinden, wer sie ist und sie für morgen abend nach Saint-Cloud bestellen. Napoleon denkt nicht einmal daran, daß sie nein sagen könnte. Schauspielerinnen sind so. Nur sie? Seit er von Ruhm und Macht umgeben ist, weiß er, daß die Frauen, alle Frauen, erobert werden können.

Als Mademoiselle George am nächsten Abend in sein Privatgemach in Saint-Cloud kommt, weiß Napoleon, daß sie die Mätresse von Lucien war und daß sie vom polnischen Prinzen Sapieha ausgehalten wird. So ist das eben. Die Vergangenheit geht ihn nichts an.

Er nähert sich ihr. Vor einer Kapitulation bedarf es immer kleiner Scharmützel. Und diese hier muß vollständig sein.

»Sie dürfen von niemandem anders ein Geschenk annehmen als von mir«, sagt er. Und er zerreißt einen Schleier, von dem er vermutet, daß er ein Geschenk von Prinz Sapieha ist. Dann zertritt er einen Ring und ein Medaillon. »Als von mir«, wiederholt er.

Er steckt ihr einen großen Packen Banknoten in den Ausschnitt. Er lacht. Sie soll wiederkommen. Bei ihr findet er Augenblicke des Friedens. Er liebt ihre Jugendlichkeit. Er singt mit ihr. Er schläft auf ihrer Brust ein. Ist es möglich, daß sie erst 16 ist? Sie wirkt zehn Jahre älter. Und er zehn Jahre jünger, flüstert sie. Er muß wieder lachen.

Er nennt sie jetzt Georgina. Er empfängt sie zwei- oder dreimal in der Woche in Saint-Cloud, wo er immer häufiger residiert als in den Tuilerien. Was zählt da die Eifersucht von Joséphine, die sich manchmal sogar bis zur Privattreppe vorwagt, aber zurückschreckt, wenn sie sieht, daß Rustan Wache hält. Er hat auch das Recht erobert, bei der Frau zu sein, die er will. Die Zeit der larmoyanten Liebesaffären ist vorbei.

Eines Abends speist er in Saint-Cloud mit Joséphine, Roederer und Cambacérès. Georgina soll in der Nacht zu ihm kommen. Er schaut Joséphine an. »Je mehr ich Voltaire lese, desto mehr liebe ich ihn«, sagt er. »Bis zu meinem sechzehnten Lebensjahr hätte ich mich für Rousseau geprügelt, gegen alle Freunde Voltaires. Heute ist das umgekehrt.«

Aber verstehen die anderen, was er denkt? Das Leben erlege das schwere Gesetz der Realität auf. Das lerne man bei Voltaire eher als bei dem Träumer Rousseau. »Als ich neun Jahre alt war, habe ich *Die Neue Heloise* gelesen. Rousseau hat mir den Kopf verdreht.«

Er steht auf. Joséphine versucht erst gar nicht, ihn zurückzuhalten. Mit ihr schläft er nur noch, wenn er es beschlossen hat. Immer seltener. Er wird in seinen Räumen auf Georgina warten und am Kamin lesen. Wenn sie dann kommt, wird er die Dossiers beiseite schieben und Frieden finden, indem er diesen milchigen Körper streichelt.

Es ist Winter. Er liebt diese Nächte, diese geheimen Augenblicke wie in einer Höhle, eine Art Kindheit. Er summt. Er rezitiert. Er spielt. Dann geht Georgina wieder. Und er zieht die Uniform des Ersten Konsuls an.

Den ganzen Monat Dezember bleibt er in Saint-Cloud. Es ist sein Schloß. Nur für wenige Audienzen begibt er sich in die Tuilerien. Am 5. Dezember empfängt er den englischen Minister Hawkesbury nebst Botschafter Withworth. Er mustert die beiden Briten. Er würde sie am liebsten durchschütteln, aber er begnügt sich mit der Versicherung, »daß die Beziehungen zwischen Frankreich und England aus dem Vertrag von Amiens bestehen und aus nichts anderem«. Trotzdem kann er nicht anders, als mit zorniger Stimme zu fragen, warum England noch immer nicht Malta geräumt hat, wie im Vertrag vereinbart.

Hawkesbury bleibt ganz ruhig und sagt schließlich, daß London die Annexion von Piemont und der Insel Elba durch Frankreich zur Kenntnis genommen hat, sowie die Tatsache, daß Holland immer noch nicht geräumt wurde.

»Das sind Fragen, die der Vertrag von Amiens nicht behandelt hat«, brüllt Napoleon. Dann beruhigt er sich und geleitet den Minister und den Botschafter zur Tür. »Frieden«, sagt er, »den vollständigen Frieden, um Europa zu konsolidieren?«

Aber als er in diesem Dezembergrau des Jahres 1802 nach Saint-Cloud zurückkehrt, befallen Napoleon Zweifel. Vielleicht steht wieder Krieg bevor. London freut sich über den Tod von General Leclerc in Santo Domingo und über den Fehlschlag des Planes zur Wiedererrichtung der Französischen Antillen, die Unmöglichkeit, ein Kolonialreich in Amerika zu schaffen. Bald wird man auf Louisiana verzichten müssen, weil man es im Kriegsfall nicht verteidigen könnte.

Napoleon geht langsam durch die Galerien des Schlosses von Saint-Cloud. Zu Ehren des getöteten Leclerc hat er zehntägige Hoftrauer angeordnet. Seine Adjutanten tragen Trauerflore an Armen und Schwertern. Er schließt sich in sein Arbeitszimmer ein und schreibt an Pauline, die mit den sterblichen Überresten ihres Mannes zurückkehren soll. »Alles vergeht sehr schnell auf Erden, außer dem Eindruck, den wir in der Geschichte hinterlassen.«

Er bestellt Méneval zu sich und diktiert ihm den Befehl, die Bewachung von Toussaint-Louverture im Fort Joux zu verschärfen. Außerdem soll man dem Schwarzen alle Ehrenzeichen eines Generals abnehmen, die er sich selbst angelegt hat. Dieser Mann wird fern seiner Heimat in der feuchten Kälte einer Festung sterben. Das Leben ist unerbittlich, seinem Gang muß man sich beugen. Er empfindet keinen Haß gegen Toussaint-Louverture, und er verachtet ihn auch nicht, weil er schwarz ist. Er ist einfach ein Feind. Und vielleicht haben Napoleon oder auch schon Leclerc einen

Fehler gemacht, wenn sie nicht mit ihm verhandelt haben. Toussaint-Louverture hätte der schwarze Verbündete Frankreichs gegen England sein können, aber dafür ist es zu spät.

Napoleon verläßt sein Kabinett und begibt sich in sein Privatgemach. Georgina erwartet ihn. Er fragt sie, ob sie wisse, welchen Spitznamen ihm die Engländer gegeben haben? »Der mediterrane Mulatte.« Er lacht und streichelt die weiße Haut von Mademoiselle George.

19

Joséphine weint. Das erträgt er nicht. Aber sie hat sich wieder einmal in sein Kabinett eingeschlichen. Sie jammert. Sie beklagt sich. Sie würde betrogen und verraten. Und dann läßt sie ihrem Zorn und ihrer Eifersucht freien Lauf.

Er hält sie nicht für aufrichtig und verabscheut diese Szenen, die sie ihm glaubt machen zu müssen. Kühl sagt er: »Seien Sie wie Livia, und ich werde wie Augustus zu Ihnen sein.« Aber sie weiß nichts von römischer Geschichte.

Er schaut sie an. »Was für eine furchtbare Frisur!« sagt er. Er könnte sie an ihre Treulosigkeiten erinnern, als er noch ein abwesender Ehemann war, den man lächerlich machen konnte. Aber das liegt lange zurück, auch wenn er sich an jene Demütigungen und seine damalige Abhängigkeit noch gut erinnert. Die Vorwürfe und das Unverständnis nehmen zu, und jeder wägt ab, was er zu gewinnen und zu verlieren hat, wenn sie weiterhin beisammenbleiben.

Joséphine fürchtet eine Scheidung über alles. Sie hat sich zur Kur nach Plombières begeben, um ihre Fruchtbarkeit wiederzuerlangen. Ist ein Kind nicht das einzige Mittel, um Napoleon zu halten?

»Wer hat Ihnen nur die Haare dermaßen aufgebunden?« fragt er, da sie ihm immer noch zusetzt. Sie verläßt das Kabinett. Zwischen einzelnen Menschen geht es zu wie zwischen Nationen, alles ist eine Sache von Macht und Interesse, Ehre und Selbstachtung, Beharrlichkeit und Einbildung.

Er sitzt an seinem Tisch. Vor ihm liegt ein Exemplar der Zeitung *Le Moniteur*. Er hat die Veröffentlichung eines langen Berichts angeordnet, den Hauptmann Sébastiani nach einer längeren Reise in den Orient verfaßt hat. Darin behauptet Sébastiani, daß es einfach wäre, mit 6000 Mann Ägypten zurückzuerobern. Als die Engländer diesen Bericht lasen, waren sie empört.

Napoleon stößt den Tisch brüsk von sich. Diese englische Nation hat wirklich kein Gedächtnis! Sie ist wie Joséphine. Warum räumen sie nicht Malta, warum respektieren sie nicht den Vertrag von Amiens, warum regen sie sich auf, wo sie doch als erste einen Verstoß begangen haben? Heuchelei! Er will wissen, was die Engländer wirklich wollen. Die Vorsicht von Talleyrand schiebt er beiseite. Genug Diplomatie. Er will offen und ungeschminkt mit dem englischen Botschafter Lord Withworth reden. Er soll am 18. Februar 1803 abends in die Tuilerien kommen.

Als er Lord Withword näher treten sieht, bittet er ihn mit einer Geste, am äußeren Ende des großen Tisches in der Mitte seines Arbeitszimmers Platz zu nehmen. Der Botschafter hält seinen Rücken steif und macht ein ausdrucksloses Gesicht. Während er seine Beschwerden vorträgt, packt Napoleon die Wut.

»Jeder Windhauch, der von England herüberweht, bringt nur Haß und Kränkung«, ruft er aus. »Jetzt sind wir wieder in einer Lage, aus der wir unbedingt herausfinden müssen. Wollen Sie den Vertrag von Amiens erfüllen oder nicht?« Er steht auf. »Wenn Sie Krieg wollen, müssen Sie es nur sagen, wir werden ihn mit Leidenschaft führen. Wollen Sie Frieden? Dann müssen Sie Alexandria und Malta räumen!«

Nun geht er um den Tisch herum. »Was würde die Welt sagen, wenn wir die Verletzung eines feierlich mit uns eingegangenen Vertrages hinnähmen? Sie würde an unserer Tatkraft zweifeln.« Er bleibt stehen und stützt sich mit beiden Händen auf den Tisch. »Ich habe mich schon entschieden. Mir ist es lieber, daß sie den Hügel Montmartre besitzen als Malta!«

Lord Withworth bleibt lange Zeit still, dann führt er seine Argumente an. Napoleon unterbricht ihn. Er hat den Vertrag Punkt für Punkt erfüllt. Piemont, Holland, die Schweiz, alles, was der

Lord vorbringt, findet sich nicht im Vertrag. Napoleon ist dabei, eine Umorganisation von Deutschland herbeizuführen. Aber dazu hat er das Recht.

»Und der Bericht von Hauptmann Sébastiani«, sagt Withworth leise. Napoleon weist die Bemerkung zurück. Das sei zwei großer Nationen nicht würdig. Im übrigen könne er Withworth beruhigen. Er müsse ihm nur genau zuhören. Er beugt sich zum Botschafter herunter. »Ich plane keinen Angriff«, sagt er. »Meine Macht reicht nicht aus, um einen unmotivierten Angriff durchzuhalten. Dazu müßten Sie schon die Anlässe liefern.«

Er richtet sich wieder auf. »In sehr jungen Jahren bin ich zu Macht und Ansehen gekommen, die kaum noch zu steigern wären. Glauben Sie, daß ich diese Macht und dieses Ansehen in einem sinnlosen Kampf aufs Spiel setzen will?«

Er setzt sich wieder. Hat er Withworth überzeugt? »Handeln Sie freundlich mir gegenüber«, sagt er noch, »und ich verspreche Ihnen uneingeschränkte Freundlichkeit. Überlegen Sie doch, welchen Einfluß wir in der Welt ausüben könnten, wenn es gelänge, unsere beiden Nationen einander anzunähern. Sie haben Ihre Marine und ich ein Heer von 500000 Mann. Im Interesse der Menschheit wäre alles möglich, wenn sich die Mächte England und Frankreich vereinten ...«

Was nützt schon Offenheit? Die Engländer werden niemals ein starkes Frankreich akzeptieren. Und der Bourbone lauert schon, denn natürlich hat er den Vorschlag abgelehnt, zugunsten von Napoleon zu verzichten.

Am 11. März bittet Talleyrand um eine Audienz. Er reicht Napoleon eine Depesche und sagt, daß die darin gemeldete Rede keine große Bedeutung habe, denn gewiß habe ihn Lord Withworth schon unterrichtet. Napoleon überfliegt kurz den Text der Botschaft des englischen Königs George III. an das Parlament. George III. verlangt darin Kredite für neue Rüstungsausgaben.

»Also Krieg!« ruft Napoleon aus. Talleyrand weist diese Deutung zurück. Lord Withworth habe mit Nachdruck gesagt, daß es sich keinesfalls um die Vorbereitung von Feindseligkeiten handele.

Napoleon will ruhig bleiben, aber sein Zorn nimmt zu. Soll man etwa auf eine Ohrfeige warten? Zwei Nächte lang kann er den Gedanken nicht loswerden, daß ihn London an der Nase herumführt, daß es doch zum Krieg kommt, weil England ihn nach einem Jahr Frieden will. Beinahe brüsk schickt er Mademoiselle George fort, um sie durch Constant gleich zurückholen zu lassen. Aber ihm ist nicht nach Singen, Lachen, Lieben.

Zwei Tage später, am Sonntag, dem 13. März, findet ein diplomatischer Empfang statt. Um sich die Zeit bis zum Beginn der Audienz zu vertreiben, spielt er mit Napoleon-Charles, dem Sohn von Hortense. Rémusat, einer der Palastpräfekten, kommt und sagt, daß die Botschafter im Kreis Aufstellung genommen haben und den Ersten Konsul erwarten. Alle seien anwesend, sagt er noch, auch Lord Withworth. Dieser Name wirkt wie ein Peitschenhieb. Napoleon läßt das Kind los, geht in den Empfangssaal, geradewegs auf Lord Withworth zu, ohne sich um die anderen Botschafter zu kümmern.

»Sie wollen also Krieg!« ruft ihm Napoleon zu. »Wir haben zehn Jahre lang gegeneinander gekämpft, und Sie wollen also, daß wir es weitere zehn Jahre tun? Wer wagt zu behaupten, daß Frankreich aufrüstet?« Er redet sich in Rage und erinnert an die Vertragsklauseln. »Ich nehme auch nicht an, daß Sie mit Ihren Maßnahmen das französische Volk einschüchtern wollen. Man kann es töten, Mylord, aber niemals einschüchtern!«

Kaum hört er, was der Botschafter sagt, der Englands Wunsch nach Frieden bekräftigt. »Dann muß man auch die Verträge einhalten!« schreit Napoleon. »Weh dem, der die Verträge nicht einhält!«

Napoleon entfernt sich. Er bleibt vor den Botschaftern von Spanien und von Rußland stehen. Laut sagt er, daß die Engländer nicht ihre Verpflichtungen einhalten und daß man nun die Verträge mit einem Trauerflor versehen kann. Er weiß sehr wohl, daß er nicht die Gepflogenheiten respektiert hat und sich von seinem Zorn mitreißen ließ, daß sein Körper vor Wut gebebt und er schroffe Gesten gemacht hat. Er dreht sich um und sagt Lord Withworth noch einige liebenswürdige Worte, dann verläßt er den Empfangssaal.

Er bedauert den Eklat keineswegs. Er fühlt sich entschlossener als je. Er ist besessen von dem Wunsch zu handeln, vorwärts zu gehen, mit der Ungewißheit eines Friedens, den niemand will, Schluß zu machen. Jeden Tag diktiert er Befehle für die Generäle. Alle europäischen Küsten sollen für englische Waren dichtgemacht werden. Er braucht auch Soldaten. Ein Gesetz sieht die Aushebung von 60000 Rekruten im Alter von 20 Jahren vor. Überall läßt er Holz für den Bau einer Flotte aufkaufen.

Er trifft Fouché, der besorgt ist. »Wie wir alle sind Sie ein Produkt der Revolution«, sagt Fouché. »Der Krieg stellt alles wieder in Frage.«

Napoleon erregt sich. Warum begreift Fouché nicht, daß man auf der ganzen Linie nachgibt, wenn man in diesem einen Punkt nachgibt? »Das wäre gegen die Ehre. Wenn wir Malta aufgeben, fordern die Engländer Calais. Wir werden nicht die Vasallen der Engländer sein, tut mir leid für sie.«

Die Würfel sind gefallen.

Napoleon verbringt wieder friedliche Nächte mit Mademoiselle George. Eines Morgens bringt man ihm das erste Ein-Franc-Stück einer neuen Serie. Er wiegt es in der Hand. Die fünf Gramm enthalten zu neun Zehntel feines Silber. Das ist eine Waffe und ein Kriegsgrund. England will nicht, daß Frankreich durch Handel reich wird und eine stabile Währung hat. Sie brechen den Frieden, um einen Wirtschaftskonkurrenten auszuschalten.

Er dreht die Münze um. Auf der Rückseite sieht er unter den Wörtern *République Française* sein Abbild. Lange betrachtet er das Geldstück in seiner Hand, eine weitere Spur, die er in der Geschichte hinterlassen wird. Er beschließt, zur Jagd in die Wälder um das Schloß von Saint-Cloud zu reiten. Er fühlt sich wohl in seiner Haut. Der Krieg kann kommen.

Am 1. Mai empfängt er Talleyrand, der einen Brief von Lord Withworth überbringt. Er schaut ihn kaum an. Die Sache ist schon entschieden. Man kann nicht mehr zögern. Talleyrand bringt Argumente vor, die für weitere Verhandlungen sprechen. Er zuckt mit den Schultern, nimmt ganz ruhig mehrere Prisen Schnupftabak. Er stimmt Talleyrand zu, den Engländern vorzuschlagen, daß sich die Franzosen als Kompensation für Malta im Golf von

Tarent festsetzen. Er ist aber sicher, daß sie es ablehnen werden. »Da man früher oder später doch gegen ein Volk Krieg führen muß, dem Frankreichs Größe unerträglich ist, so tut man es lieber jetzt als später«, sagt er.

Er öffnet das Fenster. Dieser Maitag ist äußerst klar. In den Alleen des Parks patrouillieren Soldaten rings um das Schloß. »Die Energie unserer Nation ist noch nicht durch einen langen Frieden geschwächt. Ich bin jung, die Engländer haben unrecht, mehr unrecht als je; mir ist es lieber, damit Schluß zu machen.«

Es gilt nur noch, einige Tage zu warten und letzte Maßnahmen zu treffen. Er liebt diese Augenblicke, in denen sich der Horizont erhellt und die Konturen schärfer werden. Er bestellt Schatzminister Barbé-Marbois zu sich.

»Ich habe beschlossen, den Vereinigten Staaten Louisiana abzutreten«, sagt er. »Man kann es gegen die Engländer nicht verteidigen. Ich werde eine Geldsumme von ihnen verlangen, um damit die riesigen Kosten für das Unternehmen gegen England zu decken.« Aber noch muß er Londons Antwort auf seine letzten Vorschläge abwarten.

Er sucht Zerstreuung. Er lädt Joséphine, Hortense, Caroline und Cambacérès ein, in eine Karosse zu steigen, die er selbst durch den Park von Saint-Cloud kutschiert. Er peitscht die sechs Pferde, die ganz wild werden, der Wagen bleibt hängen und fällt schließlich um. Er wird zu Boden geschleudert und verletzt sich dabei. Man stürzt herbei. Einen Augenblick bleibt er liegen. Er denkt an den Krieg. An die Abfolge unvorhersehbarer Ereignisse, die den Gang der Dinge verändern können. Er steht auf und läßt sich dabei nicht helfen. Die Passagiere steigen unverletzt aus der Karosse.

Es wird Nacht. Er hört, wie Joséphine Hortense vorschlägt, die Nacht in Saint-Cloud zu verbringen, aber ihre Tochter antwortet, daß ihr Mann Louis es verboten habe. Napoleon wird wütend und schreit seinen Ärger über seinen Bruder heraus und vielleicht auch über alles, was nicht seinem Willen unterliegt, über die Zukunft, die in jedem Augenblick voller Ungewißheiten ist.

Am 12. Mai ist Napoleon in Malmaison. Er ist früher als sonst aufgestanden. Er geht durch den Park. Er hört den Galopp eines

Kuriers. Ein Adjutant bringt ihm einen Umschlag. Es ist eine Depesche von Talleyrand: Lord Withworth hat um einen Paß gebeten und Paris verlassen. Er wird in Chantilly Station machen und sich von dort ganz langsam mit der Postkutsche nach Calais begeben. General Andréossy, der französische Botschafter in London, ist schon auf dem Weg nach Dover. Paris ist ruhig, aber viele Schaulustige haben stumm die Abfahrt von Lord Withworth beobachtet.

Das bedeutet Krieg. Napoleon gibt einen Befehl. Er will sofort nach Paris aufbrechen. In den Tuilerien berät er sich mit Talleyrand, diktiert einen letzten Vorschlag für Lord Withworth, der dem Botschafter in Chantilly übergeben werden soll. Es soll nicht vor der Geschichte behauptet werden, er habe nicht bis zum letzten Augenblick diesen Krieg zu vermeiden gesucht, von dem er sehr wohl weiß, daß er unvermeidlich ist.

Lord Withworth hat keine Antwort gegeben. Napoleon erteilt Befehle. General Mortier soll nach Le Havre marschieren und die Küste kontrollieren. Er selbst nimmt die Parade der 600 Offizierschüler vom Champ de Mars ab. Am Abend wohnt er im Theater der Republik einer Aufführung von *Polyeucte* bei. In ernster Atmosphäre, ja mit Ergriffenheit lauscht man den Versen von Corneille.

Er ist in seinem Arbeitskabinett in den Tuilerien, als am 20. Mai die ersten Briefe und Meldungen per Telegraph eintreffen. Darin wird mitgeteilt, daß England beschlossen hat, vom 16. Mai an französische und holländische Schiffe und ihre Waren zu beschlagnahmen, und das ohne Kriegserklärung. Schon seien erste Schiffe aufgebracht worden, heißt es, möglicherweise mehrere hundert.

Napoleon befiehlt, daß Sprecher der Regierung vor den drei Versammlungen um 15 Uhr den Bruch des Friedens von Amiens bekanntgeben sollen. Als Antwort auf den englischen Piratenakt ordnet er außerdem die Verhaftung sämtlicher britischer Staatsbürger an.

Er geht in seinem Kabinett langsam hin und her, geht dann ins Nebenzimmer, wo die Karten ausgerollt liegen. Nach zehn Jahren

Krieg hat der Frieden von Amiens nur ein Jahr gehalten! Und wie lange wird der Krieg dauern, der nun beginnt? Er beugt sich über die Karte der Gegend bei Boulogne. Mit dem Finger folgt er der französischen und dann der englischen Küste. »Da die Engländer wollen, daß wir über den Graben springen, werden wir auch springen«, sagt er.

Er geht zurück ins Arbeitszimmer. »Nebliges Wetter und günstige Umstände können mich binnen drei Tagen zum Herrn von London sowie von Parlament und Bank machen. Das Ende dieses Krieges werden die Engländer mit blutigen Tränen beweinen.«

Am Abend des 25. Mai geht er in die Comédie-Française, wo Molières *Tartuffe* gespielt wird. Danach empfängt er Mademoiselle George. Allen demobilisierten Soldaten ist befohlen worden, sich »zu den Fahnen« zu begeben.

20

Napoleon nimmt in der Kutsche Platz, die sich rumpelnd auf dem Pflaster des Hofes von Saint-Cloud in Bewegung setzt. Er läßt Méneval kaum Zeit, Feder, Tintenfaß und Papier zurechtzulegen, schon beginnt er mit dem Diktieren. Er schaut seinen Sekretär nicht an. Er bleibt reglos, die Augen weit geöffnet, als sähe er die Briefe, auf die er antworten, die Proklamationen, die er erlassen, die Befehle, die er erteilen muß, vor sich abrollen. Er mag es, seinen vollen Kopf so auszuleeren. Diktieren bereitet ihm körperliches Vergnügen. Sein Gedächtnis wird entlastet. Er spricht mit angespannter Stimme, als ob er abläse, was er von sich gibt. Kaum wechselt er die Tonlage für einen Brief an Joséphine.

Er schweigt einige Minuten. Ménevals Feder kratzt auf dem Papier. Joséphine wird ihre Fruchtbarkeit wiedererlangen. Corvisart behauptet, er könne ihre Regeln wiederherstellen. Ist es ihm gelungen? Und selbst wenn, würde es bedeuten, daß sie ein Kind bekommen kann? Einen Sohn, der ihn beerben könnte?

Bald diktiert er weiter und denkt an den Krieg. Um England

niederzuringen, gibt es nur zwei Wege. Man muß das Meer überqueren und auf London marschieren oder ganz Europa beherrschen und es für englische Waren durch eine Kontinentalsperre dichtmachen. Er hat sich schon für den ersten Weg entschieden. Alles ist nur noch eine Frage der Organisation, des Willens und der Beharrlichkeit. Er muß genügend Energien wecken und wirksam bündeln.

Er schreibt an jeden einzelnen Admiral: Bruix, Ganteaume, Latouche-Tréville, sowie an den Marineminister Decrès. Man muß sie überzeugen, daß es möglich ist, trotz der numerischen Überlegenheit der Engländer im Verhältnis von drei zu eins, die 120000 Matrosen und mehr als 120 Schiffe aufbieten können, das Meer mit 10000 Mann zu überqueren, mit eben jenen, die bereits nach Boulogne marschieren, wo man Lager für sie einrichtet.

In weiteren Briefen befiehlt er, daß man überall Schiffe in Bau gibt, in Le Havre, in Cherbourg, in Toulon, in Brest, in Genua und selbst in Paris am Seineufer, wo man Kähne und Boote mit flachem Kiel bauen soll. Im Gespräch mit dem Marineingenieur Sgazin und dem Schiffbauexperten Forfait hat er erwogen, eine Flotte von kleinen Schiffen zu planen. Diese mit Kanonen bestückten Schaluppen und Kähne sollen jeder etwa 100 Mann und Kanonen transportieren. Navigieren könnten sie mit Segeln und mit Rudern, während größere Schiffe auch bei schönem Wetter festliegen können. Er hört auf zu diktieren. Vor seinen Augen sieht er schon, wie Hunderte dieser Boote die Schiffe der englischen Küstenwache angreifen.

Mehr als 2000 Schiffe wären nötig. Für die Überquerung müßte man die zwei oder drei Tage einer Jahreszeit ausnutzen, in denen das Meer ruhig ist. Auch wenn man 100 Landungsschiffe opfern müßte, wäre die Operation noch möglich. Man könnte 160000 Mann zusammenziehen, davon allein in Boulogne 120000. Und wenn man die Hochseeflotten von Toulon, Brest, Ferrol und Texel hinzurechnet, die in der Lage sind, die englische Flotte wenigstens drei Tage lang zu binden, dann ist der Erfolg gewiß.

Erst wenn er alle Trümpfe beisammen hat, wird er diese Karte ausspielen. »Im Krieg erreicht man alles nur durch Kalkül«, sagt er zu Méneval. »Alles, was nicht bis ins kleinste Detail durchdacht ist, erbringt kein Resultat.« Er drückt sich gegen die Lehne des Rücksitzes. »Und außerdem gibt es unvorhersehbare Umstände, die gute Schlachtpläne scheitern und schlechte erfolgreich sein lassen.«

Als die Kutsche den Vendôme-Platz überquert, läßt er sie langsam fahren, dann um den Platz kreisen und schließlich für einen Augenblick anhalten. In Gedanken sieht er das Monument, das ihm schon lange vorschwebt, vielleicht seitdem Fontanes, der Geliebte seiner Schwester Élisa, ihn immer wieder mit Karl dem Großen vergleicht. Er steigt aus der Kutsche und geht bis zur Mitte des Platzes. Vielleicht gehört er ja wirklich zu den Gründern von Kaiserreichen. Passanten bleiben stehen und jubeln ihm zu. Er steigt wieder in den Wagen und beginnt zu diktieren.

»In Paris soll mitten auf dem Vendôme-Platz eine Säule errichtet werden, wie jene in Rom zu Ehren von Trajan. Die Säule soll auf einem halbrunden Sockel stehen, von Olivenblättern geschmückt sein und eine Statue von Karl dem Großen tragen.«

Er kehrt in sein Kabinett zurück. Er fährt fort mit dem Diktieren. Alle Gießereien der Republik müssen Tag und Nacht arbeiten. Er geht auf und ab, die Hände auf dem Rücken. Er nimmt eine Prise. Man muß Dispositionen treffen, um Munition und Pferde für 400 Kanonen zu haben, dazu noch für die Belagerungs-Artillerie. Wie weit ist der Bau der Schaluppen? Er bedrängt die Aufseher der Werften mit kurzen Depeschen, die von Kurieren an das Ufer der Seine am Quai de la Rapée und am Quai de Bercy gebracht werden. Bei jedem Wetter müssen die Truppen manövrieren, die Schiffe aufs Meer fahren und die englischen Fregatten angreifen können. Müssen, müssen, müssen ... Und er muß überall selbst nachschauen.

Am Quai des Invalides steigt er in einen Kahn und befiehlt zu manövrieren, während sich am Ufer eine Menschenmenge drängt, ihn erkennt und ihm applaudiert. Unterhalb der Concorde-Brücke rudert er selbst. Am liebsten würde er so bis London rudern. Bald wird er an der Spitze der großen England-Armee stehen und der Augenblick der Invasion gekommen sein.

Er empfängt Philipp von Cobenzl, den Cousin des österreichischen Kanzlers. Er spürt, daß Cobenzl auf Informationen aus ist. Wien und Berlin wissen nicht, was sie vom kommenden Krieg halten sollen. Der österreichische Einfluß in Deutschland ist schwächer geworden, seit unter französischer Anleitung die Grenzen der deutschen Fürstentümer neu gezogen wurden. Der Kaiser von Österreich wird nie wieder Kaiser von Deutschland sein.

»Unvermeidliche Kriege sind immer gerecht«, beginnt Napoleon. Und dann fügt er mit gleichgültiger Stimme hinzu, als habe das keinerlei Bedeutung: »Dieser Krieg wird notwendig einen Krieg auf dem Kontinent nach sich ziehen. In diesem Fall …«

Er mustert Cobenzl. Der Mann wird in Wien Bericht erstatten. So werden die Dinge klar sein.

»In diesem Fall«, fährt Napoleon fort, »muß ich Österreich und Preußen auf meiner Seite haben. Preußen zu gewinnen wird mir sehr leicht fallen, indem ich ihm einen Knochen hinhalte. In Europa habe ich nur Österreich zu fürchten. Wien muß nun sein Lager wählen.«

Er schaut Cobenzl ins Gesicht. Österreich wird sich nach meiner Stärke oder Schwäche entscheiden, denkt er. Gibt es denn ein anderes Gesetz? Also muß ich stark sein, unbesiegbar. Und deshalb muß ich persönlich jedes Detail überwachen.

Er wird also selbst das Lager in Boulogne inspizieren und die festen Residenzen wählen, die er bei jedem Aufenthalt vorfinden will. An den Manövern der Truppen will er teilnehmen. Er will sehen, wie sie sich einschiffen und wie sie anlanden. Er wird am 24. Juni 1803 nach Boulogne aufbrechen.

Er hat über die Zusammensetzung des Gefolges bei seinem Besuch im Norden entschieden. Er will eine Abteilung der Konsulargarde, Adjutanten, den Marineminister Decrès und den Innenminister Chaptal, Admiral Bruix sowie die Generäle Soult, Marmont, Duroc, Moncey und Lauriston bei sich haben. Mit viel Sorgfalt wählt er am Morgen seine Uniform aus. Befehlen heißt gesehen werden. Er wählt eine Uniform der Jagdkavallerie in Grün mit Besatz in Orange und kleinem Filzhut ohne Galonen, aber mit einer dreifarbigen Kokarde.

Er betritt die Gemächer von Joséphine. Er will, daß sie ihn auf der Reise begleitet wie eine Königin den Monarchen. Er tritt dicht an sie heran, befühlt die Tunika aus indischer Baumwolle und schüttelt den Kopf. Ihm ist es lieber, sagt er, daß sie farbige Kleider aus Taft oder aus Seide trägt, wie man sie in Lyon herstellt, und nicht diese Tuniken aus englischen Stoffen. Er hört sie gar nicht erst an, als sie sich auf ein Sofa fallen läßt und weint, wobei sie ihr Gesicht hinter einem Tuch verbirgt. Sie will nicht auf ihre Baumwollkleider verzichten, auf diese Chemisenkleider, wie sie jetzt alle Frauen in Paris tragen. Sie werde darauf verzichten müssen, sagt er brüsk. Sie solle aufhören zu weinen.

»Du bist doch keine 15 mehr, und auch keine 30, sei nicht so kindisch!«

Er läßt ihr einige Augenblicke Zeit zum Umziehen. Hat sie nicht verstanden, daß wir Krieg führen mit England und daß er die Einfuhr englischer Produkte verboten hat? Als Gattin des Ersten Konsuls muß sie ein Beispiel geben.

Sie hat gehorcht und trägt nun ein weites, blaues Kleid aus Taft. Er lächelt ihr zu, geht dann auf seine Reisekarosse zu, deren Pferde schon mit den Hufen scharren. Dort wird er weiter arbeiten können. Méneval hat in den dafür vorgesehenen Schubladen im Innern alle Dossiers vorbereitet. Napoleon gibt das Zeichen zur Abfahrt. Vorne fährt der Dienstwagen, in dem die Quartiermeister Platz genommen haben, die für die Vorbereitung der Zwischenstopps zuständig sind. Hinter seiner Karosse folgt ein dritter Wagen mit dem Gefolge des Ersten Konsuls. Mit einer Geste hat er Joséphine aufgefordert, neben ihm Platz zu nehmen. Sie wird ihn aber nicht nach Boulogne begleiten, sondern nur bis Amiens.

Er will wissen, ob das Ende des Friedens in den Städten des Nordens, Compiègne, Montdidier, Amiens, Abbeville, einen Umschwung der öffentlichen Meinung bewirkt hat. Er ist aber schnell beruhigt. Überall wird er enthusiastisch empfangen.

Er ist glücklich, daß er von Amiens ab alleine ist. In Abbeville reitet er sechs Stunden lang die Küste ab. An diesem schönen Tag ist der Wind frisch und das Meer ruhig. Weit draußen sieht er die

Segel eines englischen Kreuzers. Er hält an. Es scheint ihm, als könne er ganz weit hinten die Kreidefelsen der englischen Küste im Dunst erkennen.

In Boulogne strömt die Bevölkerung auf die Straßen, um ihn zu empfangen, obwohl er am 29. Juni um 22 Uhr dort eintrifft. Rasch durchmißt er die Räume des Hauses am Marktplatz, das man für ihn vorgesehen hat. Aber er ist ungeduldig. Er steigt auf die Terrasse hinauf, von der aus er den Hafen und die vom Mond beleuchtete Reede überblicken kann.

Lange bleibt er dort oben. Es ist, als könne er am Horizont hinter der Mole die Sperrlinie erkennen, die von aneinander vertäuten Schiffen gebildet wird. Am liebsten würde er gleich losstürmen und die Schlacht eröffnen. Er steigt wieder herab und läßt den Marineminister Decrès zu sich kommen, diktiert, erteilt Befehle, stellt Pläne für die Lager auf, aber auch für Häfen, die er bauen oder vergrößern lassen will. Er schläft kaum zwei Stunden, und kurz nach drei Uhr ist er schon wieder auf den Dämmen. Die Arbeiter sind schon am Werk. Er will alles sehen. Die Küste, die Hafenbecken, die ersten Teile der drei Befestigungen, die er anzulegen befohlen hat.

Er reist von einer Stadt zur andern: Dünkirchen, Lille, Nieupoort, Ostende, Brügge, Gent, Antwerpen, Brüssel, Maastricht, Lüttich, Namur, Mézières, Sedan, Reims. Die Empfänge und die langen Ritte werden ihm nie zuviel. Stets galoppiert er vor seiner kleinen Eskorte einher. Er besichtigt Häfen, Festungsanlagen, Kirchen und Manufakturen. Er fühlt sich wie zu Hause in jenen Gegenden, die nun zu Frankreich gehören. Zu Frankreich oder zu seinem Kaiserreich? Dieses kommt ihm öfter in den Sinn nun, etwa wenn er Abordnungen aus Brüssel empfängt oder wenn er mit Kardinal Caprara, der ihn begleitet, als wäre er ein Monarch (und ist er es nicht eigentlich schon?), über die Lage der Kirche in Belgien spricht.

Er liebt dieses Leben im Sauseschritt, bei dem er das körperliche Empfinden hat, schneller als die Zeit zu sein und sich seiner Zukunft entgegenzustürzen. Auf jeder Etappe arbeitet, schreibt oder diktiert er. Am 12. Juli legt er den Gesamtplan für eine Landung in England fest. Er beugt sich über die Karten. Er überprüft die

Anzahl der flachen Kähne, die er in Auftrag gegeben hat. Er bestellt Admiräle, Minister und Generäle zu sich. Wenn er einen Beweis dafür suchte, daß er ihr Befehlshaber ist, er fände ihn in ihrer Erschöpfung. Er muß ihnen seine Energie einhauchen, sie wieder wachrütteln, genau wie die Staatsräte, die während der Arbeitssitzungen für die Redaktion des *Code Civil* einschliefen. Woher kommt seine Kraft? Aus der Unfähigkeit, ruhig zu bleiben? Aus dem Zwang, stets schnell vorwärts zu gehen und rasch ans Ziel zu kommen? Welches Ziel?

In wenigen Tagen wird er 34 Jahre alt. Fast einen Monat war er fort von Paris, und als am Abend dieses 11. August 1803 seine Kutsche endlich auf die Straße zum Schloß von Saint-Cloud einbiegt, denkt er noch einmal an all die Landschaften, die er in den Tagen zuvor durchquert, ja verschlungen hat, und an den Begeisterungstaumel, der ihn auf der gesamten Reise begleitet hat. Er geht durch die Gänge und Salons des Schlosses und betritt wieder sein Arbeitskabinett, wo er sofort die letzten Depeschen liest.

Er schiebt die Papiere gleich wieder von sich, knurrt etwas unzufrieden und nimmt eine Prise. Die Energie, die in ihm kocht, findet keinen Weg mehr, sich auszutoben. Er ist ungehalten. Admiral Truguet schreibt ihm, daß man jeden Gedanken an eine Landung in England aufgeben muß, da die Marine nicht bereit sei. Was sind das nur für Menschen? England hat soeben die Mobilisierung für alle Männer zwischen 17 und 55 Jahren beschlossen! Die Engländer wissen, daß eine Landung möglich ist. Für ihre Verteidigung sind sie zu allem bereit. Welche Mörder haben sie bezahlt? Wieder einmal Georges Cadoudal?

Mit wutverzerrtem Gesicht liest er einen Brief, in dem ein Kundschafter mitteilt, daß der Graf von Artois in Begleitung der Generäle Pichegru und Dumouriez in England eine Truppenparade abgenommen hat. Und daß Georges Cadoudal nach Frankreich zurückgekehrt ist. Banditen! Sie wollen nicht nur den Ersten Konsul töten, sondern auch den Sohn der Revolution.

Er hat nichts vergessen. Er wird das Fest der Revolution begehen und obendrein Charlotte Robespierre, der Schwester von Maximilien, eine Pension gewähren, in Erinnerung an die Zeit in

Nizza und weil Robespierre schließlich auf seine Weise versucht hat, den Gang der Revolution zu befestigen und nun einen bequemen Sündenbock abgibt.

Banditen! Vielleicht hat Fouché ja recht, und die Gefahr geht nicht von den alten Jakobinern aus, sondern von jenen Räubern im Dienste Englands und der Bourbonen. Hat nicht Desmarets, der die Geheimpolizei leitet, ihm gerade mitgeteilt, daß er zwei Handlanger von Cadoudal verhaftet hat, deren Auftrag war, ihn zu ermorden? Aber soll er sich überhaupt mit diesen Banditen befassen, wo er sich gerade auf den größten aller Kriege vorbereitet?

Er beschließt, am Abend allein ins Theater zu gehen, wo Talma die Hauptrolle in Corneilles Stück *Cinna* spielt. Neben ihm steht Mademoiselle George auf der Bühne.

21

Napoleon sitzt auf dem Teppich vor dem Kamin. Verträumt schaut er in das knisternde Feuer. Er schaut Mademoiselle George nicht an, die neben ihm sitzt, mit dem Rücken zur Feuerstelle. Ihren unbekleideten Körper hat sie in einen großen Schal aus gelber Seide gehüllt. Es ist nach Mitternacht.

Er schwankt zwischen Groll und Wut. Er wiederholt in Gedanken, was er zu Joséphine gesagt hat, bevor er in seine Privaträume ging, wo Georgina auf ihn wartete, wie er wußte: »Ich muß mich von allen isolieren, ich darf nur auf mich allein zählen.«

Im Grunde hat er das immer schon gedacht, schon seit der Schule in Autun, als sein Vater ihn dort allein ließ, schon seit der Militärschule in Brienne, wo er dem Spott der Kameraden ausgesetzt war. Schon seit je also. Es dürfte ihn nicht überraschen. Und doch wünscht er sich etwas anderes. Denn noch immer glaubt er, daß die Seinen, seine Familie, für die er so viel getan hat, ihm helfen sollten, daß sie verstehen sollten, was er will, um sich, genau wie er selbst, dem großen Gesetz des Schicksals und des Ehrgeizes zu beugen. Aber es ist immer wieder eine Enttäuschung.

Madame Jouberthon! Mademoiselle Paterson! Er wiederholt diese Namen. Georgina drängt sich an ihn, streift seine Schulter, aber läßt es gleich wieder sein. Nicht einmal ihre Berührung erträgt er jetzt. Allein. Das ist er.

Madame Jouberthon, eine geschiedene Frau, Witwe eines Börsenmaklers, eine leichtlebige Frau, wie es heißt, und die durch ihre Heirat mit Lucien eine Madame Bonaparte geworden ist! Mademoiselle Paterson, eine junge Amerikanerin aus Baltimore, in die sich Jérôme Bonaparte verliebt hat, wie der französische Vertreter in den Vereinigten Staaten berichtet, und die er bald heiraten will. Schöne, große Familie Bonaparte! Er hatte andere Pläne und Träume für seine Brüder.

Nun gut, dann wird er eben allein sein Schicksal gestalten, ohne Unterstützung, wenn sich seine Familie nun einmal seinen Plänen verweigert. Glaubt Lucien denn etwa, daß ein Kind von Madame Jouberthon eines Tages sein Nachfolger werden könnte? Und Jérôme, der noch keine 20 ist, kann man ihm ein Amt anvertrauen, wo er doch der Gatte eines Fräulein Paterson sein wird? Aus Baltimore? Begreifen sie denn nicht, daß Leute wie sie, die durch die Revolution hochgekommen sind, von den anderen Regenten nur akzeptiert werden, wenn sie etwas hermachen? Joséphine war gewiß auch keine Jungfrau, aber sie war immerhin eine Tascher de La Pagerie de Beauharnais! Und ihr erster Mann, ein General, ist guillotiniert worden! Er selbst ist beinahe König, aber das begreifen seine Brüder nicht. Wie kann man eine Dynastie gründen, wenn unter den Seinen soviel Widerstand und Verblendung herrschen? Pauline hat zum Glück General Leclerc nicht lange beweint. Sie hat eine Mitgift von 500000 Francs erhalten und Prinz Camille Borghese geheiratet. Ein großer Name, Diamanten, ein Vermögen. Sie hat vielleicht keinen Gatten im Bett, aber den Titel einer Prinzessin!

Er dreht sich um. Er sagt Georgina, daß sie für ihn Racine spielen soll. Er steigt auf eine kleine Leiter und holt eine Ausgabe von Racine aus dem Regal. Er steigt wieder herab, liest ein paar Verse und reicht ihr dann das Buch. Morgen wolle er nach Boulogne aufbrechen, sagt er. Aus einer Schublade nimmt er eine Handvoll

Geldscheine und steckt sie wie gewöhnlich zwischen die Brüste von Georgina. Während sie langsam das Zimmer verläßt, streichelt er ihren Rücken.

Damit endlich seine Bitterkeit weicht und er nicht mehr an Lucien oder Jérôme denken muß, auch nicht mehr an diesen oder jenen Banditen mit dem Federkiel, an Pamphletschreiberlinge, Salonschwätzer und Gerüchteverbreiter, braucht er den Meerwind, den Anblick der Schiffe auf der Reede vor Boulogne und die 60 Kanonenschüsse, die Admiral Bruix zu seinen Ehren abfeuern läßt.

Ihm gefällt das Schloß von Pont-de-Briques, vier Kilometer vor Boulogne, wo er sein Hauptquartier aufgeschlagen hat, ganz nah am Lager seiner Großen Armee. Er schläft kaum ein paar Stunden, so sehr brennt er darauf, wieder militärische Tätigkeiten auszuüben. Er speist allein und begibt sich oft zu einer 70 Meter langen Baracke, die man auf einer hohen Klippe errichtet hat. Von dort kann er das Meer überblicken, sieht er englische Fregatten kreuzen und eigene Kanonenboote.

Er besichtigt die Kanonenboote, geht von Schiff zu Schiff und wird von dreifachen Hochrufen der Matrosen begrüßt. Tagsüber reitet er an den Klippen entlang, trotz des November- und dann des Dezemberregens.

Auch nachts läßt er Manöver abhalten. Er wohnt Landungen und Einschiffungen bei, die trotz Dunkelheit und hohem Wellengang geübt werden. Wenn er in die Baracke zurückkehrt, schreibt er an Cambacérès, weil er das Erlebte noch einmal durchdenken muß, aber auch weil er den in Paris Zurückgebliebenen die Energie vermitteln muß, die in Boulogne wirkt. »Ich glaube, in einer angemessenen Zeit das zu erreichen, was Europa erwartet. Wir haben zehn Jahrhunderte an Demütigungen zu rächen.«

Eines Nachts begibt er sich bei schwerem Wetter an Bord eines vertäuten Bootes. Der Wind heult, es fällt heftiger Regen. Die Offiziere um ihn herum senken die Köpfe. Er möchte hinausfahren, sagt er, und die Sperrlinie inspizieren. Er springt auf das Boot, stellt sich in die Mitte, und sogleich werden die Taue gelöst. Das Boot beginnt zu schlingern, treibt ab und wird nach einigen Minuten auf eine Sandbank etwa zehn Meter vor dem Ufer gedrückt. Wellen rollen über es hinweg.

Große Mengen Wasser schlagen ihm ins Gesicht, trotzdem versucht er, aufrecht zu bleiben. Matrosen werfen sich in die Flut, setzen ihre Körper als Wellenbrecher ein. Dann tragen sie Napoleon auf ihren Schultern davon, durch die Brandung bis ans Ufer. Sie rufen hurra!, und die am Ufer gebliebenen Adjutanten schauen ihn mit furchtvoller Bewunderung an. Er muß ein Mann sein, der erstaunt und ein Beispiel gibt, der auch dem Tode trotzt.

Die anderen werden krank. Auch der Palastpräfekt de Rémusat, der nach Boulogne gekommen ist und das feuchte Wetter nicht vertragen hat. Wie können diese Menschen sich nur so unterkriegen lassen?

In den Salon des Schlosses Pont-de-Briques lädt er Madame de Rémusat ein, die ihren kranken Mann besuchen kommt. Er möchte sie sehen, weil sie im Lager von Boulogne weilt. Er lädt sie auch in seine Baracke ein. Nach seinen Ausritten oder seinen Fahrten aufs Meer macht es ihm Freude, sie wiederzusehen. Mit ihr spricht er vertraulich. Er spürt ihre Faszination, wenn er von seinen Feldzügen erzählt. Sie ist erst 22 Jahre alt.

»Die Zeit in Ägypten war die schönste Zeit meines Lebens, weil sie die idealste war«, sagt er.

Sie hört ihm zu, widerspricht ihm manchmal. Er kommt ihr näher. Hat sie denn nicht denselben Appetit auf Leben wie er?

Joséphine ist natürlich eifersüchtig, aber ist nicht er jetzt an der Reihe? Ist es nicht der natürliche Lauf der Dinge, der alles in ewige Umwälzungen stürzt wie jene Himmelsmechanik, von der Laplace spricht?

Am 15. Januar 1804 sieht er Joséphine und Madame de Rémusat nebeneinander im Saal der Tuilerien, wo Joséphine einen kleinen Ball gibt. Er lächelt beiden zu, tanzt aber mit keiner, führt lediglich Gespräche mit Portalis, Lebrun, Girardin. In wenigen Sätzen kann er ihre Meinung umstoßen. Er nimmt sie hart ran wie ein Bataillon junger Rekruten. Sie sind ihm nicht gewachsen.

Portalis verteidigt die Pressefreiheit? Sie würde schnell wieder zur Anarchie führen, sagt Napoleon. »Wenn die Zeitungen schreiben könnten, was sie wollten, würden sie dann nicht behaupten, daß Portalis ein Freund der Bourbonen war und ich ihm deshalb mißtrauen muß? Daß er bei mancher Gelegenheit ihre Sache verteidigt hat?«

Portalis hüstelt etwas und senkt den Kopf.

»Das ist alles vergessen, mein lieber Portalis.«

Napoleon macht ein paar Schritte und schaut den tanzenden Paaren zu. Hier drängt sich Alt und Neu nebeneinander, der Aristokrat und der Königsmörder. Cambacérès steht hier neben de Rémusat.

»In diesem Land«, fährt Napoleon fort, »existieren immer noch die Elemente der Anarchie. Alte und neue Ansprüche überlagern sich überall, in der Geistlichkeit, in der Beamtenschaft, im Militär und im Finanzwesen. Manche haben sehr viel und viele sehr wenig. Das enthält allerlei Keime für eine neue Revolution!«

Er geht wieder ein paar Schritte und lächelt Madame de Rémusat zu.

»Aber die Parteien schmieden weiter Komplotte, weil sie wissen, daß sie nichts erreichen können, solange ich lebe.«

Er nimmt eine Prise und kreuzt dann wieder die Hände auf dem Rücken.

»Und ich bin das Ziel all ihrer Komplotte. Ich allein. Bourbonen und Terroristen wirken zusammen, um mich zu ermorden.« Er läßt seine Augen im Saal umherschweifen und fügt hinzu, während er auf Cambacérès zugeht: »Mich verteidigen nur meine Bestimmung, mein Genie und meine Garde.«

Er geht rasch durch den Saal und fordert Cambacérès auf, ihm ins Arbeitskabinett zu folgen. Dort nimmt er einen Brief von Desmarets vom Tisch auf. Der Polizeichef erinnert ihn daran, daß fünf bourbonische Banditen im Gefängnis auf eine Entscheidung über ihr Schicksal warten, von denen zwei mit Cadoudal in Verbindung stehen.

Napoleon liest den Brief. Man solle alle fünf schnell vor eine Militärkommission bringen, sagt er. Man soll sie richten und aburteilen. »Und bevor sie erschossen werden, werden sie noch reden.« Dann setzt er hinzu: »Ich spüre, daß die Luft voller Dolche ist.«

SECHSTER TEIL

»Ich bin die Französische Revolution, und ich werde sie verteidigen.«

Januar 1804 – 28. Juni 1804

22

Napoleon schreitet langsam an den Soldaten vorbei, kaum einen Meter vor der ersten Reihe. Alle drei oder vier Schritte bleibt er stehen. Dem Mann vor ihm schaut er direkt in die Augen. Er erkennt ihn wieder. Er befragt ihn. Ägypten oder Italien? Er sagt ein paar Worte. Er nimmt sich Zeit. Er fühlt sich unverwundbar. Und doch könnte schon ein einziger dieser Männer dafür sorgen, daß alles vorbei wäre. Er stellt sich den Dolchstoß eines Soldaten oder eines Offiziers vor, der mit gezückter Waffe aus den Reihen hervorbricht. Man würde ihm in die Brust stechen. Oder aus einem Fenster des Schlosses schießen. Hier im Hof der Tuilerien gäbe er eine schöne Zielscheibe ab.

An einem Fenster gleich neben seinem Arbeitskabinett erkennt er den Staatsrat Réal. Réal hat Angst. Réal hat ihm geraten, nicht an der Parade teilzunehmen. Napoleon hat nicht einmal geantwortet. Noch bevor Réal vom Geständnis eines der fünf verhafteten Royalisten, Quérelle, berichtete, daß man die Meute auf ihn gehetzt hat, wußte er Bescheid. Wieviel Banditen hat man angesetzt? Und wieviel Geld ausgegeben, um endlich den Ersten Konsul zu töten?

Alle Berichte, die seit Wochen aus England eingehen, haben es ihn denken lassen. Georges Cadoudal lebt im Londoner Luxus, sagen alle Spione, und er sammelt die Chouans um sich. Beim Grafen von Artois und dem Herzog von Berry redet man nur noch von Kommandounternehmen in Frankreich. Es ist so einfach für England, Mörder zu bezahlen, aber es ist ihm unmöglich, die Große Armee zu schlagen, deren Invasion es fürchtet.

Napoleon bleibt wieder stehen im Hof der Tuilerien. Es weht ein eisiger Wind. Die Gesichter sind gerötet. Die Kälte kriecht unter seinen Gehrock. Trotz Handschuhen werden seine Finger steif. Aber er muß sich Zeit nehmen und sich so den Anschlägen aussetzen. Der Royalist Quérelle hat gestanden, weil er Angst vor dem Tod hatte, weil er Angst bekam bei dem Gedanken, vor ein Erschießungskommando treten zu müssen. Er, Napoleon, fürchtet nur Niederlagen, aber nicht eine Handvoll Banditen. Ganz langsam verläßt er den Hof der Tuilerien.

Réal kommt ihm entgegen. Sein Gesicht ist schweißüberströmt. Im Gehen teilt ihm Napoleon mit, daß er von diesem 29. Januar 1804 an »unter der Aufsicht des Obersten Richters für die Anklage und die Verfolgung aller Affären zuständig ist, die mit der Sicherheit der Republik zu tun haben«.

Napoleon schiebt mit dem Unterarm alle Papiere beiseite, die auf dem Tisch in der Mitte seines Arbeitskabinetts liegen. Von heute an zählt nur noch diese Schlacht. Nicht um sein Leben zu verteidigen. Dafür wird schon das Schicksal sorgen. Er fühlt in sich soviel Kraft und Energie, daß keinerlei Unruhe aufkommt. Es wird nicht gelingen, ihn zu töten. Aber man muß das Übel vollständig ausrotten. Mit einem Schnitt, denn Verschwörungen sind wie ein Geschwür.

Laut Quérelle ist Cadoudal in Frankreich gelandet und bereits in Paris angekommen, um mit einer Bande von Chouans sich seiner Person zu bemächtigen oder ihn in einem Hinterhalt zu töten. Man muß aus Quérelle alles herausholen. Man muß, ausgehend vom Felsen von Biville zwischen Dieppe und Tréport, wo die Chouans an Land gehen, alle ihre Verstecke und ihre Helfershelfer ausfindig machen.

»Ich will alles wissen, Orte, Personen, alle Zweige der Verschwörung. Alles.«

Réal hat mit Fouché gearbeitet. Und selbst wenn jener nicht mehr Minister ist, bleibt er ein wertvoller Verbündeter. Auch er hat vor kurzem davon gesprochen, daß die Luft voller Dolche sei. Man muß sich auf Fouché stützen. Auf ihn kann man zählen. Aber auf wen sonst? Auf Murat, der seit dem 15. Januar Militärbefehlshaber von Paris ist. Auf General Savary, Befehlshaber der Elitegendarmerie.

»Ich muß jederzeit informiert werden«, sagt Napoleon zu Réal.

Die Jagd ist eröffnet. Aus ihm hat man das Jagdwild machen wollen. Aber es wird sich noch zeigen, wem das Halali gilt.

Der Monat Februar ist eiskalt. Napoleon steht noch früher auf als sonst und begibt sich sofort in sein Arbeitskabinett in den Tuilerien. Das Feuer im Kamin geht nicht mehr aus. Manchmal bleibt er minutenlang reglos stehen und starrt in die Flammen.

Die Berichte von Réal häufen sich, ebenso die Depeschen von Savary. Der General hat sich zum Felsen von Biville begeben. Er und seine Gendarmen haben sich als Bauern oder Schmuggler verkleidet. Der Felsen wird von einer tiefen Spalte durchschnitten, die von Schmugglern mit Hilfe von Seilen zum Aufstieg benutzt wird. Die Örtlichkeit sieht genau so aus, wie sie der Gefangene Quérelle beschrieben hat. Man hat einen gewissen Troche verhaftet, Uhrmacher aus Eu, der bei drei Landeunternehmen zugegen war und geholfen hat. Er hat als Führer gedient. Die Namen der nach Frankreich eingedrungenen Persönlichkeiten kenne er nicht, es handele sich aber um hochrangige Personen, auch um Generäle. Er könne auch die Landung von Cadoudal bezeugen.

Cadoudal ist also wirklich seit Wochen in Frankreich, irgendwo in Paris versteckt. Plötzlich wird Napoleon von Zorn übermannt. Wie ist es möglich, daß man ihn nicht findet? Er erinnert sich an seine Begegnung mit ihm in den Tuilerien, an diesen Chouan mit dem bulligen Körper und dem mächtigen Gesicht. Er erinnert sich an die Brutalität des Mannes und an seinen Haß.

Er läßt Réal kommen. Was weiß man Neues? Er will durch Eilboten von jeder Verhaftung und jedem Geständnis unterrichtet werden. Réal soll ihm jeden Tag über den Fortgang der Fahndung berichten. Er beruhigt sich wieder und bleibt allein.

Réal, Murat und Savary sehen nur einen Aspekt dieses Krieges. Sie sind gute und treue Gehilfen, wie auf einem Schlachtfeld. Aber er als Oberbefehlshaber muß antizipieren. Diese Verschwörung entspricht der hoch dramatischen Lage. Ihre Wurzeln reichen also weit und tief. Denn für London, das die Verschwörer bezahlt und nach Frankreich bringt, geht es darum, den begonnenen Krieg zu gewinnen und, indem man ihn tötet, das Land zu lähmen.

Auf wen kann England hier zählen? Auf alte Opponenten und eifersüchtige Generäle. Er denkt an Moreau, der sich auf seine Ländereien in Grosbois zurückgezogen hat. Spitzelberichte sprechen davon, daß er sich über den Mummenschanz des Konkordats mokiert hat, auch über die Ehrenlegion und den Ersten Konsul als König. Bei einem Diner hat er seinen Koch mit dem Kochtopforden ausgezeichnet. Seine Frau ist eine Kreolin und stammt aus einer Familie, die mit jener von Joséphine rivalisiert. Nach dem Tod von General Leclerc hat sie sich geweigert, einen Trauerflor zu tragen. Vielleicht ist ja Moreau, dessen Ehrgeiz und Eifersucht seit Jahren immer wieder hervorbrechen, eben jener, auf den London als seinen Nachfolger im Amt des Ersten Konsuls gesetzt hat.

Moreau! Aber gewiß auch noch andere Generäle, Pichegru, der im Londoner Exil lebt, Augereau oder Bernadotte? Sie warten wohl nur auf ein Zeichen. Und gemeinsam mit ihnen die Bourbonen, die Paraden abhalten und von Rache träumen, von der Wiederherstellung des Königtums. Napoleon stochert im Kaminfeuer. Es ist die letzte Machtprobe vor der Schlacht.

Réal meldet ihm, daß man Picot verhaftet hat, einen Domestiken von Cadoudal. Auch Bouvet de Lozier wurde verhaftet, einst Generaladjutant der Prinzenarmee und nun Erster Offizier von Cadoudal. Es ist, als ob die Front der Feinde von einem Punkt her plötzlich einbricht. Darauf muß man jetzt alle Kräfte konzentrieren. Réal muß Bouvet de Lozier so lange befragen, bis er alles gesagt hat. Alles. Ein Mensch, der den Tod vor Augen hat, ist nicht mehr derselbe.

Am 13. Februar 1804 stellt sich Réal schon um sieben Uhr morgens ein. Napoleon ist in seinem Badezimmer in Gesellschaft von Constant. Er rasiert sich. Fragend schaut er auf Réal. Dessen Gesicht ist von einer schlaflosen Nacht gekennzeichnet. Er ist ungeduldig und wirft einen Blick auf Constant. Napoleon scheint die Anwesenheit des Kammerdieners gleichgültig zu sein.

»Bouvet de Lozier«, beginnt Réal, doch dann unterbricht er sich. Mit exaltierter Stimme fährt er fort: »Die Generäle Moreau und Pichegru ...«

Napoleon stürzt sich auf Réal und hält ihm den Mund zu. Er

zieht ihn in ein Nebenzimmer, wo ihn Constant nicht hören kann. Er hört sich den Bericht an. Er hatte es schon geahnt und doch eigentlich nicht recht an den Verrat von Moreau glauben können. Aber die Aussage von Bouvet de Lozier wiegt zu schwer.

Moreau hat General Pichegru getroffen, der über den Felsen von Biville nach Frankreich zurückgekehrt ist. Mehrfach hat er sich mit ihm abgestimmt. Am Boulevard de la Madeleine hat Pichegru ein Treffen zwischen Moreau und Cadoudal organisiert. Mehrere Minuten haben die drei miteinander gesprochen, laut Bouvet de Lozier, dann ist Cadoudal wütend wieder gegangen. Moreau und Pichegru beabsichtigen, den Ersten Konsul zu stürzen, aber zu ihrem Vorteil. Moreau will Napoleon ersetzen, verweigert aber Cadoudal den Posten des Dritten Konsuls. »Ihr arbeitet also nur für euch und gar nicht für den König!« hat Cadoudal gesagt. »Wenn das so ist, dann ist mir alles in allem derjenige lieber, welcher jetzt den Posten einnimmt.«

Es ist wirklich die große Schlacht. Napoleon ist erbost. Alle seine Gegner haben sich also vereint. Und streiten sich schon. Dabei haben sie noch nichts erreicht. Moreau ist ein populärer und erfolgreicher General, bei den Soldaten beliebt, im Volk als Republikaner angesehen. Wie viele Verbündete hat er? Wer im Tribunat oder im Staatsrat ist bereit, ihm zu folgen? Ihn anzuklagen, während Pichegru und Cadoudal noch frei herumlaufen, könnte wie eine Ungerechtigkeit wirken und ihn in den Augen der Öffentlichkeit als eifersüchtigen Tyrannen erscheinen lassen. Napoleon muß überlegen und jedes Argument gut abwägen.

Man muß Pichegru verhaften, weil er in Paris ist, sagt er. Leise fügt er hinzu: »Ach Réal, nun leuchten mir die Dinge ein. Aber ich habe Ihnen schon gesagt, daß Sie nur einen Teil der Angelegenheit begreifen. Aber mehr müssen Sie auch nicht wissen.«

Er muß jetzt allein sein. Es ist Krieg. Man muß die Fehler seiner Feinde ausnutzen. Dieses Mal hat sich Moreau eine Blöße gegeben. Jetzt ist er nicht nur der eifersüchtige General, der zynische Kontrahent, der mit seiner neidischen Frau solidarische Gatte, sondern ein Verschwörer, der sich abgesprochen hat mit dem Mörder Cadoudal, dem Agenten der Prinzen und Urheber des Attentats mit der Höllenmaschine, der genau wie der verbannte Pichegru von London ausgehalten wird. Damit ist Moreau erledigt.

In der Nacht des 14. Februar hat er einen geheimen Rat einberufen. Er wartet, bis alle im Ratssaal der Tuilerien im Halbkreis Platz genommen haben. Cambacérès und Lebrun, die beiden Konsuln, sitzen nebeneinander. Régnier, der Oberrichter, sitzt etwas abseits, und Fouché sitzt ganz außen, etwas abgesondert. Er lächelt.

Man muß sich kurz fassen. Napoleon spricht in stockenden Sätzen. Die Verschwörung ist offenkundig. Pichegru und Cadoudal werden gesucht. Man wird sie ergreifen, tot oder lebendig. Bleibt noch die Meute jener Banditen, die ihn entführen oder töten wollen. Und es bleibt Moreau. Er schweigt. Er wartet. Er kennt die Vorsicht der Menschen. Und auch die Feigheit einiger von ihnen.

»Wenn man Moreau nicht verhaftet«, sagt er mit ruhiger Stimme. Er steht auf. »Dann wird man sagen, daß ich Angst vor Moreau habe!« Nun schreit er. »Aber so wird es nicht sein. Ich bin der mildeste aller Menschen, doch wenn es sein muß, kann ich auch der furchtbarste sein. Und ich werde Moreau strafen wie jeden anderen, wenn er in Komplotten mitwirkt, deren Ziel scheußlich ist und die zu widerwärtigen Koalitionen führen.«

Sie stimmen ihm zu. Er wird also Moreau verhaften lassen. Er behält Régnier da. Moreau soll von einem Strafgericht abgeurteilt werden, nicht vom Kriegsgericht. »Sonst heißt es noch, daß ich mich seiner entledigen und ihn auf juristischem Weg durch von mir eingesetzte Leute ermorden lassen will.« Um seinen Mund bilden sich bittere Falten. Man wird ihn auf jeden Fall beschuldigen, in Moreau einen Rivalen zu fürchten.

Er schläft kaum noch. Am Morgen des 15. Februar begibt er sich in das Gemach von Joséphine. Er spielt etwas mit Napoleon-Charles, dem Sohn von Louis und Hortense. Er streichelt das Kind. Er spürt die leicht abgespannte Klarheit nach einer schlaflosen Nacht.

»Weißt du, was ich gemacht habe?« sagt er. »Ich habe befohlen, Moreau zu verhaften. Das wird einigen Lärm verursachen, nicht wahr? Man wird auf jeden Fall sagen, daß ich eifersüchtig bin auf Moreau, daß es ein Racheakt ist, und lauter armselige Behauptungen dieser Art. Ich neidisch auf Moreau! Den größten Teil seines Ruhmes verdankt er mir. Ich habe ihn zwanzigmal daran gehindert, sich zu kompromittieren, ich habe ihn vor einem Zerwürfnis zwischen uns gewarnt, und er sah es genauso, aber er ist schwach und stolz, von Frauen manipuliert.«

Napoleon zieht ein verächtliches Gesicht. »Die Parteien haben ihn gedrängt.«

Der Adjutant bringt eine Depesche. Man hat Moreau auf der Straße verhaftet, nicht weit von seinem Landgut Grosbois. Man hat ihn ins Gefängnis des Temple gebracht. Der General ist ruhig geblieben. Napoleon zerknüllt das Blatt.

Moreau ahnt nicht, welche Beschuldigungen man gegen ihn erheben wird, welche Beweise gegen ihn vorliegen. Man muß die Armee unterrichten und Verleumdungen zuvorkommen. Er diktiert einen Brief an General Soult:

»Moreau ist verhaftet worden, ebenso 15 oder 16 Banditen. Andere sind auf der Flucht. Man hat auch einige Pferde gefunden sowie Uniformen, derer man sich bedienen wollte, um mich auf der Straße von Paris nach Malmaison oder von Malmaison nach Saint-Cloud zu überfallen.«

Er bestellt Murat zu sich. Diesen mutigen, aber nicht sehr intelligenten Mann muß man straff führen. Er schmeichelt Murat, fragt nach Neuigkeiten von dessen Frau Caroline, beglückwünscht ihn für die Führung der Truppen in Paris, deren Militärbefehlshaber er ist. Murat schaut stolz drein. Überall in Paris muß man Plakate aushängen, auf denen man über die Verschwörung berichtet und die Verhaftung der Übeltäter verkündet, sagt Napoleon. Außerdem solle Paris dichtgemacht werden.

Napoleon nimmt eine Prise, schaut immer wieder auf Murat und erläutert dabei Einzelheiten der zu treffenden Maßnahmen. Jedermann darf nach Paris herein, aber niemand aus Paris heraus. An allen Stadttoren werden die Wachen verstärkt. Berittene Wachen sollen längs der Stadtmauern patrouillieren, auf der Seine sollen bei Tag und bei Nacht die Matrosen der Wache stationiert werden.

Jeder, der Cadoudal oder Pichegru versteckt, muß mit der Todesstrafe rechnen.

Ein gnadenloser Krieg. Er liest alle Polizeiberichte. Um zu siegen, muß man alles sehen, alles wissen, sich nie täuschen lassen.

Er sitzt am Tisch. Vor ihm liegt das Dossier mit den Berichten vom 18. Februar 1804. Er bemüht sich, ruhig zu bleiben. Er liest den Text eines Plakats, das nachts an die Häuser geklebt wurde.

»Unschuldiger Moreau, Freund des Volkes und Vater der Soldaten in Ketten! Bonaparte ist ein Fremder, ein Korse, der zum Despoten und Tyrannen wurde! Entscheidet zwischen ihnen, Franzosen!«

An den Wänden kann man auch ein Anagramm seines Namens *Buonaparte* lesen: »Nabot a peur« (Gnom hat Angst).

Er steht auf. Angst? Zorn packt ihn. Vor Moreau etwa? Vor jenen Banditen? Vor Cadoudal und vor Pichegru?

Er verläßt sein Arbeitskabinett. An diesem Tag soll er die Diplomaten empfangen. Aus Polizeiberichten weiß er, daß unter den Verhafteten auch ein Schweizer ist, der zur russischen Botschaft gehört und dessen Freilassung Markow verlangt hat. Napoleon geht auf den Botschafter zu und spricht ihn an.

»Glaubt Rußland etwa, uns gegenüber irgendein Vorrecht zu haben, das ihm ein solches Vorgehen erlaubt?«

Er tritt einen Schritt zurück und spricht noch lauter: »Hält man uns für so verweichlicht, daß man glaubt, wir würden dergleichen hinnehmen? Da irrt man sich. Von keinem Fürsten auf Erden lasse ich mir derartiges gefallen!«

Dann verläßt er den Salon und kehrt in sein Arbeitskabinett zurück. Er liest weiter in den Berichten. Es wird kolportiert, daß er einen neuen Wohlfahrtsausschuß einrichten wolle, daß eine neue Zeit der Schreckensherrschaft bevorstünde. Er zuckt mit den Schultern. Wenn es gegen die anderen Monarchen nötig ist, warum nicht?

Er läßt den Oberrichter Régnier zu sich kommen. Ist er noch der richtige Mann? Mit Fouché als Polizeiminister wären alle Maßnahmen wirksamer und Pichegru und Cadoudal längst gefaßt.

»Befragen Sie Moreau im Gefängnis«, sagt Napoleon zu Régnier, »bringen Sie ihn im Wagen in die Tuilerien, wenn er sich mit mir verständigt, bin ich bereit, die vom Neid seiner Umgebung bewirkten Verirrungen zu vergessen.«

Régnier schaut entsetzt drein.

»Sie verstehen mich, Sie verstehen mich«, sagt Napoleon mehrmals. Dann wartet er ab. Man muß Moreau brechen, darauf kommt es an, ganz gleich, ob er verurteilt wird.

Stunden vergehen. Der Oberrichter kehrt zurück. Moreau hat nicht um ein Gespräch mit dem Ersten Konsul gebeten, erklärt er. Napoleon wendet sich ab. Moreau ist ein Dummkopf. Wenn Pichegru und Cadoudal gefaßt sind, wird auch er fallen.

Er hat befohlen, daß man ihn über vorgenommene Verhaftungen sofort unterrichtet. In der Nacht vom 26. zum 27. Februar wird er geweckt. Man hat Pichegru in seinem Bett aufgegriffen, im Haus Nummer 39 der Rue Chabanais. Jemand hatte ihn gegen 100 000 Francs verraten. Pichegru hat sich einige Minuten lang heftig gewehrt, bevor man ihn gefesselt und in Decken eingewickelt mitnehmen, Réal vorführen und danach sogleich in das Temple-Gefängnis bringen konnte. Cadoudal läuft allerdings noch frei herum.

In den nächsten Stunden werden die Herren Armand und Jules de Polignac verhaftet, sowie de Rivière. Nun sind sie gefaßt, diese Aristokraten, die er an sich binden wollte. Und die verhafteten Chouans geben an, daß man auf einen Fürsten wartet, der nach Napoleons Tod den Thron besteigen soll. Ein Fürst? Ein Bourbone? Der Graf von Artois? Der Herzog von Berry? Wer sonst?

Zu Talleyrand sagt Napoleon: »Die Bourbonen glauben, daß man mein Blut vergießen kann, als wäre ich ein unreines Tier. Mein Blut ist aber ebensoviel wert wie das ihre. Ich werde jeden Akt des Terrors mit gleicher Münze heimzahlen. Moreau kann ich seine Schwäche verzeihen, er hat sich von törichter Eifersucht verleiten lassen.«

Seine Stimme wird nun höher, trockener, schneidender: »Aber den ersten dieser Prinzen, der in meine Hand fällt, werde ich erbarmungslos erschießen lassen. Sie sollen merken, mit wem sie es zu tun haben.«

23

Der Tag bricht an. Es ist der 1. März 1804. Napoleon friert. Er hat kaum geschlafen. Eine Weile bleibt er vor dem Kamin stehen, dann geht er von seinem Kabinett in jenes Zimmer, in dem alle Karten und Pläne ausgerollt liegen. Er schaut sie an, wendet sich aber sogleich wieder ab. Er will und kann nicht an das Landeunternehmen in England denken. Er liest die Briefe nicht mehr, die ihm Admiral Bruix schickt. Erst später, wenn die Verschwörung zerschlagen ist und all ihre Wurzeln ausgerissen sind, kann er wieder an die Große Armee denken.

Aber noch ist es nicht so weit. Cadoudal mit seinen Häschern läuft noch frei umher. Moreau schweigt oder leugnet; Pichegru dreht Runden in seiner Zelle wie ein tollwütiger Hund. Und die öffentliche Meinung ist noch unentschieden, trotz der Verhaftungen nicht wirklich überzeugt, daß es eine Verschwörung gab.

Napoleon kehrt an seinen Arbeitstisch zurück. Aus den Archiven des Polizeiministeriums hat er alle Unterlagen angefordert, die die Verschwörung von Rennes betreffen, als Offiziere, die Bernadotte nahestanden, Pamphlete verbreitet haben. Das ist nun schon zwei Jahre her. In den alten Polizeiberichten findet er den Text der Plakate wieder, die damals an allen Wänden der Stadt geklebt haben: »Es lebe die Republik! Tod ihren Feinden! Es lebe Moreau! Tod dem Ersten Konsul und seinen Anhängern!« Moreau! Die Verschwörung dauert schon länger an, und sie reicht sehr tief. Es ist ihm immer noch nicht gelungen, jene Offiziere zu unterwerfen, die sich ihm hartnäckig, wenn auch verdeckt widersetzen.

Er erinnert sich an die Zeit um den 18. Fructidor 1797. Im Gepäck des österreichischen Generals Klinglin hatte Moreau Papiere gefunden, aus denen hervorging, daß Pichegru schon damals zu den emigrierten Fürsten und den Feinden Kontakt hatte. Diese Papiere hatte Moreau erst übergeben, als das Scheitern der Royalisten in Paris deutlich wurde. Hierher stammt die alte Verbindung. Damit muß Schluß sein.

Er läßt Roederer kommen. Roederer gehört zu jenen Menschen,

die ihr Schicksal ganz an das seine gebunden haben. Napoleon schiebt ihm die bei Moreau gefundenen Papiere zu. Roederer soll sie anschauen. Roederer empört sich. Wie kann die öffentliche Meinung Moreau noch irgend etwas nachsehen? Napoleon geht zum Fenster. Mit gedämpfter Stimme sagt er: »Man kennt mich immer noch nicht gut genug. Ich habe noch nicht genug getan, um wirklich bekannt zu sein.«

Roederer wundert sich, schüttelt den Kopf.

»Mir ist das Mißtrauen der Pariser nur recht«, sagt Napoleon, »es zeigt, daß sie sich nicht dem erstbesten unterwerfen.«

Er schaut wieder hinaus. »Ich habe Ihnen immer gesagt, daß ich zehn Jahre brauche, um meinen Plan auszuführen«, sagt er mit bebender Stimme. »Ich stehe erst am Anfang.«

Er ist wieder allein. Er fühlt sich stark. Er ist dafür geschaffen, das Land auf seinem großen Schicksalsweg anzuführen. Er ist der einzige, der den Erwartungen der französischen Nation entspricht. Er will die Franzosen weder dem Haß der Emigranten noch dem von Cadoudal oder der Polignac oder der Bourbonen ausliefern, aber auch nicht dem der gegnerischen Partei. Seine Bestimmung ist es, stabile Verhältnisse zu schaffen. Und dazu muß er eine Monarchie um sich herum, für sich und in sich organisieren. Vielleicht schafft ja diese Verschwörung die Gelegenheit dazu. Er wird die Verschwörer zerschmettern. Und seine Dynastie gründen. Er ist sehr angespannt, sein ganzer Körper scheint zu vibrieren.

Méneval bringt die Berichte, die in den Tuilerien eingegangen sind. In einem wird die Verhaftung von Major Rusillon gemeldet. Der Royalist bestätigt, daß Cadoudal noch immer in Paris ist und daß er Moreau und Pichegru getroffen hat. Rusillon hat alles, was er wußte, mit leicht einfältiger Naivität gestanden, heißt es in dem Bericht. Und solche Männer wollen die Nation führen! Sie sind nur blinde, ungeschickte, unfähige Intriganten.

Rasch öffnet Napoleon ein anderes Dossier und entdeckt dort den Bericht von Méhée de La Touche. Er weiß alles von diesem Geheimagenten, einem Meisterspion, der die Seiten gewechselt hat. Er überfliegt die wenigen Seiten. Der Mann hat die besten Verbindungen zu den Engländern, die ihn rekrutiert haben, nachdem er nacheinander für Ludwig XVI. und für Danton gearbeitet hat, sich dann in den Septembermassakern kompromittiert hat, bevor er der Polizei des Direktoriums und schließlich Fouché diente. Ein Name taucht wiederholt in seinem Bericht auf, »Louis-Antoine Henry de Bourbon, Herzog von Enghien«. Dieser Prinz hält sich im badischen Ort Ettenheim auf, dicht hinter der französischen Grenze. Er soll in regelmäßiger Verbindung zu den elsässischen Royalisten stehen und zu den in Offenburg versammelten Emigranten. Ein Cousin und Blutsverwandter von Ludwig XVIII., ein Condé, ein Bourbone! Vielleicht der Prinz, auf den man wartet, der nach Bonapartes Ermordung nach Frankreich kommen könnte.

Napoleon will sogleich Réal sehen. Man muß alles über den Herzog von Enghien herausfinden. Außerdem soll die Gendarmerie von General Moncey feststellen, ob dieses Mitglied der Königsfamilie sich wirklich in Ettenheim aufhält.

Vielleicht lichtet sich so endlich das Geheimnis, und er kann einen großen Coup landen. Napoleon verlangt von Desmarets Auskünfte über den Herzog von Enghien. Schon wenige Stunden später kann er den Polizeibericht lesen. Der Herzog hat als General in der königlichen Armee und in den Armeen der Feindmächte gedient. Er galt als einer der mutigsten und entschlossensten Generäle. Seit Monaten schon überwacht ihn die Polizei. Der Herzog steht in engem Kontakt mit den Emigranten und den Anführern der Königspartei, vor allem aber mit seinen einstigen Waffengefährten, die nach Frankreich zurückgekehrt sind. Sein Großvater, der Prinz de Condé, hat beim Verrat von Pichegru mitverhandelt.

Napoleon ballt die Faust. Hier schließen sich die Kreise. Die Fäden der Verschwörung werden sichtbar. Laut Polizeiangaben hat der Herzog von Enghien mehrfach die militärischen Verdienste von General Moreau gerühmt, ihn als loyalen und tapferen Gegner beschrieben. Ein Prinz von Geblüt. Der General Pichegru. Der General Moreau. Dazu Cadoudal als Vollstrecker. Die ganze Verschwörung ist damit enthüllt. Die Ungeduld macht Napoleon nervös. Er würde gern selbst handeln. Aber der Herzog von Enghien hat vielleicht Ettenheim schon verlassen. Jeden Tag redet Napoleon auf Réal ein. Hat man den Bericht von General Moncey? Haben seine Gendarmen den Herzog in Ettenheim gesehen?

Am 8. März 1804 ist Napoleon wie stets in diesen Tagen früh morgens aufgestanden. Er stößt Constant und Rustan beiseite, steigt in die Gemächer von Joséphine hinab, hält es dort aber auch nicht aus. Dann geht er hoch in sein Arbeitskabinett. Warum dauert es so lange, bis man ihm die ersten Depeschen bringt?

Méneval legt ihm einen Brief von General Moreau vor. Napoleon überfliegt ihn mit einem Ausdruck der Verachtung. Moreau hat weder den Mut zu einem Geständnis noch die Kühnheit zur Rechtfertigung seiner Taten, noch die Intelligenz, um Gnade zu bitten. Er redet herum, bekennt zwar seine Kontakte mit den Verschwörern, behauptet jedoch, alle Vorschläge aus Überzeugung zurückgewiesen zu haben, weil er es für ein wahnsinniges Unternehmen gehalten habe.

»Vor Gericht mit ihm!« ruft Napoleon und gibt Méneval den Brief. Man ersieht, daß er gelogen hat und daß man ihn kontaktiert hatte im Rahmen einer Verschwörung, deren Existenz er leugnet. Es ist aus mit Moreau.

Méneval überbringt einen Brief von Talleyrand. Der Außenminister weiß gewiß schon von den Ermittlungen gegen den Herzog von Enghien. »Wenn die Gerechtigkeit gebietet, streng zu bestrafen«, schreibt Talleyrand, »so gebietet die Politik, ohne Ausnahme zu bestrafen.«

Geschickter Talleyrand. Treu aus Eigennutz. Genau wie Fouché. Auf die beiden kann er sich verlassen, solange das Glück ihm gewogen bleibt.

Es bleibt. Réal kommt in das Arbeitskabinett und wedelt mit dem Bericht des Quartiermeisters Lamothe von der Gendarmerie, die sich am 4. Mai nach Ettenheim begeben hat. »Ich habe erfahren«, schreibt er, »daß der ehemalige Herzog von Enghien noch in Ettenheim ist, gemeinsam mit dem ehemaligen General Dumouriez.«

Napoleon tobt. Auch Dumouriez, der 1793 zum Feind übergelaufen ist? All die Verräter sind dort beisammen, gehören zu dieser gewaltigen Verschwörung, deren Ziel es ist, mich zu töten! Er brüllt, stürzt sich auf Réal und bedroht ihn mit der Faust. Lamothe erwähnt auch die Anwesenheit eines Engländers in Ettenheim, gewiß jener Spencer Smith, den Georges III. damit beauftragt hat, bezahlte Spione und Kollaborateure aufzutreiben.

»Warum sagen Sie mir nicht, daß der Herzog von Enghien nur vier Kilometer von unseren Grenzen entfernt militärische Komplotte schmiedet?« Wütend geht er von einer Zimmerecke zur andern. »Bin ich denn nur ein Hund, den man auf der Straße totschlagen kann, während meine Mörder unantastbare Wesen sind?« Er kommt wieder auf Réal zu. »Man greift mich direkt an!« brüllt er. »Aber Krieg um Krieg! Ich werde die Verschwörer bestrafen, ich will den Kopf der Verantwortlichen!«

Am 9. März wird Cadoudal nach einer langen Verfolgungsjagd vom Maubert-Platz bis zur Rue des Quatre Vents im Odéon-Viertel verhaftet. Er hat sich gewehrt und einen Gendarm getötet, einen weiteren verletzt. Die Menge hat geholfen, ihn festzusetzen. Nun sitzt auch er im Temple ein. Die Partie ist fast gewonnen. Bliebe noch der Herzog.

»Ich habe die Bourbonen nicht gestürzt«, sagt Napoleon zu Caulaincourt. »In Wahrheit haben sie es sich selbst zuzuschreiben. Statt sie zu verfolgen und ihre Freunde zu mißhandeln, habe ich ihnen Pensionen angeboten und ihre Diener empfangen.«

Er zeigt Caulaincourt den ersten Bericht über das Verhör von Cadoudal. Er liest vor: »Cadoudal hat zugegeben, daß der bei ihm gefundene Dolch aus England stamme. Ungerührt hat er der Identifizierung des von ihm getöteten Polizisten beigewohnt.«

»Die Bourbonen«, fährt Napoleon fort, »haben als Antwort auf mein Entgegenkommen Mörder bewaffnet.« Entschlossen fügt er hinzu: »Blut verlangt Blut.«

24

Napoleon hört sie in sein Arbeitszimmer kommen. Er hebt kurz den Kopf und bittet mit einer Handbewegung die beiden Konsuln Cambacérès und Lebrun, den Oberrichter Régnier, Murat und

Réal, Talleyrand und Fouché Platz zu nehmen. Dann beugt er sich wieder über seinen Tisch. Seit der Verhaftung von Cadoudal gestern abend gehen immer mehr Berichte ein. Ihm liegt auch schon ein weiteres Vernehmungsprotokoll des Anführers der Chouans vor. Napoleon empfindet keinerlei Verachtung für diesen Kampfhahn, der ohne Umschweife gestanden hat, »daß er nach Paris gekommen sei, um den Ersten Konsul anzugreifen, und zwar mit körperlicher Gewalt«.

Natürlich will sich Cadoudal nicht als Mörder bezeichnen lassen! Er will nichts mehr von der Höllenmaschine hören. Er behauptet, daß es niemals seine Absicht war zu töten. Ausflüchte. Napoleon liest weiter. Heute geht es ihm vor allem um jene Äußerung von Cadoudal, in der er, genau wie viele zuvor verhaftete Chouans, davon spricht, »daß er für sein Losschlagen darauf gewartet hat, daß ein französischer Fürst nach Paris komme und daß dieser noch nicht eingetroffen sei«. Ein anderer Gefangener, Léridan, der Kutscher des Wagens, mit dem Cadoudal zu fliehen versuchte, hat ein noch genaueres Geständnis abgelegt. »Ich habe des öfteren gehört, daß man auf einen jungen Fürsten warte. Bei Georges Cadoudal in Chaillot habe ich einen Mann von etwa 30 Jahren ankommen sehen, der sehr gut gekleidet war und ein sehr interessantes Gesicht und feine Manieren hatte.«

Napoleon schiebt die Papiere beiseite und mustert die Gesichter der Personen, die im Halbkreis um ihn herum sitzen. Wer könnte jener Fürst sein, wenn nicht der Herzog von Enghien? Seine Entscheidung ist getroffen. Er wird den Herzog aus Ettenheim in Baden entführen lassen. Aus einem anderen Land also. Aber wenn die Unternehmung Erfolg hat, wird man sie sehr wohl hinnehmen müssen. Der Herzog von Enghien wird vor Gericht gestellt und verurteilt. Es herrscht Krieg. Der Herzog hat es gewollt. Dumouriez ist bei ihm. Zögern hieße sich schwächen, vielleicht entscheidend.

Napoleon will, daß jeder seine Meinung sagt. Das erlaubt ihm, sie in diesem wichtigen Augenblick genau kennenzulernen, und wenn auch seine Entscheidung schon getroffen ist, sie an gegenteiligen Argumenten zu messen. Allein Cambacérès, dessen

Gesicht leicht rosig schimmert, erhebt seine Stimme. »Ich glaube, wenn ein solches Mitglied der Bourbonen-Familie in Ihrer Gewalt ist, sollte die Bestrafung nicht zu weit gehen.«

»Keine Gnade für Leute, die mir Mörder auf den Hals schicken!« schneidet Napoleon ihm das Wort ab.

»Gewiß«, sagt der Konsul, »aber wenn man den Herzog von Enghien zu fassen bekommt, dann genügt es vielleicht, ihn als Geisel zu behalten.«

Napoleon schaut Cambacérès direkt an. »Sie sind ja neuerdings sehr behutsam im Umgang mit dem Blut der Bourbonen«, bemerkt er trocken. Was sind das nur für Menschen, die sich vor den Taten fürchten, die sie begangen haben, und die sich vorstellen, daß man ihnen vergeben wird, wenn sie es leugnen?

Napoleon betritt den Kartenraum. Da er nun die Zustimmung zu seiner Entscheidung gefunden hat, will er sogleich genaue Befehle für die Durchführung der Aktion diktieren. Er läßt den Kriegsminister rufen, General Berthier. Er dreht sich um. Cambacérès ist ihm gefolgt. Mit einem leichten Nicken gibt Napoleon zu erkennen, daß er die Hartnäckigkeit des Konsuls wohl zu schätzen weiß.

»Mit den Verbrechen der Revolution haben Sie nichts zu tun gehabt«, sagt Cambacérès, »aber das könnte sich nun ändern.«

Warum versteht dieser Mann denn nicht, daß es nicht um Verbrechen geht? Die Geschichte ist doch keine Serie von Privatangelegenheiten.

»Der Tod des Herzogs von Enghien«, beginnt Napoleon von neuem, »wird in den Augen der Welt nur als gerechte Vergeltung für das erscheinen, was man gegen mich geplant hat. Das Haus Bourbon muß begreifen, daß die Schläge, die man gegen mich führt, auf es selbst zurückfallen können.«

Er empfindet keinerlei Verstimmung. Aber merkt denn Cambacérès nicht, daß ein Krieg begonnen hat? Es geht nicht um einen Streit zwischen ihm und den Bourbonen, nicht um die Konfrontation zweier Familien wie bei einer Blutrache, sondern um den Kampf zwischen zwei verschiedenen Ideen von Frankreich.

Napoleon sucht unter einem Stapel von Karten, ruft Méneval

zu Hilfe. »Suchen Sie eine Karte des Rheinverlaufs heraus«, sagt er voller Ungeduld. Es ist schon Mitternacht. Mit dem Finger zeichnet er die Windungen des Flusses nach, macht an Dörfern und Brücken halt. Als die Generäle Berthier und Caulaincourt angekündigt werden, läßt er sie eintreten, bittet Berthier, eine Schreibfeder zu nehmen, und beginnt mit angespannter Stimme das Diktat, so schnell, daß er manches wiederholen muß, damit Berthier es aufschreiben kann.

»Bürger General, erteilen Sie bitte General Ordener, den ich zu diesem Zweck Ihnen unterstelle, den Befehl, sich des Nachts mit der Postkutsche nach Straßburg zu begeben. Er soll unter falschem Namen reisen und den Divisionsgeneral aufsuchen. Das Ziel seiner Mission ist die Stadt Ettenheim. Er soll sie abriegeln und den Herzog von Enghien, Dumouriez, einen englischen Hauptmann sowie alle weiteren Personen aus ihrem Gefolge entführen. Die Soldaten sollen Brot für vier Tage und Kartuschen erhalten. Die beiden Generäle sollen für strikte Disziplin sorgen, die Soldaten sollen nichts von den Einwohnern fordern, weshalb man ihnen 12000 Francs aushändigen soll. Ferner soll der Postmeister von Kehl festgenommen werden sowie andere Personen, die etwas verraten könnten.«

Zum ersten Mal seit Aufdeckung dieser Verschwörung, seit vielen Wochen also, empfindet er beim Diktieren eine wohltuende Erleichterung, als würde er endlich den Befehl zum Beschuß der gegnerischen Festung erteilen oder wie einst in Toulon an der Spitze seiner Truppen zum Angriff losreiten. Er handelt. Er ist sicher, die beste Strategie gewählt zu haben. Und als Berthier ihm den Befehl zur Unterschrift vorlegt, liest er in einem Zug, welche Dispositionen er getroffen hat.

Er hat an alles gedacht. 1065 Soldaten insgesamt sollen an der Aktion teilnehmen, fast eine kleine Armee. Er weiß genau, daß man nie an Mitteln sparen darf, auch nicht bei einer so begrenzten Unternehmung. Man muß den Feind immer durch Übermacht erdrücken können. Und wenn man sich zu einer Aktion entschließt, dann muß man alles tun, um Erfolg zu haben.

Berthier eilt wieder aus dem Zimmer. Ein guter General, dieser

Berthier, redlich und gewissenhaft. Napoleon hört, wie er General Ordener seine Befehle erteilt, der soeben im Palast angekommen ist. Nun heißt es Geduld haben.

Jeden Tag leitet er die Ratssitzung. Bei Cambacérès und Lebrun spürt er eine gewisse Anspannung, auch bei Talleyrand und den anderen Ministern. Er selbst hingegen ist ganz entspannt. Er vertraut der Maschine, die er in Gang gesetzt hat und deren Getriebe er genau geregelt hat. Alles andere ist eine Sache der Fortüne.

Er richtet sich in Malmaison ein. Der Park wird schon grün. Lange geht er dort spazieren, vermeidet jedes Gespräch mit Joséphine. Sie mißtraut ihm. Hat ihr vielleicht jemand etwas gesagt? Er kann sich ihre Gefühle und die ihrer Umgebung vorstellen, zum Beispiel von Madame de Rémusat. Es war sein Wunsch, daß die Gesellschaftsdamen von Joséphine dem Adel angehören, weil er beide Strömungen Frankreichs verschmelzen will. Er weiß aber genau, daß die Entführung des Herzogs von Enghien alte Wunden aufreißen wird, die er sofort wieder schließen muß, indem er die Dinge schnell noch weiter und höher treibt, damit sich gar keine Unruhe ausbreiten kann.

Er geht von seinem Arbeitszimmer bis zur kleinen Brücke, er geht die Alleen entlang. Manchmal ist er trotz Regen und Wind draußen. Er unternimmt lange Ausritte. Kann er eine Dynastie auf der Leiche eines Bourbonen errichten? Wenn der Tod eines Fürsten die Geburt eines Monarchen herbeiführt, wenn eine Familie auf eine andere folgt, dann wird sich die Wunde vielleicht schließen. Eine Dynastie. Die Krönung, ja fast die Heiligsprechung der Revolution. Er bleibt zwischen einigen Bäumen stehen, die vom Wind geschüttelt werden. Eine Dynastie. Aber er ist weder König noch Sohn eines Königs. Er hat sich selbst zur Welt gebracht. Wie ein Kaiser.

Am 15. März gegen 20 Uhr plaudert er gerade mit den Damen im Salon von Malmaison. Er hört den Galopp eines Pferdes und dann die Stimme eines Kuriers, der auf das Pflaster des Hofes springt, während sich die Domestiken um ihn bemühen. Er geht hinaus. Der Kurier ist erschöpft und völlig verdreckt. Er hat Straßburg am 14. gegen halb zwei verlassen. Er hat nur zum Pferdewechseln haltgemacht.

Napoleon nimmt den Umschlag, doch bevor er ihn öffnet, fragt er den Kurier nach seinem Namen. Thibaud? Er beglückwünscht den Mann. Während er in sein Arbeitszimmer geht, liest er die Depesche. Darin wird mitgeteilt, daß die Soldaten unter dem Befehl von General Ordener nach Ettenheim aufgebrochen sind. Er muß also noch warten. Noch eine Nacht und einen Tag, eine weitere Nacht und einen Tag.

Er spielt mit dem Sohn von Hortense. Wenn er dieses Kind adoptiert, könnte es sein legitimer Nachfolger werden. Es stünde an erster Stelle der dynastischen Erbfolge, denn wenn er Kaiser würde, müßte er seine Nachfolge regeln.

Am 17. März 1804 trifft gegen 17 Uhr der zweite Kurier ein. Während er mehrere dicke Umschläge übergibt, berichtet der Gendarm Amadour Clermont, daß er Straßburg am 15. um 21 Uhr 30 verlassen hat. Er solle sich erholen, sagt Napoleon.

Er betritt sein Kabinett. Er zweifelt nicht am Erfolg der Operation. Er entsiegelt die Umschläge und sieht zuerst eine Liste von Namen: 1. Louis-Antoine Henri de Bourbon, Herzog von Enghien; 2. Marquis von Thumery, General; 3. Baron von Grienstein, Generaloberst; 4. Leutnant Schmidt. Er überfliegt die Blätter, entdeckt den Namen des Verfassers: Charlot, Chef der 38. Reiterstaffel der nationalen Gendarmerie.

Er fährt in seiner Lektüre fort. »General Dumouriez, von dem es hieß, daß er bei Oberst Grienstein wohne, war in Wirklichkeit der Marquis von Thumery ... Eine Befragung ergab, daß Dumouriez nie nach Ettenheim gekommen ist. Gegenteilige Behauptungen gehen wohl auf eine Verwechslung seines Namens mit dem von Thumery zurück.«

Weder Dumouriez noch Spencer Smith hielten sich in Ettenheim auf, wohl aber Thumery und Schmidt. Napoleon liest noch einmal jede Zeile. Dann läßt er seine Gedanken schweifen. Hätte er den Befehl zur Entführung des Herzogs von Enghien gegeben, wenn er nicht von der Anwesenheit von Dumouriez überzeugt gewesen wäre, dessen Mitwirkung das wahre Ausmaß der Verschwörung bezeugt hat?

»Der Herzog von Enghien hat versichert, daß Dumouriez nicht

nach Ettenheim gekommen ist«, schreibt Charlot. »Möglicherweise habe man jenen damit beauftragt, ihm Instruktionen aus England zu übermitteln, es sei aber unter seinem Rang, sich mit solchen Leuten abzugeben.«

Unschuldig, der Herzog von Enghien? Was bedeutet Unschuld, wenn man ein Fürst von Geblüt ist? Wenn man dem Ausland gegen seine Heimat gedient hat? Napoleon liest die letzten Zeilen des Schreibens von Charlot: »Der Herzog von Enghien schätzt Bonaparte als einen bedeutenden Mann, aber als Fürst aus der Familie der Bourbonen kann er ihm nur unerbittlichen Haß entgegenbringen, ebenso wie den Franzosen, gegen die er bei jeder Gelegenheit Krieg führen würde.«

Napoleon kehrt nicht in den Salon zurück, wo geplaudert wird. Es ist schon Nacht. Die Würfel sind gefallen. Der Herzog von Enghien wird nach Paris eskortiert. Man wird ihn im Gefängnis von Vincennes internieren. Womit muß dieser Mann rechnen? Mit der ganzen Härte des Gesetzes. Wie jeder beliebige Emigrant auch, der mit Waffen gegen Frankreich gekämpft hat. Und er hat es getan. Er wird also von einer siebenköpfigen Militärkommission abgeurteilt werden.

Napoleon öffnet die Glastür. Es ist sehr kalt in dieser Nacht vom 17. zum 18. März 1804. Aus dem Salon hört er Lachen und Musik. Vor dieser Militärkommission gilt für den Herzog das Gesetz vom 28. März 1793, also vom 25. Brumaire des Jahres III. Es sieht die Todesstrafe vor.

Am Sonntag, dem 18. März 1804, fährt Napoleon in Begleitung von Joséphine zu den Tuilerien. Er schaut sie an: sie hält den Kopf gesenkt und wirkt bedrückt. Seit er ihr heute morgen die Verhaftung des Herzogs von Enghien mitgeteilt hat sowie seine Absicht, ihn vor ein Tribunal zu stellen, schweigt sie und seufzt.

Er mußte es ihr aber sagen. Sie wird zu anderen davon sprechen, da sie nicht fähig ist, dieses Geheimnis zu wahren, wie er genau weiß. Es ist sogar nützlich, daß sich diese Nachricht herumspricht und daß über 1 000 vertrauliche Kanäle das Resultat seiner Aktion bekannt wird. Denn er will schnell handeln. Kräftig zuschlagen, damit man ihn fürchtet.

Er nimmt Joséphine beim Arm. Sie soll neben ihm an der Messe in den Tuilerien teilnehmen. Es ist der Passionssonntag. Aber sie darf sich nicht so betrübt, so finster und besorgt zeigen, hat sie ihn verstanden? Sie bemüht sich zu lächeln.

Am 19. März geht er frühmorgens im Park von Malmaison spazieren. Er sieht, wie ein Kurier das Haus betritt, der zwei Taschen trägt. Er beeilt sich. Es handelt sich um Papiere, die man im Haus des Herzogs von Enghien in Ettenheim gefunden hat. Er schließt sich ein, um sie in Ruhe durchzusehen. Auf diesen Seiten, in diesen persönlichen Briefen an Charlotte de Rohan, findet er das Porträt einer ganzen Persönlichkeit. Der Herzog berichtet von seinen Jagdausflügen oder antwortet dem Prinzen von Condé.

Napoleon empfindet keinen Haß für diesen Menschen. Aber er ist ein Feind, von dem Zeilen wie diese stammen: »Der Herzog von Enghien bittet Monsieur Stuart, seinem König mitzuteilen, wie sehr er darauf brennt, der Britischen Majestät seine aufrichtigen Gefühle, seine Hingabe und seine Dankbarkeit zu beweisen, wie glücklich er wäre, wenn er endlich einen Platz und Anlaß fände, die Anerkennung Seiner Wohltätigen Majestät sowie Seiner tatkräftigen und ehrenwerten Nation zu erlangen.« Ein Bourbone im Dienste von England! Der sogar erklärt, daß er nahe an der Grenze bleiben wolle, da der Tod eines gewissen Menschen zum gegenwärtigen Zeitpunkt eine völlige Änderung der Verhältnisse herbeiführen könnte.

Der Herzog behauptet sogar, er könne Deserteure um sich sammeln. »Derzeit gibt es sehr viele davon in den Armeen der Republik. Der Herzog von Enghien hat sich selbst davon überzeugen können.« Ein Feind, der die Armee der Nation zerstören will! Ihn muß das Gesetz treffen, das ganze Gesetz. Napoleon fühlt sich unerbittlich.

Er hebt den Kopf. Joséphine steht da, ihre Augen sind gerötet. Sie stammelt. Sie nähert sich, sie wirft sich ihm zu Füßen. Er ist nicht überrascht. Sie flüstert: »Es ist ein Bourbone.« Er schiebt sie grob beiseite. Warum kann sie nicht verstehen, was jetzt auf dem Spiel steht? »Frauen sollten sich nicht um solche Angelegenheiten kümmern.«

Er nimmt mehrere Prisen, spricht, ohne sie anzusehen, als spräche er für sich selbst: »Die Politik verlangt diesen Staatsstreich. Dadurch erlange ich das Recht, mich später gnädig zu zeigen. Straffreiheit würde nur die Cliquen ermutigen. Und dann wäre ich gezwungen, zu verfolgen, zu vertreiben, unablässig zu verurteilen, alles zu widerrufen, was ich für die Emigranten getan habe, und mich in die Hand der Jakobiner zu begeben. Die Monarchisten haben mich schon mehr als einmal gegenüber den Revolutionären kompromittiert. Der Herzog von Enghien schafft mir allen gegenüber Handlungsfreiheit.«

Sie hat sich erhoben und bittet von neuem. »Gehen Sie fort, Sie sind wie ein Kind!« schleudert er ihr entgegen. Sie schluchzt und sagt dann mit spitzer Stimme: »Nun gut, Bonaparte, wenn du deinen Gefangenen tötest, dann wirst du selber auch guillotiniert werden, wie mein erster Mann, und ich dieses Mal zusammen mit dir.«

Sie haben alle Angst, denkt er. Meine Mutter, die mir einen Brief schickt, um mich zur Milde zu ermahnen, meine Schwester Caroline, Hortense und Madame de Rémusat, alle weinen sie. Sind sie denn blind?

Er geht durch den Salon. Dort sitzen diese Klageweiber dicht aneinandergedrängt. Laut sagt er: »Der Herzog von Enghien war ein Verschwörer wie andere auch. Und so muß man ihn auch behandeln!« Bevor er hinausgeht, dreht er sich noch einmal um und ruft aus: »Ich bin die Französische Revolution!«

Er läßt General Savary rufen, der seine Befehle an Murat weiterleiten soll, den Militärbefehlshaber von Paris. Er soll eine siebenköpfige Militärkommission einberufen. Den Vorsitz soll General Hulin übernehmen, der die Kämpfe am 14. Juli 1789 geleitet hat, die zur Einnahme der Bastille führten. Die Kommission soll alsbald im Schloß von Vincennes zusammentreten, wo der Herzog von Enghien gleich nach seiner Ankunft aus Straßburg eingesperrt wird. Sie wird unverzüglich über den Angeklagten richten. Er sagt zu Savary: »Noch in der Nacht muß alles erledigt werden.«

Es ist der 20. März. Er geht allein durch den Park. Die Hinrichtung muß gleich nach dem Urteil erfolgen. Keine Verzögerungen. Die öffentliche Meinung muß überrascht und erschüttert werden. Er sagt: wie vom Blitz getroffen.

Er hört eine Kutsche auf das Pflaster rollen. Er dreht sich gerade um, als Fouché in den Hof springt. Geschickt wie immer, dieser Fouché. Zuerst hat er für die Entführung gestimmt, und nun kommt er, um zur Vorsicht zu raten. Fouché ist etwas zu geschickt! Er wird etwas zu hören bekommen.

»Ich weiß schon, was Sie herführt«, sagt Napoleon. »Heute führe ich eine große Aktion durch, die leider notwendig ist.«

»Sie werden Frankreich und Europa gegen sich aufbringen, wenn Sie nicht den eindeutigen Beweis liefern, daß der Herzog gegen Ihre Person in Ettenheim konspiriert hat«, antwortet Fouché.

Napoleon hat eine geradezu körperliche Reaktion. Fouché sagt ihm das! Der in Lyon unter der Schreckensherrschaft Massenerschießungen befahl? Ausgerechnet er! »Wozu sind Beweise nötig?« fragt Napoleon. »Ist er nicht ein Bourbone und sogar der gefährlichste von allen?«

Er entfernt sich, aber Fouché folgt ihm in die Allee und argumentiert weiter. »Haben Sie und Ihresgleichen nicht oft genug behauptet, daß ich schließlich die Bourbonen zurückholen werde?« sagt Napoleon verächtlich. »Nun also, jetzt gibt es kein Zurück mehr. Kann ich der Revolution, die Sie im Blut des Königs zementiert haben, größere Garantien geben? Man muß aber damit Schluß machen. Ich bin von Komplotten umgeben. Jetzt heißt es durchgreifen oder untergehen.«

In der Nacht vom 20. auf den 21. März ist er allein. General Hulin hat wohl schon den Prozeß gegen den Herzog von Enghien eröffnet. Napoleon setzt sich und schreibt ein paar Zeilen. Man soll seinen Brief sogleich zu Réal bringen. Dieser soll sich nach Vincennes begeben, um den Gefangenen noch einmal zu befragen. Am Rande des Grabes sind die Menschen bereit zu sprechen. Vielleicht erhält der Herzog von Enghien so eine neue Chance? Wenn das Schicksal es will, soll er sie haben.

Er wartet. Am 21. März kommt um acht Uhr früh General Savary in den Salon von Malmaison. Auf seinem Gesicht liest Napoleon den Tod des Herzogs von Enghien.

»Warum hat man ihn verurteilt, ohne auf Réal zu warten?« fragt Napoleon. Réal taucht auf. Er ist bleich. Man hat ihm den Brief zu spät zugestellt. Er schlief noch.

»Es ist gut«, sagt Napoleon mit gedämpfter Stimme. Er dreht ihnen den Rücken zu. Joséphine folgt ihm und ruft: »Der Herzog von Enghien ist tot! Was hast du nur getan?«

Sehr laut sagt er: »So sieht man wenigstens, wozu wir fähig sind. Von nun an wird man uns hoffentlich in Ruhe lassen.«

Er steht ihnen allen gegenüber. »Ich habe Blut vergossen, doch ich mußte es tun«, fährt er fort, »und ich werde es vielleicht weiterhin tun. Aber ganz ohne Zorn, einfach weil die politische Medizin manchen Aderlaß erfordert.«

In ihren Augen liest man Entsetzen. Warum wollen sie nicht die Wahrheit sehen? »Man will die Revolution zerstören, indem man meine Person angreift«, sagt er noch. »Ich bin der Mann des Staates, ich bin die Französische Revolution, und ich werde sie verteidigen.«

25

Napoleon steht mit dem Rücken zum Kamin. Er liebt diese Wärme und den Duft des brennenden Holzes. Seit er den Salon von Malmaison betreten und sich vor den Kamin gestellt hat, hat es niemand gewagt, sich ihm zu nähern. Joséphine und Madame de Rémusat weinen. Eugène de Beauharnais macht ein ernstes Gesicht wie jemand, der um einen nahen Verwandten trauert. Von Zeit zu Zeit sagt Joséphine mit lauter Stimme: »Das ist eine furchtbare Tat.« Sie schaut dabei Napoleon an.

Die Frauen wollten von Savary eine Schilderung der letzten Augenblicke des Herzogs von Enghien hören. Er zeigte einen Ring und eine Haarsträhne, die sich der Fürst abgeschnitten hat vor dem Exekutionskommando, sowie einen Brief, den er im Knien vor dem Graben des Schlosses von Vincennes geschrieben hat. Alle Stücke sind für die Prinzessin von Rohan bestimmt.

Nun treffen Generäle ein, begleitet von den beiden Konsuln und einigen Ministern. Sie sprechen durcheinander mit lauter Stimme, sie umringen Napoleon und beglückwünschen ihn zu dieser Aktion. Sie berichten den Kommentar des Tribuns Curée, der 1793 für den Tod des Königs gestimmt hat, an diesem Vormittag: »Ich bin entzückt. Bonaparte gehört nun zum Nationalkonvent.« Einige Senatoren und Mitglieder des Staatsrates haben schon darüber nachgedacht, wie es nun weitergehen soll. »Man wollte Bonaparte töten? Man muß ihn unsterblich machen.«

Napoleon entfernt sich in Begleitung von Le Coulteux de Canteleu, Vizepräsident des Senats. Jetzt muß man sehr schnell handeln, denkt er. Dann sagt er laut: »Die Umstände, in denen wir uns befunden haben, erlaubten es uns nicht, auf ritterliche Weise zu handeln. In Staatsangelegenheiten ...« – er schaut zum Kanapee, auf dem Joséphine und Madame de Rémusat sitzen – »... wäre das kindisch.«

Er sieht, daß Joséphine aufsteht. Sie weint schon nicht mehr. Der Anblick all dieser Generäle, die über das Ereignis erfreut scheinen, läßt sie wohl daran zweifeln, ob ihre Tränen begründet sind. Er hört, wie sie zu mehreren Personen sagt: »Ich bin eben eine Frau, solche Dinge bringen mich zum Weinen.«

Napoleon verkündet, daß er sich an diesem Abend wie geplant in die Oper begeben will. Joséphine flüstert ihm zu, daß sie die Reaktionen der Zuschauer fürchtet, die ihre Ablehnung dieser »furchtbaren Tat« bekunden könnten. Er preßt ihren Arm. Heute abend in die Oper, wiederholt er.

Der Saal applaudiert ihm wie stets. Und am nächsten Morgen erreichen ihn im Arbeitskabinett der Tuilerien die ersten Schreiben von Soldaten aus der Großen Armee bei Boulogne. Sie billigen die Hinrichtung des Herzogs von Enghien und fordern Napoleon auf, sich zum Kaiser auszurufen. Der Augenblick ist da, den nächsten Schritt zu tun.

Fouché hat einen Bericht für den Senat verfaßt. »Frankreich muß in Zukunft von einem einzigen Mann regiert werden, dessen Nachfolge durch erbliche Macht gesichert ist«, hat er geschrieben. Der Senat solle den Ersten Konsul auffordern, »sein Werk zu vollenden und es genauso unsterblich zu machen wie seinen Ruhm«.

Kaiser. Napoleon wiederholt das Wort. Er denkt schon lange daran, vielleicht seit je, und nun ist dieser Titel zum Greifen nah.

Am 28. März empfängt er die Mitglieder des Senats. Er hört sie an und bittet um Bedenkzeit. Er ist schon entschlossen, aber wie vor einer Schlacht will er noch etwas nachdenken. Er begibt sich nach Malmaison, geht dort allein im Park spazieren. Er spricht mit Joseph. Jener weigert sich aber, zugunsten seiner Nachkommen auf seine eigenen Ansprüche zu verzichten. Und als er hört, daß Napoleon den Sohn von Hortense und Louis adoptieren will, protestiert er. Hortense ihrerseits verweigert die Adoption von Napoleon-Charles. Louis ist krank vor Eifersucht. Er ist wütend über die Gerüchte, daß Napoleon der Vater des Kindes sei. Eine Adoption schiene dies zu bestätigen und sei deshalb für ihn inakzeptabel.

»Ich werde ein Gesetz erlassen, das mich wenigstens zum Herrn in meiner Familie macht«, schimpft Napoleon.

Das Wetter ist schön und kühl. Er begibt sich wieder öfter nach Saint-Cloud, wo er sich um die Große Armee kümmert und den Plan einer Landung in England. In manchen Nächten schlüpft Mademoiselle George ins Treppenhaus, wo sie von Constant empfangen und in seine Privatgemächer geleitet wird. Er wartet auf sie, aber sie zerstreut ihn kaum noch. Er weiß, daß sie über seine Nächte mit ihm tratscht, deshalb bestellt er sie nur noch selten zu sich. Inzwischen empfängt er andere Schauspielerinnen, manchmal auch Madame de Rémusat.

Sie gehört zum engeren Kreis von Malmaison. Mit ihr kann er sich unterhalten. Er erwähnt den Vorschlag des Tribuns Curée, der am 30. April vom Tribunat angenommen wurde und der Napoleon Bonaparte zum Kaiser erklärt, dessen Nachfolge innerhalb seiner Familie geregelt würde. »Wir können es uns nicht erlauben, langsam vorzugehen«, hat Curée gesagt, »die Zeit drängt. Das Jahrhundert von Bonaparte ist in sein viertes Jahr eingetreten: die Nation will, daß ein so illustres Oberhaupt über ihr Schicksal wacht.«

Hat sie dergleichen erwartet, fragt er Madame de Rémusat, fährt aber fort, ohne ihre Antwort abzuwarten: »Sie lieben die Monarchie, nicht wahr? Es ist die einzige Regierungsform, die den

Franzosen gefällt.« Er lächelt. »Alle, die mich Sire nennen können, werden sich hundertmal wohler fühlen als heute.«

Er nähert sich ihr. Er könnte ihr anvertrauen, daß er an diesem Nachmittag den Kardinal Caprara getroffen hat, um ihm seinen Wunsch mitzuteilen, von Papst Pius VII. zum Kaiser gekrönt zu werden. Diese Idee ist ihm erst vor kurzem gekommen. Vom Heiligen Vater gekrönt, wäre er wirklich der legitime Herrscher. Was könnten jene Monarchen gegen ihn einwenden, die aus der Religion den Eckstein ihrer Herrschaft machen?

Zu Madame de Rémusat sagt er allerdings nur: »Eigentlich wollte ich das Konsulat noch zwei Jahre innehaben. Aber jene Verschwörung wollte Europa aufrütteln, so mußte man es Europa und den Monarchisten zeigen. Ich hatte nur die Wahl zwischen einer kleinlichen Verfolgung und einem großen Coup.« Hat sie vielleicht für ihn eine andere Möglichkeit gesehen? Er hat eben mit der Hinrichtung des Herzogs von Enghien einen großen Coup vollzogen. »Damit habe ich Monarchisten und Jakobiner für lange Zeit ruhiggestellt.«

Sie haben sich noch einmal gegen Napoleon empört, als man am 6. April 1804 General Pichegru tot in seiner Zelle im Temple-Gefängnis aufgefunden hat, stranguliert. Ein Mamelucken-Verbrechen, hat man hier und da gesagt, ein Mord, der einen unbequemen Zeugen über die Vergangenheit des Ersten Konsuls zum Schweigen bringen sollte. Aber dieses Gerücht fand draußen nur wenig Widerhall.

»Ich hatte ein Tribunal, um Pichegru zu richten, und Soldaten, um ihn erschießen zu lassen«, sagt Napoleon. »Warum hätte ich Pichegru ermorden lassen sollen, wo er doch ein Belastungszeuge gegen Moreau war?« Verächtlich fügt er hinzu: »In meinem Leben habe ich noch nie etwas Überflüssiges getan.«

Pichegru hat sich selbst umgebracht! Man soll seine Leiche zugänglich machen, damit eine Untersuchung stattfinden kann! Mögen die Hunde nur bellen. Der Prozeß gegen Moreau und seine Komplizen wird stattfinden. »Gott straft in der anderen Welt«, sagt er, »aber Cäsar muß in dieser Welt herrschen.«

Madame de Rémusat fragt: »Und was wird aus Polignac und

Rivière?« Sie bittet um Gnade für sie. »Man soll sie zunächst vor Gericht stellen«, sagt Napoleon. Über ihre Begnadigung befindet dann nicht mehr der Erste Konsul, sondern der Kaiser.

Am 18. Mai 1804 wartet Napoleon in Uniform im großen Kabinettssaal des Schlosses von Saint-Cloud. Er steht in der Mitte des Kreises, den die Staatsräte und die Generäle um ihn gebildet haben. Hinter ihm haben die Minister sowie der Konsul Lebrun Aufstellung genommen. Nun ist es so weit.

Er sieht Cambacérès auf sich zu treten, er hört, wie er den Senatsbeschluß mitteilt, nach dem »General Napoleon Bonaparte zum Kaiser der Franzosen erklärt wird und den Titel Napoleon I. führt«. Mit donnernder Stimme sagt Cambacérès: »Sire ...«

Sire! Es ist also geschehen. Er ist Kaiser. Ist dies der glücklichste Augenblick seines Lebens? Er fragt es sich selbst, während Cambacérès seine Rede beendet. »Zum Ruhm wie zum Glück der Republik erklärt der Senat in diesem Augenblick Napoleon zum Kaiser der Franzosen.«

Napoleon hört den Kanonendonner, der in Paris die Nachricht verkündet und dessen Echo bis nach Saint-Cloud tönt. Glücklich? Was bedeutet dieses Wort? Er hat das vollendet, was in ihm steckte, was also vollendet werden mußte, weil eben dies der Ausdruck der Energie war, die er in sich spürte und die ihn diesen Weg gehen ließ. Bis zu diesen Wörtern: Kaiser, Sire.

Ihm kommt es so vor, als wäre alles in seinem Leben notwendig und unvermeidlich gewesen. Er tritt einen Schritt vor und sagt mit lauter, fester Stimme: »Alles, was zum Wohl der Heimat beitragen kann, ist wesentlich an mein Glück gebunden.« Er neigt den Kopf ein wenig zur Seite. Die Männer und Frauen um ihn herum bilden einen Kreis, dessen Mittelpunkt er ist. »Ich akzeptiere den Titel, den Sie für den Ruhm der Nation für nötig halten«, fährt er fort, »das Gesetz über die Erbfolge unterbreite ich dem Volk zur Abstimmung.« Er schaut auf die versammelten Persönlichkeiten. »Ich hoffe, daß Frankreich niemals die Ehre bedauern wird, die es meiner Familie erweist. Auf jeden Fall wird mein Geist an dem Tag nicht mehr bei meinen Nachfolgern sein, an dem sie die Liebe und das Vertrauen dieser großen Nation nicht mehr verdienen.«

Man klatscht Beifall. Alles hat nur eine Viertelstunde gedauert. Er schaut auf das eingefallene und angespannte Gesicht von Joséphine. Sie scheint Angst zu haben. Er sieht Duroc, den Gouverneur des Palastes. Er möchte ein striktes Protokoll, sagt er. Jeder soll den anderen bei seinem rechtmäßigen Titel nennen. Joseph ist Oberwahlmann; Louis ist Konnetabel; alle beide sind Kaiserliche Hoheiten; Cambacérès ist Erzkanzler; Ségur ist oberster Protokollchef. 18 Generäle werden zu Marschällen ernannt. »Und Sie, Duroc, werden Oberhofmarschall.«

Gegen Abend betritt Napoleon den Salon. Alle sind schon anwesend für das Diner. Im Vorbeischreiten spricht er alle auf ganz formelle Weise mit dem gebührenden Titel an, als ob seine Brüder, seine Mutter, seine Schwestern ihm so fern stünden wie Murat oder Cambacérès. Das ist das Spiel der Macht und des Lebens. Nur Kinderkam? Aber wer spielt denn nicht?

Er sieht, daß Caroline Murat sich auf die Lippen beißt und weint. Auch Élisa Bacciocchi ist eifersüchtig. Kurz nach dem Essen fällt Caroline in Ohnmacht. »Ich bin nicht Prinzessin«, jammert sie.

Napoleon geht zu ihr, er meint aber auch Élisa, als er sagt: »Wenn man Ihre Ansprüche sieht, meine Damen, dann könnte man glauben, daß wir die Krone aus den Händen unseres Vaters, des verstorbenen Königs, empfangen hätten.« Auf ihn allein gehe sie zurück. Das sagt er auch noch einmal seiner Mutter, die man nun mit »Madame Mère« anspricht.

»Für den Augenblick schließe ich meine beiden Brüder Lucien und Jérôme von der Nachfolge aus«, sagt er, »den einen, weil er trotz seiner Intelligenz eine unvernünftige Ehe geschlossen hat, den anderen, weil er ohne meine Erlaubnis eine Amerikanerin geheiratet hat. Sobald sie auf ihre Frauen verzichten, setze ich sie wieder in ihre Rechte ein.«

Langsam geht er durch den Salon. Wenn er vorbeikommt, verbeugen sich die Seinen. Er ist schon Kaiser. Er schaut Joseph an und dann Louis. Sie denken beide gewiß schon an meinen Tod, sagt er sich. Ich habe ja keinen Erben. Und wenn ich nicht die Kinder oder Enkel meiner Brüder adoptiere, wird einer meiner

Brüder mir nachfolgen. Aber wessen kann ich gewiß sein? Wird das alles mich überdauern?

Am nächsten Tag, dem 19. Mai 1804, hört er, wie Constant die Tür zu seinem Zimmer öffnet. »Wie spät ist es? Welches Wetter herrscht draußen?« fragt er wie jeden Morgen.

»Es ist sieben Uhr, Sire, und es ist schön.«

Sire. Der erste Morgen. Er zupft Constant am Ohr. »Er ist ein Schelm«, flüstert er.

26

Ungeduldig wartet Napoleon auf das Ende des letzten Aktes. Von der Moral eines Stückes weiß man nichts, sagt er zu Fouché, ehe nicht der Vorhang nach der letzten Replik gefallen ist. Und der Prozeß gegen General Moreau sowie Cadoudal und seine Komplizen hat an diesem 25. Mai 1804 gerade erst begonnen. Kann man den Richtern vertrauen? Er liest die Polizeiberichte. Staatsanwalt Thuriot ist zuverlässig. Er gehörte dem Wohlfahrtsausschuß an. Aber was soll man von Richter Lecourbe halten, dessen Bruder, ein General, zum Umfeld von Moreau gehörte? Und wieviel Sympathie genießt dieser überhaupt noch in der Armee?

Jeden Abend läßt sich Napoleon vom Verhandlungstag berichten. Die Atmosphäre, die laut Spitzelberichten im Saal herrscht, gefällt ihm gar nicht. Er regt sich auf. Es kommen viele Offiziere in Zivil, um Moreau zu unterstützen. Sie setzen sich über die erlassenen Anweisungen hinweg, nach denen sie in ihren Kasernen bleiben sollten. Die ersten Reihen sind besetzt mit Aristokraten aus den Salons der feinen Viertel, die es genießen, wenn Cadoudal oder Armand de Polignac auf die Fragen des Richters mit Ironie oder Hochmut antworten, oder wenn Picot, der Diener von Cadoudal, behauptet, daß man ihn gefoltert und seine Finger in einem Gewehrabzug festgeklemmt habe. Napoleon wird wütend. Was ist das für eine Komödie?

Wenn er in den Salon kommt, empfangen ihn dort die Seufzer von Joséphine oder Madame de Rémusat. Mit ihren Mienen oder ihren Tränen plädiert die eine für Polignac und die andre für Bouvet de Lozier. Am liebsten würde er schreien: »Mich wollte man ermorden!«

Eines Abends packt ihn die Wut. General Lecourbe hat mitten im vollen Gerichtssaal den kleinen Sohn von Moreau in die Höhe gehoben und gerufen: »Soldaten, hier ist der Sohn Eures Generals!« Und die Soldaten haben salutiert. Wenn Moreau nur ein bißchen Mumm gehabt hätte, wären die Richter davongefegt und die Gefangen befreit worden. Ist es denn möglich, daß dieses Stück so endet?

Fouché kommt nach Saint-Cloud, wo Napoleon auf das Urteil wartet. Zu welcher Seite neigt Fouché? Napoleon reicht ihm einen Brief. Darin steht eine Erklärung von Ludwig XVIII., in der er den Usurpator Bonaparte kritisiert. Aber das ist noch nicht alles. Der Bruder von Ludwig XVI. verurteilt darin alle illegalen Akte seit den Generalständen von 1789, welche Frankreich und Europa in diese schreckliche Krise gestürzt haben.

Fouché bleibt kühl wie immer. Er sagt, was Napoleon empfindet. Daß viele Generäle, auch jene, die Marschälle geworden sind, die Begnadigung von Moreau wünschen. Moncey sagt sogar, daß er nicht weiß, wie die Gendarmerie reagieren wird. »Ein Gnadenakt wird größeren Eindruck machen als das Schafott«, sagt Fouché abschließend.

»Man soll sie alle verurteilen«, sagt Napoleon, »dann kann immer noch Gnade walten.«

Am Abend des 10. Juni ergeht das Urteil. Cadoudal, Armand de Polignac und Rivière werden zum Tode verurteilt. Und Moreau zu zwei Jahren Gefängnis. Zwei Jahre! Napoleon gestikuliert. Er schimpft auf den Richter Lecourbe. Nach dem Gesetz hätte Moreau die Todesstrafe verdient. Aber die Richter haben Angst gehabt.

»Diese Hunde«, sagt er, »erklären mir, daß Moreau der Höchststrafe nicht entgehen kann, daß seine Mittäterschaft bewiesen ist, und dann verurteilen sie ihn wie einen Taschendieb.« Er brüllt noch weiter, versetzt den Stühlen Fußtritte. »Was soll ich denn mit ihm anfangen? Ihn freilassen? Dann hätte die Verschwörung einen neuen Ansatzpunkt.«

Er beruhigt sich wieder. Er erinnert sich an seinen Lieblingsvers aus der Tragödie *Cinna*: »Ich beherrsche mich selbst und beherrsche die Welt.« Er sagt: »Moreau soll seine Güter verkaufen und Frankreich verlassen. Was soll ich mit ihm im Gefängnis anfangen? Auch ohne ihn habe ich genug Sorgen.«

Am Morgen des 11. Juni arbeitet er in seinem Kabinett gemeinsam mit Talleyrand. Er hört den Bericht des Außenministers über die Reaktion der Mächte auf die Hinrichtung des Herzogs von Enghien. Als die Nachricht eintraf, hat der Hof des Zaren Trauer angelegt. Trauer! Mit einer wütenden Geste stößt Napoleon den Tisch weg. Alexander, der seinen eigenen Vater unter Beihilfe jenes englischen Botschafters Lord Withworth erwürgen ließ, der dann später in Frankreich intrigierte und den Napoleon persönlich am Vorabend des Bruchs des Friedens von Amiens zusammengestaucht hat. Er glaubt wohl, daß er nun Lektionen erteilen kann? So ist die Welt? So ist die Welt von Rußland und England? Wenn sie zusammen mit Preußen, wo man auch den Herzog beweint, eine Koalition bilden, dann werden wir sie eben zerschlagen!

La Valette kommt herein, und Napoleon hört es draußen klagen und seufzen. »Was geschieht bei meiner Frau?« fragt er. »Man weint, Sire.«

Noch bevor er etwas antworten kann, dringt Joséphine in das Kabinett ein in Begleitung mehrerer Personen, die sie mit ihren ausgebreiteten Armen zu beschützen scheint. Eine tränenüberströmte hübsche Frau wirft sich Napoleon zu Füßen, fleht ihn an, weint und wird ohnmächtig. Madame de Rémusat interveniert, flüstert ihm zu, daß es sich um Madame de Polignac handele. Auch die alte Madame de Montesson, die Napoleon als Schüler der Militärschule in Brienne kennengelernt hat, bittet ihn um Milde.

»Warum setzen Sie sich denn für diese Leute ein?« grummelt Napoleon. Er zieht Madame de Rémusat in eine Ecke des Zimmers, während sich andere um Madame de Polignac bemühen, die Gnade für ihren Mann erfleht.

»Die monarchistische Partei«, sagt er, »hat so viele unvorsichtige junge Anhänger, die es immer wieder versuchen werden, wenn man ihnen nicht eine harte Lektion erteilt.«

Madame de Polignac nähert sich, gestützt von Talleyrand. Die Schönheit dieser Frau rührt ihn. »Die Fürsten, die das Leben ihrer treuesten Diener gefährden, ohne deren Gefahren zu teilen, sind besonders schuldig«, sagt Napoleon.

Er geht ein paar Schritte. Das Kabinett ist inzwischen voller Frauen, auch Hortense und seine Schwestern Caroline und Élisa sind da. Er hört sie an. Sie plädieren für verschiedene Gefangene, für Lajolais und Bouvet de Lozier. Napoleon zögert. Er will kein Zeichen von Schwäche geben. Doch dann sagt er plötzlich zu Madame de Polignac: »Madame, Ihr Mann hatte es auf mein Leben abgesehen. Ich kann ihm also vergeben.«

Auch das heißt Kaiser Napoleon I. sein. Also kein Bourbone sein, sondern jemand, der sein Leben riskiert.

Später begnadigt Napoleon auch andere Verurteilte und erlaubt Moreau, Frankreich zu verlassen. Aus der Geheimkasse der Polizei kauft er dessen Besitztümer, das Landgut Grosbois und die Stadtvilla in Paris. Die Villa nötigt er Bernadotte auf und das Landgut Berthier. Sich großzügig zu zeigen ist auch eine politische Tat. Vielleicht wissen es jene Generäle ihm zu danken.

Allmählich senkt sich der Vorhang über dem letzten Akt. Bleibt noch Cadoudal. Er erinnert sich an den mächtigen Kopf von Georges. Er wird in den Korb rollen. Auf dem Platz vor dem Rathaus ist schon das Schafott errichtet. Dieser Chouan hat sein Leben riskiert. Dieser Mann hat Mut bewiesen. Napoleon läßt Réal kommen. Der Staatsrat soll Georges mitteilen, daß er begnadigt würde, wenn er darum bitten sollte. Am Abend des 25. Juni bringt Réal die Antwort. Cadoudal lehnt ab. Auch gut so. Am 26. Juni 1804 enthauptet Samson, dessen Vater Ludwig XVI. guillotiniert hat, Cadoudal und zwölf seiner Komplizen.

Napoleon geht allein durch den Park von Saint-Cloud. Er hat soeben den Rapport über die Hinrichtung gelesen. Der Chouan hat aufrecht auf dem Gerüst gestanden, gelächelt und dann ausgerufen: »Es lebe der König!«

Langsam geht Napoleon ins Schloß zurück. Er wird Fouché zu sich bestellen. An der Spitze der Polizei des Kaiserreichs braucht man einen Mann von seinem Schlag.

SIEBTER TEIL

»Kaiser? Nur ein Wort wie jedes andere!«

Juli 1804 – Dezember 1804

27

Napoleon achtet auf das geringste Geräusch. Er hat das Fenster seiner Privatgemächer geöffnet, die über seinem Arbeitskabinett liegen. Die Luft ist kühl in dieser Julinacht des Jahres 1804, voller Feuchtigkeit aus dem Wald rings um das Schloß von Saint-Cloud. Napoleon tritt an die kleine Tür vor der Geheimtreppe zwischen seiner Wohnung und dem Kabinett. Ohne seine ausdrückliche Erlaubnis darf niemand diese Treppe benutzen.

Er lauscht voller Ungeduld. Warum dieses Versteckspiel? Er nimmt es Joséphine übel, daß sie ihn zu solchen Niedrigkeiten zwingt, die seiner unwürdig sind, die seinem Rang und vor allem seiner Persönlichkeit widersprechen. Niemand kann ihn zwingen. Er hat alle Hierarchien umgestoßen, Könige beugen sich ihm und auch der Papst, der nach Paris kommen wird, um ihn zum Kaiser zu krönen, dessen ist er sicher. Aber in dieser Wohnung, in dieser Nacht ist er nichts als ein Ehemann, der auf seine Mätresse wartet, und zwar heimlich, um sich nicht den Zorn seiner Gattin zuzuziehen. Unerträglich!

In Augenblicken wie diesen hat er manchmal Lust, dem Wunsch seiner Familie nachzukommen. Seit er zum Kaiser proklamiert wurde, drängen ihn seine Brüder und Schwestern immer wieder zur Scheidung. Es nützt nichts, daß er sie mehrfach gebeten hat, nicht davon zu reden, daß er sie mit karolingischen Titeln geschmückt und mit Pensionen versehen hat – 700 000 Francs für Élisa! –, seine Brüder und Schwestern reden immer wieder davon, daß er sich vor der Krönung von Joséphine trennen muß, daß es ein Skandal wäre, wenn sie damit in Verbindung gebracht würde, wo sie doch nicht in der Lage sei, ihrem Mann ein Kind zu schenken.

Er öffnet die Tür. Kein Vorbeihuschen zu hören, kein Schatten zu sehen. Er tritt wieder ans Fenster. Vielleicht kommt Marie-Antoinette Duchâtel ja durch die Gärten. Aber sie muß wohl noch einige Zeit im Salon bei Joséphine bleiben, um keinen Verdacht zu erregen und sich in einem unbeobachteten Moment davonzuschleichen. Joséphine ist nicht leicht zu täuschen. Sie ist äußerst wachsam. Er erträgt es nicht, daß sie so leidet. Aber aus welchem Grund sollte er auf das nächtliche Vergnügen mit einer jungen Frau verzichten? Und weshalb sollte er nicht an Scheidung denken?

Er kann dieser Dynastie, die er gründet, Glanz und alle äußeren Formen geben, sie wird doch gefährdet und schwach bleiben, solange er keinen Erben in direkter Linie hat, einen Sohn, den Joséphine ihm eben nicht schenken kann. Er weiß es. Und außerdem braucht er andere Frauen. Diese Marie-Antoinette Duchâtel, auf die er wartet, ist gerade erst 20 Jahre alt. Sie ist mit einem alten Graubart verheiratet, einem Grafen, der unter der Schreckensherrschaft eingesperrt war und nun ein ausgezeichneter Amtschef der Registratur ist, den Wünschen seiner Gemahlin aber nicht mehr entsprechen kann. Und Joséphine kann Napoleon nicht geben, was er erhofft. Marie-Antoinette hat das Feuer ihres Alters. Und sie ist nicht dumm. Sie hat nicht die runden Formen von Georgina, sondern im Gegenteil eine sehr schlanke Gestalt.

Noch einmal öffnet er die Tür zur Geheimtreppe. In einer plötzlichen Gefühlsaufwallung denkt er daran, sich noch vor der Krönung von Joséphine zu trennen. Dann faßt er sich wieder. Er hört das Rascheln eines Kleides und Schritte im Flur. Er macht einen Schritt nach vorn und erblickt die blonden Haare von Marie-Antoinette Duchâtel. Er faßt sie an den Handgelenken und zieht sie an sich. Sie ist außer Atem. Sie stammelt lauter Entschuldigungen. »Sire«, beginnt sie. Er hört sie nicht an. Sie haben so wenig Zeit. Sie muß zurück zu Joséphine, da Napoleon sie zur Hofdame des Palastes ernannt hat.

Er lacht. Diese Macht hat er immerhin. Er fühlt sich stark und jung. Sein 35. Lebensjahr hat gerade erst begonnen, und er ist Kaiser der Franzosen.

Kaiser? Er will alles, was zu diesem Titel gehört. Wappen, Kleidung, Zeremonien. Er versammelt die Mitglieder des Staatsrates.

Wenn er sich an Cambacérès wendet, sagt er: »Herr Erzkanzler.« Und Cambacérès verbeugt sich und sagt leise: »Sire.«

Jede Einzelheit muß nach sorgfältiger Prüfung bis ins kleinste geregelt werden. Er läßt jedes Mitglied des Staatsrates seine Meinung vortragen. Cambacérès schlägt als Symbol des Kaiserreichs die Biene vor. Ein anderer bringt den Löwen ins Gespräch. »Und warum nicht den Hahn?« fragt ein Dritter. »Der Elefant ist ein Symbol der Stärke«, suggeriert Portalis.

Schon wird das Dekret redigiert, das über das große Siegel des Kaiserreichs bestimmt: »ein ruhender Löwe auf blauem Feld«. Napoleon hat das Wort »Löwe« durchgestrichen und ersetzt durch »Adler mit offenen Flügeln«. Der Adler erinnert an Rom und Karl den Großen. Auf diese Linie bezieht er sich. Für die Armeen gelten die Adler wie einst für die römischen Legionen und Kohorten.

Und was ist mit der Biene? Mit seiner sanften Stimme erinnert Cambacérès daran, daß man im Grab von Childerich I. sowie in den Wappen anderer französischer Könige des frühen Mittelalters goldene Bienen gefunden hat. Beim Einzug von Ludwig XII. in Genua im Jahre 1507, fährt Cambacérès fort, trug der französische König ein Gewand, auf dem goldene Bienen in großer Zahl abgebildet waren. Der Adler also, und die Biene? Napoleon stimmt zu. So schreibt er sich in die Reihe der großen Herrscher ein, sich und seine Dynastie. Jede Zeremonie, jede Garderobe, jede Geste, sagt er, hat ihre Bedeutung.

Am 13. Juli legt er per Dekret das Protokoll fest. Dem Erzkanzler sagt er, er wolle keinen Kleinkrieg um die Etikette. Er entscheidet und legt den Vorrang der Divisionsgeneräle vor den Präfekten fest und schafft Ehrengarden, deren Mitglieder unter den jungen Männern aus den besten Familien rekrutiert werden. Und mit der Feder in der Hand bestimmt er auch, daß die Kaiserliche Garde aus mehr als 9000 Soldaten besteht, davon 2800 Kavalleristen. Zu Berthier sagt er: »Die Männer meiner Garde müssen mindestens 1,70 Meter groß sein, fünf Jahre Dienst und zwei Feldzüge absolviert haben.« Der Kriegsminister verneigt sich.

Dann spricht Napoleon mit leicht träumerischer Stimme, wobei er den General anschaut: »Was ist denn dieses Wort Kaiser?

Nur ein Wort wie jedes andere! Wenn ich nur diesen einen Titel aufzuweisen hätte, würde mich die Nachwelt auslachen.« Als er das verdutzte Gesicht von Berthier sieht, lächelt er. »Menschen brauchen ein vorteilhaftes Licht, wie Gestalten auf einem Gemälde.« Was hält Berthier davon? Berthier stammelt nur. Die Menschen brauchen einfache Wörter, starke und klare Gedanken und glanzvolle Zeremonien. Napoleon wird seine Rolle spielen. Er ist der Kaiser.

Am Sonntag, dem 15. Juli 1804, dem Tag, an dem der Sturm auf die Bastille gefeiert wird, verläßt er den Carrousel-Platz am Mittag. Vor sich sieht er das Ehrenspalier der Soldaten sowie die vier Karossen von Joséphine, ihren Damen, den Prinzessinnen und ihren Offizieren, die schon in Richtung Invaliden rollen. An diesem Morgen hat er Joséphine in ihrem Kleid aus rosa Tüll mit Silbersternen schön und würdevoll gefunden. Ihr Anblick hat ihm ein Gefühl von Glück und Stärke beschert. Alles wäre so einfach, wenn sie das wäre, was sie sein sollte: eine junge Gattin im Glanz ihres Titels und ihrer Schönheit, treu, ergeben und fruchtbar. Und jungfräulich geheiratet! Aber das ist sie niemals gewesen!!!

Constant und Rustan haben Napoleon geholfen, die Uniform eines Gardeoberst anzulegen. Er hat seinen schwarzen Hut aufgesetzt, und nun reitet er an der Spitze des Zuges auf einem weißen Pferd. Hinter ihm reiten Generäle der Garde, Hofbeamte der Krone, Adjutanten und schließlich berittene Grenadiere.

Vor dem Invalidendom überreicht ihm der Gouverneur die Schlüssel, dann geht Napoleon, von Geistlichen geleitet, bis zum Thron, der links vom Altar für ihn errichtet wurde. Er steht aufrecht, mit bloßem Haupt und schaut die riesige Kuppel an, die Tribünen, diese Menge in Uniform, nach Rängen geordnet, dort die Schüler der Polytechnischen Hochschule, dort die Invaliden, dort die Botschafter und die höheren Hofbeamten, dort die Militärs. Er nimmt Platz. Die Welt hat ihre Ordnung, und in der Mitte steht er.

Der Kurienkardinal liest aus dem Evangelium, dann spricht Lacépède, der Kanzler der Ehrenlegion, schließlich erhebt sich

Napoleon. Seinen Hut hat er wieder gerade aufgesetzt. Diese Zeremonie zur Verleihung der Ehrenlegion hat er genau so gewollt, in einer Kirche und mit religiösem Ritual. Und nach dem Verteilen der Kreuze der Ehrenlegion beginnt das Tedeum. So hat er aus Anlaß dieser Zeremonie in Erinnerung an den 14. Juli die erstrebte Verschmelzung realisiert und gezeigt, welchen Sinn sein Kaiserreich hat.

Er beginnt zu sprechen, seine kräftige Stimme hallt durch das riesige Gebäude: »Kommandanten, Offiziere, Legionäre, Bürger und Soldaten, Ihr schwört auf Eure Ehre, Euch dem Dienst des Kaiserreichs zu widmen, der Bewahrung aller seiner Territorien, der Verteidigung des Kaisers, der Gesetze der Republik und der Eigentumsverhältnisse, die sie geschaffen hat, und mit allen Mitteln dafür zu kämpfen, daß Gerechtigkeit, Vernunft und Gesetze jeden Versuch zur Wiederherstellung eines feudalen Regimes verhindern.«

Er schweigt, weil wirklich jeder verstehen muß, worum es geht. Er ist der Kaiser einer neuen Ordnung. Er stellt die alten Formen wieder her, um das zu bewahren, was neu und seit dem 14. Juli 1789 entstanden ist. Noch einmal erhebt er die Stimme, noch kräftiger als zuvor: »Schließlich schwört Ihr, mit all Eurer Kraft für den Erhalt von Freiheit und Gleichheit einzutreten, den Grundlagen unserer Institutionen. Ihr schwört es!«

Akklamationen ertönen donnernd unter dem Gewölbe. Und dann erklingt das Tedeum. Er fühlt sich wie verwandelt. Es kommt ihm sogar so vor, als ob seine Gesten langsamer geworden seien, als er all den neuen Trägern der Ehrenlegion ihre Insignien überreicht. Er ist derjenige, der Ruhm und Ehre bestätigt und verleiht. Man hört Kanonendonner. Um 15 Uhr ist er wieder in den Tuilerien. Sein Wagen rollt durch den Garten. Das ist das Vorrecht des Kaisers.

Noch zwei Nächte in Saint-Cloud. Sie kommt erneut. Im Invalidendom hat er Madame Duchâtel in ihrem Schmuck als Hofdame gesehen, ganz nah bei Joséphine. Als er die Tuilerien verließ, war er von der Anmut seiner Gattin überrascht worden, aber wie hätte Joséphine mit Marie-Antoinette Duchâtel rivalisieren können? Die Zeit ist ein Graben, in dem man versinkt. Und trotz ihrer Schminke, trotz der roten Wangen und Lippen war ihm Joséphine neben dieser jungen Frau farblos erschienen. Er begehrt sie. Noch nie hat er sich so selbstsicher gefühlt. Er selbst ist der Adler mit den geöffneten Schwingen. Er will mit seiner Hand, deren Finger sich wie Klauen öffnen, den jungen Körper von Madame Duchâtel ergreifen. Sie tritt ein. Er drückt sie an sich. Er zieht sie mit. Niemals soll man ihn daran hindern, zu sein, was er ist, zu tun, was er will.

An diesem 19. Juli 1804 erreicht er Boulogne. Er durcheilt die Stadt. Die Küstenbatterien lassen zu seinen Ehren 900 Schuß Salut ertönen. Während er durch die Triumphbögen fährt, die man in allen Straßen errichtet hat, werfen ihm Mädchen Blumen zu. Im Hafen hat man eine 15 Meter hohe Holzsäule errichtet, an der man Zettel mit Drohungen gegen England befestigt hat. Napoleon grüßt, verweilt aber nicht. Er steigt an Bord eines Schiffes und läßt sich bis zur Sperrlinie fahren. Das Wetter ist gut. Er gibt einigen Begleitschiffen den Befehl zum Aufbruch. Das Meer ist trotz starken Windes relativ ruhig. Napoleon steht am Bug der Schaluppe. Als sie ein Kap umrunden, entdeckt er das englische Geschwader, das sogleich das Feuer eröffnet. Er liebt diese Spannung des Krieges, die die Menschen ergreift, ihre Stimmen und Haltungen verändert, die Gesichter ernst macht.

Man kehrt zum Hafen zurück. Er richtet sich in seiner Baracke auf dem Felsen von Odre ein. Aus der Rotunde mit den Fenstern überblickt er Hafen und Meer. Dann macht er sich an die Arbeit und schreibt an Fouché, den er bittet, General Lecourbe auf einen Posten fern von Paris zu versetzen, weil er für Moreau Partei ergriffen hat. Zu viele Spione gibt es noch, zu viele Feinde. Man darf sich nicht täuschen lassen.

Selbst in Boulogne, in dieser Stadt, die sich in ein riesiges Heerlager verwandelt hat, in dem Wein und Geld in Strömen fließen, in dem sich die Huren zusammengedrängt haben wie Fliegen um ein Stück Zucker, so viele Soldaten sind hier, werden fast jeden Tag englische Spione verhaftet, meist Emigrierte. Sie werden zum Tode verurteilt und füsiliert. Es herrscht Krieg. Das soll auch Fouché nicht vergessen.

In seiner Baracke tobt Napoleon vor Wut. Manchmal glaubt er, daß er der einzige ist, der weiß, daß man unablässig handeln muß, gespannt bleiben muß wie ein Bogen, nicht matt und weich werden und einschlafen oder Zeit verlieren darf. Er diktiert einen zweiten Brief an Fouché. »Ich lese gerade den Vorschlag des Bürgers Fulton, den Sie an mich weitergeleitet haben, leider viel zu spät, weil er nämlich den Gang der Geschichte verändern könnte.«

Einen Augenblick lang stellt er sich die Schiffe vor, die der Amerikaner Fulton erfunden hat, Schiffe, die ohne Segel vorankommen, allein von einer Dampfmaschine angetrieben, außerdem andere Schiffe, die unter Wasser fahren können. »Ich wünsche, daß Sie eine von Ihnen gewählte Kommission mit der Prüfung dieser Pläne aus den verschiedenen Abteilungen der Akademie beauftragen. Sorgen Sie dafür, daß dies innerhalb einer Woche geschieht.«

Die Nacht über studiert er Karten oder schreibt an Vizeadmiral Latouche-Tréville, der in Toulon befehligt. »Lassen Sie mich wissen, was der Feind macht und wo sich Nelson aufhält.« Er will seinen Enthusiasmus, seine Entschlossenheit und seine Energie auf andere übertragen. »Zwischen Etaples, Boulogne, Wimereux und Ambleteuse verfügen wir über 1800 Kanonenboote, Schaluppen und Kähne, die 120000 Männer und 10000 Pferde transportieren können. Wenn wir die Meerenge sechs Stunden lang beherrschen, dann beherrschen wir die Welt.«

Diese Gewißheit bedrängt ihn. Er schläft schlecht. Schon früh morgens ist er auf den Felsen, im Hafen, bei den Küstenbatterien. Das Wetter sieht nach Gewitter aus. Der Wind weht in so heftigen Stößen, daß man gebeugt gehen muß. Blitze zerreißen den Horizont. Das Meer wird von hohen Wellen aufgepeitscht, deren Kämme von Schaum gekrönt sind. Er schreitet gegen den Wind an. Auch ihn muß man besiegen.

Er befiehlt Admiral Bruix, der ihm auf den Felsen entgegenkommt, die Schiffe zu einer Flottenparade ausfahren zu lassen. Bruix sagt, daß ein gewaltiger Sturm aufzieht. Er will seine Männer nicht unnötig gefährden. »Ich habe einen Befehl erteilt«, sagt

Napoleon. Bruix lehnt ab. Kann man denn Krieg führen und kommandieren, wenn Befehle nicht ausgeführt werden?

Bruix trotzt ihm. Napoleon ergreift seine Peitsche, wirft sie dann zu Boden und wendet sich an Konteradmiral Magon, der sogleich aufbricht, um die Flotte zum Auslaufen vorzubereiten. Bald darauf bricht der Sturm los. Napoleon sieht, wie einige Schaluppen gegen Felsen an der Küste geschleudert werden. Einige werden zerschmettert, andere kentern. Menschen ertrinken. Napoleon springt auf ein Boot, um zu Hilfe zu eilen. Erst am Morgen ist der Kampf beendet. Durchnäßt bis auf die Knochen, kehrt er in seine Baracke zurück. Soult teilt ihm wenig später mit, daß es 40 Opfer gab.

Ich befehlige eine Armee, ein Kaiserreich, sagt er sich. Ich führe Krieg. Der Tod dieser Männer liegt in der Natur der militärischen Dinge. Admiral Bruix hatte recht, die Parade abzulehnen, aber ich hatte recht, sie durchzusetzen, da ich sie gewünscht habe. Er denkt daran, Bruix einen höheren Rang in der Ehrenlegion zuzuerkennen. Der Admiral hat mir widerstanden. Er hat sogar, als ich ihn mit der Peitsche bedrohte, die Hand auf seinen Schwertknauf gelegt. Solche Männer brauche ich.

Einige Tage später bringt ein Kurier aus Paris dem Kaiser die Übersetzung der englischen Zeitungen. Alle erwähnen den Tod von 400 Matrosen und Soldaten auf Grund von Befehlen des »Menschenfressers Buonaparte«. Es gibt also um ihn herum immer noch Schwärme von Spionen und bezahlten Schwätzern, die ihm auflauern, zu jedem Verrat und zu jeder Lüge bereit sind, um ihn zu stürzen. Pitt hat vom Parlament in London gerade einen Sonderkredit von 2½ Millionen Pfund Sterling »für kontinentale Zwecke« beschließen lassen. Damit kann man Tausende von Menschen bezahlen, ihre Augen und ihre Seelen kaufen.

Am 16. August 1804 nimmt er eine Truppenparade ab in einem kleinen Tal unweit des Meeres, eine halbe Meile von Boulogne entfernt. Er hält vor den neuen quadratischen Fahnen, die auf den Spitzen ihrer Stangen Adler tragen. Der Stoff knattert. Weiße Schäfchenwolken gleiten über die grünen Hügel und verdecken zuweilen den blauen Himmel. Er steht breitbeinig da, um dem

Wind zu trotzen. Er wird an Angehörige der Armee von Boulogne die Ehrenlegion verleihen. Mit kräftiger Stimme ruft er die Ausgezeichneten herbei. Es ist wie ein Ritterschlag. Jeden einzelnen Orden entnimmt er dem Ritterhelm, den ein Adjutant hält. Diese Männer müssen ihm treu sein wie Ritter. Sie dürfen nicht schwanken zwischen der Ehre und dem englischen Geld, zwischen der Treue und der Angst oder der Gier. Und so muß es im ganzen Kaiserreich sein, vom einen Ende bis zum andern. So kann man England besiegen.

An jenem Tag beschließt Napoleon, die Städte auf dem linken Rheinufer zu besuchen, über die Karl der Große geherrscht hat.

28

Er läßt sich gehen. Einige Minuten lang gibt sich sein Körper den Bewegungen der Kutsche hin. Er zerknüllt den Brief, den ihm Méneval ausgehändigt hat, der ihm gegenüber sitzt. Ihre Blicke kreuzen sich, doch sofort senkt der Sekretär seinen Kopf. Napoleon schaut aus dem Fenster. Die Karosse fährt durch eine hügelige Landschaft, über die heftiger Regen einen gestreiften Vorhang legt.

Es regnet, seit sie Boulogne verlassen haben. In Saint-Omer hat es geregnet bei der Truppenparade der Reservearmee der Kavallerie. Auch während der mehrstündigen Truppenparade in Arras hat es geregnet. Napoleon hat aufrecht im Regen gestanden und General Junot zur tadellosen Haltung der Soldaten beglückwünscht. Er hat Laure Junot wiedergesehen, aber nur einige Sätze mit ihr gewechselt. Er mußte Offiziere, Präfekten, einige Notabeln und den Bischof empfangen. Er ist seinen Verpflichtungen nachgekommen, weil er der Kaiser ist und weil ein Chef keine Müdigkeit kennen darf, seinen Körper vergessen muß. Er hat kaum geschlafen und fuhr alsbald wieder mit der Kutsche in Richtung Mons und Brüssel. Er wird im Schloß Laeken übernachten und dann weiterfahren nach Aachen, der Stadt Karls des Großen, wo ihn Joséphine erwartet.

In seiner Hand spürt er das Briefpapier. Er zerknüllt es voller Wut. Admiral Latouche-Tréville ist also in Toulon gestorben – an einer gewöhnlichen Krankheit, was ihn am meisten aufregt. Zu keinem Admiral hatte er größeres Vertrauen. Noch wenige Tage zuvor hatte er ihm einen Brief geschickt, von dem ihm noch jeder Satz in Erinnerung ist. Aber Latouche-Tréville ist tot. Da kann er auch gleich sterben! Er schließt die Augen. Er will diesen Gedanken wieder verscheuchen. Aber der Brief mit der Todesnachricht ist noch in seiner Hand. Auch ein Soldat kann an einer gewöhnlichen Krankheit sterben. Auch ein Kaiser.

Er verdrängt diesen Gedanken. Er vertraut seinem Körper. Er hört nicht auf Corvisart. Was kann schon ein Arzt? Und doch hat er manchmal das Gefühl, daß sein Körper sich verändert. Er spürt starke Schmerzen im Magen und im Unterleib. Er muß weniger essen, sich mit Spiegeleiern begnügen, dazu etwas Gemüse und Salat, ein wenig Parmesan, bei gelegentlichen Mahlzeiten auf dem Lande ein Brathähnchen, eine Suppe oder einen Eintopf.

Er schaut Méneval an und zeigt auf das kleine Schränkchen in der Ecke der Kutsche, in dem eine Flasche Chambertin steht. Er möchte ein Glas von seinem Wein trinken. Er verfolgt die Gesten Ménevals, der die Flasche entkorkt. Mit einer Geste stoppt er den Sekretär und bittet ihn, etwas Wasser in den Wein zu gießen. Er möchte seinen Chambertin nur verdünnt trinken. Er wirft den Brief auf den Sitz, ergreift das Glas und leert es in einem Zug. Kann ein Kaiser sich damit abgeben, auf die Maschine seines Körpers zu achten?

Er beginnt, einen Brief an Portalis zu diktieren, der vorübergehend das Amt des Innenministers ausübt. »Am heutigen Tag müßte Ihnen schon das Ergebnis der Abstimmung über die Erbfolge vorliegen«, sagt er mit pochender Stimme. Er unterbricht sich. Bei diesem Plebiszit wird es nur einige tausend Neinstimmen geben. Aber man muß an alles denken, damit die Zahl der Jastimmen überwältigend ist. Dann fährt er fort: »Fügen Sie die Stimmen der Armee und der Marine hinzu und lassen Sie mich das Gesamtergebnis wissen. Es müßte bei über drei Millionen Stimmen liegen.« Die Präfekten sollen in diesem Sinne wirken. Er ist vor allem der Kaiser der Franzosen. Die Zustimmung muß allgemein sein. Vielleicht bringt dies die Mächte zum Einhalten, mit denen England eine Koalition gegen Frankreich bilden will.

Nun spricht er schneller. Er schreibt an den Außenminister. Talleyrand soll Wien gegenüber seine Zufriedenheit über die Anerkennung des französischen Kaiserreichs durch Österreich ausdrücken. Und daß im Gegenzug Kaiser Napoleon I. dem österreichischen König den Titel eines erblichen Kaisers zuerkennt, als den er sich vor kurzem proklamiert hat. Talleyrand soll allerdings dem Zaren gegenüber sein Bedauern – Napoleon zögert und sagt »den Unmut«, wiederholt es, und sagt dann doch: sein Bedauern – darüber ausdrücken, daß der russische Gesandte um seinen Paß gebeten und Paris verlassen hat. Verbündet sich Rußland etwa mit England? Muß er eines Tages Krieg mit ganz Europa führen, damit er akzeptiert und anerkannt wird? Er schließt wieder die Augen. Und doch will er Frieden. Aber kann er ihn anders durchsetzen als mit dem Schwert?

Als er am 3. September 1804 in Aachen ankommt, ist das Wetter wieder schön. Die Stadt ist mit Blumen geschmückt, junge Frauen überreichen ihm Sträuße. In den Straßen drängt sich die Menschenmenge, wenn er vorbeifährt, und wenn er sich abends zu einem Fest begibt, das man zu seinen Ehren in einem Saal der Redoute veranstaltet, werden die Fassaden der Häuser beleuchtet. Hier und dort hat man Bilder von Karl dem Großen aufgehängt.

Sobald er den Saal betritt, brandet Beifall auf. Fürsten scharen sich um ihn. Er erblickt Joséphine inmitten ihrer Hofdamen. Er hat aber erst wenige Minuten zuvor erfahren, daß Madame Duchâtel nicht auf diese Reise eingeladen wurde. Gewiß hat Joséphine schon Verdacht geschöpft. Das ärgert und verletzt ihn. Versucht sie ihn in eine Treue einzuschließen, die er ablehnt? Er nähert sich Joséphine voller Ärger, doch dann fällt sein Blick auf eine junge Frau, die ihn mit einer Mischung aus Unterwerfung und Aufforderung anschaut. Sie ist groß, trägt ein blaues Seidenkleid, das ihre Schultern unbedeckt läßt. Man ahnt den Ansatz ihrer Brüste. Er verneigt sich vor Joséphine und bleibt vor der jungen Frau stehen.

Wer will es wagen, ihn daran zu hindern, nach eigenem Gutdünken mit den Menschen zu sprechen und sie zu sehen?

Wer ist sie? Madame de Vaudey, antwortet die junge Frau und verneigt sich elegant. Er erwarte sie, sagt er, er wird ihr Anweisungen für heute abend zukommen lassen. Als er sich wieder entfernt, hat er schon ein Gefühl von Befriedigung. Er geht wieder zu den deutschen Fürsten, die ihn nach seinen Absichten fragen.

Er wird sich in die Kathedrale begeben, antwortet er, sich vor dem Grab des Kaisers Carolus Magnus verneigen und vor den erhaltenen Reliquien meditieren. Er möchte das Schwert Karls des Großen sehen, mit dem jener Kaiser Europa befriedet hat. Kann man auf das Schwert verzichten, wenn man Frieden schaffen will? Er möchte, daß seine Krönung in Paris an den Glanz von Karl dem Großen erinnert, sagt er. Denn sein größter Wunsch sei es, aus Europa eine Region des Friedens und der guten Verwaltung zu machen. Er will, daß Karl der Große als sein »erhabener Vorgänger« gelte.

Er verläßt den Saal, kehrt in seine Residenz zurück und befiehlt Constant, die Hofdame Madame de Vaudey ausfindig zu machen und sie noch in dieser Nacht zu ihm zu führen. Er kann sich nicht vorstellen, daß sie nein sagt. In ihren Augen glänzte jenes Feuer, das er jetzt in den Augen fast aller Frauen sieht, der Wunsch, seine Erwahlte zu sein, eine Aufforderung und ein Anerbieten. Er ist der Kaiser.

Sie ist gekommen. Sie ist schön, jung, neugierig und munter, mit einer Prise Unverschämtheit, die ihren Beziehungen etwas Impulsives gibt und ihn doch zugleich mißtrauisch macht. Schon in dieser ersten Nacht spürt er, daß sie begehrlich ist und an ihre Zukunft denkt, an ihre veränderte Situation bei der Rückkehr nach Paris. Eine Frau muß hinnehmen, ohne zu fordern. Und diese hier bietet ihre Reize wie einen Köder an, er spürt es genau. Aber sie ist gefällig, das stimmt. Und als er sie am Morgen fortschickt, nimmt er sich vor, sie wiederzusehen, in Saint-Cloud oder in den Tuilerien.

Später durchmißt er die Straßen der alten Stadt. Hier hat also Karl der Große regiert. Er betritt die Kathedrale und findet das

Grab sowie die Reliquien. Das Schwert enttäuscht ihn allerdings. Die meisten wertvollen Stücke – Szepter, Mantel und Reichsapfel – befinden sich in Nürnberg. Seine eigene Krönung muß aber den Pomp einer karolingischen Zeremonie haben.

Als er durch das Kirchenschiff geht, hört er den Widerhall seiner Schritte. Gibt es ein größeres Werk als den Versuch, das Reich Karls des Großen wiederherzustellen und, genau wie er es tat, Europa seinen Stempel aufzudrücken? Habe ich denn nicht schon bewiesen, daß mir nichts unmöglich ist? Daß es genügt, etwas zu wollen, hartnäckig, ja leidenschaftlich zu wollen, um es auch zu können? Und daß das Schicksal, wenn man ihm nur vertraut, seine Figuren günstig auf dem großen Schachbrett der Welt verteilt?

Er setzt die Reise fort über Krefeld, Jülich, Köln, Koblenz und Mainz. In allen Städten besichtigt er die Festungen. Er läßt seine Kutsche auf der Rheinuferstraße halten und geht dort sehr lange allein spazieren und betrachtet den Strom.

Er hat nun eine genaue Vorstellung von der Krönungszeremonie. Sie wird in Notre-Dame stattfinden und nicht im Invalidendom. Er wird den Architekten Fontaine damit beauftragen, die Häuser, die zu dicht an der Kathedrale stehen, abzureißen, damit sie sich besser von einem freien Vorplatz abhebt. Außerdem sollen die Rue de Rivoli, der Carrousel-Platz sowie die Seineufer in Tag- und Nachtschichten gepflastert werden. Die Kutschen sollen auf ebenem Boden rollen wie auf einer Römerstraße und nicht bei Regen in sumpfigen Straßen versinken. Denn es wird November sein, der Jahrestag des Brumaire. Die Arbeiten müssen also zügig durchgeführt werden.

Er steigt wieder in die Kutsche. Er stellt sich die Zeremonie in Notre-Dame vor, in Anwesenheit von 20000 Menschen. Er denkt an die Kostüme, an den Mantel, den er tragen wird, an das Schwert und an die Krone. Er gibt sie speziell in Auftrag, denn wenn er auch der Nachfolger von Karl dem Großen ist, so ist er doch auch der Erfinder seines eigenen Kaiserreichs und der Sohn einer unvergleichlichen Revolution. Seine Aufgabe ist es, das Band zwischen Karl dem Großen und sich selbst zu knüpfen, und deshalb legt er auch Wert auf die Anwesenheit des Papstes in Notre-Dame.

In Köln, wo er im kaiserlichen Palast Residenz genommen hat, hört er sich die Akklamationen der Menge an. Noch in jeder Stadt wurde er auf dieser Reise triumphal empfangen. Er verweilt aber nur einige Augenblicke am Fenster. Seit er den Palast betreten hat, ist der Vorplatz dicht gefüllt. Es nützt aber nichts, sich dieses begeisterte Volk lange anzuschauen. Er muß die Zukunft planen. Und die wird von der Krönungszeremonie bestimmt. An diesem 15. September 1804 ruft er Méneval zu sich und beginnt mit dem Diktat. »Heiliger Vater, die wohltätige Wirkung, welche Moral und Charakter meines Volkes durch die Wiederaufrichtung der christlichen Religion verspüren, veranlaßt mich dazu, Eure Heiligkeit darum zu bitten, einen erneuten Beweis für Ihr Interesse an meinem Schicksal und dem dieser großen Nation zu erbringen, und das bei einem der wichtigsten Anlässe, welche die Annalen der Welt bieten.«

Er geht wieder ans Fenster. Die Menge harrt vor dem kaiserlichen Palast aus. Wenn er sein Werk fortsetzt, dann wird er in der Tradition von Karl dem Großen stehen. Und hat er sich denn nicht schon in die Annalen der Welt eingeschrieben?

Er fährt fort: »Ich bitte Eure Heiligkeit, der Zeremonie der Salbung und der Krönung des Ersten Kaisers der Franzosen im höchsten Maße religiösen Charakter zu verleihen. Diese Feier wird noch höheren Glanz erhalten, wenn Sie von Ihrer Heiligkeit selbst abgehalten wird.«

Dann bestellt er General Caffarelli zu sich, einen seiner Adjutanten. Er schätzt diesen Offizier, dessen älterer Bruder in Akko gefallen ist. Er soll dem Heiligen Vater diesen Brief überbringen. Er ist kein Bischof, wie es die Tradition will. Aber sein Bruder ist immerhin Bischof von Saint-Brieuc, nicht wahr? Napoleon lächelt, wird dann aber plötzlich ernst und sagt zu Caffarelli: »Behandeln Sie den Papst, als ob er zehn Divisionen hätte.« Diesen Satz hat er schon einmal gesagt, will ihn aber nun wiederholen. Der Papst ist eine Macht, die Seelen rekrutiert, besser, als jede Armee es könnte.

Napoleon geht im großen Saal auf und ab und schaut weder Caffarelli noch Méneval an. Er spricht nicht zu ihnen, sondern scheint sich selber etwas klarmachen zu wollen. »Man muß sich dabei bewußt sein, daß die Demarche beim Papst für die Masse der Nation nützlich ist.« Und das glaubt er auch. »Auf diese Weise können wir uns außerdem die neu eroberten Gebiete freundlich stimmen.« Was kann man ihm noch vorwerfen, wenn ihn erst der Papst gesalbt hat? »Indem ich nach und nach die bestehenden Autoritäten kompromittiere, sichere ich die meine.« Er nähert sich wieder General Caffarelli und nimmt mehrere Prisen. »Ich meine die der Revolution, die wir konsolidieren wollen«, sagt er abschließend.

Aber wer versteht sein System? Und wird der Mechanismus, den er seit dem 18. Brumaire in Gang gesetzt hat, auch funktionieren? Wird man dieses französische Kaiserreich akzeptieren, dessen revolutionäre Ursprünge er unter dem Pomp der Krönung und der päpstlichen Salbung verbergen will?

Er begibt sich wieder auf die Reise, gelangt nach Mainz. Liegt es an der Müdigkeit? Sein Gesicht sieht eingefallener aus. Er erfährt, daß England ohne jede Kriegserklärung spanische Schiffe aufgebracht hat und daß die Brüder von Ludwig XVI. in ihrem Exil im schwedischen Ort Calmar erneut den »Usurpator« verdammt haben.

Mit einer gewissen Herablassung betrachtet er die deutschen Fürsten, die ihn im hellerleuchteten Saal des Erzbischöflichen Palais umringen. Ihre Fragen nach seinen Absichten beantwortet er nicht. Er sagt nur: »In Europa kann man seit 200 Jahren nichts mehr ändern. Einzig im Orient kann man noch in großem Maßstab etwas gestalten.« Er verzieht das Gesicht, damit sie glauben, er sage das nur, um seine wahren Absichten zu verbergen. Aber im Fortgehen denkt er an Ägypten, an den Weg nach Indien, den er erschließen wollte, wie einst Alexander. Aber vielleicht hat schon Karl der Große jenen Eroberer vor Augen gehabt?

Am nächsten Tag, es ist Sonntag, der 30. September, befiehlt er, daß man außerhalb der Stadtmauern von Mainz die vier Regimenter der Kavalleriegarnison versammelt. Es ist schon kühl, aber er liebt diesen regnerischen Wind, der ins Gesicht schlägt. Mehrere Stunden lang läßt er die Regimenter manövrieren, wie ein einfacher General. Mit klarer Stimme ruft er seine Befehle. Auf dem Exerziergelände wie auf dem Schlachtfeld enthalten Taten alle Antworten auf die Fragen, die man sich stellt. Vorwärts, es gibt kein anderes Gesetz, vorwärts, um zu siegen.

Er macht sich wieder auf den Weg: Frankenthal, Kaiserslautern, Simmern, Trier, Luxemburg. Er durchquert die Städte, empfängt die Huldigungen der Stadtoberhäupter, nimmt Paraden ab, besichtigt die Festungen und rollt schließlich in Richtung Paris. Am Freitag, dem 12. Oktober 1804, kommt er kurz nach elf Uhr in Saint-Cloud an.

29

Zwei Monate ist es her, seit er Saint-Cloud verließ. Als er die Galerien durcheilt, kommt er sich vor wie im Schloß von Dornröschen. Er regt sich auf. Was machen die Adjutanten? Er herrscht Constant und Rustan an, sie sollen ihm schnell eine Uniform bringen, damit er endlich die von der Reise verstaubte Kleidung loswerden kann. Sein Essen will er hier ins Arbeitszimmer gebracht haben. Zu Mittag genügen zwei Spiegeleier, ein Stück Parmesan und ein Glas Chambertin. Er schlingt die Eier hastig hinunter. Gauben sie denn, daß man träge regieren kann? Manchmal hat er das Gefühl, die einzige Triebfeder dieser Regierung, ja dieses Reiches zu sein.

Als er die ersten Depeschen liest, wird er ungehalten. Wie, Papst Pius VII. hat immer noch keine offizielle Antwort auf die an ihn ergangene Einladung gegeben? Der Papst wird sich also erst Ende des Monats auf den Weg machen, und die Krönung kann nicht zum Jahrestag des 18. Brumaire stattfinden? Man soll den Heiligen Vater unter Druck setzen! Die Zeit fehlt einem ständig, man muß sie verschlingen, bevor sie einen selbst verschlingt. Man muß immer handeln, als stünde ein feindlicher Angriff unmittelbar bevor.

Rasch liest er die Berichte von Fouché und seinen Polizeispitzeln. In sarkastischem Tonfall berichtet Fouché über die Aktivitäten des englischen Gesandten in Hamburg, eines gewissen Rumbold, der die Emigranten empfängt, einen royalistischen Zirkel unterhält und allerlei Leute bezahlt. Und dergleichen wird geduldet! Es genügt, Rumbold zu entführen, ihn nach Paris zu verschleppen und zu befragen. Er wird seine Agenten schon preisgeben. Solche Leute sind nicht sehr mutig, und wir befinden uns im Krieg. Man muß auf die Russen einwirken, auf den Zaren, der sich England annähert und dessen Berater von London bezahlt werden. Worauf wartet man, um zu intervenieren?

Aber dieser Fouché kommt, um mich zu befragen, als ob ich von einer Vergnügungsreise käme! Fouché hört zu, mit seinem leicht verächtlichen und überlegenen Gesichtsausdruck. Er sei nicht für eine Gewaltaktion gegen Rumbold, sagt er, der beim preußischen König akkreditiert ist. Dieser würde protestieren. Der Zar andererseits wird ungehalten sein über Versuche, Leute seiner höfischen Umgebung zu beeinflussen. All das kommt ihm unmöglich und gewagt vor.

Napoleon springt auf. Er empfindet keinerlei Müdigkeit nach dieser langen Reise. Was haben sie nur alle, diese Schläfer, diese Übervorsichtigen? »Was!« ruft er aus, »ein Veteran der Revolution wie Sie ist so furchtsam?«

Er schnupft. Er geht umher, um sich zu beruhigen. »Ah, Monsieur«, fährt er fort, »paßt es zu Ihnen, etwas für unmöglich zu erklären? Zu Ihnen?« Er tritt dicht neben Fouché und schaut ihn so eindringlich an, daß jener die Augen abwendet. »Erleben Sie nicht seit 15 Jahren Dinge, die man vernünftigerweise für unmöglich halten mußte?« Er zeigt mit dem Finger auf Fouché. »Sie haben gesehen, wie Ludwig XVI. seinen Kopf aufs Schafott legte; wie die Erzherzogin von Österreich und Königin von Frankreich, vor der Guillotine stehend, ihre Schuhe und Strümpfe zurechtzupfte; jemand, der Minister wird, wenn ich Kaiser der Franzosen bin, ein solcher Mann darf niemals das Wort *unmöglich* im Mund führen!«

Er fixiert Fouché, der sich nicht so leicht aus der Fassung bringen läßt. Und tatsächlich antwortet der Minister mit dreister Stimme: »Ich hätte in der Tat mich an das erinnern sollen, was Eure Majestät uns beigebracht hat: *unmöglich* ist kein französisches Wort.«

Napoleon beruhigt sich wieder. Dieser Oktobertag ist milde.

Einige wenige Wolken künden vielleicht etwas Regen für die Nacht an.

Die Nacht. Er verläßt sein Arbeitszimmer und begibt sich mit raschen Schritten in die Gemächer von Joséphine. Die Hofdamen sind da. Er sieht Madame Duchâtel, Madame de Vaudey, die ihm keck ein kleines Zeichen gibt. Er bemerkt den Blick von Joséphine. Vielleicht weiß sie es schon? Sie hat die Intuition der eifersüchtigen und ängstlichen Frauen. *Aber sie muß mich nehmen, wie ich bin!*

Er antwortet Madame de Vaudey mit einem Lächeln und geht wortlos zurück in sein Arbeitszimmer. »Heute nacht Madame de Vaudey«, sagt er zu Constant. Er setzt sich an seinen Tisch.

Er überfliegt den Bericht von Portalis mit den Ergebnissen des Plebiszits und stöhnt bei jeder Zahl laut auf. Die Gesamtzahl der Stimmen beträgt 2962458, davon 120302 aus dem Heer und 16224 aus der Marine. Was soll denn das? Mit seiner Feder streicht er die letzten Zahlen durch, schreibt 400000 und 50000 hin, addiert neu und gibt als Endresultat 3 400 000 Stimmen an. Die Anzahl der 2567 Neinstimmen hat er nicht verändert. Hat denn Portalis nicht verstanden, daß es bei den Zahlen nur auf den optischen Eindruck ankommt? Kann man die Engländer glauben lassen, daß es nur 130000 Jastimmen in der Armee gab? Verstehen diese Senatoren, Minister, Staatsräte, die nur existieren, weil er sie dazu gemacht hat, denn nicht, daß die Macht vor allem eine Sache des Anscheins ist? Es gibt die Wörter. Und die Waffen.

Es sind meine Resultate, die der Senat mit der notwendigen Feierlichkeit am 6. November verkünden wird. Wer wird sie zu bestreiten wagen? Er ist der Kaiser, und das Plebiszit sollte nur den bestehenden Zustand bestätigen. Deshalb muß die Bestätigung eklatant ausfallen. Die Wahrheit? Was ist denn Wahrheit? *Bin ich nicht Kaiser der Franzosen?*

Er will alles inspizieren. Den Weg und die Zusammensetzung des Festzuges, den Platz jedes einzelnen im Kirchenschiff von Notre-Dame, die Uniformen der Würdenträger. Er stellt die Liste der Persönlichkeiten zusammen, die der Zeremonie beiwohnen sollen, wie auch der Delegationen aus dem ganzen Kaiserreich. Als am 29. Oktober endlich die Einwilligung des Papstes erfolgt, wird er bald unruhig angesichts des verspäteten Aufbruchs des Heiligen Vaters nach Paris. Der Papst ist auch nur ein Mensch wie jeder andere. Auch er muß sich meinem Willen beugen, wo er doch seinen Vorteil darin findet!

Napoleon schreibt an seinen Großonkel, den Kardinal Fesch, der sein Gesandter in Rom ist und den Papst auf der Reise nach Paris begleiten soll. »Es ist unerläßlich, daß der Papst seine Reise beschleunigt. Als allerletzten Aufschub kann ich den 2. Dezember zugestehen. Wenn der Papst zu diesem Zeitpunkt nicht eingetroffen ist, findet die Krönung ohne ihn statt und die Salbung würde später nachgeholt. Es ist unmöglich, die in Paris zusammengezogenen Truppen und die Delegationen aus allen Departements länger dort festzuhalten, insgesamt 50000 Menschen.«

Am liebsten würde er nur auf sich selbst zählen. Dann könnte er alle Hindernisse beseitigen. Aber da sind noch die anderen mit ihrer Gleichgültigkeit, ihrer Verblendung, ihrer Eifersucht und auch ihrem Haß. Und ihrer Gier. Oft flieht er vor ihnen. Dann galoppiert er allein, vom Wind gepeitscht, preßt das Pferd mit seinen Schenkeln und gibt ihm die Sporen. Wenn die anderen die Kraft und die Fügsamkeit eines aufgezäumten Pferdes hätten, wäre das Regieren über Menschen und Verhältnisse einfacher.

Das denkt er jedes Mal, wenn er in den Wäldern von Saint-Cloud jagt oder seinem Gefolge vorwegreitet und das von den Hunden aufgescheuchte Wild erlegt. Er mag diese Gewaltritte. Für ein paar Stunden vergißt er die Akten, sogar die Krönung und denkt nur noch an seinen Krieg gegen das Wild. Diese Anstrengung ist gesund. Sie befreit und beruhigt ihn. Sie gibt ihm neue Kraft.

Wenn er heimkehrt, ruft er Rustan und verlangt ein heißes Bad, dann wartet er auf die Frau, die er eingeladen hat. Madame de Vaudey tritt ein. Sie ist affektiert wie eine Kokotte. Sie gibt sich ganz zärtlich, aber nur um ein Büchlein zu überreichen, in dem ihre Schulden und die Namen aller Gläubiger aufgelistet sind. Er zahlt. Aus einem Polizeibericht weiß er, daß Madame de Vaudey hohe Summen verspielt. Zu Duroc sagt er: Warum soll ich teuer bezahlen, was man auch billig haben kann?

Eines Tages überbringt ein Adjutant einen Brief, den er bewegt und voller Unruhe liest. Madame will sich umbringen, weil der Kaiser sie nicht mehr empfängt. Er schickt Rapp zu jener Dame. Bei ihr herrscht munteres Treiben an einem Spieltisch, und sie ist fröhlich und unbekümmert. Über mich macht man sich nicht lustig! Sie soll ihren Titel als Hofdame abgeben und sich nie wieder in Saint-Cloud oder in den Tuilerien sehen lassen!

Er empfängt Marie-Antoinette Duchâtel, die ganz anders ist als Madame de Vaudey, so liebevoll. Er überhäuft sie mit Geschenken, weil sie nichts verlangt. Auch den Baron Duchâtel überhäuft er mit Ehrbezeugungen, weil er ein guter Leiter der Registraturbehörde ist, ein effizienter Beamter und ein höflicher Gatte, der aus Gefälligkeit wegschaut.

Während einer Nacht, die er mit Madame Duchâtel verbringt, klopft es an der Tür zur Geheimtreppe. Napoleon richtet sich auf. Er erkennt die Stimme von Joséphine. Marie-Antoinette Duchâtel zieht sich an und verbirgt ihr Gesicht. Joséphine hämmert gegen die Tür. Madame Duchâtel weint. Was soll diese Farce, die man ihm aufzwingt?

Brüsk öffnet er die Tür. Joséphine schreit ihn an und beschimpft Marie-Antoinette Duchâtel. Er brüllt. Mit welchem Recht dringt sie hier ein? Nun weint Joséphine und läuft davon. Er folgt ihr. Er erträgt es nicht, daß man ihn so in seinen eigenen Augen lächerlich macht, daß man ihn zu behindern sucht. *Scheidung!* brüllt er in den Räumen von Joséphine. Sie schluchzt. Bloß kein Mitleid, wenn sie ihn so mit ihrer Eifersucht quält. Wenn man ihn angreift, verteidigt er sich. Er läßt sie wissen, daß er auf diejenigen hören wird, die ihm raten, eine Frau zu nehmen, die ihm Kinder schenken kann.

Er geht wieder. Er ist wütend. Glaubt Joséphine denn, daß sie ihn unter das Gesetz einer alten Gattin und eifersüchtigen Frau zwingen kann? Er bespricht sich mit Eugène de Beauharnais. Er schätzt den Sohn von Joséphine als aufrechten und mutigen Mann. Ihm gegenüber mag er kaum die Worte »Scheidung« und »Entschädigung« in den Mund nehmen. »Falls ein solches Unglück meine Mutter treffen sollte, werde ich für meinen Teil nichts annehmen«, sagt Eugène. Napoleon wendet sich von ihm ab. Ist eine Scheidung gerecht? Mit großen Schritten geht er davon und nimmt wiederholt mit brüsker Geste eine Prise.

Unablässig denkt er daran. Er hat gehört, wie sich bei der Taufe von Napoleon-Louis, dem zweiten Sohn von Hortense und Louis, Joseph und seine Schwestern über Joséphine mokiert haben. Warum kränkt ihn das, als gälte es ihm selbst? Man trägt ihm zu, daß Joseph überall in Paris herumerzählt, daß er der designierte Nachfolger von Napoleon sei und daß Joséphine nicht an der Krönungsfeier teilnehmen werde, weil er sie verstoße. Warum zwingt man ihn, durch solch einen Sumpf zu waten? Was glaubt Joseph denn? Daß er Ansprüche an ihn hat? Was hat er denn getan, um etwas zu beanspruchen? Und warum hebt ihn Roederer in seinem Bericht für den Senat über das Plebiszit so sehr hervor? *Was will mein älterer Bruder? Mich beherrschen? Mich ersetzen?* Glaubt er etwa, daß der Titel eines Großmeisters der Orient-Loge der französischen Freimaurer ihm das Recht gibt, über die Zukunft zu entscheiden? Man muß seine geheimen Absichten ermitteln.

Am 4. November bestellt Napoleon Roederer zu sich nach Saint-Cloud. Gegen elf Uhr sieht er ihn bei sich eintreten. Er hat Vertrauen zu diesem Mann, von dem es heißt, daß er zur engeren Umgebung von Joseph gehört. Hätte er Joseph sonst eine so brillante Zukunft versprochen?

»Was ist mit diesem Bericht?« herrscht ihn Napoleon an. »Sagen Sie mir die Wahrheit: haben Sie ihn für mich oder gegen mich gemacht?«

Roederer schwört seine Treue.

»Aber weshalb haben Sie denn Joseph auf dieselbe Zeile gesetzt wie mich?« fragt Napoleon. »Meine Brüder sind nichts ohne mich. Ihre Bedeutung verdanken sie einzig mir.« Nach ein paar Schritten fügt er hinzu: »Ich kann nicht hinnehmen, daß man meine Brüder auf eine Stufe mit mir stellt.« Er holt Luft. Die Worte drängen sich ihm auf, und er spricht sie endlich aus. »Ich bin gerecht. Seit ich regiere, bin ich es immer gewesen. Aus Gerechtigkeit habe ich die Scheidung nicht gewollt. Mein Interesse und vielleicht auch das Interesse des Systems hätte verlangt, daß ich mich neu verheirate. Aber ich habe gesagt: Wie kann ich diese gute Frau verjagen, nur weil ich mächtiger werde? Wenn man mich ins Gefängnis geworfen oder ins Exil geschickt hätte, dann hätte sie mein Schicksal geteilt, und nun soll ich sie fortschicken? Das geht über meine Kräfte. Ich habe ein menschliches Herz. Mich hat keine Tigerin geboren. Wenn sie sterben sollte, werde ich mich wiederverheiraten und dann kann ich Kinder haben. Aber ich will sie nicht unglücklich machen.«

Er senkt den Kopf, schweigt eine Weile und sagt dann: »Gegenüber Joseph war ich genauso gerecht.« Er wandert im Arbeitszimmer umher. Dann fährt er fort: »Ich wurde im Elend geboren. Und Joseph kam genau wie ich in ärmlichsten Verhältnissen zur Welt. Durch meine eigenen Taten habe ich mich emporgearbeitet. Er blieb aber dort, wo ihn die Geburt hingestellt hatte.«

Er tritt ans Fenster und zeigt in den Hof des Schlosses. »Um in Frankreich zu regieren, muß man in der Pracht geboren sein und von klein auf einen Palast mit seinen Wachen gesehen haben, oder aber man muß ein Mann sein, der fähig ist, sich über alle anderen zu erheben.«

Er entfernt sich ein paar Schritte von Roederer. »Was will Joseph? Mir die Macht streitig machen? Ich stehe felsenfest da.«

Er hört, wie Roederer einige Entschuldigungen für Joseph sucht. Joseph sei nur krank. Napoleon zuckt mit den Schultern. »Ich werde von der Macht nicht krank, sie kräftigt mich eher. Ich fühle mich besser denn je. Die Macht ist meine Mätresse. Ihre Eroberung hat mich zuviel gekostet, als daß ich sie mir rauben ließe oder auch nur hinnehmen könnte, daß sie ein anderer begehrt.«

Dann wird er wütend. »Sie sind alle nur eifersüchtig auf meine Frau, auf Eugène, auf Hortense, auf meine ganze Umgebung. Meine Frau ist gutmütig und tut ihnen nichts Böses. Sie begnügt sich damit, ein wenig die Kaiserin zu spielen, Diamanten und schöne Kleider zu tragen und das Elend ihres Alters zu ertragen.«

Er schweigt, als wäre er von seinen eigenen Worten überrascht. »Nur aus Gerechtigkeit mache ich sie zur Kaiserin. Ich bin vor allem ein Mann der Gerechtigkeit. Es ist nur gerecht, daß sie an meiner Größe teilhat. Aber sie hat so viel zu erdulden von ihnen.

Es ist leicht für Joseph, mir Szenen zu machen. Aber falls ich morgen sterben sollte, wäre mein ganzes Haus gegen ihn.«

Er beruhigt sich einen Moment. »Ich kann das ganze System umstürzen, ob ich Kinder habe oder nicht. Es muß nur funktionieren; Cäsar oder Friedrich hatten auch keine Kinder.«

Er tätschelt Roederer freundschaftlich die Wange. »Sie müssen für mich sein, für mich marschieren.«

Ein Adjutant tritt ein. Es ist 13 Uhr. Die Messe wird gelesen, man wartet auf den Kaiser. »Das System«, wiederholt er.

Er hat also entschieden, daß Joséphine mit ihm gekrönt wird. Das neiden sie ihr. Sie hassen sie zu sehr, als daß er sich nicht durch ihre Angriffe verletzt fühlen könnte. Er verteidigt sie, um sich zu verteidigen. Um sich selbst zu respektieren.

Bei Tisch im großen Speisesaal von Saint-Cloud hört er, wie seine Schwestern und Josephs Frau zetern, weil sie bei der Krönungszeremonie in Notre-Dame die Schleppe von Joséphine tragen sollen. Sie werden es tun. Sie werden sich fügen. *Ich bin der Kaiser. Und ich will es.*

30

Er geht auf die Jagd. Manchmal gibt er dem Pferd so heftig die Sporen, daß es sich aufbäumt, wiehert und einen großen Satz macht. Aber Napoleon hat die Zügel fest im Griff und lenkt es in den finsteren Hochwald nahe der Straße nach Nemours, wo er fast jeden Tag den Hirschen nachstellt, seit er im Schloß von Fontainebleau residiert. Schon seit drei Tagen wartet er auf die Ankunft des Papstes. Er treibt sein Pferd zum Galopp an und reitet, den Kopf dicht an den Hals des Hengstes gedrückt, unter niedrigen Ästen hindurch. Am liebsten würde er laut schreien.

Jeden Morgen regt er sich auf, wenn er die Depeschen der Präfekten liest, die ihm die Durchfahrt der vier päpstlichen Konvois melden. Dieser Papst läßt sich wirklich Zeit mit seinem Troß von 800 Personen. Allein für sein Gefolge braucht er 10 Karossen und 74 Pferde. Er nimmt es dem Kardinal Fesch übel, daß er es nicht verstanden hat, den Papst unter Druck zu setzen, schon früher aufzubrechen. Er ist aber fest entschlossen, nicht länger als bis zum 2. Dezember zu warten. In Paris drängen sich die Delegationen. Zwischen den Mitgliedern seiner Familie nehmen die Spannungen zu. Sie streiten sich bei jeder Begegnung. Es reicht!

Deshalb hat er auch Saint-Cloud verlassen und seit dem 22. November im Schloß von Fontainebleau Residenz genommen. Er geht auch bei Regen im Park spazieren. Er verliert sich in den Nebelschwaden, oder er durchstreift die Gemächer des Konnetabels, die Vivant Denon, der Direktor des Louvre und Teilnehmer der Ägypten-Expedition, für den Heiligen Vater eingerichtet hat. Vor einem riesigen Gemälde, das *Die Jungfrauen auf dem Weg zu König David* zeigt, bleibt er lange stehen. Er befragt Denon. »Ein Gemälde mit einem religiösen Thema, Sire«, antwortet dieser leise und lächelt.

Napoleon verläßt die Räume. Er erträgt das Warten nicht länger. Er bestellt den Maler Isabey zu sich, der in einer Serie von Zeichnungen die verschiedenen Momente der Krönungszeremonie darstellen soll, da man in Notre-Dame nicht proben kann, wo die Verschönerungsarbeiten noch immer nicht abgeschlossen sind. Er will einen genauen Plan wie für eine Schlacht. Und diese Zeremonie ist eine Schlacht. Aber das verstehen diejenigen nicht, die darüber lästern oder murren, wie er aus Polizeiberichten weiß.

Am Morgen des 25. November meldet ein Adjutant, daß der Papst schon sehr nahe sei und daß er über die Straße von Nemours komme. Endlich. »Es wird eine zufällige Begegnung«, sagt Napoleon.

Mittags verläßt er das Schloß. Er ist wie zur Jagd gekleidet. Er reitet. Es ist kalt und grau. Er macht halt am Obelisken und später am Schießfeld der Militärschule. Man begrüßt ihn mit einer Artilleriesalve. Am Kreuz von Saint-Hérem erstattet ihm der Oberjägermeister Bericht. Denn er ist auf der Jagd. Er ist der Kaiser und will nicht den Anschein geben, daß er sich Pius VII. unterordnet. Der Papst und er sind »die beiden Hälften Gottes«.

Er steigt vom Pferd und geht auf den Wagen des Heiligen Vaters zu, der seinerseits aussteigt. Er ist nur ein müder Mann. Napoleon schaut ihn einige Sekunden lang an, dann umarmt er ihn und läßt seine kaiserliche Kutsche vorfahren. Er steigt als erster ein, nimmt links Platz und überläßt dem Papst die rechte Seite. Auf dem Perron des Schlosses sieht er Talleyrand, der dem Papst zur Begrüßung entgegenschreitet. *Mein Minister!* Ein ehemaliger Bischof, der sich der Revolution angeschlossen hat und seither in den Laienstand zurückgekehrt ist. Verheiratet! In dieser Epoche ist nichts unmöglich.

Nun ist Napoleon endlich beruhigt. Die Krönung wird wie vorgesehen am 2. Dezember stattfinden.

In einem der Salons hat Isabey einen Plan von Notre-Dame ausgebreitet und darauf kleine Holzfiguren in bemalten Papierkleidern plaziert. Sie stellen die Gäste der Zeremonie dar. Napoleon geht um den Tisch herum und gruppiert einige der Figuren um. So müßte man die Menschen regieren können. Sie einer höheren Notwendigkeit unterwerfen. Deshalb auch liebt er die Disziplin der Armee. Dort gehorchen die Menschen der Logik der Gedanken des Befehlshabers.

Punkt für Punkt geht er die Einzelheiten der Zeremonie durch, korrigiert die Kostüme oder die jeweils zugewiesenen Plätze zu jedem Zeitpunkt des Tages, im Festumzug wie in der Kathedrale. David wird damit beauftragt, die Szene für die Geschichte festzuhalten. Es soll ein Gemälde entstehen, das die Phantasie anspricht, das eine verherrlichende Darstellung des Ereignisses bietet.

Plötzlich schaut Napoleon finster drein. Er sagt zu David, daß seine Mutter, Madame Mère, auch auf dem Gemälde erscheinen soll. Dann geht er davon, die Hände auf dem Rücken verschränkt. Laetitia Bonaparte hat sich nämlich hartnäckig geweigert, der Zeremonie beizuwohnen. Sie hat es vorgezogen, ins Exil nach Rom zu gehen, zu Ihrem Sohn Lucien. Napoleon bereitet ihre Abwesenheit großen Schmerz, denn sie beweist, daß es unmöglich ist, selbst jene Menschen, die ihm nahestehen, seinem Willen zu unterwerfen und sie an seinen Vorhaben teilnehmen zu lassen. Dieser Gedanke ärgert ihn.

Beim großen Abendessen am 26. November, im größten Saal

des Schlosses von Fontainebleau, bleibt er schweigsam. Der Papst, der ihm gegenüber sitzt, ist ein kleiner bleicher Mann, doch mit lebhaften Augen, die er nicht senkt. Napoleon wundert sich, daß er sich nach dem Essen weigert, dem Konzert beizuwohnen, das Joséphine veranlaßt hat. In dem Augenblick, in dem der Papst den Saal verläßt, bemerkt Napoleon zwischen Pius VII. und Joséphine einen Blick voller Einverständnis. Er ahnt sogleich, daß ihm die Dinge entgleiten, daß Joséphine und der Papst sich gegen ihn verbündet haben. Er versucht, diese Idee aus seinem Kopf zu vertreiben, und prüft noch einmal die Anordnung des Umzugs, der sich von den Tuilerien nach Notre-Dame begeben soll.

Kardinal Fesch nähert sich und sagt mit leiser Stimme, daß Seine Heiligkeit erfahren habe, daß der Verbindung von Napoleon Bonaparte und Joséphine noch der Segen fehle, sie also in den Augen der Kirche nicht verheiratet seien. Pius VII. könne unter diesen Umständen nicht an der Krönungszeremonie teilnehmen, es sei denn, daß die kirchliche Trauung noch vor dem 2. Dezember vollzogen würde, wozu er, Fesch, vom Papst die Erlaubnis erhalten habe.

Napoleon sitzt in der Falle. Wut überkommt ihn. So ist also diese Frau, die er nicht verlassen und gegen seine Brüder und Schwestern verteidigt hat! Er ballt die Faust. Eine kirchliche Trauung hat er stets bewußt vermieden, um eine Auflösung ihrer Verbindung zu ermöglichen, was bei einer zivilen Ehe durch bloße Unterschriften geschieht. Er schreit und stößt Constant und Rustan, als sie ihm beim Ankleiden helfen. Er beschimpft Joséphine. Doch dann beruhigt er sich auf einmal. Was bleibt ihm, als nachzugeben?

Am 28. November sitzt er neben dem Papst in der Karosse, die um 18 Uhr durch das Stadttor bei den Gobelins fährt. Die riesige Menschenmenge ist sehr still. Manche knien nieder. Napoleon beobachtet diese Bekundungen von Frömmigkeit in der Menge. So sind die Menschen: bereit, sich zu unterwerfen.

Man fährt über die Esplanade vor dem Invalidendom, die Concorde-Brücke, dann geht es am Flußufer entlang zu den Tuilerien.

Überall drängen sich die Menschen. Immer wieder schaut er heimlich den Papst an, der die jubelnde Menge segnet. Dieser Mensch verkörpert eine Macht. Und er weiß es. Als die Kutsche im Hof der Tuilerien hält, ist Napoleon entschlossen, sich zu fügen. Er wird seine Ehe mit Joséphine von Kardinal Fesch segnen lassen. Das entspricht der Notwendigkeit des Augenblicks. Und der muß man sich unterwerfen.

Am 30. November 1804, während der Papst die Vertreter der verschiedenen Institutionen des Staates empfängt, begibt sich Napoleon zu Joséphine. Sie ist umgeben von ihren Hofdamen. Auf Sesseln und Sofas liegen die Kleider für die Zeremonie und ihr großer Hofmantel aus weißer Seide, bestickt mit Gold und Silber.

In gleichgültigem Ton sagt Napoleon, daß Kardinal Fesch am Nachmittag des 1. Dezember ihre kirchliche Trauung vornehmen wird, und zwar um vier Uhr in den Privatgemächern der Tuilerien. Sie macht einen Schritt auf ihn zu und will ihn umarmen. Er entzieht sich. Er will sich nicht in der Falle fangen lassen, die sie ihm gestellt hat. Diese Eheschließung wird ohne Zeugen geschehen und also leichter aufzulösen sein, die Tür zur Zukunft muß geöffnet bleiben. Einen Mann wie ihn kann man nicht zwingen.

31

Endlich geht es los! Am 1. Dezember 1804 sitzt Napoleon im Thronsaal der Tuilerien. Um 11 Uhr öffnen sich die Türen, die Senatoren schreiten herein und bleiben wenige Meter vor dem Thron stehen. Dies ist die erste Zeremonie. Sie zeigt an, daß er ein besonderer Kaiser ist, weil der Senat ihm die Ergebnisse des Plebiszits überbringt und der Senatspräsident François de Neufchâteau »für die Republikaner, deren Patriotismus der eifrigste und der mißtrauischste ist, das Recht in Anspruch nimmt, die verläßlichsten Stützen des Throns zu sein«. Seine Rede ist lang. »Sire, Sie lenken das Schiff der Republik in den Hafen«, sagt François de Neufchâteau, »ja, Sire, das Schiff der Republik.«

Napoleon erhebt sich. Morgen findet die Krönung statt. Über jeden Augenblick der Zeremonie ist mit dem Papst verhandelt worden. Napoleon wird sich niederknien und die päpstliche Salbung empfangen. Aber er selbst wird sich und Joséphine die Krone aufsetzen. Der Papst hat dies akzeptiert. So sind alle Insignien der Macht vereint, die religiöse Weihe und die eigenhändige Krönung, und genau wie heute am 1. Dezember bestätigt ihn das Volk.

»Ich besteige den Thron, auf den mich der einmütige Wille von Senat, Volk und Armee rufen«, sagt er, »und mein Herz ist erfüllt von dem großen Schicksal dieses Volkes, das ich als erster inmitten von Feldlagern ein großes Volk genannt habe.«

Noch nie war Napoleon seiner selbst so gewiß. Endlich hat er das Ziel erreicht, das ihm immer vorschwebte. »Seit meiner Jugend«, fährt er fort, »gelten ihm all meine Gedanken, und auch heute muß ich sagen, daß meine Gedanken und meine Bemühungen allein dem Glück oder Unglück meines Volkes gelten.«

Die Gesichter um ihn herum sind wie eine einzige große Welle ohne individuelle Züge. »Meine Nachfahren werden diesen Thron lange behalten«, fügt er hinzu. »Auf den Feldzügen werden sie die ersten Soldaten der Armee sein, die ihr Leben für die Verteidigung des Landes einsetzen.«

Er fügt noch einige Sätze hinzu. Aber die Wörter »meine Nachfahren« bleiben ihm im Hals stecken. Kann er weitergeben, was er erobert und erbaut hat?

Darüber denkt er immer noch nach, als er am Nachmittag des 1. Dezember in den Privatgemächern Kardinal Fesch zuhört, der seine kirchliche Trauung mit Joséphine vornimmt. Nach dem Ende der Zeremonie hört er, wie Joséphine Fesch zuflüstert, daß sie ein Zertifikat wünscht. Sie hat also Befürchtungen. Sie hat verstanden, warum die Zeremonie ohne Zeugen verlief. Angesichts dieses Eingeständnisses von Schwäche empfindet er für sie eine gewisse Zärtlichkeit. *Leben wir diese Tage miteinander! Über die Zukunft entscheidet das Schicksal.*

In der Nacht vom 1. auf den 2. Dezember kann er nicht schlafen. Zwischen sechs Uhr abends und Mitternacht werden zu jeder vollen Stunde Artilleriesalven geschossen. Zwischen den Explosionen hört er Militärmusik, die nun in allen Straßen von Paris erklingt. Und wenn er ans Fenster geht, sieht er die Arbeiter, die im Fackelschein auf dem Hof und der Terrasse vor den Tuilerien Sand streuen. Es schneit, und es ist eisig kalt.

Am Morgen des 2. Dezember läßt er sich von Rustan und Constant ankleiden. Sein Anzug aus purpurfarbenem und weißem Velours ist mit Gold bestickt und mit glänzenden Edelsteinen besetzt. Dann begibt er sich in die Gemächer von Joséphine. Sie ist schön und jung. Er weiß, daß dies das Ergebnis von Kunstgriffen ist, denn sie versteht sich auf den Umgang mit Puder und Schminke, aber in ihrem Kleid aus weißer Seide wirkt sie kaum älter als 25 Jahre.

Sie gehen zur Karosse, deren acht Pferde mit Federbüschen geschmückt sind. Hinter dem Sitz des Kutschers und am Wagenende warten Pagen. Louis und Joseph nehmen auf dem Sitz gegenüber von Napoleon und Joséphine Platz, und der Zug mit seinen 25 Wagen setzt sich in Bewegung. Die eisige Kälte scheint die Menge zu lähmen, die sich hinter drei Reihen Soldaten drängt.

Napoleon versucht, die Gesichter dieser Schaulustigen zu erkennen, die fast alle stumm bleiben. Aber die Generäle der Wache reiten neben den Türen der Kutsche, so daß er, als sich die Pferde in Bewegung setzen, nur die Soldaten sieht.

Als er die Kathedrale betritt, empfindet er zunächst die Kälte, die seinen Nacken steif macht. Zu beiden Seiten des Mittelganges und des Thrones sieht er die Gäste, die man in Reihen auf mehrere Tribünen verteilt hat. Dabei muß er an die kleinen Holzfiguren denken, die Isabey auf dem Plan aufgestellt hatte. *Dieses geordnete und gegliederte Frankreich habe ich in weniger als vier Jahren geschaffen.* Und hier ist es versammelt, von den Präfekten bis zu den Akademiemitgliedern, von den Staatsräten bis zu den Armeeabordnungen. *Und ich stehe an der Spitze dieser Pyramide.*

Er schreitet voran und hält das Szepter und die Elfenbeinhand, das Symbol der Justizgewalt. Sein Mantel wird von zwei Fürsten getragen, Joseph und Louis, Joséphines Mantel von Élisa und Caroline. Als er die Treppe emporsteigt, fühlt er sich von einem

Gewicht nach hinten gezogen, er strauchelt, richtet sich aber wieder auf. Er bemerkt, daß auch Joséphine nur mit Mühe ihr Gleichgewicht wahrt.

Der Papst tritt heran, umarmt ihn und sagt: »Vivat Imperator in aeternam.« Napoleon hat sich nur kurz niedergekniet, dann krönt er sich selbst, wie vorgesehen, und krönt auch Joséphine, während der Papst zuschaut. *Ich, ich allein, bin der Urheber der Krönung!*

Napoleon beugt sich zu seinem älteren Bruder hinab. »Joseph«, flüstert er, »wenn unser Vater uns sehen könnte«.

Dann heißt es, die Messe hören und die Kälte ertragen. Nach der Messe zieht sich der Papst zurück, der Hofgeistliche holt das Evangelium vom Altar und hält es geöffnet Napoleon hin. Die Präsidenten der Versammlungen entfalten vor ihm das Blatt mit der Eidesformel. Er wird diese Sätze lesen, die er selbst geschrieben hat. Sie werden unter dem Gewölbe der Kathedrale ertönen, als Ausdruck der Revolution. Das hat er gewollt. Das ist er.

Er beginnt mit kräftiger Stimme: »Ich schwöre, die Integrität des Territoriums der Republik zu wahren, für die Einhaltung der Gesetze über das Konkordat und die Glaubensfreiheit zu sorgen sowie für den Respekt der Gleichheit der Rechte, der politischen und der bürgerlichen Freiheiten und die Unwiderruflichkeit des Verkaufs von Nationalgütern.«

Er holt tief Atem. Er spricht den Eid mit der Krone auf dem Haupt, vor dem Altar stehend, die Hand auf die offene Bibel gelegt. So erfährt die Revolution ihre Weihe, und die Käufer von feudalen oder kirchlichen Besitztümern werden auf diese Weise geschützt.

»Ich schwöre, Steuern und Abgaben nur auf der Grundlage von Gesetzen zu erheben, die Einrichtung der Ehrenlegion zu bewahren und einzig im Interesse des französischen Volkes, für sein Glück und seinen Ruhm, zu regieren.«

Ein Herold der Armee verkündet: »Der sehr glorreiche und sehr erhabene Kaiser Napoleon, Kaiser der Franzosen, ist geweiht und inthronisiert.«

Laute Akklamationen erfüllen Notre-Dame. *Das Frankreich, das ich hier geheiligt habe, wird man niemals zerstören können!*

Er betritt den Vorplatz. Der Himmel ist grau. Schneetreiben setzt ein, und es wird schon dunkel an diesem so kurzen 2. Dezember 1804. Dabei ist es erst drei Uhr. Die Straßen sind erleuchtet. Die Menge ist fröhlich. Napoleon lächelt und nimmt Joséphine bei der Hand.

Er beschließt, mit ihr allein zu dinieren. Er will, daß sie ihre Krone aufbehält. Er amüsiert sich. Er lacht. Er geht auf die Hofdamen zu. »Auch zu mir müssen Sie charmant sein, meine Damen«, ruft er ihnen zu.

Sein Blick mustert die Gesichter dieser jungen Frauen. Diese Nacht bleibt er bei Joséphine. Das schuldet er ihr. Er vergißt nicht, was sie für ihn getan hat, auch wenn die Wunden, die sie ihm zugefügt hat, manchmal noch schmerzen. Morgen ... Wer weiß schon, was morgen sein wird? Er denkt nur daran, daß er Nachkommen braucht.

Am 3. und 4. Dezember hört er Artilleriesalven und sieht Ballons über dem Concorde-Platz aufsteigen. Am Abend wird der niedrige, düstere Himmel von Feuerwerk erleuchtet. Ein Volksfest findet statt, aber er arbeitet. Spanien wird England den Krieg erklären, mit dem sich Schweden verbündet. Er spürt, daß er inmitten all der Feste an den allgemeinen Krieg denken muß, der bevorsteht. Admiral Villeneuve ernennt er zum Kommandanten der Seestreitkräfte in Toulon. Kann er den so unglücklich gestorbenen Latouche-Tréville gleichwertig ersetzen?

Als er sich am 5. Dezember unter strömendem Regen auf das Champ de Mars begibt, um die Regimentsadler zu verteilen, weiß er, daß die Soldaten, die bei Matsch, Schnee, Regen und Kälte vor ihm defilieren, bald ins Gewehrfeuer marschieren werden. Aber wo? In England oder auf dem Boden von Kontinentaleuropa? Die Zukunft wird es zeigen. Aber wo auch immer das Schlachtfeld sein wird, diese Männer werden sich bald der Gefahr stellen müssen.

Er betritt die Militärschule, deren Zögling er einst war. Das war zur Zeit von Phélyppeaux, seinem Gegner, dem späteren Verteidiger von Akko. Ein tapferer Mann, der aber auf die andere Seite überlief. Die Offiziere, denen er heute diese Fahnen übergibt, die nunmehr von einem Adler mit ausgebreiteten Schwingen gekrönt werden, müssen nicht nur heldenhaft, sondern auch treu sein. Seiner Person verbunden.

In den Tuilerien empfängt er sie in seinem Arbeitskabinett. Reihum führt der Kammerdiener Thiard die Generäle, Admiräle, Obersten ins Zimmer, nachdem er sie mit lauter Stimme einzeln aufgerufen hat. Sie sollen alle dem Kaiser einen Eid schwören. Dieses direkte Band hat er gewollt.

Lange schaut er jeden dieser Männer an, über deren Bravourtaten, Stärken und Schwächen er Bescheid weiß. Nach der Eidesleistung sagt er jedem einige persönliche Worte. Regieren heißt das Gefühl vermitteln, daß der Kaiser zu jedem einzelnen spricht und für ihn handelt und im Gegenzug persönlichen Einsatz erwartet.

Zu General Lauriston sagt er: »Vergessen Sie nie diese drei Dinge: Bündelung der Kräfte, Initiative und fester Entschluß, ruhmvoll zu sterben.« Er steht von seinem Tisch auf. »Dies sind die drei Grundprinzipien der Kriegskunst, die mir das Schicksal in all meinen Unternehmungen geneigt gemacht haben«, fährt er fort. Er schaut nach draußen und fügt in härterem Ton hinzu: »Der Tod bedeutet gar nichts. Aber besiegt und ehrlos zu leben heißt jeden Tag sterben.«

In diesem Dezember schneit es und es ist bitterkalt. Aber Napoleon, der sonst so kälteempfindlich ist, achtet kaum auf den eisigen Wind und die Schneestürme. Er vergißt die Härten des Winters dank den Paraden der Nationalgarden, die aus allen Teilen des Kaiserreichs kommen, der defilierenden Truppenteile und der Vertreter aller Institutionen, die ihm ihre Aufwartung machen.

Am 16. Dezember steht er auf dem Balkon des Pariser Rathauses. Die Stadtverwaltung richtet ein Fest für ihn aus. Er setzt das gewaltige Feuerwerk in Gang. In den Himmel zeichnen Raketen den Sankt Bernhard wie einen Vulkan, aus dem Flammen emporschlagen, während die Silhouette von Napoleon erscheint, als er den Paß überquert. *Das sind meine Taten!* Er erinnert sich. So viele Herausforderungen hat er bestanden, und doch sind sie vielleicht gering angesichts dessen, was ihm bevorsteht. Wenn es soweit ist, wird er der Stärkere sein. Weil er der Kaiser dieser um ihn versammelten Nation ist.

Ein paar Tage später begibt er sich in die Oper. Dort sind alle Marschälle versammelt, die dieses Fest zu seinen Ehren von ihren Bezügen finanziert haben. Aus ihren Reihen befürchtet er keine Rebellion mehr. Sie sind Marschälle. Sie akzeptieren also, daß er der Kaiser ist. Sein »System«, wie er es gegenüber Roederer genannt hat, funktioniert. Aber was machen diese Männer, wenn er eines Tages besiegt am Boden liegt? Ist jetzt der Augenblick, darüber nachzudenken?

Unter dem goldenen Licht von 100 Lüstern eröffnet er den Ball mit Joséphine, von Beifall umrauscht. Warum sollte er nicht weiterhin triumphieren wie bisher? Er tanzt unter den bewundernden Blicken der Paare, die sich ringsum auf der Tanzfläche drängen. Er fühlt sich noch so jung. Er steht in seinem 35. Lebensjahr.

Achter Teil

»Die gekrönten Häupter verstehen so etwas nicht: ich fürchte das alte Europa nicht.«

Januar 1805 – August 1805

32

Napoleon wirft einen Blick auf Marie-Antoinette Duchâtel, die an seinem Arm durch die Alleen des Parks von Malmaison spaziert. Schon seit mehr als einer Stunde gehen sie so nebeneinander. Dieser Januarnachmittag des Jahres 1805 ist sehr kalt, aber sonnig. Die Wangen von Madame Duchâtel sind von der Kälte gerötet. Sie zittert manchmal, aber er schlägt ihr nicht vor, wieder hineinzugehen. Im Salon drängen sich die Gäste von Joséphine. Sie schauen gewiß beim Reden in den Park hinaus, senken Blick und Stimme und tun so, als ob sie Napoleon nicht in Begleitung dieser jungen Frau sähen, über deren Verhältnis zum Kaiser sie sehr wohl Bescheid wissen. Joséphine seufzt und schimpft gewiß. Aber hat sie denn nicht alles bekommen, was sie wollte? Ihre kirchliche Trauung, die Krönung, den Ruhm? Dann muß sie auch Madame Duchâtel hinnehmen.

Er drückt ihren Arm. Ob ihr kalt ist? Das Haus sei eisiger als der Park, sagt er, er wolle aber dort ein paar Tage verbringen, um weit weg von Paris zu sein, zu jagen und mit ihr unter den Bäumen zu spazieren. Auch mit ihr zu reden. Wisse sie denn, daß er nie etwas vergesse? Könne sie sich überhaupt vorstellen, was er vor 25 oder vor zehn Jahren gewesen ist? Manchmal wundere er sich selbst.

1795, nur zehn Jahre ist es her, war er ein abgezehrter Brigadegeneral, den man ein paar Tage als Anhänger von Robespierre eingesperrt hatte. Aber zittert Marie-Antoinette Duchâtel, wenn sie den Namen Robespierre hört? Sie ist zu jung, um sich an die Zeit der Schreckensherrschaft zu erinnern. Kann sie glauben, daß er vor zehn Jahren in eine junge Frau aus Marseille verliebt war, die heute die Frau des Marschalls Bernadotte ist? Und was wird er in zehn Jahren sein, im Jahr 1815?

Er zieht Marie-Antoinette Duchâtel aus dem Wald auf die Alleen, die ein wenig von der Sonne erwärmt werden. Das Licht ist dort so hell, daß es blendet. Oft trifft er auf Menschen, die er in jener Zeit vor zehn oder 20 Jahren gekannt hat, fährt Napoleon fort. Vor ein paar Tagen hat er mit allen Ehren einen alten Mann empfangen, den Marschall de Ségur, der im Jahr 1784, also vor 21 Jahren, seine Urkunde als Offizierskadett unterschrieben hat. Als er ihn nach dem Empfang zur Treppe zurückbrachte, ist er vor Aufregung beinahe in Ohnmacht gefallen. Aber Napoleon hat auch seine Wirtsfrau aus Valence wiedergesehen, dazu diesen oder jenen seiner Lehrer aus Brienne, und natürlich den großen Laplace, seinen Prüfer aus der Miltärakademie.

»Ich habe niemanden vergessen. Wer bei der Belagerung von Toulon dabei war, erhielt eine Belohnung. Ob Freunde oder Rivalen, die Zeit verwischt das alles, und es bleibt nur die Erinnerung an jene Jahre. Marmont ist nun Marschall. General du Teil, der Kommandant von Auxonne, ist zum Militärbefehlshaber in Metz ernannt worden. Ich vergesse niemanden, der mir geholfen hat.« Und mit leiser Stimme fügt er hinzu: »Der mich geliebt hat.«

Sie verlangt nichts. Aber er läßt sich nicht täuschen. Wenn sie von den kleinen Salonintrigen erzählt, erkennt er an ihrer Stimme, daß sie Murat und dessen Frau helfen will, mit denen sie befreundet ist. Er wird Murat zum Fürsten machen und zum Großadmiral. Freut sie das? Sie lächelt nur. Aber er wird Eugène de Beauharnais zum Erzkanzler ernennen und auch ihm den Titel eines französischen Fürsten verleihen. Man muß das Gleichgewicht zwischen den Clans wahren und seine Macht durch die Interessen der einen wie der andern befestigen. Er hat keine Illusionen. Auch nicht über Marie-Antoinette Duchâtel. Man erwartet von ihm, daß er gibt. Und er schuldet es ihr auch, damit sie ihm treu bleibt.

Während er dem Plaudern von Marie-Antoinette lauscht, vervollständigt er in seinem Kopf die Liste derjenigen, die er zu hohen Würdenträgern ernennen wird, insgesamt sechs, und zu Hofbeamten, denen er im pompösen Thronsaal das große Kreuz der Ehrenlegion mit Adler verleihen wird, 48 insgesamt, deren Namen er alle im Gedächtnis hat. »Wissen Sie, daß man mit der Ehre alles aus einem Menschen machen kann«, sagt er, während er wieder den Weg in Richtung Hauptgebäude einschlägt.

Bevor sie in den Salon eintreten, flüstert er Madame Duchâtel zu, daß er sie bei ihr wiedersehen wird, in dem kleinen Haus, das er in der Witwenallee an den Champs-Élysées für sie gemietet hat, damit sie sich in aller Ruhe treffen können, ohne einen erneuten Besuch von Joséphine und einen ihrer unerträglichen Auftritte befürchten zu müssen.

Das Gesicht von Joséphine ist eingefallen, die Schicht aus Schminke, die ihr Kinn bedeckt, blättert schon ab, weil sie vor Wut und Bitterkeit zittert. Er lächelt und zieht sie an sich. Warum versteht sie denn nicht, daß er gar nicht für die Liebe gemacht ist? Liebe ist nur etwas für ganz andere Charaktere, als er es ist. Sie weiß doch, daß die Politik ihn ganz und gar aufzehrt, sagt er.

Aber sie lächelt nicht. Hat er denn nicht unter aller Augen mehrere Stunden mit Madame Duchâtel im Park zugebracht? Das hat sie verletzt.

Sie ist die Kaiserin, antwortet er ungehalten. Er erträgt nicht die Inquisition, die sie ihm auferlegt, sie demütigt ihn durch die Spionage, mit der sie ihn umgibt, sie liefert seinen Gegnern Waffen. Das wird er nicht mehr hinnehmen. Aber sie soll sich beruhigen. »Ich will nicht, daß an meinem Hof die Frauen herrschen«, fährt er fort. »Sie haben Heinrich IV. und Ludwig XIV. geschadet. Meine Aufgabe ist sehr viel ernster als die der Fürsten. Und die Franzosen sind viel zu ernsthaft geworden, um bei ihrem Herrscher öffentliche Liaisons und anerkannte Mätressen zu dulden.«

Joséphine hat sich etwas entspannt. Sie werde sich nicht mehr beklagen, flüstert sie. Wenn es so weit sei, sagt er mit einer wieder heiteren Stimme, werde er sie bitten, »ihm zu helfen, eine Beziehung zu beenden, die ihn kaum noch befriedigt«.

Er muß Joséphine besänftigen. Und stimmt es denn nicht, daß er nicht zu lieben versteht?

Er kehrt in die Tuilerien zurück und begibt sich dann nach Saint-Cloud. Aber manchmal weiß er nicht mehr, an welchem Ort er sich befindet, so sehr wiederholt er dieselben Gesten, gibt er sich denselben Aufgaben hin, sieht er dieselben Gesichter. Zu Méneval sagt er: »Ich bin ein Gewohnheitstier«, und dann beginnt er mit der Lektüre der Berichte von Desmarets, der die Polizei zur Überwachung der Ausländer leitet. Aber die Berichte von Fouchés Spitzeln interessieren ihn genauso brennend wie jene aus den Geheimkabinetten, in denen die Post überwacht wird. Wie soll man regieren, wenn man nicht die Meinungen und die sich anbahnenden Verschwörungen kennt? Denn seine Gegner haben nicht aufgegeben. An allen Wänden in Paris liest man Spottverse auf ihn. Auch Wortspiele über Papst Pius VII. sind in Umlauf, berichten die Spitzel. Was macht denn Fouché? Was macht denn der Polizeipräfekt? Gerüchte, Spott und Pamphlete sind Geschwüre, welche das ganze Land verpesten können. Warum läßt man zu, daß der Heilige Vater beschimpft wird, der sich noch immer in Paris aufhält?

Ich will, diktiert Napoleon, daß der Polizeipräfekt beim Karneval im Februar alle Maskeraden überwacht und dabei verhindert, daß man in geistlichen Kostümen durch die Straßen läuft. Man soll außerdem einen speziellen Dienst schaffen, der Zeitungen, Theater, Druckereien und Buchläden überwacht. Und für jedermann soll der Nachdruck von Artikeln aus englischen Zeitungen verboten werden. Dort sitzen unsere Feinde.

An diesem Jahresanfang 1805 hat er das Gefühl, daß die Zeit der Feste vorbei ist. Mit dem Fuß stößt er die Polizeiberichte fort, die sich immer wieder auf dem Boden seines Kabinetts stapeln. Die letzten Angriffe haben ihn wachgerüttelt, selbst wenn er sich niemals wirklich Träumen hingegeben hat. Aber im Dezember 1804 hat er einige Tage lang all die Sorgen fortgeschoben, die ihn nun bedrängen. Er sagt: »Die Zeit der angenehmen und leichtfertigen Beschäftigungen ist vorbei. Nun holt uns der Ernst wieder ein.«

Er verbringt eine kurze Zeit in Boulogne, inspiziert die Truppen, steigt an Bord einiger Kanonenboote. Es ist noch tiefer Winter mit kalten Winden und Stürmen. Er spricht mit Admiral Bruix. Er erinnert sich an ihren Disput. Dieses Mal gibt Napoleon nach. Die Landung in England wird auf den Frühling verschoben. Und vielleicht muß man versuchen, den Krieg zu vermeiden. Er diktiert einen Brief an den englischen König Georg III.: »Ich betrachte es nicht als unehrenhaft, den ersten Schritt zu tun.« Er schaut Kriegsminister Berthier an, der neben dem Tisch steht, an dem Méneval das Diktat aufnimmt. »Ich habe der Welt zur Genüge bewiesen«, fährt Napoleon fort, »daß ich keine Kriegssituation fürchte. Die Welt ist groß genug, daß unsere beiden Nationen in ihr leben können.«

Die Welt vielleicht, aber Europa?

Er entfaltet Karten, kniet sich hin und steckt Nadeln mit verschiedenfarbigen Köpfen in die großen Meeresflächen. Hier in Toulon das Geschwader von Villeneuve. Dort in Cadiz das unseres spanischen Verbündeten Admiral Gravina. Und in Brest die Flotte von Ganteaume, dazu noch ein Geschwader in Rochefort, das von Missiessy. Dann steht er wieder auf, nimmt eine Prise und geht umher, eine Hand auf dem Rücken unter dem Rockschoß.

»Es würde genügen …«, sagt er. Dann beginnt er zu diktieren. Manchmal hält er ein, mit starren Augen, als ob er die Geschwader vorbeifahren sähe. Die Flotten von Villeneuve, Gravina und Missiessy, sagt er, begeben sich zu den Antillen, um das englische Geschwader dort hinzulocken, und dann werden sie mit vollen Segeln nach Europa zurückkommen. Zur gleichen Zeit wird Ganteaume Brest verlassen und den Ärmelkanal versperren, in dem nur einige englische Schiffe verblieben sind, da sich die anderen auf die Verfolgung der französischen Geschwader nach den Antillen begeben haben.

«Halten Sie nur zwei Tage stand, Ganteaume. Verlieren Sie nicht das große Schicksal aus den Augen, das in Ihrer Hand liegt. Wenn es Ihnen nicht an Mut fehlt, ist der Erfolg gewiß.« Genau dann wird die Große Armee von Boulogne auf Kanonenbooten und Kähnen nach England übersetzen. Villeneuve wird Toulon am 30. März verlassen, Ganteaume Brest am 1. Juni, und er selbst wird den Ärmelkanal vor dem 15. Juni überqueren.

»Das ist der Plan für die See«, sagt er. »Wenn ich nur selbst die Geschwader befehligen könnte! Wenn es sich um Reiter und Grenadiere handelte!« Er spricht zu General Lauriston, der ins Arbeitskabinett gekommen ist. Aber er ist nun einmal nicht der Herr der Geschwader. Die Ozeane mit ihren Stürmen und ihren hohen Wellen beugen sich nicht der Logik.

Am 19. März bringt Méneval gegen Ende des Tages eine neue Depesche, die über optische Telegraphen aus Boulogne übermittelt wurde. Das Gesicht von Méneval zeigt Entsetzen. Napoleon reißt ihm die Depesche aus den Händen. Admiral Bruix ist tot. Türenschlagend verläßt Napoleon das Kabinett. Krankheit und Tod sind unvorhersehbar wie der Ozean.

Er erträgt es nicht, Dingen unterworfen zu sein, die er nicht in der Hand hat. Nun stirbt schon der zweite Admiral, als ob alles, was das Meer betrifft, mit einem Fluch belegt wäre. Er verdrängt diesen Gedanken und sagt sich wiederum, daß ja zwei Tage für die Überquerung des Ärmelkanals ausreichen, ganze zwei Tage.

Er setzt sich hin und läßt sich seine Mahlzeit auf dem runden Tischchen aus Acajou-Holz servieren, welches im Salon gleich neben dem Kabinett steht, wo er meistens allein speist. Zum Küchenchef Dunan sagt er: »Sie sehen doch, daß Sie mir zuviel zu essen geben. Ich mag das nicht. Es behagt mir nicht.« Er legt seine Hand auf den Bauch. Er hat zugenommen.

Dunan bringt die übliche Tasse Kaffee, die Napoleon rasch trinkt, und wie so oft hat er das Gefühl zu ersticken, weil er Essen und Getränke hastig herunterwürgt.

Er geht umher, um wieder Luft zu bekommen, verlangt dann, daß man ihn in einen Wald im Pariser Umland fährt, wo im Wind und im Regen dieses März 1805, einem unfreundlichen Frühling, sein Körper wieder auflebt.

Am Donnerstag, dem 14. März, galoppiert er durch den Wald von Rambouillet. Er möchte das Schloß sehen, in dem François I. gestorben ist. Er durcheilt die vielen Zimmer, in denen kaum Möbel stehen, da man nicht mit seinem Kommen rechnete. Er öffnet die Fenster und atmet den Duft des Waldes ein. Dort will er die Nacht verbringen, wie ein Offizier im Krieg. Um ihn herum herrscht Geschäftigkeit, während er sich an einem riesigen Kamin wärmt, in dem große Holzstücke brennen.

Er mag solche einsamen Nächte inmitten von emsigen Quartiermachern und Adjutanten. Hier kann er nachdenken. Er nimmt eine Prise und geht ein wenig umher. In drei Tagen muß er die italienischen Abgeordneten empfangen. Durch seine eigenen Informanten wie auch durch Melzi, den Vizepräsidenten der italienischen Republik, weiß er, daß die Abgeordneten der Lombardei vorschlagen wollen, ihn zum König von Italien zu machen. Ein weiterer Schritt. Er wollte ihn eigentlich nicht gehen. Schon im Januar hat er mit Joseph gesprochen. Er hat ihm die italienische Krone angeboten. Joseph hat angenommen, aber Bedingungen gestellt und dann doch schließlich abgesagt. Bitterkeit erfaßt Napoleon. Er hat Louis und Hortense empfangen und ihnen erneut vorgeschlagen, ihren Sohn zu adoptieren und ihn zum König von Italien zu machen. An die Eifersuchtsszene, die ihm Louis daraufhin gemacht hat, erinnert er sich nur ungern. Mit dem Absatz seines Stiefels versetzt er einem der Klötze im Kamin einen kräftigen Tritt. Ein Funkenschwarm sprüht aus dem Holz.

Am 17. März proklamieren ihn die italienischen Abgeordneten wie vorgesehen zum König von Italien. Am 24. begibt er sich in den Staatsrat. Reglos hört er die Lobrede der Senatoren, die seine neue Krone begrüßen. Wie viele von ihnen denken, genau wie Fouché, der es ihm zu sagen wagt, daß diese von ihm angenommene italienische Königswürde einen Krieg auf dem Kontinent herbeiführen wird? Als ob die Könige diesen Vorwand nötig hätten, um zu versuchen, ihn zu erdrücken und die Revolution von der Karte zu wischen!

»Das Meer kann mich vielleicht verraten, aber niemals die Erde«, hat Napoleon Fouché geantwortet. Er ist von Ministern und ergebenen Staatsräten umringt, und doch liest er in ihren Augen, dessen ist er gewiß, die Erwartung seiner Niederlage, seines Sturzes. Manchmal fragt er sich, ob diese Männer sie nicht sogar wünschen, auch wenn es ihren Interessen widerspricht. Sie ertragen seinen Erfolg nicht.

»Die Perrückenköpfe verstehen gar nichts«, sagt er, »und die

Könige haben weder Initiative noch Charakter.« Er schaut Räte und Minister einzeln an. Mit Ausnahme von Fouché senken alle die Köpfe. »Ich fürchte das alte Europa nicht.«

33

Napoleon hört zunächst nur ein undeutliches Geräusch, das vom Klappern der Räder auf der löchrigen Straße überdeckt wird. Aber schon bald kann er klar und deutlich Stimmen vernehmen. »Es lebe der Kaiser!« Die Karosse fährt langsamer. Er beugt sich aus dem Fenster. Der Wagen des Quartiermeisters fährt vor ihm nur noch im Schrittempo, so dicht ist die Menge der Bauern an den Straßenrändern. »Es lebe der Kaiser!«

Frauen und Kinder laufen herbei. Er winkt ihnen zu. Zum ersten Mal, seit er Fontainebleau verließ, wo er die Nacht zum 1. April verbrachte, spürt er eine solche Begeisterung. Einige Stunden zuvor in Troyes war die Menge vor allem neugierig. Zugleich wirkte sie etwas eingeschüchtert. Den Stadtvätern sagte er, daß er sich nach Mailand begebe, um die eiserne Krone des Königs von Italien zu empfangen. Außerdem wolle er die wichtigsten Städte dieses Königreichs besichtigen, das er überhaupt erst geschaffen habe, sowie die Schlachtfelder von Castiglione und Marengo.

In dem niedrigen Saal, in dem der Empfang stattfand, sagte jemand zu ihm: »Sire, die Militärschule von Brienne …« Er hörte nicht weiter zu. Als seine Kutsche den Hof von Fontainebleau verließ, wußte er genau, daß diese Reise nach Italien auch eine Art Pilgerfahrt zu den ersten Jahren seines Ruhmes sein würde. Und wenn Joséphine so großen Wert darauf gelegt hat, ihn zu begleiten, dann auch in Erinnerung an Italien, den Anfang seiner Erfolgslaufbahn und die Zeit, als er noch ein junger General und leidenschaftlich in sie verliebt war – und manchmal auch Grund zur Eifersucht hatte. Er hatte aber nicht daran gedacht, daß seine Route so dicht an Brienne vorbeiführen würde, einer Zeit von Einsamkeit und Bitterkeit meist. Vor 25 Jahren.

Es war um zwei Uhr nachmittags an diesem 3. April 1805. Er sagte, daß er sich nach Brienne begeben wolle und daß Joséphine schon mit dem großen Troß nach Lyon weiterfahren solle. Und so kam es, daß am Ende dieses Nachmittags seine Kutsche in einer Ansammlung von Bauern steckenblieb, die *Vive l'Empereur!* riefen.

Von Troyes aus hat man Kuriere schicken müssen, um diese Etappe vorzubereiten. Er schaut. Er sieht das Schloß von Brienne, in das er einmal eingeladen wurde, als er noch ein verschlossener Bube war, der von seiner heimatlichen Insel träumte. Auf Karren, von denen man die Ochsen abgespannt hat, drängen sich Frauen und Kinder und schwenken Tücher. Zwischen den einzelnen Gruppen hat man Feuer angezündet, denn es ist kalt, und der Himmel ist dicht bewölkt. Es kommt ihm so vor, als ob er die Wälder, die Hecken und die Zeit seiner ersten Märsche und Manöver wieder vor Augen hätte. Er weiß noch jede Einzelheit, und auch Gesichter von einst tauchen wieder auf.

Nun betritt er den großen Saal des Schlosses. Das Schulgebäude ist nur noch ein Haufen Ruinen, sagt man ihm. Die Revolution, seufzt man, ist hier wie ein Wirbelsturm durchgezogen. Gebäude wurden verwüstet, verkauft, verlassen, zerstört. Er bleibt vor einem Fenster stehen. Madame de Brienne wird ihn in das Zimmer führen, das einst der Herzog von Orleans bei seiner Durchreise bewohnt hat. In der hereinbrechenden Dunkelheit versucht er, die Ruinen der Schule zu erkennen. Morgen wird er sich in aller Frühe dorthin begeben. Dann sagt er: »Die Zeit der Revolution ist vorbei. In Frankreich gibt es nur noch eine Partei.«

Es ist noch dunkel. Als Kind war er aber um diese Zeit im Winter schon auf dem Schulflur. Immerzu war ihm kalt. Und vielleicht ist er dieses Kältegefühl nie wieder losgeworden.

Er geht zwischen den Ruinen des Schulgebäudes umher, begleitet von seinem Stallmeister Louis de Canisy, einem Neffen von Madame de Brienne. Hier war vielleicht das Schlafzimmer. Und dort, hinter jener Hecke, hatte er sein ganz privates Versteck eingerichtet, wo er las. Bei einem Feuerwerk hatten sich einige Munitionskisten entzündet und waren in die Luft geflogen. Auf ihrer Flucht hatten die andern Jungen an diesem Schreckenstag sein Versteck verwüstet, für dessen Einrichtung er Monate gebraucht hatte.

Er wird die Schule von Brienne nicht wieder aufbauen lassen. Die Vergangenheit dient nur dazu, die Zukunft zu erfinden.

Er kehrt nach Troyes zurück und fährt am 5. April weiter nach Semur, Chalon, Mâcon und Bourg. Seit Jahren hatte er diese Landschaften nicht mehr bereist, die er einst so oft durchquert hatte. Man akklamiert ihn überall. In Le Creusot schießen die Arbeiter zu seinen Ehren eine Salve mit der Kanone. In Châlon erkennt er eine alte Frau wieder, die sich ihm nähert. Als er noch Sekondeleutnant im La-Fère-Regiment war, hatte sie ihn beherbergt. Starke Gefühle überkommen ihn. Sie ist so alt, daß er das Gefühl hat, all die verflossenen Jahre zu sehen. Wie viele Jahre bleiben ihm noch, um sein Schicksal zu erfüllen, um das zu vollenden, was er bis jetzt erst angedeutet hat?

Zu Caulaincourt, der dicht hinter ihm steht, sagt er leise: »Also, Caulaincourt, ich bin auch nur ein Mensch. Auch ich habe einen Bauch und ein Herz, was immer manche behaupten mögen.« Er achtet nicht auf das, was die Notabeln sagen, die an ihm vorbeidefilieren. »Aber es ist das Herz eines Souveräns«, fährt er fort. »Die Tränen einer Herzogin rühren mich nicht, wohl aber die Leiden des Volkes. Ich will, daß es glücklich ist, und die Franzosen werden es sein. Wenn ich nur noch zehn Jahre lebe, wird überall Wohlstand herrschen.«

Dann steigt er wieder in seine Kutsche und liest alle seit seiner Abreise von Fontainebleau eingegangenen Depeschen, welche die Bewegungen der Geschwader betreffen. Wie im Plan vorgesehen, hat Villeneuve Toulon am 30. März verlassen. Er hat Nelson getäuscht und ist nach Martinique gelangt, nachdem er in Cadiz Station gemacht hatte und so zum spanischen Geschwader von Admiral Gravina gestoßen war. »Nun bin ich kaum noch beunruhigt«, schreibt er an Vizeadmiral Decrès, den Marineminister. Wenn er einer der Admiräle wäre, wenn er auf dem Meer befehligen könnte, dann würde ihm nichts widerstehen. So aber muß er sich damit begnügen, an Vizeadmiral Ganteaume zu schreiben, dessen Geschwader noch in Brest liegt: »Ich hoffe, daß Sie vom vereinbarten Punkt mit mehr als 50 Schiffen losfahren. In ihren Händen liegt das Schicksal der Welt.« Wird Ganteaume verstehen? Sind diese Admiräle ihren Aufgaben gewachsen?

Er läßt seinen Blick am Ufer der Saône entlang schweifen. Er erkennt schon die Vororte von Lyon, wo er Joséphine wiedersehen wird. Von dort wird es weitergehen nach Turin, wo man mit dem Papst zusammenkommt, der Paris einige Tage nach dem Kaiser verlassen hat. Dann nach Mailand zur Krönung.

Er diktiert seine Befehle für Vizeadmiral Verhuell, der die batavische Flotte kommandiert. Danach sagt er noch, wie in einem Selbstgespräch: »Die Stunde des Ruhms ist vielleicht sehr nahe; es hängt im übrigen nur von einigen Chancen und einigen Ereignissen ab.« Das Schicksal hält die Zügel. Er diktiert weiter, und Méneval notiert: »Es genügt, das Meer sechs Stunden lang zu beherrschen, und England hört auf zu existieren.«

Als die Kutsche in den Hof von Bellecour einrollt, hört er mit dem Diktieren auf. Er erinnert sich. Es war vor drei Jahren. Im Juni 1802 hatten Einwohner aus Lyon an ihn geschrieben und um die Erlaubnis gebeten, diesen Platz, auf dem er die Parade der aus Ägypten zurückgekehrten Truppen abgenommen hatte, in Bonaparte-Platz umzubenennen. Er glaubt, seine Stimme zu hören, wie er damals Bourrienne diktierte: »Es wird keinen Bonaparte-Platz geben. Solche Benennungen sollen nicht nach lebenden Personen erfolgen.«

Aber seither ist er Kaiser geworden. Er hat eine Dynastie gegründet. Und er wird umjubelt am Ufer der Saône oder beim Betreten des erzbischöflichen Palastes. Ihn will die Menge berühren, als er sich zur Baustelle für eine neue Brücke begibt. Er soll das Feuerwerk zünden zum feierlichen Beginn dieser Bauarbeiten. Und er hat zugestimmt, daß in Westfrankreich die beiden Städte La-Roche-sur-Yon und Pontivy, die im Zentrum der Chouan-Rebellion lagen, umbenannt werden in Napoléon-Vendée und Napoléon-Ville.

Er hält eine Rede an die Notabeln, die nach dem von der Stadt ausgerichteten Bankett dichtgedrängt um ihn herumstehen und ihm zuhören, als würde er Orakelsprüche von sich geben. Und hinter all diesen Männern mit ernstem Gesicht erblickt er Joséphine, umgeben von ihren Vorleserinnen und Hofdamen, die mit auf die Reise gekommen sind. Er spricht schnell, in knappen Sätzen, weil er es eilig hat, zu diesen jungen Frauen zu gehen, zum Beispiel zu Madame Gazzini, einer Schönheit aus Genua, die ihm schon bei der Abfahrt in Fontainebleau aufgefallen war, oder zu Mademoiselle Guillebaud, die stets die Augen senkt, wenn er sie anschaut.

»Ein Staat braucht feste Prinzipien«, sagt er. »Solange man nicht von klein auf lernt, ob man Republikaner oder Monarchist sein soll, Katholik oder Atheist, kann der Staat keine Nation bilden. Er wird auf ungewissen und undefinierten Grundlagen ruhen und jeder Unordnung und jedem Wandel unterworfen sein.«

Dann spricht er einige Minuten lang vom Geld. »Zu meinen Lebzeiten wird kein neues Papiergeld ausgegeben.« Er denkt noch an die Assignaten, deren Wert zwischen den Fingern schmolz. Ludwig XVI. und Robespierre, die so gegensätzlichen Gestalten, wurden beide aus Finanzgründen geköpft. Insgeheim beherrschen die Bankiers den Mechanismus der Guillotine. »Für meine Nachfolger will ich Ressourcen schaffen und sichern, die ihnen jene außergewöhnlichen Mittel bereitstellen, die ich mir zu beschaffen wußte«, sagt er.

Ohne den Beifall abzuwarten, begibt er sich zur Kaiserin, den jungen Damen und den sie umgebenden Offizieren. Bald steht er bei den Frauen. Außer Madame Gazzini und Mademoiselle Guillebaud sind auch die Hofdamen von Caroline anwesend. Es sieht beinahe so aus, als ob seine jüngere Schwester diese Frauen für ihn aussucht. Was erhofft sie sich davon? Daß ich mich von Joséphine trenne zugunsten einer von ihnen? Oder will sie nur die Kaiserin kränken und erniedrigen, sich dafür rächen, daß sie nicht im Vordergrund steht, genau wie meine Schwestern Élisa und Pauline, die sich nicht anders verhalten? Krieg ist offensichtlich ein Naturzustand.

Etwas abseits steht eine junge Frau, beinahe noch ein Mädchen, so zurückhaltend gibt sie sich. Sie stammt gewiß aus Lyon, denn ihr fehlt die Schamlosigkeit der Pariser Frauen, sei es bei Hof oder am Palais-Royal. Er geht zu ihr. Er befragt sie in barschem Ton. Sie ist verwirrt und beginnt zu stottern. François-Emilie Marie Leroy? Diese Vornamen gefallen mir, sagt er. Ich habe noch nie eine Frau gekannt, die so hieß. Er zieht sie mit sich. Weder im Krieg noch in der Liebe – aber wo wäre da der Unterschied? – ist er für lange Belagerungen, sondern immer für die Attacke.

Joséphine nimmt es hin. Sie weiß, daß er ihre von Eifersucht gequälte Miene nicht mehr sehen will. Genügt es denn nicht, daß sie Kaiserin ist? Sie wird neben ihm die Kathedrale von Mailand betreten. Sie erhält ihren Anteil am Ruhm, auch wenn er allein den Königstitel von Italien innehat.

Napoleon setzt sich selbst die eiserne Krone auf. Der Domplatz ist voll von jubelnden Menschen. Als er die Krone berührt, sagt er: »Gott hat sie mir gegeben. Weh dem, der sie antastet.« Leiser fügt er hinzu: »Ich hoffe, dies ist eine Prophezeiung.«

Einige Tage später beschließt er die Annexion von Genua und von Ligurien. Aus der Republik von Lucca macht er ein Fürstentum, das er seiner Schwester Prinzessin Élisa anvertraut, die schon über Piombino herrscht. Wenn man Macht und Entschlossenheit besitzt, sind die Dinge so einfach. Und wer kann ihn schon stoppen?

Der König von England und der Zar haben einen Vertrag geschlossen, um Frankreich hinter seine Grenzen von 1789 zurückzudrängen und in Paris eine ihnen genehme Regierung einzusetzen, welche die Revolution auslöscht. Aber wer könnte das? Zu Talleyrand sagt er: »Es gibt Leute, die glauben, daß ich weder Biß noch Klauen habe! Schreiben Sie ihnen, daß sie sich nicht darauf verlassen sollten!« Sollen sie sich an mir reiben, wenn sie es wagen! Er ist seiner selbst völlig gewiß.

Er kehrt nach Marengo und Castiglione zurück, den Schlachtfeldern seines frühen Ruhms. Unter Akklamationen betritt er die damals eroberten Städte, deren König er nun ist. Er besichtigt Mantua, Verona, Bologna, Modena, Piacenza und Genua. Auf dem Schlachtfeld von Marengo läßt er 30000 Soldaten manövrieren, und die Garnison von Mailand defiliert auf dem Forum Bonaparte.

Er liebt diese Landschaften und Städte, diese Brücken, die er an der Spitze von Armeen überquert hat. Er liebt diesen italienischen Frühling. Stundenlang reitet er übers Land, und an einem Tag geschieht es sogar, daß er fünf Pferde ermüdet. Manchmal aber kommt auch eine schmerzliche Erinnerung wieder. Er steigt auf den höchsten Turm der Festung von Verona. Er schaut auf diese Stadt herab, deren Ziegeldächer einen roten See bilden. »Mein armer Bruder Louis«, sagt er, »hat in dieser Stadt auf einem unserer ersten Feldzüge einen furchtbaren Vorfall erlebt. Eine Frau, die er kaum kannte, drang in seine Wohnung ein. Seit jener Zeit ist er immer wieder von nervöser Unruhe befallen, die je nach Wetterlage unterschiedlich ausfällt und von der er niemals geheilt wurde.«

Schon kehren die Schatten wieder. Der kranke und feindselige Louis verweigert die Adoption seines ältesten Sohnes. Und Lucien? Napoleon macht eine vertrauliche Bemerkung zu Caulaincourt: »Lucien zieht der Ehre seines Namens und seiner Familie eine entehrte Frau vor, die ihm noch vor der Ehe ein Kind geschenkt hat.«

Solche Gedanken quälen ihn, als er gegen Ende des heißen Monats Juni 1805 nach Genua kommt. Er betrachtet das Bett, in dem einst Karl V. geschlafen hat, wie ein Genuese versichert, der ihn in sein Zimmer führt. Er ist nun ein Mann, den man mit den Größten vergleicht, dem aber die eigenen Brüder nicht helfen wollen. Er ist dieser Kaiser ohne Sohn.

Er geht ans Fenster seines Zimmers, von dem aus man den Hafen von Genua überblicken kann. Draußen kreuzen drei Fregatten und zwei Briggs mit vollen Segeln. Er schaut sie lange an. Ein paar Stunden zuvor hat er den Plan für eine Landung in England verändern müssen. Villeneuve hat es nicht geschafft, sich bei den Antillen mit dem Geschwader von Missiessy zu vereinigen. Alle vorgesehenen Manöver sind dadurch verzögert worden. Die Landung kann also erst zwischen dem 8. und dem 18. August stattfinden und nicht mehr in diesem Juni. Er stützt sich auf das Fensterbrett und schaut jenen Schiffen nach. Jérôme kommandiert sie. Jérôme, der endlich eingewilligt hat, sich von seiner amerikanischen Frau zu trennen und sich der Vernunft zu beugen.

Und das Volk? Auf der ganzen Rückreise nach Frankreich beobachtet er es an diesen ersten Tagen des Monats Juli 1805. In der Nähe von Lyon läßt er die Kutsche auf einer Nebenstraße halten. Die Menschen strömen von den Feldern zur Straße, gewiß um ihn zu sehen und ihm zuzujubeln. Er steigt aus und geht ein wenig in Richtung einer Hügelkette. Er will niemand aus seinem Gefolge dabeihaben. Er möchte allein sein, sich unter die Menge mischen, das Volk eben. Niemand erkennt ihn. Er befragt eine alte Frau, was sie dort mache: »Der Kaiser wird vorbeikommen«, sagt sie. Er plaudert mit ihr und betrachtet sie dabei genau. Sie ist das Volk, das fernab der Paläste lebt.

»Sie hatten erst den Tyrannen Capet«, sagt er, »jetzt haben sie den Tyrannen Napoleon. Was hat sich da schon geändert?« Er beugt sich zu der alten Frau herab. In ihrem faltigen Gesicht liest er Unbehagen.

»Aber verzeihen Sie, Monsieur«, sagt sie, »da gibt es schon einen großen Unterschied.« Sie nickt mit dem Kopf und lächelt maliziös. »Den andern hatten wir aus Zufall, aber den jetzigen haben wir gewählt.« Sie erhebt die Stimme. »Der eine war der König der Adligen, aber der jetzige ist der des Volkes!«

Mit schnellem Schritt steigt Napoleon wieder vom Hügel herunter. Er pfeift und nimmt eine Prise. Zu Méneval sagt er: »Ich liebe den kräftigen gesunden Menschenverstand, wie man ihn draußen auf den Straßen findet.« Dann steigt er wieder in die Kutsche.

34

Liegt es an der drückenden Hitze am Ende dieses Monats Juli 1805? Oder am Warten auf Nachrichten von den Geschwadern? Mehrmals am Tag läßt sich Napoleon von der Wut mitreißen. Er bestellt Murat zu sich, der in seiner schmucken Uniform eines Großadmirals und Prinzen erscheint, als Träger des Großen Adlerordens der Ehrenlegion und Befehlshaber der 12. Kohorte, und der ungefragt von der Gemäldesammlung spricht, die er in seinem Elysée-Palast zusammengebracht hat. Als ob jetzt der Augenblick wäre, von Gemälden zu sprechen! Was ist mit den Truppen? Machen sie Manöver? Sind die Lieferungen sichergestellt? Murat stammelt nur.

Wütend geht Napoleon in den Park des Schlosses von Fontainebleau und an den Wasserspielen entlang. Die Luft ist nach Gewitter, aber es fällt kein Regen, und die Hitze staut sich unter den niedrigen Wolken, in denen lange Blitze zucken. Die Elektrizität der Blitze scheint über seine Haut zu gleiten. Napoleon fröstelt. Er geht wieder hinein. Was gibt es Neues? Wo sind die Admiräle? Was macht Ganteaume? Was macht Villeneuve? Weiß man, wo sich Nelson befindet?

Er schreibt an die Admiräle Ganteaume und Villeneuve. Dann beugt er sich über den Arbeitstisch und prüft die Stärke der einzelnen Flotten. Franzosen und Spanier haben 74 Schiffe, die Engländer kaum 54! Worauf warten die Admiräle also noch!

Er fühlt sich wie gefesselt und gelähmt. Die schwüle Hitze klebt an seiner Haut. Kuriere werden losgeschickt, die ohne Rücksicht auf ihre Pferde und ohne jede Pause schnell nach Brest, Vigo und Cadiz reiten sollen. Wie soll er Entscheidungen treffen, wenn er nicht weiß, wo die Geschwader sind und was sie machen?

In der Zwischenzeit wird Österreich von England dazu gedrängt, sich in den Konflikt einzuschalten, wie Talleyrand bestätigt, und Rußland ist ohnehin schon mit London verbündet. Wenn Wien das wagt, dann …

Er empfängt Cambacérès und den Finanzminister Barbé-Marbois. Napoleon steht vor dem offenen Fenster. Man spürt keinen Windhauch. Wenn das Wetter auf dem Ozean genauso ist, werden die Flotten niemals Boulogne erreichen. Er wendet sich Cambacérès zu. Der Erzkanzler ist beunruhigt. Barbé-Marbois ist aber noch sorgenvoller. Die Bankiers seien unzufrieden, sagt er. Sie übten Druck aus. Sie fürchteten sich vor dem tollkühnen Landeunternehmen in England.

Napoleon beginnt umherzugehen, die Hände hinter dem Rücken. »Beruhigen Sie die Geldleute«, sagt er mit gedämpfter Stimme. Was kann er schon gegen sie machen? Und was ohne sie? »Geben Sie ihnen zu verstehen, daß keine unbedachten Risiken eingegangen werden. Glauben diese Herren denn etwa, daß man Krieg aus einer Laune heraus führt? Nichts ist durchdachter als meine Feldzüge! Ich und meine Armee werden nur landen, wenn genügend Erfolgsaussichten bestehen. Und was Österreich betrifft, so werde ich ihm, falls es nicht abrüstet, mit 200000 Soldaten einen Besuch abstatten, an den es sich lange erinnern wird.«

Dann wendet er sich Cambacérès zu: »Sagen Sie doch, daß Sie nicht an Krieg glauben! Man muß auch ziemlich verwegen sein, um mir den Krieg zu erklären.« Er lächelt: »In ganz Europa gibt es heute keine schönere Armee als die meine.«

Er verläßt Fontainebleau und begibt sich zum Schloß von Saint-Cloud. Er muß wieder zur Ruhe kommen, aber die Hitze ist dort genauso unerträglich wie in Fontainebleau. Er schikaniert Rustan und Constant und verlangt die stete Anwesenheit von Méneval. Er muß schreiben, damit seine Wörter auf die Menschen einwirken wie Sporen auf Pferde. An Villeneuve schreibt er: »Fahren Sie in den Ärmelkanal hinein, und England gehört uns. Zeigen Sie sich 24 Stunden lang, und alles ist erledigt.«

Als der Abend kommt, läßt die Hitze ein wenig nach. Er geht aus und beginnt eine viel zu lange Nacht. Fast jeden Abend fährt er in die Oper oder ins Theater. Und manchmal läßt er Schauspieler nach Saint-Cloud kommen. Aber kann er bei den *Gelehrten Frauen* lachen? Er wird seine Sorgen nicht los. Kann er wirklich diese Meerenge überqueren und die Trikolore auf dem Tower hissen?

Er geht zu den Schauspielern. Er mag das Theatermilieu, diese reizenden und oft schönen Frauen, die meistens sehr erfahren und sehr leicht zu erobern sind. Sie können ihn etwas zerstreuen. Der Schauspieler Talma spricht mit dem Talent eines Erzählers, der aus einer einfachen Bettgeschichte zwischen einer Dame und einem Würdenträger für einen Augenblick eine große Komödie oder Tragödie macht. Dann vergißt man alles andere und sieht nur noch Talma.

Napoleon schaut zu, hört Talma an und spricht mit ihm. An einem jener Juliabende sagt er nach einer Vorstellung von *Der Tod des Pompeius* zu ihm: »Sie bewegen Ihren Arm zu sehr. Kaiser sind zurückhaltender in ihren Bewegungen. Sie wissen, daß eine Geste ein Befehl ist und daß ein Blick den Tod bedeutet. Also sind sie sparsam mit Gesten und Blicken. Lassen Sie Cäsar nicht wie Brutus sprechen. Wenn der eine sagt, daß er Könige verabscheut, dann muß man ihm glauben, aber nicht dem anderen. Verdeutlichen Sie den Unterschied.«

Madame de Rémusat kommt herbei. Warum wundert sie sich, daß er so mit Talma spricht? Er ist doch nur ein Schauspieler, sagt sie, aber der Kaiser scheint ihn besser zu behandeln als einen Botschafter oder selbst einen General.

Er lacht. »Wissen Sie denn nicht, daß ein Talent, auf welchem Gebiet auch immer, eine wirkliche Macht darstellt? Sie haben ja gesehen, daß ich den Hut ziehe, wenn ich Talma empfange.« Und flüsternd fügt er hinzu: »Aber es gibt auch Frauen von großem Talent.«

Madame de Rémusat entzieht sich. Sollte sie treu geworden sein? Aber da sind ja noch Madame Duchâtel, Madame Gazzini und auch jene Emilie Leroy, die auf seine Bitte aus Lyon gekommen ist und die er mit einem Monsieur Pellapra verheiratet hat, einem verstandnisvollen Finanzier, den er mit der Würde eines Steuerdirektors in Caen bedacht hat, um dessen Skrupel zu zerstreuen, falls er welche gehabt haben sollte. Auf diese Weise werden die Julinächte noch kürzer. Und bei Morgengrauen liegen die Spitzelberichte schon auf seinem Arbeitstisch bereit.

Denn die liest Napoleon immer zuerst. Die Informanten berichten, daß man sich in einigen Cafés wundert, daß der 14. Juli diesmal nicht gefeiert werde, und man kritisiert die Ankündigung von Zeremonien und Bällen für den 15. August, den Tag des heiligen Napoleon. Man spottet. Man fürchtet aber auch Krieg und eine neue Koalition, die Frankreich ruinieren wird. Manche behaupten sogar, daß die Zeit der Assignaten wiederkehre. Man versteckt sein Gold.

Er wirft die Berichte zu Boden. Will er wirklich Krieg? Ein Spion behauptet, daß General Moreau sich nicht in die Vereinigten Staaten begeben hat, wozu er sich bei seinem Prozeß verpflichtet hatte, sondern sich in Spanien aufhält und überall verkündet, daß er sich in den Dienst des Zaren begeben, die Führung einer monarchistischen Armee übernehmen und mit Bonaparte und der Revolution aufräumen wird! Wäre es nicht doch besser gewesen, die Richter hätten Moreau zum Tode verurteilt?

Am Freitag, dem 2. August, fährt er um drei Uhr morgens, als es noch ganz dunkel ist, mit seiner großen Kutsche in Richtung Boulogne los, um sich zur dortigen Armee zu begeben. An den Poststationen springt er aus dem Wagen, noch ehe man die kleine Treppe aufgeklappt hat, und geht dann ein paar Schritte im Hof des Gebäudes, mit verschlossenem Gesicht, die Hände auf dem Rücken und ohne die Akklamationen der kleinen Menschenansammlung zu beachten, die sich jedes Mal einfindet. Schon nach wenigen Minuten wird er ungeduldig, und bald kommt auch der Adjutant angelaufen, um ihm mitzuteilen, daß frische Pferde angespannt sind. In der Kutsche diktiert er dann Befehle für die Straßenbauämter. Die von Paris in Richtung Köln und Turin führenden Straßen sollen umgehend instand gesetzt werden. Wenn er auf die Landung in England verzichten muß, dann müßte er sofort nach Deutschland aufbrechen, um Österreich zu schlagen und vielleicht auch die russischen Truppen, falls es ihnen gelingt, das Schlachtfeld zu erreichen.

Auch diese Hypothese muß er erwägen. Sie mißfällt ihm so sehr, daß er wütend wird und den Befehl erteilt, an den nächsten Poststationen nicht haltzumachen und notfalls die Pferde totzufahren. Er will so schnell wie möglich im Schloß von Pont-de-Brique sein. In manchen Dörfern, die er durchquert, sieht er Triumphbögen, auf denen steht »Der Weg nach England«. Bei diesen Worten steigert sich seine Wut noch. Sie hat sich noch nicht gelegt, als er am Samstag, dem 3. August, um vier Uhr morgens in den Schloßhof einrollt. Das heiße Bad ist fertig. Rustan steht an der Tür. Aber zunächst will Napoleon seine Befehle erteilen: Truppenparade am morgigen Sonntag ab zehn Uhr.

Auf diese Weise beruhigt er sich wieder, auf diese Weise bringt er die Zeit des Wartens herum: jeden Tag eine Parade. Am Sonntag, dem 4. August, sitzt er von zehn bis 19 Uhr auf einem Pferd und reitet die angetretenen Divisionen zwischen Kap Alprech und

Kap Griz-Nez ab. Bis zum 13. August vergeht kein Tag ohne eine Inspektion von Soldaten oder Schiffen. Er fährt mit Schaluppen bis jenseits der Sperrlinie. Er revidiert seinen Plan: das größte Landungsunternehmen mit 80 000 Mann findet in Deal statt, 13 Kilometer von Dover entfernt. Von dort marschiert man in zwei oder drei Tagen nach London.

Für die Offiziere gibt er ein großes Abendessen in seiner Baracke am Odre-Turm. Er spricht nur wenig und läßt seine Offiziere sich zur bevorstehenden Überquerung und zum Feldzug in England äußern, zu den Schönheiten Londons, zu den »englischen Nutten«, zu der Furcht und der Flucht der Emigranten. Das wird das Ende des Finanziers der antifranzösischen Koalitionen sein. Wenn man den englischen Fuchs in seinem Bau erledigt hat, kann endlich Frieden herrschen.

Er sagt nichts weiter, aber als das Bankett zu Ende ist, befragt er zunächst Méneval und dann Monge und Daru, Generalverwalter der Armee und seit 1803 Organisator des Feldlagers in Boulogne. »Wo ist Villeneuve?« fragt er mit wütender Stimme.

Er verläßt die Baracke. Der Wind pfeift heftig, aber der Himmel ist wolkenlos. Man hört das Geräusch der Brandung. Kaum zehn Meter unter ihm liegt das Meer. Ein paar Stunden würden genügen, es zu überqueren. Manchmal, wie an diesem Abend, überkommt ihn für einen Augenblick die Lust, die Überquerung zu befehlen und aufzubrechen, ohne weiter auf die Geschwader zu warten, sich ganz auf das Glück verlassend. Aber er kann diese Armee nicht gefährden, mit der er Österreich und Rußland schlagen wird, dessen ist er sicher. Dann wird er ganz Europa beherrschen. Und England kann in seinem Bau krepieren. Lange bleibt er am Klippenrand stehen. Als er in die Baracke zurückkehrt, sagt er zu Daru: »Im Krieg wie in der Politik kehrt ein verlorener Augenblick nie mehr zurück.«

Am 13. August 1805 sitzt er schon bei Tagesanbruch im Schloß Pont-de-Briques vor den Deutschland-Karten. Er hört den Galopp eines Pferdes, dann die Stimmen der wachhabenden Grenadiere und seines Adjutanten. Man bringt eine Nachricht von Admiral Villeneuve. Er reißt sie dem Offizier aus der Hand. Villeneuve hat sich in die schützende Bucht von Ferrol begeben, statt mit vollen Segeln in den Ärmelkanal hineinzufahren, wo Napoleon auf ihn wartet. Napoleon wirft die Depesche zu Boden. »Daru soll sofort kommen«, schreit er.

Beim Warten nimmt er eine Prise, dann diktiert er einen kurzen Brief an Talleyrand. »Ich habe mich entschlossen. Ich werde Österreich angreifen und vor November in Wien sein, um den Russen entgegenzutreten, falls sie sich zeigen sollten. Oder aber ...« Er schweigt eine Weile. Vielleicht sind die Würfel ja noch nicht gefallen. Vielleicht wird Österreich sich nicht am Krieg beteiligen. Vielleicht kann Admiral Villeneuve seine Furcht überwinden und noch Ende des Sommers hier eintreffen? »Oder aber«, fährt er fort, »ich will, daß nur ein einziges österreichisches Regiment in Tirol stationiert wird. Man soll mich meinen Krieg gegen England unbehelligt führen lassen.«

Dann diktiert er noch Briefe an den Marineminister und an Villeneuve. Man muß ihn zum Handeln zwingen, wenn er es noch kann. Dann läßt er sich auf den Stuhl vor dem Kartentisch fallen. Er schaut die Karten lange an, steht dann auf, nimmt eine Prise und gibt Daru ein Zeichen, daß er weiterdiktieren will.

Seine Stimme ist ruhig, sein Gang gemäßigt, die Wörter fallen mit Präzision. Er nennt Ortsnamen, Tage, Truppenstärken. Mit dem Blick scheint er den Marsch der Truppen durch Deutschland zu verfolgen. Er wird sieben Ströme hereinbrechen lassen, sagt er, befehligt von Marmont, Bernadotte, Soult, Lannes, Ney und Augereau. Die Marschziele der sieben Armeen heißen Würzburg, Frankfurt, Mannheim, Speyer, Karlsruhe, Straßburg. Er bestimmt die Etappen und die Anzahl der zurückzulegenden Kilometer – 3,9 in der Stunde – sowie die anzulegenden Depots für Lebensmittel und für Waffen. Er spricht mehrere Stunden lang, als ob sich schon seit Monaten unterhalb des ungewissen Wartens ein genaues Dispositiv herausgebildet hätte, das nun an diesem 13. August in Gang gesetzt wird. Er wird also die Richtung der Armee verändern, die in Gewaltmärschen ins Herz von Deutschland vordringen soll.

Er hat alles diktiert. Er scheint Daru gerade erst zu entdecken, der immer noch schreibt und vor dem sich Dutzende beschriebene Blätter häufen. Ist damit alles gelaufen? Noch sind die Würfel nicht gefallen. Es steht noch nicht fest, welche von beiden Partien er spielen wird.

Er wartet. Es regnet jeden Tag, aber der Wind ist nur schwach, und das Meer bleibt ruhig. In der Nacht vom 20. zum 21. August ist er auf den Klippen. Er läßt seine Adjutanten rufen. Alle Tambours und Trompeten sollen ertönen, sämtliche Truppen sich zum Hafen begeben und an Bord gehen. Schon nach wenigen Minuten hört er vom Hafen her die ersten Schreie heraufklingen, dazwischen die Tambours und die Trompeten, und kurz darauf schon das Geräusch marschierender Truppen.

Bis zum Morgengrauen bleibt er oben auf den Klippen. Er könnte es auch riskieren, ohne Flotte loszuschlagen. Er könnte. Im Krieg ist der Wagemut das schönste Kalkül des Genies. Aber wäre es in diesem Fall Wagemut oder der schlimmste Fehler eines Kriegsherrn: der Rausch der Einbildung, die zum Verlust von Schlachten führt? Mit gesenktem Kopf kehrt er in seine Baracke zurück und gibt den Befehl, die Truppen wieder an Land zu bringen.

Nun hat er sich endgültig entschieden. Es ist, als hätte er eine der beiden Möglichkeiten bis zum äußersten ausreizen wollen, um sich selbst auf die Probe zu stellen. Er liest den Brief, den Villeneuve ihm am 22. August über Marineminister Decrès zustellen läßt. Er zerknüllt ihn in der Faust. Villeneuve ist in der schützenden Bucht geblieben. Auch wenn es keine Überraschung ist, macht es ihn doch wütend. Was sich in Tagen in ihm angestaut hat, brüllt er heraus: »Villeneuve hat nicht genug Charakter, um eine Fregatte zu befehligen. Er ist ein Mann ohne Entschlußkraft und ohne wirklichen Mut!«

Er schüttelt den Kopf, die Hände auf den Rücken gepreßt, den Körper weit nach vorn gebeugt, als ob er sich gleich auf jemanden stürzen wollte. »Einige spanische Schiffe sind geentert worden, einige Matrosen sind krank geworden, ein feindliches Aufklärungsschiff hat sich genähert, es herrscht Sturm, man spricht von Nelson – und schon ändert Villeneuve seine Pläne! Dieser arme Mann sieht Gespenster und hat mehr Einbildung als Charakter.« Napoleon schnupft und spuckt verächtlich aus. »Dieser Mann ist keinen Krieg gewöhnt und versteht ihn nicht zu führen.«

Nun ist alles klar. Das zermürbende Abwarten ist vorüber. Daru hat die Depeschen vorbereitet, die an jeden Armeechef gehen. Die Kuriere reiten los.

An Talleyrand schreibt Napoleon: »Ich ändere meine Pläne. Niemand rechnet damit, daß ich meine 200 000 Soldaten so schnell umdrehen kann. Mein erster Zug hat schon begonnen. Für mich geht es darum, 20 Tage zu gewinnen und die Österreicher daran zu hindern, den Inn zu überqueren, während ich mich zum Rhein begebe.«

Mit einer gewissen Fröhlichkeit studiert er die Karten. Er hat niemals in Deutschland gekämpft. Er wird nun beweisen, daß Napoleon noch besser ist als General Bonaparte. Das Kommando der Italien-Armee hat er Masséna anvertraut. Er denkt an Lodi, Arcoli, Marengo. Wie jung er damals noch war und wie unerfahren! Nun weiß er Bescheid. Er hat so viele Schlachtfelder gesehen, so viele Soldaten befehligt.

Er diktiert den Tagesbefehl: »Tapfere Soldaten des Feldlagers von Boulogne! Ihr werdet nicht nach England übersetzen. Das englische Gold hat den Kaiser von Österreich dazu verführt, Frankreich den Krieg zu erklären. Seine Armee hat die Linie überschritten, die einzuhalten er sich verpflichtet hatte. Sie ist in Bayern eingefallen. Soldaten! Jenseits des Rheins erwarten Euch neue Lorbeeren. Beeilen wir uns, Feinde zu besiegen, die wir schon einmal besiegt haben.«

Er geht bis an den Rand des Felsens von Odre. Es ist ein klarer Tag. Die nebeneinander festgemachten Kähne schimmern im Hafen. Hinter Boulogne sieht man im Landesinnern sich Staubwolken erheben. Seine Armee ist schon losmarschiert.

Neunter Teil

»Soldaten, ich bin mit Euch zufrieden.«

September 1805 – Dezember 1805

35

Am liebsten wäre er schon an der Spitze der Armee in Deutschland, aber er muß seine Feinde täuschen. Also gibt er sich Mühe, in Malmaison oder im Schloß von Saint-Cloud seine Gewohnheiten beizubehalten. Er plaudert im Salon von Joséphine. Er lächelt einer der jungen Frauen zu, die ihn abends, nach einer Aufforderung von Constant, aufsuchen kommt.

Aber der Kopf steht ihm nicht nach diesen Zerstreuungen. Die Truppen sind auf dem Vormarsch. Sie marschieren am frühen Morgen los und legen jeden Tag 30 bis 40 Kilometer zurück. Jede Stunde machen sie fünf Minuten Pause. Nach der Hälfte der Etappe gibt es eine längere Erholung. Tamboure marschieren an der Spitze und am Ende jedes Zuges. Er wäre am liebsten dabei, weil er weiß, daß seine bloße Anwesenheit den Ermüdeten und manchmal Aufgebenden neue Energie einflößt. In den Wüsten von Ägypten und Palästina hat er das erlebt. Aber die Männer müssen schnell vorankommen und mit Gewaltmärschen den Feind überraschen. *Die Geschwindigkeit ist meine Waffe!*

Er sitzt vor dem Kamin, in dem Holz brennt, da die Feuchtigkeit in die Wälder von Saint-Cloud zurückgekehrt ist. Carlotta Gazzani plaudert und gurrt. Er hört ihr nicht zu, aber ihre Stimme beruhigt ihn. In seinem Kopf spielt er die Mechanik durch, die er ausgedacht und deren Einzelheiten er in Briefen an alle Marschälle präzisiert hat. Den am 13. August diktierten Plan hat Daru genauer ausgearbeitet. Die Truppen von Ney, Lannes und Marmont werden die rechte Flanke von General Mack angreifen, der mit 60 000 Österreichern in Bayern einmarschiert ist. Die Reiterabteilung von Murat wird ihn an einen Frontalangriff glauben lassen, während man seine Nachschublinien abschneidet und ihn an den Flanken angreift.

Aber alles hängt von den Füßen und Beinen der Infanteristen ab, genau wie in Italien oder in Ägypten. Und die Herausforderung ist noch größer als in Marengo oder Abukir, denn wenn sie geschlagen würden, wäre der Verlust ungeheuer. All die von ihm errichteten Granitblöcke, die neuen Institutionen, die er geschaffen hat, würden umgestürzt. Genau das wollen London, Wien oder Sankt Petersburg. Preußen gibt sich zwar noch zurückhaltend, wird aber auch bald in dasselbe Lager umschwenken. Die Kaiser und Könige sind gegen mich, denkt er. Und die »Geldleute« lauern schon. Die täglichen Polizeiberichte sprechen davon, daß man sich an den Türen der Banken drängt, um die Anteilscheine oder die Wechsel, die man besitzt, gegen Gold einzutauschen. Der Staatsschatz ist leer. Man muß den Krieg gewinnen, um ihn wieder aufzufüllen.

Aber etwa 20 Tage lang muß er hierbleiben, in Malmaison oder Saint-Cloud, den Plan geheimhalten, sich in den Staatsrat begeben oder Roederer empfangen. So haben die Armeen Zeit genug, um sich wie »sieben Ströme« über Deutschland zu ergießen.

»In mir stecken zwei verschiedene Menschen«, sagt Napoleon, »der Kopfmensch und der Gefühlsmensch. Glauben Sie nur nicht, daß ich kein ebenso empfindsames Gemüt hätte wie andere Menschen. Als Mensch bin ich sogar ziemlich gutmütig. Aber seit meiner frühen Jugend habe ich mich bemüht, diese Saite in mir zum Schweigen zu bringen.« Ob Roederer ihm das glaubt? Oder versteht er vielleicht, daß man Napoleon für streng und hart halten soll, damit er es niemals sein muß? Und dennoch!

Er nimmt eine Depesche des Marineministers in Empfang, die soeben eingegangen ist. Dieser unfähige Villeneuve hat sich in Cadiz versteckt. Hätte er dafür nicht eine exemplarische Bestrafung verdient? Napoleons Wut explodiert, als ob die seit Wochen in ihm aufgebaute Spannung nun diese Worte hervorschleudert. »Nun hat Villeneuve aber das Maß überschritten«, schreit er. »Das übertrifft alles! Villeneuve ist ein elender Wicht, den man schändlich verjagen muß. Ohne Verstand, ohne Mut, ohne Sinn fürs Allgemeinwohl würde er alles opfern, nur um seine Haut zu retten.«

Er schließt sich wieder mit den Deutschland-Karten ein. Er

steckt die äußersten Positionen ab, die die Truppen erreicht haben. Und seit Eingang der Kuriere müssen sie schon wieder ein großes Stück geschafft haben. Dort spielt die entscheidende Partie, dort muß er alle Kräfte konzentrieren, selbst wenn es ihm schwerfällt, Villeneuve zu vergessen und die versäumten Gelegenheiten für einen Sieg über England. Er spürt eine kurze Müdigkeit, kaum ein paar Minuten lang, beim Gedanken an all die unsichtbaren Hindernisse, die sich vor ihm auftürmen und die Verwirklichung seines großen Planes verhindern. Der Weg nach Asien wurde in Akko versperrt. Dort war ein Engländer. Und die Eroberung von England erwies sich als unmöglich. Er muß also in Deutschland siegen. Er hat keine andere Wahl.

Morgen wird er vom Senat die Aushebung von 60000 Wehrpflichtigen beschließen lassen und sich dann zur Großen Armee begeben. So nämlich wird er die dort marschierenden Divisionen nennen, denn hat es jemals eine größere Armee gegeben? 186000 Soldaten, davon 30000 Ausländer: Italiener, Belgier, Holländer, Schweizer, Syrer, Iren und viele andere, Söldner und Freiwillige. Das ist die Armee meines Kaiserreichs!

Er wollte, daß ihn Josephine bis Straßburg begleitet. Er schaut sie an, wie sie ihm in der Kutsche gegenübersitzt, während draußen die Landschaft vorbeifliegt, auf die in diesen letzten Septembertagen des Jahres 1805 dichter Regen niedergeht. Es ist kalt und feucht. Joséphine hat sich in einen großen Schal gehüllt. Sobald man sich aber einer Stadt nähert, richtet sie sich auf, pudert sich und bringt ihre Haare in Ordnung. In den lothringischen Städten lächelt sie den offiziellen Vertretern zu, die ihre Huldigung entbieten. Es war schon richtig, daß er sie bei sich haben wollte. Ihre Gegenwart beruhigt. Man wird denken, dieser Krieg wird weder sehr schlimm werden noch lange dauern, da sie ja mitreist. Die Menschen brauchen Hoffnungen und Illusionen.

Am Donnerstag, dem 26. September, hält die Kutsche an einem Straßburger Stadttor. Er reicht Joséphine die Hand und schreitet die Ehrengarde entlang auf den Bürgermeister zu, der ihm die Schlüssel der Stadt überreicht. Die Menschen drängen sich, applaudieren und folgen dem Zug, der durch die mit Fahnen und

Blumengirlanden geschmückten Straßen zum Palais de Rohan fährt. Napoleon geht schon durch die Räume des Palastes, während Joséphine noch stehenbleibt. Er hört, wie sie ein freundliches Gespräch mit dem Bürgermeister führt und ihn dazu beglückwünscht, sie in diesem reich geschmückten Palast zu empfangen. Er läßt sie allein. Soll sie sich um die Straßburger kümmern! Soll sie ihnen schmeicheln und von ihnen gefeiert werden! Er hat die Österreicher im Kopf, den Krieg, den er führen und gewinnen muß.

Er schläft nicht, er hört, wie der Regen fällt. Er denkt an die Truppen, die ihr Lager auf Feldern aufgeschlagen haben, in denen sie den Morgen abwarten, um weiterzumarschieren und den Rhein zu überqueren.

An diesem 27. September hat er die Generäle für sechs Uhr an die Brücke von Kehl bestellt, aber um vier Uhr ist er schon auf. Rustan hat schon das warme Bad vorbereitet. Um fünf Uhr, es ist noch dunkel, ist er zu Pferd am Eingang der Brücke, umgeben von 22 berittenen Jägern der Kaiserlichen Garde, mitsamt dem Trompeter und dem befehlshabenden Offizier.

Endlich ist er unter seinen Soldaten! Es regnet in Strömen. Die Tambours können den Marschrhythmus nicht untermalen, aber die Truppen ziehen vorbei und rufen manchmal »Es lebe der Kaiser!« Die Garde erscheint mit den hohen Mützen aus Bärenfell. Um die Brücke zu überqueren, lösen sie den Marschschritt auf. Das Regenwasser läuft über ihre langen Schnurrbärte und ihre gebogenen Koteletten, die typischen Erkennungszeichen dieser Elitetruppe mit höherem Sold.

Napoleon sitzt aufrecht auf seinem Pferd. Er spürt nicht den Regen, der über seinen durchtränkten und verformten Hut läuft sowie über den schwer gewordenen Gehrock. So kommandiert man Soldaten, die sterben werden – man bleibt bei ihnen. Mehrere Stunden lang steht er reglos auf der Brücke. Man muß ihn sehen, jeder Soldat muß wissen, daß der Kaiser da war. Und daß er den Feldzug anführen wird.

Später kehrt er zu den Spiegeln, Teppichen und Gemälden des Palais de Rohan zurück. In einem der Salons, in dem Dutzende

Kerzen brennen, sieht er Talleyrand, dessen Anwesenheit in Straßburg er verlangt hat, Joséphine in einem langen Taftkleid, die Kurfürsten von Baden und Württemberg, die er genau wie Bayern zu seinen Verbündeten machen will, um zwischen Österreich und Frankreich einen Puffer aus Staaten zu schaffen, die er beherrscht.

Er geht auf diese Menschen zu, die höfische Kleidung tragen, und sieht sich selbst dabei im Spiegel in schmutziger Kleidung, aus der das Regenwasser tropft. Darüber empfindet er großen Stolz. Er ist der Soldaten-Kaiser. Er gehört zu einer anderen Art von Menschen. Er mag in diesem Palast schlafen, dessen Wände mit Wandteppichen geschmückt sind, man mag ihn Majestät oder Sire nennen, er wird diesen Fürsten niemals gleich sein, und er weiß es. Er beherrscht sie, aber er gehört nicht zu ihnen. Er hat das einzigartige Schicksal eines Reichsgründers, er steht den Soldaten nahe, deren Parade er jeden Tag auf beiden Seiten des Rheins abnimmt, in Kehl oder in der jeweiligen Garnison oder Festung in Deutschland, wohin er sich schnell begeben will.

Am 30. September erläßt er eine Proklamation: »Soldaten, der dritte Koalitionskrieg hat begonnen. In Gewaltmärschen mußtet Ihr herbeieilen, um unsere Grenzen zu verteidigen. Wir werden keinen Frieden mehr schließen ohne Garantien. Unsere Politik wird nicht mehr von Großmut bestimmt. Soldaten, Euer Kaiser ist mitten unter Euch.«

Er geht ins Zimmer von Joséphine und sagt zu ihr: »Heute nacht werde ich aufbrechen. Wehe den Österreichern, wenn sie mir einige Tagesmärsche Vorsprung lassen.«

36

Ihm ist kalt, als er an diesem 1. Oktober 1805 den Rhein überquert. Es regnet. Er zieht seinen Gehrock glatt. Die Brücke zittert und hallt unter den Hufen der Pferde der berittenen Garde, die seine Kutsche eskortieren. Napoleon fröstelt und atmet nur mühselig, als ob ein Gewicht auf seiner Brust läge. Er versucht, sich zu entspannen, um nicht wieder einen schmerzlichen Anfall zu erleiden wie gestern abend nur wenige Stunden vor dem Aufbruch. In seinem Zimmer im Palais de Rohan ist er zusammengebrochen vor den Augen von Talleyrand und Monsieur de Rémusat, die ihn begleiteten. Einige Minuten lang hatte er das Gefühl, daß die Wände auf ihn herabfielen und ihn erdrückten und daß der Boden unter ihm nachgab. Er sah alles nur noch verschleiert.

Als er wieder zu Bewußtsein kam, rieben ihn Talleyrand und Rémusat mit Kölnischwasser ein. Er war halb entkleidet. Er stieß sie zurück und verlangte von ihnen absolutes Stillschweigen über diesen vermutlichen Anfall von Ermüdung. Aber trotz der heißen Bäder, in denen er die ganze Nacht gelegen hatte, blieb die Kälte in ihm. Wenn er sich gehenließe, würde er mit den Zähnen klappern. Er muß diesen Körper beherrschen, wie man ein störrisches Pferd zähmt, das sich aufbäumt.

Er erreicht Ludwigsburg und richtet sich im Palast des Kurfürsten von Württemberg ein. Er schreibt ein paar Worte an Joséphine, um sie zu beruhigen, denn gewiß hat ihr Talleyrand von seinem nächtlichen Schwächeanfall erzählt, um mit dieser Vertraulichkeit noch mehr Macht über sie zu gewinnen. Er stellt sich vor, wie Joséphine diesen Brief ihren Hofdamen vorliest. Auch das gehört zum Krieg, daß man keine Gerüchte sich verbreiten läßt. Und außerdem geht es ihm ja schon besser.

An diesem 4. Oktober ist das Wetter endlich schön. Mit der Kutsche fährt Napoleon über die Straßen der Region, die von marschierenden Truppen verstopft sind. Wenn die Soldaten seine Eskorte erkennen, jubeln sie ihm zu. Am Abend begibt er sich nach Stuttgart ins Hoftheater, wo ihn der Kurfürst von Württemberg ehrerbietig empfängt. Während sich der Vorhang hebt, verspricht er ihm, daß dieser *Don Giovanni* von Mozart zauberhaft wird.

Er hört der Musik zu. In der Kutsche, die ihn später nach Ludwigsburg zurückbringt, diktiert er im Schein der Öllampe einen Brief an den neuen Innenminister Champagny: »Ich befinde mich hier am Hof von Württemberg. Obwohl ich Krieg führe, habe ich schöne Musik gehört. Der deutsche Gesang kam mir allerdings etwas barock vor. Ist die Reserve schon im Anmarsch? Wie weit ist die Aushebung des Jahrgangs 1806?«

Denn der Krieg verschlingt Soldaten, und man gewinnt ihn nur, wenn man ihm neue Regimenter in den Rachen schieben kann. Auf dem rechten Donauufer haben bei Wertingen schon die ersten Kämpfe stattgefunden. Napoleon erfährt, daß die Kavallerie von Murat einen Angriff unternommen hat, nachdem beinahe eine Division von mehr als 30000 Österreichern überrannt worden wäre infolge eines Streites zwischen Murat und Ney. So sind meine Marschälle, tapfer und manchmal borniert! Zudem eifersüchtig aufeinander.

Er begibt sich auf das Schlachtfeld. Es regnet schon wieder. Die Soldaten stehen in Reih und Glied im eisigen Regen. Aber er ist bei den Soldaten und läßt diejenigen hervortreten, die von den Obersten als die tapfersten Kämpfer genannt wurden. Zum Beispiel der Dragoner Marcate aus dem 4. Regiment, der seinen Hauptmann gerettet hat, der ihm erst wenige Tage zuvor seinen Rang als Unteroffizier entzogen hatte. Napoleon zupft ihn am Ohr und hängt an seine Brust den Adler der Ehrenlegion.

Der Regen hört nicht auf. Man sieht nichts mehr von der Landschaft. Napoleon reitet mit seiner Eskorte. Die Wagen seines Gefolges können nicht mithalten. Man erreicht ein Dorf, dessen Häuser von Soldaten geplündert und zerstört wurden, die das versteckte Gold der Bauern suchten. Napoleon richtet sich im Pfarrhaus ein. Ein Adjutant bereitet ein Omelett zu, ein anderer schlägt das Bett auf. Er streckt seine Beine am Kamin aus. Er versucht, seine Kleider zu trocknen. Er fühlt sich wohl hier. Die Nachrichten von den Kämpfen sind erfreulich. Bei Donauwerth ist die Donau überschritten worden. Davout und Soult sind in Augsburg einmarschiert, Bernadotte und Marmont in München. Die Österreicher von General Mack haben sich nach Elchingen und Ulm zurückgezogen. Sie wollen dort auf die Russen warten. Man muß sie also schnell schlagen.

Er scherzt mit den wenigen Offizieren, die mit ihm ins Pfarrhaus gekommen sind. Er sagt, daß er hier in Europa nicht einmal seinen Chambertin-Wein habe, den er doch in der Wüste von

Ägypten niemals entbehren mußte. Man bringt ihm ein Glas Bier. Wie ist es möglich, daß es in einer so fruchtbaren Gegend so schlecht sein kann?

Am nächsten Tag schläft er in Burgau bei Augsburg. Der Sieg ist zum Greifen nahe. Er spürt es wie schon bei früheren Erfolgen. Er rückt im selben Tempo vor wie die Avantgarde, an der Donau entlang bis zum Übergang von Elchingen. Im Morgengrauen des 14. Oktober errichten Pioniere unter Gewehrfeuer eine Brücke. Napoleon mischt sich unter die ersten Soldaten, die hinübergehen. So oft war sein Körper schon dem Feuer ausgesetzt, daß er sich unverwundbar vorkommt.

Endlich bemächtigen sich die Grenadiere der Abtei von Elchingen, von der aus man den Fluß überblickt. Dort oben richtet sich Napoleon ein. Man bringt auch die Verletzten dorthin, es sind schon mehrere hundert. Aber unter den Angriffen von Ney und Bessières sind die Österreicher in Stücke gehauen und zurückgedrängt worden. General Mack hat in Ulm Schutz gesucht. Dort sitzt er in der Falle.

Napoleon reitet aus. Eine feindliche Batterie schießt auf die Eskorte, Pferde brechen aus, aber Napoleon bleibt ungerührt und galoppiert vorneweg zur Anhöhe des Michelsberges, von dem aus er Ulm mit Kanonen beschießen lassen will. Man muß den Druck aufrechterhalten, bis Mack kapituliert.

In die Abtei von Elchingen zurückgekehrt, schreibt er am Abend an Joséphine. »Der Feind ist geschlagen und hat den Kopf verloren. Alles spricht für den glücklichsten, kürzesten und brillantesten Feldzug, den ich je geführt habe. Mir geht es gut. Nur das Wetter ist scheußlich. Ich ziehe mich zweimal am Tag um, so sehr regnet es. Ich liebe und küsse Dich. Napoleon.«

Er verläßt die Abtei. Noch immer fällt eisiger Regen. Es regnet so stark, daß die Festungsanlagen der Stadt Ulm, wo sich General Mack befindet, hinter einem grauen Vorhang verschwinden. Napoleons Pferd kommt nur mühselig auf der kleinen Hügelreihe voran, auf der man die Kanonen aufgestellt hat. Napoleon steigt ab, richtet eigenhändig eine Kanone aus und gibt den Feuerbefehl. Man muß Mack aufscheuchen und bedrängen, ihn zur

Aufgabe zwingen, ehe ihm russische Truppen zu Hilfe kommen können.

Als er in die Abtei Elchingen zurückkehrt, zittert Napoleon, obwohl in dem hohen Kamin Feuer gemacht wurde. Offiziere berichten von der Ermüdung der Truppen. Regen und Hunger lösen die Große Armee auf, sagen sie. Man braucht Unterkünfte, Brot und Wein. Napoleon hört ihnen zu, scheint sie aber kaum zu beachten. Kommandieren heißt auch, seine Beunruhigung verbergen und auf die Sorgen der Untergebenen mit Zuversicht reagieren. Mack wird in einigen Stunden aufgeben, versichert er. Man wird in Wien einziehen und Österreich besiegen. Die Russen wird man in wenigen Tagen vernichtet haben. Und dann ist es aus mit der dritten Koalition.

Er läßt General Ségur kommen, der Mack zu Verhandlungen auffordern soll. Man muß dem österreichischen General Angst einjagen, seine Kapitulation erzwingen und ihn inzwischen mit Kanonenfeuer eindecken.

Am 20. Oktober endlich geben die österreichischen Truppen auf, ohne eigentlich gekämpft zu haben. Napoleon schaut diese 30000 Soldaten an, die wie in einem antiken Triumphritual an ihm vorbeimarschieren und zu seinen Füßen ihre Waffen und Fahnen niederlegen. Der Regen hat aufgehört, aber er ist durchnäßt und verdreckt. Er fühlt das Gewicht seines Hutes und seines grauen Gehrocks, die sich mit Wasser vollgesogen haben. Er steht auf einer kleinen isolierten Anhöhe und beherrscht von dort die Szenerie. Er ist der siegreiche Kaiser. Seine Soldaten sind um ihn versammelt, und von Zeit zu Zeit wendet er sich ihnen zu. Wie noch jedes Mal hat der Sieg Ermüdung und Zweifel in eine Art fröhlichen Stolz verwandelt, der jedem einzelnen Soldaten neue Kraft verleiht. Einige von ihnen wird er auszeichnen. Die 60 österreichischen Kanonen und die 20 gefangenen Generäle ziehen an ihm vorbei.

»Soldaten«, ruft er seinen Truppen zu, »dieser Erfolg verdankt sich dem grenzenlosen Vertrauen zu Eurem Kaiser, Eurer Geduld im Ertragen von vielerlei Anstrengungen und Entbehrungen und Eurer Kühnheit.«

Er wechselt auch ein paar Worte mit den österreichischen Generälen, die stehengeblieben und zu ihm gekommen sind. Einige von ihnen haben Verletzungen, die noch aus Feldzügen stammen, die sie gegen die Türken geführt haben. *Sie sind tapfer und erfahren, aber ich habe sie besiegt! Wen könnte ich nicht besiegen!*

Am Abend, als der Regen wieder eingesetzt hat, vollendet er den Text seiner Proklamation an die Große Armee: »Wir werden hier nicht haltmachen. Ihr wartet ungeduldig auf einen zweiten Feldzug. Wir werden der russischen Armee, die durch englisches Geld von den Rändern des Universums hierher befördert wurde, dasselbe Schicksal bereiten.«

Wenn er sein Diktat unterbricht, hört er jedesmal die Klagen der Verwundeten, die man in der Abtei untergebracht hat. Und doch hat diese Schlacht von Elchingen nur wenige Menschenleben gefordert. Aber was wird morgen sein?

»Meine ganze Sorge«, diktiert er weiter, »dreht sich darum, den Sieg mit möglichst geringen Verlusten zu erringen. Meine Soldaten sind meine Kinder.« Dieser Text soll verlesen, aber auch gedruckt und plakatiert werden, befiehlt er. Außerdem ist er im *Bulletin der Großen Armee* abzudrucken, aus dem die Soldaten die Absichten ihres Kaisers und ihre eigenen Heldentaten kennenlernen sollen.

Er setzt sich dicht an den Kamin. Er nimmt einen Briefbogen. Er will im Licht der Flammen eigenhändig schreiben, das Papier auf seine Knie gelegt. »Meine Müdigkeit, gute Joséphine, war größer als nötig. Eine ganze Woche lang jeden Tag dem Regen ausgesetzt, dazu immer kalte Füße, das hat mir etwas zugesetzt. Aber ich habe meinen Plan erfüllt und die österreichische Armee durch bloße Märsche besiegt. Ich bin mit meiner Armee zufrieden. Ich habe nur 1500 Soldaten verloren, davon zwei Drittel nur leicht verwundet. Erzherzog Karl kommt zur Verteidigung von Wien. Masséna muß jetzt schon in Verona sein. Adieu, liebe Joséphine, tausend süße Dinge überall. Napoleon.«

Nun schneit es. Napoleon steigt in seine Karosse. Die Eskorte aus berittenen Jägern hat schon gesattelt. Es ist früher Nachmittag vor der Abtei von Elchingen. Der Himmel ist dicht bewölkt. Diese riesige schwarze Wolke, die man dort unten auf der Straße sieht, die Ulm umgeht und sich durch die Hügel in Richtung München und Wien schlängelt, das ist die Große Armee auf ihrem Vormarsch. Manchmal hört man Detonationen. Einige Offiziere lassen auf Plünderer schießen, oder aber es sind Soldaten, die Schweine oder Ochsen töten. Die Männer haben Hunger und frieren.

Napoleon befiehlt den Aufbruch nach München. Die Kutsche setzt sich schwer in Gang, da die Räder im Schnee versinken. Er beugt sich heraus und befiehlt dem Adjutanten, schneller zu fahren. Wieder einmal hängt alles von der Geschwindigkeit ab. Man muß Kutusow überraschen, diesen russischen General, der als guter Stratege gilt, und die Österreicher, die sich ihm angeschlossen haben. Zugleich darf man sich aber nicht zu weit mitziehen lassen.

Am Straßenrand sieht Napoleon Soldaten der Infanterie. Sie gehen mit gesenkten Köpfen durch den Schnee voran. Der Rausch des Sieges ist verflogen, nun bleibt nur die Müdigkeit. Sie marschieren seit Boulogne und sind schon erschöpft, auch wenn sie erst wenig gekämpft haben. Damit muß Schluß sein. Man muß dem Feind die Schlacht aufzwingen – unter Bedingungen und an einem Ort, den man selbst bestimmt hat. Genau wie ein Schachspieler mehrere Züge im voraus berechnet und seinen Gegner in die vorbereitete Falle lockt.

In seiner Kutsche, die nach München rollt, hat Napoleon eine Karte auf den Knien ausgebreitet und versucht, trotz der holprigen Straße und des schwachen Lichts der Öllampe, sich diese Falle auszudenken. Es ist noch zu früh. Die Partie gegen die Russen ist noch nicht eröffnet. Zunächst muß man Wien einnehmen. Aber er muß darüber hinaus denken. Er will, daß ihm das künftige Schlachtfeld genauso vertraut ist wie einst das Schlachtfeld in Italien.

Er diktiert einen Brief an Cambacérès. »Ab heute beginne ich meine Manöver gegen die russische Armee, die hinter dem Inn Position bezogen hat. In zwei Wochen bekomme ich es mit 100000 Russen und 60000 Österreichern zu tun, die von Italien herbeigekommen sein werden, oder mit anderen Reserveeinheiten. Ich werde siegen, aber es wird mich wohl einige Verluste kosten.«

Die Scheiben seiner Kutsche sind zugefroren. Dennoch kann er den gebeugten Gang der Soldaten erkennen. Wie viele von ihnen werden fallen? Er schließt die Augen. Die von den Engländern bezahlten Zeitungen nennen ihn »den Menschenfresser«. Als ob er den Tod dieser Menschen wollte und sich davon ernährte! Aber er gibt sich auch keinen Illusionen hin. Er flüstert, und Méneval schaut ihn an, weil er nicht weiß, ob er es notieren soll: »Wer nicht trockenen Auges ein Schlachtfeld betrachten kann, würde sehr viele Menschen völlig nutzlos töten lassen.«

Er ist in München. In den großen Sälen des königlichen Palastes wird er vom bayerischen Hof empfangen. Er spürt, wie jedes Mal, wenn er sich unter ausländischen Fürsten befindet, bei diesen eine fast ängstliche Neugier, ja beinahe Erschrecken. Man lädt ihn zur Jagd ein. Er sagt seine Teilnahme zu und begibt sich dann ins Theater. Er hat darum gebeten, daß man zu Ehren des Hofes ein Konzert gibt.

Während des ganzen Konzerts sitzt Talleyrand, der gerade eingetroffen ist, neben ihm und flüstert ihm etwas zu. Er will ihn überzeugen, daß man Österreich nicht vernichten, sondern vielmehr ein Bündnis mit ihm gegen die wirklich feindlichen Mächte England, Rußland und Preußen eingehen solle. Talleyrand überbringt auch die neuesten Meldungen aus Frankreich. Die Unruhe unter den Finanzleuten ist noch immer groß. Die Banken Récamier und Hervas sind bankrott. Man befürchtet einen langen Krieg mit ungewissem Ausgang.

Auch das Gold fließt zu den Siegern, sagt Napoleon. Man muß also den Krieg siegreich beenden. Talleyrand stimmt ihm zu und spricht dann von Joséphine, die besorgt sei, weil sie keine Briefe vom Kaiser erhalte. Sie sei so wunderbar, daß sie ganz Straßburg begeistere, wo sie ergeben auf den Kaiser warte. Noch am Abend schreibt ihr Napoleon einen freundlichen Brief.

Einen Tag später verläßt Napoleon wieder den Palast. Er muß die warmen Bäder und die Konzerte vergessen und sich erneut auf den Weg machen. Manchmal, wenn er in der Kutsche oder auf seinem Pferd sitzt und so voranzieht, mitten unter seinen Soldaten im Schnee, denkt er, daß er dieses unstete, gefährliche und harte Leben liebt. Er übernachtet in Pfarrhäusern mit ganz wenig Komfort. In Lembach verbringt er die Nacht in einem Kloster. Die Zelle, in der er schläft, ist kalt; die Empfindung von Kälte in ihm ist noch stärker, als wenn er auf den Straßen in Schneestürmen unterwegs ist. Er beschreibt dies in einem Brief an Joséphine.

Aber wie kann er Schlaf finden? Er nimmt noch einmal den Bericht vor, den ihm General Savary übermittelt hat. Er erinnert sich beim Wiederlesen an jenen sonderbaren Mann, von dem ihm Savary schon einmal erzählt hatte, einen Pastorensohn aus Baden, der Krämer, Händler und Tabakverkäufer war, vor allem aber ein geschickter Spion, der lange im Dienst von Österreich stand. Dieser Mann namens Schulmeister war noch vor einigen Tagen in Ulm bei General Mack. Dann hat Schulmeister die Seiten gewechselt, Murat und Savary seine Dienste angeboten und Auskünfte über den Vormarsch der russischen Truppen gegeben. Kutusow habe die Absicht, die Franzosen tief nach Osten zu locken. Schulmeister sei es gelungen, sich als Offizier auszugeben und in den österreichisch-russischen Generalstab einzudringen. Seinem Bericht hat Savary die Aufzeichnungen von Schulmeister beigefügt, der sie mit Charles-Frédéric unterschrieben hat. Spione sind unentbehrlich.

Zum dritten Mal entziffert Napoleon die winzig kleine Handschrift. Die von Schulmeister angegebenen Einzelheiten bestätigen Napoleons Intuition. Man muß den Rückzug des Feindes nach Osten stoppen. Es genügt also nicht, wie es Bernadotte oder Ney tun, ihn zu schlagen und in Salzburg oder Innsbruck einzurücken, oder sich, wie Lannes und Murat, der Donaubrücken zu bemächtigen, um so Wien einzukreisen und die drittgrößte Stadt Europas zu besetzen. Man muß den Feind schlagen und vernichten, so wie er es in Ulm getan hat.

Vom großen Salon des palastartigen Landhauses, in dem sich

Napoleon eingerichtet hat, sieht er den großen Platz und die hohe Trinitätssäule, die dort 1723 errichtet wurde, als Linz von der Pest und den Türken erlöst wurde. Napoleon steht am Fenster und erinnert sich an seinen alten Plan, nach Konstantinopel aufzubrechen. Er denkt an das Schicksal, das ihn hierher nach Linz geführt hat, so nahe bei Wien, in das er einziehen wird, dessen ist er sicher, in jene Hauptstadt, welche die Türken vergeblich belagert haben. Er denkt an all die Städte, die er schon erobert, die 50 Schlachten, die er schon geschlagen hat. Wohin wird ihn sein Schicksal führen?

»Heute manövriere ich gegen die russische Armee«, diktiert er an seinen Bruder Joseph, »und bin dabei unzufrieden mit Bernadotte.« Joseph muß wissen, daß sein Schwager Bernadotte nicht der makellose Marschall ist, für den er ihn hält. »Durch Bernadotte habe ich einen Tag verloren, und von einem Tag hängt das Schicksal der Welt ab.«

Er weigert sich, Prinz Giulay zu empfangen, den der Kaiser von Österreich geschickt hat mit dem Vorschlag zu einer zweiwöchigen Waffenruhe. Was glauben denn die Österreicher? Daß ich auf diese Finte hereinfalle? Zwei Wochen! Diese Zeit reicht für Kutusow, um seine Truppen aufzustellen und Nachschub herbeizuholen.

Giulay sei enttäuscht, erklärt Kammerherr Graf Thiard, und er fügt hinzu, daß Giulay Vertrauliches preisgegeben habe. Der Kammerherr wagt kaum mehr zu sagen, wozu ihn Napoleon aber auffordert. Thiard sagt, daß Giulay sich gewundert habe, daß der Kaiser sich nicht scheiden lasse, wo er doch keine Kinder habe. Warum zöge er nicht in Erwägung, die Erzherzogin von Österreich zu heiraten, die Kaisertochter Marie-Louise? Eine solche Heirat wäre durchaus möglich, habe Giulay versichert.

Napoleon ist an den Kamin getreten. Er wärmt seine Hände an den Flammen. Das wäre eine Verbindung zwischen beiden Häusern, wie sie auch Talleyrand wünscht, denkt er, wie sie zu Zeiten der Monarchie angebracht war. Ludwig XVI. hat Marie-Antoinette geheiratet. Ist er an diesem Punkt seines Schicksal angekommen? Muß er die Geschichte dort fortsetzen, wo sie unterbrochen wurde?

Napoleon dreht sich wieder Thiard zu: »Das ist unmöglich«, sagt er. Mit großen Schritten geht er durch den weiten Salon und bleibt immer wieder am Fenster stehen. Der Schnee fällt wieder in dicken Flocken. »Erzherzoginnen waren für Frankreich immer fatal«, fährt Napoleon fort. »Der Name Österreich hat immer mißfallen, und Marie-Antoinette hat diese Entfremdung nicht verkleinert.« Er stellt sich wieder an den Kamin. »Die Erinnerung an sie ist noch zu frisch.«

Als er am späten Nachmittag des 13. November 1805 den Park des Schlosses Schönbrunn betritt, geht er zunächst lange allein durch die Alleen dieses Parks im französischen Stil. Dort hinten liegt Wien, kaum eine halbe Stunde Fahrtzeit entfernt. Es ist schon von den Truppen Bernadottes und General Clarkes widerstandslos besetzt worden, da die Hauptstadt des Kaiserreichs zur offenen Stadt erklärt worden war.

Vor mehreren der 32 Marmorstatuen inmitten der schneebedeckten Rabatte bleibt Napoleon stehen. Das Wasser des großen Beckens ist gefroren. Die Statuen von Neptun, die Seepferde und die Tritonen sind mit einer Eisschicht bedeckt. Als er die große Allee in Richtung Obelisk entlanggeht, entdeckt er römische Ruinen. Die vier Jäger aus seiner Eskorte, deren Aufgabe es ist, ihm zu folgen, wenn er die Kutsche verläßt, halten mehrere Meter Abstand. Er befindet sich auf einer Art Hügel, zu dem man durch ein Portal gelangt. Von dort überblickt man die Landschaft, und er sieht in der Ferne Wien, von grauem Nebel verhangen.

Als er noch die Italien-Armee befehligte, hatte er manchmal davon geträumt, bis hierher zu gelangen. Und nun hat ihn sein Leben auf überraschenden Wegen wirklich nach Schönbrunn geführt, dem Versailles der Habsburger. Und ein Gefolgsmann des Kaisers von Österreich hat ihm soeben vorgeschlagen, die Erzherzogin zu heiraten, als wäre er ein Kapetinger. Wer hätte sich das vorstellen können? Und warum sollte eigentlich diese Hochzeit unmöglich sein? Ist sein Leben denn nicht eine Abfolge von unglaublichen Ereignissen, die dennoch stattgefunden haben? Ist er nicht der Kaiser?

Er richtet sich in einem der großen Zimmer des Schlosses ein und beobachtet durch das Fenster die Kaiserliche Garde, die ihre

Quartiere bezieht. Er befiehlt den Grenadieren, ihre Paradeuniform vorzubereiten, und als die Nacht hereingebrochen ist, fährt er allein mit seiner Eskorte nach Wien. Die Stadt ist ruhig, aber die Infanteristen, die er sieht, bieten den Anblick von Besiegten. Ihre Uniformen sind bunt zusammengewürfelt, und an ihre Gürtel haben sie Flaschen, Brote und Hühner gehängt. Die Große Armee ist erschöpft von den Hunderten von Kilometern, die sie zurückgelegt hat. Man muß sie vor der Schlacht wieder auf Vordermann bringen.

Zurück in Schönbrunn bestellt er General Bessières zu sich, der in den nächsten Tagen ein Defilee der Kaiserlichen Garde in Wien organisieren soll, sobald die Garde ihre Vorbereitungen abgeschlossen hat. Die Wiener sollen von der Stärke und der Disziplin der Armee beeindruckt werden und das Bild der zerlumpten Soldaten vergessen.

Lange sitzt er in seinem Zimmer und denkt nach, während Rustan sehr beschäftigt ist, dann schreibt er einen kurzen Brief an Joséphine: »Seit zwei Tagen bin ich in Wien. Ich habe es des Nachts durchfahren. Morgen empfange ich die Notabeln und die Staatsbeamten. Fast alle meine Truppen sind auf der anderen Donauseite und setzen den Russen nach. Adieu, liebe Joséphine. Sobald es möglich ist, lasse ich Dich nachkommen. Tausend liebe Dinge für Dich.« Beim Unterschreiben zerdrückt er seine Feder, so daß der Strich, den er unter »Napoleon« zieht, wie ein länglicher formloser Flecken wirkt.

Er studiert die Karten der Gegend rings um Brünn und nördlich von Wien. Diese Abfolge von Hochebenen, kleinen Seen und engen Tälern erlaubt eine Entscheidungsschlacht auf engem Raum. Man muß sich beeilen. Die preußischen Truppen sind im Anmarsch. Der König von Preußen, Friedrich Wilhelm III., und die Königin Luise haben Zar Alexander I. mit großem Pomp empfangen. Spione berichten, daß sie sich am 3. November zum Grab von Friedrich II. begeben und sich dort im Fackelschein ewige Freundschaft geschworen haben.

Lächerlich! Was sind Eide unter Königen schon wert? Friedrich II. und die Russen haben sieben Jahre lang Krieg gegeneinander geführt. Wie lange würde die Freundschaft dauern, wenn die russische Armee vernichtend geschlagen würde? Ich muß siegen!

Am 16. November verläßt Napoleon Schönbrunn. Bevor er in die Kutsche steigt, schreibt er einen weiteren Brief an Joséphine. Die Kaiserin soll Straßburg verlassen und den Rhein überqueren. Am Morgen des 17. November ist er in Znaim. Er geht im Schnee spazieren und schaut sich die Landschaft an, die sich unterhalb der auf einer Anhöhe gelegenen Stadt ausdehnt. Da kommt Graf Thiard angelaufen, ganz außer Atem. Stockend berichtet er, daß gefangengenommene österreichische Offiziere berichtet haben, daß die Engländer die gesamte französische Flotte von Admiral Villeneuve bei Trafalgar unweit von Cadiz versenkt haben. Die Schlacht hat am 21. Oktober stattgefunden. Von 18 Schiffen hat die französische Marine 13 verloren, die spanischen Verbündeten verloren neun von 15 Schiffen. Die Engländer haben alle an der Schlacht beteiligten Schiffe behalten. Es gibt keine französische Flotte mehr. Admiral Villeneuve wurde gefangen. Nelson wurde bei dem Gefecht an Bord seines Schiffes *Victory* getötet.

Napoleon stellt keine einzige Frage. Am 21. Oktober hatte er nach dem Sieg bei Ulm eine Proklamation an die Armee erlassen, als wolle das Schicksal an ein und demselben Tag bedeuten, daß es ihm lediglich die Macht auf dem Lande zugesteht und die Herrschaft über das Meer verweigert. Wie er es geahnt hat, kann England nur auf dem Kontinent besiegt werden. Ich muß hier siegen! Er kann nicht bei dieser Niederlage stehenbleiben, die ihn ereilt, während er sich auf die Schlacht vorbereitet. Diese Niederlage ist schon von so vielen Tagen überlagert, von diesem Ozean an Zeit überflutet, die seit dem 21. Oktober vergangen ist. Vergessen wir sie. Es muß sein.

Er erreicht Pohrlitz, wo er im Gasthaus übernachtet. Am nächsten Tag bereist er in der Kutsche und auch zu Pferd alle Straßen der Gegend. Er steigt ab, beobachtet ein Kavalleriegefecht nahe beim Dorf Lattein. Er kennt dieses Gefühl, das er jetzt hat, eine Mischung aus Anspannung und Ruhe. Er inspiziert die Hügel und die Ebenen, die Höhenzüge und die Täler. Er stellt sich vor, wie sich die Truppen hier entlangbewegen. Er besucht die einzelnen Dörfer, und am Abend steigt er in Brünn auf die Zitadelle Spielberg, von der aus man die ganze Gegend überblickt. Die Wolken hängen bis tief auf die Hügel herab. Der Horizont im Südwesten ist von helleren Streifen überdeckt. Man hört Kanonenschüsse und Explosionen. Die Russen weichen nicht weiter zurück. Kutusow muß die Schlacht annehmen. Man muß ihn dorthin locken, auf die Hochebene von Pratzen.

Napoleon entfaltet seine Karten. Am 20. November diktiert er dann einen kurzen Befehl. »Dem Marschall Davout wird befohlen, sich nach Austerlitz zu begeben.« Mit dem Fingernagel macht Napoleon einen Strich unter den Namen dieser Stadt, die etwas unterhalb der Hochebene von Pratzen liegt, an ihrem Südzipfel.

Am nächsten Tag, Donnerstag, dem 21. November, steht er vor Morgengrauen auf. Er ist ausgeruht und ruhig. Er besteigt sein weißes Pferd und galoppiert allein vorneweg, gefolgt von seiner Eskorte und seinen Adjutanten. Er reitet das Goldbach-Tal entlang, durchquert die Dörfer Kobelitz und Bosenitz, erklimmt die Höhe. Immer wieder steigt er ab. Hier soll nach seinem Willen die Schlacht stattfinden, auf diesen Höhen, in diesen Tälern voll kleiner Seen. Er geht zu Fuß, während sein Mameluck Rustan das Pferd am Zügel hält. Napoleon wendet sich an seine Adjutanten und Ordonnanzoffiziere: »Meine Herren, studieren Sie dieses Gelände genau. Hier werden wir uns schlagen.«

38

Am Vormittag des 27. November 1805, einem Mittwoch, erwartet Napoleon die Morgenröte auf dem höchsten Punkt der Zitadelle auf dem Spielberg. Die Jäger seiner Garde halten sich am Fuß der Festung auf. Er möchte allein sein, wenn sich diese Landschaft allmählich aus Nacht und Nebel herausschält. Seit einigen Tagen ist das Wetter umgeschlagen. Es ist kälter geworden, aber die Schnee- und Regenfälle haben aufgehört. Der Boden ist gefroren.

Das wird gut sein für die Kavallerieattacken, die über die harte, trockene Erde dröhnen werden. Jetzt, wo der Nebel geschwunden ist, ist der Himmel verhangen, aber hell, und die Sonne bricht im Osten hervor wie eine rote Hostie.

Er kennt jeden Quadratmeter dieser Landschaft, in diesem riesigen Dreieck, wo ihn die Schlacht erwartet, deren Ablauf er durchgeplant hat wie ein riesiges Manöver auf einem Schießplatz. Er erinnert sich an die Schachpartien, die er manchmal im Café de la Régence am Palais-Royal gespielt hat, als er dort voll unerfülltem Ehrgeiz elend herumlungerte, ein General ohne Kommando, der bald darauf aus dem Armeekader gestrichen wurde. Er gewann damals immer mit einem entscheidenden Zug, wobei er eine brennende Freude empfand. Er zog eine scheinbar bedeutungslose Figur, die dann die Partie entscheiden sollte.

Er schaut. Brünn ist der Scheitelpunkt eines gleichschenkligen Dreiecks, deren beide Schenkel von Alleen gebildet werden, die sich in einem rechten Winkel zu Füßen der Spielberg-Zitadelle treffen. Die eine Allee führt nach Olmütz in Richtung Osten. Er fährt sie mit den Augen ab, soweit es geht, denn sie verliert sich im Nebel. In Olmütz haben sich die beiden Kaiser eingerichtet, der österreichische und der russische, Franz II. und Alexander I., diese beiden talentlosen Spieler, die in seine Falle tappen werden. Seit einigen Tagen hat er seinen Kavallerieeinheiten den Befehl gegeben, jedesmal zu fliehen, wenn sie auf den Feind treffen. Und die Truppen von Soult, die noch Austerlitz besetzt halten, sollen von heute an zu jederzeitigem Rückzug bereit sein, damit die Russen und Österreicher vorrücken können.

Auch die zweite Straße, die mit der ersten in Brünn einen rechten Winkel bildet, ist dicht von Bäumen gesäumt. An ihrem Ende liegt Wien. Die Basis des Dreiecks zwischen den Straßen nach Olmütz und nach Wien wird von der Hochebene von Pratzen gebildet. Die großen Schachpartien sind immer einfach. Man muß sich nur vorstellen, was der Gegner will. Und man muß ihn glauben lassen, daß das, was er will, auch möglich ist. Daß er richtig denkt und handelt. Dann wird er unvernünftig.

Die beiden Kaiser wollen die Straße nach Wien abschneiden.

Man muß sie glauben lassen, daß man sie nicht daran hindern kann. Er wird seine Truppen aus Austerlitz abziehen und zurückweichen lassen. Die feindlichen Divisionen werden vorrücken und sich am Fuß der Ebene von Pratzen entlangziehen. Sie werden den rechten Flügel angreifen, der sich zunächst zurückzieht, dann aber standhält. Währenddessen werden die Mitte und der linke Flügel vorrücken, das Plateau von Pratzen einnehmen und den Feind von der ungeschützten Flanke her angreifen.

Die Sonne ist aufgegangen. Mit einer kleinen Eskorte begibt sich Napoleon auf die Straße nach Olmütz. Das Licht blendet und zwingt manchmal zum Halten. Die entscheidende Stelle liegt hier, an dieser kleinen Anhöhe, die von einer Kapelle gekrönt ist. Er klettert hinauf. Von dort oben werden die Angriffe des linken Flügels ausgehen, der sich gegen die Basis des Dreiecks wenden und so wie eine Tür die russischen Truppen einklemmen wird, die ganz mit dem Vorrücken beschäftigt sind und dabei ihre Flanke ungeschützt lassen, wie jemand, der seine Hand in eine leicht geöffnete Tür steckt und sich nicht darum kümmert, daß sie zuschlagen kann.

Er befiehlt, daß man diesen Hügel befestigt, und er hört, wie die Jäger der Garde sagen, daß er sie an die »Krippenfigur« erinnert, jenen kleinen von einem Grabmal gekrönten Hügel, den sie bei der Schlacht an den Pyramiden besetzt hielten. Er springt in den Sattel und galoppiert auf der Straße nach Olmütz entlang. Ein niedriges Haus taucht langsam aus dem Nebel auf. Es ist die Poststation von Posorsitz. Eine schmalere Straße geht nach Süden ab in Richtung Austerlitz. Alles ist bereit für die Schlacht. Er kehrt nach Brünn zurück.

Er bemerkt Pferde, die von österreichischen Offizieren gehalten werden. Zwei Abgesandte von Kaiser Franz II. sind gekommen und warten auf ihn: Stadion und Giulay. Mit gesenktem Kopf hört er sie an. Er muß so tun, als sei er beunruhigt und unentschlossen, zu Verhandlungen durchaus bereit, seiner Truppen ungewiß, auch bereit, ein Ultimatum zu akzeptieren, woran ihn nur der Hochmut hindere. Nun kommt auch noch ein Emissär vom preußischen König Friedrich Wilhelm III., ein Herr von Haugwitz, der ebenfalls eine Kapitulation fordert, wenngleich er es als Vermittlungsversuch verkleidet. Er ist seiner Sache so sicher!

Napoleon hört ihn geduldig an und bittet ihn dann, sich nach Wien zu Außenminister Talleyrand zu begeben, mit dem die Verhandlungen beginnen könnten. Haugwitz nimmt freudig an. In seinen Augen liest Napoleon die Gewißheit, daß es genügt, ein paar Tage abzuwarten, und schon ist die Große Armee nur noch eine geschlagene Kohorte. Und dann kann man diesem Bonaparte alle Bedingungen diktieren.

Napoleon beauftragt einen Adjutanten damit, Herrn von Haugwitz nach Wien zu geleiten und dabei am Schlachtfeld von Holabrünn vorbeizureiten, wo es eine Reiterschlacht gegeben hat: »Es ist gut, daß dieser Preuße mit eigenen Augen sieht, auf welche Weise wir Krieg führen«, sagt er leise. Nun muß er nur noch die Russen von seiner Schwäche überzeugen und von der Angst, die ihn erfaßt hat. Er schickt General Savary zu Alexander I., damit der Zar seine Forderungen mitteile und einen Bevollmächtigten schicke.

Es ist der Abend des 28. November. Napoleon galoppiert bei Nacht und Nebel, und seine Eskorte kann kaum folgen. Er kehrt zur Poststation von Posoritz zurück. Er hört, wie hinter ihm Lannes und Soult sich beschimpfen und bedrohen und gegenseitig herausfordern. Er dreht sich nach ihnen um, schaut sie aber nur an. Er will von ihrem Streit nichts wissen. Was sind das nur für Menschen, daß sie sich so zanken? Ein Streit ist nur etwas wert, wenn er den ganzen Menschen involviert. Alles andere ist lächerlich.

Zu Pferd erkundet er Täler und Hügel; er reitet an den kleinen Seen entlang. Nun wird er den Schachzug machen, von dem alles abhängt. Er ruft einen Adjutanten zu sich. Man soll den Divisionen des 4. Armeekorps, die Austerlitz besetzt halten, den Befehl überbringen, die Stadt aufzugeben und sich auf die Straße nach Wien zurückzuziehen. Die Reuse soll oben geöffnet werden. Er steigt in die Kutsche. Er knabbert an einem Hähnchenschenkel und trinkt ein Glas verdünnten Chambertin, wickelt sich in seinen Gehrock und schläft ein.

Im Morgengrauen ist er schon zu Pferd. Er reitet zu den Vorposten und an ihnen vorbei, kehrt zu seinem Biwak zurück, das ein wenig hinter dem Plateau beim Dorf Schaplanitz errichtet wurde. Er ist ungeduldig. Werden die Russen so spielen, wie er es vorgesehen hat, also endlich vorrücken und die Höhe von Pratzen räumen, um seine verlassenen Positionen einzunehmen? Er eilt Savary entgegen, der aus dem russischen Feldlager zurückkehrt und mitteilt, daß die Divisionen von Kutusow losmarschiert und in Austerlitz eingerückt sind.

Endlich. Die Partie ist so eröffnet worden, wie er es vorgesehen hat. Er kann Fürst Dolgoruki empfangen, den Alexander zu ihm zu schicken bereit war. Napoleon reitet los. Er fühlt sich so selbstsicher, daß ihm nichts, was geschieht, überraschend vorkommt. Er versucht, diese Gewißheit, die ihn erfaßt, niederzuhalten. Man darf sich nie zu sicher sein. Sonst entgleitet einem alles. Er denkt auf einmal an Trafalgar. Die Schlacht, die er nun beginnt, wird jene moralische Niederlage auslöschen. Er steigt vom Pferd, geht einen kleinen Abhang hinauf und stapft durch feuchtes Gras. Dann steht ihm Fürst Dolgoruki mit verächtlicher Miene gegenüber. *Dieses freche Bürschchen glaubt wohl, daß es mich in der Hand hat!*

Der Fürst verlangt Italien, Holland und Belgien, also im Grunde die Kapitulation. Napoleon muß ihn scheinbar beunruhigt anhören, damit er zu der Überzeugung kommt, daß er die Schlacht fürchtet, daß seine Truppen sich zurückziehen und vor der Bedrohung fliehen.

Napoleon kehrt zu seinem Biwak zurück. Die Pioniere der Garde haben aus Resten von Türen und Fensterläden Tische und Bänke gezimmert, wie man sie auf Dorffesten sieht. Napoleon setzt sich hin. Er spricht mit fröhlicher Unbekümmertheit, dann steigt er in seine Kutsche und schläft ein.

Am 30. November, nachdem er zu Pferd alle Straßen abgeritten ist und sich vergewissert hat, daß Russen und Österreicher ihren Vormarsch fortsetzen, zieht er sich um 16 Uhr 30 in seine Kutsche zurück. Um diese Schlacht zu gewinnen, muß jeder Soldat wissen, was auf dem Spiel steht. Er ist der Kaiser der Franzosen und nicht einer jener Herrscher, die ihre Menschen nur wie Schachfiguren umherschieben. Er beginnt, den Tagesbefehl für die Große Armee zu diktieren.

»Soldaten, die russische Armee tritt Euch entgegen, um die österreichische Armee zu rächen. Die Positionen, die wir bezogen haben, sind grandios. Während sie vorrücken, um meine rechte Seite zu umgehen, werden sie mir ihre Flanke bieten.« Er unterbricht sich. Er will, daß wirklich jeder Soldat die Kampagne versteht, an der er teilnimmt. Dann wird die Große Armee unbesiegbar sein.

»Soldaten«, fährt er fort, »ich werde selbst alle Eure Bataillone befehligen. Ich werde mich fern vom Feuer aufhalten, wenn Ihr mit Eurer gewohnten Tapferkeit Unordnung und Verwirrung in die feindlichen Reihen tragen werdet. Aber wenn Euer Sieg auch nur einen Augenblick ungewiß ist, dann würdet Ihr erleben, wie Euer Kaiser sich dem Kampf in vorderster Reihe stellen wird, denn der Sieg kann an diesem Tag nicht zweifelhaft sein, an dem es vor allem um die Ehre der französischen Infanterie geht, die für die Ehre der Nation so bedeutsam ist.«

Er öffnet die Tür der Kutsche. Es wird schon dunkel. Die Wintertage sind sehr kurz. Für die Schlacht bleiben nur wenige Stunden. Zwischen Sonnenaufgang und Sonnenuntergang zählt jede Minute.

Er zwängt sich wieder in die Kutsche und fährt fort: »Die Reihen dürfen nicht ausgedünnt werden mit der Begründung, daß man Verletzte bergen muß. Jeder muß von dem Gedanken erfüllt sein, daß diese von England bezahlten Handlanger besiegt werden müssen, die von so großem Haß gegen unsere Nation erfüllt sind. Dieser Sieg wird den Feldzug beenden. Danach werde ich einen Frieden schließen, der meines Volkes, Eurer und meiner selbst würdig ist.«

Er springt heraus und nimmt mit seinen Adjutanten am Tisch Platz. Er spricht vom Feldzug in Ägypten. Er ist ruhig. Und doch hat sich das Wetter geändert, Regen und Hagel prasseln in heftigen Schauern hernieder. Aber das schlechte Wetter ist für alle dasselbe.

In seiner Kutsche schläft er wenige Stunden. An diesem 1. Dezember 1805 begibt er sich, als es noch dunkel ist, ohne Eskorte zur Frontlinie mehrerer Regimenter. Der Regen hat aufgehört, aber der Himmel ist bedeckt. Im Osten kündigen einige helle

Streifen aber vielleicht schönes Wetter für morgen an. Als er am 28. Regiment vorbeireitet, ruft ihm eine Stimme zu: »Wir versprechen dir, daß du morgen nur mit den Augen kämpfen mußt.« Er ist bewegt. Diese Soldaten haben seinen Tagesbefehl verstanden. Einer seiner Adjutanten sagt: »Die höchste Strafe in der französischen Armee ist die eigene Schande.«

Vor der Brigade von General Ferny wendet er sich an die Soldaten und fragt, ob sie ihre Patronen überprüft haben. Einige schreien, daß sie doch ihre Bajonette haben, andere rufen: »Sire, du brauchst dich nicht zu exponieren.«

Am Abend, als er in Begleitung von 20 Jägern seiner Garde an den Seen entlangreitet, taucht plötzlich eine Kosakenpatrouille auf. Die Russen zücken schreiend den blanken Säbel und reiten eine wütende Attacke auf die Eskorte. Die Adjutanten ziehen ihn beiseite und bringen ihn in Sicherheit. Er reitet querfeldein davon, während die Eskorte sich dem Kampf stellt.

Er steigt vom Pferd und geht allein. Morgen ist der Tag der Schlacht. Er geht durch das Lager bis zu seinem Biwak, als plötzlich ein Soldat eine Fackel entzündet, um zu sehen, wer so durch die Linien geht. Er erkennt Napoleon und schreit: »Es lebe der Kaiser!« Auch andere Stimmen erheben sich aus dem Zeltlager. Strohbündel werden herausgerupft und angezündet. »Es ist der Jahrestag der Krönung«, rufen die Soldaten. Daran hatte er gar nicht gedacht. Erst vor einem Jahr ist er in Notre-Dame eingezogen.

Er entfernt sich, geht zum Biwak, und als er sich umdreht, ist das ganze Schlachtfeld mit leuchtenden Punkten übersät, alles Soldaten mit brennenden Strohbüscheln, und Schreie erheben sich: »Es lebe der Kaiser!«

Savary kehrt von einer Aufklärungsmission zurück. Er ist außer Atem und ganz verschwitzt. Die feindlichen Truppen haben ihren Vormarsch fortgesetzt, ohne dabei ihre Flanke zu schützen. Davout und der rechte Flügel werden sie morgen mit voller Kraft erwischen. Im gleichen Augenblick werden Bernadotte, die Garde sowie Soult, das ganze Mittelstück seines Dispositivs, zur Einnahme des verlassenen Plateaus von Pratzen vorrücken und von der eroberten Höhe herab sich auf die feindlichen Armeen stürzen. Und der linke Flügel mit Lannes und Murat werden die russischen Truppen ganz umgehen. Während er Savary zuhört, spielt Napoleon in Gedanken noch einmal die ganze Partie durch. Der Sieg kann ihm nicht entgehen.

Lange betrachtet er die Fackeln, diese Lichtpunkte in der eisigen Dunkelheit. »Dies ist der schönste Abend meines Lebens«, sagt er. »Es tut mir weh, wenn ich daran denke, daß ich so viele von diesen tapferen Männern verlieren werde.« Er senkt den Kopf. »Sie sind wirklich meine Kinder«, sagt er leise.

Constant reicht ihm eine Tasse Tee, die er langsam austrinkt, nachdem er ihn gebeten hat, Savary, Berthier und Rustan auch eine Tasse zu geben. Er mag diese Kameradschaft am Vorabend der Schlachten, wenn jeder weiß, daß morgen der letzte Tag seines Lebens sein kann. Er hätte vor einer Stunde von den Kosaken getötet werden können. Auch wenn er sich morgen fern der ersten Linien aufhält, kann ihn eine Kanonenkugel treffen. Er ist der Kaiser, aber er setzt sich auch der Lebensgefahr aus, die der Krieg mit sich bringt. Er steigt in seine Kutsche. Er will schlafen.

Als er am 2. Dezember aufsteht, sieht er den Nebel. Es wird also nicht regnen. Er ist gleich auf dem Pferd und reitet mit seiner Eskorte die Truppen ab, die noch nicht losmarschiert sind. Um acht Uhr kommt die Sonne hervor und löst den Nebel auf. Die große rote Scheibe steigt langsam empor, während die Truppen von Soult, Davout und Bernadotte mit der Eroberung des Plateaus von Pratzen beginnen. Er geht zum rechten Flügel, stellt sich vor die Reservetruppen und verfolgt mit dem Fernglas die Bewegungen der anderen Kolonnen. Er sieht, wie die hochgewachsenen Reiter der kaiserlich-russischen Garde in ihren weißen Uniformen in Stücke gehauen werden. Er sieht, wie sich die Leichen zu Tausenden aufhäufen. Mehrmals setzen die Russen zum Gegenangriff an. Er schickt die Kavallerie seiner Garde in den Kampf. Nach wenigen Minuten kommt der verwundete General Rapp zum Kaiser zurück. Er wird begleitet von einem Gefangenen, einem Obersten der russischen Garde, Fürst Repnin.

Die Hochebene von Pratzen ist eingenommen worden. Die Russen und Österreicher können nur noch sterben oder sich ergeben. Schachmatt in wenigen Zügen. Napoleon sieht, wie sich die russischen Truppen über gefrorene Seen in Richtung Südende des rechten Flügels vorwagen. Er befiehlt, mit Kanonen auf das Eis zu schießen, in dem sich Löcher auftun. Das Wasser ist nicht sehr tief, es werden nur wenige ertrinken, aber die russische Artillerie versinkt, und die Männer ergeben sich oder erfrieren.

Wie schnell die Nacht gekommen ist! Es regnet und hagelt. Mit dem Pferd reitet er das Schlachtfeld ab. Er muß alles sehen, die Toten und die sterbenden Verwundeten, die dunklen Massen von Pferden, die übereinander gefallen sind, von Kugeln zerfetzt. Er will Stille um sich haben. Man soll die Klagen der Verwundeten hören. Man soll ihnen helfen. Er kehrt zu seinem Biwak zurück, kann aber nicht schlafen.

Um sechs Uhr morgens, als es noch stockdunkel ist, ist er schon wieder zu Pferde. Er reitet auf der Straße in Richtung Olmütz, wo zu beiden Seiten der Chaussee Tote und Verletzte liegen. Hier haben Lannes und Murat die Truppen des russischen Generals Bagration vernichtet. Er biegt nach Austerlitz ab. Überall liegen Tote und russische Kanonen herum.

In Austerlitz richtet er sich im Schloß von Fürst Kaunitz ein. Der Sieg entspricht seinen Erwartungen, aber er empfindet keinerlei Triumph. Alles lief genau nach dem Plan, den er erdacht hatte. Doch er ist wie gefühllos. Er nimmt am Kamin des Prunksalons mit dem Rücken zum Feuer Platz und schreibt an Josèphine.

»Ich habe die russischen und die österreichischen Armeen geschlagen, die von den zwei Kaisern kommandiert wurden. Ich bin sehr müde, ich habe acht Tage lang in kalten Nächten auf freiem Felde im Biwak geschlafen. Heute abend schlafe ich im Schloß von Fürst Kaunitz, wenn auch nur kurz. Die russische Armee ist nicht nur geschlagen, sondern vernichtet. Ich küsse Dich.«

Allmählich dringt die Wärme in seinen Körper ein. Die Müdigkeit weicht, aber seine Augen brennen, von Wind, Kälte und Ritten entzündet, wie bei vielen Soldaten. Er steht auf und taucht sein Gesicht in warmes Wasser. Obwohl die Augen noch schmerzen, beginnt er zu diktieren. Wörter müssen diesen Sieg untermauern.

Er geht im großen Zimmer umher. Er denkt an seine Soldaten, die ihm zugerufen haben, wenn er an ihnen vorbeikam, daß er sich damit begnügen könne, der Schlacht von weitem zuzuschauen. Er denkt an die Fackeln in der Nacht zum 1. Dezember, an die Schreie »Es lebe der Kaiser!«. Er beginnt mit dem Diktat.

»Soldaten, ich bin mit Euch zufrieden. Am Tag von Austerlitz habt Ihr alles bestätigt, was ich von Eurer Kühnheit erwartet habe. Ihr habt Eure Adler mit unsterblichem Ruhm bedeckt. Was Euren Kugeln entgangen ist, versank in den Seen. 40 Fahnen, die Standarten der Kaiserlich-Russischen Garde, 120 Kanonen, 20 Generäle, mehr als 30 000 Gefangene sind das Ergebnis dieser für immer ruhmreichen Schlacht. Soldaten, mein Volk wird Euch freudig empfangen. Es wird genügen, wenn Ihr sagt: Ich war bei der Schlacht von Austerlitz dabei. Man wird Euch antworten: Das ist ein tapferer Kerl!«

Am Morgen des 4. Dezember verläßt Napoleon das Schloß von Austerlitz mit seinem Generalstab und seiner Eskorte. An der Mühle von Paleny, auf halbem Weg zwischen den österreichischen und den französischen Vorposten, steigt er vom Pferd und nähert sich dem großen Feuer, das Grenadiere dort angezündet haben. Er hält seine Hände über die Flammen. Er wird Kaiser Franz II. empfangen, den Nachfahren der Habsburger, der nach der Niederlage um einen Waffenstillstand ersucht hat. Er möchte gern erstaunt sein, und doch kommt ihm dieses Ereignis ebenso natürlich vor wie der Sieg in Austerlitz.

Eskortiert von seinen Offizieren, trifft die Kutsche des österreichischen Kaisers ein. Napoleon geht ihm entgegen und umarmt Franz II., tritt mit ihm ein paar Schritte beiseite, fernab der Blicke des Generalstabs. Er zeigt auf das Holzfeuer und die Mühle und sagt: »Das sind die Paläste, in denen mich Ihre Majestät seit drei Monaten zu wohnen zwingt.« Er lächelt.

»Diese Quartiere bekommen Ihnen aber sehr gut«, antwortet Franz II. »Sie können es mir nicht zum Vorwurf machen.«

Napoleon versucht, ihn zu überzeugen. Österreich muß sein Schicksal von Rußland lösen. Als er neben Franz II. einhergeht, erinnert er sich an die Äußerungen Talleyrands, der ein Bündnis mit

Österreich wollte, auch an jene des österreichischen Gesandten Giulay, der die Möglichkeit einer Heirat mit der Erzherzogin Marie-Louise erwogen hat. Da er gesiegt hat, ist nun alles möglich. Er hat die Tür aufgestoßen.

Er begleitet Franz II. zu seinem Wagen zurück, umarmt ihn erneut und spricht ihn mit »mein Bruder« an. Ist er, Napoleon, denn nicht ein Dynastiegründer, der soeben zwei Kaiser besiegt hat? Auch Alexander wird einen Waffenstillstand unterzeichnen, und der König von Preußen wird froh sein, daß ihm keine Zeit blieb, noch an der Schlacht teilzunehmen. Alles ist so einfach, wenn man die Macht hat und siegreich ist.

Zu Pferd kehrt er nach Austerlitz zurück. Die Soldaten, an denen er vorbeikommt, rufen: »Es lebe der Kaiser!« Gefangene häufen die Leichen auf Karren, die sie am Straßenrand und auf den nassen Feldern auflesen. Er muß sich um das Schicksal der Waisen der in Austerlitz gefallenen Soldaten und Offiziere kümmern. Er schließt die Augen, die noch immer schmerzen. Aber sobald er im Schloß von Fürst Kaunitz ist, schreibt er eigenhändig an Joséphine.

»Ich habe einen Waffenstillstand geschlossen. Innerhalb von acht Tagen wird der Frieden unterzeichnet sein. Die Russen ziehen ab. Die Schlacht von Austerlitz ist die schönste, die ich geschlagen habe. 45 Fahnen, mehr als 150 Kanonen, die Standarten der russischen Garde, 20 Generäle, 30000 Gefangene; mehr als 20000 Gefallene: ein furchtbarer Anblick. Zar Alexander I. ist verzweifelt und zieht sich nach Rußland zurück. In meinem Feldlager habe ich den Kaiser von Deutschland getroffen. Wir haben zwei Stunden miteinander geplaudert und uns darauf verständigt, Frieden zu schließen. Ich habe 3000 Verletzte und mehr als 7000 Tote. Meine Augen sind etwas entzündet, das ist eine verbreitete Krankheit ohne Bedeutung. Adieu, meine Liebe, ich möchte Dich bald wiedersehen. Heute abend werde ich in Wien schlafen. Napoleon.«

Es ist der 7. Dezember 1805. Am 29. schließt Napoleon mit Österreich den Frieden von Preßburg. Am 30. Dezember 1805 versammelt sich das Tribunat. Es schneit in Paris, aber kein Tribun fehlt, als die Versammlung tagt und einstimmig beschließt, den Kaiser »Napoleon den Großen« zu nennen. Er nimmt es an.

Inhalt

Erstes Buch
Der Aufbruch

Robert Merle

»Fortune de France«

Aktionsreich und dramatisch, mit gallischem Witz und genau recherchiert: Robert Merles bedeutendstes Werk der letzten Jahre ist die Romanfolge »Fortune de France« über das Jahrhundert der französischen Religionskriege von 1550–1643, die jetzt in 7 Bänden als Taschenbücher vorliegen.

Band 1:
Fortune de France
Roman. Aus dem Französischen von Edgar Völkl
und Ilse Täubert
415 Seiten
ISBN 3-7466-1213-6

Mit »Fortune de France« beginnt die Romanfolge über das blutige Jahrhundert der Glaubenskriege. Und es beginnt die Geschichte des jungen Heißsporns Pierre de Siorac, tolerant im Glauben, intelligent im Leben und unwiderstehlich.

Band 2:
In unseren grünen Jahren
Roman. Aus dem Französischen von Andreas Klotsch
456 Seiten. ISBN 3-7466-1214-4

Seit Jahren schwelt der Bürgerkrieg zwischen Protestanten und Katholiken. Der Student Siorac braucht alle seine Begabungen – Edelmut, List, Gewandtheit mit Degen und Pistole –, um in so mörderischen Zeiten zu überleben.

Band 3:
Die gute Stadt Paris
Roman. Aus dem Französischen von Edgar Völkl
707 Seiten
ISBN 3-7466-1215-2

Siorac muß in die Hauptstadt flüchten, die Gnade des Königs zu erflehen, und gerät dort in den Strudel der Bartholomäusnacht.

Band 4:
Der wilde Tanz der Seidenröcke
Roman. Aus dem Französischen von Christel Gersch
470 Seiten. ISBN 3-7466-1216-0

Sioracs Sohn Pierre-Emmanuel wächst am frivolen Hof Heinrichs IV. auf. Im Hintergrund schwelt noch immer der Haß auf den Toleranzgedanken Henris. Der Königsmörder steht bereits in der Menge.

Band 5:
Das Königskind
Roman. Aus dem Französischen von Christel Gersch
478 Seiten. ISBN 3-7466-1217-9

Der Sohn des ermordeten Königs Henri Quatre wird von seiner machtgierigen Mutter, Maria von Medici, bespitzelt. Er braucht sieben lange Jahre – und verschwiegene Freunde wie seinen Kammerherrn Pierre-Emmanuel de Siorac –, bis er König Ludwig XIII. wird.

Band 6:
Die Rosen des Lebens
Roman. Aus dem Französischen von Christel Gersch
395 Seiten. ISBN 3-7466-1218-7

»Jetzt bin ich König«, sagt der 16jährige Ludwig nach gelungenem Staatsstreich, als der mächtige Günstling seiner Mutter erschossen auf der Brücke zum Louvre liegt.

Band 7:
Lilie und Purpur
Roman. Aus dem Französischen von Christel Gersch
463 Seiten. ISBN 3-7466-1219-5

Konspirationen, Intrigen, Attentate, Komplotte am Hofe Ludwigs XIII., auch die First Ladies machen Politik.

[illegible]

[illegible]

[illegible]

[illegible]

[illegible]

[illegible]

[illegible]

[illegible] Mirage

[illegible]

[illegible]

[illegible]

[illegible]

[illegible]

[illegible]

[illegible]

[illegible]

[illegible]

[illegible]

Aufbau Taschenbuch Verlag